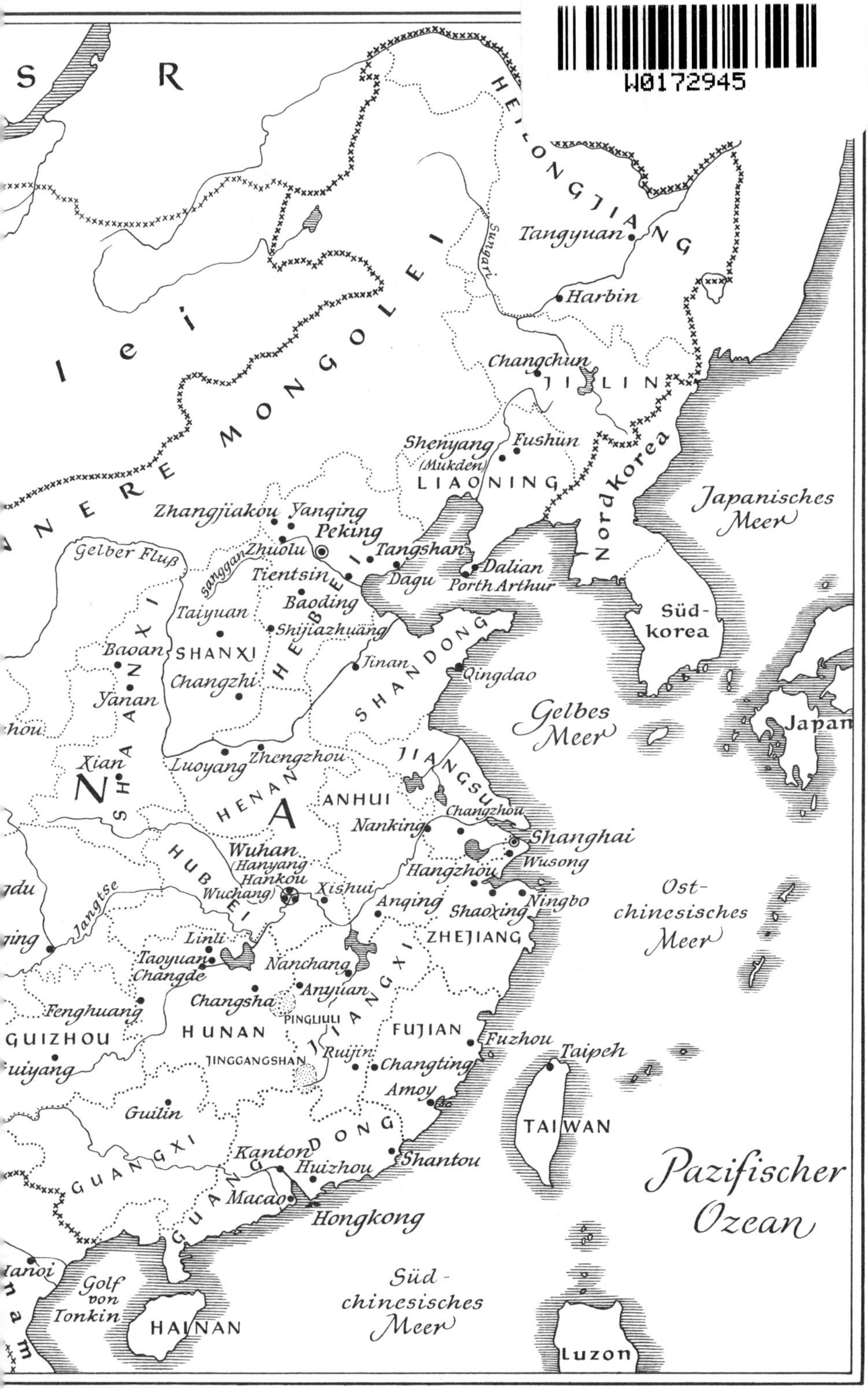
S R
HEILONGJIANG
Tangyuan
Harbin
Sungari
Innere Mongolei
Changchun
JILIN
Shenyang (Mukden)
Fushun
LIAONING
Nordkorea
Japanisches Meer
Zhangjiakou
Yanqing
Peking
Gelber Fluß
Sanggan
Zhuolu
Tangshan
Tientsin
Dagu
Dalian
Porth Arthur
Baoding
Taiyuan
Shijiazhuang
Süd-korea
SHANXI
HEBEI
SHAANXI
Baoan
Yanan
Changzhi
Jinan
SHANDONG
Qingdao
Gelbes Meer
Japan
Xian
Luoyang
Zhengzhou
JIANGSU
HENAN
ANHUI
CHINA
Changzhou
Nanking
Shanghai
Wusong
Wuhan (Hanyang Hankou Wuchang)
HUBEI
Jangtse
Xishui
Hangzhou
Ningbo
Shaoxing
Anqing
Ost-chinesisches Meer
ZHEJIANG
Linli
Taoyuan
Changde
Nanchang
JIANGXI
Anyuan
Changsha
Fenghuang
PINGLIULI
GUIZHOU
HUNAN
FUJIAN
Fuzhou
Taipeh
JINGGANGSHAN
Ruijin
Changting
Amoy
Guilin
TAIWAN
GUANGXI
GUANGDONG
Kanton
Huizhou
Shantou
Pazifischer Ozean
Macao
Hongkong
Hanoi
Golf von Tonkin
Süd-chinesisches Meer
HAINAN
Luzon

Jonathan D. Spence
Das Tor des Himmlischen Friedens

Zuhören, Zeichnung von Feng Zikai

Jonathan D. Spence

Das Tor des Himmlischen Friedens

Die Chinesen und ihre Revolution 1895–1980

Verlag C. H. Beck München

Aus dem Englischen übertragen von Ulrike Unschuld
Die Originalausgabe des Werkes erschien 1981 unter dem Titel
‚The Gate of Heavenly Peace' im Verlag The Viking Press, New York

Mit 46 Abbildungen im Text

CIP-Kurztitelaufnahme der Deutschen Bibliothek

Spence, Jonathan D.:
Das Tor des Himmlischen Friedens: d. Chinesen
u. ihre Revolution 1895–1980/Jonathan D. Spence.
[Aus d. Engl. übertr. von Ulrike Unschuld].
– München: Beck, 1985
Einheitssacht.: The gate of heavenly peace
⟨dt.⟩
ISBN 3 406 30536 9

ISBN 3 406 30536 9

Satz: C. H. Beck'sche Buchdruckerei, Nördlingen
Druck und Bindung: May & Co., Darmstadt
Printed in Germany

Inhalt

Vorbemerkung der Übersetzerin

In Anlehnung an die zumindest in der westlichen populären Chinaliteratur nun allgemein gebräuchliche Methode der Romanisierung chinesischer Laute wurde auch für das vorliegende Buch die sogenannte Pinyin-Umschrift gewählt. Ausnahmen bilden einige bekannte Orts- und Personennamen, für die es seit langem eingeführte deutsche Schreibweisen gibt.

Die Übersetzung des Textes von J. D. Spence und der Zitate aus chinesischer Literatur folgt in der Regel getreulich der englischen Fassung; lediglich im Falle einiger Gedichte und auch Prosazitate habe ich auch die chinesischen Originaltexte berücksichtigt, um eine durch Doppelübertragung zu weitgehende Entfremdung zu vermeiden.

Dezember 1984 — Ulrike Unschuld

Vorwort

Das Tor des Himmlischen Friedens bewacht den südlichen Eingang zum ehemaligen Kaiserpalast in Peking. Bis zum Zusammenbruch der letzten Dynastie in China im Jahre 1912 glaubte man, daß durch dieses Tor die zentrale Achse der kaiserlichen Kräfte verlaufe. Wenn der Kaiser in der Thronhalle saß und gen Süden blickte, so strahlte die Kraft seiner Gegenwart über die Höfe und künstlichen Flußläufe der Palastanlage durch das Tor hindurch bis in das Land hinein. In den ersten zwanzig Jahren dieses Jahrhunderts verlor das Tor sowohl seine eindeutig defensive als auch seine deutlich symbolische Funktion. Aber es war stiller Zeuge der neuen Widersprüchlichkeiten, die im chinesischen Leben allmählich die Oberhand gewannen: Nördlich des Tores lebte weiterhin der korrupte Hofstaat des abgedankten Kaisers hinter den Palastmauern in zwielichtigem Prunk und versuchte mühsam, die stürmischen Regimes der verschiedenen Militärherrscher zu überleben. Politische Aktivisten, Studenten und Arbeiter versammelten sich vor dem Tor und benutzten es als Schautafel und Treffpunkt sowie zu lautstarken Demonstrationen, um gegen die Schwäche der nominell republikanischen Regierung angesichts der Übergriffe ausländischer Imperialisten zu protestieren – und wurden mit Schlagstöcken oder Gewehrfeuer auseinandergetrieben.

Nach dem Ende des Zweiten Weltkrieges und dem Sieg der Kommunisten im Jahre 1949 wurde das Gelände der Verbotenen Stadt zum Museum. Man ebnete die früher von Menschen erfüllten Gassen vor dem Tor ein und schuf einen riesigen Platz für Massenaufmärsche. In der Mitte wurde das schlichte Denkmal für die Märtyrer der Revolution errichtet und der Platz selbst mit den ausdruckslosen, nüchternen öffentlichen Gebäuden der neuen Volksrepublik umgeben. Während der Kulturrevolution von 1966 wurde das Tor – von einem übergroßen Portrait des Vorsitzenden Mao Zedong beherrscht – zur Tribüne, vor der Rotgardisten in Millionenstärke paradierten. Als in den späten siebziger Jahren die Mao-Plakate nach und nach verschwanden, versammelte sich auf dem Platz zwischen dem Tor und dem Mausoleum mit Maos einbalsamiertem Körper eine neue Generation von Demonstranten, um gegen die Beschränkungen des Denkens und der Bewegungsfreiheit, die ihnen von den auf Mao folgenden Regierungen auferlegt worden waren, zu protestieren.

Während also der Name des Tores durch die Vielfalt historischer Bezüge und die Beschwörung einer über die Tagespolitik hinausreichenden zeitlosen Sphäre dem chinesischen Volk Trost verhieß, einem Volk, das während der letzten hundert Jahre davon träumte, den Realitäten der Gegenwart zu entfliehen, repräsentierte das Tor selbst im gleichen Zeitraum unversöhnlich die Macht des Staates: eines Staates, der manchmal versuchte, solche Träume erst gar nicht aufkommen zu lassen, der gelegentlich bemüht war, diese Träume seinen Zwecken dienlich zu machen, und der hin und wieder vor deren unvorhersehbaren Kräften verunsichert zurückwich.

Zwistigkeiten im Inneren und Angriffe von außen her erschütterten China seit den letzten Jahren des neunzehnten Jahrhunderts fast ununterbrochen bis in die achtziger Jahre unseres eigenen Jahrhunderts hinein. Die meisten Chinesen kamen, ob sie es nun wollten oder nicht, mit dem heftigen Drang nach Veränderung in Berührung. Sie lebten in einer Welt spekulativer Ideologien, turbulenter politischer Verhältnisse und einer unsicheren wirtschaftlichen Lage, in der ein schöpferisches Überleben, wollte man sich nicht dem Zufall allein anvertrauen, Anpassungsfähigkeit und Mut voraussetzte.

Im Rückblick auf das zwanzigste Jahrhundert fällt es schwer, ein bestimmtes Ziel zu erkennen, nach dem die Revolution kontinuierlich strebte. Statt dessen ergibt sich der Eindruck einer Reihe ineinander übergehender Unternehmungen, von denen einige bereits lange bevor ein Erfolg sichtbar werden konnte aufgegeben wurden, von denen andere fehlschlugen, obgleich das Ziel bereits in Reichweite schien, und von denen manche mit einem Ergebnis endeten, das von dem ursprünglich angestrebten sehr verschieden war. Unter dem Druck der um eine Modernisierung Chinas bemühten Kreise wurde die herrschende Qing-Dynastie zwischen 1895 und 1900 zu Veränderungen in der Regierungsform und im Erziehungssystem gezwungen, wie sie einschneidender fast während des gesamten vergangenen Jahrtausends nicht angestrebt worden waren. Der gemeinsame Ansturm verschiedenartiger Gruppierungen, die auf Verfassungsreform oder politischen Umsturz sannen, führte im Jahre 1912 zum Zusammenbruch der Qing-Dynastie. Dieser Zusammenbruch gab den Anstoß, Unbekanntes zu erkunden, und führte somit zu neuartigen politischen Strukturen und zu einer neuen Ausdruckskraft in Literatur und Kunst. Gleichzeitig wurden Leidenschaften geweckt, die allein durch Gewalt wieder zum Schweigen gebracht werden konnten: Von 1924 bis 1949 prägte die große Tragik des Kampfes zwischen der Kommunistischen Partei und der nationalistischen Guomindang die Geschichte Chinas. Jede dieser beiden großen politischen Parteien wurde im Verlauf dieses Kampfes immer engstirniger und selbstbezogener. Beide mußten erleben, wie ihre Visionen den organisatorischen Erfordernissen des Augenblicks erlagen, und beide machten – ungeachtet ihrer gegenseitigen Beteuerungen und zum Nachteil der Nation – Gebrauch von den Waffen Zensur, Bedrohung, Einschüchterung und Tod.

Diese Waffen wurden auch weiterhin sowohl in Taiwan als auch nach 1949 in der Volksrepublik China angewandt: Als in China Anfang der fünfziger Jahre das überaus ehrgeizige Programm der Neuverteilung des Landes an arme Bauern und landlose Arbeiter durchgeführt wurde und dieses bereits gegen Ende der fünfziger Jahre durch die ländliche Kollektivierungsbewegung, die jeglichen privaten Landbesitz ausschloß, ins Gegenteil verkehrt (oder, wie man sagte, ,,auf eine höhere Stufe" gehoben) wurde, entwickelten sich innerhalb der Gesellschaft Spannungen, die bloß durch Zureden nicht gelöst werden konnten. So war es im Rückblick betrachtet wohl unvermeidlich, daß die von der Kommunistischen Partei inszenierten Massenkampagnen Intellektuelle, Industriearbeiter, Bauern und schließlich auch die Parteifunktionäre selbst in immer neue Zyklen utopischer Hoffnung und brutaler Unterdrückung verstrickten.

Dieses Buch handelt von einigen chinesischen Männern und Frauen, die in diesen Prozeß der Gewalt und der Erneuerung einbezogen waren. Ich hoffe, daß dem Leser die außergewöhnlichen Ereignisse, die oftmals lose zusammengefügt als ,,die Chinesische Revolution" dargestellt werden, durch eine Schilderung ihrer Lebensumstände nahegebracht werden können. Jeder einzelne Lebenslauf dieser Menschen hatte seine besondere Form und Aussagekraft. Sie werden darum hier nicht in Form einer ,,Gruppenbiographie" präsentiert, wie das heute oft geschieht. Ich möchte vielmehr eine Ahnung vermitteln von den schwierigen täglichen Entscheidungen, die diese Menschen zu treffen hatten; von dem verwirrenden Milieu, in dem sie wirkten; von ihrer Bedrängnis durch äußere Ereignisse, vor denen sie sich zu schützen trachteten; und ich möchte schließlich die Reaktionen ihrer Umgebung schildern, wenn sie gelegentlich ein kühner Entschluß zur Tat trieb.

Die Chinesen, die im folgenden zu Wort kommen, sind nicht die großen politischen Führer, die unser Verständnis des modernen China geprägt haben. Die Führer der nationalistischen Guomindang-Partei und kommunistische Führer wie Mao Zedong und Zhou Enlai werden zwar am Rande erwähnt, ich befasse mich jedoch vornehmlich mit solchen Personen, die nicht ausgesprochen im Mittelpunkt der Revolution standen, die aber ihre Hoffnungen und Sorgen besonders empfindsam ausdrücken konnten und deren persönliche Erfahrungen zum Verständnis der Besonderheiten jener Zeit beitragen, die sie durchleben mußten. Die Erzählung konzentriert sich im wesentlichen auf drei Personen. Der in den traditionellen konfuzianischen Schriften ausgebildete Gelehrte Kang Youwei trat für radikale Reformen ein, als die Qing-Dynastie Ende des neunzehnten Jahrhunderts ihrer Auflösung entgegenging. Er erlebte politische Fehlschläge, ging ins Exil und suchte schließlich in utopischen Spekulationen Trost für die Sorgen, die die Gegenwart ihm bereitete. Lu Xun studierte als junger Mann in Japan Medizin, wandte sich dann jedoch der Literatur zu und gab in den zwanziger Jahren am eindrucksvollsten den betrogenen Hoffnungen seiner Studenten und Landsleute Ausdruck. Ding Ling schließlich erhielt als Mädchen nach dem Fall der Qing-Dynastie eine Erziehung, die sie in die emanzipierte Welt des ,,Neuen China" führte. Sie wirkte als Autorin und politische Aktivistin und mußte auf unangenehmste Weise erfahren, wie groß die Diskrepanzen zwischen ihren eigenen schöpferischen Fähigkeiten und den Kriterien eines künstlerischen Lebens waren, die ihr nacheinander sowohl die Guomindang-Nationalisten als auch die Kommunisten auferlegten.

Die Lebenszeiten Kangs, Lus und Dings überspannen die gesamte Periode der neueren chinesischen Geschichte. Kang Youwei wurde 1858 geboren und starb im Jahre 1927, als die Kommunisten bemüht waren, bei Bauernaufständen und städtischen Streiks die Führung an sich zu reißen, und so erstmals ernsthaft mit den Nationalisten ihre Kräfte maßen. Lu Xun wurde 1881 geboren und starb im Jahre 1936, als die Kommunisten, deren Kraft offensichtlich durch die Nationalistische Partei gebrochen schien, mit dem Langen Marsch in den kargen Nordwesten Chinas ihr Überleben sicherten, während Japan zur gleichen Zeit seine Vorbereitungen zur Invasion des Festlandes abschloß. Ding Ling wurde 1905 geboren, überlebte einen Hausarrest in den dreißiger Jahren, eine „Reform durch Arbeit" in den vierziger und sechziger Jahren und einen Gefängnisaufenthalt in den siebziger Jahren und fand im Jahre 1979 zurück in die politische Hierarchie, die der stellvertretende Premierminister Deng Xiaoping neu strukturiert hatte. Ich habe diese drei zentralen Lebensgeschichten in den Rahmen einer chronologischen Geschichtsdarstellung eingefügt, in der sie ihren Widerhall in anderen Lebensläufen finden – die hier zwar nur in zweiter Linie behandelt werden, denen aber dennoch keineswegs eine geringere Bedeutung zugemessen werden sollte –, nämlich denjenigen der jungen Revolutionärin Qiu Jin, des Soldaten Shen Congwen, des jungen Marxisten Qu Qiubai, der westlich ausgebildeten Dichter Xu Zhimo und Wen Yiduo, des satirischen Erzählers Lao She und des jungen Kritikers aus den siebziger Jahren Wei Jingsheng.

Insgesamt zeigen diese Personen – und zwar so lebendig, hoffe ich, wie es auch viele tausend andere Chinesen mit ähnlichen Begabungen und Erfahrungen, die ich hier nicht ausgewählt habe, hätten tun können –, wie flexibel, wie mutig und sensibel die Reaktion der Chinesen auf die Krise unserer eigenen Zeit gewesen ist. Die Bereitschaft zu politischem Engagement, wenn dieses Engagement offensichtlich gefährlich war; der Wille zur Hoffnung, selbst wenn Hoffnung so vergeblich schien; die ungezügelte Energie und das Draufgängertum, die für das Überleben in einer zerfallenden, mörderischen Welt zum Einsatz gelangten – all dies kehrt stetig bei den Chinesen wieder, denen ich mich hier zugewandt habe, und mag dazu beitragen, die einfachen Klischees von der chinesischen Apathie oder von der Begrenztheit des chinesischen Blickfeldes auszuräumen, die so lange unser westliches Bewußtsein beherrscht haben.

Die Chinesen, deren Gedanken, Worte und Handlungen im Mittelpunkt dieses Buches stehen, waren alle mehr oder weniger Intellektuelle. Doch obwohl sie nicht unmittelbar für die Arbeiter oder Bauern sprechen konnten, waren sie doch keineswegs nur Zuschauer. Dann, wenn sich ihre Stimmen besonders grell erhoben oder wenn sie zu außergewöhnlicher Handlungsunfähigkeit verurteilt waren, hatten sie ganz sicherlich Ähnlichkeit mit dem Chor in einer griechischen Tragödie, der in Schrecken und auch Faszination die tragische Entwicklung eines Konfliktes zwischen den Sterblichen und den Göttern im Zentrum der Bühne mitanschaut, eines Konfliktes, dessen Ausgang schon seit langem allen bekannt ist. Und doch: Mögen auch die kultivierten Stimmen dieser Chinesen von Zeit zu Zeit allzu durchdringend und ihre Gesten allzu ritualisiert erscheinen, so ist ihnen doch die wesentliche Kraft zu eigen – eine Kraft, die dem traditionellen Chor verwehrt blieb: den ihnen offensichtlich zugewiesenen Raum zu verlassen und in die Mitte der Bühne vorzutreten. Oft genug hat sich bestätigt, daß diejenigen, die dies taten, früher starben als die anderen – „vor ihrer Zeit", um es einfacher zu sagen –, doch man kann nicht leugnen, daß sie oftmals eine überraschende Weisheit zeigten, die Weisheit derjenigen, die die verborgenen Regieanweisungen für dieses bestimmte Stück erkannt hatten und denen bewußt geworden war, daß in diesem Drama auch diejenigen, die am Rande stehenbleiben, nicht in Frieden gelassen werden.

Erstes Kapitel

Die Geister wachrufen

In den ersten Frühlingswochen des Jahres 1895 enterte eine Gruppe japanischer Soldaten einen chinesischen Dampfer im Nordchinesischen Meer und durchsuchte ihn. Dieser Willkürakt war beispielhaft für die Vorgänge, die sich nach dem Sieg der Japaner über chinesische Land- und Seestreitkräfte in dem kurzen Krieg von August 1894 bis Februar 1895 abspielten. In diesem Krieg, der scheinbar um die Vorherrschaft beider Länder auf der koreanischen Halbinsel geführt worden war, zeigte sich in überwältigender Weise die Schlagkraft der modernisierten japanischen Armee, die sich auf eine neu organisierte wirtschaftliche und industrielle Grundlage stützen konnte.

Einer der Passagiere des Dampfers, der Gelehrte Kang Youwei, empfand die Beleidigung der chinesischen Souveränität besonders tief. Kang hatte seit fast zehn Jahren den Hof der regierenden Qing-Dynastie in Briefen und Denkschriften beschworen, wirtschaftliche und militärische Reformen in China einzuleiten, und nun hatten sich seine schlimmsten Befürchtungen über die Folgen der Apathie der Herrschenden bewahrheitet: „Ich war außer mir vor Wut, als die Japaner unser Schiff durchsuchten," schrieb er später im Jahre 1895, „hätte der Hof auf meine Ratschläge gehört, wären uns solche Demütigungen erspart geblieben". Kangs Verärgerung war berechtigt; dennoch war es reichlich naiv von ihm zu glauben, daß das Herrscherhaus in Peking – dessen Qing-Dynastie China seit 1644 beherrschte – den Ratschlägen eines südchinesischen Lehrers und Gelehrten, der weder ein Amt in der Bürokratie innehatte noch über irgendwelche Verwandte in höheren Regierungsstellen verfügte, Beachtung schenken würde. Kang empfand jedoch sehr richtig, daß mit dem japanischen Sieg der Zusammenbruch der Dynastie nahegerückt war. Doch hätte kein Chinese gewagt, dergleichen öffentlich auszusprechen. Kang bemerkte gegenüber seinen ihn auf der Schiffsreise begleitenden Studenten der Akademie Kanton, China befinde sich nun in ähnlicher Lage wie die Türkei: Beide seien große, kranke Nationen mit stolzen Traditionen, die durch fremde, sie ausbeutende Mächte in ihrer Hilflosigkeit belassen würden.[1]

Der geschilderte Zwischenfall mit den Japanern war für Kang besonders eindrucksvoll, weil er sich auf dem Weg nach Peking befand, um sich den höchsten Staatsprüfungen für die Beamtenlaufbahn zu unterziehen. Diese Prüfungen wurden alle drei Jahre gehalten, um die besten chinesischen konfuzianischen Gelehrten für einen Dienst auf Lebenszeit im kaiserlichen bürokratischen System auszuwählen. Als Kang schließlich Peking erreichte, ließ allerdings die Wirklichkeit, der er dort begegnete, diesen Anspruch lächerlich erscheinen. Die Zellen, in denen die Prüfungen abgehalten wurden, waren verfallen und schmutzig; in der Stadt kursierten Gerüchte über Korruption und Unredlichkeiten bei der endgültigen Auswahl der Kandidaten (Beschuldigungen, die besonders in bezug auf Studenten aus Kanton erhoben wurden). Sogar die Sänftenträger, die die Studenten zu den Prüfungshallen tragen mußten, revoltierten, um eine bessere Bezahlung zu erreichen, und stahlen Getreide und andere Vorräte.[2] Peking selbst war überfüllt von menschlichem Strandgut: „Wo man auch hinsieht in Peking," schrieb Kang im Mai desselben Jahres, „alles ist voller Bettler. Heimatlose und Alte, Verkrüppelte und Kranke, um die sich niemand kümmert, sterben auf der Straße. Das geschieht täglich, und die Kutschen der hohen Beamten rumpeln unaufhörlich an ihnen vorbei. Sie sehen dem ebenso gleichgültig zu wie die lokalen Beamten in der Provinz."[3]

1895 war Kang Youwei 37 Jahre alt. In gewisser Hinsicht war seine Erziehung ähnlich verlaufen wie die vieler wohlhabender Chinesen jener Zeit. Als er zehn Jahre alt war, hatte er angeleitet von Hauslehrern und einem strengen, aber liebevollen Großvater die kürzeren konfuzianischen Klassiker auswendig gelernt, mit 15 Jahren bestand er die örtlichen Prüfungen, und in der Folgezeit bereitete er sich sorgfältig für die höheren Stufen des staatlichen Prüfungssystems vor. Im Alter von 18 Jahren wurde er mit einer von seinen Eltern ausgewählten drei Jahre älteren Frau verheiratet, mit der er als Siebenjähriger verlobt worden war. Er reiste regelmäßig zu Heiligtümern und Städten in der Umgebung von Kanton und schilderte diese Besuche in Gedichten. Ab und zu lehnte er sich gegen die erschöpfende Mühsal auf, derer es bedurfte, um den äußerst schematischen „achtfüßigen" Aufsatzstil zu beherrschen, von dem der Erfolg in den Prüfungen abhing, und zog sich dann auf das Gebiet reiner Textstudien oder in die friedliche Welt buddhistischer Meditation zurück.[4]

Gleichzeitig jedoch entwickelte sich sein Charakter in ungewöhnlicher Weise, und das Schicksal bescherte ihm außergewöhnliche Sorgen und Möglichkeiten. Während seines gesamten zehnten Lebensjahres lebte Kang Youweis Vater, an Tuberkulose erkrankt, zu Hause. So konnte Kang zu einer Zeit, in der die meisten Väter der traditionellen chinesischen Gesellschaft als Beamte dienstlich weit entfernt von ihrer Heimat lebten, jeden Tag mit seinem Vater gemeinsam verbringen. Später erschien Kang dieses Jahr 1867 „wie ein Traum". Er erinnerte sich, wie sie zusammen in einem kleinen Pavillon saßen, wie er Insekten vertrieb und alles unternahm, damit sein Vater sich wohlfühlte, wie er dessen Spazierstock holte und wie er das Becken hielt, in das sein Vater sein Leben forthustete. Kangs einziger Bruder Guangren wurde im Juli desselben Jahres geboren. Sieben Monate später starb der Vater. Kang, der älteste hinterbliebene Sohn, kümmerte sich um das Begräbnis und konnte so seine Kenntnis der konfuzianischen Riten praktisch anwenden. Gleichzeitig wurden ihm, als er seine Familie in vornehme Armut abgleiten sah, frühzeitig feine ökonomische Unterscheidungen bewußt.[5]

Im zweiten und zu Beginn seines dritten Lebensjahrzehnts befaßte sich Kang intensiv mit historischer und politischer Literatur und erlangte ein tiefes Vertrauen gegenüber seinem Schicksal und seiner Kraft, die Zukunft zu formen. „Ich entwickelte gegenüber dem gemeinen Volk ein Bewußtsein turmhoher Erhabenheit," schrieb er, „und ich fühlte mich mit den großen und guten Menschen der Vergangenheit eng verbunden."[6] Allmählich glaubte er, es sei sein Schicksal, einer der großen Weisen Chinas zu werden. Nachdem sein verehrter Großvater 1877 bei einem Unfall ertrunken war, und Kang sich einem langen Studium der buddhistischen Sutren unterzogen hatte, gelangte er zu noch tieferen Einsichten: „Einen Monat lang durchwachte ich die Nächte und ließ meine Gedanken frei umherschweifen. Um meinen Charakter zu prüfen, stellte ich mir den Himmel und die Welt der Menschen vor; ich vergegenwärtigte mir die größten Freuden und die größten Leiden, die mir widerfahren könnten. Zuerst bedrängten wilde Vorstellungen dämonengleich mein Bewußtsein, doch später ließen die Alpträume nach und meine Seele fühlte sich erhaben, sorglos und leicht."[7] Solche Freiheit des Denkens vermittelte Kang ein wachsendes Gefühl gesellschaftlicher Verantwortlichkeit: „Wenn ich mir Elend und Mühsal im menschlichen Leben vorstellte, glaubte ich, daß der Himmel mich mit der Intelligenz und den Fähigkeiten ausgestattet habe, die Menschen zu erretten. Ich empfand Mitleid und Mitgefühl gegenüber den Menschen in der Gesellschaft und betrachtete es als meine Sendung, an weltlichen Angelegenheiten mitzuwirken."[8] 1879 besuchte Kang erstmals Hongkong, das seit 1842 britische Kronkolonie war, und zeigte sich besonders beeindruckt von der „Eleganz der ausländischen Gebäude, der Sauberkeit der Straßen und der Leistungsfähigkeit ihrer Polizei". Der so positive Eindruck, den der in Hongkong sichtbare westliche Einfluß auf ihn hervorgerufen hatte, wurde noch bestärkt bei einem Besuch der blühenden Weltstadt Shanghai, die, nachdem England im Opiumkrieg 1839 bis 1842 China besiegt hatte, zum internationalen Vertragshafen erklärt worden war. Kang begann Übersetzungen westlicher wissenschaftlicher Bücher zu lesen und entwickelte Pläne, China mit Hilfe westlicher politischer und wirtschaftlicher Vorstellungen zu retten.[9]

Viele chinesische Gelehrte hatten sich bereits mit Plänen befaßt, durch eine bedingte Übernahme westlicher Technologie auf militärischem, industriellem und naturwissenschaftlichem Gebiet die „eigene Wiedererstarkung" Chinas zu erreichen. Kang griff diese Initiativen auf und ging über sie hinaus in das Reich seiner eigenen Visionen. Als er 1895 nach Peking reiste, hatte er eine außergewöhnliche Mischung aus Ideologie und Praxis entwikkelt. Er hatte Briefe und Bittgesuche an die Bürokratie und an den Kaiser verfaßt, in denen er auf den Ausbau des Eisenbahnnetzes und auf militärische Reformen drängte. Er hatte gegen den Entschluß der Kaiserinwitwe Cixi protestiert, das für Chinas militärische Verteidigung so dringend benötigte Geld für ihre eigenen Paläste auszugeben. Er hatte lokale militärische Organisationen aufgebaut, um Banditen zurückzuschlagen. Schließlich hatte er Vereinigungen gegründet, deren Ziel darin bestand, die Sitte des Fußbindens zu beenden.* In mehreren von ihm gegründeten privaten Akademien – er suchte ständig größere Räumlichkeiten in Kanton und zog von einer Straße in die andere um, bis er schließlich für zehn Jahre Teile eines konfuzianischen Tempels mieten konnte und damit Raum, Prestige und Kontinuität in dem von ihm gewünschten Maße erworben hatte – hatte Kang eine Gruppe eifriger Studenten um sich versammelt. Diese jungen Männer wurden in konfuzianischer Gelehrsamkeit unterrichtet, die ihnen bei Fleiß und Ausdauer zu Erfolg in den nationalen Beamtenprüfungen verhelfen sollte. Gleichzeitig halfen sie Kang bei den Forschungen, die die Grundlage seiner innovativen und bilderstürmerischen Studien des konfuzianischen Dogmas bildeten. Diese Forschungen gipfelten in dem Werk *Eine Studie über Konfuzius als Reformer,* das Kang zwischen 1886 und 1889 niederschrieb. Es sollte unter anderem offenlegen, daß in den ursprünglichen, von Konfuzius verfaßten Texten, bevor sie von späteren Autoren verfälscht worden waren, ein Glaube an die Notwendigkeit von Wandel und Entwicklung verborgen war. Eine solche Interpretation bedeutete, daß es für die durch die westlichen Mächte eingeführten institutionellen und wissenschaftlichen Neuerungen in der chinesischen Tradition bereits Vorbilder gab, so daß sie nicht kurzerhand zurückgewiesen werden konnten in dem Bestreben, eine ursprüngliche chinesische „Reinheit" zu bewahren.[10]

Zwar kritisierten einflußreiche Gelehrte aus Kanton und anderen Orten diese Arbeiten in, wie Kang äußerte, „bösartiger und unerträglicher Weise", seine eigenen Studenten jedoch hielten ihn für einen glänzenden und anregenden Lehrer, der unaufhörlich ihre Sicht der Dinge änderte. Kang wiederum war sehr auf das Ansehen bedacht, das ihm durch seine begabten Anhänger erwuchs. Er suchte öffentlich nach entschlossenen Männern, die ihm bei der großen Aufgabe, „seine Ideale zur Reife" zu bringen, beistehen konnten, und er trauerte um diejenigen, die frühzeitig starben, fast so, als hätten sie seiner eigenen Familie angehört.[11] Mit seinen Schülern betrieb er Studien, die die Strukturen konfuzianischer Gelehrsamkeit durch westliche Wissenschaften ergänzten. Er förderte ein breites Spektrum lebhafter Spekulationen, deren Ursprünge in buddhistischen Lehren und in den Randbereichen westlicher Astronomie lagen. Kangs Verständnis der Relativität von Größe (das er durch mikroskopische Beobachtungen erlangt hatte) und sein Verständnis der Relativität von Geschwindigkeit (zu welchem ihn sein Studium der Elektrizität und der Lichtgeschwindigkeit geführt hatte) ließen ihn zum einen über Möglichkeiten unendlicher Unterteilung und unendlicher Ausbreitung

*Das Fußbinden wurde in China im elften Jahrhundert eingeführt. Man bandagierte die Füße junger Mädchen eng mit Stoff, so daß sie klein blieben. Kleine Füße hielt man für erotisch anregend. Trotz der Schmerzen, die sie verursachte, wurde diese Sitte im 19. Jahrhundert überall in China praktiziert.

spekulieren und führten ihn zum anderen zu der unbegrenzten Vielfalt der Dinge und schließlich zu der, wie er es nannte, ,,Mischung und Wechselwirkung von Ureinflüssen, in welchen man bereits die Morgendämmerung des Jahrtausends vorhersehen kann". Er faßte den Inhalt seiner Lehre und den persönlichen geistigen Kontext, in dem er sie ansiedelte, Ende des Jahres 1895 zusammen:

,,Auf dem Weg, den wir befolgten, faßten wir die ursprüngliche Kraft als das Wesen aller Dinge auf und sahen die Anteile von Yin und Yang als bestimmend für deren Wirkungsweise an. Da alle grundlegenden Prinzipien der Existenz Yin- und Yang-Merkmale haben, kann man in der Natur acht grundlegende Entsprechungen vorfinden: Wärme und Kälte in der Atmosphäre, Anziehung und Abstoßung in der Energie, Festes und Flüssiges in der Materie, eckige und runde Gestaltungen in der Form, weiße und schwarze Farben im Licht, Harmonie und Dissonanz in den Tönen, männliches und weibliches Geschlecht bei den Körpern, und in der Seele geistige und empfindende Komponenten.

Ich glaubte, daß andere Welten in anderen Universen, in anderen Milchstraßensystemen existieren – Welten, gleich unserer Erde, Welten, die unserem physischen Selbst entsprechen, Welten der Seele und Welten innerhalb unserer Blutkörperchen. Dies sind die Korrelationen der Welten. Wenn ich mich daher über die Welt ausließ, so näherte ich mich diesem Thema über Begriffe wie Mut, Schicklichkeit, Rechtschaffenheit, Weisheit und Güte. Wenn ich mich über die Weisen der Vergangenheit ausließ, befaßte ich mich damit vom Standpunkt der drei historischen Ebenen. Wenn ich in die Zukunft voraussah, stützte ich meine Ansichten auf das Konzept der drei Stadien menschlicher Entwicklung. Ich machte den Begriff Güte zum Mittelpunkt meiner Philosophie, die darin bestand, dem Willen des Himmels dadurch zu folgen, daß man durch den Zusammenschluß aller Nationen, Rassen und Religionen Einigkeit auf Erden schafft. Ich stellte weiterhin Vermutungen an über Veränderungen der Sprache, der Schrift, der Speisen und Getränke, der Kleidung und der Wohngebräuche der Menschheit, nach der Vereinigung der Welt, und ich dachte über die Gleichberechtigung für Männer und Frauen nach und über allgemein gültige Gesetze, so daß schließlich für alle Menschen ein Paradies auf Erden geschaffen werden könnte.

Meine Gedanken gingen noch weiter. Ich stellte mir die Zustände in fünfhundert oder tausend Jahren vor; von welcher Art die Welt der Zukunft sein würde; welche Veränderungen in der Seele und in der Anatomie der Menschen und in der Kommunikation mit dem Mond und mit den Sternen stattgefunden haben würden. Ich dachte nach über klimatische Bedingungen, Objekte, Lebewesen, Regierungen und Kulturen, Musik und Literatur, Wohnungen und Speisen, die auf anderen Sternen und in anderen Welten existieren könnten, und ich fragte mich, ob entfernte Universen auf ihrer natürlichen Bahn verweilen oder davon abweichen könnten und ob sie dann weiterleben oder sterben würden. Meine Gedanken drangen tief ein in die

Geheimnisse und in die Unendlichkeit von Raum und Zeit. Ich sammelte die tiefgründigen und unverständlicheren Aussagen der Klassiker und anderer philosophischer Werke; ich untersuchte Konfuzianismus und Buddhismus nach versteckten Absichten, befaßte mich mit neuen in China und im Westen entwickelten Gedanken, ging der Entwicklung von Mensch und Natur nach, verglich die Ziele verschiedener Religionen miteinander, brütete über Weltkarten, blickte zurück auf Gegenwart und Vergangenheit, um den Plan der Zukunft zu erkennen . . .

Täglich stand die Idee der Errettung der Gesellschaft zuoberst in meinen Gedanken. In jedem Augenblick war die Errettung der Gesellschaft mein Lebensziel, und ich war entschlossen, mich für dieses Ziel zu opfern. Weil eine unendliche Zahl von Welten, große und kleine, existierte, konnte ich nur diejenigen trösten und versuchen zu erretten, die auf der Welt, in die ich geboren war, lebten, die ich auf meinem Weg antraf und mit denen ich zufällig bekannt werden konnte. Ich wollte sie täglich ansprechen und hoffte, daß sie mir zuhörten. Dies war mein Leitprinzip und mein Ziel."[12]

Die vielen tausend übrigen Prüfungskandidaten, die sich in Peking im Frühjahr 1895 aufhielten, mögen zwar diese langfristigen Träume für die Welt nicht in ihrer ganzen Weite geteilt haben, sie teilten jedoch mit Kang Youwei ein Gefühl der Dringlichkeit angesichts der mißlichen Lage Chinas und ein Empfinden tiefster Demütigung und Frustration. Diese Männer – Zwanzigjährige bis hin zu Mittfünfzigern, denn es dauerte oft Jahrzehnte, um die höchsten Prüfungen zu bestehen, und Kang Youwei war mit seinen 37 Jahren keineswegs als alt anzusehen – waren in einer Zeit aufgewachsen, in der China eine scheinbar endlose Reihe von Niederlagen hinnehmen mußte. Bevor die chinesischen Armeen 1895 von den Japanern besiegt wurden, waren sie 1842 den Briten unterlegen, 1856 und 1860 den vereinten Truppen der Franzosen und der Briten und 1884 wiederum den Franzosen. Seit mehr als dreißig Jahren hatten Beamte, die durch ihren Rang dazu berechtigt waren, „Denkschriften" eingereicht – sorgfältig formulierte, dem Kaiser übermittelte Staatsdokumente, in denen politische Empfehlungen vorgebracht werden konnten – und in diesen verschiedene Wege aufgezeigt, wie man der ausländischen Bedrohung begegnen könne. Einige dieser Empfehlungen, wie Waffenherstellung, Fremdsprachenunterricht, die Entsendung chinesischer Studenten ins Ausland und der Bau von Dampfschiffen, waren, wenn auch ungern, bis zu einem gewissen Ausmaß verwirklicht worden. Der Fortschritt war jedoch langsam, denn die traditionelle Bürokratie hätte sich zwar anpassen können, sie betrachtete jedoch Veränderungen ganz allgemein als der guten Ordnung abträglich. Die Kaiserinwitwe Cixi, die, während ihr Neffe Guangxu heranwuchs, fünfzehn Jahre lang als Regentin wirkte, war zwar sehr bemüht, das Herrscherhaus der Mandschu durch Stärkung seiner wirtschaftlichen Grundlagen und durch eine feindliche Haltung gegenüber den westlichen Mächten zu kräftigen, sie konnte es sich jedoch nicht leisten, die höheren Mitglieder ihrer Bürokratie, ob es sich nun um Chinesen oder Mandschuren handelte, zu brüskieren.[13]

So geduldig und zurückhaltend die neue Generation konfuzianischer Gelehrten-Studenten auch gewesen sein mag – als schließlich am 15. April 1895 die Bedingungen des zwischen China und Japan ausgehandelten Friedensvertrages von Shimonoseki in Peking per Telegramm bekannt wurden, konnten sie nur mit Erstaunen und Verärgerung reagieren: China war gezwungen worden, sowohl den südlichen Teil der Mandschurei als auch Taiwan an die Japaner abzutreten, und hatte zugestimmt, eine ungeheure Entschädigungssumme im Wert von zweihundert Millionen Silberunzen zu zahlen. Außerdem wurde der japanischen Industrie der Zugang in das reiche Jangtse-Tal eröffnet. Kang Youwei und einige enge Freunde brachten nur Stunden, nachdem sie diese Neuigkeiten gehört hatten, eine Petition in Umlauf, und drängten darauf, den Vertrag zurückzuweisen. Innerhalb weniger Tage hatten sie eine fast achtzehntausend Schriftzeichen umfassende Erklärung an den Kaiser in Form einer Denkschrift aufgesetzt, die von über tausend Examenskandidaten aus allen achtzehn Provinzen Chinas mitunterzeichnet wurde. Überfüllte Versammlungen in einem Tempel in Peking, eilige Verhandlungen mit höheren Beamten, Menschen, die vor den Regierungsämtern in langen Schlangen geduldig anstanden, um ihre Gefühle zu bekunden, der Wille der Studenten, sich öffentlich zu einer regierungsfeindlichen Haltung zu bekennen, obwohl sie an den Regierungsprüfungen teilnahmen – alle diese Ereignisse waren, wie es ein zeitgenössischer Beobachter ausdrückte, Äußerungen eines Patriotismus und Offenbarungen von Gefühlen, wie man sie in China noch nie erlebt hatte. In seinen Memoiren schreibt Kang: „Niemals zuvor im Lauf dieser Dynastie ist es vorgekommen, daß sich mehr als tausend Menschen auf diese Art und Weise versammelt haben." Und Liang Qichao, ein enger Freund und früherer Student Kang Youweis, der ihn auf dem Dampfer begleitet hatte, als sie von den Japanern aufgebracht wurden, und der Tag und Nacht sechsunddreißig Stunden lang Abschriften des gigantischen Schriftstückes anfertigte, meinte, daß sich sein gesamter Lebensinhalt verändert habe. Sein Bruder schrieb über ihn: „Man kann sagen, daß mit jenem Zeitpunkt seine Studentenzeit beendet war."[14]

Das von Kang verfaßte Schriftstück enthielt einen Aufschrei nach Veränderungen. Es richtete sich zum einen an den jungen Kaiser Guangxu, zum anderen an dessen sechzigjährige Tante, die Kaiserinwitwe Cixi, die viel von der tatsächlichen Macht im Staate in Händen hielt, und schließlich an die höheren Beamten am Hofe der Qing-Dynastie. Kang Youwei und seine Mitunterzeichner verlangten, wenn auch mit äußerst vorsichtigen Worten, eine vollkommene Umwandlung des Wirtschafts- und Erziehungssystems in China. Nachdem Kang auf die verschiedenen Niederlagen hingewiesen hatte, die das 19. Jahrhundert in China so trübe gestaltet hatten, deutete er auf Chinas Geschichte, in der er ein ermutigendes Zeichen gefunden habe, dem es in Zukunft zu folgen gelte. In der Vergangenheit, so schrieb er, hätten die geschicktesten Kaiser die Gesetze und Sitten ihres Landes niemals für unwandelbar gehalten. Im Gegenteil, die Begründer der Han-Dynastie (206 v. Chr.), der Ming-Dynastie (1368 n. Chr.) und der Qing-Dynastie (Mitte des 17. Jahrhunderts) hätten sich den neuen Umständen durch Gründung neuer Institutionen angepaßt, und sie hätten neue Leute eingestellt, die bisher außerhalb der herkömmlichen Bürokratie gestanden hatten. Die Japaner waren während der dramatischen Reformen der Meiji-Restauration der sechziger und siebziger Jahre ähnlich verfahren.

Solche Mitarbeiter und eine solche Anpassungsfähigkeit der Institutionen würden „die Geister des Landes wachrufen", schrieb Kang. Ebenso würde eine Verlegung der Hauptstadt weg von Peking „die Grundlagen des Landes stärken". Peking sei hoffnungslos verwundbar; es läge für eine problemlose Verteidigung zu nahe am Meer und zwänge den Kaiser andauernd zu törichten Zugeständnissen gegenüber ausländischen Mächten. „Um dieses unbedeutende Zehn-Meilen-Geviert einer Stadt zu erhalten, haben wir tausende von Meilen an Hoheitsgebiet aufgegeben." Frühere Kaiser hätten bestimmte Institutionen verändert und auch die Hauptstadt verlagert, sobald strategische Gesichtspunkte dies erforderlich machten. Kang glaubte, daß die Stadt Xian in der Provinz Shaanxi für den Hof der Qing-Dynastie um 1890 von allen möglichen Orten im hohen Norden, Süden oder weiten Westen am besten geeignet sei. In diesem Inlandzentrum der Macht, das einst der Stützpunkt der Qin-Dynastie (im dritten Jahrhundert v. Chr.) und der Ort der großartigen Hauptstadt Changan während der Sui- und T'ang-Dynastien (zwischen dem sechsten und neunten Jahrhundert) gewesen war, könnten von Grund auf neue chinesische Armeen aufgestellt werden und Handels- und Transportstraßen in natürlich geschützten und abgelegenen Schlupfwinkeln wiedereröffnet werden, in die japanische Truppen niemals wagen würden vorzudringen.[15]

In einem anderen Teil seines Schriftstücks, den Kang mit „Vermehrung der Macht des Landes" überschrieb, drängte er darauf, zum Ideal des „Volkes unter Waffen" zurückzukehren, das ein Prinzip früherer chinesischer Regierungen gewesen sei und das nun die Erfolgsgrundlage der westlichen, an den Atlantik grenzenden Länder darstelle. Der Qing-Staat benötige eine bessere Berufsarmee mit kräftigen jungen Soldaten (wie es der Kaiser Kangxi zweihundert Jahre zuvor bereits vorgeschlagen hatte, schrieb Kang), die sich mit lokalen Milizen zu einem wirklich schlagkräftigen Militärsystem verbinden ließen. Die Truppen einer auf diese Weise neubelebten Armee sollten sich auf die beste militärische Technologie stützen: die chinesische Infanterie sollte über kleine Waffen und Gewehre verfügen wie die deutsche Mauser, den französischen Chasseur, die britische Martini und die amerikanischen Hotchkiss und Remington. Die chinesische Artillerie solle schwere Geschütze von der Qualität der bei Krupp produzierten Waffen besitzen. Was China zunächst nicht selbst herstellen könne, solle eher zu vernünftigen Wettbewerbspreisen – beispielsweise auf dem internationalen Waffenmarkt in Hongkong – erstanden werden, als zu überhöhten Preisen im eigenen Lande. Die Chinesen sollten wissen, wie rasch sich militärische Technologie verändere: Im preußisch-französischen Krieg von 1870/71 hatte man Gewehre benutzt, die zehn Schuß pro Minute feuerten; in dem Konflikt zwischen Rußland und China in den achtziger Jahren hatte man Gewehre eingesetzt, die dreißig Schuß in der Minute abgeben konnten, und jetzt verfügten die Japaner (wie die Chinesen aus eigener Erfahrung wußten) über Schußwaffen, die sechzig Schuß pro Minute feuern konnten. Wenn China selbst nicht genügend technisch ausgebildetes Personal aufbringen könne, solle man die vier Millionen Überseechinesen in Südostasien ansprechen; sie empfänden Chinas Demütigung weit deutlicher, weil sie diese von außen mitansehen müßten, jedoch in ihrem Herzen Chinesen geblieben seien, und würden darauf bedacht sein, Chinas verlorenes Prestige wiederzugewinnen.[16]

Für konservative Beamte der Bürokratie, auch für diejenigen, die mit den seit dreißig Jahren vorgebrachten Argumenten der Reformer vertraut waren, mußten bereits diese einleitenden Abschnitte der Denkschrift bestürzend genug sein. Kang wies jedoch darauf hin, daß sie tatsächlich nur als Vorspiel aufzufassen seien, als vorübergehender Notbehelf in Reaktion auf den Druck des Feindes. Die einzige Hoffnung für die Zukunft Chinas läge in einem umfassenden „Programm der eigenen Wiedererstarkung", das die grundlegenden Strukturen der Regierung des Landes reformiere. „Wenn Gegenstände alt werden, brechen sie. Wenn Institutionen altern, werden sie korrumpiert." Daher müsse der Kaiser in zumindest sechs Bereichen von grundsätzlicher Bedeutung mutig handeln. Erstens: die Qing-Regierung müsse die Steuern erhöhen und mehr öffentliche Einnahmen aufbringen. Gegenwärtig betrügen die jährlichen Einkünfte der Regierung lediglich siebzig Millionen Unzen Silber. Diese Summe sei völlig ungenügend. Es würde beispielsweise drei Jahre lang jede Unze des gegenwärtigen Jahreseinkommens von siebzig Millionen benötigt werden, um allein den japanischen Forderungen nach Kriegsentschädigung nachzukommen. Wenn man reiche Landbesitzer und Kaufleute heranziehe und Staatsbanken und ausgedehnte Transportsysteme entwickele, gebe es keinen Grund, warum Chinas Einkünfte jährlich nicht mehr als hundert Millionen Unzen Silber betragen könnten. Zweitens: China müsse ein nationales Eisenbahnnetz entwickeln, das der nationalen Verteidigung, der Erschließung der Grenzregionen und der Belebung des Handels dienen solle. Drittens: die Qing-Regierung müsse die Maschinenbauindustrie fördern und die Schiffahrt entwickeln. Viertens: China müsse seine eigenen ungeheuren Bodenschätze ausbeuten, wie beispielsweise das Kupfer in Yunnan, die Kohle- und Eisenfelder in Shanxi und Guizhou, das Blei in Shandong und Hubei, das Zinn in Jiangxi und Hunan sowie die reichen Mineralvorkommen von Sichuan: denn „wenn wir sie nicht erschließen, werden es andere tun". Fünftens: das chinesische Währungssystem müsse vereinheitlicht und stabilisiert werden. Sechstens müsse ein funktionierendes nationales Postsystem aufgebaut werden.[17]

An dieser Stelle räumte Kang vorsichtig ein, daß diese sechs Reformen zwar die Nation stärken würden, allein genommen jedoch nicht ausreichend seien, das Leiden der Armen Chinas zu lindern: „China hatte in der Daoguang-Regierungsperiode (1820–1850) mehr als vierhundert Millionen Einwohner. In den blühenden Jahrzehnten danach* hat die Bevölkerung weiter zugenommen. Unsere Industrie und unser Handel haben sich jedoch nicht entwickelt; das Leben der Menschen wurde zunehmend von Schwierigkeiten und Einschränkungen geprägt. Einige wanderten in andere Länder aus, um dort als Sklaven zu leben, und andere blieben zuhause, wurden aber Räuber, die über die Dörfer des Landes herfallen. Zwar greifen die Fremden momentan nicht an, unsere inneren Probleme sind jedoch nichtsdestoweniger schwerwiegend. Unsere Nation gründet sich auf Menschen – wenn wir nicht wissen, wie wir diese Menschen ernähren können, zerstören wir unsere eigene Grundlage."[18]

So leitete Kang zum letzten Teil seiner Denkschrift über, den er als vierteiliges Programm zur „Unterstützung des Lebensunterhaltes der Bevölkerung" bezeichnete. Die Landwirtschaft müsse nach anspruchsvollsten Maßstäben entwickelt werden, wenn China sich auf einem wettbewerbsorientierten Weltmarkt behaupten wolle, wo selbst chinesische Massengüter wie Seide von italienischen, französischen und japanischen Herstellern herausgefordert würden, während Tee erfolgreich in Indien und Ceylon produziert werde. China müsse landwirtschaftliche Kooperativen gründen und Ausbildungszentren einrichten, um die Fertigkeiten der Landbevölkerung auf ein höheres Niveau zu heben, um alternative Erwerbsmöglichkeiten in der Wald- und Fischereiwirtschaft zu erschließen und um die Möglichkeit der Herstellung neuer Produkte zu prüfen. Die chinesische Industrie solle von den westlichen Entwicklungen der Dampfschiffe, der Eisenbahn und des Telegraphen lernen, die die westliche Macht in den zurückliegenden Jahrzehnten so sehr gestärkt hätten. Sie solle dabei über das recht begrenzte Interesse an Neuerungen hinausgehen, das in den sechziger und siebziger Jahren von konfuzianischen Staatsmännern wie Zeng Guofan geäußert worden war, und sich statt dessen auf den Aufbau von Zentren für die höhere Ausbildung in moderner Technologie konzentrieren. Solche Zentren wiederum würden Studenten mit guter Ausbildung in Mathematik und Mechanik anziehen. Das konstruktive Zusammenspiel von Erfindergeist und Ausbildung erscheine in den Vereinigten Staaten am offenkundigsten, da dort jährlich dreizehntausend neue Patente für industrielle Erfindungen vergeben würden, im Vergleich zu etwa einhundert in Rußland.[19]

Im Außenhandel müsse China offensichtlich dem Wettbewerb von seiten des Westens und Japans begegnen, indem es seine eigenen Produkte verbessere, einheimische chinesische Handelsgesellschaften fördere, kaufmänni-

* Eine recht euphemistische Bemerkung angesichts des Bürgerkriegs und der Kriege gegen fremde Staaten, die die Qing seit 1839 zerrüttet hatten.

sches Vorgehen des Westens studiere, westliche kaufmännische Literatur übersetze und die Ausbildung in ,,Händlerfähigkeiten" vorantreibe. China könne die verheerenden Folgen des Opiumhandels nicht ewig als Entschuldigung für seine Erfolglosigkeit auf ausländischen Märkten heranziehen, denn der Import von Textilien sei weit mehr für Chinas rückläufige Zahlungsbilanz verantwortlich als das Opium selbst. In einer für offizielle chinesische Dokumente beispiellosen Hymne auf die westliche Technologie zählte Kang dem Kaiser als Beispiel einige Güter auf, die China um 1890 vom Westen bezog: ,,Außer den 53 Millionen Unzen Silber, die wir für ausländische Baumwollstoffe ausgeben, kaufen wir Dinge des alltäglichen Gebrauchs wie Stoffe aus schwerer Seide, Satin, Wolle, feiner Seide, Gaze und Filz; Regenschirme, Lampen, Farbe, Koffer und Schachteln; Porzellan, Zahnbürsten, Zahnpulver, Seife und Lampenöl. An Lebensmitteln kaufen wir Kaffee, Zigarren von den Philippinen und aus Havanna, Zigaretten und Zigarettenpapier, Schnupftabak und Alkohol; Speck, Trockenfleisch, Kuchen, Süßigkeiten und Salz; Medikamente in flüssiger Form, als Pillen oder Pulver sowie auch getrocknete und frische Früchte. Wir kaufen auch Rohmaterialien wie Kohle, Eisen, Blei, Kupfer und Zink; hölzerne Gegenstände, Uhren, Armbanduhren, Sonnenbrillen, Thermometer, Barometer, elektrische Lampen, Klempnerzubehör, Spiegel, Fotoplatten und andere erheiternde oder geistreiche Kleinigkeiten. Je mehr Haushalte diese Dinge bekommen, um so mehr Menschen verlangen danach, so daß diese Gegenstände bis nach Xinjiang und Tibet vorgedrungen sind."

China müsse dieser Verschwendung durch die Entwicklung einer eigenen industriellen Grundlage Einhalt gebieten.[20]

In seinen Vorschlägen, wie man den Armen in den ländlichen Gebieten Chinas helfen könne, erwähnte Kang einige ausländische Beispiele – von Sibirien über den Missisippi bis hin zu Borneo, Brasilien und Kanada – für Umsiedlungsprogramme (entweder strafrechtlich erzwungene oder freiwillige und geschäftlich motivierte), die die Chinesen dazu bringen sollten, ihre eigenen Grenzgebiete zu kolonisieren. Eine solche Politik würde das unter den Ärmsten Chinas weitverbreitete Verhaltensschema, nach Übersee auszuwandern, umkehren, das in den Vereinigten Staaten zur Ausbeutung von Kuliarbeit geführt hatte* und in Australien und Südostasien zur Vertreibung von Chinesen aus ihren Wohnungen und Arbeitsstellen. Kriminelle sollten durch Arbeit rehabilitiert werden, und für Behinderte und Schwerkranke sollte ein Heimsystem entstehen.

Kang beendete sein ausführliches Schriftstück – angemessen für einen Examenskandidaten – mit einem weiten Überblick über die Probleme des chinesischen Erziehungssystems, angefangen bei der geschraubten Formulie-

* Die erste einschränkende Maßnahme gegen die Einwanderung chinesischer Arbeiter in die Vereinigten Staaten war 1882 von Präsident Chester A. Arthur veranlaßt worden und wurde 1892 von Präsident Benjamin Harrison noch verschärft.

rung der Examensprosa bis hin zu der unzulänglichen Bewilligung von Geldern für die Bibliotheken. Wieder stützte er sich auf zahlreiche Beispiele ausländischer Staaten wie Indien, England, Deutschland und Japan, doch er beteuerte auch, als sei ihm bewußt geworden, daß er zu viele seiner Argumente von ausländischen Beispielen ableitete, nochmals entschieden die konfuzianischen moralischen Werte und ihre unerläßliche Bedeutung für das Überleben eines kraftvollen China. Kang, selbst ein herausragender konfuzianischer Gelehrter (wenn auch einer, der für seine bilderstürmerische und exzentrische Art bekannt war), empfahl sogar, der Kaiser möge die Entsendung ausgezeichneter konfuzianischer Gelehrter in den Westen fördern, um auf diese Weise den offensichtlich nicht zu bremsenden Strom westlicher Missionare, die entschlossen waren, die Chinesen zum Christentum zu bekehren, zu erwidern. Kang war sich dessen zwar nicht bewußt, aber fast genau zweihundert Jahre früher hatte schon Leibniz, ganz erfüllt von seiner Begeisterung für chinesische konfuzianische Werte, eine ähnliche Empfehlung ausgesprochen. Kang ging jedoch weiter als Leibniz und schlug vor, die Chinesen sollten nicht allein die Lehre des konfuzianischen Weges verbreiten, sondern auch versuchen, bedeutende konfuzianische Akademien in Übersee zu gründen. Jedem Gelehrten, der mehr als tausend Studenten für eine solche Institution gewinnen könne, solle, so meinte Kang, der erbliche Adelstitel verliehen werden.[21]

Diesem offenen und originellen Schriftstück war ein wechselvolles Schicksal beschieden. Der einflußreiche Beamte Sun Yuwen, der 1895 gleichzeitig Groß-Rat und Präsident des Kriegsministeriums war, unterstützte die Ratifikation des Vertrages mit Japan und war angeblich auch eine führende Persönlichkeit unter den korrupten Elementen in der Bürokratie. Er wandte sich offen gegen studentische Unterzeichner der Kangschen Denkschrift und sandte Agenten aus, um Gerüchte zu verbreiten, die weitere Studenten von der Unterschrift abhalten sollten. Er ließ auch große Plakate anfertigen und auffällig in Peking anschlagen, die diejenigen, die sich gegen den Vertrag stellten, kritisierten. Als Kang dann am 2. Mai seine Denkschrift dem Zensoramt vorlegte, dem Amt, das befugt war, dem Kaiser Schriftstücke zu übermitteln, weigerte sich das Personal, es zur Weiterleitung anzunehmen. Die Unterzeichner wurden jedoch offensichtlich nicht direkt bestraft, denn viele von ihnen, auch Kang Youwei, bestanden die höchsten Prüfungen, obgleich ihre Namen den Behörden bekannt waren. Ende Mai legte Kang eine erweiterte Fassung der Denkschrift vor. Diesmal erreichte sie den Kaiser. Er las sie Anfang Juni und befahl, Abschriften davon anzufertigen und diese unter seinen höheren Beamten in Umlauf zu bringen. Eine Abschrift sandte er auch der Kaiserinwitwe zu und befahl, eine weitere Kopie in der Thronhalle aufzubewahren. Ermutigt durch diese günstige Aufnahme reichte Kang im Juli noch eine zweite ausführliche Reformschrift ein, die jedoch nach einer Reihe verzögernder Schachzüge seitens konservativer Beamter aufgehalten wurde und den Kaiser niemals erreichte.

Kang blieb noch drei Monate in Peking und fuhr fort, auf jede ihm mögliche Art und Weise auf Modernisierung und Reform zu dringen. Er druckte ein Nachrichtenblatt, das für die älteren Beamten der Hauptstadt bestimmt war und Informationen über ausländische Entwicklungen im Erziehungswesen sowie auf dem Gebiet des Militärs und der Politik vermittelte. Er gründete eine „Gesellschaft zum Studium nationaler Erstarkung"; er führte eine längere Unterredung mit dem Privatlehrer des Kaisers, der als reformfreundlich galt; er traf sich mit dem einflußreichen britischen Missionar und Reformer Timothy Richard; er sammelte ausländische Bücher von britischen und amerikanischen Geistlichen in Peking; und als er mit Entsetzen feststellte, daß es im Bücherviertel von Peking nicht eine einzige gute Weltkarte gab, sandte er einen Freund nach Shanghai, um weitere westliche Unterlagen zu kaufen. Diese Aktivitäten erscheinen zwar nicht außergewöhnlich, sie waren jedoch in vielen politischen Kreisen unpopulär, und im Oktober sah sich Kang aufgrund zunehmender Drohungen, ihn als Unruhestifter zu verfolgen, schließlich gezwungen, Peking zu verlassen. Einziger sichtbarer praktischer Erfolg dieser arbeitsreichen Monate war, daß es einer Empfehlung Kangs gelang, alle bürokratischen Kanäle zu durchwandern, und sie schließlich in die Tat umgesetzt wurde. Kang hatte den schmutzigen und ungepflegten Zustand der Straßen in Peking beschrieben (tatsächlich hatte er anschaulich über die Leichen der Verhungerten und Bettler berichtet), und er erreichte es schließlich, daß dem Kaiser eine ausführliche Denkschrift zu diesem Thema übermittelt wurde. Der Kaiser genehmigte Instandsetzungsarbeiten, aber der Befehl wurde von einem Ausschuß im Arbeitsministerium, das für diese Dinge zuständig war, aufgehalten. Als es den Befehl widerwillig weitergab, wurde er wiederum durch einen lokalen Beamten im Zensorat zurückgehalten. Als dann endlich etwas unternommen wurde, setzte man nur einen kleinen Teil außerhalb des Xuanwu-Tores instand.[22]

Eine weitere Idee Kangs wurde in recht ungewöhnlicher Art aufgegriffen von einem Mann, dem Kang äußerste Abneigung entgegenbrachte und den er als „arroganteste Person in der Regierung" gebrandmarkt hatte, nämlich von dem Zensor Chu Chengbo. Chu, der möglicherweise von Kangs Idee, die Überseechinesen in den Dienst des Staates zu stellen, beeinflußt worden war, übersandte im Juli 1895 eine Denkschrift, in der er den Kaiser bat, den chinesischen Händlern zu erlauben, die von der Regierung in den letzten dreißig Jahren erbauten Speicher und Werften zu übernehmen und diese nach neuen kaufmännischen Prinzipien zu führen. In einer enthusiastischen Erwiderung vom August 1895 teilte der Kaiser mit, daß den Chinesen in Südostasien, Australien und dem Westen der Vereinigten Staaten erlaubt werden solle, Syndikate zu bilden, um diese Unternehmungen fortzuführen, indem sie entweder die Staatsbetriebe pachteten oder direkt käuflich erwarben. Es solle ihnen auch zugestanden werden, neue Fabriken zu gründen und dafür, falls sie dies wünschten, chinesische Regierungskredite in Anspruch zu nehmen. „Alles soll entsprechend den Sitten der fremden Länder ausgeführt werden," erklärte der Kaiser, „wo man den kaufmännischen und Handel treibenden Schichten zugesteht, nach ihrem Gutdünken zu verfahren." Zwar war der Gedanke, sich der Überseechinesen zum Nutzen des Staates zu bedienen, nicht völlig neu, höchst ungewöhnlich war jedoch, daß er so stürmisch und begeistert aufgenommen wurde. In den darauffolgenden Jahren drängte der Hof der Qing die Überseechinesen systematisch dazu, große Summen an fremdem Kapital in das Land zu bringen, um die junge chinesische Industrie auszubauen.[23]

Eine gänzlich andere Einstellung gegenüber den Überseechinesen vertrat Sun Yatsen. Sun war acht Jahre jünger als Kang und war ebenfalls in der Nähe von Kanton geboren. Er entstammte jedoch wirtschaftlichen und gesellschaftlichen Verhältnissen, die von denen Kangs durch Welten getrennt waren. Sun wuchs in einer Bauernfamilie auf, in einem dichtbevölkerten Gebiet, wo das Ackerland knapp und die Lebensumstände schwierig waren. Aus diesem Gebiet waren seit fast einem halben Jahrhundert Chinesen in großer Anzahl nach Südostasien und in die Vereinigten Staaten ausgewandert. Zwei Onkel von Sun waren während des Goldfiebers in Kalifornien umgekommen, und Suns älterer Bruder war nach Hawaii ausgewandert. Da Suns eigener Vater sich nur notdürftig über Wasser halten konnte, indem er verschiedene Tätigkeiten wie landwirtschaftlicher Arbeiter, Schneider und Dorfwächter gleichzeitig ausübte, schickte man Sun Yatsen nach Hawaii, wo sein Bruder ein wohlhabender und einflußreicher Geschäftsmann geworden war. So kam es, daß Sun, der in der Provinz Guangdong keine Chance gehabt hätte, eine angemessene Erziehung zu erhalten, in die von Briten geführte Jolani-Schule aufgenommen wurde, von welcher er auf das Oahu-College überwechselte. 1886 verließ er Hawaii und kehrte nach China zurück, um zunächst in Kanton bei einem amerikanischen Arzt und später in Hongkong bei den Briten westliche Medizin zu studieren.[24]

Zur Zeit des sino-japanischen Krieges hatte sich Sun zu einem vielsprachigen „Hybriden" entwickelt. Er hatte nur eine bruchstückhafte Erziehung in den chinesischen Klassikern genossen, war aber ein geschickter Chirurg; er war ein getaufter Christ, der sich darauf verstand, Englisch zu sprechen und Cricket zu spielen, und er hatte sich einen großen Bekanntenkreis unter den halb verwestlichten Chinesen von Hawaii, Hongkong und Macao und unter den westlichen Ärzten und Missionaren aufgebaut und stand dennoch in enger Verbindung mit seinen Bekannten und Verwandten unter der bäuerlichen Bevölkerung von Guangdong. Obwohl seine Erfahrungen ihn zu heftigen Reaktionen gegen den religiösen Aberglauben seines Heimatdorfes verleiteten – er hatte sogar während eines Heimatbesuches den örtlichen Tempel in bilderstürmerischem Eifer geschändet –, war er dennoch bemüht, seine neuerworbenen Fähigkeiten einzusetzen, um China beizustehen. Sun war davon überzeugt, daß die Macht der westlichen Staaten eher der schöpferischen Ausnutzung der menschlichen Anlagen in Verbindung mit freiem

Handel und der Ausbeutung der natürlichen Bodenschätze entstammte als Schiffen und Kanonen, und er hatte darüber ein ausführliches Memorandum verfaßt, welches er 1894 einem einflußreichen Beamten vorzulegen versuchte. Aber der Beamte, der durch den Ausbruch des Krieges mit Japan beunruhigt war, wies ihn schroff ab. Ende 1894 war Sun daher von Abscheu über die Schwäche des Mandschu-Hofes im Widerstand gegen die Japaner erfüllt. Dagegen beeindruckten ihn die Leistungsfähigkeit und das Zielbewußtsein der Briten, und er war sich über den Weg, den er selbst verfolgen sollte, äußerst unsicher.

Während Kang Youwei den Entschluß gefaßt hatte, sich darauf zu konzentrieren, den Kaiser zu Reformen zu überreden und auf diese Weise China zu stärken – bei gleichzeitiger Erhaltung der Mandschu-Dynastie –, ging Sun Yatsen das Problem in gänzlich anderer Weise an. Er kam zu dem Schluß, daß das Mandschu-Regime gestürzt werden müsse, bevor China erstarken könne. Im November 1894 gründete Sun als ersten Schritt, diesen Umsturz zu erreichen, in Hawaii eine kleine revolutionäre Gruppe, die er „Gesellschaft zur Wiederbelebung Chinas" nannte. Diese Gesellschaft, die sich dem Ziel verschrieben hatte, die Mandschus zu vertreiben und sich westliche wissenschaftliche und industrielle Fertigkeiten anzueignen, um die Nation zu stärken, verfolgte im weitesten Sinne republikanische Ziele, wenn dies auch in Suns erstem Manifest nicht besonders betont wurde. (Hier war Sun vielleicht von dem Beispiel Hawaiis beeinflußt, das im Sommer 1894 Republik geworden war.[25]) Im Sommer 1895 hatte Sun 120 Anhänger um sich versammelt, die jeweils fünf Dollar Aufnahmegebühr zahlten. Ungefähr weitere siebenhundert Dollar nahm Sun durch den Verkauf von Revolutions-Schuldscheinen ein, die er nach erfolgreicher Erhebung gegen die Mandschus zu ihrem zehnfachen Nennwert zurückerstatten wollte. Einige Mitglieder verkauften Geschäfte oder Land, und von seinem Bruder konnte Sun weitere Hilfe erwarten – und doch war dies alles eine lächerlich kleine Basis, um einen Aufstand zu inszenieren.

Sun scheint in starkem Maße mit Unterstützung durch die Geheimgesellschaften gerechnet zu haben. Diese halb oder völlig geheimen Organisationen, deren Mitglieder durch religiöse, wirtschaftliche und örtliche Bindungen verknüpft waren und die manchmal in verbotene oder kriminelle Tätigkeiten verwickelt waren, hatten sich alten Traditionen folgend der Vertreibung der Fremden (ganz gleich ob mandschurisch oder westlich) und der Wiederherstellung der chinesischen Souveränität verpflichtet. Die Gesellschaften waren gegen Mitte des Jahres 1895 besonders verheißungsvolle Verbündete geworden, weil viele ihrer Mitglieder in die Qing-Armeen eingezogen und in den Krieg gegen Japan gestürzt worden waren. Nun, da sie entlassen waren und ihr Sold oftmals Monate ausstand, bildeten sie ein Reservoir unzureichend ausgebildeter, unzufriedener und haltloser Menschen. Sun koordinierte seine Vorhaben mit einigen wenigen Führern von Geheimgesellschaften von Hongkong aus und wurde dabei durch sechs Mitglieder der „Gesellschaft zur Wiederbelebung Chinas" unterstützt, die ihm von Hawaii gefolgt waren. So entwarf er seine dramatischen Pläne für einen Oktoberaufstand in Kanton, der sich über China ausbreiten, den Sturz der Mandschu erzwingen und in die Errichtung einer chinesischen Republik münden sollte. Die Qing-Beamten in Kanton erfuhren von dem geplanten Anschlag, ergriffen die Verschwörer und richteten viele von ihnen hin, bevor ein einziger Schuß abgegeben werden konnte. Sun entkam und flüchtete zuerst nach Macao und dann nach Hongkong. Auf Drängen der Qing-Regierung befahlen ihm die Briten auszureisen, und so begab er sich nach Japan, von dort nach Hawaii und im Sommer 1896 (mit falschen Papieren, die Hawaii als seinen Geburtsort angaben) nach San Francisco, um hier Gelder zu sammeln und weitere Anhänger zu werben.[26]

Kang Youwei kehrte im November 1895 nach Kanton zurück. Er ging weder in seinen Schriften noch in seinen Gesprächsaufzeichnungen auf Suns mißlungenen Aufstand ein. Statt dessen vollendete er sein Werk *Studie über Konfuzius als Reformer* und begann eine Reihe neuer Projekte. Eines davon war ein Buch über die Meiji-Reform in Japan, ein anderes ein sorgfältig ausgearbeitetes Schema zur Gründung eines „Neuen China" in Brasilien, das Kang als ideale zukünftige Heimat für chinesische Auswanderer erschien, weil es sich über ähnliche Breiten erstreckte und verhältnismäßig unterbevölkert war.[27] Er besuchte mit seinem jüngeren Bruder Guangren Hongkong und gründete in Macao eine Reformzeitschrift. Er reiste in die westliche Provinz Guangxi und versuchte, ohne Erfolg, die Beamten der Stadt Guilin für den Bau moderner Straßen zu gewinnen. Er kehrte nach Peking zurück, gründete eine Studiengesellschaft für in Peking lebende Kantonesen und überredete die Regierung, dieser Gesellschaft Bücher über verschiedene neuzeitliche Themen zu schenken. Als Antwort auf Chinas jüngste militärische und diplomatische Katastrophe, in der die Deutschen die Stadt Jiaozhou in Shandong als Marinestützpunkt an sich gerissen hatten, gründeten Kang und einige Freunde die „Gesellschaft zur Erkenntnis unserer Erniedrigung". Kang bewunderte die Leistungsfähigkeit der Japaner und die Macht der Briten und schlug dem Hof eine große Allianz zwischen China, Japan und England vor, um sich weiteren russischen und deutschen Übergriffen widersetzen zu können. Mit Freunden in Peking entwarf er Pläne, Wirtschafts- und Naturwissenschaften in den Lehrplan des staatlichen Prüfungsgefüges einzubringen.[28]

Kangs Leben zwischen Lektüre und Diskussion hatte auch seine aufregenden Momente. So wurde er im Januar 1898 aufgefordert, binnen eines Tages vor einigen der mächtigsten Beamten des Reiches zu erscheinen, um seine Ansichten zur Notwendigkeit institutioneller Reformen darzulegen. Die Unterredung begann unter schlechten Vorzeichen, als einer der höheren Mandschu-Beamten entschlossen feststellte: „Die Gesetze der Vorfahren können nicht geändert werden!" Kang erwiderte, so berichtete er später:

„Die Gesetze der Vorfahren waren für die Verwaltung des Landes der Vorfahren bestimmt. Wenn wir aber nicht einmal das Land der Vorfahren verteidigen können, wie können wir dann von ihren Gesetzen reden."[29] Kang umriß ausführlich seine Ansichten zur Finanz- und Erziehungsreform und wurde gebeten, sie schriftlich niederzulegen. Das vollendete Schriftstück wurde schließlich im März Kaiser Guangxu überreicht. Da der Hof aber gegen neue ausländische Bedrohungen ankämpfen mußte – die Briten verlangten nun einen Stützpunkt in Weihaiwei im nördlichen Shandong und die Russen forderten die zwei Hafenstädte Dalian und Port Arthur in der südlichen Mandschurei –, wurden Kangs Vorschläge zurückgestellt. Er nutzte die Folgezeit, um Pläne zu entwerfen und die Kandidaten zu organisieren, die sich wieder einmal zu den alle drei Jahre abgehaltenen Prüfungen in Peking eingefunden hatten. Mit Hilfe seines Bruders Guangren und seines fähigen Schülers und Freundes Liang Qichao gründete er in Peking die „Gesellschaft zur Erhaltung der Nation". Dieser wurden zwar von verständnislosen Beamten Schwierigkeiten bereitet, sie wurde jedoch mit neuem Leben erfüllt, als der Kaiser von ihr erfuhr und sein Vertrauen in ihre patriotische Zielsetzung zum Ausdruck brachte. Kang kam jedoch zu der Überzeugung, daß in der Hauptstadt kaum mehr zu erreichen sei. Mitte Juni 1898 traf er Vorbereitungen, zu seinen Studenten nach Kanton zurückzukehren.

Kang hatte stets versucht, plötzliche Mißklänge im Leben hinzunehmen, und besaß eine fatalistische Einstellung gegenüber unvorhergesehenen Veränderungen seiner Situation. Er schrieb einmal: „Wenn etwas zu mühelos vorangeht, wird etwas Widriges entstehen."[30] So erhielt er nun, gerade als er abreisen wollte, einen Brief von seiner Tochter in Kanton, die ihm nahelegte, wegen einer Epidemie in der Nähe seines dortigen Wohnsitzes lieber ein paar Tage länger in Peking zu bleiben. Während so seine Abreise um diese entscheidende Frist verzögert wurde, erreichte ihn ein Erlaß mit dem Befehl, zur Audienz bei dem Kaiser im Sommerpalast zu erscheinen. In einem eilig verfaßten Brief an seine Tochter, dem er auch einhundert Dollar beilegte, die sie mit seiner Frau und seiner Familie teilen sollte, bezog er sich auf einen ähnlichen Vorfall und schrieb: „Als ich im vergangenen Jahr nach Hause kommen wollte, war es der Erste Minister, der mich zurückhielt; diesmal ist es der Kaiser. Wirklich eigenartig!"[31]

Kang war von dieser Juni-Audienz bei Kaiser Guangxu tief beeindruckt. Seit dieser Begegnung schwankte er niemals in seiner Zuneigung und Verehrung für diesen Herrscher, obwohl er logischerweise Guangxu mit dem gesamten korrupten und ineffektiven Mandschuhof hätte in Verbindung bringen müssen, von dem allmählich viele Chinesen mit Sun Yatsen glaubten, daß nur sein Sturz China wieder zu seiner rechtmäßigen Stellung in der Welt verhelfen könne. Doch Kang war der Ansicht, daß Guangxu, indem er sich persönlich an ihn gewandt hatte, den Mut bewiesen habe, seiner Tante, der Kaiserinwitwe Cixi, die offenbar unablässig jegliche Modernisierung und Reform bekämpfte, die Stirn zu bieten. So war es für Kang zweifelsohne auch von symbolischer Bedeutung, daß die Audienz im Sommerpalast westlich von Peking stattfand, nicht aber in der Verbotenen Stadt. Denn der neue Sommerpalast entstand nahe dem Gelände des alten Sommerpalastes, der von britischen und französischen Truppen bei der Besetzung Pekings im Jahre 1860 zerstört worden war – als Vergeltungsmaßnahme für die Ermordung und Festnahme ihrer diplomatischen Gesandten durch die Chinesen. Um die Gelder zum Wiederaufbau des Palastkomplexes zu beschaffen, hatte sich die Kaiserinwitwe in Schulden gestürzt und dringend benötigte Steuereinnahmen verpfändet. Kangs Ausführungen hätten der Örtlichkeit nicht angemessener sein können, als er in einleitenden Worten Kaiser Guangxu die Probleme darlegte, denen China sich gegenübersah:

„Es gleicht einem großen Gebäude, das zusammenzufallen droht, weil seine Balken verrottet sind. Wenn man die Risse nur mit kleinen Flicken verdeckt, so wird doch der nächste Sturm das Gebäude zum Einsturz bringen. Daher ist es unumgänglich, den Bau niederzureißen und neu zu errichten, wenn wir etwas Starkes und Verläßliches haben möchten. Für die Erstellung des Fundamentes sind die Größe des Grundstückes, die Höhe des geplanten Gebäudes, die Anzahl der Ziegel und Dachpfannen, die Größen der Fenster, Türen und Balustraden sowie die Menge an Mörtel, Nägeln, Bambus und anderen Dingen als Einzelteile des Gesamtentwurfs zu planen und zu bedenken, bevor die Materialien eingekauft und die Arbeiter angestellt werden. Nur auf diese Art und Weise kann man ein Gebäude errichten. Wenn ein Teil des Gesamtplans unberücksichtigt bleibt, so kann das Gebäude nicht in gebührender Form errichtet werden, und selbst wenn es gebaut wird, so vermag es doch nicht, einem Sturm zu widerstehen."[32]

In den folgenden zweieinhalb Stunden wiederholte Kang den wesentlichen Inhalt seiner Denkschrift von 1895 und fügte hinzu, daß der Fortschritt der Reform von umfassenden Veränderungen im Personalstab der Regierung abhängig sei. Wenn man die gegenwärtigen Beamten mit ihrer veralteten Erziehung und ihrem mangelnden Verständnis für die anstehenden Reformen einsetzen würde, so ähnelte dies dem „Besteigen eines Baumes, um Fische zu fangen".[33]

Nach der Audienz schrieb Kang seiner Mutter einen kurzen, begeisterten Brief, in dem er hervorhob, wie ungewöhnlich es für jemanden seines niedrigen Ranges sei, den Kaiser zu sehen: „In Audienz empfangen zu werden! So etwas hat es seit den fünfziger Jahren nicht mehr gegeben! Ich bin nun sechs Monate lang von zu Hause fort, und ich denke oft an Sie, und ich bedaure unsere Trennung. Aber ich bin überzeugt, daß Ihnen diese Neuigkeit ein wenig Trost bereiten wird. Und was kommt danach? Wenn ich nicht heimkehre, sondern in Peking benötigt werde, will ich Sie hierherkommen lassen. Es geht mir sehr gut – ebenso geht es Guangren, der auch hier ist und sich wohlfühlt."[34]

Ungefähr zur gleichen Zeit unternahm er mit seinem Bruder Guangren einen langen Spaziergang in den Westbergen in der Nähe von Peking, um die vor ihnen liegenden Alternativen zu überdenken. Die Beziehung zwischen den beiden war immer eng gewesen, seit Kang Youwei sich im Alter von zehn Jahren, entsprechend dem letzten Wunsch seines Vaters, um den sieben Monate alten Bruder zu kümmern begonnen hatte. Er hatte dem kleinen Jungen durch eine von vielen Krankheiten erschwerte Kindheit geholfen, ihm bei seiner Erziehung zur Seite gestanden und konnte dann beobachten, wie sich dieser zu einem freimütigen jungen Mann entwickelte, der niemals davor zurückscheute, die Wahrheit – so wie er sie sah – „laut auszusprechen". Guangren hatte, bevor er sich anschickte, eine eigene Medizinschule in Shanghai zu eröffnen, westliche Medizin an dem englisch-amerikanischen Hospital in Kanton studiert (wo auch Sun Yatsen eine Zeitlang gearbeitet hatte). Guangren entsprach sehr dem Menschen des neuen China, das Kang zu erbauen hoffte. Er war gleichzeitig ein harter Arbeiter und ein Idealist, obgleich er das Interesse seines älteren Bruders an politischen Aktivitäten nicht teilte.[35] Beide Männer waren sich ihrer äußerst gefährlichen Lage bewußt. Es war offensichtlich, daß sich konservative Kräfte dem Kaiser widersetzen würden, und es gab beunruhigende Hinweise auf einen Gegenschlag der Kaiserinwitwe. Sie hatte es durch verschiedene Schachzüge erreicht, daß zum einen einer ihrer engen Verbündeten zum Kommandeur von Sondereinheiten in Nordchina ernannt und daß zum anderen der frühere reformorientierte Privatlehrer des Kaisers aus seinem Amt gedrängt worden war. Kang selber wurde mit Morddrohungen verfolgt und ständig bespitzelt. Eine Flut von Briefen zwischen Guangren und anderen Mitgliedern der Familie Kangs weist darauf hin, daß möglicherweise ein Fluchtweg nach Macao ausgearbeitet wurde für den Fall, daß die Lage zu gefährlich werden sollte. Die Familie stand auch mit chinesischen Freunden in Victoria in Kanada in Verbindung.[36]

Die Folgen der kaiserlichen Audienz müssen für Kang überraschend gewesen sein. Während des Sommers 1898 erließ der Kaiser in einer schwindelerregenden Flut von reformerischen Maßnahmen, die oftmals genau den Empfehlungen Kangs folgten, den er offiziell zum Sekretär eines der Ämter in Peking ernannt hatte, Edikte, die das formalistische achtfüßige Aufsatzschema abschafften, die zur Errichtung einer nationalen Universität führten, die örtliche Tempel in Schulen umwandelten und die die Errichtung örtlicher Verwaltungsstellen zur Entwicklung des Qing-Handels und anderer zum Aufbau von Landwirtschaft und Industrie anordneten. Kang drängte den Kaiser zu Weiterem, indem er die erstaunlichen Leistungen des Meiji-Kaisers bei der Modernisierung Japans in Buchform zusammenfaßte. Als Gegenbeispiel beschrieb er, wie der polnische Hof, der (entsprechend Kangs Auslegung) durch dümmliche Konservative völlig irregeleitet worden war, schließlich die Aufteilung seines Landes zwischen Rußland, Preußen und Österreich miterleben mußte.[37] Nachdem die Reformen verkündet worden waren, wurde der Kaiser mit Ratschlägen überschüttet. Kang beschrieb mit Belustigung, aber auch mit offensichtlicher Billigung, die Qing-zeitlichen

Vorläufer der Große-Schriftzeichen-Plakate, die eine spätere revolutionäre Periode prägen sollten. Unter den Botschaften, die den Hof erreichten, schrieb Kang, „befanden sich einige, die von der Landbevölkerung und von Fischern auf zwei Fuß hohen Papierbögen geschrieben waren". Der Kaiser aber lächelte lediglich über diese Unbeholfenheit und las sie alle gleichermaßen. Kang lobte auch die Weigerung des Kaisers, selbst diejenigen zu tadeln, die die Person des Kaisers kritisierten, denn „nachdem der öffentlichen Meinung der Zugang zum Thron eröffnet worden ist, wäre es unrecht, sie zu tadeln und ihre Ansichten zu blockieren".[38]

Zugleich mit der raschen Bekanntgabe dieser neuen politischen Richtlinien benötigte der Kaiser neue Männer zu seiner Unterstützung. Neuberufungen in höhere Ämter hätten in der Bürokratie (ob mit oder ohne Druck der Kaiserinwitwe) verhindert werden können. Guangxu ging jedoch dieser speziellen Konfrontation aus dem Wege, indem er mehrere junge Reformer zu Sekretären im zentralen Amt für die Planung politischer Richtlinien, das als Großer Rat bekannt war, ernannte. Obwohl ihr nomineller Rang nicht hoch erschien, standen sie ihm, ebenso wie Kang Youwei, doch zur Verfügung, wenn er ihren Rat benötigte. Unter diesen frischberufenen Beamten befand sich der dreiundzwanzig Jahre alte Vorsitzende der Reformgesellschaft in Kang Youweis Heimatprovinz Guangdong. Ein anderer, der dreiunddreißig Jahre alte Tan Sitong, war ein hervorragender Gelehrter, Philosoph und Student der Kriegswissenschaft, der sich sehr für die westlichen Wissenschaften und die Mathematik interessierte. Tan bewunderte Kang Youwei und war mit Kangs Schüler Liang Qichao befreundet. Er war bei der Gründung von Reformgesellschaften und Zeitungen in der Provinz Hunan behilflich gewesen und hatte dort erreicht, daß die Stadt Changsha zu einem Zentrum innovativen Denkens wurde. Er genoß großes Ansehen unter den jüngeren Radikalen, wurde jedoch von den älteren Beamten in Hunan wegen seiner Offenheit und seiner ungewöhnlichen Laufbahn beargwöhnt.[39]

Es war bereits September, als Tan die Berufung des Kaisers erhielt und die lange Reise von der Provinz Hunan nach Peking antrat. Die Reformen, bei deren Durchführung er dem Kaiser beistehen zu können hoffte, hatten sowohl in Peking als auch in den Provinzen immer stärkeren Widerstand erregt. Tan hatte die Ansicht geäußert, die Einladung des Kaisers sei zu einem Zeitpunkt gekommen, „da sich dem zu Tode Verzweifelten das Leben offenbart". Jedoch hatten weder er selbst noch seine jüngeren Kollegen eine Vorstellung davon, wie man in der vielschichtigen Welt der kaiserlichen Politik vorgehen mußte. Kang Youwei befürchtete, die gesamte Reformgruppe sei zu schwach, derartige Bürden auf ihren Schultern zu tragen.[40] Schließlich versetzte der ihnen entgegengebrachte Widerstand die Reformer in Panik und steigerte ihre Befürchtungen, die Kaiserinwitwe könne sich gegen sie und den Kaiser wenden, in dem Maße, daß sie ihr durch einen eigenen Putsch zuvorzukommen versuchten. Als sie die Loyalität bestimmter höherer Militärbeamter für den Fall einer Kraftprobe zwischen dem

Kaiser und der Kaiserinwitwe abzuschätzen versuchten, gingen die Reformer größte Risiken ein, betrogen und wegen Hochverrats angeklagt zu werden, falls etwas schiefginge. Kang sah das Schlimmste voraus und versuchte, den Kaiser zu überreden, Peking unter dem Vorwand einer Inspektionsreise durch seinen Herrschaftsbereich zu verlassen. Peking, so schrieb Kang, sei eine Stadt ,,mit zerbröckelnden Mauern, staubiger Luft und verschmutztem Quellwasser; seine inneren Lebensadern sind verwüstet und sein einstmals

Tan Sitong im Jahre 1898,
kurz vor seiner Hinrichtung.

königlicher Geist ist verloren". Die konservative Atmosphäre der Hauptstadt, die Anwesenheit einer großen Anzahl von zwar wirkungslosen, aber immer noch gefährlichen Truppen, die vielen Beamten, deren Lebensstandard durch jeden Versuch, die Bürokratie zu beschneiden und einträgliche Pfründe zu streichen, bedroht war, – all dies machte Veränderungen schwierig. Der Kaiser sollte darum nicht in den Westen nach Xian, wie Kang 1895 vorgeschlagen hatte, sondern nach Shanghai ziehen. Denn Shanghai war, obwohl ein Zentrum westlicher Macht, ein riesiger geschäftiger Umschlagplatz, ein Mittelpunkt des technischen Wandels und neuer Ideen, ein Ort, der, wie Kang dem Kaiser mitteilte, ,,offen und ungebunden" war.[41]

Bevor jedoch irgendeiner dieser komplizierten Pläne ausgeführt werden konnte, schlug die Opposition zurück. Der Kaiserinwitwe loyal verbundene

Offiziere rückten mit Truppen nach Peking ein. Kang wurde heimlich von Freunden gewarnt und floh am 20. September 1898 nach Tientsin und von dort an Bord eines britischen Schiffes nach Shanghai und Hongkong. Der Kaiser wurde am 21. September auf einer Insel im Palastgelände inhaftiert. Am selben Nachmittag umzingelte die Pekinger Polizei den Guangdong-Klub, in dem sich Kang und viele seiner kantonesischen Freunde oftmals aufgehalten hatten. Als sie sah, daß Kang entkommen war, nahm die Polizei seinen jüngeren Bruder Guangren fest. Am 22. September flüchtete Kangs enger Freund Liang Qichao aus Peking, nachdem er erfolglos versucht hatte, die japanische Gesandtschaft um Hilfe für Kangs Gruppe zu ersuchen, und wurde von dem japanischen Kreuzer „Oshima" aufgenommen. Noch an demselben Tag wurde die Stadt abgeriegelt und jeder weitere Fluchtweg versperrt. Am 24. September wurde auch Tan Sitong festgenommen. Er hatte sich geweigert, Peking zu verlassen, mit einem Ausspruch, der später unter den Generationen des neuen China berühmt werden sollte – „Ich wollte die Räuber töten, aber ich besaß nicht die Kraft, die Welt zu verändern. Dies ist der Ort, an dem ich sterben sollte. Freude, oh Freude!" –, und er hatte versucht, mit Hilfe örtlicher Schwertkämpfer den Kaiser aus seinem Palastgefängnis zu befreien. Am 27. September wurden Kangs jüngerem Bruder Guangren sowie Tan Sitong und vier weiteren jungen Reformern, die man aus den in Peking Festgenommenen ausgewählt hatte, wegen Hochverrats ein Scheinprozeß gemacht, da sie versucht hätten, einen Militärputsch zu inszenieren. Um vier Uhr wurde die Verhandlung durch einen Befehl – wahrscheinlich von der Kaiserinwitwe – unterbrochen, der die sofortige Hinrichtung anordnete. Alle sechs wurden noch am selben Abend geköpft.[42]

„Ich habe einen Flügel verloren", schrieb Kang Youwei im Schmerz über den Tod seines Bruders.[43] Wir können das Ausmaß seiner Trauer, die viele Ursachen hatte, nur erahnen. Kang hatte offensichtlich seinen jüngeren Bruder gebeten, noch in Peking zu bleiben, wahrscheinlich in der Hoffnung, Guangren könne Bücher und persönliches Eigentum, das Kang selbst bei seiner überstürzten Flucht zurücklassen mußte, zusammenpacken. Selbst bei wohlwollendster Auslegung war dies ein Bruch des Versprechens, sich um Guangren zu kümmern, das er in seiner Kindheit seinem Vater gegeben hatte. Auch trug die Sorglosigkeit, mit der Kang seinen Bruder mit seinem eigenen Ruf als Extremist in Verbindung gebracht hatte, zu seinem Unbehagen bei. Darüber hinaus war Guangrens Tod in höchstem Maße sinnlos, ein zufälliges Opfer auf einem Weg der Revolution, der noch nicht einmal genau abgesteckt war. Guangren war, wenn überhaupt, nur am Rande in irgendwelche gegen den Staat gerichtete Aktivitäten verwickelt gewesen. Als Guangren mit dreißig Jahren starb, und eine achtjährige Tochter, aber keinen Sohn hinterließ, war Kang, der ebenfalls keinen Sohn hatte, der einzige männliche Überlebende der Stammfamilie. In einem kurzen, bitteren Gedicht der Trauer (das ungeachtet der schmerzlichen Situation, in der es niedergeschrieben wurde, reich an klassischen Anspielungen auf frühere Palastanschläge ist) beklagte Kang, daß er nicht einmal imstande gewesen war, seinem Bruder ein ehrbares Begräbnis zu geben:

> Du tratest das Palasttor ein bei hellem Tageslicht,
> Sie riegelten die Stadt ab.
> Auf dem Richtplatz bespritzte das Blut die Hofkleider.
> Einhundert Jahre lang wird Dein Geist im Regen der Nacht trauern
> Und, in Tragik, alleingelassen auf dem Qing-Berg weilen.[44]

Es gab keine Möglichkeit für Kang, der sich um sein eigenes Überleben und die Sicherheit der übrigen Familie kümmern mußte, den Leichnam seines Bruders aus Peking herauszuholen. Ein treuer Diener des Guangdong Klubs nähte den Kopf grob an den Rumpf und gab der Leiche ein vorläufiges Begräbnis. Kangs Ehefrau, seine Nebenfrau und seine Töchter erreichten, nachdem sie durch ein Telegramm aus Peking gewarnt worden waren, am 25. September Macao. Andere Freunde brachten seine Mutter am 27. nach Hongkong, wo Guangrens Witwe und Tochter sich drei Tage später mit ihr trafen. Familienbesitz und Häuser, auch Kangs prächtige Bibliothek, wurden vom Staat beschlagnahmt. Kang beschrieb einige Monate später die traurige Wiedervereinigung der Familie: „Meine Mutter und ihre Dienerin weinten leise von Trauer und Furcht überwältigt. Als ich vor meiner Mutter stand, sagte ich, ich sei ein pflichtvergessener Sohn, unfähig, China zu erretten, der sie in ernsthafte Gefahr versetzt hätte. Zwar befinde sie sich durch die Gnade des Himmels jetzt in Sicherheit, dennoch hätte ich ihr beträchtlichen Kummer bereitet. Meine pflichtvergessene Handlungsweise reiche bis zum Himmel hinauf."[45] Mit einem merkwürdigerweise erfolgreichen Täuschungsmanöver, das Kang sich mit seiner Familie ausgedacht hatte, um der Mutter noch größeres Leid zu ersparen, verheimlichte er ihr den Tod ihres Sohnes Guangren und überzeugte sie davon, daß er sich als Mönch von der Welt zurückgezogen habe.[46]

Auch nach dieser unglückseligen Folge von Katastrophen, die ihn selbst, seine unmittelbare Familie und den Kaiser betroffen hatten, scheint Kang seine hohen Erwartungen aufrecht erhalten zu haben. Er erhielt neuen Auftrieb durch den warmen Empfang, den ihm wohlhabende Anhänger in Hongkong (unterstützt durch Geldgeschenke) bereiteten. Im Oktober 1898 wurde er außerdem durch ein Telegramm des japanischen Premierministers Okuma Shigenobu ermuntert, der ihn nach Japan einlud und ihm seine Unterstützung anbot. Die Bewunderung, die Kang schon seit langem für das Land empfunden hatte, das sein eigenes besiegt hatte, wurde dadurch nur noch größer. Wenn sie es wollten, vermochten es die Reformer also durchaus, Aspekte der Modernisierung und des Nationalismus voneinander zu trennen. Sun Yatsen hielt sich zu jener Zeit in Japan auf und bemühte sich um ein Treffen mit Kang Youwei. Kang ließ jedoch diese Gelegenheit vorübergehen, wahrscheinlich um zu betonen, daß er sich immer noch als loyaler Minister des Kaisers Guangxu fühlte, während Sun sich 1895 durch seine Aktivitäten als Aufständischer erwiesen hatte.

Wenn Kang sich jedoch für sein Vorhaben, die tatsächliche Macht des Mandschu-Kaisers wiederherzustellen, japanische Unterstützung auf höchster Ebene erhofft hatte, dann wurden seine Erwartungen zerstört, als am 31. Oktober 1898, fünf Tage nach Kangs Ankunft in Japan, das Okuma-Kabinett gestürzt wurde.[47] So verließ Kang im Frühjahr 1899 auf einem japanischen Schiff Yokohama mit Washington als Fernziel, wo er Präsident McKinley überreden wollte, den Kaiser wieder einzusetzen. Da er jedoch keine Einreiseerlaubnis für die Vereinigten Staaten erhielt, denn die amerikanischen Behörden verlangten eine offizielle Bürgschaft für Kangs Unbescholtenheit, welche die Qing-Regierung natürlich nicht zu leisten bereit war, ging er in Kanada im Hafen von Victoria an Land. Der Vizegouverneur von Britisch-Kolumbien empfing Kang zu einem Gespräch, die chinesische Bevölkerung von Vancouver hieß ihn herzlich willkommen, der Premierminister in Ottawa bat ihn zum Tee und Graf Minto, Kanadas Generalgouverneur, lud ihn zu einem Ball ein. Es war jedoch bald offensichtlich, daß die Kanadier nicht in der Lage waren, Kang wesentlich zu unterstützen. Auch die Briten, so stellte sich bald heraus, waren dazu nicht gewillt, obgleich Kangs Besuch in London Ende Mai dazu führte, daß der Führer der Liberalen, Sir Charles Dike, vor dem Unterhaus einen Antrag stellte, der eine britische Intervention in China forderte. Nach einer lebhaften achtstündigen Debatte, in der einige Abgeordnete die Kaiserinwitwe und ihre Anhänger als „korrupte und törichte Individuen" bezeichneten und andere wiederum durch den Vorwurf, Kang selbst habe sich eines „unüberlegten Verhaltens" schuldig gemacht, beeinflußt wurden und in der man weiterhin die strategische Notwendigkeit erörterte, die russischen Ambitionen im Fernen Osten durch ein starkes, modernisiertes China unter Kontrolle zu halten, wurde der Antrag mit einer Mehrheit von lediglich 14 Stimmen abgelehnt.[48]

So scheiterten Kangs Bemühungen um internationale Unterstützung auf höchster Ebene. Ernsthafter Geldmangel zwang ihn dazu, sich an die Überseechinesen zu wenden und den manchmal erniedrigenden und dornenreichen Weg zu gehen, finanzielle Mittel für die Revolution zu sammeln, einen Weg, den Sun Yatsen bereits seit drei Jahren beschritt. Im Sommer 1899 reiste Kang sehr ernüchtert von England nach Kanada zurück. In Victoria fand er eine angenehme Zuflucht und gründete seinen eigenen Kreis, der nach langer Diskussion unter seinen Anhängern „Gesellschaft zum Schutze des Kaisers" genannt wurde. Dieser Name sollte das Ziel des Kreises betonen, Kaiser Guangxu in seinen Bemühungen zu unterstützen, eine auf Modernisierung ausgerichtete konstitutionelle Monarchie zu gründen. Kang konnte jedoch die wirtschaftlichen Interessen der Mehrzahl seiner Gönner nicht ignorieren. Deswegen entsprach die Satzung der Gesellschaft auch dem Ziel, chinesische Handelsvereinigungen in Übersee zu fördern und zu schützen. Kang konnte es sich auch nicht leisten, die enggeknüpften Bande der chinesischen Überseebruderschaften (der sogenannten „Tongs", zu denen Sun Yatsen während seiner Reisen 1896 bereits Verbindungen angeknüpft hatte) außer acht zu lassen. Die kanadischen Kreise unterhielten enge Bindungen mit den Chinesen in den Vereinigten Staaten, denn sie waren darin geübt, ungeachtet der amerikanischen Ausschlußgesetze illegale chinesische Einwanderer über die Grenze zu bringen. So nahm Kang die Ernennung zum „Drachenkopf" der einflußreichen „Gesellschaft der Älteren Brüder" an und erhielt dafür über siebentausend Dollar an Schenkungen und das Recht, sich zur Erholung auf eine kleine Insel zurückzuziehen.[49]

Kang hatte somit eine außergewöhnliche Einführung in das Leben der von ihm seit so langer Zeit bewunderten und beschriebenen fremden Nationen und in die Gemeinschaft der Überseechinesen, deren Fleiß der Qing-Staat nach seiner Meinung nutzen sollte, erhalten. In einem Gedicht, das Kang 1899 zur Feier des Geburtstages des gefangengehaltenen Kaisers niederschrieb, faßte er mehrere Aspekte seiner und Chinas paradoxer Lage zusammen:

> Jenseits der Meere feiern wir den Geburtstag Eurer Majestät.
> Das Drachenbanner entfaltet sich über den Gebäuden der weißen Menschen.
> Weiße Menschen, ihre Gläser zum Klingen bringend, versammeln sich feierlich mit uns.
> Währenddessen drängt sich die gelbe Rasse mit brennenden Laternen durch enge Gassen.
> Der Herr in der Höhe schenkt Euch Leben und hat Mitleid mit uns hier unten.
> Ein kleiner Beamter, gebrochen, tränenreich, liegt in schmerzlicher Bedeutungslosigkeit.
> Von dieser entfernten kanadischen Insel blicke ich nach Peking:
> Wellen umgeben das Palastgefängnis des Kaisers; wie oft kehre ich in meinen Träumen zurück.[50]

Zweites Kapitel

Visionen und Gewalt

Die Enttäuschung und der Zorn, die 1895 von den Söhnen der Elite zum Ausdruck gebracht worden waren, hatten sich gegen Ende des Jahrhunderts auf alle Bereiche der chinesischen Gesellschaft ausgebreitet. Dabei veränderten sich wichtige Werte. Zwar war die Notwendigkeit einer nationalen Erneuerung offensichtlich, doch besonders diejenigen Chinesen, die meinten, daß die Fremden nicht nur wirtschaftliche und territoriale Forderungen mit sich brächten, sondern auch Chinas Moral zerstörten, verhielten sich westlichen oder verwestlichten japanischen Formen gegenüber zunehmend feindselig. An der Spitze der zerstörerischen Elemente glaubten sie die christlichen Missionare zu sehen, die den Opiumhändlern und den ausländischen Truppen dicht auf den Fersen gefolgt waren. Diese antichristliche Stimmung und der Unwille über die wiederholten Einfälle westlicher Mächte in Nordchina im Jahre 1898 vermischten sich mit Elementen chinesischer Kriegskunst und volksreligiöser Traditionen und führten schließlich zum Auftreten der sogenannten Boxer. Die Bewegung begann in den Provinzen Shandong und Hebei; sie wurden heimlich von eben den Regierungsbeamten gefördert, die sie unterdrücken sollten, und schließlich von dem Herrscherhaus der Mandschu, das die Boxer anfangs stürzen wollten, öffentlich gebilligt. Im Jahre 1900 brachen die Boxer in Gewalttätigkeiten aus; Kirchen wurden geplündert, Missionare und ihre chinesischen Konvertiten wurden getötet. Im Juni sammelten sich die Boxer-Armeen zu einer langen Belagerung des ausländischen Diplomatenviertels in Peking, die bis zum Eindringen alliierter Truppen in die Stadt, Mitte August, andauerte.

Sowohl Kang Youwei als auch Sun Yatsen sahen in diesen Aufständen eine günstige Gelegenheit zur Verwirklichung ihrer eigenen Ziele. Kang Youwei hatte Kanada verlassen und sich nach kurzen Besuchen in Japan und Hongkong bei einigen seiner wohlhabenden Gönner in Singapur niedergelassen. Anfang 1900 war er äußerst beunruhigt durch Gerüchte, die Kaiserinwitwe Cixi plane erneut, dem verdrängten Kaiser Guangxu den Thron für immer zu versagen und an seiner Stelle einen jüngeren Mandschuprinzen einzusetzen. Mit Hilfe der „Gesellschaft zum Schutz des Kaisers“ mobilisierte Kang die Unterstützung von mehreren zehntausend Überseechinesen und veranlaßte sie, den Hof in Peking mit Protesttelegrammen zu überschütten. Nach einem langwierigen Briefwechsel mit Liang Qichao und anderen Anhängern in Südostasien, Kanada und den Vereinigten Staaten und mit Freunden innerhalb Chinas (man benutzte zur Tarnung die Büros eines Shanghaier Fotozubehörgeschäftes, um Briefe von Kang an seine Mitarbeiter zu befördern) war Kang fest entschlossen, im Frühjahr 1900 einen bewaffneten Aufstand zu unternehmen. Er plante unter Zeitdruck, denn er befürchtete, daß Sun Yatsen eine eigene Erhebung in der Provinz Guangdong inszenieren könnte. Um dem zu begegnen, entschied Kang sich, eine Reihe koordinierter Aufstände in Hankou (dem als Wuhan bekannten Dreistädtegebiet des Jangtse-Flusses) und in der Provinz Anhui zu lancieren. Liang Qichao stand der Durchführbarkeit einer solchen Erhebung zunächst zurückhaltend gegenüber – er schrieb an Kang, daß er „zu fliegen wünsche, aber keine Flügel habe" – und war erst beruhigt, als sich in China einige Anführer von Geheimgesellschaften, wohl durch Nachrichten von ungeheuren Geldgeschenken (mehr als 300000 Dollar) der Überseechinesen an Kang ermutigt, von Sun abwandten und Kang anschlossen.[1]

Kang entschied sich schließlich für den aus Hunan stammenden Reformer Tang Caichang als Anführer der Aufstände. Er war eng mit Tan Sitong befreundet gewesen und hatte mit Liang und einigen der 1898 hingerichteten Reformer an Erziehungsprojekten teilgenommen. Tang willigte ein, mit Kang zusammenzuarbeiten, obgleich es ihm schwerfiel, lokale und revolutionäre Zielsetzungen mit dem von Kang fortwährend erklärten Vorhaben in Einklang zu bringen, die Macht des Kaisers Guangxu wiederherzustellen. Da der Kaiser und die Kaiserinwitwe, als sich die Boxerkrise ausweitete, gemeinsam nach Xian in den Nordwesten Chinas geflüchtet waren, erschien das besonders problematisch. Schließlich führte Kang Youweis Unerfahrenheit zum Untergang Tangs. Die verzweifelt benötigten Nachschubmaterialien und Gelder, die über eine vorgebliche Eisenwarenhandelsgesellschaft in Hongkong und das Fotogeschäft der revolutionären Verbündeten in Shanghai nach China geschmuggelt werden sollten, kamen niemals an. Anfang August wurde die gesamte Verschwörung schnell aufgedeckt, nachdem die Anhui-Truppen ohne Befehl und vor dem angegebenen Zeitpunkt rebelliert hatten. Am 21. August wurden dreißig der Anführer, darunter auch Tang Caichang, in Hankou festgenommen, ohne daß sie einen Schuß hatten abfeuern können, und sofort von den Qing-Behörden hingerichtet.[2]

Noch während Kangs Anhänger in Hankou aufgespürt und hingerichtet wurden, plante Sun Yatsen einen anderen bewaffneten Aufstand 240 Kilometer östlich von Kanton im Gebiet von Huizhou. Seit dem Scheitern der von ihm 1895 in Kanton inszenierten Erhebung hatte Sun unaufhörlich darauf hingearbeitet, seinen Rückhalt bei den Überseechinesen und den Geheimgesellschaften innerhalb Chinas zu stärken. Hierbei kam ihm sehr zugute, daß das Personal der Qing-Botschaft in London versucht hatte, Sun 1896 während einer seiner Reisen, auf denen er Gelder sammelte, zu entführen und ihn nach China zu bringen, wo ihm Prozeß und die sichere Hinrichtung drohten. Von diesem Ereignis, dem Sun nur um Haaresbreite entging, wurde in der britischen Presse berichtet. Sun wurde in der gesamten Welt bekannt und wirksam für jene Demütigung entschädigt, die er im Jahr zuvor hatte erleiden müssen. Als sehr nützlich erwiesen sich für Sun umfangreiche Lesestudien, die er während dieser Zeit im Britischen Musem hatte durchführen können. Er entwarf die Grundlagen einer systematischen Ideologie für seine „Gesellschaft zur Wiederbelebung Chinas", die über die fundamentalen Ziele des Antimandschuismus und des Republikanismus hinaus eine Politik anstrebte, die eine Ausbildung großen monopolistischen Landbesitzes in China verhindern sollte. (Sun war besonders von Henry Georges sozialistischen Steuerausgleichs- und Landneuverteilungstheorien beeinflußt und hatte 1899 auch einige dieser Theorien während langer Diskussionen mit Liang Qichao und anderen in Japan im Exil lebenden chinesischen Radikalen weiterentwickelt.)[3]

Doch während Sun den Verlauf der Boxererhebungen und Kang Youweis fehlgeschlagenen Aufstand Ende des Jahres 1900 von seinen Stützpunkten in Japan und Taiwan aus verfolgte, hatte er kaum Gelegenheit, diese neuen ideologischen Ansprüche zu verkünden. Statt dessen setzte er seine ganze Kraft ein, die Mitglieder der Triadengeheimgesellschaften im Huizhou-Gebiet in höchstem Maße zu ermutigen. Im Oktober 1900 erhoben sie sich in großer Zahl und kämpften äußerst tapfer gegen die Qing-Truppen. Sie hatten zwar etwas Geld, Waffen und Ratschläge von Suns Verbündeten erhalten, kämpften jedoch hauptsächlich unter ihren eigenen Bedingungen mit von den Qing-Truppen erbeuteten Waffen und unter eigenen Parolen. Als vorrangiges Ziel verkündeten die Rebellentruppen (in bewußter Umkehr der von den Boxern im Norden gebrauchten Schlachtrufe), die Fremden schützen und die Mandschus auslöschen zu wollen; außerdem versprachen sie, „vorteilhafte Reformen einzuleiten und das Land dem Welthandel zu eröffnen". Ihre Armeen konnten zwar die wichtige Stadt Huizhou nicht erobern, sie waren aber diszipliniert, in kleineren Scharmützeln erfolgreich und wurden weithin von der örtlichen Bauernschaft unterstützt. Die Rebellen hätten sich vielleicht über die Provinz Guangdong bis in die nordöstliche Provinz Fujian ausbreiten können, wenn Sun die versprochenen zusätzlichen Gelder und Waffen beschafft hätte. Aber Sun, der von einem seiner Waffenschmuggler betrogen, von schwankenden japanischen Anhängern in Taiwan irregeleitet wurde und keine erfolgreiche und widerstandsfähige militärische Strategie für die Rebellion als ganzes zu entwerfen vermochte, mußte mitansehen, wie der Aufstand langsam zerfiel und erstarb. Ende Oktober flüchteten diejenigen überlebenden Teilnehmer, deren Namen den Qing-Truppen bekannt waren, und die sich deswegen nicht auf das Land zurückziehen konnten, per Dschunke nach Hongkong.[4]

Sun reagierte auf die erneuten Fehlschläge mit intensiven Bemühungen, weitere Gelegenheiten für einen Aufstand zu finden und neue Geldquellen zu erschließen. Diese Aufgabe wurde ihm durch das Ansehen erschwert, das Kang Youwei als Gelehrter in der Gemeinschaft der Überseechinesen genoß. Sun verlor ständig politische Anhänger an Kangs „Gesellschaft zum Schutz des Kaisers"; selbst Suns älterer Bruder in Hawaii gehörte für kurze Zeit dieser Gesellschaft an. Kang jedoch hatte offensichtlich der hohe Blutzoll der Hankou- und Anhui-Aufstände zu sehr deprimiert, und außerdem war er sich seiner eigenen politischen Ziele zu unsicher, um seine Interessen mit wirklicher Entschiedenheit durchsetzen zu können. In einem Ende 1900 verfaßten Gedicht beklagte er den Tod des nur dreiunddreißigjährigen Tang Caichang. Offensichtlich hatte dieser Erinnerungen an Kangs jüngeren Bruder und seine Mitschuld bei dessen Tod geweckt.[5] Das Programm seiner „Gesellschaft zum Schutz des Kaisers" blieb im weitesten Sinne nationalistisch und kulturpolitisch orientiert; es richtete sich nicht gegen die Mandschus, sondern darauf, die untergeordnete Stellung der Chinesen in der Welt zu korrigieren. In der Satzung der Gesellschaft war die Hoffnung ausgedrückt, den Chinesen eine bessere wirtschaftliche und rechtliche Stellung verschaffen zu können und sie auf eine Ebene, „die der jeder anderen zivilisierten Rasse gleiche", zu erheben. Das allgemeine politische Ziel bestand demgegenüber darin, „dem chinesischen Volk die dringende Notwendigkeit einer Wiederbelebung der Reform des chinesischen Regierungswesens einzuprägen".[6]

Kangs heterogene Anhängerschaft wurde durch die Katastrophe in Hankou tiefer gespalten als Suns Getreue durch den Fehlschlag in Huizhou. Für Kang war dadurch die gesamte Politik der Zusammenarbeit mit Geheimgesellschaften innerhalb Chinas in Frage gestellt. In den Jahren nach 1900 scheint Kang dem Drängen der Chinesen in Kanada nachgegeben zu haben, die „Gesellschaft zum Schutz des Kaisers" zu einem großen wirtschaftlichen Unternehmen auszubauen, mit Anteilen an Banken, Grundbesitz und Transportfirmen in Übersee. Auf lange Sicht sollten die Gewinne dazu dienen, die Macht des Kaisers Guangxu wiederherzustellen, kurzfristig ließen sie Kang und seine Anhänger lediglich gewinnsüchtig erscheinen. Es bestanden auch ernsthafte Meinungsverschiedenheiten zwischen Kang und seinem herausragenden überlebenden Schüler und Mitarbeiter Liang Qichao, der nach Tangs Festnahme und Hinrichtung nicht seiner Ankündigung gefolgt war, sich als Mönch zurückzuziehen und Ende 1900 vor Chinesen in Australien mehrere Ansprachen hielt, in denen er vorschlug, Kaiser Guangxu könne nach einer republikanischen Revolution in China wahrscheinlich eher Präsident der neuen Republik werden als konstitutioneller Monarch.[7] Solche Äußerungen weisen offensichtlich auf eine tiefe Unentschiedenheit in der „Gesellschaft zum Schutz des Kaisers" hin, welche Ziele man verfolgen solle.

Außerdem wurde der Stützpunkt in Singapur für Kang Youwei zunehmend gefährlich. Zwar waren die britischen Regierungsbeamten höflich und gewährten Kang Schutz, aber Kangs mächtigster chinesischer Gönner, Khoo Seokwan, der für den Hankou-Aufstand angeblich eine Viertelmillion Singapur Dollars zur Verfügung gestellt hatte, sagte sich nach dem mißlungenen Aufstand von Kang los. Als Kang der Inkompetenz und sogar der Unterschlagung beschuldigt wurde, wandten sich mehrere der einflußreichsten

Anhänger Khoos der Sun Yatsen-Gruppe zu. Khoo selbst reagierte auf Kangs Niederlage, indem er der Mandschu-Regierung erneut Treue schwor. Der befriedigte Kaiserhof belohnte diese Geste mit einem Ehrenbeamtentitel.[8]

Seit dem Sommer 1900 glaubte Kang, oder gab vor zu glauben, daß Sun Yatsen Attentäter zu seiner Ermordung gedungen habe. Da die Qing-Regierung auf seinen Kopf eine Belohnung von 140000 Tael ausgesetzt hatte (ein Tael entsprach zu jener Zeit einer Unze Silber), waren Kangs Befürchtungen nicht unbegründet. Der Gouverneur von Singapur unterstützte ihn und nahm mehrere Anhänger Suns fest. Als Sun dann persönlich in Singapur erschien, um die Freilassung seiner Freunde zu erreichen, gelang es Kang, den Gouverneur zu überreden, Sun auszuweisen und ihm für fünf Jahre die Wiedereinreise nach Singapur zu untersagen.[9] Dennoch behielt Sun auch während seiner erzwungenen Abwesenheit dank seiner Verwendung geschickter Agenten, die Anhänger der „Gesellschaft zur Wiederbelebung Chinas" waren und die Anti-Mandschu-Botschaft weiterhin predigten, beträchtlichen Einfluß in der Gemeinschaft der Singapur-Chinesen. Einer dieser Männer war nach Suns fehlgeschlagenem Huizhou-Aufstand aus China geflüchtet. Er stammte aus Guangdong und besaß sehr gute Kontakte zu Geheimgesellschaften. Er war nicht nur wegen seiner Überredungskünste besonders erfolgreich, die Singapur-Chinesen hinter Suns Fahne zu scharen, sondern auch, weil er sein medizinisches Wissen anwandte und Kliniken zur kostenlosen Behandlung von Geschlechtskranken gründete. Das verschaffte ihm Anhänger unter den armen chinesischen Arbeitern, den Mitgliedern der Geheimgesellschaften und den Prostituierten dieses Gebietes. Diese Förderer Suns verbreiteten – gelegentlich unter dem Deckmantel pädagogischer Tätigkeit, manchmal durch direkte Gespräche – die gegen die Mandschu gerichtete republikanische Botschaft in weitem Umkreis, so daß die neu entworfene revolutionäre Fahne „blauer Himmel, weiße Sonne und rote Erde" bei Versammlungen von Kuala Lumpur bis Penang wehte.[10]

Kang fühlte sich während dieser Zeit müde, krank und niedergeschlagen. Ein Umzug von Singapur nach Penang konnte ihn nicht aufheitern. Im Dezember 1901 verließ er Penang und reiste mit seiner jüngeren Tochter Tongbi nach Indien. Nachdem sie einige Wochen von Ort zu Ort gezogen waren, mietete er ein Haus in Darjeeling, dem berühmten Erholungsort für erschöpfte britische Verwaltungsbeamte mit ihren Familien in Indien zu Füßen des Himalayas. Hier wanderte und ritt er mit Tongbi in den Bergen und erfrischte sich an der Luft und den Ausblicken in die schneebedeckte Landschaft. Die Probleme Chinas verfolgten ihn jedoch: Liang Qichao und viele frühere Anhänger Kangs verlangten nun eine gegen die Mandschu gerichtete Politik und sogar die Bildung einer revolutionären Regierung in Südchina oder eines unabhängigen Regimes in der Provinz Guangdong. In zwei wohlbedachten und ausführlichen Briefen an Liang Qichao und die Überseechinesen betonte Kang nochmals die Notwendigkeit einer stufenweisen Entwicklung, wenn China einer Aufteilung durch die wichtigsten westlichen Mächte und Japan entgehen wolle. Ein wieder eingesetzter Kaiser, der, obzwar Mandschu, konstruktiv mit chinesischen und mandschurischen Beamten zusammenarbeite, könne eine starke und legitime Herrschaft ausüben. Der Sprung von der Autokratie in die Republik sei ohne Chaos unmöglich, schrieb Kang, und führte als Argumente Gedanken an, die ihn zumindest ein Jahr lang bewegt hatten: die letztliche Unausweichlichkeit demokratischer Regierungsformen und die Notwendigkeit, auf dem Weg dorthin jedes zubemessene historische Stadium zu durchlaufen.

Kang stützte seine Behauptung zum einen auf die Französische Revolution und die Entwicklung des britischen und des amerikanischen Regierungssystems, zum anderen aber auf die einzige konfuzianische Quelle, die sich eingehender mit Fortschritt und Entwicklung in der Geschichte der Menschheit befaßt. Seit Konfuzius' Lebzeiten im fünften Jahrhundert vor Christus waren die chinesischen historischen Abhandlungen und Analysen zyklisch angelegt. Ihnen lag die Vorstellung wiederholter dynastischer Zyklen als politisches Modell zugrunde, und sie betrachteten die Bewegung von einem Yin- in ein Yang-Stadium und zurück eher als ein endloses Schwingen denn als einen dialektischen Fortschritt. In diesem langen Zeitabschnitt hatten Gelehrte gelegentlich auf eine kleine Anzahl früher Texte hingewiesen, die ein gänzlich anderes Bild vermittelten. Eine solche Schrift war ein Kommentar zu den konfuzianischen *Frühlings- und Herbst-Annalen* und ein Kapitel im *Buch der Riten*. Im „Gongyang" Kommentar zu den *Frühlings- und Herbst-Annalen* wird behauptet, Konfuzius habe an eine weitreichende Entwicklung über Zeit und Geschichte geglaubt, in der die Menschheit von einem „Zeitalter der Unordnung" durch ein „Zeitalter des ansteigenden Friedens" bis hin zu einem „Zeitalter des allumfassenden Friedens" fortschreite. Im „Liyun" Kapitel des *Buches der Riten* lassen sich ebenfalls Hinweise darauf finden, daß Konfuzius für die Zukunft eine „Große Gemeinschaft" (*datong*) vorausgesehen hatte, in der die Regeln der Familie und des Staates keine Geltung mehr besäßen. Kang griff diese Texte auf, um sowohl den Ablauf der menschlichen Geschichte zu erklären als auch der zunehmend ungeduldigeren politischen Haltung seiner Anhänger zu begegnen. In einer Neuinterpretation der konfuzianischen Texte wies Kang darauf hin, daß die von ihm aufgezeichneten Entwicklungen in der Zukunft lägen. Nach dieser Auslegung hatte China das „Zeitalter der Unordnung" durchschritten, konnte jedoch nicht einfach in das „Zeitalter des allumfassenden Friedens" hinüberspringen, ohne zunächst gemeinsam mit den westlichen Mächten und Japan langsam das „Zeitalter des ansteigenden Friedens" zu durchlaufen. Auf dem Weg in die „Große Gemeinschaft" gebe es also keine Abkürzungen, obwohl man durch das Nachdenken über diese „Große Gemeinschaft" damit beginnen könne, die Zukunft einer besseren und glücklicheren Welt zu planen.[11]

Während der Wanderungen mit seiner Tochter Tongbi in den Bergen von

Darjeeling vervollständigte Kang eine Synthese dieser angeblich konfuzianischen Gedanken mit Ideen der buddhistischen Tradition und solcher Werke westlicher utopischer Literatur, die ihm in chinesischer Übertragung zugänglich waren. So erkennt man Anteile, die auf Etienne Cabets *Voyage en Icarie,* das 1842 veröffentlicht worden war, John Fryers *Homely Words to Aid Government,* das 1885 in chinesischer Fassung erschienen war, und Edward Bellamys *Looking Backward,* das 1888 in den Vereinigten Staaten und 1892 in chinesischer Übersetzung veröffentlicht worden war, zurückgehen.[12] (Kang selbst erwähnte zwar Bellamy nicht namentlich, aber seine Schüler Tan Sitong und Liang Qichao hatten beide die Übersetzung von *Looking Backwards* in den neunziger Jahren gelesen. Tan Sitong schrieb, daß die von Bellamy dargestellte Welt „fast das Datong verkörpere", das im „Liyun" beschrieben sei, und Liang Qichao nannte es eines der wichtigsten Bücher über den Westen, das er gelesen habe.[13])So war es denn in Darjeeling, spät im Jahre 1902, daß Kang sein erstaunliches *Buch der Großen Gemeinschaft (Datongshu)* abschloß.

Die Zeit, die Kang in diesem herrlich in den Bergen gelegenen Erholungsort verbrachte (eine Zeit, die vielleicht zum Teil mit ursprünglich für den katastrophalen Hankou-Aufstand von 1900 vorgesehenen Geldern finanziert wurde, über die Kang, so behaupteten seine Feinde, niemals eine zufriedenstellende Abrechnung vorgelegt habe), wirkte sich auf Kang befreiend aus. Hier, so schrieb er, sei er schließlich fähig gewesen, seinem jüngeren Bruder, der den Märtyrertod erlitten hatte, ein längeres Gedicht zu widmen, das er vier lange Jahre in sich eingeschlossen gefühlt hatte.[14] Hier fand er nicht nur Worte, die Zukunft zu beschreiben, sondern er erforschte auch seine eigene Vergangenheit nach der Herkunft gewisser finsterer Visionen, die ihn seit Jahrzehnten begleiteten. In der Einleitung zu seinem *Buch der Großen Gemeinschaft* schrieb er, er habe seit langem empfunden, daß „unser Universum lediglich eine Welt voller Trauer und Elend ist, die nur von trauernden und elenden Menschen bevölkert ist. Die Lebewesen dieser Welt sind alle zur Hinrichtung bestimmt. Der blaue Himmel und die runde Erde stellen nichts weiter als einen großen Schlachthof, ein großes Gefängnis dar."[15] Er führte seine Visionen auf eine Lichtbildvorführung zurück, die er als Kind von etwas mehr als zehn Jahren gesehen hatte und welche die Stadt Sedan nach dem Sieg der Preußen über die französischen Truppen zeigte. – „Die Leichen lagen im Gras und unter den Bäumen; die Häuser waren zu Ruinen verkohlt." Er erkannte daraus, daß sich sein Einssein mit dem Universum durch Teilnahme an dessen Leiden äußere.[16] Als er heranwuchs, nahm dieses Empfinden des Einsseins durch Alter, Studium und durch Übung seiner Vorstellungskraft zu:

„Ich wurde in diese Welt geboren und entstamme so demselben Leib, dem die Menschen aller Länder entstammen, auch wenn unsere Körper verschieden gestaltet sein mögen. Ich weiß von ihnen, und deswegen liebe ich sie. Ich habe ausgiebig von dem geistigen Erbe Altindiens, Griechenlands und Roms und des modernen England, Frankreich, Deutschland und Amerika getrunken. Ich habe meinen Kopf darauf gewettet, und meine Seele hat in ihren Träumen deren Tiefe ermessen. Ich habe vergleichsweise oft den weisen alten Männern, bekannten Gelehrten, berühmten Persönlichkeiten und schönen Frauen aller Länder die Hand gereicht. Wir haben nebeneinander auf Matten gesessen, während unsere Ärmel sich berührten, und sie sind mir ans Herz gewachsen. Täglich hat man mir Wohnung, Kleidung, Speise, Boote, Fahrzeuge, Geräte, Regierung, Erziehung, Künste und Musik von unzähligen Ländern angeboten, und ich habe Gebrauch davon gemacht, und es hat meine Sinne angeregt und meinen Geist bereichert. Schreiten sie voran? Dann gehen wir alle mit ihnen voran. Gleiten sie zurück? Dann gleiten wir alle mit ihnen. Sind sie glücklich? Dann sind wir mit ihnen glücklich. Leiden sie? Dann leiden wir mit ihnen. Es ist als ob wir Teile einer elektrischen Kraft seien, die alle Dinge verbindet, oder als ob wir an einer reinen Essenz teilhätten, die alle Dinge umschließt."[17]

Alle Leiden dieser Welt, so lehrte Kang, lassen sich sechs Kategorien zuordnen: solche, die in unserer biologischen Gebrechlichkeit begründet liegen, solche, die auf Naturkatastrophen beruhen, solche, die von gesellschaftlichem Rangverlust herrühren, solche, die auf Beschränkungen, die uns durch Institutionen auferlegt werden, zurückzuführen sind und solche, die den menschlichen Leidenschaften und hoher Verantwortung entspringen. Wenn wir das Wesen jeder Kategorie sorgfältiger betrachteten, könnten wir beobachten, daß eine jede in den Abgrenzungen begründet ist, die die Menschen um und zwischen sich errichtet haben – Abgrenzungen der Familie, des Geschlechts, der Klasse, der Nation, des Berufes und der Gesetze. Wenn die Menschheit diese Abgrenzungen aus dem Weg räumen könnte, würde sie in die Welt der „Großen Gemeinschaft" eintreten.[18] Mit Geschick und Voraussicht könne die Menschheit vielleicht diese Abgrenzungen der Reihe nach beseitigen.

Das Ende des Nationalstaates solle eher durch schrittweise Zusammenschlüsse erreicht werden (Kang betrachtete die USA und Deutschland als Beispiele, in denen kleinere Einheiten zu größeren verschmolzen waren) als durch mörderische Kriege, die als rauhere Form natürlicher Auslese anzusehen seien. Demokratie sei im Vergleich zur Autokratie ein gesundes Zeichen, denn verschiedene Verfassungen, Gewerkschaften und sozialistische Organisationen versprächen alle Befreiung von nationalstaatlichem Egoismus. Nationalstaaten würden allmählich zu größeren Einheiten verschmelzen. So würde Rußland Osteuropa absorbieren, Brasilien die anderen lateinamerikanischen Nationen, Deutschland nähme Skandinavien und die Niederlande ein, und die Türkei, Persien und Indien würden zu einem moslemischen Reich verschmolzen werden. Alle diese Länder würden unter dem Druck eines Weltparlaments allmählich zusammenrücken, das mittels der Verhängung von Wirtschaftssanktionen, einer patrouillierenden Marine und einer von Musikern und Philosophen entwickelten allgemeingültigen Spra-

Kang Youwei im Jahre 1903, nachdem er das *Buch der Großen Gemeinschaft* abgeschlossen hatte.

che die Macht besäße, Vereinigungen zu erzwingen. Wenn diese Tendenzen von einer allgemeinen Entwaffnung aller früheren Nationen begleitet würden, dann sei die ,,Große Gemeinschaft" erreicht. (Kang glaubte jedoch, daß die Menschen Planeten und Sterngruppen nicht beeinflussen könnten. In einer Nebenbemerkung folgte er verschiedenen Theoretikern des 19. Jahrhunderts und erklärte, daß es zur Zeit auf dem Mars oder anderenorts im Weltraum Kriege gäbe, daß er aber fühle, solche Kriege würden ewig andauern – offensichtlich ohne unsere Erde miteinzubeziehen.)[19]

Die ,,Große Gemeinschaft" würde die Klassenunterschiede beseitigen, die sich auf Sklaverei, Kastensystem und Reste aristokratischer und feudaler Institutionen gründeten. In einer Welt industrieller Produktion würden die Probleme jedoch schwerwiegender sein, denn mit dem Anwachsen der Fabriken und mit der Verbesserung des Kommunikationswesens ,,werden die Gegensätze zwischen Arm und Reich der Entfernung zwischen Himmel und Meer entsprechen". Kang glaubte nicht, daß Kämpfe vermieden werden könnten: ,,Diejenigen, die benachteiligt sind, werden aufschreien. Das ist eine natürliche Folge, und deswegen haben kürzlich die Kämpfe zwischen den Gewerkschaften und den Kapitalisten in Europa und Amerika zugenommen. Bis jetzt sind nur die Keime zu erkennen, aber bald werden mehr und mehr Gewerkschaften gegründet werden, und ich befürchte, wir werden Tragödien von Blut und Eisen erleben. Dieser Kampf wird sich nicht zwischen starken und schwachen Staaten abspielen, sondern zwischen Armen und Reichen ausgetragen werden. Für die kommenden einhundert Jahre wird dieses Problem die Aufmerksamkeit der gesamten Welt beanspruchen."[20] Diese Spannungen könnten, so dachte Kang, nur durch Abschaffung der Familie gelindert werden, damit das Prinzip des Privateigentums die Gedanken der Menschen nicht länger beherrsche.

Langsam und methodisch würden die Herrscher auch die rassischen Unterscheidungen beenden, die die Welt gegenwärtig in eine schwarze, braune, gelbe und weiße Rasse trennten. Kang glaubte nicht, daß dieses Ziel durch einfache Gesetzgebung erreicht werden könne: ,,In der edlen Absicht, die schwarzen Sklaven zu befreien, sammelte Lincoln Truppen und vergoß Blut, doch bis heute wollen die Amerikaner den Schwarzen keine Gleichberechtigung zuerkennen. Sie erlauben den Schwarzen nicht, mit ihnen zusammen zu essen oder gar zu sitzen; sie erlauben den Schwarzen nicht, in Zügen oder auf Schiffen in der ersten Klasse zu reisen, sie verwehren den Schwarzen den Eintritt in die Hotels; selbst solche Schwarze, die in niedrige Ämter gewählt worden sind, werden von den Amerikanern unterdrückt."[21] Kang war der Ansicht, daß dieses Verhalten auf tiefer Abneigung gegenüber der körperlichen Erscheinung, dem Körpergeruch und dem kulturellen Verhalten beruhe. Solche Antipathien würden nur dann verschwinden, wenn deren Ursachen durch Programme geographischer Umsiedlung, die Veränderungen in Körperbau und -farbe bewirkten, und durch Förderung rassischer Mischehen auf globaler Ebene ausgemerzt werden könnten. In Fällen unverbesserlicher Schlechtigkeit und unheilbarer Krankheit sollten Mittel verabreicht werden, die die Zeugungsunfähigkeit der Betreffenden bewirkten. Diese Vermischung und Reinigung würde dann schließlich zu einer ,,Großen Gemeinschaft“ mit nur einer Rasse führen. Kang gab unmißverständlich zu verstehen, daß seiner Meinung nach die unerbittlichen Gesetze der natürlichen Auslese dieser Rasse die körperlichen Merkmale der früheren weißen Rasse und die geistigen Fähigkeiten der gelben Rasse verleihen würden.[22]

Die Abschaffung von Verwaltungsgrenzen würde dem Verschwinden der Nationen folgen. In einer Welt, die durch mathematisch genaue, nach den Längen- und Breitengraden ausgerichtete Linien aufgeteilt sei (zur Erleichterung des gesellschaftlichen Verkehrs bei gleichzeitiger Abschaffung des grenzbedingten Nationalismus), sollten alle Menschen durch ein umfassendes elektrisches Kommunikationssystem verbunden sein, das von der Regierung der ,,Großen Gemeinschaft“ hoch oben in gesunder Luft auf einem Berggipfel geleitet würde. Die Wahl dieser Regierung war problematisch. Kang war von dem, was er über politische Wahlen gehört hatte, nicht beeindruckt. Er beschrieb sie als eine ,,dunkle Welt“, in der Intrigen, Morde oder Bestechung durch kostenlos angebotene Speisen und Getränke oftmals zur Wahl des Unwürdigen führten und den verderblichen Aspekt des Wettbewerbs einbrächten.[23] Man tut gut daran, sich dieses Mißtrauen gegenüber Wahlen – im Gegensatz zur Bewunderung des allgemeinen Regierungssystems des Westens – stets vor Augen zu halten, da Wahlen in China noch nie abgehalten worden waren und auch in der Zukunft nur selten abgehalten werden sollten. Vielleicht war Kang hier von den Ansichten eines anderen Mitgliedes der Gruppe der progressiven Hunan-Reformer, Huang Zunxian, beeinflußt, der nach kurzer Tätigkeit als Konsul in San Francisco in den achtziger Jahren seine Eindrücke von einer amerikanischen Wahl in Versform dargelegt hatte:

Ein Tag in einem Theater.
Tausendköpfig die Zuhörerschaft.
Schwarze Ledersessel in Reihen aufgestellt.
Stufenweise angeordnet gleich einer Treppe.
Unzählige strahlende Lichter
Beleuchten Samtvorhänge.

Wie trunken besteigt ein Mann die Bühne,
Beginnt zu reden mit vorschlagender Zunge.
Aufgedreht und gelb sein Schnurrbart,
Falkengleich blitzend seine Augen.
Dem geöffneten Mund entströmen die Worte:
Ein tosendes Rülpsen, unablässig.
Lacht er, so fliegen die Dachziegel,
Sein Zorn läßt die Säulen erschüttern und brechen.

Dann und wann antwortet die Menge ,,aye, aye!"
Dann und wann schreit sie ,,nay, nay!"
Ihre Erregung wächst, dem Donner gleich,
Hämmernd schlägt der Rhythmus ihres Beifalls.
Gegen Ende heben alle ihre Hand,
Ein klarer Beweis, daß diese Partei geschlossen steht.[24]

Kang schlug vor, die Wahl höherer Regierungsbeamter nur telephonisch durchführen zu lassen. Die Ergebnisse sollten zwar verbindlich sein, jedoch sollten diejenigen, die an die Spitze der zwanzig Ministerien gewählt worden waren, zunächst einmal aus Höflichkeit die ihnen angetragenen Ämter ablehnen. Die meisten Ministerien der ,,Großen Gemeinschaft" trugen pragmatische Bezeichnungen (Gesundheit, Industrie etc.); die letzten drei wiesen jedoch auf Kangs Vision eines Wandels der Menschheit zum Besseren hin: das Ministerium zur Anregung von Wissen, das Ministerium zur Lehre des Weges und das Ministerium der höchsten Glückseligkeit.[25] Während bestimmte Ministerien sich mit der Verteilung der Mittel, kostenloser Schulpflicht bis zum zwanzigsten Lebensjahr und mit der Ausrichtung des Wirtschaftslebens und der Technologie auf große, sich selbst verwaltende landwirtschaftliche Einheiten befaßten, sollten sich diese letzten drei Ministerien um die Entwicklung der menschlichen Weisheit kümmern. Ihnen oblagen die Aufgaben, die neiderregenden Unterschiede zwischen Stadt und Land zu beseitigen, übermäßige Verehrung bestimmter Individuen zu verhindern und sowohl Müßiggang als auch Wettbewerbsinstinkte bei den neuen freien Menschen der Welt abzubauen.[26]

Kangs wohl beeindruckendste (und originellste) Überlegungen galten dem Problem, zwei weitere Abgrenzungen in der ,,Großen Gemeinschaft" zu beseitigen, nämlich Abgrenzungen durch die Familie und durch das Geschlecht. Er stand zwar dem ursprünglich schutzgewährenden Kern der Familie wohlwollend gegenüber und erkannte, daß das Klansystem zu der dichten Bevölkerung Chinas geführt und kindliche Pietät begünstigt hatte, meinte aber dennoch, daß dieses Klansystem sich zerstörerisch ausgewirkt habe, daß es entscheidende wirtschaftliche und soziale Unterschiede innerhalb der Gesellschaft habe entstehen lassen und daß es die Verwirklichung eines einheitlichen Ausbildungssystems und gemeinsamer Grundsätze der Kindererziehung verhindert habe. In der ,,Großen Gemeinschaft" sollte die Familie durch andere Einrichtungen ersetzt werden, die jedes menschliche Wesen von der Empfängnis (die nach freiem Willen von freien Erwachsenen vollzogen würde) bis zum Grabe begleiten sollten. Die Fürsorge würde in der ,,Einrichtung des menschlichen Ursprungs" beginnen, wo schwangere Frauen umhegt, unterrichtet und von geschickten weiblichen Ärzten behandelt werden sollten. Über Kleinkinderpflege, Kindergärten, Grund-, Mittel- und Oberschulen sollte die Reihe bis hin zu – am Lebensende – öffentlichen Erholungsstätten und Heimen für die Armen und unheilbar Kranken führen. Das öffentliche Krematorium würde die Reihe der Einrichtungen beschließen.[27]

In diesem Gesamtplan war die Gleichberechtigung von Männern und Frauen vorgesehen. Die Abgrenzung zwischen ihnen war so stark wie alle die anderen Abgrenzungen, die Kang einzureißen gedachte. Wir dürfen vermuten, daß vieles von dem, was Kang hier niederschrieb, aus seinem Innersten stammte und nicht nur ein abstrakter Zukunftsplan war. Seine eigenen Familienerfahrungen waren sorgenvoll und wechselreich gewesen und hatten ihm genügend Wissen über das Leiden und die Fähigkeiten der Frauen vermittelt. So war er zum Beispiel alt genug gewesen, um bewußt die Schwierigkeiten zu sehen, denen seine verwitwete Mutter nach dem Tode seines Vaters gegenüberstand. Ihm selbst war die Verantwortung übertragen worden, sich um seinen neugeborenen Bruder zu kümmern, jenen Bruder, der den Märtyrertod erlitten hatte und dessen Witwe und junge Tochter nun ebenfalls seiner Verantwortung unterstellt worden waren. Von seinen drei Schwestern war eine im Alter von zwei Jahren gestorben; eine war noch in jungen Jahren gezwungen worden, ihren kranken Verlobten zu heiraten, der neunzehn Tage später starb, so daß sie ihn dreiundvierzig Jahre als kinderlose Witwe überlebte, während ihr Geld von den Verwandten des verstorbenen Ehemannes verpraßt wurde. Eine weitere Schwester war mit drei kleinen Jungen Witwe geworden und in großem Unglück jung gestorben. „Ihre Erschöpfung und ihre Ängste beschleunigten ihren Tod," schrieb Kang, „ich war zwei Jahre älter als sie, wir liebten einander und waren glücklich, wenn wir zusammen sein konnten. Sie besaß ein gutes Gedächtnis, war ruhig und unermüdlich in ihrem Wunsche zu lernen. Sie starb in Armut, und ich war weit entfernt und konnte ihr nicht helfen."[28] Als junge Männer hatten Kang und sein Bruder aktiv für die Abschaffung des Fußbindens gekämpft. Sie hatten öffentliche Gesellschaften gegründet, um diejenigen zu unterstützen, die diese Sitte abschaffen wollten. Kang hatte sich geweigert, seinen Töchtern die Füße binden zu lassen, und sicherlich war Tongbi nur auf Grund dieser Entscheidung nun imstande, mit ihm in den Bergen zu wandern anstatt herumzuhumpeln. Kangs eigene arrangierte Ehe mit Zhang Miaohua war offensichtlich zunächst recht glücklich verlaufen; aber drei ihrer fünf Kinder (zwei Mädchen und ein Junge) starben als Säuglinge, so daß Kang nur zwei Töchter blieben. 1897, kurz bevor er vierzig wurde, nahm er sich eine Nebenfrau namens Liang, die ihm in Penang einen Sohn gebar.[29] Während Kang reiste, ließ er seine Frau zurück in Hongkong, damit sie sich dort um ihre Schwiegermutter kümmern konnte. Möglicherweise nahm Kang seine Nebenfrau Liang mit nach Indien, doch erwähnte er sie dort niemals. Die Gedichte, die er in Darjeeling schrieb, galten ständig und voll liebender Hingabe seiner Tochter Tongbi. Kang bewunderte Tongbi offensichtlich sehr und schätzte ihre Anwesenheit. Dennoch traf er die schmerzliche Entscheidung, sie bereits als Siebzehnjährige zum Studium nach Europa und in die Vereinigten Staaten zu schicken. „Die Reise ist so weit für ein junges Mädchen," schrieb er in einem Abschiedsgedicht, ,,doch sie bedeutet auch einen Schritt vorwärts für die Rechte der Frauen." (Sie bedeutete allerdings keinen Schritt vorwärts für Kangs eigene Unabhängigkeit, denn er ließ sofort seine andere erwachsene Tochter Tongwei zu seiner Begleitung zu sich kommen.)[30]

Diese Einzelheiten seines Familienlebens bilden den Hintergrund für Kangs großartige Ausführungen über Frauen in seinem *Buch von der Großen Gemeinschaft:* ,,Betrachtet man die Nationen der gesamten Welt zusammen, dann hat in den mehr als zehntausend Jahren menschlicher Geschichte eine unermeßliche, unvorstellbare Anzahl von Leuten menschliche Gestalt und menschliche Intelligenz besessen; außerdem hatte jeder Mann eine Frau, der er sehr nahe stand und die er am meisten liebte. Dennoch haben Männer die Frauen gefühl- und bedenkenlos unterdrückt, haben sie unterworfen, haben sie getäuscht, haben sie eingeschlossen, haben sie eingekerkert und haben sie gebunden. Männer haben sie daran gehindert, unabhängig zu sein, ein öffentliches Amt zu bekleiden, Beamte zu sein, als Bürger zu leben und an öffentlichen Veranstaltungen teilzunehmen. Noch schlimmer, Männer haben sie davon abgehalten zu studieren oder zu diskutieren, sich selbst einen Namen zu machen oder nach Belieben gesellschaftliche Kontakte zu knüpfen, Vergnügungen zu genießen, Besichtigungen zu unternehmen oder allein das Haus zu verlassen. Und schlimmer als das, Männer haben sie gezwungen, ihre Taille zu schnüren und zu verformen, ihr Gesicht zu verschleiern, ihre Füße zusammenzudrücken und ihre Körper zu tätowieren. Die Schuldlosen wurden weltweit unterdrückt und die Unschuldigen weltweit bestraft. Solche Taten sind schlimmer als die schlimmste Unmenschlichkeit. Und dennoch waren in der ganzen Welt in der Vergangenheit und in der Gegenwart diejenigen, die wir gute, aufrichtige Männer nennen, für Tausende von Jahren an den Anblick solcher Dinge gewöhnt und haben dagesessen und zugesehen und sie als selbstverständlich betrachtet und haben nicht Gerechtigkeit für die Opfer verlangt oder angeboten, ihnen zu helfen. Das ist die abstoßendste, ungerechteste und beispielloseste Sache, die unverständlichste Theorie unter dem Himmel.

Ich habe nun eine Aufgabe: die natürliche Unzufriedenheit der unzählbaren Frauen der Vergangenheit hinauszuschreien. Ich habe nun ein großes Verlangen: die achthundert Millionen Frauen meiner eigenen Zeit vor dem Ertrinken im Meer des Leidens zu erretten. Ich habe nun eine große Sehnsucht: der unzählbaren, unvorstellbaren Anzahl der zukünftigen Frauen das Glück der Gleichberechtigung, der Großen Gemeinschaft und der Unabhängigkeit zu geben."[31]

Um die von Kang als letztes Ziel angesehene Gleichberechtigung zu erlangen, mußte die ,,Große Gemeinschaft" darauf bestehen, daß jeder vor dem Gesetz, in Wahlen, in der Erziehung und in der Ausübung eines Amtes absolut gleichberechtigt sei. Frauen sollten allerdings in einer Einrichtung des menschlichen Ursprungs, in der Kleinkinderpflege oder in einer der

Einrichtungen für ältere Menschen gedient haben, bevor sie ein Amt ausfüllen durften. Männer und Frauen sollten bei allen öffentlichen Tätigkeiten gleich gekleidet sein, um unnatürliche Unterscheidungen zu vermeiden. Nach Abschluß der Ausbildung mit zwanzig Jahren konnten Männer wie Frauen einen Heiratsvertrag abschließen. Diese Verträge sollten mindestens einen Monat, längstens ein Jahr gültig sein; sie konnten jedoch verlängert werden. Homosexuelle sollten ebenfalls die Erlaubnis erhalten, miteinander solche Verträge abzuschließen. Kang war sich bewußt, daß hochgebildete und zu ihrer Zufriedenheit beschäftigte Frauen sich zur Kinderlosigkeit entschließen und somit letztlich das Überleben der Art in Frage stellen könnten, und drängte daher darauf, alles Mögliche zu unternehmen, um die Schwangerschaft angenehm und erfüllend zu gestalten: Schwangere sollten in einer schönen Umgebung leben, im Anfangsstadium der Schwangerschaft sollten sie auch Liebhaber empfangen und nach der Entbindung nach Wunsch mechanische Methoden zur sexuellen Befriedigung anwenden dürfen. In der „Großen Gemeinschaft" sollten alle Wünsche Anerkennung finden.[32]

Ungeachtet seiner glänzenden Formulierungen, der hervorstechenden Klarheit seiner Visionen und des emotionalen Engagements, das er für deren Verwirklichung aufwandte, war Kang unfähig, seine Gedanken von der „Großen Gemeinschaft" mit der Welt der realen Politik, in der er gezwungen war zu handeln, zu verbinden. Nachdem er sein *Buch der Großen Gemeinschaft* abgeschlossen und Darjeeling im Frühjahr 1903 verlassen hatte, bereiste er ausgiebig Südostasien, Europa, Kanada und nun auch die Vereinigten Staaten, in die er schließlich 1905 mit einem Touristenvisum einreisen konnte, da er sich als Lehrer und Journalist ausgab und „Professor Kang" nannte. Er drängte weiterhin die Überseechinesen dazu, Kaiser Guangxu und die Errichtung einer reformorientierten konstitutionellen Monarchie in China zu unterstützen.[33] Er betonte öffentlich den Vorrang des konfuzianischen Wertsystems. Da er der Ansicht war, seine Ideen von der „Großen Gemeinschaft" seien „ihrer Zeit zu weit voraus", teilte er sie nur wenigen bevorzugten Studenten mit und lehnte es ab, das gesamte Buch zu veröffentlichen.[34] Wäre er einem breiteren Publikum als Vertreter solcher Gedanken bekannt gewesen, so hätte er sicherlich unter der neuen Generation radikaler Studenten, die seit dem Boxeraufstand und der Besetzung Pekings durch die Alliierten im Jahre 1900 ruhelos und verärgert waren und die nun begannen, die Probleme einer republikanischen Organisation, des Sozialismus und der Frauenrechte offen zu diskutieren, eine Anhängerschaft aufbauen können. Kangs großes Ansehen als Gelehrter, sein Ruf als Anführer der Reformen von 1898 und sein ungezügeltes Interesse an Industrialisierung und Kapitalismus sicherten ihm stets beträchtliche Unterstützung unter den bessergestellten und konservativeren Überseechinesen. Aber es war Sun Yatsen, der sich wirkungsvoller mit der Thematik der sozialen Revolution befaßte. Er zog Parallelen zu europäischen Gesellschaften und erklärte seinen Studenten, China sei ein Land, das „noch nicht die Mechanisierung des Ackerbaus vollzogen habe" und in dem „die Produktivkräfte noch auf menschlicher Arbeitskraft beruhten und sich noch nicht völlig in den Händen der Besitzenden befänden". Daher bestehe die Möglichkeit, revolutionäre Veränderungen durchzuführen, bevor die Kluft zwischen Arm und Reich sich in dem Maße verbreitere, wie er es in Europa und in den Vereinigten Staaten gesehen habe.[35]

Kangs Freund und früherer Student Liang Qichao, der 1903 dreißig Jahre alt wurde, war sich keineswegs sicher, welcher Ideologie er den Vorzug geben sollte. Während Kang in Darjeeling wirkte, lebte Liang in Japan im Exil. Hier kam ihm die Idee, die gesamte Bevölkerung Chinas für die Vorstellung von einem verjüngten Nationalstaat zu gewinnen und das Land auf diese Weise zu retten. Eine von fremden imperialistischen Mächten beherrschte Welt verlangte nach neuen Organisationsformen, die sich das traditionelle konfuzianische und kaiserliche China nie erträumt hatte: Liang sah „den Kampf der Bevölkerung um das Überleben, der gemäß den Gesetzen der natürlichen Auslese und des Überlebens der Fähigsten nicht zu unterdrükken war", als bewegende Kraft der modernen Geschichte an. Eine erfolgreiche Teilnahme an diesem Kampf würde eine politisch aktive Nation voraussetzen, in der die Souveränität vom Volk ausginge. Die mächtige Stimme Rousseaus bot ein Mittel gegen traditionelle Despotismen und gegen die „sklavische Mentalität" des chinesischen Volkes. Diese sklavische Haltung, so schrieb er während des hektischen Jahres 1900 an Kang Youwei, hatte zu den „katastrophalen Auswüchsen von Korruption und Degeneration in China im Verlauf der vergangenen eintausend Jahre" geführt. „Die Krankheit," so führte er weiter aus, „kann unmöglich ohne Einnahme der Medizin der Freiheit geheilt werden."[36]

Liang wechselte jedoch nicht, wie man auf Grund solcher Ansichten hätte erwarten können, in Sun Yatsens Lager über. Das Beispiel Meiji-Japans zeige, so schrieb er, daß man auch ohne Umsturz des Herrscherhauses eine gesellschaftliche Revolution durchführen könne. Um Argumenten wie denen Suns entgegenzutreten, der auf der Notwendigkeit einer Anti-Mandschu-Revolution beharrte, schrieb Liang 1902 eine Biographie der durch die Guillotine hingerichteten Girondistin Mme. Roland. Er beschrieb sie als zentrale Heldin der Französischen Revolution, deren Freiheitsideal mit ihrem eigenen Leben durch die von der Revolution entfesselten dunklen Kräfte zerstört worden sei. Solche Revolutionen, bemerkte Liang, glichen einer Sintflut, die Dämme zerstöre und Gutes wie Schlechtes fortschwemme.[37]

Als Liang schließlich 1903 die Vereinigten Staaten besuchte, wurde seine bisherige stille Bewunderung der Demokratie ausgelöscht. Er sah das dortige System als von Bestechung und Gewinnsucht der Parteien beherrscht. Wahlen fanden zu häufig statt, waren zu korrupt und allzu sehr auf kurzfristige Aspekte der Popularität gerichtet, als daß sie Führer hervorbringen konnten, die die entscheidenden langfristigen Probleme aufzugreifen vermochten. Männer von großem Format mieden das politische Leben, und die meisten Präsidenten waren mittelmäßige Menschen. Was die amerikanische Demokratie stark machte, war landesspezifisch und tief verwurzelt und konnte nicht ohne weiteres auf andere Länder übertragen werden.[38] Gelegentlich eines ausgedehnten Besuches in San Franciscos Chinesenviertel – typisch für chinesische Gemeinschaften in den Vereinigten Staaten, die sich seit den

Liang Qichao im Jahre 1903 im Alter von dreißig Jahren.

großen Einwanderungswellen in den sechziger und siebziger Jahren des Jahrhunderts gebildet hatten – fand Liang die schlimmsten Seiten des Familiensystems, der Eigensucht und Bandenherrschaft der Chinesen verwirklicht. Solch ein Volk, schloß er, konnte noch nicht für eine volle Demokratie bereit sein. Es benötigte zur Beherrschung und zur Führung die starke Hand des Staates. Gegen Ende seiner Amerikareisen schrieb er, die Chinesen könnten Jean Jacques Rousseau und George Washington vergessen. Statt dessen sollten sie sich von den harten und wirkungsvollen Legalisten ihrer eigenen alten Tradition oder von dem Leben solcher Führer wie dem Spartaner Lykurg und Englands Oliver Cromwell anregen lassen.[39] Zu derselben Zeit, als Kang seine Europareise unterbrach, um die Werften in Holland zu besuchen, wo mehr als zweihundert Jahre zuvor Zar Peter der Große Schiffsbau studiert hatte, kehrte Liang nun geistig zu ihm zurück, schrieb, daß die in Rußland durchgeführten Reformen die Wirksamkeit der Autokratie bewiesen hätten, und argumentierte, daß die sozialdarwinistischen Gedanken eine nationale Zentralisierung der Macht unterstützten. „Nicht die Bildungsfeinde werden China zugrunde richten," so schrieb er zu jener Zeit, „sondern die Progressiven."[40] Und in noch nachdenklicherem Ton heißt es: „Die Opfer, die Frankreich 1793 erbrachte, wurden erst 1870 belohnt, und die Belohnung entsprach nicht den Erwartungen. Wenn wir jetzt Freiheit um den Preis unendlichen Leidens einhandeln, dann mag diese Freiheit noch nicht einmal nach siebzig Jahren erlangt werden, und selbst wenn es so wäre, was mag inzwischen in dem Land unserer Ahnen geschehen sein?"[41]

Obwohl Liang, nachdem er mit extremeren Lösungen geliebäugelt hatte, zu Kangs Ansichten zurückgekehrt war, daß China für einen plötzlichen Wandel nicht bereit sei und daß eine konstitutionelle Monarchie – wenn nötig weiterhin unter der Kontrolle der Mandschus – der sicherste Weg zu Modernisierung und Wachstum sei, konnten sich viele ihrer früheren Freunde nicht länger solchen Ansichten und auch nicht ihrer offensichtlichen Billigung der russischen Autokratie anschließen.

1903 gab es in Japan genaue Berichte über die revolutionäre Bewegung in Rußland, besonders über ihre nihilistischen und anarchistischen Tendenzen. Von dort gelangten diese Informationen, oft in Form von Übersetzungen aus dem Japanischen, nach China, wo sie begierige Leser fanden. Diese Schriften gaben die grundlegenden Gedanken von Herzen, Tschernyschewski und Bakunin wieder und beschrieben deren leidenschaftlichen Glauben an eine Welt, in der Gewalt und Idealismus zwangsläufig nebeneinander existierten.[42] Die Notwendigkeit einer solchen Überzeugung erschien besonders den vielen jungen Chinesen dringend, die sich auch der seinerzeitigen Ansprüche des russischen Imperialismus an China – besonders in der Mandschurei – bewußt waren. Ou Qujia zum Beispiel, der einst bei Kang Youwei studiert hatte und der sowohl an dessen Reformen von 1898 als auch an dem Aufstand von 1900 aktiv beteiligt gewesen war, forderte in seiner Kampfschrift *Das Neue Guangdong* Separatismus für Südchina. Wie schon Liang geißelte er die Chinesen wegen ihrer sklavischen Haltung und ihrer „quietistischen Passivität". Als er nach 1902 in San Francisco angeblich für Kangs „Gesellschaft zum Schutze des Kaisers" arbeitete, war er entscheidend daran beteiligt, die kalifornischen Mitglieder der Organisation in eine revolutionäre Richtung weitaus radikalerer Prägung zu drängen, indem er immer wieder auf die rassische Überlegenheit der Südchinesen zurückkam.[43] Qin Lishan, ein anderer junger Aktivist, war vor 1898 ein reformorientierter Student in Changsha gewesen, als Liang Qichao und Tan Sitong dort Vorträge hielten, und hatte auch für Kang einen Flügel des fehlgeschlagenen Aufstandes von

1900 geführt. Er war so beeindruckt von den Erzählungen über russische Intellektuelle, die 1901 in Moskau und Sankt Petersburg während der Streiks und Aufstände gegen den Zaren die Massen angeführt hatten, daß er mit deutlichen Worten auf die Pflicht der Gelehrten Chinas hinwies, sich ihrer Bestimmung in ähnlicher Weise anzunehmen. Qin war ungehalten über Kangs Weigerung, mit den ungebildeten chinesischen Massen zusammenzuarbeiten, und trug nun erheblich dazu bei, Kangs Stellung bei den Chinesen in Südostasien zu untergraben.[44] Han Wenju, ein dritter ehemaliger Anhänger, hatte 1891 zunächst bei Kang studiert und den Aufstand von 1900 von seinem Standort in Macao aus vorbereitet, bevor er zu seiner extremistischen Anti-Mandschu-Haltung kam. 1903 verfaßte er einen langen Kommentar zu der ersten chinesischen Erzählung über ein anarchistisches und revolutionäres Thema. Er merkte an, daß viele nihilistische Gedanken von Hegel, Marx und Saint-Simon entwickelt worden seien und den Vorstellungen von einer Großen Gemeinschaft im „Liyun"-Kapitel des *Buches der Riten* entsprächen. (Auch Kang hatte dieses Kapitel als Sprungbrett für sein eigenes utopisches Werk benutzt.) Han setzte sich auch eindeutig für einen revolutionären Angriff auf die Mandschu-Autokratie ein: „Korruption und Unordnung in dieser Welt sind stets auf autokratische Regierungsformen zurückzuführen. Es ist, als ob man von mehreren Dutzend Seilen gefesselt sei, von denen die Autokratie das Hauptseil darstellt. Zerschneidet man dieses, dann werden auch die übrigen Seile abfallen. Auf andere Art und Weise kann man sich nicht innerhalb von hundert Tagen befreien."[45] Der Reformversuch von 1898, um den Kang sich gemeinsam mit Kaiser Guangxu bemüht hatte, war oft als „Hundert-Tage-Reform" bezeichnet worden, und Han scheint hier einen Seitenhieb gegen Kang ausgeteilt zu haben. Seine Bemerkungen konzentrierten sich jedoch vor allem auf Sofya Perovskaja, die russische Anarchistin, die 1881 wegen ihrer Beteiligung an der Ermordung Zar Alexanders II. hingerichtet worden war, und es war offensichtlich, daß Han ihrer Tat Beifall zollte.

Sofya Perovskaja war für die Spitzen der chinesischen Revolutionäre ein faszinierendes Beispiel. Sie entstammte einer wohlhabenden Familie (ihr Großvater und ihr Vater waren einflußreiche Beamte des zaristischen Regimes), sie hatte in den Lesezirkeln radikaler Studenten von Sankt Petersburg und dann in der Kommune-Gemeinschaft der Tschaikovisten ihre zweite Familie gefunden. Ihr Leben umfaßte alle Elemente der Aufopferung und der Gefahr: ihr Geschick, sich zu verkleiden und die zaristische Polizei zu überlisten; ihre wichtigen intellektuellen Kontakte zu Kropotkin; ihre Arbeit unter Bauern bei Schutzimpfungen gegen Pocken; ihr eifriger freiwilliger Unterricht für arme Industriearbeiter, die unter erschreckenden Bedingungen lebten; ihre dramatische Flucht nach ihrer ersten Festnahme 1873 und ihre schließliche Bindung an die als „Narodnaja Volja" (Volkswille) bekannte terroristische Organisation. Es war fast unmöglich, von ihrer Rolle bei der Ermordung Zar Alexanders nicht betroffen zu sein: Sofya, die die

Attentäter an die richtige Stelle wies, als der Zar von der vorgesehenen Route abwich; Sofya, die ruhig ein weißes Taschentuch schwenkte, als der Schlitten des Zaren mit den begleitenden Kosaken den zugefrorenen Kanal entlangraste; die erste fehlgeworfene Dynamitbombe; die zweite, von Grinewitsky umklammerte Bombe, die den Attentäter selbst das Leben kostete und den Herrscher tödlich verwundete; Sofyas Festnahme und ihre Gelassenheit während des Prozesses; Sofya im Alter von nur siebenundzwanzig Jahren an der Seite ihres Geliebten Andrej Dscheljabov, Sohn eines Leibeigenen, sterbend am Galgen.[46]

Politische Morde waren ein weitverbreiteter Gesprächsstoff im China der Jahrhundertwende. Selbst diejenigen, die die reformorientierte Seite unterstützten, argumentierten, daß ein politischer Mord die Führung zu vorteilhaften politischen Veränderungen veranlassen könnte. Es gibt Anzeichen dafür, daß Kang in der dunklen Periode nach dem Tod seines Bruders die Möglichkeit einer Ermordung der Kaiserinwitwe diskutierte, und Liang Qichao wies auf die Vorteile politischer Morde unter bestimmten Umständen hin. Im Jahre 1904 hätte ein ehemaliger Student der Changsha-Reformer den früheren Gouverneur der Provinz Guangxi (der eine pro-zaristische Haltung zu den russischen Ansprüchen auf die Mandschurei eingenommen hatte) wohl töten können, hätte er in der Aufregung nicht vergessen, seinen Revolver zu entsichern. Ein enger Freund Kangs versuchte 1906 die Kaiserinwitwe zu ermorden, wofür er festgenommen und im Gefängnis umgebracht wurde.[47]

Ein anderes Mitglied derselben Gruppe ging in seiner Verehrung dessen, was er als das russische Modell ansah, beträchtlich weiter. Er gründete unter den in Japan studierenden Chinesen ein sogenanntes Mordkommando und ließ sich von einem in Yokohama lebenden Chemiker aus Kanton in der Herstellung von Bomben unterweisen. Nach seiner Rückkehr nach China warb er den Studenten Wu Yue an, der sich 1905, in offensichtlicher Nachahmung Grinewitskys, mit einer Bombe fünf kaiserlichen Kommissaren in den Weg warf. Diese Männer waren von der Kaiserinwitwe zum Studium konstitutioneller Regierungssysteme ins Ausland gesandt worden. Wu war sofort tot, und zwei der Kommissare wurden verletzt. In einem Testament, das Wu vor diesem Mordversuch geschrieben hatte, erklärte er, daß er nicht gegen die Kommissare selbst handele, sondern versuche, die Mandschu-Regierung zu immer größeren Unterdrückungsmaßnahmen zu provozieren, die patriotische Chinesen dann zu revolutionären Gegenmaßnahmen reizen sollten.[48]

Als ein anderes (aber in mancher Hinsicht paralleles) Beispiel für die Wendung zum Extremismus kann das Shanghaier Blatt *Subao* gelten, eine der vielen neuen Zeitschriften, die sich mit Reform, Modernisierung und internationalen Nachrichten befaßten und allmählich das chinesische Geistesleben veränderten. Zwischen 1899 und 1902 veröffentlichte *Subao* oft Artikel von Kang Youwei und Liang Qichao. Das Blatt diskutierte auch die Dringlichkeit, Kaiser Guangxu gegenüber der Kaiserinwitwe zu schützen, und drang darauf, in China eine Verfassung einzuführen. Um 1902 jedoch, nachdem die Kaiserinwitwe Anstrengungen unternommen hatte, einen Teil des Widerstandes gegen ihre Herrschaft auszuschalten, indem sie Anweisungen gab, das Erziehungssystem in China neu zu ordnen und westliches Wissen in den Lehrplan der neuen Schulen aufzunehmen, suchten sich die Herausgeber von *Subao* ihre Leserschaft unter den radikalen Studenten der jungen Generation, die zu diesem Zeitpunkt mit ihrem Studium begann. 1903 machten diese *Subao* zum halboffiziellen Sprachrohr der Shanghaier „Patriotischen Schule". Diese Einrichtung wurde zusammen mit der Shanghaier „Patriotischen Mädchenschule" ein Diskussionszentrum für revolutionäre Theorien in Zentralchina. Mit wachsender Bekanntheit erreichten *Subao* Zuschriften aus allen Teilen Chinas. Im Sommer 1903 druckte *Subao* Artikel, die offen die Mordmethoden russischer Nihilisten priesen und die Tötung von Mandschus empfahlen. Ein Artikel behauptete, daß der Sturz des Kaisers für die vierhundert Millionen Chinesen so leicht sein werde wie „das Umstoßen eines verrotteten Baumes". In einem anderen Artikel, in dem Kang Youwei wegen seiner fortgesetzten Unterstützung der Mandschus angegriffen wurde, nannten die Autoren von *Subao* den Kaiser bei seinem tabuisierten persönlichen Namen und bezeichneten ihn respektlos als „jämmerlichen Kerl".[49]

Es war eine der großen Ironien des ausländischen Imperialismus in China, daß eine derart heftige Anti-Mandschu-Propaganda nur in den ausländischen Konzessionsgebieten Shanghais verhältnismäßig ungefährdet verkündet werden konnte, wo die Qing-Polizei ohne vorherige Absprache mit den ausländischen Konsulaten und dem Shanghaier Stadtrat keine Festnahmen durchführen konnte. Deswegen veröffentlichte auch Zou Rong, ein weiterer heftiger Kritiker der Mandschu-Dynastie, von diesem Stützpunkt aus 1903 sein Manifest *Die Revolutionäre Armee*, das den Umfang eines Buches hatte. Zou stammte aus der Provinz Sichuan und hatte ein Jahr lang in Japan studiert. Er war ein großer Bewunderer Tan Sitongs, des Märtyrers von 1898, obgleich er für Kangs reformorientierte Ansichten nichts übrig hatte, und war mit den meisten radikalen *Subao*-Autoren eng befreundet.[50] In seinem Manifest, das er als Achtzehnjähriger verfaßt hatte, berief sich Zou Rong auf den Geist Washingtons und Rousseaus zum selben Zeitpunkt, als Liang Qichao die chinesische Jugend beschwor, diese Vorbilder zurückzuweisen. Zou forderte seine chinesischen Landsleute auf, das Wagnis einzugehen, frei zu sein, ihr eigenes schönes Land für sich selbst zurückzuerobern und „sich selbst zu reinigen" von zweihundertsechzig Jahren Mandschu-Herrschaft:

„Wie erhaben ist die Revolution! Wie majestätisch!

Dafür marschiere ich, soweit sich die Große Mauer erstreckt, erklimme das Kunlun-Gebirge, reise den Jangtse entlang und folge dem Gelben Fluß zu seiner Quelle; dafür hisse ich das Banner der Unabhängigkeit und läute die Glocke der Freiheit. Meine Stimme hallt wider vom Himmel zur Erde; ich zerreiße meine Lunge in Fetzen, um meinen Landsleuten zuzurufen: Hört! Unser China muß heute eine Revolution haben! Wenn wir das Mandschu-Joch abwerfen wollen, müssen wir heute eine Revolution haben. Wir müssen eine Revolution haben, wenn China unabhängig sein soll. Wir müssen eine Revolution haben, wenn China seinen Platz auf dem Erdball als mächtige Nation einnehmen soll, wenn China in der neuen Welt des zwanzigsten Jahrhunderts lange überleben soll, wenn China ein großes Land in der Welt werden und eine führende Rolle spielen soll. Oh, Revolution! Oh, Revolution! Meine Landsleute, gibt es denn keinen unter Euch – unter den Alten, in der mittleren Generation, unter denen in den besten Jahren, unter den Jugendlichen, unter den Kindern –, seien es Männer oder Frauen, der sich zur Revolution bekennen oder die Revolution zur Erfüllung bringen will! Meine Landsleute, helft einander, lebt füreinander in der Revolution. Heute schreie ich so laut ich kann, um die Botschaft der Revolution über das gesamte Land zu verbreiten.

Revolution ist ein universales Gesetz der Entwicklung. Revolution ist ein universales Prinzip der Welt. Revolution ist das Wesen des Kampfes um Überleben oder Vernichtung in einer Zeit des Übergangs. Revolution unterwirft sich dem Himmel und ist die Antwort auf die menschlichen Nöte. Revolution stößt das Korrupte zurück und erhält das Gute. Revolution ist der Fortschritt vom Barbarentum zur Zivilisation. Revolution verwandelt Sklaven in Herren.“[51]

Zou Rong verspottete die sklavische Haltung seiner Landsleute, mit der sie die Mandschu-Herrschaft über ihr Land hingenommen hatten. Es ergehe ihnen schlechter als Prostituierten, schrieb er, denn sogar Prostituierte erhielten angemessene Gaben und hätten die Möglichkeit, sich mit ihren Kunden zu verheiraten. Die Chinesen seien nicht besser als Pferde, die sich zwischen den Schenkeln ihres Herrn fügsam und ruhig verhielten. Sie seien wie Vieh, das dankbar die von seinem Herren angebotene „Nahrung“ annehme, obwohl diese „Nahrung“ nur ein Bruchteil seiner Arbeit darstelle. Solche Chinesen, die den Mandschus als höhere Beamte gedient hätten – besonders diejenigen, die mitgeholfen hätten, die großen chinesischen Rebellionen in der Mitte des neunzehnten Jahrhunderts zu unterdrücken –, seien die „Schlachter“ ihrer eigenen Rasse. Die Chinesen hätten mit Zopf und Pfauenschmuck Mandschu-Kleidung übernommen und sich zum Gespött der Welt gemacht. Durch nichts könnten diese Jahrhunderte der Würdelosigkeit wiedergutgemacht werden, selbst dann nicht, „wenn die Mandschus den gesamten Urin, den meine Landsleute lassen, bis zum letzten Tropfen trinken würden, und auch selbst dann nicht, wenn die Mandschus meine Landsleute sauberleckten, nach dem diese den Darm entleert haben“.[52]

Zou zählte seinen Lesern die Erfolge der britischen, französischen und amerikanischen Revolutionen auf und wies sie mit einer Art schmerzlichen

Triumphgefühls auf die letzte Schlacht hin, die zwischen der gelben und der weißen Rasse geschlagen werden müsse. Ebenso wie Kang betrachtete er diese beiden Rassen als Gipfel des menschlichen Entwicklungsprozesses; er ging jedoch weiter als Kang, indem er die Chinesen von allen anderen Asiaten (den Tibetern, Indochinesen, Mongolen, Tungusen und Turkvölkern) absonderte, weil sie den Weißen besonders ebenbürtig seien. „Ebenbürtig im Kampf unternehmen sie eine Schlacht in der Welt der Evolution, dieser großen Arena, in der Stärke und Intelligenz seit frühesten Zeiten aufeinandergeprallt sind, diesem großen Theater, in dem seit so langer Zeit natürliche Auslese und Fortschritt gespielt worden sind."[53] In einem Schlußwort verlangte Zou die Vertreibung der Mandschus; die Hinrichtung des Kaisers; die Einrichtung eines gewählten Parlaments; Militärpflicht für alle Männer; gleiche Rechte für Männer und Frauen; die Zusicherung der Freiheit der Rede, der Gedanken und der Presse; das Recht, eine Regierung, die die Rechte des Volkes verletzt, mit Gewalt zu bekämpfen, und die Schaffung einer Verfassung und lokaler, sich selbst verwaltender Einheiten, die dem amerikanischen Modell entsprächen.[54] Die Chinesen sollten stolz darauf sein, die „gelbe Gefahr" genannt zu werden, sagte er zum Schluß: „Ihr besitzt das Recht der geheiligten Rasse! Ihr besitzt eine Regierung, führt sie selbst! Ihr habt Gesetze, hütet sie selbst! Ihr habt Industrien, verwaltet sie selbst! Ihr habt Streitkräfte, befehligt sie selbst! Ihr besitzt Land, bewacht es selbst! Ihr habt unerschöpfliche Bodenschätze, beutet sie selbst aus! Ihr besitzt alle Voraussetzungen für revolutionäre Unabhängigkeit!"[55]

Die *Revolutionäre Armee* wurde im Frühjahr 1903 in der internationalen Niederlassung von Shanghai gedruckt und verbreitet. Kurz nach seinem Erscheinen wurde das Werk in *Subao* wohlwollend besprochen. Verärgert und gekränkt durch diese von ihnen als verräterisch angesehenen Schriften verlangten die Qing-Behörden, daß Zou Rong und das Personal von *Subao* an die chinesischen Gerichte ausgeliefert würden, damit ihnen der Prozeß gemacht und sie bestraft werden könnten. Die britischen Beamten hatten 1900 einer ähnlichen Forderung entsprochen, als Tang Caichang nach dem mißlungenen Hankou-Aufstand in der britischen Konzession Schutz gesucht hatte. Aber im Jahre 1903 zeigten sie sich dem Druck der Qing gegenüber widerstandsfähiger. Ein merkwürdiges Zusammentreffen bestärkte sie in ihrer Entscheidung, Zou Rong und die *Subao*-Herausgeber nicht auszuliefern; denn genau zu diesem Zeitpunkt erfuhren sie, daß ein chinesischer Journalist, ehemals ein enger Freund des erwähnten Tang Caichang, gerade in einem Gefängnis in Peking zu Tode geprügelt worden war. So bestanden sie darauf, daß Zou Rong vor dem sogenannten gemischten Gerichtshof der internationalen Niederlassung der Prozeß gemacht wurde, wo zwar offizielle chinesische Beobachter anwesend waren, die Verhandlungsführung sich jedoch nach den Bestimmungen und Verfahrensregeln der westlichen Justiz richtete. Zou, der von den Qing die Todesstrafe zu erwarten gehabt hätte, erhielt so eine zweijährige Gefängnisstrafe wegen Veröffentlichung aufrührerischer Schriften. Doch auch diese leichte Strafe war für seine schwache Gesundheit zuviel, und er starb im Frühjahr 1905 im Gefängnis.[56]

Zou war nur neunzehn Jahre alt, als er starb, was seinen ohnehin schon beträchtlichen Ruhm noch vermehrte. Besonders Sun Yatsen erkannte, wie kraftvoll und zugleich nützlich Zous Botschaft war. Seine Anhänger druckten und verteilten Tausende von Freiexemplaren der *Revolutionären Armee* (nun umbenannt in *Der Kampf um das Überleben*) im Gebiet von Singapur. Sun selbst hatte 1904 während seines Besuches in San Francisco elftausend Exemplare drucken lassen.[57]

Zou Rong, der Autor von *Die Revolutionäre Armee*, um 1903.

Zou Rong hatte mit großer rhetorischer Wirkung immer wieder auf die Notwendigkeit hingewiesen, die vierhundert Millionen Chinesen dazu zu mobilisieren, sich selbst zu befreien und die Mandschus und alle anderen fremden Mächte zu vertreiben. Kang Youwei hatte die achthundert Millionen Frauen der Welt aufgerufen zusammenzuarbeiten, um ihre eigene Unterdrückung zu beenden. 1904 unternahm dann eine junge Frau, Qiu Jin, den logischen Schritt, nationalistische und feministische Ziele zu verbinden, indem sie sich auf die mißliche Lage der zweihundert Millionen Frauen in China selbst konzentrierte. Qiu Jin schilderte diese Notlage in einem im Herbst 1904 in einer der neuen chinesischen radikalen Zeitschriften Japans veröffentlichten Aufsatz als persönliche Erfahrungen dessen, was Unterdrückung bedeuten konnte.

,,Wir, die zweihundert Millionen Frauen Chinas, sind die am ungerechtesten behandelten Objekte dieser Erde. Wenn wir einen anständigen Vater haben, dann wird es uns bei der Geburt gut ergehen; aber wenn er von roher Natur oder ein unvernünftiger Mensch ist, wird er sofort Sätze ausstoßen wie ,Oh welch unglückseliger Tag! Noch so ein nutzloses Ding!' Wenn er nur könnte, würde er uns zu Boden schmettern. Er wiederholt immerzu: ,Sie wird später in einer anderen Familie leben', und betrachtet uns mit kalten oder verachtungsvollen Augen.

Bevor viele Jahre vergehen können, holen sie, ohne daß sich irgendjemand fragt, ob dies richtig oder falsch sei, ein paar schneeweiße Bänder hervor, wickeln sie um unsere Füße und ziehen sie mit schmalen Streifen aus weißer Baumwolle straff; auch wenn wir zu Bett gehen, des Nachts, wird uns nicht erlaubt, die Bänder auch nur ein wenig zu lockern, mit dem Ergebnis, daß das Fleisch sich abschält und die Knochen sich nach unten krümmen. Der alleinige Zweck von all dem ist es sicherzustellen, daß unsere Verwandten, Freunde und Nachbarn sagen werden: ,Bei den So-und-sos haben die Mädchen kleine Füße.' Nicht nur das; wenn die Zeit kommt, einen Schwiegersohn zu erwählen, dann verlassen sie sich auf den Rat einiger schamloser Heiratsvermittler und sind nur darauf bedacht, ob die Familie des Mannes etwas Geld oder Einfluß besitzt. Sie sorgen sich nicht darum herauszufinden, ob seine familiären Verhältnisse düster oder gut sind oder wie sein Charakter beschaffen ist oder ob er intelligent oder dumm ist – sie fügen sich einfach jedem Arrangement. Wenn die Zeit gekommen ist, verheiratet zu werden und in das neue Haus umzuziehen, mieten sie der Braut eine Sänfte, die ganz mit vielfarbiger Stickerei ausgeschmückt ist; aber wenn man darin eingeschlossen sitzt, kann man kaum atmen. Und wenn Du dort ankommst – und Dein Ehemann mag beschaffen sein wie er will –, so werden sie Dir sagen, solange er sich nur um seine Familie kümmert, daß Du in Deiner früheren Existenz gesegnet gewesen seist und nun in der gegenwärtigen eine Belohnung empfingest. Wenn sich jedoch herausstellt, daß er ein Nichtsnutz ist, werden sie Dir sagen, daß dies ,eine Vergeltung für jene frühere Existenz' sei oder daß ,die Atmosphäre der Eheschließung insgesamt ungünstig' gewesen sei.''[58]

In diesem Aufsatz lehnte sich Qiu Jin gegen die seit Jahrhunderten bestehenden Ungerechtigkeiten auf. Die Art und Weise und die Kraft ihres Protestes weisen auf eine weitere Strömung in der steigenden Flut der chinesischen Revolution hin. Die zunehmende Anzahl von Mädchenschulen in China, der Einfluß westlicher Missionslehrer und chinesischer Reformer, die Gründung von Frauenwohnheimen und von Vereinen zur Förderung der Eheschließung von Frauen mit ungebundenen Füßen, die Rückkehr der ersten chinesischen Frauen mit abgeschlossener College-Ausbildung aus Übersee, die Veröffentlichung von Zeitschriften und Zeitungen, die sich mit Frauenproblemen befaßten, die Übersetzung von Büchern und Broschüren über führende westliche Feministinnen – all dies förderte den radikalen

Nationalismus jener Tage.[59] In anderen Aufsätzen berief sich Qiu Jin auf Mme. Roland, Sofya Perovskaja und Catherine Beecher; in Dutzenden ihrer Gedichte betonte sie die Notwendigkeit einer neuen weiblichen Geisteshaltung. Doch gleichzeitig gab sie sich, wie schon Kang Youwei, große Mühe, eine zu weitgehende Abhängigkeit von westlichen Vorbildern zu vermeiden. Sie fand Andeutungen einer solchen Geisteshaltung in der chinesischen Vergangenheit, wenn sie weibliche Heldengestalten der chinesischen Geschichte würdigte und auf Situationen hinwies, in denen Frauen den Mut bewiesen hatten, der ihren männlichen Zeitgenossen fehlte.[60]

Die Empfindungen in ihrem Aufsatz von 1904 entsprangen somit sowohl der Zeitstimmung als auch ihren eigenen Erfahrungen. Einigen Quellen zufolge war ihr Vater ihr gegenüber freundlich und milde gewesen, aber ihr Angriff gegen gefühllose Väter scheint nicht völlig rhetorisch gewesen zu sein. Wir können ein wenig von den negativen Gefühlen, die sie ihrem verstorbenen Vater gegenüber hegte, einem 1905 geschriebenen Brief entnehmen, in dem sie darauf hinweist, daß ihre Familie genügend zu essen haben würde, wenn sie nur damit aufhöre, so viel für Opfer zu seinem Gedenken auszugeben.[61] Ihre große Empörung über das Fußbinden läßt vermuten, daß ihre eigenen Füße gebunden worden waren, als sie noch ein Mädchen war, und einige ihrer Gedichte deuten an, daß sie später ihre Füße losgebunden hatte. In einem weiteren Gedicht schrieb sie: „So lange wir diese winzigen Drei-Zoll-Füße haben, können wir absolut nichts tun. Wir müssen diesen Brauch abschaffen."[62] Was die arrangierten Ehen betrifft, so erklärte sie einmal ihrem Bruder, daß die meisten ihrer persönlichen Schwierigkeiten von der Tatsache herrührten, daß sie nicht die Freiheit besessen habe, ihren Ehemann selbst zu wählen, und daß der, den sie schließlich habe nehmen müssen, kein ehrbarer Mann gewesen sei.[63] Ihre Gefühle gegenüber ihrem Ehemann, einem Händler aus der Provinz Hunan, den sie auf Druck ihrer Eltern heiraten mußte, traten unmißverständlich hervor, als sie im Sommer 1904 den Ehemann, den jungen Sohn und ihre Tochter verließ und ein Schiff nach Japan bestieg (mit allem Geld, das sie hatte zusammenkratzen können).[64] In einem achtzeiligen Gedicht mit der schlichten Überschrift „Bedauern: Zeilen, geschrieben auf dem Weg nach Japan", das sie nach ihrer Abreise aus Peking verfaßte, resümierte Qiu Jin mit sechsundzwanzig Jahren ihr Leben:

> Sonne und Mond haben kein Licht hinterlassen, dunkel ist die Erde;
> So tief ist unsere Frauenwelt gesunken, wer kann uns helfen?
> Schmuck habe ich verkauft, um diese Reise über das Meer zu bezahlen;
> Abgeschnitten von meiner Familie verlasse ich mein Heimatland.
> Ich binde die Füße los und reinige mich vom Gift der Jahrtausende;
> Mit erhitztem Herzen rufe ich alle Frauen zur Besinnung.
> Ach! Dieses zarte Tuch hier ist halb mit Blut befleckt und halb mit Tränen.[65]

Die chinesischen Studenten in Japan, zu denen Qiu Jin nun gehörte, befanden sich in einer widersprüchlichen Situation. Als sie ihre Heimat verließen, hatten sie dem traditionellen konfuzianischen Erziehungssystem bewußt den Rücken gekehrt. Obwohl sie vielfach von hohen Qing-Beamten ihrer Heimatprovinzen für ein Auslandsstudium erwählt worden waren und – solange sie in offiziell anerkannten japanischen Schulen eingeschrieben waren und sich einem normalen Studiengang unterzogen – reichliche Stipendien erhielten, waren ihre Aussichten, nach ihrer Rückkehr in China eine reguläre Anstellung zu bekommen, keinesfalls gesichert. Sie wurden durch Repräsentanten der Qing-Regierung in Japan streng überwacht und man erwartete, daß sie sich der Etikette entsprechend aufführten. Gleichzeitig jedoch waren sie einer überströmenden Flut neuer Ideen und Erfahrungen ausgesetzt, und sie wurden sich in aller Schärfe der Schwäche und der Rückständigkeit der Qing-Dynastie im Vergleich zur japanischen Meiji-Regierung bewußt. Als die Japaner die zaristischen Armeen im Krieg von 1904–1905 schlugen und deren weiteres Eindringen in die Mandschurei verhinderten, war die Bewunderung der chinesischen Studenten grenzenlos. Japans Sieg führte ihnen erneut lebhaft vor Augen, wie sehr die Meiji-Reformen die gesamte Nation gestärkt hatten; ihre Freude darüber, daß schließlich ein asiatisches Land eine europäische Großmacht besiegt hatte, gab ihnen das Gefühl, daß viel von der Schande ihrer 1894 durch die Japaner erlittenen Niederlage ausgelöscht worden sei. In einem heroischen Gedicht pries Qiu Jin den Sieg der Japaner über die „mächtigen, verschlagenen und absolut unglaubwürdigen Russen", die sich chinesisches Gebiet ungeachtet der Proteste aus aller Welt angeeignet hatten. Sie stellte ihnen die vereinte Front der Japaner gegenüber, zu der sich das Land einmütig erhoben hatte und in der es weiblichen Freiwilligen gestattet war, im Dienste des Roten Kreuzes ihre Männer in den Krieg zu begleiten.[66] In Japan fand Qiu Jin auch unter den im Exil lebenden Anführern der Anti-Mandschu-Aufstände Freunde. Sie hatte sich während der Boxer-Aufstände in Peking aufgehalten und die Schmach der Besetzung der Stadt durch die Alliierten mit eigenen Augen mitansehen müssen. Nun fand sie bei der Lektüre der von chinesischen Studentengruppen in Japan veröffentlichten Zeitschriften emotionsgeladene Aufsätze, in denen die Mandschus als im Vergleich zu den Chinesen minderwertige Rasse angegriffen wurden, in denen der Akt des politischen Mordes als ein Mittel, das Volk zu revolutionärer Handlung zu bewegen, verherrlicht wurde und in denen Sofya Perovskaja als Vorbild gerühmt wurde. In ihren eigenen Gedichten berief sich Qiu Jin nun auf den Geist Rousseaus und der polnischen Patrioten, die für ihre Freiheit gekämpft hatten. Sie begrüßte Wu Yues Mordanschlag auf die fünf Qing-Kommissare und auch seinen Versuch, dem chinesischen Volk, das „mehr als zwei Jahrhunderte tot daniedergelegen hatte", etwas von seinen Lebensgeistern zurückzugeben.[67]

Die in Japan studierenden Chinesen schlossen sich oftmals entsprechend ihrer Herkunft aus verschiedenen Heimatprovinzen in Gruppen zusammen.

Deswegen hatte Qiu Jin, die in der Provinz Zhejiang geboren und mit einem Hunanesen verheiratet war und dann als junge Mutter in Peking gelebt hatte, mit Menschen aus all diesen Gegenden Kontakte. Sie hatte sich zwar an der Aoyama-Berufsschule für Mädchen in Tokio eingeschrieben, verbrachte jedoch die meiste Zeit in einer Gruppe von Aktivisten, die sich die Gruppe der Zehn nannte, arbeitete mit einer Gesellschaft progressiver Frauen zusammen und verfaßte Aufsätze für die *Umgangssprachliche Zeitung*, die von chinesischen Studenten in Tokio mit der Absicht gegründet worden war, ein Forum für radikale Ideen zu schaffen, das zur Bekämpfung der reformerischen Vorschläge von Kang Youweis Anhängern benutzt werden konnte. Sie schloß sich einem überseeischen Zweig der Triadengeheimgesellschaft in Yokohama an, und im Sommer 1905 wurde sie in die Reihen der Revolutionären Allianz aufgenommen, einer neuen Zentralorganisation, die von Sun Yatsen und seinen Anhängern aus mehreren, bislang konkurrierenden revolutionären Anti-Mandschu-Gruppen gebildet worden war.[68]

Qiu Jin war sich nicht sicher, wie sie ihre Identität als Revolutionärin bestimmen sollte. Einerseits glorifizierte sie Kampfeskünste, Schießkunst und Bombenbau ihrer männlichen Kameraden, aber sie sprach auch in zarten Gedichten von ihren Freundinnen, von deren privaten Bedürfnissen und Bestrebungen. Einmal ließ sie sich in Tokio in westlicher Männerkleidung photographieren – einem dunklen Anzug mit dreifach geknöpftem Jackett mit Stehkragen, weicher Stoffmütze, staubigen Laufschuhen und auf einen Spazierstock gestützt. In einem wehmütigen Gedicht äußerte sie sich über diese Person, deren Blick sie auf sich selbst gerichtet fühlte:

> Wer ist diese Person, die mich so ernst anstarrt?
> Die streitbaren Knochen, die ich aus einer früheren Existenz mitbringe, bedauern das Fleisch, das sie bedeckt.
> Wenn das Leben einmal vorüber ist, wird es offensichtlich sein, daß der Körper selbst nur eine Täuschung war.
> Unser Land, das noch nicht in Erscheinung getreten ist, *das* wird wahrhaftig sein.
> Du und ich, wir hätten uns vor langer Zeit bereits treffen und unsere Gefühle miteinander teilen sollen.
> Hinausblickend über diese schwierigen Zeiten schöpft unser Geist Kraft.
> Siehst Du meine Freunde aus alter Zeit,
> Erzähle ihnen, ich habe all jenen alten Schmutz abgebürstet.[69]

Ungeachtet der Freude, die die Entdeckung einer neuen Existenzweise mit sich brachte, befand sich Qiu Jin in Japan in ständiger Geldnot und litt unter der Trennung von ihrer Familie. Als aber ihr älterer Bruder Yuzhang, offensichtlich auf Grund ihrer trübsinnigen Stimmung, im Auftrag der Familie an sie schrieb und vorschlug, sie möge nach China zurückkehren und sich mit ihrem früheren Ehemann aussöhnen, verfaßte Qiu Jin einen heftigen Ant-

Qiu Jin in Männerkleidung, wahrscheinlich 1905 in Japan.

wortbrief (vom 19. Juni 1905), in dem sie ihre Ansichten über den Charakter ihres früheren Ehemannes zusammenfaßte: „Diese Person benimmt sich schlimmer als ein Tier. Niemals zuvor habe ich bei einem Menschen eine solche Schamlosigkeit kennengelernt. Nachdem er nun auch noch meine zurückgebliebenen Schmucksachen an sich genommen hat, wie könnte man ihn sich da als menschliches Wesen vorstellen? Er behandelt mich geringer als ein Nichts, und ich bin sicher, daß er mein Geld und meine Besitztümer an sich nimmt, weil er mich erledigen will. In seinem Haushalt wurde ich schlimmer als ein Sklave behandelt; das Gift des Hasses hat sich tief in mich hineingefressen. Wenn ich anständig behandelt werde, reagiere ich anständig; wenn ich als wertloses Ding behandelt werde, dann reagiere ich ebenso – nicht, daß ich keine Gefühle hätte. Wenn ich an ihn denke, sträuben sich meine Haare vor Zorn; es ist völlig unerträglich.

Schicke meine Schwester hin; sie soll versuchen, mein Geld zurückzubekommen – wenn er es nicht herausgeben will, brich alle Verbindungen ab. Ich habe darüber sehr sorgfältig nachgedacht: ehe ich mich als Sklavin behandeln lasse – warum sollte ich mich da nicht auf meine eigenen Füße stellen? Von nun an werde ich versuchen, mich aus eigener Kraft zu ernähren – warum sollte ich verheiratet sein? Außerdem hassen wir einander so sehr, daß nichts Gutes herauskommen würde. Seit einem Jahr habe ich keinen Brief mehr von ihm bekommen. Er hat den Älteren meiner Familie keinen Respekt entgegengebracht, und außerdem habe ich erfahren, daß er sich eine neue Frau genommen hat.

Wenn es sich erweisen sollte, daß diese gerade geäußerten Gefühle nur dahingesagt waren, mögen mich die Götter droben verlassen. Wenn ich jemals auch nur einen Zoll vorankommen sollte, werde ich niemals dulden, daß sein Familienname dem meinen voransteht. Wenn ich nicht einmal um diesen einen Zoll vorankomme und mich nicht selbständig ernähren kann, dann werde ich ihn verklagen, damit ich meinen Sohn und meine Tochter und mein Eigentum zurückbekomme. Wird die Klage abgewiesen, so werde ich sterben."[70]

Anfang des Jahres 1906 kehrte Qiu Jin tatsächlich nach China zurück, aber nicht zu ihrem ehemaligen Mann oder zu ihrer Familie. Statt dessen zog sie nach Shanghai, wo sie eine enge Freundschaft mit einigen Revolutionären verband und wo sie sicher sein konnte, ein verständnisvolles Publikum und ein lebhaftes intellektuelles und politisches Milieu anzutreffen. Die Verfolgung Zou Rongs und der *Subao*-Autoren hatte das Verlangen nach radikalem Wandel nicht gedämpft, einem Wandel, der in einer Vielzahl von Richtungen und in neuen Schulen aller erdenklichen Überzeugungen gesucht werden konnte. Eine Gruppe radikaler Lehrer und Intellektueller aus Shanghai, von denen einige ebenfalls in Japan studiert hatten, hatte versucht, die verschiedenen Anti-Qing-Kräfte der Stadt in der „Gesellschaft zur Restauration" *(Guangfuhui)* zusammenzufassen. „Restauration" hatte in diesem Zusammenhang den revolutionären Unterton des Kampfes für die Souveränität von Volk und Nation und hatte nichts mit der „Restauration" der Macht des Kaisers Guangxu zu tun, die noch immer von Kang Youwei angestrebt wurde. Die Shanghaier Gruppe verfolgte in jeder Hinsicht Anti-Mandschu-Ziele, die in ihrem Blutschwur (der die Worte eines Patrioten aus der Sung-Zeit wiederholte, der im zwölften Jahrhundert geholfen hatte, die eingedrungenen Dschurdschen zurückzuschlagen) offen ausgesprochen wurden: „Restauriert die chinesische Rasse und erobert unsere Berge und Flüsse zurück." 1905 waren Mitglieder der „Gesellschaft zur Restauration" aktiv an Boykottmaßnahmen gegen amerikanische Wirtschaftsunternehmen beteiligt, um gegen die von Präsident Theodor Roosevelt ratifizierten noch strengeren antichinesischen Einwanderungsgesetze der Vereinigten Staaten zu protestieren. 1905 und in dem darauffolgenden Jahr stieg die Mitgliederzahl der Gesellschaft durch Kontakte zu nahegelegenen Gebieten der Provinz Zhejiang an, und gegen Ende des Jahres 1905 traten viele der zu dieser Zeit in Japan lebenden Mitglieder der „Revolutionären Allianz" Sun Yatsens bei, wie schon Qiu Jin zuvor.[71]

Seit ihrer Rückkehr nach China befand sich Qiu Jin in einem Konflikt; sie fühlte sich zwischen den manchmal gleichgerichteten, oft jedoch voneinander abweichenden Forderungen nach schrittweisen Reformen zum Wohle der Frauen einerseits und nach gewaltsamem revolutionären Wandel andererseits hin- und hergerissen. Sie erzählte ihrer engen Freundin, der berühmten Kalligraphin Wu Zhiying, daß sie glaube, sie sei anders als die jungen zeitgenössischen Revolutionäre: „Frauen müssen sich bilden und nach ihrer Unabhängigkeit streben; sie können nicht einfach die Männer weiterhin um alles bitten. Die jungen Intellektuellen singen alle ‚Revolution, Revolution', aber ich meine, daß die Revolution in unseren Häusern beginnen muß, indem wir gleiche Rechte für Frauen erzielen."[72] Mit dieser Einstellung gründete sie und schrieb sie für das *Chinesische Frauenjournal* in Shanghai, lehrte an einer örtlichen Mädchenschule nahe der Stadt und übersetzte eine Auswahl japanischer Arbeiten zur Gesundheitsfürsorge und Krankenpflege – so als hätte sie sich damit abgefunden, daß eine allmähliche Veränderung der gesellschaftlichen Stellung der Frau, wenn sie durch Erziehung betrieben werde, mehrere Jahrzehnte in Anspruch nehmen würde, wovon sie selbst überzeugt war.[73] Gleichzeitig fühlte sie sich jedoch von der Lebenskraft des gewalttätigen revolutionären Aktivismus angezogen; sie fühlte sich zu eben jenen jungen Menschen hingezogen, die „Revolution" schrien, und sie befürchtete, daß das Leben an ihr vorbeilaufe. Wir wissen aus einem ihrer Gedichte, daß sie sich mit siebenundzwanzig Jahren alt und im Innersten krank fühlte, weil sie „nichts erreicht" habe.[74]

In diesem Augenblick kreuzte sich der Weg Qiu Jins mit dem ihres Vetters Xu Xilin, der ebenfalls aus der wohlhabenden Stadt Shaoxing in der Provinz Zhejiang stammte. Xu war 1906 dreiunddreißig Jahre alt. Ein ruheloser und abwechslungsreicher Lebensweg hatte ihn nach Japan gebracht und dort in die „Gesellschaft zur Restauration" geführt (obgleich er sich weigerte, Sun

Yatsens „Revolutionärer Allianz" beizutreten). Schließlich hatte er Kontakte zur Militär- und zur Polizeiverwaltung gefunden. Einige Führer der „Gesellschaft zur Restauration" waren sehr bemüht, in der Provinz Zhejiang einen Aufstand zu entfachen und hielten sowohl Xu Xilin als auch Qiu Jin für fähige Anführer. Diesen gefiel der Gedanke, denn jeder der beiden besaß ein gutes Maß jener Verwegenheit, die man in jeder revolutionären Situation bei bestimmten Menschen vorfindet: nicht die Mißachtung persönlicher Folgen, die unerläßlich ist, um Truppenverbände im Krieg zu führen, auch nicht die Verzweiflung, die zum Ansturm gegen Polizeiformationen oder zum Sturm auf Barrikaden notwendig ist, sondern eine Verwegenheit, die sich auf alle erdenklichen Folgen bezieht und die Entdeckung und Bestrafung geradezu herausfordert, wie sie zugleich Unverletzlichkeit zu versprechen scheint. Obwohl die „revolutionären Kräfte", auf die sich Qiu und Xu in Zhejiang stützen konnten, aus kaum mehr als einer losen Konföderation teilweise verwestlichter Intellektueller, wenigen aus Japan zurückgekehrten Intellektuellen, einigen Mitgliedern der örtlichen Geheimgesellschaften und Salzschmugglern und vielleicht auch noch einigen unzufriedenen Soldaten der Provinzgarnison bestanden, gingen beide so vor, als ob sie allein die Situation unter Kontrolle hätten, während die Qing-Dynastie absolut keinen Rückhalt habe.[75]

Tatsächlich stellte der Qing-Staat noch immer eine machtvolle Kraft dar. Im Falle der Zeitung *Subao* schien er zwar eine Niederlage erlitten zu haben, aber er verfügte weiterhin über schlagkräftige Militär- und Polizeieinheiten in fast allen Städten und ländlichen Gebieten und hatte in den Jahren nach 1901 seine militärische Schlagkraft durch den Aufbau der Neuen Armeen nach westlichen Grundsätzen und durch eine Modernisierung der Ausbildung, der Logistik und der Bewaffnung noch verstärkt. Nach Wu Yues Attentatsversuch hatte man den Plan, eine Gesandtschaft zum Studium konstitutioneller Systeme ins Ausland zu schicken, nicht aufgegeben. Nachdem die zwei bei dem Anschlag verletzten Gesandten ersetzt worden waren, reiste eine fünfköpfige Delegation in die Vereinigten Staaten und nach Europa und empfahl 1906 – wenn auch mit vorsichtigen Worten – den Übergang zu einer Regierungsform der konstitutionellen Monarchie. Daraufhin wurden Pläne zur Einberufung von Provinz- und Nationalversammlungen entworfen. 1905 schaffte der Qing-Hof das kaiserliche, auf Wettbewerb beruhende Prüfungssystem ab, das sich auf die konfuzianischen Klassiker stützte, und eröffnete damit den Weg für Reformen des Schulsystems und der Lehrpläne in ganz China, für die Gründung einer bedeutenden Universität in Peking und für mehr staatliche Patenschaften für Studien in Übersee. Auf vielen Gebieten wurde die staatliche Kontrolle der Wirtschaft verstärkt, indem mehr staatlich gelenkte als von Kaufleuten geführte Firmen gegründet wurden und das Eisenbahnnetz eine allmähliche Ausweitung erfuhr. Der einzige Vorteil, den Xu und Qiu aus diesen Entwicklungen ziehen konnten, bestand darin, daß durch solche Reformen viele chinesische Nationalisten gegen eine Politik der schrittweisen Veränderungen eingenommen wurden, denn durch sie konnten die Mandschus ihre Position wieder festigen, nun gestützt durch neue technische und sonstige Mittel.[76]

Unter diesen Rahmenbedingungen spielte Qiu Jin den letzten Akt in ihrem Drama. Der eigentliche Schauplatz war die Datong-Schule, eine Anstalt, die beispielhaft für die Kühnheit und die Weltfremdheit der Zhejiang-Revolutionäre war. (Die chinesischen Schriftzeichen des Namens der Schule werden zwar genauso ausgesprochen wie die für Kang Youweis „Große Gemeinschaft", sie werden jedoch anders geschrieben. Die Schule befand sich in einem kleinen Dorf namens Datong westlich der Stadt Shaoxing, wo zufällig ein geräumiges Lagerhaus leergestanden hatte.) Xu Xilin hatte sie im Frühsommer des Jahres 1905 als Frontorganisation gegründet, um die Gewehr- und Munitionsvorräte verstecken zu können, die er im Frühjahr desselben Jahres in Shanghai gekauft hatte. Das erste – mit offizieller Billigung – durchgeführte Programm der Schule bestand in einem sechsmonatigen Lehrgang für Organisatoren der Landwehr. Gleichzeitig wurden auch Kurse in Englisch, Japanisch, Physik und Kunst angeboten. Als „Studenten" wurden soweit wie möglich gleichgesinnte Mitglieder von Geheimgesellschaften aus dem Shaoxing-Gebiet herangezogen.[77]

Xu verließ die Datong-Schule Ende 1905; in der Zeit danach verlor sie durch die Aufeinanderfolge mehrerer Leiter und ebenso vieler Zwistigkeiten beträchtlich an Bedeutung. 1907 wurde Qiu Jin als Lehrerin an die Schule berufen und übte diesen Beruf neben der Leitung einer lokalen Mädchenschule und eines Sportvereins aus. Letzteren benutzte sie als zusätzliche Basis, um Kontakte zu den Truppen der Neuen Armee in der Provinz zu knüpfen.[78] Qiu Jin war weit davon entfernt, sich wie eine zurückgezogen lebende Schullehrerin zu benehmen, und machte vielmehr die konservative örtliche Elite negativ auf sich aufmerksam, wenn sie in westlicher Männerkleidung rittlings zu Pferde in die Stadt kam und wenn sie ihre Schülerinnen ermutigte, sich an militärischen Übungen zu beteiligen. Qiu hatte die Aufgabe zugewiesen bekommen, die Aktivitäten der Geheimgesellschaften mit den Aufständen der „Gesellschaft zur Restauration" und mit Xu Xilin zu koordinieren. Diese Aufgabe erwies sich jedoch als schwierig, weil Xu sich weit im Westen in der Provinz Anhui aufhielt, wo er die Leitung der Polizeiakademie in Anqing übernommen hatte. Qiu Jin plante die militärische Organisation sorgfältig bis hin zu Einzelheiten wie den Uniformen und der Fahne, die sie sich als großes schwarzes Schriftzeichen für „Han-Chinesen" auf rein weißem Grund vorstellte.[79] Sie hielt auch mehrere Versammlungen ab, beschaffte Geldmittel und versuchte die Verbindungen durch Boten aufrecht zu erhalten. Aber in der Einbeziehung der breiten Massen, die eine Revolution hätten unterstützen können, war sie völlig unerfahren. Vielleicht war sie den armen chinesischen Arbeitern am nächsten gewesen, als sie Dritter Klasse zwischen Kulis eingepfercht nach Japan gereist war. Aber damals, so erzählte sie ihrer Freundin Wu Zhiying, hatte sie zu ihrem Schutz stets einen Dolch bei sich getragen.[80] Man kann ihr Gefühl der Distanz zu der gemeinen Masse aus einer Metapher in einem ihrer Gedichte ermessen, wo sie scherzhaft erwähnt, sie müsse wohl in einer vorherigen Existenz eine Wasserlilie gewesen sein, denn sie sei ein Mensch, „der in schmutziges Wasser springen könne, und doch sauber bleibe".[81] In Zhejiang jedenfalls gelang es ihr nicht einmal, eine niedrigere Ebene als die der Anführer der örtlichen Geheimgesellschaft zu erreichen, obwohl die Provinz reif war für einen Ausbruch sozialer Unruhen. Die verzweifelten Bauern lebten seit Jahren am Rande einer Hungersnot. Die armseligen Verhältnisse in der Provinz wurden noch durch Tausende von Flüchtlingen verschlimmert, die von außerhalb nach Zhejiang gekommen waren; unter den ärmeren Einwohnern der Stadt Shaoxing war es 1907 zweimal wegen des Mangels an Lebensmitteln zum Aufruhr gekommen.[82]

Inzwischen waren die Qing-Behörden durch Gerüchte über Vorgänge an Qius Schule – die sie im Frühjahr und im Sommer 1907 mehrere Male durchsuchten – und über mögliche Unruhen in Anqing in Alarm versetzt worden. Ende Juni 1907 wurde Xu durch den ungewöhnlichen Umstand gewarnt, daß er sich selbst festnehmen sollte. Ihm als dem Leiter der Polizeiakademie war befohlen worden, alle Verdächtigen auf einer Namensliste, die der Regierung in die Hände gefallen war, festzunehmen; die Liste enthielt auch eine verschlüsselte Version seines eigenen Namens. Als Reaktion darauf versuchte er, seine Anqing-Akademie durch einen gewaltsamen revolutionären Akt hinter sich zu bringen. Am 6. Juli, während der Abschlußfeierlichkeiten der Akademie, schoß er auf den mandschurischen Gouverneur der Provinz Anhui und tötete ihn. Doch nur dreißig Männer schlossen sich dieser als Ausbruch der eigentlichen Revolution gedachten Aktion an. Sie kämpften vier Stunden lang, wurden festgenommen, kurz verhört und hingerichtet. Auf Verlangen der Familie des ermordeten Gouverneurs wurde Xus Herz herausgeschnitten und dem Andenken seines Opfers dargebracht.[83]

Qiu Jin erfuhr aus den Shanghaier Zeitungen von den Ereignissen in Anqing. Sie mißachtete jedoch alle Ratschläge, aus der Datong-Schule zu fliehen, obwohl ihre Festnahme mit größter Wahrscheinlichkeit bevorstand. Am 13. Juli marschierten tatsächlich Regierungstruppen in Datong ein. Qiu Jin versuchte mit wenigen ihrer Studenten, die Truppen zurückzuschlagen, wurde jedoch bald in die Enge getrieben und festgenommen. Nachdem man sie unter Folter verhört hatte, wurde sie am 15. Juli enthauptet.[84] Auch andere Geheimgesellschaften und Gruppen von Salzschmugglern, die in demselben Jahr an vereinzelten Aufständen beteiligt gewesen waren, wurden zerschlagen, wenn auch erst nach aufwendigen und langwierigen Kämpfen. So endeten die Aufstände in Zhejiang ähnlich wie all die anderen in den vergangenen neun Jahren von Sun Yatsen und Kang Youwei unternommenen Versuche, eine allgemeine Erhebung auszulösen.

Qiu Jin hatte in ihren frühen Gedichten regelmäßig ihren Familiennamen

Qiu benutzt, dessen wörtliche Bedeutung „Herbst" ist. In vielen doppelsinnigen, alliterierenden Zeilen, die „Qiu" mit den Worten für Regen und Wind verbanden, hatte sie auf das kalte, feuchte Wetter dieser Jahreszeit angespielt und damit treffend ihr eigenes deprimierendes Dasein als junge verheiratete Frau kommentiert. Auf diese Zeit war eine Periode gefolgt, in der sie äußerst selbstbewußt ihre Rolle als Frau vertreten hatte, eine Periode, die dann zu den Höhen des revolutionären Abenteurertums führte. Kurz vor ihrer Hinrichtung knüpfte Qiu Jin jedoch mit einer letzten Verszeile wieder an ihre früheren Themen an, deren Nachhall dafür sorgte, daß in der Erinnerung ihres Volkes eher die elegische als die analytische und kämpferische Seite ihres Wesens lebendig bleiben sollte: „Herbstregen, Herbstwind, sie lassen einen leidvoll sterben."[85]

Drittes Kapitel

Wanderungen

Qiu Jin hatte vom Tode Xu Xilins aus einer Shanghaier Zeitung erfahren; Lu Xun las vom Tode der beiden in den Zeitungen Tokios. Da er ebenfalls aus Shaoxing stammte, war es unvermeidlich, daß ihn diese Nachrichten berührten. Er nahm an einer Großveranstaltung teil, zu der die in Tokio lebenden Studenten der Provinz Zhejiang aufgerufen hatten, um die beiden Märtyrer zu betrauern und die Mandschus wegen ihrer Grausamkeit öffentlich zu schmähen. Nach einer stürmischen Debatte beschlossen die Studenten, ein Telegramm nach Peking zu senden und gegen die unmenschlichen Hinrichtungen zu protestieren.[1] Das war eine einigermaßen mutige Handlung, denn die Qing-Behörden konnten, wenn ihnen das Benehmen der Studenten mißfiel, deren Stipendien aussetzen und sie nach China zurückbeordern. Lu Xun empfand jedoch für keines der beiden Opfer der Revolution tiefere Sympathie: Er hatte die chinesischen Studenten, die Xu Xilin 1905 auf seiner Reise nach Japan begleiteten, gesehen und sich von deren Betragen angewidert gefühlt. Auch hatte er es als abstoßend empfunden, daß Xu, der sich doch so revolutionär gab, für die gebundenen Füße seiner Frau spezielle bestickte Schuhe nach Japan mitgebracht hatte. Lu hatte auch einige Male mit Qiu Jin während ihres Studiums in Tokio diskutiert und war davon nicht sonderlich beeindruckt gewesen. Er war der Meinung, sie habe sich in Shaoxing nur deshalb so kühn verhalten, weil sie im Jahr zuvor während ihrer öffentlichen Vorlesungen in Japan von den wild Beifall klatschenden chinesischen Studenten zu sehr vergöttert worden sei. Sie sei „zu Tode geklatscht" worden, bemerkte er einem Freund gegenüber.[2]

Diese Feststellung ist zynisch, schroff und scharfsichtig zugleich – drei Merkmale der späteren Schriften Lu Xuns über kulturellen und politischen Wandel. Lu Xun war 1881, einige Jahre nach Qiu Jin, geboren worden und im Alter von 21 Jahren nach Japan gekommen. Zuvor hatte er eine auf die Staatsexamina zielende herkömmliche Ausbildung in den Klassikern erhalten; er war sehr belesen in der chinesischen Roman- und Volksliteratur und hatte intensiv Englisch auf der westlich ausgerichteten Marineschule von Nanking sowie Geologie und Mineralogie an der Bergbauschule ebenfalls in Nanking studiert. In Nanking war Lu Xuns Begeisterung für die Ideen Kang Youweis und Liang Qichaos noch durch die Entdeckung der Schrift *Evolution and Ethics* von Thomas Huxley ergänzt worden, die während Lus Schulzeit in der Zusammenfassung und Übersetzung von Yan Fu in klassisches Chinesisch zugänglich war. Lu Xun erinnerte sich an dieses Ereignis in seiner Jugend: „Am Sonntag lief ich schnell in den südlichen Vorort der Stadt und kaufte ein Exemplar. Es war eine dicke lithographierte Ausgabe auf weißem Papier, und sie kostete genau fünfhundert Käsch. Ich schlug das Buch auf und betrachtete es. Es war mit sehr klaren Schriftzeichen bedruckt. Das Buch begann folgendermaßen: ‚Huxley saß mit den Rücken zu den Bergen und der Ebene zugewandt allein in seinem Zimmer in Süd-England. Jenseits der Schwelle seiner Tür waren die mannigfaltigen Ansichten geordnet wie auf einem Webstuhl. Er stellte sich dann vor, wie die Landschaft ausgesehen haben mochte, bevor der römische Feldherr Cäsar nach England gekommen war. Er nahm an, daß vorher nichts als unberührtes, wildes Gras dagewesen sei.'"[3]

Das Buch fesselte Lu Xun dermaßen, daß er es in einem Zug durchlas. Diese Einführung in die heftigen Kämpfe einer durch das Prinzip der natürlichen Auslese beherrschten Welt wurde ergänzt durch vielfältige weitere Aspekte europäischer Kultur; denn die soeben erschienenen Übersetzungen des zur späten Qing-Zeit lebenden Autors Lin Shu, in klassischem Chinesisch, eröffneten ihm die Welt von Sherlock Holmes, Rider Haggard* und Alexandre Dumas' *Kameliendame.*[4]

In Japan war Lu Xun wie die meisten dort lebenden chinesischen Studenten von Zweifeln sich selbst und der kulturellen Identität Chinas gegenüber geplagt und von Mißtrauen gegenüber der Zukunft der chinesischen Nation erfüllt. Er suchte verzweifelt nach neuen Ausdrucksmöglichkeiten. Anfangs interessierten ihn die Forderungen, die Liang Qichao an die Rolle der Literatur in der Gesellschaft stellte. Liang hatte seit 1896 empfohlen, die Bevölkerung solle umgangssprachliche Romanliteratur lesen, weil solche Lektüre „das Empfinden einer nationalen Scham" erwecken könne, indem sie „die beschämende Handlungsweise der Bürokratie, die lächerlichen Plattheiten in den Prüfungssälen, die hartnäckige Sucht des Opiumrauchens und die grausame Qual des Fußbindens" beschreibe.[5] (Da Lu Xuns eigener Großvater seine Beamtenkarriere ruiniert hatte und wegen eines massiven Bestechungsversuches im Staatsexamen auf Provinzebene zum Tode verurteilt worden war – auch Lu selbst hatte sich einen Ersatzmann besorgt, der an seiner Stelle die Examina ablegte – und da sein Vater opiumsüchtig war und seine Mutter einen Skandal entfacht hatte, als sie die Bandagen von ihren Füßen entfernte, mag diese Aufzählung Liangs ihn besonders bewegt haben.)[6] Nach dem Zusammenbruch der Reform der „Hundert Tage" von 1898 war Liang nach Japan ins Exil gegangen, wo er einen festen Glauben an die Bedeutung der „politischen Erzählung" entwickelte. Dieses Genre war ursprünglich mit den sehr erfolgreichen Übersetzungen der Werke von Bulwer-Lytton und Disraeli ins Japanische eingeführt worden und hatte dann in den achtziger

* Henry Rider Haggard besaß um 1900 in China einen erstaunlichen Ruf. Sein Roman *Joan Haste* brachte ihm 1905 sogar noch weitaus größeren Ruhm unter der chinesischen Leserschaft ein. Lin Shu nannte einmal Haggard und Shakespeare „die herausragenden Genies einer großen Zivilisation".

und neunziger Jahren verschiedene Japaner mit öffentlichem Einfluß dazu ermuntert, sich selbst darin zu versuchen. Möglicherweise war Liang von dieser Verbindung der erfolgreichen Ausübung eines öffentlichen Amtes mit dem Schreiben politischer Romane beeinflußt worden, denn im Jahre 1902 leitete er seine eigene neue Zeitschrift *Neuer Roman* in Yokohama mit einer aufrüttelnden Verkündung der Macht der Literatur ein, die die Moral, die Religion, die Sitten, die Künste und den Charakter einer Nation „erneuern" könne.[7]

Lu Xun wurde angeregt, für die Zeitschrift der Studenten aus Zhejiang einen Aufsatz über den „Spartanischen Geist" zu verfassen, den er am Beispiel des Einsatzes von Leonidas und seinen Männern gegen die Perser an den Thermopylen verdeutlichte. Er folgte den Hinweisen Liangs auf die mögliche Bedeutung von Science-fiction-Literatur, indem er Jules Vernes *Von der Erde zum Mond* und *Eine Reise ins Zentrum der Erde* (aus japanischen Übersetzungen) in gekürzter Fassung ins Chinesische übertrug. Auf einer eher wissenschaftlichen Ebene verfaßte er zwei Sachartikel, einen über Geologie und einen über Madame Curies Radiumforschungen.[8] Zwar schloß Lu Xun sich, soweit wir wissen, keiner der chinesischen revolutionären Vereinigungen in Japan an, doch er nahm an deren Versammlungen teil und hörte sich an, wie chinesische Radikale die Kaiserinwitwe und den chinesischen Minister in Japan beschimpften und sich somit der Gefahr der Ausweisung aussetzten.[9] Und er schnitt sich den Zopf ab.

Der Zopf – dieser lange Haarschwanz, den die chinesischen Männer während der Qing-Dynastie trugen – war ihnen nach der Eroberung Chinas durch die Mandschus in den vierziger Jahren des siebzehnten Jahrhunderts aufgezwungen worden, als die Mandschus die Übernahme dieser ihrer Stammeshaartracht als geeignetes Zeichen der Hinnahme ihrer Herrschaft durch die Chinesen ansahen. Zwar hatte man den Zopf, wenn auch gelegentlich nur widerwillig, zwei Jahrhunderte lang getragen, doch im späten neunzehnten Jahrhundert wurde er für die chinesischen Nationalisten zum Symbol der Schande, ganz besonders für diejenigen, die ins Ausland reisten. Lu Xun verspottete diejenigen chinesischen Studenten in Japan, die ihre Zöpfe auf dem Kopf aufgesteckt trugen, „so daß ihre Hüte in die Höhe ragten wie der Fujiyama",[10] obgleich ihm bewußt war, daß viele von ihnen die berechtigte Sorge trugen, als potentielle Revolutionäre gebrandmarkt zu werden, falls sie ohne ihren Zopf nach China zurückkehrten. (Der kämpferische, junge Chiang Kaishek mußte in der Militärakademie besonders vorsichtig sein, nachdem er sich seinen Zopf abgeschnitten hatte; der hitzköpfige Nationalist Zhang Binglin, der sich während einer Versammlung in Shanghai öffentlich den Zopf abgeschnitten hatte, war gemeinsam mit Zou Rong in der *Subao*-Affäre verhaftet worden; dagegen entschied sich Sun Yatsens revolutionärer Kollege Huang Xing, seinen Zopf während seines Aufenthaltes in Japan unangetastet zu lassen, um sicher nach China zurückkehren zu können.)[11] In späteren Jahren beteuerte Lu Xun, er habe seinen Zopf weder aus ästhetischen noch aus revolutionären Gründen abgeschnitten, sondern einfach aus Bequemlichkeit. Doch zu jener Zeit war er offensichtlich von der Bedeutung seiner Handlungsweise überzeugt. Ebenso wie Qiu Jin sich einmal in westlicher Kleidung hatte photographieren lassen, so ging auch Lu Xun von dem Friseur, der ihm die Haare hatte kurzscheren müssen, auf

Lu Xun im Jahre 1904 in Tokio, nachdem er sich den Zopf hatte abschneiden lassen.

kürzestem Wege zum Photographen und beschrieb die Rückseite der Aufnahme mit einem Gedicht für einen seiner engsten Freunde:

> Mein Herz vermag es nicht, den Pfeilen auszuweichen, die von der Liebe zum Vaterland gesandt;
> Stürme drücken schwer wie Felsenblöcke und verdunkeln die Gärten meiner Heimat.
> Ich sende meine Botschaft zu den kühlen Sternen, denn mein Volk nimmt meine Sorgen nicht wahr.
> Ich gelobe, mein eigen Blut dem Vaterland zu opfern.

Das Gedicht ist zwar in klassischem chinesischem Stil geschrieben und offenbart nationalistische Gefühle, das Bild des Pfeils wurde aber dem romantischen Helden in Byrons Stück „Lara“ entlehnt, das Lu Xun zu jener Zeit gerade las.[12]

Als er genügend Japanisch beherrschte, um lesen und sich Notizen machen zu können, entschied sich Lu Xun, in Japan zu bleiben und moderne Medizin zu studieren. Der Reiz gerade dieses Berufes hatte zuvor bereits Kang Youweis Bruder und auch Sun Yatsen angezogen. Wahrscheinlich wollten sie sich irgendein Fachwissen aneignen, das bei der Modernisierung Chinas hilfreich sein konnte. Auch Lu Xun teilte dieses Motiv in gewissem Maße. Später schrieb er einmal: „Ich träumte den wunderschönen Traum, bei meiner Rückkehr nach China Patienten zu heilen, die ebenso wie mein Vater falsch behandelt worden waren; und falls Krieg ausbräche, wollte ich als Arzt in der Armee dienen und gleichzeitig den Glauben meiner Landsleute an Reformen stärken."[13] Lu Xuns Entscheidung hatte jedoch noch andere und tieferliegende Gründe. Sein Vater war nicht nur „falsch behandelt" worden. Tatsächlich hatte er viele Jahre als zunehmend kränklicher Invalide leben und große Geldsummen für willkürlich verordnete pflanzliche Arzneien verwenden müssen, die der junge Lu Xun häufig aus der Apotheke holen mußte (nachdem er zuvor beim Pfandleiher Geld eingetauscht hatte, um auch bezahlen zu können). Es ist auch bekannt, daß Lu Xun als Jugendlicher unter starken Zahnschmerzen zu leiden hatte – traditionelle Ärzte hatten ihn auf die Verbindung von Zähnen und Nieren und von Nieren und männlichen Sexualorganen hingewiesen und ihm damit eindeutig zu verstehen gegeben, daß Selbstbefriedigung die Ursache der Schmerzen sei.[14] Solche falschen Auskünfte waren schändlich und unangenehm, und Lu Xun mag seit diesem Vorfall von der Notwendigkeit überzeugt gewesen sein, derartiges Unwissen zu bekämpfen. Ein mutiges Beispiel für „Modernisierung" hatte ihm seine Mutter gegeben, die sich in reifen Jahren kühn familiärer und öffentlicher Kritik aussetzte, als sie ihre Füße von den Bandagen befreite.[15] Auf höherer Ebene erkundete Lu Xun bereits in Gesprächen mit seinen Freunden das Problem der Modernisierung in seinen symbolischen Dimensionen, da er endlos über die Möglichkeiten diskutierte, „die Krankheit des chinesischen Volkes" zu heilen.[16]

Qiu Jin hatte sich in Japan, als die Japaner 1905 die Russen besiegten, von Wellen des Optimismus getragen gefühlt; auf Lu Xun wirkte dieser Konflikt dagegen eher unheilverkündend und zwiespältig. 1904 faßte er den Entschluß, sich in der Medizinischen Schule der nordjapanischen Stadt Sendai einzuschreiben, um auf diese Weise den Kontakt mit anderen chinesischen Studenten zu vermeiden (aber auch, weil der Besuch der Schule kostenlos war); doch infolge dieser Entscheidung hatte er sehr unter Einsamkeit zu leiden. Außerdem war die Stadt ein Durchgangszentrum für japanische Truppen und Kriegsgüter, und er fühlte sich von den japanischen Studenten belästigt. Er hatte auch mit Sprachschwierigkeiten und Wohnungsproblemen zu kämpfen und wurde sogar beschuldigt, sich mit seinen Lehrern vor dem Examen in den Grundlagenfächern abgesprochen zu haben. Obwohl er in allen Hauptfächern bestand (Anatomie gut, Physiologie befriedigend, Sektion und Deutsch genügend), beschloß er 1905, in seinem zweiten Ausbildungsjahr, die Schule zu verlassen.[17] Lu Xun selbst beschrieb den für seine Entscheidung ausschlaggebenden Moment:

„In unserem zweiten Jahr hatten wir als neuen Kurs Bakteriologie. Alle Bakterienarten wurden auf Lichtbildern vorgeführt, und wenn wir eine Abteilung frühzeitig vor Klassenschluß beendet hatten, wurden einige Nachrichtenbilder gezeigt. Natürlich handelten sie zu der Zeit alle von den japanischen Siegen über die Russen. Aber auf diesen Dias sah man auch einige Chinesen, die russische Spione gewesen waren und von den Japanern gefaßt und erschossen wurden, während andere Chinesen zusahen. Und da war auch ich im Klassenraum.

‚Banzai!' Die Studenten klatschten und jubelten.

Sie jubelten über alles, aber an dem Tag erschien mir der Jubel besonders mißtönend. Als ich dann später nach China zurückkehrte, sah ich, wie Müßiggänger bei der Erschießung von Kriminellen zusahen und dabei wie trunken Beifall klatschten. Ach, man kann nichts dagegen tun! Zu jener Zeit und an jenem Ort jedoch änderte es meine Einstellung.

Gegen Ende meines zweiten Jahres suchte ich Herrn Fujino auf, um ihm mitzuteilen, daß ich das Medizinstudium aufgeben und Sendai verlassen wolle. Ein Schatten fiel über sein Gesicht, und er schien etwas sagen zu wollen, überlegte es sich dann jedoch anders.

‚Ich möchte Biologie studieren, so wird das, Herr, was Sie mich gelehrt haben, auch weiterhin nützlich sein.' Tatsächlich dachte ich gar nicht daran, Biologie zu studieren, aber als ich bemerkte, daß er ziemlich traurig war, erzählte ich ihm diese Lüge, um ihn zu trösten."[18]

Offensichtlich hatten diese Bilder auf Lu Xun eine ähnliche Schockwirkung wie dreißig Jahre zuvor der Anblick der Zerstörung Sedans auf Kang Youwei; aber Lu Xun reagierte nicht nur auf das Leiden an sich: er wandte sich gegen die Apathie und Trägheit, die sich in den Gesichtern der Chinesen spiegelten. In einem anderen Aufsatz erklärte er dazu, daß ihn der Anblick seiner Landsleute auf den Lichtbildern davon überzeugt habe, daß medizinische Fähigkeiten nicht so wichtig seien, wie er es sich ursprünglich vorgestellt habe:

„Die Menschen eines schwachen und unterentwickelten Landes können, ganz gleich wie stark und gesund sie auch sein mögen, nur als Opfer oder als Zeugen solcher sinnlosen Schauspiele dienen, und es ist nicht unbedingt zu bedauern, wenn viele von ihnen an Krankheit sterben. Es kam nun darauf an, ihren Geist zu verändern, und da ich zu jener Zeit glaubte, die Literatur sei dazu das geeignetste Mittel, entschloß ich mich, eine literarische Bewegung ins Leben zu rufen. In Tokio gab es viele chinesische Studenten, die Jura, Politische Wissenschaften, Physik, Chemie, ja sogar Polizei- und Ingenieurwesen studierten, aber keinen einzigen, der Literatur oder Kunst studierte."[19]

Bevor Lu Xun jedoch den Versuch zur Gründung einer solchen literarischen Bewegung unternahm, kehrte er 1906 nach Shaoxing zurück, um sich einer Zeremonie zu unterziehen, die Qiu Jin zu ähnlich beißenden Kommentaren herausgefordert hätte, wie sie Lu Xun anläßlich des Todes von Qiu Jin geäußert hatte: Er unterwarf sich folgsam einer arrangierten Hochzeit nach vorgeschriebenem Ritual mit einem ihm fast unbekannten Mädchen. Diese Episode weist groteske Züge auf, denn die für ihn ausgewählte Braut war so klein, daß sie deformiert wirkte; und Lu Xun (der, so scheint es, während der Zeremonie einen jener falschen Zöpfe trug, die nach seiner Ansicht so sehr nach Heuchelei rochen) wird die Ehe wohl niemals vollzogen haben. Natürlich erwähnte er dieses Ereignis niemals in seinen Schriften. Das Paar blieb kinderlos, und Lu Xun ging so weit, daß er die zwei Schriftzeichen des Namens seiner Frau tabuisierte und in seinen literarischen Arbeiten niemals benutzte (ebenso wie es sich für die unaussprechlichen persönlichen Namen der regierenden Kaiser schickte).[20]

Gleich nach der Zeremonie verließ Lu Xun seine neue Frau und reiste mit seinem jüngeren Bruder nach Japan zurück. Er vertiefte sich in ein unsystematisches, breit gefächertes Lektüreprogramm, wobei er sich vor allem auf zwei Gruppen von Literatur konzentrierte: solche, die aus Ländern stammte, die unter fremder Besatzung litten oder von Auflösung bedroht waren, und solche, die die Stärke des individuellen Geistes und Willens vor Augen führte.

Die ständige Drohung der Zerstückelung oder Aufteilung, der sich schwache Nationen in einer von starken Nationen beherrschten Welt gegenübersahen, war regelmäßig von Kang Youwei, Zou Rong und Qiu Jin hervorgehoben worden. Alle hatten direkt oder in versteckter Weise davor gewarnt, daß der chinesische Staat unter dem Druck der ausländischen Mächte sehr wohl auseinanderfallen könne, wenn er nicht reformiert würde. Die neuen umgangssprachlichen Zeitschriften und Zeitungen, die sich an ein breites Publikum potentieller und tatsächlicher chinesischer Nationalisten wandten, erörterten Themen wie die Teilungen Polens zwischen Rußland, Preußen und Österreich in den Jahren 1772 bis 1795, das Schicksal der Juden und die in der zionistischen Bewegung enthaltenen Möglichkeiten sowie die Probleme der Schwarzen in den Vereinigten Staaten (sie berichteten sogar ausführlich über so spezielle Bereiche wie das Arbeits- und Studienprogramm am Tuskegee-Institut in Alabama).[21] Lu Xun und sein Bruder wurden von diesen Strömungen beeinflußt und konzentrierten sich besonders auf Literatur aus Rußland, Osteuropa und den Balkanstaaten, indem sie dichterische Werke wie die des Polen Adam Mickiewicz und des Ungarn Sándor Petöfi sorgfältig ins Chinesische übertrugen (meistens gingen sie dabei von deutschen Übersetzungen aus).[22] Einige ihrer Gedanken über diese Länder nahmen unter dem Einfluß der informellen sonntäglichen Vorträge des radikalen Zhang Bingling in Tokio Gestalt an, die Lu mit seinem Bruder besuchte. Zhang war ein glänzender Polemiker und Verfasser von Leitartikeln für *Subao*, der den Mandschus eine erbitterte Feindschaft entgegenbrachte und Kang Youwei wegen dessen angeblich reformistischer und Pro-Mandschu-

Haltung haßte. 1906 war Zhang aus dem Gefängnis entlassen worden, nachdem er gemeinsam mit Zou Rong und anderen Angeklagten in der *Subao*-Affäre eine dreijährige Haftstrafe in Shanghai verbüßt hatte. Der klassische Aufsatzstil Zhangs war für Lu Xun zwar nahezu unverständlich, doch bewunderte er die Gedichte Zhangs zu Ehren Zou Rongs so sehr – Zhang hatte sie im Gefängnis verfaßt und in einer japanischen Zeitung veröffentlicht –, daß er sie alle auswendig lernte.[23] Lu Xuns Bruder schrieb über diese Vorträge in Tokio, daß „Zhang die Leute regelmäßig gegen die Mandschus aufhetzte und oft zu diesem Thema sprach. Als ich mich dann später mit nationaler Revolutionsliteratur beschäftigte, brachte ich sie mit der Literatur schwacher und kleiner Völker in Verbindung. Einige der Arbeiten holländischer, polnischer, jüdischer und indischer Schriftsteller beschrieben die zerrütteten Verhältnisse in diesen Ländern; andere berichteten über den tragischen Verlust der Unabhängigkeit. Sie hinterließen einen tiefen Eindruck auf mich."[24]

Die Gefahr der Schwäche konnte sich auch positiv auswirken und neue Dimensionen eines individuellen Willens hervorbringen, so wie es Qiu Jin in ihrem eigenen Leben bewiesen hatte und wie es viele andere Autoren in ihrem Leben und in ihrem Werk gezeigt hatten. Lu Xun befaßte sich in seinen 1907 und 1908 in Japan geschriebenen Aufsätzen ausführlich mit europäischen Autoren, die „fest entschlossen waren zu rebellieren, die sich der Aktion verschrieben hatten und der allgemeinen Einstellung ihrer Zeitgenossen entgegenhandelten". Lu Xun nannte solche Menschen die „Mara"-Dichter und schrieb ihnen die furchtbaren Kräfte zu, die mit der gleichnamigen buddhistischen Gottheit der Zerstörung und der Rebellion in Zusammenhang gebracht wurden.[25] Mickiewicz und Petöfi zählten dazu, aber der wahre Archetypus für Lu Xun war Byron; andere „Mara"-Dichter waren Shelley und Puschkin, Lermontov und Gogol, Ernst Moritz Arndt und Theodor Körner. Lu Xuns Verständnis dieser „Mara"-Dichter war durch Nietzsche und Ibsen beeinflußt sowie durch sein eigenes Empfinden, er lebe in einer Welt, in der eine ausgewogene Verbindung von Geist und Gefühl nicht länger möglich sei. Man müsse daher den „übermenschlichen Willen", der im emotionalen Bereich freiwerden könne, betonen und den moralischen und ästhetischen Werten vor den materiellen den Vorrang geben. „Wenn wir Richtlinien für die Gegenwart aufstellen wollen," schrieb Lu Xun, „müssen wir die Vergangenheit untersuchen und sie für die Zukunft aufbereiten. Wir müssen die Materie verwerfen und den Geist betonen. Wir müssen uns auf das Individuum stützen und die Massen ausschließen. Wenn das Individuum bestärkt wird, seine Fähigkeiten zu verwirklichen, wird sich das Land gestärkt erheben können. Warum sollten wir uns in Nichtigkeiten wie Gold, Eisen, Kongressen und Verfassungen verlieren?"[26] Gegen Ende seines Aufsatzes über die „Mara"-Dichter fragt Lu: „Wo sind nun die Kämpfer der Geisteswelt? Wo sind diejenigen, die ihre Stimme für die Wahrheit erheben, die uns Güte, Schönheit, Stärke und Gesundheit vermitteln wollen? Wo sind diejenigen, die tröstende Worte von sich geben, die uns aus der Wildnis herausführen wollen? Unsere Elternhäuser sind verloren, und die Nation ist zerstört, doch wir haben keinen Jeremias, der seinen letzten traurigen Gesang in die Welt und in die Nachwelt schreit."[27]

Diese und andere Aufsätze derselben Zeit zeigen, daß Lu Xun weder von Kang Youweis Plänen der Industrialisierung und des Verfassungsstaats überzeugt war, noch von den demokratischeren und sozialistischeren Ansichten der „Revolutionären Allianz" des Sun Yatsen, welche den Massen ein Mitspracherecht auf politischem Gebiet einräumen wollte. Diejenigen im Westen, die die jüngsten Vorteile des materiellen Fortschritts genossen hätten, seien auch bereits Opfer der üblen Konsequenzen des Materialismus geworden, schrieb Lu Xun: „Geist und Seele sind zunehmend verfallen; Ziele und Geschmack sind auf die Ebene des Vulgären abgesunken." Gleichzeitig habe man „die Massen ausschließen" müssen, denn „Recht und Unrecht kann nicht vom Volk entschieden werden"; es könne höchstens einen gewissen Druck in die eine oder andere Richtung ausüben, obgleich die einfachen Reichtümer der Volkstradition in gewissem Maße auf ein reineres Naturverständnis und ein tieferes Streben nach dem Absoluten hoffen ließen – reiner und tiefer zumindest als alles, was der traditionelle chinesische Landadel jemals zu bieten hatte.[28]

Lu Xun ließ damit die Politik hinter sich, wie er zuvor bereits die Medizin hinter sich gelassen hatte. Zwar waren ihm verschiedene Mitglieder der „Gesellschaft zur Restauration" und der „Revolutionären Allianz" bekannt, aber er konnte sich nicht entschließen, einer der beiden Parteien beizutreten. Sein Ziel war es vielmehr, das im chinesischen Volk verborgene Reservoir der Willenskraft freizulegen und seine Landsleute mit der heroischen und dämonischen Stärke zu erfüllen, derer es bedurfte, um ihr Schicksal zu ändern. Aber auf dem Weg dorthin ging alles schief: Sein Russischlehrer unternahm einen Selbstmordversuch, und der Sprachunterricht wurde eingestellt; eine literarische Zeitschrift, die Lu Xun mit dem anspruchsvollen Namen *Neues Leben* (ein von Dantes *Vita Nuova* entlehnter Titel) gründen wollte, wurde noch vor Erscheinen der ersten Ausgabe eingestellt; eine Anstellung als Korrekturleser, die ihm einen kleinen Nebenverdienst einbringen sollte, zerschlug sich, als die Druckerei in Schwierigkeiten geriet, und von den beiden ihm ans Herz gewachsenen und wunderschönen Büchern mit aus dem Deutschen, Russischen und aus anderen Sprachen übersetzten Erzählungen, die er als so wichtig für die Umwandlung des chinesischen Bewußtseins angesehen hatte, wurden nach ihrer Veröffentlichung im Jahre 1908 in einer Auflage von 1500 Exemplaren jeweils nur zwanzig Exemplare in Tokio und Shanghai verkauft.[29]

Als Lu schließlich 1909 seine Arbeit in Japan aufgab und nach China zurückkehrte, um eine Lehrtätigkeit in Hangzhou aufzunehmen, hatten sich seine Hoffnungen fast völlig zerschlagen. Er zog bald von Hangzhou in seine Heimatstadt Shaoxing um. Dort wurde er ein beliebter Lehrer (äußerst

Lu Xun in Tokio im Jahre 1909.

streng allerdings: er verbot seinen Schülern, sich die Zöpfe abzuschneiden), und seine Bereitschaft, in seinen Physiologievorlesungen Fragen der sexuellen Fortpflanzung zu erörtern, wurde als besonders kühn angesehen. Er schrieb jedoch nicht.

Auch Liang Qichao war davon überzeugt, daß die Literatur bei der Veränderung des chinesischen Volkes eine wichtige Rolle spielen könnte. Um die Jahrhundertwende, zu der Zeit, als Lu Xun erstmals nach Tokio kam, begann er mit der Niederschrift des Romans *Die Zukunft des Neuen China.* Formal handelte es sich um eine futuristische politische Satire, die verschiedenartige Einflüsse – von Bellamys *Looking Backward* (das Liang in chinesischer Übersetzung gelesen hatte) bis zu den zeitgenössischen japanischen Zukunftsromanen – vereinte; auch Kang Youweis utopische Visionen, die ihre endgültige Ausformung in dem *Buch der Großen Gemeinschaft* erhalten hatten, mögen Liang beeinflußt haben. Er ließ die Handlung seines Romans im Jahre 1962 spielen, in dem das chinesische Volk den fünfzigsten Jahrestag der „neuen Ordnung" feierlich begeht. Ein betagter Erzähler erinnert sich an das Jahr 1902, als ein junger Konstitutionalist und ein junger Revolutionär – beide kürzlich aus Europa zurückgekehrt – über den zukünftigen Kurs Chinas diskutierten. An diesem Punkt kam Liang nicht weiter – was nicht überraschend ist angesichts der erdrückenden Schwierigkeiten, die ihm und Kang Youwei von Sun Yatsen bereitet wurden –, und er gab den Roman auf, nachdem er vier Kapitel abgeschlossen hatte, um sich statt dessen auf die politische Arbeit sowie auf die Redaktion und Veröffentlichung politischer Zeitschriften zu konzentrieren.[30]

Von 1903, dem Jahr, als Kang aus Darjeeling abreiste, bis 1912, dem Jahr des endgültigen Zusammenbruchs der Qing-Dynastie, waren Kang und Liang fortwährend mit der Frage beschäftigt, ob eine Politik der kleinen Schritte oder revolutionärer Aktivismus das Mittel der Wahl sei. Die Beantwortung dieser Frage wurde ihnen zweifach erschwert. Zum einen griff Sun Yatsen die Förderer Kang Youweis scharf an und nannte sie „Kriminelle" und Mandschu-freundliche „Rassenverräter". Zum anderen untergruben die Mandschus durch eine allmählich wachsende Reformbereitschaft die Grundlagen der von Kang Youwei gegen sie erhobenen Kritik. Ein zusätzliches Problem ergab sich aus dem ständigen Mangel an Geld, das die Reformer so dringend benötigten, um ihre Hoffnungen am Leben zu halten.

Offensichtlich mußte der Name der „Gesellschaft zum Schutz des Kaisers" geändert werden, obwohl Kang daran gefühlsmäßig sehr hing. An seiner Stelle setzte sich unter den Chinesen in Kanada und in den Vereinigten Staaten allmählich der Name „Vereinigung zur Reform Chinas" durch. 1906, als die Mandschus Vorbereitungen trafen, die Fünferkommission ins Ausland zu schicken, um sich über die dortigen Verfassungssysteme in Hinblick auf mögliche Veränderungen in China zu unterrichten, fügte sich Kang in das Unvermeidliche und wählte die Bezeichnung „Nationale Verfassungsvereinigung". Liang dagegen zog den Namen „Kaiserliche Verfassungsvereinigung" vor. Als Endergebnis wurde letztlich die Bezeichnung „Gesellschaft zum Schutz des Kaisers" fallengelassen, während die drei übrigen Namen alle gleichermaßen von den Überseechinesen gebraucht wurden. Die Verwirrung wurde noch dadurch vergrößert, daß Liang eine weitere Gruppe gründete, die ihren Sitz zunächst in Tokio hatte und die den Namen „Gesellschaft für Politische Information" erhielt. Ihre Arbeit hatte die Gründung einer Nationalversammlung, die Einrichtung einer starken und unabhängigen Justizgewalt, die Stärkung der örtlichen Selbstverwaltung und eine größere gegenseitige Ausgewogenheit in den auswärtigen Beziehungen Chinas zum Ziel. Dies war ein Programm, dem auch Kang zustimmen konnte; da aber Liang und andere die Leitung dieser Organisation in China selbst angesiedelt sehen wollten, konnten weder Kang, der sich immer noch im Exil befand, noch Liang selbst deren Führung übernehmen. Als daher die Gesellschaft Anfang 1908 in Shanghai mit der Unterstützung örtlicher Kaufleute und Gelehrter ihre Tätigkeit aufnahm, fungierte ein anderer Reformer als ihr Generalsekretär. Kang und Liang waren nicht ohne Konkurrenz, da mehrere andere Klubs und Gesellschaften mit recht ähnlichen Namen und Zielen in jüngster Zeit von chinesischen Unternehmern und Landadeligen gegründet worden waren.[31]

Seit geraumer Zeit bereits hatten Kangs Vereinigungen in Übersee eine zunehmend kämpferische Haltung eingenommen und kontinuierliche Anzeichen für einen starken finanziellen Rückhalt geboten. Ein solches Indiz war der Wiederaufbau des Hauptquartiers der „Gesellschaft zum Schutz des Kaisers" in San Francisco, das bei dem großen Erdbeben 1906 zerstört worden war. Innerhalb weniger Monate konnte die dafür notwendige Geldsumme von mehr als hundertfünfzig Spendern gesammelt werden (von denen jeder einen Beitrag zwischen fünf und vierhundert Dollar leistete). Unter den Spendern befanden sich der Gründer der Bank von Kanton, weiter ein reicher Chinese, der eine wichtige Rolle in den Spielbanken von Fresno spielte, und auch der Anführer einer der einflußreichsten Kampf-Tongs.[32] Diese so schnelle und begeisterte Förderung kam durch eine eindrucksvolle Infrastruktur militärischer Ausbildungsstätten zustande, die von der „Vereinigung zur Reform Chinas" unterhalten wurden. Derartige Ausbildungsstätten waren erfolgreich in mindestens einundzwanzig amerikanischen Städten tätig. Uniformierte chinesische Kadetten, ausgerüstet mit ausgemusterten Waffen der Nationalgarde, trafen sich wöchentlich, um das (von Kang komponierte) Schullied zu singen und unter der Anleitung amerikanischer Ausbilder zu exerzieren. In Los Angeles marschierten die chinesischen Studenten der Westlichen Militärakademie stolz bei der Parade des Pasadena-Rosenfestivals mit ihrem General, dem mitreißenden Schriftsteller und Militärtheoretiker Homer Lea, mit. Gelegentlich einer Reise im Jahre 1905 nahm Kang Youwei zunächst in der Mott Street in New York eine Parade des 3. Chinesischen Regimentes ab und fuhr danach in einer von weißen

Pferden gezogenen Kutsche zu einem Empfang im Waldorf-Astoria.[33] Ein chinesischer Student an der Columbia Universität gründete, als ob er Kangs Vorstellungen von der Errichtung konfuzianischer Akademien im Westen, die dieser 1895 den Qing-Herrschern unterbreitet hatte, wiedererstehen lassen wollte, in New York City die ,,Konfuzianische Religionsvereinigung", um mit ihrer Hilfe die Lehren des Weisen zu verbreiten. (Dieser Vereinigung war Erfolg beschieden; sie verlegte in späteren Jahren ihren Sitz zunächst nach Shanghai und dann nach Peking. Seltsamerweise verlieh man großzügigen Gönnern den Titel eines ,,Mitgliedes auf Lebenszeit", und zwar mit Schriftzeichen, die dem englischen ,,life member", *laifu meibo*, nicht aber irgendwelchen ehrenvollen chinesischen Ausdrücken entsprachen.)[34]

Ein wichtiges Feld weiterer politischer Betätigung entwickelte sich aus Kangs energischen Versuchen, die Gesetze, die die Chinesen aus den Vereinigten Staaten ausschlossen, zu modifizieren, und Präsident Theodor Roosevelt gewährte ihm eine Unterredung, um dieses Problem zu diskutieren. Als alle Bemühungen um Veränderungen ergebnislos blieben, arbeitete Kang mit vielen Chinesen eine Zeitlang darauf hin, die Überseechinesen und die Bevölkerung in China selbst zum Boykott amerikanischer Waren aufzufordern, eine Bewegung, die überraschend erfolgreich verlief und die Stärke des chinesischen Nationalismus bewies. In Shanghai, wo der Boykott bis 1907 durchgehalten wurde, unterstützten Freunde Qiu Jins das Vorgehen. Das chinesische Engagement nahm nur langsam ab, als die Amerikaner begannen, selbst wiederum chinesische Betriebe zu boykottieren.[35]

Wie gewöhnlich verfaßte Kang außerdem eine Flut von Aufsätzen und Büchern über Reformen, wobei er sich besonders mit Fragen der Organisation und der personellen Zusammensetzung der Bürokratie, mit der wissenschaftlichen Bildung der chinesischen Bürger und mit Strukturen örtlicher Selbstverwaltung befaßte. Im Sommer 1908 veröffentlichte er mit Liang ein Manifest, das sie im Namen chinesischer Gemeinden aus zweihundert Städten der gesamten Welt an die Qing-Regierung sandten. Es kann als exakte Zusammenfassung des damaligen Standes von Kangs politischem Denken gelten, zu dem er nach vielfältigen Erfahrungen im Exil gelangt war: Einberufung einer Nationalversammlung zur Errichtung einer echten konstitutionellen Herrschaft; Rücktritt der Kaiserinwitwe und Entlassung der Hof-Eunuchen aus allen Ämtern, die ihnen Einfluß auf politische Entscheidungen gewährten; Beendigung der Diskriminierung der Han-Chinesen zugunsten der Mandschuren bei Stellenbesetzungen in der Bürokratie; Wiedereinsetzung Kaiser Guangxus als konstitutioneller Monarch; Verlegung der Hauptstadt von Peking an einen neuen Ort im Gebiet des Jangtse-Tals; Abschaffung des Generalgouvernement-Systems auf Provinzebene und dessen Ersetzung durch ein System kleinerer regionaler Verwaltungsbereiche, die von der Zentralregierung wirkungsvoller zu kontrollieren seien, sowie die Errichtung von Sonderämtern, die für Chinas Grenzgebiete wie Mandschurei, Mongolei, Tibet und Xinjiang zuständig sein sollten. Gleichzeitig sollte die militärische Stärke Chinas durch allgemeine Wehrpflicht, Entwicklung der Marine und die Errichtung großer Munitionsfabriken ausgebaut werden. Als sich die Mitglieder der neuen „Gesellschaft für Politische Information", der Organisation der Kang-Liang-Front in Shanghai, mit ganzer Kraft für diese Maßnahmen einsetzten, reagierte der Qing-Hof mit dem Verbot der Gesellschaft und der Verhaftung einiger ihrer Mitglieder.[36]

Mit Ausnahme der Klausel über die Einsetzung Kaiser Guangxus als konstitutionellem Monarchen hätte man die Ziele dieses Manifestes als für die meisten in China oder Übersee lebenden Chinesen annehmbar halten können. Tatsächlich aber hatten sich die Spannungen zwischen Kangs und Sun Yatsens Anhängern im Laufe der Jahre immer weiter verschärft, so daß wenig Hoffnung auf Beilegung der Gegensätze bestand. Man kämpfte nicht allein mit Worten in Flugblättern und Zeitungsartikeln, man kämpfte um die Kontrolle der Zeitungen selbst. So übernahmen zum Beispiel Anhänger Kangs in Singapur eine Zeitung, die zuvor von Suns Anhängern kontrolliert worden war, und Suns Anhänger wiederum verdrängten die Anhänger Kangs aus der Redaktion einer Zeitung in San Francisco.[37] Weitere Kämpfe wurden ausgetragen um die Führung des militärischen Nachwuchses in den Vereinigten Staaten, um den Zugang zu Geldern der chinesischen Enklaven in vielen Ländern, um die Unterstützung durch ausländische Gemeinden und durch ausländische Regierungen und um die Kontrolle der Führung der Geheimgesellschaften und der Wohltätigkeitsvereinigungen. 1906 klagten Sun Yatsens Anhänger sogar Kangs Tochter Tongbi, die damals in Hartfort/Connecticut, studierte, an, sie habe Überseechinesen vorsätzlich betrogen. Kang klagte daraufhin vor dem Gericht in Hongkong wegen Verleumdung und gewann schließlich den Prozeß.[38] Kangs Organisationen verfügten über mehr Gelder, denn sie waren besonders stark in den Vereinigten Staaten und Kanada vertreten, wo die von der „Gesellschaft zum Schutz des Kaisers" und der „Gesellschaft zur Reform Chinas" unterstützten Handelsunternehmen mehrere hunderttausend Dollar erwirtschafteten (am eindrucksvollsten mit Grundbesitzspekulationen in Mexiko, aber auch im Bankwesen, im Handel und in der Gastronomie). Kang und seine Helfer verbrauchten jedoch für die Gründung neuer Schulen und Zeitungen und für einige zu optimistische Investitionen, zum Beispiel in ein chinesisches Eisenbahnsystem und in eine Konzession zur Betreibung von Straßenbahnen in Mexiko, mehr Geld, als ihnen zur Verfügung stand. Als im Jahre 1910 das Regime des mexikanischen Präsidenten Porfirio Diaz zusammenbrach, sah sich Kang fast seiner gesamten Rücklagen beraubt, soweit sie nicht ohnehin bereits durch flüchtige Teilhaber veruntreut, aufgrund von Unbedachtheiten verloren oder infolge seiner eigenen Extravaganzen aufgebraucht worden waren.[39]

Die Kosten der Wanderschaften Kang Youweis zwischen 1904 und 1910 lassen sich nicht berechnen, aber es müssen enorme Summen gewesen sein:

Herkulaneum, Pompeji und Rom; Mailand, Paris, Berlin, Kopenhagen; West Point, Yellow Stone Nationalpark, Salt Lake City, Monte Carlo, die Alhambra, Fez; Uppsala und Trondheim; Kandy, Luxor, Jerusalem, Konstantinopel – das sind Orte, die er neben vielen anderen besuchte; meistens wohnte er in den luxuriösesten Hotels. Warum reiste er so viel? Zum einen, so teilte er Liang Qichao mit, weil er sich heimat- und ruhelos fühlte. Zum anderen, weil er seit 1907 eine neue Gefährtin hatte, ein siebzehnjähriges chinesisches Mädchen aus der Provinz Guangdong, deren Familie sich in den Vereinigten Staaten niedergelassen hatte. Mit bezaubernder Offenheit (genau der Geisteshaltung, zu der Kang die Frauen der Welt ermahnt hatte) hatte sie sich selbst als (dritte) Nebenfrau, Gefährtin und Sekretärin angeboten, nachdem eine Photographie Kangs ihre Leidenschaften geweckt hatte. Sie bereisten die gesamte Welt, lebten eine Zeitlang auf einer kleinen Insel vor der schwedischen Küste, die Kang gekauft hatte, und im Dezember 1908 wurde ihnen ein Sohn geboren.[40] Der Hauptgrund dieser Reisen war jedoch sicherlich der, daß Kang bewußt oder unbewußt Konfuzius nachahmte, den Weisen, den er von Jugend an so sehr bewundert hatte und über den er so herausfordernd geschrieben hatte. Auch Konfuzius hatte anscheinend ziellos die zersplitterten Staaten im China des fünften Jahrhunderts vor Christus durchwandert. Auf der vergeblichen Suche nach einem edlen Herrscher, der ihm eine Anstellung anzubieten bereit war, hatte er sein unstetes Leben damit verbracht zu schreiben, zu lehren und die Probleme des menschlichen Lebens und der Politik der geplagten Welt jener Zeit zu überdenken. An fast jedem Ort seiner Reisen verfaßte Kang elegante klassische Gedichte, die oft sehr umfangreich waren und nicht allein die Landschaft priesen, sondern sich auch über die Geschichte der jeweiligen Gebiete und die aus dieser Geschichte für die Gegenwart und Zukunft zu ziehenden Lehren ausließen.[41] Ein wunderbarer Ballonflug hoch über den Dächern von Paris ließ Kang über das Schicksal und über die Macht Napoleons nachdenken; ein Besuch in den Niederlanden veranlaßte ihn, sich die Lehrzeit Peters des Großen als Schiffsbauer ins Gedächtnis zu rufen; der Anblick Konstantinopels erweckte in ihm Freude über die Wiedererrichtung einer konstitutionellen Regierung durch das ottomanische Reich und zugleich auch Bedauern angesichts der Tatsache, daß der gleiche Fortschritt China noch immer versagt geblieben war; die vielen Trauernden zur Mittagszeit an der Klagemauer von Jerusalem riefen Gedanken an menschliches Leid und an die schwachen, zersplitterten Nationen der Welt, zu denen auch China bald gehören könnte, hervor und erinnerten Kang an seine eigenen zerschlagenen Hoffnungen:

Salomon erbaute sie vor dreitausend Jahren,
Zu Füßen der Mauer klagen noch immer Männer und Frauen;
Hunderte drängen sich jeden Mittag durch enge Straßen,
Lehnen sich gegen die Mauer und weinen, Tränen fließen wie Quellen.

Ihre Tempelschätze nach Rom gesandt, wie können wir ihre Trauer beschreiben?
Es geschah zur Zeit der Han-Dynastie, Einzelheiten sind vom Nebel der Vergangenheit umhüllt.
Auch wir haben in unserer zweitausendjährigen Geschichte als Nation Katastrophen erlebt,
Fremde Eindringlinge stürzten China ins Chaos, unter stürmischem Himmel legten sie unsere Hauptstadt in Schutt.

Ich kann es nicht vermeiden, in meinem Mitgefühl für Menschen befangen zu sein,
Um meines Landes willen fügte ich mir selbst und meiner Familie Leid zu.
Auf dem wolkenverhangenen Richtplatz weine ich um meinen Bruder, um meine Freunde.
Ich weine um ihre unbestatteten Körper und um unsere drei Ahnengräber, die nun alle befleckt sind.

Niemals kann man sein Heimatland aufgeben und in Ewigkeit Ruhe finden;
Ich bleibe immer Chinese und blicke in meine ehemalige Heimat.
Beschämten Auges weine ich unter der Bettdecke, meine Seele von Zweifeln zerrissen,
Und versuche lediglich, meinen Landsleuten zu erzählen, wer diese Juden sind.[42]

Auch Sun Yatsen war unaufhörlich auf Wanderschaft: in Japan, in Südostasien, in Europa und in den Vereinigten Staaten. Er bewies jedoch mit seinen Angriffen gegen das Mandschu-Regime eine Zielbeständigkeit, die diejenige Kang Youweis bei weitem übertraf. In den Jahren zwischen 1905 und 1910 hatte Sun Yatsen – außer an den mißlungenen Aufständen in den Provinzen Anhui und Zhejiang, bei denen Qiu Jin und Xu Xilin ums Leben gekommen waren und an denen seine „Revolutionäre Allianz" nur geringfügig beteiligt gewesen war – in der einen oder anderen Weise an einem halben Dutzend erfolgloser Erhebungen in so verstreuten Gebieten wie der Mandschurei, Guangdong, Guangxi und Hunan mitgewirkt. Die Zusammensetzung der Teilnehmer an solchen Aufständen wandelte sich ständig aufgrund der Verfügbarkeit von Geldern, der Besonderheiten in den örtlichen Machtverhältnissen und auch infolge der schnellen Vergeltungsmaßnahmen seitens der Qing-Regierung. In Pingliuli, an der Grenze zwischen Hunan und Guangxi in Zentralchina, entfachten im Dezember 1906 unzufriedene Bergleute, Mitglieder von Geheimgesellschaften und meuternde Soldaten einen Aufstand, den die „Revolutionäre Allianz" und örtliche radikale Studenten unterstützen und leiten wollten. Wären sie erfolgreich gewesen, hätten sie einen beachtlichen Zusammenschluß aller Klassen schmieden können, doch die lokalen Kräfte der Qing-Regierung waren noch zu stark und die einzelnen Gruppen zu zersplittert.[43] In der Mandschurei versuchte im Frühjahr 1907 ein jugendlicher Anhänger Suns, die berittenen Banditen des mandschurisch-koreanischen Grenzgebietes als Bündnispartner zu gewinnen, doch Truppen der Qing-Regierung vereitelten dieses Vorhaben.[44] Im Dezember 1907 versuchte Sun, mit anderen neu hinzugewonnenen militärischen Anführern von einem Stützpunkt in der Nähe Hanois aus zu einer größeren Gruppe von Kämpfern der Gebirgsguerilla in der Provinz Guangxi durchzustoßen. Als das mißlang und Sun von den Franzosen deportiert wurde, fielen im März 1908 andere Mitglieder der „Revolutionären Allianz" mit zweihundert chinesischen revolutionären Soldaten in den westlichen Teil der Provinz Kanton ein. Nachdem auch dieses Unternehmen fehlgeschlagen war, versuchten die Revolutionäre im April, sich einer weiteren kleinen Erhebung im Westen in der Provinz Yunnan anzuschließen. Wieder wurde ihr Anschlag durchkreuzt, und die Franzosen deportierten die verbliebenen Mitglieder der „Revolutionären Allianz", die sie identifizieren konnten.[45] Im November 1908 waren Mitglieder der „Revolutionären Allianz", nachdem sie die Mannschaften mehrerer Brigaden der Neuen Kanton Armee erfolgreich infiltriert hatten, für den Ausbruch einer Meuterei in der Nähe der Stadt Kanton verantwortlich, wo sie den Versuch unternahmen, die durch den Tod des Kaisers Guangxu und der Kaiserinwitwe entstandenen Unruhen für ihre Ziele auszunutzen. Die Meuterei breitete sich jedoch nicht aus, denn es gab genügend Truppen, die den Mandschus treu ergeben waren und die Aufständischen zurückschlugen.[46]

Diese endlosen Mißerfolge führten innerhalb der „Revolutionären Allianz" zu einer Diskussion über Suns Fähigkeiten und zu der wiederholten Forderung, Sun möge zurücktreten und durch einen anderen Führer ersetzt werden. Auch verließen ihn aufgrund dessen viele einflußreiche Mitglieder der „Gesellschaft zur Restauration". Einige Revolutionäre wurden durch diese Fehlschläge wieder in ihrem früheren Glauben bestärkt, daß zunächst höhere Mandschu-Persönlichkeiten ermordet werden müßten, um damit massive Vergeltungsmaßnahmen zu provozieren, die dann wiederum zu Volksaufständen führen könnten. In diesem Glauben verlor Liu Sifu, ein Veteran der „Revolutionären Allianz", die Finger seiner linken Hand, als er erfolglos versuchte, einen hohen General in der Stadt Kanton zu töten; Suns Freund Wang Jingwei wollte den Mandschu-Regenten in Peking in die Luft sprengen (er wurde vorher verhaftet, aber nicht hingerichtet).[47]

Suns große Zielstrebigkeit sicherte ihm jedoch einen steten Zustrom neuer Anhänger. Es gelang ihm, genügend Gelder von den Überseechinesen – sei es in Singapur, Hawaii oder Vancouver – zu beschaffen, um einen Teil seiner revolutionären Zeitungen weiterhin in Umlauf zu halten und um seine Anhänger mit einigen Waffen versorgen zu können. Besonders seit dem Tode Kaiser Guangxus 1908, dem kurz darauf der Tod der Kaiserin folgte, und seit der Errichtung einer neuen mandschurischen Regentschaft im Namen des Kindkaisers Puyi, gab es keinen Grund mehr, irgendeinen Mandschu-Monarchen weiterhin zu unterstützen. So nahm Kang Youweis Anhängerschaft in den Vereinigten Staaten ab. Das hatte bedeutende Folgen für Sun, der sich Kangs überlegener Organisation in Amerika stets hatte unterordnen müssen, und es gelang ihm, in das entstandene Vakuum hineinzustoßen. Eine 1909 in San Francisco gegründete und Sun zugeneigte Jugendpartei erschloß ihm eine neue Anhängerschaft unter Studenten, Arbeitern und Schullehrern. Im Oktober desselben Jahres reiste er nach New York, wo man ihm so viele Loyalitätsbezeugungen entgegenbrachte, daß er eine kleine revolutionäre Zelle bilden konnte. Das führte wiederum zu Kontakten mit den Vorständen der Geheimgesellschaften in Boston und mit chinesischen Christen in Chicago. Auch einer der chinesischen Übersetzer, der für die kanadische Einwanderungsbehörde arbeitete, wurde gewonnen. Er vermochte Suns Anhängern die Einreise nach Nordamerika zu erleichtern.[48]

Obwohl Sun mit den mächtigen und festverwurzelten Geheimgesellschaften, die im allgemeinen immer noch Kang Youwei treu ergeben waren und das von Kang Youwei vertretene schrittweise politische und wirtschaftliche Vorgehen unterstützten, äußerst behutsam umgehen mußte, füllten Suns jugendliche Anhänger die entstandene Bresche mit ihren neuen radikalen Zeitschriften und beschimpften die Reformer der älteren Generation als „Mäuse und Vieh". Sie unterstützten feministische Ziele, finanzierten Schauspiele, die von chinesischen Frauen für chinesische Frauen geschrieben waren, und beriefen sich dabei auf das eindrucksvolle Vorbild Qiu Jins. In ihren politischen Erklärungen traten die Ziele der Partei Sun Yatsens offen zutage: unerschütterlicher Glaube an die demokratische Regierungsform, kraftvoller Nationalismus, eine gewisse Befürwortung sozialistischer Theorien und unerbittliche Feindschaft gegenüber Kang Youwei.[49] In den ersten Monaten des Jahres 1911 konnte Sun von in Amerika und Kanada lebenden Chinesen die angesichts seiner jahrzehntelangen erfolglosen Bemühungen schwindelerregende Summe von ungefähr siebzigtausend Dollar beschaffen. Er sandte das Geld nach Hongkong, wo seine Anhänger den bislang größten und ehrgeizigsten Aufstand vorbereiteten. Die Strategie des Kantoner Aufstandes von 1911 bestand erneut darin, Mitglieder der „Revolutionären Allianz" mit Sympathisanten innerhalb der Einheiten der Neuen-Kanton-Armee in einer koordinierten Erhebung zu vereinen. Zwar kämpften diese vereinten Truppen mit äußerster Verbissenheit und erstürmten den Amtssitz des Generalgouverneurs, doch Suns Anhänger wurden ungeachtet ihres kämpferischen Einsatzes von regierungstreuen Einheiten zurückgeschlagen, denn es hatte massive Indiskretionen gegeben und viele der in den Armeen außerhalb der Stadt stationierten Sympathisanten schlossen sich dem Aufstand niemals an. Fast hundert Revolutionäre mußten sterben, und die Verbindungen der „Revolutionären Allianz" in der Provinz Guangdong wurden vernichtet.[50]

Allein die Tatsache, daß über Jahre hinweg so viele Aufstände stattfinden konnten, veranschaulicht die Verzweiflung, die viele Chinesen empfanden. Enttäuscht von der Schwäche ihres Landes auf internationaler Ebene neigten sie dazu, die Schuld daran den Mandschus zuzuschieben. Gleichzeitig aber waren sie beunruhigt angesichts der zunehmenden militärischen und institutionellen Macht, die die Regenten des Kaisers Puyi aufbauten: Die Qing-Regierung konnte die Neuen Armeen (trotz der Infiltrationen durch Mitglieder der „Revolutionären Allianz") als neue Grundlage ihrer Macht betrachten. Die neugeordnete Regierung durch ein Kabinett wurde von den Mandschus beherrscht, und die Provinzialversammlungen konnten so möglicherweise bald stärker als bisher von den Mandschus kontrolliert werden. Auch wandte man sich mit aller Kraft gegen den Versuch der Mandschus, Chinas zerstreutes und ineffektives Eisenbahnnetz zu zentralisieren, ein Versuch, der einerseits als vernünftige und notwendige Reform betrachtet werden konnte, andererseits aber auch als Zeichen der Entschlossenheit der Mandschus aufgefaßt wurde, die Autonomie der Provinzen noch weiter einzuschränken und den Einfluß einer sich ausbildenden Unternehmerklasse zu brechen. Sun Yatsen wurde somit von einer stetig anschwellenden Woge der Angst und des Zornes getragen, und die „Revolutionäre Allianz" war als Organisation viel zu klein, um die widersprüchlichen Interessen der emanzipierten Studenten, des örtlichen Landadels, der Kaufleute, der Frauen und der Überseechinesen vertreten, geschweige denn ausgleichen zu können.[51]

Sun versuchte dem neuen Ausmaß dieser Anti-Qing-Stimmung Rechnung zu tragen, indem er die „Südliche Strategie" aufgab, bei der er Stützpunkte in Hongkong, Hanoi und Singapur dazu benutzt hatte, um Erhebungen in China zu schüren, und ordnete Mitte des Jahres 1911 die Bildung eines neuen Komitees der „Revolutionären Allianz" weiter nördlich in Shanghai an. Dieses Komitee, dem Revolutionäre der zentralchinesischen Provinzen Hubei und Hunan angehörten, zielte direkt auf die Unterstützung von Aufständen in den Heimatprovinzen der Mitglieder, ganz besonders in Wuhan (dem Dreistädtegebiet, das Hankou, Hanyang und Wuchang umfaßte), wo die Mitglieder des Komitees energisch Kontakte mit den regionalen Einheiten der Neuen Armee zu fördern versuchten. Suns Einfluß war jedoch begrenzt. Als revolutionäre Truppen in Wuchang am 10. Oktober 1911 meuterten, weil sie befürchten mußten, verhaftet zu werden, nachdem die Qing-Polizei durch eine unbeabsichtigte Bombenexplosion auf ihre Aktivitäten aufmerksam geworden war, befand sich kein erfahrenes Mitglied der „Revolutionären Allianz" in der Nähe. Einige Mitglieder der Allianz gelangten schließlich als Rotkreuzhelfer verkleidet an den Ort des Geschehens und fanden die revolutionären Truppen dem Kommando eines ehemaligen höheren Offiziers der Qing-Armee unterstellt. Nach heftigen, zwei Wochen andauernden Kämpfen verloren sie das ausländische Siedlungsgebiet und Handelszentrum Hankou und nach weiteren drei Wochen erbitterter Kämpfe gegen die Qing-Armeen verloren sie auch die wichtige Industriestadt Hanyang. Doch diese Ereignisse lösten in ganz China eine Serie von Meutereien,

Aufständen und Desertionen aus, die schließlich den Niedergang der Qing-Dynastie herbeiführten.[52]

Sun Yatsen befand sich gerade auf einer seiner Reisen zur Beschaffung von Geldern, als er während der Zugfahrt von Denver nach Kansas von den Aufständen im Dreistädtegebiet erfuhr. Dennoch kehrte er nicht sogleich nach China zurück. Statt dessen – und dieser Umstand allein erhellt die Bedeutung der europäischen Präsenz in China – reiste er nach Europa, um den republikanischen Standpunkt überzeugend darzulegen und alle europäischen Regierungen davon abzuhalten, zugunsten der Qing-Dynastie einzugreifen. Erst nachdem man ihm zwar zurückhaltende, für Sun aber dennoch ermutigende Zeichen der Unterstützung gegeben hatte, kehrte er nach China zurück und erreichte Shanghai am 25. Dezember, wo man ihm einen stürmischen Empfang bereitete. Eine Woche später reiste er nach Nanking. Am 1. Januar 1912 wurde er zum Provisorischen Präsidenten der Republik China ernannt.

Sun Yatsen als vorläufiger Präsident der jungen Chinesischen Republik im Januar 1912.

Suns Ankunft war nicht mit dem triumphalen Empfang zu vergleichen, der Lenin im Jahre 1917 am Finnland-Bahnhof bereitet wurde, obwohl beide nach längerem Aufenthalt im Exil als Führer einer revolutionären Partei, die ein mächtiges Herrscherhaus zu Fall gebracht hatte, heimkehrten. Es stimmt zwar, daß die „Revolutionäre Allianz" in vielen Teilen Chinas Kontakte angeknüpft hatte, so zum Beispiel mit Offizieren und Mannschaften der Neuen Armeen, mit Führern der Geheimgesellschaften, mit einflußreichen Mitgliedern der kaufmännischen Vereinigungen, mit Studenten und mit den gewählten Repräsentanten der neuen chinesischen Provinzversammlungen, die 1909 erstmals offiziell tagten. Aber für einen Führer besaß Sun nur wenig Einfluß auf die Aufteilung der Machtbereiche, die sich ergab, als nach den Kämpfen in Wuhan im gesamten Land Aufstände ausbrachen. In Südchina beispielsweise wurde zwar die Provinz Kanton teilweise von Mitgliedern der „Revolutionären Allianz" und von gleichgesinnten Militärs kontrolliert, aber in der Nachbarprovinz Guangxi lag ein Großteil der Macht in den Händen eines ehemaligen Banditenführers und derzeitigen Soldaten, der die Aufstände der „Revolutionären Allianz" unterdrückt hatte, und in der Provinz Yunnan wiederum war der Militärgouverneur ein treu ergebener Schüler Liang Qichaos, der unerschütterlich auf den Militarismus japanischen Stils vertraute.[53] In Zentralchina war es nicht anders. In der Provinz Hunan vermochte schließlich ein Gelehrter, der Präsident der Provinzversammlung, die Macht auf sich zu vereinen, nachdem zuvor Mitglieder einer Gesellschaft zur Förderung der konstitutionellen Monarchie die führenden Mitglieder der „Revolutionären Allianz" hatten ermorden lassen. In der Provinz Hubei wurde ein ehemaliger Berufsoffizier, der lange Zeit gegen die „Revolutionäre Allianz" gearbeitet hatte und der erst nach Androhung der Folter einwilligte, republikanische Truppen zu befehligen, neuer Militärgouverneur. Shanghai schließlich stand unter der Herrschaft von Chen Chimei, der als fähiger Offizier bereits in Tokio der „Revolutionären Allianz" beigetreten war. Chen duldete jedoch keine radikalen Verbündeten neben sich, ganz besonders nicht die Mitglieder der ehemaligen „Gesellschaft zur Restauration", und ließ Anfang 1912 deren wichtigsten Sprecher ermorden.[54] (Chinas zukünftige Führer spielten in diesen turbulenten Tagen ihre ersten unbedeutenden Rollen: Chiang Kaishek, in Ningbo geboren, ausgebildet an einer Militärschule in Tokio, wo er ein leidenschaftlicher Bewunderer von Zou Rongs Kampfschrift *Die Revolutionäre Armee* geworden und der „Revolutionären Allianz" beigetreten war, machte gemeinsam mit seinem kommandierenden Offizier Chen Chimei Karriere und wurde 1911 mit nur vierundzwanzig Jahren Regimentskommandeur. Mao Zedong, Sohn eines Bauern in Hunan, lebte 1911 als achtzehnjähriger Student in Changsha und trat der Armee der Provinz Hunan bei. Zwar wurde er selbst nicht in militärische Aktionen verwickelt, er sah jedoch die Leichen ehemaliger Revolutionäre, die die Militärs der erwachenden Republik in den Straßen niedergemetzelt hatten.)[55]

Die nördlichen Provinzen wurden direkt oder indirekt von Yuan Shikai kontrolliert. Yuan war als ehemaliger Kommandeur der mächtigen modernisierten Streitkräfte der Qing, der sogenannten Beiyang-Armee, verantwortlich für die Festnahme der Reformer von 1898 und die Entmachtung des Kaisers Guangxu im selben Jahr gewesen. Er selbst war 1908, dem Todesjahr des Kaisers Guangxu und der Kaiserinwitwe, von den Mandschu-Regenten des Kindkaisers Puyi mit der vorgeschobenen Begründung, er leide an einer bösartigen Verwundung am Fuß, die ihn an der Ausübung seiner Pflichten hindere, zum Rücktritt gezwungen worden. Aber die höheren Offiziere, die die übrigen Einheiten der Neuen Armee in Nordchina befehligten, waren Yuan persönlich treu ergeben, und als dann 1911 die Kämpfe in Wuhan ausbrachen, verweigerten diese Truppen dem Hof der Qing den Gehorsam und sahen größtenteils tatenlos zu. Eine Aufforderung der Mandschus, in den aktiven Dienst zurückzukehren, wies Yuan „mit großem Bedauern" ab, weil seine Fußverwundung immer noch schwerwiegend sei. Während die Beiyang-Armee sich Zeit nahm, willigten die Mandschus schließlich in die von Yuan Shikai gestellten Bedingungen für eine Beteiligung seiner Truppen am Kampf gegen die Revolutionäre ein: Die Mandschus, so forderte er, sollten eine Nationalversammlung einberufen, ein dieser Versammlung unterstelltes Kabinett aufstellen, die Gründung politischer Parteien genehmigen, eine allgemeine Amnestie verkünden und schließlich Yuan als obersten Militärkommandeur bestätigen. Nachdem der Hof der Qing diesen Forderungen nachgekommen war, eroberte die Beiyang-Armee Hankou und Hanyang von den Revolutionären zurück, und die Mandschus ernannten Yuan zum Premierminister des provisorischen Parlaments in Peking. Gleichzeitig jedoch wählten die Delegierten in Zentralchina, in der von den Revolutionären gehaltenen Stadt Nanking, Sun Yatsen zum vorläufigen Präsidenten. Es folgten langwierige Verhandlungen zwischen Yuan, Sun und den Mandschu-Regenten, die schließlich zur Abdankung des Mandschu-Regimes am 12. Februar 1912 und einen Tag später zum Verzicht Suns auf seine vorläufige Präsidentschaft führten. Am 15. Februar wählte die Versammlung in Nanking Yuan zu Chinas vorläufigem Präsidenten, ein Amt, das Yuan bis zur Verkündung einer Verfassung und bis zur Durchführung nationaler Wahlen ausüben sollte.[56]

Im Sommer 1911 sah Kang Youwei Liang Qichao in dessen Wohnung in der Präfektur Hyogo wieder. „Während meiner Zeit in Hongkong und Singapur lebte ich dreizehn Jahre lang von Dir getrennt," schrieb Kang in einer Widmung unter ein Gedicht, das er aus Anlaß ihrer Wiedervereinigung verfaßt hatte, „und es ist acht Jahre her, daß ich Dich persönlich gesehen habe. Dein Sohn und Deine Tochter, die in Japan zur Welt kamen, werden mich nicht einmal kennen. Daß wir uns nun wiedersehen, erscheint mir wie ein Traum." Das Wiedersehen verlief anfangs glücklich: Kang hatte seine junge Gefährtin mitgebracht und empfand eine wehmütige Befriedigung, als er erfuhr, daß die Tochter seines verstorbenen Bruders an einer japanischen Frauenuniversität studierte.[57] Die Nachrichten von den Oktoberaufständen in Wuhan und von den damit verbundenen Gewalttaten bestürzten ihn jedoch zutiefst und zerstörten seine Hoffnungen auf einen friedlichen Übergang zu einer konstitutionellen Monarchie. Einem Freund, der ihm die Aufstände in einem Telegramm geschildert hatte, schrieb er:

„Es bereitet mir größte Sorgen zu hören, daß die Erhebung so umfassend ist. Ich wollte Dir schreiben, konnte mich jedoch nicht dazu überwinden. Die Armeen in Wuhan konnten nach dem ersten Aufstand den Norden nicht angreifen, weil sie annahmen, daß die Land- und Seestreitkräfte der Regierung ihnen im Weg stünden. So waren sie außerstande vorwärtszustürmen. Sie erkannten nicht, daß die Regierung bei den Truppen ihrer eigenen neuen Armee keine ausreichende Vertrauensbasis besaß und so gar nicht fähig war, diese an die Front zu beordern. Außerdem mangelte es der Regierung an Waffen und an Geld, um den Soldaten ihren Sold auszahlen zu können, und sie ließ mehr als eine Woche tatenlos vergehen. Dazu kam noch, daß die motorisierten Fahrzeuge zu schwach waren, um die Artillerie zu ziehen. So überließen sie jeden Ort sich selbst und stürzten damit das gesamte Land ins Chaos."[58]

Kang suchte, wie schon so oft zuvor, nach ausländischen Parallelen, und er fand drei Beispiele, die einander in ihrer ernüchternden Wirkung gegenseitig übertrafen: Das Beispiel Frankreichs zeigte die Sinnlosigkeit großer revolutionärer Erwartungen; das Beispiel Indiens verdeutlichte die Folgen der Aufteilung einer Nation; in den Vereinigten Staaten funktionierte zwar das republikanische Regierungssystem, was Kang anerkennen mußte, aber nur weil zur Zeit der amerikanischen Revolution die amerikanische Bevölkerung zahlenmäßig gering gewesen war und weil die demokratischen Traditionen Englands tief in der Gesellschaft wurzelten – keine dieser beiden Bedingungen traf jedoch auf China zu.[59] Deswegen hoffte Kang inständig auf Mäßigung. Vor sechzehn Jahren hatte er den Kaiser gemahnt, Reformen am falschen Platz glichen dem Versuch, auf einen Baum zu klettern, um Fische zu fangen. Nun schrieb er, ein überstürzter Sprung Chinas in eine revolutionäre Demokratie gleiche der Aufforderung an einen Wilden, ein Flugzeug zu führen.[60]

Liang Qichao teilte Kangs Zweifel – obgleich er angesichts der Differenzen zwischen Sun und anderen Mitgliedern der „Revolutionären Allianz" befürchtete, als treffendste Parallele zu China werde sich die erst kürzlich erfolgte Revolution in Mexiko erweisen: Dort hatte Franzisko Madero den Präsidenten Porfirio Diaz aus dem Amt verdrängen können mit dem Ergebnis, daß er nun gegen Emiliano Zapata kämpfen mußte.[61]

In den folgenden Monaten unternahmen Kang und Liang ihre letzten Versuche, einen schrittweisen Wandel in der Regierung Chinas zu erreichen. Da angesichts der aktuellen revolutionären Situation eine reine konstitutionelle Monarchie kaum möglich schien, arbeitete Kang eine andere Theorie aus, die er „Scheinmonarchie innerhalb einer Republik" nannte. In diesem System sollte der Staat seine Kontinuität aus der erblichen Führungsrolle des Monarchen beziehen, dessen reale Macht nicht stärker „als die eines tönernen oder hölzernen Götterbildes in einem Tempel" sein dürfe. Diese Rolle konnte nach Kangs Vorstellungen entweder der mandschurische Kindkaiser spielen oder aber der direkte Nachfolger von Konfuzius, der den erblichen Titel Herzog Kung trug. In Briefen drängte Kang die Anführer der Revolution und andere Freunde in Nord- und Südchina, ein derartiges Regierungssystem zu verwirklichen.[62]

Liang Qichao entwickelte einen noch durchdachteren Plan: Er beabsichtigte, über Kontakte zu kaiserlichen Wachen in Peking mit Hilfe eines Palastputsches den Onkel des Kindkaisers – einen Bruder des verstorbenen Kaisers Guangxu – als Premierminister von China einzusetzen. Der chinesische Beamte, der die Hauptverantwortung für die Entfremdung des chinesischen Landadels von der Regierung trug, müsse dann hingerichtet werden, der Kaiser müsse ein „Bekenntnis seiner Fehler" veröffentlichen, und die Mandschus sollten chinesische Familiennamen annehmen. Angesichts der Möglichkeit einer neuen, geeinten nationalen Regierung würde die „Revolutionäre Allianz" die katastrophalen Auswirkungen weiter andauernder bewaffneter Aufstände einsehen, und es würde ein China bewahrt werden können, das zumindest einigen der Wertvorstellungen Kangs und Liangs entspreche. Nachdem der Qing-Hof auf Drängen radikaler Offiziere in der Nördlichen Armee die Verbannung Kangs und Liangs aufgehoben hatte, besuchte Liang im November 1911 kurzfristig die Mandschurei, um diese Ideen mit führenden Persönlichkeiten der Armee zu diskutieren, von denen einige als radikale Studenten in Japan mit ihm zusammengearbeitet hatten. Doch dieses Unterfangen erwies sich als vergeblich und gefährlich. Eine seiner wichtigsten Kontaktpersonen wurde ermordet. Andere Offiziere, die in Nordchina eine Meuterei begannen, wurden hingerichtet, und die Gegend um Fengtian in der südlichen Mandschurei war von Banditen bedroht. Liangs Freunde rieten ihm zu fliehen, und nur zehn Tage nach seiner Ankunft kehrte er nach Japan zurück. Der Versuch, einen zweiten Plan durchzuführen mit dem Ziel, die Loyalität der Provinz Guangdong zu den Kang und Liang nahestehenden Kräften zu sichern, endete mit einem ähnlich enttäuschenden Fehlschlag.[63]

Nachdem der Mandschu-Herrscher im Februar 1912 abgedankt hatte, schien sich Kang in das Unvermeidliche zu fügen. An seine chinesischen Anhänger in Übersee schrieb er, er bedauere zwar das „tragische Blutvergießen" zutiefst, doch China sei nun immerhin eine Republik. Sie sollten geschlossen einer neuen „Nationalen Volkspartei" beitreten und aktiv am nationalen Wiederaufbau teilnehmen. Er ermunterte einen seiner Freunde aus der Gruppe der Überseechinesen, einen Sitz im neuen Parlament anzunehmen, auch wenn die Situation äußerst schwierig sei. Kang selbst kehrte jedoch nicht nach China zurück, sondern ging in Japan seinen Studien und

Betrachtungen nach. Sein Verhältnis zu Liang wurde sehr gespannt. Liang hatte Aufforderungen, in Yuan Shikais „Kabinett" unter dem sterbenden Qing-Regime zu dienen, schroff abgelehnt. In einer Flut von Briefen bedrängte man ihn jedoch weiterhin, sich von Kang loszusagen, nach China zurückzukehren und der neuen Republik zu dienen. Während er noch um eine Entscheidung rang, kam es im Frühjahr 1912 zu einem mehr oder weniger offenen Bruch zwischen Kang und Liang. Liang faßte seinen Entschluß und verließ schließlich im Oktober 1912 Japan, um nach China zu reisen.[64]

Liangs Heimkehr in sein Heimatland verlief nach all den voraufgegangenen dramatischen Ereignissen ausgesprochen unerfreulich. Nach einer sehr rauhen Seereise auf einem winzigen Schiff, eingepfercht in eine überfüllte Kabine, ohne eine Möglichkeit an Deck spazieren zugehen und die Seeluft zu genießen, bemerkte Liang, daß das Schiff einfach in den freien Gewässern außerhalb des Hafens von Dagu ankerte, weil starke Winde und ungünstige Gezeitenströme die Einfahrt in das flache Hafengewässer unmöglich machten. Drei ärgerliche Tage lang konnte Liang lediglich über das Wasser hinweg auf einen schmalen Streifen der chinesischen Küste blicken. Am dritten Tag schrieb er an seine Tochter:

„Wir haben nun den achten und liegen immer noch vor Dagu fest. Bei meiner überstürzten Flucht aus China vor fünfzehn Jahren versteckte ich mich hier für elf Tage. ... Über zehn Jahre lang habe ich gehofft, in mein eigenes Land zurückkehren zu können, und in den vergangenen Monaten habe ich meine Pläne endgültig zurechtgelegt. Wie konnte ich erwarten, daß ich nach all dem Voraufgegangenen noch drei weitere Tage in diesem flachen, nur wenige Fuß breiten Gewässer, das sich ebenso gut über tausend Meilen erstrecken könnte, zubringen würde. Niemand kann sich auch nur entfernt vorstellen, wann wir jemals an Land gehen werden. Ich glaube nicht, daß man derart flache Hafengewässer irgendwo sonst auf der Erdkugel finden würde – außer natürlich in unserem verehrungswürdigen und großartigen Land. Seit Tagen bin ich nun in dieser Kabine eingeschlossen und weiß nichts von dem, was in der Welt vorgeht: Hat das Chaos in Peking alles wild durcheinandergeworfen? Sind irgendwo sonst in der Welt Länder zusammengebrochen?"[65]

Es war dies ein bedrückendes Vorzeichen für das Durcheinander und die enttäuschten Hoffnungen, mit denen Liang und so viele andere in den folgenden Jahren leben mußten. Es war aber auch bedrückend für diejenigen, die sich nun an der Küste versammelt hatten, um die Heimkehrer aus dem Exil willkommen zu heißen.

Lu Xun lehrte in Shaoxing und begann über die Revolution zu schreiben, sobald diese ausbrach, obgleich er kaum dramatische Momente in ihr erblikken konnte. Nahezu überall folgte man dem Muster der Hauptstadt Hangzhou in der Provinz Zhejiang, wo sich nach zweitägigen planlosen Kämpfen am 6. November die Mandschu-Garnison den chinesischen revolutionären Truppen ergeben hatte. Die Provinzversammlung, die von den Interessen des Landadels und der Kaufleute beherrscht wurde, stellte die einzige organisierte zivile Körperschaft dar und erklärte als erste die Unabhängigkeit dieser Provinz. Ihre Mitglieder schlossen sich mit Einheiten der Neuen Armee (von denen viele bereits früher der „Revolutionären Allianz" beigetreten waren) und einigen Truppen der örtlichen Geheimgesellschaften zusammen, um die Truppen der Qing-Regierung zu entwaffnen und das Eisenbahnnetz der Provinz zu überwachen. Nachdem die Versammlung den neuen Gouverneur der Provinz Zhejiang gewählt hatte – einen sehr beliebten Angehörigen des Landadels, der einst einen erfolgreichen Protest gegen die Eisenbahnpolitik der Qing in seiner Provinz angeführt hatte –, folgten mehrere Ernennungen im Bereich der Streitkräfte, der Finanzen und der Industrie. In einigen wenigen Fällen wurden neue Beamte von Hangzhou in kleinere Städte entsandt, um entlassene Qing-Präfekten zu ersetzen, in den meisten Gebieten jedoch konnten ortsansässige Grundbesitzer und Landadelige, die in der späten Qing-Zeit eine sehr einflußreiche Stellung gewonnen hatten, ihre Kontrolle über die Regierungsstrukturen nur noch verstärken. In Shaoxing wurde der ehemalige Qing-Präfekt sogar als Leiter der neuen Zivilregierung im Amt bestätigt. Bei der Neuorganisierung übten nicht nur Kaufleute, sondern auch einige Radikale, die mit der Datong-Schule in Verbindung gestanden hatten, einen entscheidenden Einfluß aus. Als die Wirren im Umland ein solches Ausmaß annahmen, daß die Bürger schließlich einen eigenen Militärgouverneur für notwendig hielten, wählten sie dazu jenen Führer einer Geheimgesellschaft, zu dem Qiu Jin 1907 revolutionäre Verbindungen angeknüpft hatte, einen Mann namens Wang Jinfa.[66]

Lu Xun beschrieb, wie ihn ein Freund, den er von seiner Zeit in Japan her kannte, begeistert aufsuchte und ihn zu einem Spaziergang durch das „befreite" Shaoxing aufforderte: „So spazierten wir also durch die Straßen und sahen überall weiße Fahnen. Zwar wirkte äußerlich alles verändert, unter der Oberfläche aber war alles beim alten geblieben, denn wir hatten eine Militärregierung, die von wenigen Angehörigen des althergekommenen Landadels gestützt wurde. Der Hauptaktionär der Eisenbahngesellschaft war Leiter der Verwaltung, der Geldverleiher war Direktor des Waffenarsenals geworden. ... Sobald dann einige Jugendliche vor Entrüstung aufschrieen, zog aus Hangzhou Wang Jinfa mit seinen Truppen ein – wahrscheinlich wäre er auch ohne den Aufschrei gekommen. Nach seiner Ankunft umgaben ihn viele Müßiggänger und neue Anhänger der revolutionären Sache, und er führte als ‚Militärgouverneur Wang' das oberste Regiment. Nach weniger als zehn Tagen trugen die meisten seiner Leute in der Verwaltung, die die Stadt in Baumwollkleidung betreten hatten, pelzgefütterte Gewänder, obwohl es noch nicht kalt war."[67]

In einer Anfang 1912 vollendeten Kurzgeschichte versuchte Lu Xun diese

Vision einer Revolution, die nicht stattfand, obgleich die Erwartungen und die Besorgnis hinsichtlich ihres baldigen Ausbruchs real genug waren, einzufangen. Lu Xun läßt in dieser Geschichte, der er niemals einen Titel gab, die Rebellion vor den Augen eines Kindes ablaufen: Ein neunjähriger Junge erzählt und entwickelt seine Vorstellungen zum Teil aus eigenen Beobachtungen, zum Teil aus den Worten zweier Schlüsselfiguren. Eine dieser Personen unterrichtet den Jungen in den konfuzianischen Klassikern. Es handelt sich um einen pedantischen und kleinlichen Gelehrten, der respektlos „Meister Kahlkopf" genannt wird. Die zweite Person ist der „alte Wang", der Türwächter des Wohnhauses des Kindes, ein geduldiger und freundlicher Mensch, der vor langer Zeit bereits die „langhaarigen" Banditen (wie die Taiping-Rebellen der sechziger Jahre des neunzehnten Jahrhunderts wegen ihrer Weigerung, den Mandschu-Zopf zu tragen, genannt worden waren) erlebt hatte, als sie die Stadt Shaoxing für kurze Zeit in ihre Gewalt brachten.

Die kleine Gruppe sitzt an einem Sommerabend draußen und ist über die Nachricht bestürzt, daß die „Langhaarigen" kommen. Das Kind ist verständig genug, um zu begreifen, daß dies unmöglich die Taiping-Rebellen sein können, denn die hatte man bereits vor langer Zeit besiegt, und sie waren längst gestorben. Aber da es sich hier wieder um eine Art von Rebellen handelte, genügt die Erwähnung ihres Kommens, um die Bevölkerung in verzweifelte und widersprüchliche Aktivitäten zu stürzen: „Ich sah mehr Leute auf der Straße, als es Ameisen in einem Ameisenhaufen gibt. Alle sahen sie verschreckt aus, und sie liefen herum, als ob sie sich für keinen Weg entscheiden konnten. Die meisten trugen irgendwelche Dinge, obwohl nur wenige tatsächlich ihre Flucht vor den drohenden Schwierigkeiten vorbereiteten. Ich bemerkte, daß einige von ihnen aus dem Marktflecken He stammten und offensichtlich in die Stadt Wu fliehen wollten; die Bewohner der Stadt Wu flohen augenscheinlich in Richtung des Marktfleckens He! Der alte Wang erzählte mir, daß er alle diese Dinge schon einmal erlebt habe und daß es keinen Grund zu vorzeitiger Aufregung gebe."[68]

Der Kommentar des alten Wang wurzelt tief in seinen früheren Erfahrungen. So erzählt er dem lauschenden Jungen: „Wie oft habe ich die Leute sagen hören, ‚die Langhaarigen kommen'. Als die Langhaarigen dann tatsächlich kamen, war es furchtbar. Aber was kam schon dabei heraus?"[69] Dennoch ist Lu Xun kein sentimentaler Anhänger „jahrhundertealter Bauernweisheit" oder ähnlicher Klischees. Der Erzähler läßt uns wissen, daß Wangs Vater damals an der Verpflegung dieser langhaarigen Rebellen in seinem Heimatort verdient hatte, während Wang und andere Dorfbewohner die besiegten Taipings mit Spaten und Hacken jagten und sich dann um die Beute schlugen, die die fliehenden Rebellen fallen ließen. Wangs Überlebenswille unterscheidet sich also gar nicht so sehr von dem des Meisters Kahlkopf. Lu Xun vedeutlicht das in einem Abschnitt, in dem bereits seine Verachtung gegenüber den konfuzianischen Gelehrten der Landadelsschicht zum Ausdruck kommt, die Lu in seinen Schriften sein ganzes Leben lang beibehalten und verfeinern sollte.

„Die Leute pflegten zu sagen, daß mein Lehrer, Meister Kahlkopf, der weiseste Mann der Stadt Wu sei. Daran war wirklich etwas Wahres, denn er hätte aus jedem noch so chaotischen Zeitalter unversehrt und ohne einen Kratzer hervorgehen können. Seit der Zeit, als Ban Gu das Universum schuf, haben Meister Kahlkopfs Vorfahren niemals ihr Leben geopfert, um eine Regierung zu schützen, und auch niemals ihr Leben verloren, weil sie sich der Sache von Rebellen angeschlossen hatten, und dies, obwohl Generation auf Generation von Kämpfen und Tötungen geprägt waren, obwohl Krieg und Frieden einander abwechselten und obwohl die Dynastien aufstiegen und niedergingen. Bis auf den heutigen Tag hat ihr Geschlecht überlebt, und nun ist einer von ihnen, Meister Kahlkopf, ein geachteter Lehrer, der sich vor frechen Schülern, wie ich es bin, über die Weisheit des Konfuzius ausläßt, eines Mannes, der noch mit siebzig Jahren all den Wünschen seines Herzens zu folgen vermochte, ohne dabei die angemessenen Grenzen der Moral zu überschreiten. Wollte man Kahlkopfs Begabung zu überleben durch die moderne Evolutionstheorie erklären, dann müßte man diese Begabung auf Vererbung zurückführen. Aber rückblickend, wie ich es heute sehe, muß er diese besondere Begabung ganz und gar aus Büchern gewonnen haben."[70]

In Lu Xuns Erzählung kommen die Rebellen nicht. Vielleicht gab es sie niemals, vielleicht war es nur ein Gerücht, das Leute, die vor irgendeiner anderen Katastrophe flüchteten, in Umlauf gesetzt hatten. Es ist spät, das Gespräch verebbt, das Kind geht in sein Schlafzimmer, das es mit seiner Amah, einer warmherzigen alten Dienerin der Familie namens Li, teilt. Lu Xun beendet seine Geschichte – sein erstes größeres Prosastück – mit einem Dialog über Träume und Rebellen, der ganz sicherlich eine Allegorie auf China und das Jahr 1911 darstellt:

„Als ich meinen Kopf auf das Kissen legte, hörte ich, wie der Regen stärker wurde und auf die riesigen Blätter der Bananenstaude vor meinem Fenster prasselte. Ich erinnere mich, daß ich damals dachte, wie sehr das Geräusch dem von Krebsen ähnelte, die über den Sand krabbeln.

‚Schlagen Sie mich nicht, Meister Kahlkopf, ich verspreche auch, daß ich das nächste Mal meine Lektion vorbereiten werde. ...‘

‚He, was ist los? Träumst du?‘ Amah Li kam an mein Bett und klopfte meinen Rücken. ‚Mit deinem Geschrei hast du mich aus meinem eigenen Alptraum aufgeschreckt. Wovon träumst du denn?‘

‚Ach, es war nur ein Traum. Es geschah nicht wirklich. Wovon hast du denn geträumt, Amah Li?‘

‚Ich träumte von den Langhaarigen. Ich werde es dir morgen erzählen. Es ist ja fast Mitternacht. Komm, schlaf jetzt, schlaf.‘"[71]

Viertes Kapitel

Der ferne Horizont

1911 war Shen Congwen ebenso wie der kleine Junge in Lu Xuns Erzählungen neun Jahre alt. Auch er war mit den dramatischen Erzählungen von den langhaarigen Rebellen aufgewachsen. (Sein Großvater hatte sie bekämpft, und sein Vater erzählte gerne von ihnen.) Als aber die Revolution auf seine Heimatstadt Fenghuang im Westen der Provinz Hunan übergriff, übertraf die Wirklichkeit alle zuvor gehörten Heldengeschichten.[1] Zuerst bemerkte der kleine Shen nur eine große Anzahl von Leuten, die in das Haus hinein und aus dem Haus heraus eilten. Dann sah er, wie sein Vater ein Gewehr reinigte und wie einer seiner Onkel ein Schwert schärfte. Er hörte Stimmen, die vor Ungeduld und Erregung zitterten, und er beobachtete, daß seine Brüder und Schwestern mit ihren Kindermädchen auf das Land geschickt wurden. Obwohl er nicht wußte, wer gegen wen kämpfte und warum überhaupt gekämpft wurde, fühlte er, daß etwas schief gegangen sein mußte, als sein Vater, nachdem er nachts außer Haus gewesen war, am nächsten Morgen zurückkehrte und still mit hängendem Kopf in seinem Stuhl saß.

Der Junge hörte, wie ein Onkel von vierhundert auf dem Marktplatz gestapelten Köpfen berichtete, und daß die langen Reihen aufgeschnürter Ohren vor dem Amt des Polizeichefs darauf schließen ließen, daß es noch mehr Hinrichtungen gegeben habe.[2] Der Anblick dieser Köpfe und des Blutes erfüllte Shens Erinnerung an diese Zeit ganz und gar. Nachdem sein Vater erfahren hatte, daß keiner der auf dem Platz zur Schau gestellten Köpfe einem Verwandten gehörte, daß die Geschäfte wieder geöffnet waren und sich viele Schaulustige eingefunden hatten, fragte er seinen Sohn, ob er nicht auch hingehen wolle. Shen Congwen wollte gehen, und später erinnerte er sich:

„Unter den Arkaden lag alles voller Köpfe, und von den Sprossen der Sturmleitern hingen noch mehr. Diese Leitern waren aus frischem Bambus gefertigt – die Rebellen nahmen frischgeschlagenen Bambus aus den Bergen und nagelten horizontal Sprossen über die Leiterpfähle. Ich war erstaunt und verstand nicht, warum so viele Menschen getötet worden waren; ich begriff nicht, warum man all diesen Leuten den Kopf abgeschnitten hatte. Etwas später entdeckte ich Schnüre mit aufgefädelten Ohren, ein seltsamer Anblick, den nicht viele in ihrem Leben zu sehen bekommen. Mein Onkel fragte mich: ‚Hast du Angst, Kleiner?‘ Ich antwortete, so gut ich konnte: ‚Nein!‘

Ich hatte viele Geschichten über Kämpfen und Töten gehört, in denen ‚zu

Bergen aufgetürmte Köpfe und Blutströme wie Flußläufe' erwähnt wurden, und in der Oper hatte ich Lieder gehört über ,mehrere tausend Soldaten und Pferde, und beide Seiten bekämpften einander bis auf den letzten Mann'. In der Oper, in der der legendäre Held Qin Qiong den ihm präsentierten Kopf seines Freundes beweint, hatte ich einen Menschenkopf aus Holz auf einem roten Tablett gesehen, ich hatte aber noch nie einen im Kampf abgetrennten echten Menschenkopf erlebt. Und nun lagen da so viele Köpfe auf einem so großen Haufen zusammen, und jeder war gerade von dem Menschenhals abgeschnitten worden und triefte von Blut. Ich war nicht ängstlich, ich begriff nur nicht, warum sich diese Leute von den Soldaten hatten enthaupten lassen. Ich vermutete, daß irgendetwas falsch gelaufen war.

Warum wurden sie geköpft? Ich wußte nicht warum, und als ich nach Hause kam, fragte ich meinen Vater. Er antwortete nur: ,Revolution', was mich ganz und gar nicht zufriedenstellte."[3]

Der Hintergrund dieser Ereignisse und des anschließenden Blutbades scheint darin bestanden zu haben, daß Shen Congwens Vater sich gemeinsam mit anderen Sippenmitgliedern und einigen Landadeligen der Gegend mit den örtlichen Miao-Stämmen verbündet hatte und sie die Stadtmauern von Fenghuang mit Sturmleitern hatten überwinden wollen, um die Regierungsgebäude zu besetzen und den Qing-Magistrat zu vertreiben. Als dieser Versuch fehlschlug, gaben sich die besiegten Landadeligen als unschuldige Zuschauer eines von den Miao-Dörflern angezettelten Aufstandes und sahen unbeteiligt zu, wie die Miao systematisch zusammengetrieben und hingerichtet wurden. Shen Congwen schrieb darüber:

„Bald gab es weit mehr Gefangene, als die örtlichen Wärter beaufsichtigen konnten. Anscheinend sollten alle Gefangenen aus den Miao-Dörfern geköpft werden. Wenn die Beamten dem Gouverneur Bericht erstatteten, erzählten sie, daß die Revolution von den Miao-Stämmen geplant worden sei. Die Beamten wurden daraufhin ersucht, jeden einzelnen, der als Revolutionär überführt werden konnte, zu vernichten. Viele Leute wurden festgenommen. Die meisten waren äußerst einfältig – nicht schlau genug, sich für unschuldig zu erklären –, aber die Scharfrichter selbst schienen vor all dem Töten zu erschrecken. Einige einflußreiche Landadelige der Gegend, die sich mit den Leuten außerhalb der Stadt zwar heimlich zusammengetan hatten, um zu revoltieren, aber von den Beamten nicht entdeckt worden waren, baten den Gouverneur in einer Bittschrift, das Töten zu begrenzen und eine gewisse Auswahl zu treffen: Nur diejenigen, die eine Hinrichtung verdienten, sollten getötet werden, aber die Unschuldigen sollten freigelassen werden. Täglich wurden zwischen einhundert und zweihundert unschuldige Bauern festgenommen.

Die Beamten ließen zwar nicht alle gehen, wollten aber auch nicht alle töten. Bald fand man einen Ausweg aus dem Dilemma und führte ein Auswahlverfahren durch, für das dem von der lokalen Bevölkerung verehrten Himmelskönig die Verantwortung angetragen wurde. Die Soldaten führten die Gefangenen in den Hauptraum des Tempels, wo jeder ein Paar Bambushölzer werfen mußte. Lag eines von beiden mit der runden Seite nach oben, das andere mit der runden Seite nach unten, so hieß das ‚normal', und der Gefangene wurde freigelassen; lagen beide Hölzer mit der runden Seite nach oben, so bedeutete das *yang*-Futter und damit ebenfalls die Freiheit; fielen beide Bambushölzer mit der runden Seite nach unten, so bedeutete das *yin*-Futter und damit den Tod des Gefangenen. Leben oder Tod hing von dem jeweiligen Wurf ab. Diejenigen, die bestimmt waren zu sterben, gingen nach links; diejenigen, die leben durften, gingen nach rechts. Wem somit eine Chance von zwei zu eins zu überleben geboten worden war, der fügte sich schweigend in sein Schicksal, wenn er sterben mußte, senkte seinen Kopf und ging nach links."[4]

Die Sachlichkeit, die Shen Congwen angesichts einer solchen Unzahl von Tötungen zeigt, ist wohl keine erst später bezogene Haltung. Dort, wo Shen aufwuchs, in Fenghuang im westlichen Hunan, in der Nähe der Grenze zu den Nachbarprovinzen Sichuan und Guizhou, war man, wie überall im ländlichen China, seit langem an Gewalt gewöhnt. Es war ein Hochlandgebiet mit Wäldern und reißenden Flüssen, wo chinesische Einwanderer den einheimischen Miao-Völkern das Land streitig machten und wo die Angehörigen der bereits alteingesessenen chinesischen Familien – unter ihnen die Sippe Shen – oftmals eine militärische Laufbahn einschlugen. Shen Congwen erhielt von ortsansässigen Tutoren eine kurze Ausbildung in klassischem Chinesisch. Er hatte jedoch viel freie Zeit und konnte durch die Gassen streifen und an Flußufern entlangwandern, die zahlreichen Handwerker bei ihrer Arbeit beobachten und die üppige Natur der Berge und Flüsse betrachten. Stundenlang sah er fasziniert zu, wie geduldiges Vieh in den Schlachthöfen getötet wurde. Er stand dabei, wenn die Gefangenen des örtlichen Gefängnisses mit gefesselten Füßen zu ihrer täglichen Schwerarbeit schlurften, und er spielte mit Nachbarskindern auf dem städtischen Hinrichtungsplatz.[5]

In Fenghuang gab es keine Anzeichen für eine Modernisierung – wie Dampfschiffe, Züge und Elektrizität –, die den Osten Chinas so sehr beherrschten. Es lag in einer anderen Welt und war selbst mit Changsha nicht zu vergleichen, wo in den neunziger Jahren des neunzehnten Jahrhunderts die Reform-Akademien gewirkt hatten und wo nach 1905 die „Revolutionäre Allianz" aktiv gewesen war. Eine Verbindung zur Außenwelt war allein durch die ebenfalls in Fenghuang ansässige einflußreiche Familie Xiung Xilings gegeben – die jüngere Schwester von Shen Congwens Mutter hatte in diese Familie eingeheiratet. Xiung Xiling war aktives Mitglied der Reform-Akademien von Changsha gewesen, hatte die fünf Kommissare, die nach Europa und Amerika zum Studium ausländischer Verfassungen gereist waren, begleitet und unterhielt nach seiner Rückkehr engen Kontakt zu Liang Qichao, der in Japan im Exil lebte.[6] Typisch dafür, welche Aspekte europäischer Kultur West-Hunan erreichten, war die Tatsache, daß sich einer der Brüder Xiungs als Napoleon zu Pferde hatte porträtieren lassen und daß er das Gemälde dann in seinem Landhaus aufhängte (seine Frau wurde auf einem zweiten Porträt als Josephine dargestellt). Die Familie Xiung besaß auch eine Ausgabe von Lin Shus Dickens-Übersetzung, was Shen Congwen zu seiner Freude bald entdecken sollte.[7]

Auch Shens Vater war gereist und muß eine ziemlich genaue Kenntnis von der Gewalt der ausländischen Waffen besessen haben: Als um 1900 in Nordchina die Boxeraufstände ausbrachen, war er aktiver Offizier der Befestigungen von Dagu gewesen, die den Zugang nach Peking von der See her überwachen sollten. Als die Boxer die Gesandtschaften in Peking belagerten, rüsteten die ausländischen Mächte eine Hilfstruppe aus. Diese multinationale Streitmacht besiegte die Qing-Truppen in Dagu, woraufhin der kommandierende Mandschu-Offizier aus Scham Selbstmord verübte. Obwohl Shens Vater aus den Kämpfen unverletzt hervorging, wurde er aus der Armee entlassen und kehrte vom Makel der Ereignisse überschattet nach Hause zurück.[8] Es gibt keine Aufzeichnungen über die verschiedenen Stationen, die ihn zu seiner Anti-Qing-Einstellung führten. Als sich jedoch die Wogen der Revolte schließlich von Changsha weiter ausbreiteten und im März 1912 die Hügel des westlichen Hunan erreichten, stand Shens Vater gemeinsam mit den Würdenträgern auf der Rednertribüne in Fenghuang, um die neue Republik willkommen zu heißen und den ehemaligen Qing-Magistrat zu schmähen. Es war ein großartiger Anlaß. Über den Köpfen wehte eine weiße Fahne mit dem in kräftigen Strichen gehaltenen Schriftzeichen für „Han-Chinesen" (wie Qiu Jin sie fünf Jahre zuvor entworfen hatte). Dennoch erinnerte sich Shen Congwen all dieser Ereignisse mit Traurigkeit, denn sein Vater hatte sich als Kandidat für die Wahlen zur Provinzversammlung von Hunan aufstellen lassen und verloren. Gedemütigt und verärgert über diese Niederlage verließ der Vater die Familie und kehrte nach Peking zurück, um seine militärische Laufbahn weiter zu verfolgen. Seinen Sohn sah er zwölf Jahre lang nicht wieder.

Nachdem sein Vater abgereist war, lernte Shen Congwen allmählich das Ausmaß der Veränderungen abzuschätzen, die die Revolution in Fenghuang nach sich zog. Die Dominanz des Militärs, die chinesische Unterdrückung der Miao-Minderheiten und die Rituale in den Büros der neuen republikanischen Beamten schienen unverändert weiterzubestehen. Die wichtigste Veränderung, die Shen bemerkte, bestand darin, daß nun ortsansässige Familien die beiden Ämter des Zivilmagistrats und des Militärkommandeurs der Garnison bekleideten. Während nach dem unter der Qing-Dynastie gültigen Gesetz solche Beamte aus anderen Provinzen hatten berufen werden müssen, konnte nun in der neuen Republik die örtliche Elite ihren Einfluß auf die Machtstruktur weiter verstärken, und die sozial schwächeren Familien bekamen sehr bald die von ihnen ausgehenden Pressionen zu spüren.[9] Da Shen Congwens Familie aus dieser Verlagerung der Macht als Verlierer hervorgegangen war, mißbilligte Shen diesen Vorgang, ohne allerdings irgend etwas dagegen unternehmen zu können. Ebenso war er unfähig, das, wie er es nannte, ,,deutlich eingeprägte Bild" der vielen tausend getöteten einheimischen Bauern aus seinem Gedächtnis zu verdrängen. Die Lösung, die er schließlich nach mehrjährigem ziellosem Schulbesuch für sich fand, bestand darin, sich einer der kleinen lokalen Armeen anzuschließen, die den Abschnitt West-Hunans kontrollierten, in dem er zu Hause war. Wie Millionen anderer junger Chinesen paßte Shen damit sein Leben den Realitäten an, die sich durch das Schwinden der Zentralgewalt und die allmähliche Beherrschung Chinas durch Militärherrscher ausgebildet hatten.

In Shaoxing hatte Lu Xun im Zentrum der Revolution dieselbe Leere empfunden, und er erinnerte sich an einen kleinen Zwischenfall, der gleichsam die folgenden zehn unruhigen Jahre im Kleinen enthielt. 1912 ernannte die neue revolutionäre Regierung von Shaoxing Lu Xun zum Vorstand der örtlichen Oberschule. Dem Geist der Zeit entsprechend regte er die Gründung einer Schulzeitung an. Innerhalb weniger Wochen verfaßten die Schüler Artikel für die Zeitung, in denen sie zum Zeichen ihrer Unabhängigkeit gewisse politische Praktiken des neuen Militärgouverneurs von Shaoxing, Wang Jinfa, kritisierten, wie auch die meisten anderen örtlichen Zivilbeamten und, um das Maß voll zu machen, deren Freunde und Konkubinen. Einige Tage später schickte Wang den Schülern fünfhundert Dollar. Sie nahmen das Geld an und erzählten Lu Xun, sie glaubten, daß der Militärgouverneur auf diese Art und Weise ,,Anteile" der Zeitung kaufen wolle. Nachdem sie das Geld eingesteckt hatten, wiederholten die Schüler ihre Beschimpfungen. Diesmal schickte Wang ein Sonderkommando, das die Büros der Zeitung zertrümmerte und das Personal zusammenschlug. Einer der Mitarbeiter der Zeitung erhielt während des Überfalls einen Bajonettstich, und Lu Xun schrieb sarkastisch dazu: ,,Wütend lief er davon. Natürlich konnte man ihn dafür nicht tadeln – es war schließlich recht schmerzhaft. Nachdem sich sein Zorn gelegt hatte, zog er sich aus und ließ sich mit der ungefähr einen Zoll breiten Wunde photographieren. Er schrieb auch einen Bericht über den Vorfall und verteilte ihn überall, um damit die Tyrannei dieses Kriegsherrenregimes bloßzustellen. Ich glaube nicht, daß irgendjemand die Photographie aufbewahrt hat. Sie war so klein, daß man die Wunde gar nicht sehen konnte, und ohne Erklärung würde jeder sie für ein Nacktphoto eines recht exzentrischen und romantischen Kerls gehalten haben."[10]

Dieser Vorfall wirft – ungeachtet seiner ,,romantischen und exzentrischen" Aspekte – ein Schlaglicht auf das Problem der Meinungsfreiheit, auf Korruption und Gewalttätigkeit; auf nationaler Ebene beeinflußten diese Elemente die ganze moderne Geschichte Chinas.

Als Yuan Shikai im Februar 1912 nach der Abdankung des letzten Mandschu-Herrschers und nach Suns Verzicht auf den Präsidententitel zum provisorischen Präsidenten Chinas ernannt worden war, hatte er der Forderung Suns zugestimmt, die Einführungsformalitäten in das Amt des Präsidenten in Nanking durchzuführen. Suns Anhänger stimmten in der provisorischen Versammlung ebenfalls dafür, daß Nanking zur neuen Landeshauptstadt gemacht werde. Das war mehr als eine symbolische Geste, denn Nanking bildete das Zentrum von Sun Yatsens Macht und lag weit vom Stützpunkt der Beiyang-Armee Yuan Shikais entfernt; es war auch eine Stadt, die – als die erste Hauptstadt der Ming-Dynastie im vierzehnten Jahrhundert – eine reiche Geschichte besaß. Der Gedanke, die Hauptstadt zu verlegen, wurde jedoch von vielen Chinesen (und auch von den meisten ausländischen Diplomaten) mit Unmut aufgenommen. Als dann Ende Februar unter den Truppen im Gebiet von Peking mehrere Meutereien ausbrachen, erklärte Yuan, daß er wegen der Unruhen in der Armee unbedingt im Norden bleiben müsse, und er bestand darauf, dort auch in sein Amt eingeführt zu werden. Die Amtseinsetzung fand daraufhin am 10. März in Peking statt, und der Gedanke, die Hauptstadt zu verlegen, wurde fallengelassen.[11]

Nachdem diese ersten Maßnahmen erfolglos geblieben waren, versuchten Suns Anhänger, Yuan durch die Verkündung einer provisorischen Verfassung unter Kontrolle zu halten, die die Macht im Staate hauptsächlich dem Premierminister zuerkannte. Dieser sollte von einem Kabinett gewählt werden, das sich aus der politischen Partei, die die meisten Sitze in den beiden Häusern der Nationalversammlung innehatte, rekrutierte. Der Präsident sollte damit eine repräsentative Stellung erhalten und nicht die gesamte exekutive Macht des Staates auf sich vereinigen. Um diese Gedanken politisch zu verwirklichen, reorganisierte man die frühere „Revolutionäre Allianz“ zu einer politischen Partei mit breiter Basis. Sie wurde nun „Nationale Volkspartei“ *(Guomindang)* genannt, eine Bezeichnung, die auch Kang Youwei kurze Zeit für seine Organisation in Erwägung gezogen hatte.

Die stärkste Persönlichkeit dieser neuen Partei war Song Jiaoren, der, obwohl er noch jung war, der „Revolutionären Allianz“ bereits seit Jahren angehörte. Er hatte in Japan Jura studiert, 1907 Versuche unternommen, die Banditenaufstände in der Mandschurei auszunutzen, 1911 an den Erhebungen in Kanton teilgenommen und war im Sommer 1911 an der Gründung des zentralen Stützpunktes der „Revolutionären Allianz“ beteiligt gewesen. Mit großer Energie, hartnäckig und ohne viele Skrupel leitete Song die gesamte Wahlkampagne der Guomindang und kandidierte selbst in seiner Heimatprovinz Hunan. Er kritisierte die übermäßigen Machtbefugnisse, die Yuan Shikai auf sich vereinigte, und trat für eine Beschränkung der Macht des Präsidenten und für die Einrichtung einer echten demokratischen Republik in China ein. Sun Yatsen nahm nur am Rande an der Wahlkampagne teil, und es war hauptsächlich Song zu verdanken, daß die neugebildete Guomindang die anderen größeren politischen Parteien bei den nationalen Wahlen im Februar 1913 entscheidend schlagen konnte, indem sie von 596 Sitzen im Haus 269 gewann und die absolute Mehrheit im Senat errang. Als am 20. März 1913 der triumphierende Song Jiaoren am Hauptbahnhof von Shanghai den Zug nach Peking besteigen wollte, um dort seine neuen parlamentarischen Pflichten wahrzunehmen – er war erst dreißig Jahre alt und man hielt ihn weithin für Chinas zukünftigen Premierminister –, wurde er niedergeschossen und starb auf der Stelle.[12]

Obgleich der Mord einen Aufschrei der Empörung auslöste und es deutliche Indizien dafür gab, daß sich die Spuren der Verantwortung für dieses Verbrechen bis zu Yuan Shikai zurückverfolgen ließen, waren andere Politiker eifrig darum bemüht, jede Schwächung der Guomindang zu ihrem Vorteil auszunützen. Die Führer der „Progressiven Partei", die aus dem Zusammenschluß dreier kleinerer, bei den Wahlen von 1913 unterlegener Parteien gebildet worden war, spielten dabei eine wichtige Rolle. Der einflußreichste Intellektuelle dieser Gruppe war Liang Qichao. Liang war über die Wahlniederlage seiner Partei bitter enttäuscht gewesen. Zwei Tage bevor Song ermordet wurde, schrieb er in einem Brief an seine Tochter: „Unsere Partei hat verloren! Ich bin völlig am Ende. Was soll man mit einer Gesellschaft wie der unsrigen anfangen? Es tut mir wirklich leid, daß ich jemals nach China zurückgekehrt bin. Noch andere Dinge bedrängen mein Herz, aber davon darf ich Dir nicht erzählen. Ich bin zwar sehr niedergeschlagen, aber ich muß doch weiter für Zeitungen schreiben, auch wenn ich die schlimm-

Song Jiaoren, der Anführer der Guomindang im Wahlkampf von 1913, kurz vor seiner Ermordung.

sten Dinge nicht aufdecken darf. Seit zwei Stunden halte ich meine Feder in der Hand und bin unfähig, auch nur ein Wort zu Papier zu bringen. Es dämmert bereits, und ich sitze hier immer noch untätig herum."[13] Die Bitterkeit, die aus dieser Reaktion spricht, zeigt, daß viele Chinesen, wie auch schon Shen Congwens Vater, bei diesen ersten Wahlen die unvermeidlichen parteipolitischen Enttäuschungen als persönliche Demütigung oder als Gesichtsverlust betrachteten. So bestätigten sich Kang Youweis Warnungen in gewissem Maße, daß China für eine demokratische Regierungsform einfach noch nicht reif sei. Liang war aber auch davon überzeugt, daß die oppositionellen Parteien sowohl mit physischer Gewalt als auch mit Bestechungen gearbeitet hätten, um ihre eigenen Interessen durchzusetzen, und da ihm Sun niemals sehr sympathisch gewesen war, neigte er dazu, Yuan Shikais spätere Aktionen gegen die Guomindang hinzunehmen.[14]

Ebenso verhielt sich Liangs früherer Kollege aus der Zeit der „Vereinigung zur Reform Chinas" in Changsha, Xiung Xiling, der bereits in der ersten provisorischen Regierung von 1912 als Finanzminister fungiert hatte. Als Yuan Shikai im Frühjahr 1913 gewaltige Anstrengungen unternahm, um von einem ausländischen Bankenkonsortium ein sogenanntes Reorganisationsdarlehen von einhundertfünfundzwanzig Millionen Pfund Sterling zu erhalten, unterstützte die „Progressive Partei" sein Vorgehen. Die Guomindang jedoch protestierte nachdrücklich und heftig dagegen, denn sie befürchtete, daß Chinas neues Regime sich durch diesen Akt erneut in die Abhängigkeit ausländischer Finanzkräfte begebe. Yuan untersagte darauf der Guomindang alle weiteren politischen Aktivitäten, entließ alle Provinzgouverneure, die als Anhänger der Guomindang bekannt waren, setzte Xiung als Premierminister ein und befahl seinen zwei stärksten militärischen Einheiten, Nanking, die Hochburg der Guomindang, anzugreifen.

Am 1. September 1913 mußte sich die Stadt nach schweren Kämpfen ergeben. Kaum zwei Wochen später stellte Xiung ein Kabinett zusammen, in dem Liang Qichao das Amt des Justizministers bekleidete. Anfang Oktober bereits gelang es diesem Kabinett, die Nationalversammlung zur Verabschiedung eines neuen Gesetzes für die Wahl des Präsidenten zu bewegen, auf Grund dessen schließlich Yuans Titel als Präsident der Republik bestätigt wurde. Anfang November unterschrieb dasselbe Kabinett Yuans Befehl, alle noch in der Nationalversammlung verbliebenen Anhänger der Guomindang zu entlassen und alle Mitglieder der Guomindang in Peking festzunehmen. Sun Yatsen hatte versucht, andere Provinzgouverneure zu seiner Unterstützung herbeizurufen, sah aber schließlich doch seine Hoffnungen auf einen militärischen Sieg schwinden. Im Dezember 1913 bat er in Japan um politisches Asyl.[15]

Liang Qichao, der seit so langer Zeit unermüdlich für moralische Prinzipien und Verfassungsreformen eingetreten war, fand sich nun selbst im Netz politischer Zwänge gefangen. Man konnte behaupten, daß die Provinzgouverneure, die sich Yuan widersetzt und ihre Provinzen für „unabhängig" von der Zentralgewalt erklärt hatten, das ihnen entgegengebrachte Vertrauen verletzt hätten. Man konnte auch anführen, daß eine ordnungsgemäß gewählte Nationalversammlung Yuan rechtmäßig als Präsident bestätigt habe. Man konnte weiter sagen, daß das Xiung-Kabinett äußerst bedeutsame finanzielle, gesetzgeberische und administrative Aufgaben durchzuführen hatte und daß die Nationalversammlung auch nach der Entlassung der Mitglieder der Guomindang das einzige Forum darstellte, auf dem das Kabinett seine Wirkung entfalten konnte. Als aber Yuan im Januar 1914 alle übrigen

Yuan Shikai als Präsident, um 1914.

Mitglieder der Nationalversammlung entließ, muß es Liang größte Schwierigkeiten bereitet haben, seinen Dienst in Yuans Staatsrat vor sich selbst zu rechtfertigen. Dem ungeachtet arbeitete Liang (trotz seiner wachsenden Zweifel) weiter für Yuan, bis schließlich deutlich zutage trat, daß der Präsident einen endgültigen politischen Coup plante, um sich selbst zum neuen chinesischen Kaiser zu machen.[16]

Diese Absicht hatte sich aus einer merkwürdigen Verschmelzung von Yuans persönlichem Ehrgeiz mit seiner Überzeugung entwickelt, daß allein eine Monarchie fähig sei, die schier unlösbaren Probleme der politischen Legitimation und des finanziellen Überlebens, denen sich die neue Regierung Chinas gegenübersah, zu lösen. Yuan konnte nicht verstehen, daß die legitime Artikulation einer allgemeinen Unzufriedenheit nicht unbedingt als Angriff auf seine persönliche Integrität zu werten war, ein Unvermögen, das bereits zum Zusammenbruch gewählter Institutionen geführt hatte. Außerdem hatte das Feilschen um Steuerzuweisungen zwischen halb-autonomen Provinzen und Provinzbezirken, das für die junge Republik so charakteristisch war, bewirkt, daß kein geeignetes einheitliches System der Finanzplanung und der Steuererhebung eingeführt werden konnte. Yuan bemühte sich sehr darum, die Regierung zu zentralisieren und China durch Reformen auf militärischem Gebiet und auf dem Erziehungssektor zu stärken. Diese Reformen waren jedoch äußerst kostspielig, und die Steuern, die dafür aufgebracht werden mußten, lösten sowohl bei den Angehörigen der Elite (die am meisten zahlen sollten) als auch bei den Armen in ländlichen und städtischen Gebieten (die keine der geplanten Reformen als für sich selbst vorteilhaft ansahen) Entrüstung aus.[17] In den Provinzen machte sich Unmut breit, und Yuan sah sich – um überleben zu können – in immer größere Abhängigkeit von ausländischen Darlehen verstrickt. Als im Juli 1914 in Europa der Krieg ausbrach, verfügten England, Frankreich, Deutschland und Rußland über keine außerplanmäßigen Geldmittel mehr, und Japan übernahm die ausländische Vorherrschaft. Anfangs hatte die japanische Regierung der Bildung einer chinesischen Republik nicht gerade wohlwollend gegenübergestanden. Japan merkte jedoch bald, daß es die Situation zum eigenen Vorteil ausnutzen konnte, und handelte sich durch hohe finanzielle Darlehen territoriale und wirtschaftliche Zugeständnisse innerhalb Chinas ein. Als Yuan immer verzweifelter Geld benötigte, wurden die Forderungen härter. Schließlich drängte Japan am 7. Mai 1915 in den sogenannten ,,Einundzwanzig Forderungen" auf weitere wirtschaftliche Sonderrechte in der Mandschurei, der Provinz Shandong und im Jangtse-Tal; es forderte das Recht, in der Mandschurei Ackerland zu pachten, und beanspruchte für die dort lebenden Japaner exterritorialen Status. Weiter verlangte Japan, seine eigene Polizei auf chinesischem Boden stationieren zu dürfen. Yuan mußte sich ungeachtet einer wachsenden Empörung in China und trotz seiner wohlvorbereiteten Versuche, die Forderungen abzuschwächen, dem japanischen Druck beugen. Dieses Ereignis verstärkte jedoch nur noch, entgegen allen Erwartungen, Yuans Entschlossenheit, die zentrale Macht im chinesischen Staat durch Wiedereinführung der Monarchie zu stärken und sich selbst als Herrscher einzusetzen.[18]

In mancher Hinsicht hatte Kang Youwei mit seinen Argumenten die Richtung aufgezeigt, die Yuan nun einschlagen wollte, denn Kang hatte unaufhörlich darauf hingewiesen, daß der derzeitige historische Entwicklungsstand Chinas es nicht erlaube, ein republikanisches Staatswesen aufzubauen. In Aufsätzen mit sprechenden Titeln wie ,,China kann sich der Lage Zentral- und Südamerikas nicht entziehen" drängte Kang unentwegt auf die Errichtung einer Regierungsform, die er als ,,Scheinmonarchie innerhalb eines republikanischen Systems" bezeichnete. In einer von ihm gegründeten Zeitschrift (mit dem weisen Namen *Mitgefühl*) trat er mit aller Kraft für die Einsetzung des Konfuzianismus als Staatsreligion ein, um auf diese Weise den chinesischen Vorstellungen Kontinuität und Stabilität zu verleihen. Yuan führte zwar einige rituelle Elemente der konfuzianischen Lehre wieder ein und hielt sogar Zeremonien im ehemaligen Himmelstempel der Qing ab, Kang jedoch, der China von seinem Stützpunkt in Japan aus beobachtete, war sich der Schwäche seines Heimatlandes schrecklich bewußt. Er warnte vor einer übermäßigen Abhängigkeit von ausländischen Darlehen, vor der Gefahr des Föderalismus und vor der ernsthaften Bedrohung, der Chinas Kultur ausgesetzt sein werde, wenn die eigenen Wertvorstellungen zugunsten der westlichen aufgegeben werden sollten. Schließlich wies er darauf hin, daß die gegenwärtige Regierung der „Banditen und Bettler" die Kontrolle über die zwar am Rande gelegenen, aber dennoch für China lebenswichtigen Gebiete wie Tibet, die Mongolei, Turkistan und die Mandschurei verlieren könnte.[19]

Es war eine höchst merkwürdige Ironie des Schicksals – keinesfalls das Ergebnis irgendwelcher Vorausplanung –, daß Kang Youwei im Dezember 1913 gerade zu dem Zeitpunkt von Japan nach China zurückkehrte, als Sun Yatsen erneut ins Exil gezwungen wurde und zum zweiten Mal nach Japan floh. Kang besuchte China, um bei der Beisetzung seiner im Alter von dreiundachtzig Jahren verstorbenen Mutter in dem Familiengrab in der Provinz Guangdong anwesend zu sein. Er bestattete sie gemeinsam mit ihrem Märtyrer-Sohn Guangren, dessen sterbliche Reste ohne ihr Wissen mehr als zehn Jahre lang in einem behelfsmäßigen Grab in Makao geruht hatten. Zu Beginn des Jahres 1914 ordnete die Regierung in Peking an, daß Guangren, Tan Sitong und die vier anderen Märtyrer der Reformbewegung von 1898 in ganz China geehrt und ihre Taten für die Nachwelt aufgezeichnet werden sollten. Wenn Yuan Shikai geglaubt hatte, er könne damit Kang Youwei versöhnlich stimmen, so mußte er eine Enttäuschung hinnehmen. Als er nämlich Kang bat, der chinesischen Regierung in Peking in irgendeiner Weise zu dienen, erhielt er eine ablehnende Antwort. Statt dessen mietete Kang in Shanghai eine Wohnung, um dort als Schriftsteller und Gelehrter zu leben. Seine depressive Stimmung verschlimmerte sich noch, als sowohl seine ältere Schwester wie auch seine junge chinesisch-amerikanische Gefährtin, die ihn auf so vielen Reisen begleitet hatte, innerhalb eines Jahres starben.[20]

In den Jahren von 1912 bis 1914 hatten Kang und Liang, soweit uns bekannt ist, kaum miteinander Verbindung. Sie waren jedoch beide außer sich über Yuans dreiste Versuche im Jahre 1915, das Kaisertum wiedereinzuführen, und veröffentlichten scharfe Anklageschriften. Sie hofften beide, daß Cai E, ein ehemaliger Reformer, der nun ein einflußreicher Militär geworden war und die Provinzen Guizhou und Yunnan unter Kontrolle hielt, Yuan besiegen könne. In einem langen Brief drängte Kang General Cai dazu, sich auch der Provinz Sichuan zu bemächtigen und sie zur Operationsbasis seiner „Armee zum Schutz der Nation" zu machen. Mit den reichen Bodenschätzen der Provinz Sichuan als Grundlage, einem reformierten Finanzsystem und dem Konfuzianismus als Leitgedanken werde General Cai sich erfolgreich gegen Yuan zur Wehr setzen können. Liang Qichao versuchte, in der Provinz Guangdong einen ähnlichen Zusammenschluß der Kräfte zur Unterstützung General Cais zu organisieren, denn er hielt den Südosten für die entscheidende Basis zur Ausführung eines erfolgreichen Gegenschlages, da hier mehrere Arbeiter- und Terroristengruppen im Notfall auch bereit waren, ihr Leben zu opfern, um die Anhänger Yuans zu vernichten. General Cai konnte Yuan zwar nicht aus seiner Machtposition verdrängen, aber es gelang ihm, durch Feldzüge in West- und Zentralchina Yuans Stellung ernsthaft zu schwächen.[21]

So wurden auch Liang und Kang in die mörderische Politik der Militärherrscher verwickelt, vor der sie China so lange gewarnt hatten. Mitte 1916 beendete der (natürliche) Tod des verärgerten und enttäuschten Yuan Shikai

Liang Qichao in Europa im Jahre 1919.

Kang Youwei um 1920.

diese spezielle Krise. Entsprechend den Bestimmungen der Verfassung von 1913 nahm der Vizepräsident Yuans Platz ein, und die 1914 entlassenen Mitglieder der Nationalversammlung wurden wieder zusammengerufen, aber China war damit einer starken zentralen Führung und der finanziellen Zahlungsfähigkeit nicht näher gekommen. Anfang 1916 schrieb Kang an General Zhang Xun, der als Militärherrscher in Zentralchina von Yuan Shikai mit dem Titel eines Zentralinspekteurs der Jangtse-Provinzen geehrt worden war, und wies ihn darauf hin, daß Yuan Shikais Ambitionen auf den Kaiserthron ein zentrales Problem der Überlebenschancen Chinas angezeigt hätten. Das „Haus der Qing" sei nämlich mit solchen Versuchen, das Kaisertum zu restaurieren, „unauflöslich verbunden". „Was", so fragte Kang, „denkt der General darüber?"[22] Diese Anspielung hätte kaum noch deutlicher sein können, denn General Zhang war für seine bedingungslose Treue zu den Mandschus bekannt, seit ihm die Kaiserinwitwe für die ihrer Familie gewährte Hilfe während der Boxeraufstände besondere Ehrungen verliehen hatte. General Zhang hatte auch im Jahre 1911 in zähen Kämpfen gegen die revolutionären Truppen versucht, Nanking für die Qing-Dynastie zu halten, war dann, obwohl er nicht siegreich war, von Yuan Shikai ausgezeichnet worden und hatte einen Großteil seiner Armee behalten können. Durch seinen Einsatz konnte dann im Sommer 1913 Nanking eingenommen und die Guomindang vertrieben werden. Die ganze Zeit hindurch hatte er seinen Mandschuzopf getragen, und seine Soldaten hatten strikten Befehl, dasselbe zu tun. Kang empfand die Loyalität des Generals vielleicht als Widerhall seiner eigenen nie versiegten Zuneigung für den verstorbenen Kaiser Guangxu. Ihm wurde klar, daß sich mit Zhang vielleicht die letzte Gelegenheit bot, die Abfolge der Entwicklungsstufen, die er für das Überleben Chinas als unabdingbar ansah, zu sichern, und er blieb das gesamte Jahr 1916 hindurch mit Zhang in Kontakt.

Die ehrgeizigen Ziele des General Zhang wurden in ganz China bekannt, und selbst Oberschullehrer und ihre Schüler kritisierten ihn in Aufsätzen und Gedichten. So ist zum Beispiel das früheste Schriftstück, das wir von Zhou Enlai kennen, dem späteren Premierminister der Volksrepublik China und zu jener Zeit achtzehnjährigen Studenten der Pädagogischen Hochschule von Nankai in Tientsin, ein solches Protestgedicht. Es enthält versteckte Anspielungen, denn direkte Kritik eines Militärherrschers wäre zu gefährlich gewesen, und ist mit September 1916 datiert:

> Über unserem riesigen Land türmen sich die Wolken im Sturm.
> Versunken sind wir im Dunkel, wer wagte noch, die Meinung zu äußern.
> Und jetzt ist auch noch der Herbst gekommen, um unseren Schmerz zu verstärken:
> Das Zirpen der Grillen ist zuviel für meine Ohren.[23]

Sun Yatsen hoffte, diese Unruhen für sich politisch ausnutzen zu können, und kehrte im Sommer 1916 als Führer einer neuorganisierten und disziplinierten Guomindang, die nun formell „Revolutionspartei" genannt wurde, aus Japan nach Shanghai zurück. Er beabsichtigte, der Verfassung erneut eine gewisse Bedeutung zu verleihen, indem er die Bildung einer Koalition aller derjenigen Kräfte anstrebte, die darauf drangen, den Militarismus zu unterdrücken; auf diese Weise wollte er den zerfallenden Strukturen des republikanischen China zumindest einen Anschein der Legitimität zurückgeben. Aber weder Sun noch die protestierenden Studenten konnten etwas

Zhou Enlai in Tientsin im Jahre 1917.

gegen die vorherrschende militaristische Stimmung ausrichten, und Mitte Juni 1917 marschierte General Zhang Xun mit seiner Armee in Peking ein. Am 27. Juni kehrte auch Kang Youwei auf Einladung General Zhangs mit dem Zug in die Stadt zurück. Er betrachtete wehmütig die bekannten Gebäude, die Mauern und die Paläste, die er seit seiner Flucht aus China im Jahre 1898 nicht mehr gesehen hatte. Sie glänzten im Abendlicht unter einem regenklaren Himmel.[24] In der Verbotenen Stadt lebte der entthronte, nun elfjährige Kaiser Puyi mit seinen Lehrern und seiner Familie von einer großzügigen Pension, die ihm die republikanische Regierung zahlte. Als General Zhang in den folgenden vier Tagen Verhandlungen mit dem Gefolge des Exkaisers Puyi aufnahm, unternahm Kang einen Ausflug zum Sommerpalast, wo ihn einst Kaiser Guangxu in Audienz empfangen hatte, und besuchte den Konfuziustempel sowie den Zoo. Am 1. Juli verkündete General Zhang, daß Puyi wieder auf den Thron erhoben sei, und er ersuchte Kang, dem kaiserlichen „Hof" zur Verfügung zu stehen. Im Manuskript eines Gedichtes (das er niemals beendete), feierte ein bewegter Kang diesen Augenblick: Endlich! Nach unaufhörlichen sechsjährigen Unruhen konnte Frieden im Land einkehren, weil die kaiserlichen Fahnen wieder wehten.[25]

Kang wurde offiziell der Titel eines stellvertretenden Direktors im kaiserlichen Beirat verliehen. Wie bereits 1898 im Verlauf der Hundert-Tage-Reform verfaßte er auch diesmal zahlreiche Anweisungen und Vorschläge für Reformen mit dem Ziel, die Bürokratie zu stärken und China zu einer stabilen konstitutionellen Monarchie zu machen. Das ausländische Modell hierfür stellte nach Kang Youweis eigenen Worten das britische von 1660 dar, als die Briten nach dem Tode von Cromwell Charles II. wieder auf den Thron erhoben und damit bewiesen, daß eine geordnete konstitutionelle Monarchie direkt auf eine republikanische Periode folgen konnte.[26] Während Kang sich jedoch auf sein Konzept einer „Scheinmonarchie" konzentrierte, die allein unter der Führung eines starken und unabhängigen Parlaments bestehen sollte, erhofften sich sowohl General Zhang als auch die Mehrzahl der Berater des Kaisers Puyi die Abschaffung aller republikanischen Strukturen und die volle Wiederherstellung der kaiserlichen Macht. Kang wurde nicht zum engeren Beraterkreis des Kaisers zugelassen, und seine Enttäuschung wuchs beständig. Ärgerliche Aufschreie aus dem gesamten Land begleiteten diese neuerliche Restauration, und dieselben Militärherrscher, die General Zhang ihre Unterstützung zugesagt hatten, zogen sich nun in aller Eile von ihm zurück. Der Ausgang des Dramas ließ sich wohl kaum besser beschreiben als mit den Worten, die Kang als Prosaeinleitung eines klassischen Gedichtes zur gleichen Zeit schrieb:

„Am 18. starteten Pan Shien und Wei Chiliang mit einem Flugzeug vom Flughafen Nanyuan, bombardierten den Palast und töteten drei Personen. Jedermann bei Hofe war äußerst bestürzt. In der Dämmerung des 19. ließ mich Prinz Chun in den Palast rufen und sandte mir aus der Verbotenen Stadt eine Sänfte mit zwei Trägern, die jedoch nicht lange genug auf mich warteten, so daß ich zu Fuß gehen mußte. Ich fand das Donghua-Tor verschlossen vor und mußte wiederholt um Einlaß bitten, bis mich die Wachen schließlich, da sie meine (höfische) Kopfbedeckung und Kleidung sahen, eintreten ließen. Im Palast herrschte Verwirrung allerorten. Prinz Chun beauftragte mich und Zhe, die ausländischen Gesandtschaften aufzusuchen, mit ihnen unsere Nöte zu besprechen und zu erkunden, ob die Botschafter den Palast beschützen würden. Zhe sollte zurückkehren und dem Prinzen Bericht erstatten, während ich in der Botschaft bleiben sollte."[27]

So kam es, daß Kang in der amerikanischen Gesandtschaft saß und in aller Ruhe die Druckfahnen zu seinem Buch über die *Frühlings- und Herbstannalen* des Konfuzius lesen konnte, als der Widerstand gegen General Zhang sich verhärtete und das Rattern der Gewehrsalven der rivalisierenden Truppen über die Stadt hinwegtönte.[28]

Im Verlauf der Jahre 1914 bis 1917 hatten Kang und Liang mit mindestens fünfzig hochrangigen Militärs in Verhandlung gestanden oder einen Briefwechsel geführt. Diese Männer waren der sichtbarste Teil des militärischen Herrschaftssystems. Oftmals befehligten sie zehntausende von Soldaten und beherrschten Territorien von der Größe eigenständiger Länder. Ihre Biographien hätten nicht vielfältiger sein können: Viele waren über die Militärakademien der Qing und den Dienst in der Beiyang-Armee unter Yuan Shikai aufgestiegen; viele hatten zusätzlich eine gehobene militärische Ausbildung in japanischen Stabsakademien oder bei den japanischen Truppen im Felde erhalten; einige wenige hatten in Deutschland studiert. Andere waren Banditen gewesen und hatten unter den Qing einen offiziellen Rang in der Armee verliehen bekommen, um auf diese Weise zur Ruhe gebracht zu werden, oder sie waren auf irgendeine andere Weise während des Machtvakuums, das sich 1912 ergeben hatte, vom Banditentum zur Herrschaft über ein Territorium gelangt. Einige waren Mitglieder der „Revolutionären Allianz", andere der „Gesellschaft zur Restauration" gewesen; einige entstammten so radikalen Institutionen wie der Datong-Schule; einige hatten treu für die Qing gekämpft, andere für Yuan Shikai – zunächst auf seiten der Qing und dann auf seiten der Republikaner. Wieder andere standen in unverbrüchlicher Treue zu Sun oder einem seiner Verbündeten. Viele waren ungeachtet ihrer offensichtlich zur Absplitterung führenden Aktivitäten glühende Nationalisten. Einige waren Christen. Es gab manche, die die höchsten Ämter in China anstrebten – Präsident, Premierminister, Kabinettsminister oder Provinzgouverneur – und auch erhielten (obgleich gewöhnlich nur vorübergehend); andere waren mit einem örtlichen Stützpunkt zufrieden, der ihnen zu einem Einkommen durch Opiumschmuggel, Transportabgaben oder landwirtschaftliche Steuern verhalf, oder sie lebten womöglich von halblegalen Zuwendungen seitens anderer Militärkommandeure oder örtlicher Distriktregierungen.[29]

Die unteren Bereiche eines Lebens unter diesen Militärs wurden von Shen Congwen plastisch beschrieben, der, nachdem er als Kind die Welt der Revolution kennengelernt hatte, in seinem zweiten Lebensjahrzehnt als gewöhnlicher Soldat und Angestellter in einer der kleineren militärischen Einheiten in seiner Heimat in West-Hunan diente. Wie schon für andere vor und nach ihm zu vielen Zeiten und an vielen Orten war das Soldatenleben auch für Shen von allgemeiner Langeweile und nur gelegentlichen Ausbrüchen sinnloser Gewalttätigkeiten geprägt. Die Soldaten in Hunan waren vor allem damit beschäftigt, sich selbst und ihren Offizieren einen Lebensunterhalt zu beschaffen und ihren Stützpunkt gegen Überfälle durch Banditen zu schützen. Sie lebten gewöhnlich in kleinen Marktflecken und waren in Tempeln oder anderen öffentlichen Gebäuden einquartiert. Ihre Ernährung war einfach, aber ausreichend; körperliche Ertüchtigung und militärische Ausbildung wurden in beschränktem Maße durchgeführt, doch waren Schießübungen mit scharfer Munition fast völlig unbekannt, da es sowohl an Gewehren als auch an Kugeln fehlte. Die Soldaten erhielten niedrige Löhne von drei oder vier Dollar pro Monat. Die Ausbildung beschränkte sich auf gelegentliche Ermahnungen des Offiziers zu patriotischem und pflichtbewußtem Handeln. Es gab fast nur Analphabeten unter den Soldaten, und schon geringste Schreibfähigkeiten bewirkten eine rasche Beförderung, obgleich merkwürdigerweise einige ältere Gelehrte mit beträchtlichem Wissen unter die Mannschaften geraten waren. Der junge Shen entwickelte während dieser Zeit eine leidenschaftliche Liebe zur traditionellen Kalligraphie, die ihn sein gesamtes Leben hindurch begleiten sollte. Techtelmechtel mit den ortsansässigen Frauen waren nicht erlaubt. Um jedoch das tägliche Einerlei ein wenig aufzulockern, konnten die Soldaten Prostituierte aufsuchen, in Spielhöllen gehen, sich an Zechgelagen beteiligen und bei Hinrichtungen zusehen.

Hinrichtungen waren bei den Soldaten besonders beliebt, weil sie während der zumeist im Anschluß stattfindenden Feiern ihre einfache Verpflegung aufbessern konnten. War der Hingerichtete ein Fahnenflüchtiger, war die Freude noch größer, weil die betreffende Einheit dann eine Prämie erhielt. Die ländlichen Milizen schleppten Männer (und gelegentlich auch Frauen) aus der hügeligen Umgebung und den benachbarten Dörfern herbei, die wegen angeblichen Banditentums hingerichtet werden sollten. Solche Beschuldigungen wurden von den Soldaten ohne zusätzliche Nachforschungen akzeptiert. Die auf Banditentum stehende Bestrafung der Hinrichtung durch Enthaupten führten sie zumeist an Markttagen aus, wenn besonders viele Menschen in der Stadt waren. Vor der eigentlichen Hinrichtung wurden die Gefangenen geschlagen oder gefoltert. Für die Soldaten war das Verhalten der Opfer während einer solchen Prozedur wichtigstes Gesprächsthema, wobei jedes Opfer den jeweiligen Umständen gemäß bewundert oder verachtet wurde. Shen vermerkte, daß solche Tötungen allgemein üblich gewesen seien. Selbst in den ruhigsten Monaten wurden zwanzig bis dreißig Menschen hingerichtet, aber nach häufigen Banditenüberfällen oder während einer „Befriedungs"-Kampagne konnten es auch Hunderte, ja sogar zwei- bis dreitausend Menschen sein. Umgekehrt lauerten auch Banditen patrouillierenden Soldaten auf (obgleich die Soldaten aus diesem Grunde höchst selten Streifengänge unternahmen) oder nahmen Kaufleute und ausländische Missionare gefangen, die sie dann entweder töteten oder gegen ein Lösegeld freiließen. Manchmal wurden sogar ganze militärische Einheiten in einem Hinterhalt aufgerieben, so erging es z. B. einer Einheit, der Shen noch kurz zuvor angehört hatte.[30]

Diese kleinen Konfrontationen, die sich abseits des großen politischen Geschehens jener Zeit abspielten, beschrieb Shen unvergeßlich in einer autobiographischen Skizze mit dem Titel „Der Chef". Sie schildert die Beziehungen, die Shen in West-Hunan zu dem Chef der Leibwache seines kommandierenden Offiziers hatte, einem ehemaligen Bandenchef namens Liu Yunting. Nachdem dieser Liu das Banditenleben aufgegeben und sich der regulären Armee angeschlossen hatte, diente er solange treu ergeben seinem Kommandeur, bis er sich in ein weibliches Mitglied einer Bande, die von einer benachbarten Einheit gefangengehalten wurde, verliebte. Liu wollte ihr bei der Flucht behilflich sein und dann sein ehemaliges Banditenleben in den Bergen wieder aufnehmen. Der Plan wurde jedoch entdeckt, und die Frau wurde hingerichtet. Einige Tage später wurde auch Liu von seinem kommandierenden Offizier festgenommen, gerade in dem Augenblick, als er das Lager mit einem auf ihn und Shen ausgestellten Reisepaß verlassen wollte. Shen beschrieb, wie Liu seinen Kommandeur vergeblich um Gnade bat, und schloß seine Erzählung mit den folgenden Worten:

„Der Chef hörte das Urteil des Kommandeurs und bat nicht länger um Gerechtigkeit, sondern lächelte den Leuten in den beiden Gebäuden zu und wirkte plötzlich viel gelassener. ‚Gut, Kommandeur. Ich danke Ihnen, daß Sie sich so viele Jahre um mich gekümmert haben. Auf Wiedersehen, Brüder.‘ Er unterbrach sich und fügte dann noch hinzu: ‚Kommandeur, Sie sind wirklich ein Träumer. Andere haben mir sechstausend Dollar geboten, damit ich Sie töte, aber ich wollte es nicht tun.‘

Kommandeur Zhang schien nicht zuzuhören und wandte sich zu seinem Adjutanten, um ihn zu beauftragen, einen guten Sarg zu kaufen. Dann stieß man den Chef durch das Haupttor, und ich sah ihn niemals wieder. Noch am gleichen Nachmittag bestieg ich das Flußboot. Mein Paß war ursprünglich auf zwei Namen ausgestellt gewesen, aber der Name des Chefs war nun mit roter Tinte ausgelöscht worden. Der Paß begleitete mich durch mehrere gefährliche Stromschnellen, und als ich nach fünf Tagen Baojing erreichte, händigte ich ihn dem Adjutanten zur Vernichtung aus.

Ungefähr drei Jahre später lud in Zhenzhou in der Provinz Hunan ein gewisser Hauptmann Tian aus dem Divisionshauptquartier den begabten und außergewöhnlichen Kommandeur Zhang mit einigen seiner Untergebenen zu einem Umtrunk ein. Als sie mit vier Sänftenträgern durch das Gaopinger Tor einzogen, wurden sie von Maschinengewehrsalven niedergemäht, noch bevor die Begrüßungsklänge der Trompeten verhallt waren. Die Leichen wurden ohne viel Federlesens in einen Graben geworfen, und es vergingen zwei Monate, bevor man sie bestattete.

Jener Hauptmann Tian vom Divisionshauptquartier, der Zhang ermordet hatte, wurde ein Jahr später in derselben Stadt von einem Kommandeur einer Einheit, den Ye Kaixin, der Präsident von Hunan, gedungen hatte und der dieselbe List einer vorgeblichen Einladung anwandte, in der engen Straße vor dem Konfuziustempel ermordet.“[31]

Die bewußt nüchterne Sprache eignet sich hervorragend, den Zirkel der Gewalt vorzuführen, an den sich Shen und andere gewöhnten, einer Gewalt, die bereits im 19. Jahrhundert weit verbreitet gewesen war, die jedoch in den Jahren nach 1911 noch zuzunehmen schien.

Kang Youwei schätzte die Zahl der Opfer in den ersten beiden Jahren der chinesischen Revolution auf zwanzig Millionen. Er entnahm diese Zahl japanischen Quellen, und es ist durchaus möglich, daß sie sehr übertrieben war, da die Japaner ihre besonderen Gründe besaßen, die Zahl der Toten so groß wie nur möglich erscheinen zu lassen: Je mehr die Chinesen sich selbst zerstörten, um so berechtigter konnten sich die Japaner als Garanten von Ordnung und Vernunft darstellen, während sie ihren eigenen wirtschaftlichen und politischen Einfluß in China und in der Mandschurei ausdehnten. Doch selbst wenn die Zahl nur ein Zehntel der genannten betragen hätte, wäre sie bedrückend genug – und unter den damaligen Umständen auch vorstellbar: die Opfer der Aufstände von Kanton; die Mandschus, die mit ihren Familien nach dem Sieg der Truppen der chinesischen Nationalisten ausgelöscht wurden; die Miao, die man in Hunan und andernorts zusammentrieb und tötete; die Arbeiter und Soldaten, die ihr Leben lassen mußten, als Yuan Shikai der Beiyang-Armee befahl, die „Revolutionäre Allianz" aus Hankou und Hanyang zu vertreiben; die Bürger und Soldaten, die in den beiden sich lange hinziehenden Angriffen auf Nanking in den Jahren 1911 und 1913 getötet wurden; die Kämpfe zwischen den Geheimgesellschaften um die örtliche Vorherrschaft und der Tod der zahllosen Flüchtlinge, die (wie Lu Xun es beschrieb) in Panik von dem „Marktflecken He" in die „Stadt Wu" rannten – all dies zusammengenommen gibt uns eine Fülle von Belegen für das Ausmaß von Gewalt und Tod, das – auch wenn man es unter dem großen Aspekt der Herstellung einer endgültigen nationalen Ordnung sieht – jenseits jeglicher rationalen Rechtfertigung liegt.[32]

Für manchen konfuzianischen Gelehrten der alten Schule war es unmöglich, sich jener Welt anzupassen. Liang Ji, ein vorzüglicher Gelehrter und im Ruhestand lebender Beamter niederen Ranges, verdeutlichte dies, als er sich an seinem sechzigsten Geburtstag im November 1918 in einem See in Peking ertränkte. Sein Tod löste tiefe Bestürzung aus, denn Liangs letzte Schriften ließen eindeutig erkennen, daß er sich entschieden hatte, aus dem Leben zu gehen, weil ihn sowohl die neue als auch die alte Ordnung anwiderten. Liang Ji glaubte, daß niemand bereit sei, seine privaten Interessen zurückzustellen, um der neuen Republik in aller Integrität zu dienen, ebenso wie auch nur wenige Männer bereit gewesen waren, sich in Treue für die nun verdrängten Qing aufzuopfern. Liang Ji war leidenschaftlicher Liebhaber der Peking-Oper gewesen und zeigte am Niedergang des Niveaus der Oper auf, was in der Welt falsch gelaufen sei: Moralische und ästhetische Normen der Darstellung seien zerfallen, weil auch die Gesellschaft im Zerfall begriffen sei, und das Publikum sei nicht einmal fähig zu sehen, daß das Niveau gesunken sei. Es lebe in einer Welt, in der die alten konfuzianischen Werte, die sich mit den vier Schriftzeichen für „Loyalität, kindliche Ergebenheit, Keuschheit und Rechtschaffenheit" umschreiben ließen, durch die vier neuen Wertvorstellungen „Essen, Trinken, Unterhaltung und Vergnügen" ersetzt worden seien.[33]

Lu Xun war zwar nicht sehr beeindruckt von Liang Jis Tod – in späteren Schriften machte er recht sarkastische Bemerkungen dazu –, aber gegen Ende des Jahres 1918 empfand er so großen Zorn und Widerwillen angesichts der Zustände in China, daß er, als er nach einer geeigneten Metapher suchte, um die intellektuelle Lage seines Landes zu beschreiben, das Krankheitsbild der Syphilis wählte. Auf Grund seiner medizinischen Ausbildung in Japan und der Kurse über menschliche Fortpflanzung, die er in Shaoxing gehalten hatte, kann man mit Sicherheit annehmen, daß Lu diese düstere Metapher nicht zufällig wählte: Lu führte den Gedanken aus, daß die Verderbtheit des chinesischen Volkes erblich geworden sei und daß es nun „dunkle und verwirrende Elemente innerhalb der Blutgefäße" gebe. Überlebenschancen für China bestünden nur (bei Syphilis hatte man gerade mit einigem Erfolg Arsphenamin mit dem Handelsnamen „606" angewandt), wenn man die Blutgefäße, die – in Fortführung der Metapher – die Lebenskraft des chinesischen Bewußtseins darstellten, vollständig reinige.[34]

Lu beschrieb auch die furchtbare Hoffnungslosigkeit, die ihn überfiel, als er, nachdem er seine Lehrtätigkeit in Shaoxing aufgegeben hatte, in Peking einer langweiligen Schreibtischarbeit nachgehen mußte und abends zu Hause geduldig alte Inschriften aus der klassischen Literatur entzifferte und abschrieb. „Welchen Sinn hat dieses Abschreiben?" fragte ihn eines Abends ein Freund, der sich ehemals in Japan ebenso wie Lu Xun mit radikalen Ideen befaßt hatte. „Es hat gar keinen Sinn." „Aus welchem Grund schreibst du sie dann ab?" „Es gibt keinen Grund."[35] Tatsächlich rechtfertigte Lu Xun seine Gelehrtentätigkeit vor sich selbst allein damit, daß er sie als Opiat gegen die Wellen der Verlassenheit, die ihn überwältigten, betrachtete, einer Verlassenheit, die sich, so beschreibt er es in einem Bild, „um meinen Geist schlingt wie eine riesige Giftschlange". Diese Verlassenheit erklärte sich wiederum aus einem Gefühl der Sinnlosigkeit, das seit den Mißerfolgen seiner verschiedenen schriftstellerischen Versuche in Japan immer weiter zugenommen hatte: „Zuerst vermochte ich die Ursache dieser Gefühle nicht zu greifen, aber dann verstand ich, daß eine neue Entwicklungsstufe nur dann erreicht werden kann, wenn man in seinen Bestrebungen bestätigt wird. Wenn man damit auf Widerspruch stößt, ist man in der Lage, sich zur Wehr zu setzen. Wenn man aber seine Zeitgenossen mit trompetengleicher Stimme aufruft und gar keine Antwort erhält – weder Bestätigung noch Widerspruch –, dann ist das genauso, als ob man in einer grenzenlosen Wüste allein gelassen wird. Man weiß nicht, was man tun soll; das ist das Furchtbare daran!"[36]

Lu Xun bemerkte später, daß er sich nur deswegen entschieden habe, noch einmal schriftstellerisch tätig zu werden, weil er überzeugt gewesen sei, daß er selbst zwar den Lauf der Welt nur in geringem Maße beeinflussen könne (und wolle), daß er aber dessenungeachtet „diejenigen Kämpfer, die in der Einsamkeit herumgaloppierten, bestärken sollte, damit sie nicht den Mut verlören".[37] Zu diesen „Kämpfern" gehörten Männer wie Chen Duxiu und die übrigen Herausgeber der *Neuen Jugend*, einer politischen und literarischen Rundschau, die Chen 1915 in Shanghai gegründet hatte. Diese kritische Zeitschrift wurde zum Brennpunkt eines Totalangriffs gegen das gesamte konfuzianische Wertesystem, eines Angriffs, der sich noch verstärkte, als Kang Youwei weiterhin auf der Ansicht beharrte, daß eine konfuzianische Staatsreligion China zu Stärke verhelfen und die moralische Leere, die in so schrecklicher Weise Bestandteil des täglichen Lebens geworden war, ausfüllen könne.[38] 1916 entgegnete Chen, daß konfuzianische Vorstellungen sich nicht mit westlichen Gedanken zu einer neuen fruchtbaren Synthese vereinigen ließen: „Wenn wir, um in dieser Welt überleben zu können, eine neue Gesellschaft nach westlichem Vorbild schaffen wollen, dann müssen wir zuallererst die Grundlage der westlichen Gesellschaft einführen, nämlich den neuen Glauben an die Gleichheit und die Menschenrechte. Wir müssen uns darüber klar werden, daß der Konfuzianismus mit diesen neuen Prinzipien, der neuen Gesellschaft und dem neuen Staat unvereinbar ist!"[39] Chen Duxiu gab sich nicht der Illusion hin, all dies sei leicht zu erreichen. Seine eigenen Versuche, sozialdarwinistische Ideen auf China anzuwenden, hatten ihn überzeugt, daß Chinas Schwäche und die Unfähigkeit, sich anzupassen, sehr wohl zur Vernichtung des Staates führen könnten. Diese deprimierende Perspektive wurde noch gestützt durch die Einsicht, daß ein echter Nationalismus, so wie er ihn sich vorstellte, nur äußerst schwer zu verwirklichen sei. Solch ein Nationalismus, so glaubte Chen, müsse die emotionalen Elemente des Patriotismus enthalten, aber diese müßten an die Vernunft gebunden sein, an ein Bewußtsein von den Zielen, auf die der Patriotismus ausgerichtet sei. Ebenfalls 1916 schrieb Chen Duxiu an einen Freund:

„Ich bin nicht pessimistisch, weil wir keinen raschen Erfolg haben, sondern weil mir bewußt geworden ist, wie hoffnungslos es für uns ist, die europäischen und amerikanischen Zivilisationen jemals einholen zu wollen. Sie schreiten täglich hundert Meilen voran, und wir bleiben weit zurück. Fast alle unsere Mitmenschen sind träge und wissen nicht, daß nicht nur unsere Moral, die Politik und die Technologie, sondern selbst alltägliche Gebrauchsgüter dem Kampf ums Dasein nicht gewachsen sind und in dem Prozeß der natürlichen Auslese eliminiert werden. Es gibt zwar einige wenige aufgeweckte Menschen in unserem Land, aber wer soll uns vor dem Schicksal des Untergangs bewahren?"[40]

Chen Duxiu und Lu Xun wußten beide, daß sich die neue breite Leserschaft in den Städten, die zum Teil in den um die Jahrhundertwende neugegründeten Schulen erzogen worden war und sich nun langsam an eine Arbeitswoche in der Fabrik oder im Büro gewöhnte, für die alten Werte weiterhin empfänglich zeigte. Tatsächlich war ein großer Teil der volkstümlichen Erzählliteratur, wie sie in unterhaltenden Zeitschriften wie *Samstag (Libailiu)* erschien oder in populären Romanen mit einer Auflage von mehr als hunderttausend Exemplaren veröffentlicht wurde, den traditionellen chinesischen Werten gegenüber äußerst konservativ eingestellt. Diese Schriften verhöhnten oberflächliche Verwestlichung und nahmen in manchen Fällen eine ganz entschiedene antiimperialistische Haltung ein. Die Autoren wandten sich mit Gesellschafts- und Enthüllungsromanen, die die traditionellen Werte des Dienens und der Hingabe wieder bestätigen wollten, direkt an ein Publikum, das von Militärherrschaft und politischer Korruption fasziniert und zugleich angewidert war. Selbst das unglaublich populäre neue Genre romantischer Liebesgeschichten wurde lediglich als Ersatz für eigenes Handeln gelesen, nicht aber zum Anlaß genommen, aktiv die Situation der Frau zu verändern.[41]

Lu Xun war offensichtlich davon überzeugt, daß die Herausgeber und Autoren der *Neuen Jugend* sich ebenso verlassen fühlten wie er selbst in Japan nach allen seinen Mißerfolgen. Gleichzeitig jedoch befand er sich in einem Zwiespalt und zögerte, die chinesischen Massen aus ihrer Selbstzufriedenheit, die solche Unterhaltungsliteratur offenbar zu vermitteln imstande war, aufzurütteln, denn die Wirklichkeit, mit der sie dann konfrontiert werden würden, war erschreckend. In einem Gespräch mit einem anderen Herausgeber der *Neuen Jugend* schilderte Lu Xun das folgendermaßen: „Stellen Sie sich ein fensterloses, eisernes Haus vor, das unzerstörbar ist und in dem viele Menschen tief schlafen und bald ersticken werden. Weil sie im Schlaf sterben werden, müssen sie keine Todesqualen erleiden. Glauben Sie, daß Sie ein gutes Werk tun, wenn Sie durch lautes Rufen einige der leichter Schlafenden aufwecken und diese Unglücklichen damit die Qual des unwiderruflichen Todes durchleiden lassen?“[42] Der Herausgeber erwiderte darauf, daß man ungeachtet dessen zumindest versuchen müsse, die Schläfer zu wecken, denn man könne nicht mit absoluter Sicherheit wissen, ob sich für die in dem eisernen Haus Eingeschlossenen nicht doch eine Fluchtgelegenheit biete.

Das Bild, das Lu Xun in diesem Gespräch wählte, ging mit großer Wahrscheinlichkeit auf ein in ihm tiefverwurzeltes und schreckliches Ereignis seiner Jugendzeit zurück. Als sein Vater im Sterben lag, bestand Frau Yan, eine Nachbarin, die den Vater pflegte, darauf, Opfergeld und Kopien einer buddhistischen Sutra zu verbrennen, damit diese den Toten in die Unterwelt begleiten könnten. Gleichzeitig beschwor sie den jungen Lu Xun, seinen Vater solange wie möglich auf der Erde zurückzuhalten:

„‚Ruf ihn!‘ sagte Frau Yan. ‚Dein Vater liegt in den letzten Zügen. Schnell, ruf ihn!‘

Ich rief: ‚Vater! Vater!‘

‚Lauter, er kann nichts hören, kannst du dich nicht beeilen?‘

‚Vater! Vater!!‘

Sein Gesicht, das bereits eingefallen war, spannte sich plötzlich wieder an. Er öffnete wie unter Schmerzen ein wenig die Augenlider.

‚Ruf ihn!‘ drängte sie. ‚Eil dich und ruf ihn!‘

‚Vater!!!‘

‚Was ist? ... Nicht rufen ... Nicht ...‘

Seine Stimme war leise und er rang noch einmal nach Luft. Es dauerte eine Weile, bevor er seine frühere Ruhe wiedererlangte.

,Vater!!!'

Ich rief ihn weiter, bis zu seinem letzten Atemzug. Ich höre immer noch den Klang meiner Stimme von damals. Und immer wenn ich mein Rufen höre, fühle ich, daß dies das größte Unrecht war, das ich meinem Vater jemals zugefügt habe."[43]

Solche Erinnerungen waren qualvoll, doch Lu Xun war stark genug, „die Dinge, die ich nicht aus meinem Gedächtnis tilgen konnte", schöpferisch zu nutzen.[44] In nur wenigen Jahren verfaßte er eine Flut von Werken, unter denen sich die besten Kurzgeschichten der modernen chinesischen Literatur befinden. Lu Xun schrieb nun nicht mehr wie in seiner Jugend in schwierigem klassischem Chinesisch, sondern er benutzte die freie und klare umgangssprachliche Ausdrucksweise des gesprochenen Chinesisch. Er wurde der erste bedeutende, ernsthafte Schriftsteller, der sich auf dem Gebiet der volkstümlichen Literatur, die in den Wochenzeitschriften veröffentlicht wurde, behaupten konnte. In seine Erzählungen nahm er Bruchstücke von Dialogen, umgangssprachliche Redewendungen und beschreibende Passagen auf, und er schuf eine Welt, in der Trauer und Schmerz unmittelbar und überzeugend gegenwärtig waren. Zwischen April 1918 und April 1919 schrieb er drei einander ergänzende Geschichten, in denen die Chinesen als ein von ihrer Kultur verdorbenes, von schädlichem Aberglauben überkrustetes Volk geschildert werden, das gewohnheitsmäßig und ohne sich darüber Gedanken zu machen Grausamkeiten begeht. Die Chinesen seien ein kannibalisches Volk, schrieb er im „Tagebuch eines Verrückten". Bei sorgfältigem Hinschauen könne man zwischen den Zeilen ihrer klassischen Texte die Worte „Freßt Menschen" gekritzelt sehen. Sie seien ein pseudo-moralisches Volk, heißt es in „Kong Yiji", das den Schmuck der Gelehrsamkeit zu gegenseitigem Betrug mißbrauche. Sie seien ein so kurzsichtiges und engstirniges Volk, behauptet er in „Medizin", daß sie die jungen Menschen, die sie befreien wollten, den Scharfrichtern der Qing auslieferten. In allen Erzählungen sind die Einflüsse vieler Schriftsteller, die Lu Xun bewunderte, wie zum Beispiel Gogols und Andrejevs, zu erkennen, aber die Erinnerungen an seine eigene Jugend zeigen sich noch weit stärker: die schwätzenden Kunden im Weinladen und im Teehaus von Shaoxing; die eiligen Gänge, die er als Kind zum Pfandleiher machen mußte, und die Besuche in der Apotheke, um für seinen ständig kranken Vater exotische Kräuter-„Arzneien" zu besorgen; die phantasielosen konfuzianischen Lehrer seiner Schulzeit; das Herz, das noch warm aus dem 1907 hingerichteten Körper Xu Xilins gerissen wurde; die junge Qiu Jin mit ihrer wirkungslosen, aber quälenden Botschaft; die schweigenden Chinesen, die auf den in Sendai vorgeführten Lichtbildern der Hinrichtung ihrer Landsleute zusahen.[45]

In der im April 1919 abgeschlossenen Kurzgeschichte „Medizin" treten solche Bilder stark hervor. Die Geschichte beginnt in der Morgendämmerung eines Herbsttages mit „Qiu“, dem Schriftzeichen für Herbst, das auch das Schriftzeichen für Qiu Jins Familienname ist; allgegenwärtig ist ein revolutionärer Märtyrer namens Xia Yu – die Schriftzeichen „Xia“ und „Yu“ erinnern an die Schriftzeichen von Qiu Jins Namen –, der jedoch nicht selbst in Erscheinung tritt. Die eigentliche Erzählung handelt von den Eltern eines Kindes, das an Schwindsucht stirbt. Entsprechend den örtlichen abergläubische Vorstellungen versuchen sie, das Kind mit frischem menschlichem Blut zu heilen – in diesem Fall mit einem Wecken aus gedämpftem Weizenmehl, der in das Blut des gerade enthaupteten jungen Revolutionärs Xia Yu getaucht worden ist. Der Familienname der Eltern des kranken Kindes ist „Hua“, ein Schriftzeichen, das zugleich „China“ bedeutet. Die Einwohner der Stadt empfinden für den toten Revolutionär Xia Yu kein Mitleid und verspotten ihn noch nach seinem Tode, als sie erfahren, daß er versucht hatte, selbst seinen Gefängniswärter von seinen Ansichten zu überzeugen. Sie loben seinen Verwandten wegen dessen weiser Voraussicht, Xia Yu an die Qing-Polizei zu verraten, um die eigene Haut zu retten. In einer Teehausszene führt Lu Xun sorgfältig aus, daß die Engstirnigkeit eines Zwanzigjährigen derjenigen der „Graubärte“ in der Stadt um nichts nachsteht. Mit anderen Worten: die Lösung der Probleme Chinas ist nicht allein von der Jugend zu erwarten.

Die Geschichte endet damit, daß zwei alte Frauen auf dem Friedhof der Stadt zusammentreffen. Die eine ist Mutter Hua, deren Sohn Shuan an Schwindsucht gestorben ist, obwohl sie ihn mit dem in Blut gestippten Wecken gefüttert hatte, die andere ist die Mutter des toten Revolutionärs, die Witwe Xia. Beide kennen einander nicht.

„Vor dem Westtor und nahe der Stadtmauer lag ein Stück Land, das seit eh und je dem Staat gehörte. Quer darüber lief ein enger, krummer Pfad, der ursprünglich als Abkürzung von den Schuhen der darauf Gehenden ausgetreten worden war, nun jedoch als eine natürliche Grenze diente. Zur Linken des Weges befanden sich die Grabhügel von Verbrechern, die hingerichtet worden waren oder im Gefängnis an Entkräftung gestorben waren. Auf der rechten Seite befanden sich die Gräber der Armen. Auf beiden Seiten reihten sich die Hügel bereits so eng aneinander, wie die rituellen Kuchen bei der Geburtstagsfeier eines reichen Mannes.

Eine ungewöhnliche Kälte kennzeichnete das Frühlingsfest dieses Jahres. Die Knospen der Pappeln und Weiden hatten kaum die Größe eines Reiskorns erreicht. Nicht lange nach Tagesanbruch stand Mutter Hua vor einem frischen Grab auf der rechten Seite des Pfades. Sie setzte vier Teller mit Speisen und eine Schale Reis ab, weinte eine Weile und verbrannte Opfergeld. Dann setzte sie sich stumm auf den Boden und wartete offensichtlich auf irgend etwas, obwohl sie selbst nicht hätte sagen können, worauf. Eine leichte Brise bewegte ihr dünnes Haar, das um vieles weißer war als im Jahr zuvor.

Den Pfad entlang kam eine andere Frau, deren Haar ebenfalls halb ergraut war; ihr Mantel und ihr Rock waren zerrissen. Sie trug einen runden, gebrochenen Korb, der ehemals rot lackiert gewesen war, und eine Schnur mit Opfergeld. Alle paar Schritte mußte sie eine Pause einlegen. Plötzlich sah sie Mutter Hua, die auf dem Boden saß und sie betrachtete. Sie zögerte, und ihr schmales, blasses Gesicht errötete verlegen. Dann nahm sie all ihren Mut zusammen und ging hinüber zu einem Grab auf der linken Seite, wo sie ihren Korb abstellte.

Dieses Grab lag in derselben Reihe wie das von Klein-Shuan; beide waren nur durch den engen Pfad getrennt. Mutter Hua sah, wie die Frau ihre vier Teller mit Speisen und die Schale Reis niedersetzte, sah sie stehen und weinen und dann das Papiergeld entzünden. ‚Auch in diesem Grab muß ein Sohn liegen', dachte sie bei sich. Die alte Frau hatte hier und dort nach dem Rechten gesehen, als plötzlich ihre Arme und Beine zu zittern begannen. Sie stolperte einige Schritte rückwärts und blieb dann starr vor Erstaunen stehen.

Mutter Hua befürchtete, die Frau könne vor Trauer wahnsinnig werden und fühlte sich gezwungen aufzustehen, über den Pfad hinüberzugehen und zu ihr zu sprechen. ‚Alte Frau,' sagte sie leise, ‚nimm es nicht so schwer; laß uns nach Hause zurückkehren.'

Die Frau nickte, doch ihre Augen blieben wie auf einen Punkt gebannt. ‚Sieh nur!' stammelte sie, ‚sieh mal, was ist das?'

Mutter Hua sah ihrem Zeigefinger nach, und dann fiel ihr Blick auf das Grab vor ihnen. Mit seinen gelben Erdflecken dort, wo kein Gras gewachsen war, sah es häßlich genug aus. Wenn man aber genauer hinsah, erschauerte man vor Erstaunen, denn gerade um die Spitze des Grabhügels zog sich ein Kranz roter und weißer Blumen.

Selbst ihre alterstrüben Augen konnten die Blumen deutlich sehen. Es waren nicht viele da, und einige sahen schon etwas verwelkt aus, aber sie waren regelmäßig zu einem perfekten Kreis angeordnet. Mutter Hua warf hastig einen Blick auf das Grab ihres Sohnes und auf die anderen Gräber, aber sie konnte nur einige wenige bläuliche Wildblumen entdecken, die hier und da trotz der Kälte blühten. Plötzlich wurde sie von einem Gefühl der Leere überwältigt, und sie gab es auf, genauer hinzuschauen. Die andere alte Frau trat näher an das Grab heran und murmelte zu sich selbst: ‚Sie haben keine Wurzeln. Sie scheinen nicht von selbst gewachsen zu sein. Aber wer könnte hierhergekommen sein? ... Kinder würden hier nicht spielen ... Verwandte kommen schon seit langer Zeit nicht mehr ... Was mag nur geschehen sein?' In Gedanken verloren stand sie dort. Plötzlich stieß sie einen schluchzenden Schrei aus: ‚Ach, mein Sohn Yu! Alle haben dir Unrecht zugefügt! Und du kannst es nicht vergessen! Bist du immer noch traurig? Und willst du es mir durch dieses Zeichen aus der Geisterwelt mitteilen?' Sie blickte sich um und konnte lediglich eine schwarze Krähe auf einem blattlosen Baum erblicken. ‚Ich weiß es jetzt,' fuhr sie fort, ‚ach, mein Sohn Yu, sie haben dich ermordet. Eines Tages werden sie ihre Bestrafung erhalten, denn der Himmel weiß alles. Schließe nur deine Augen ... Wenn du aber wirklich hier bist, wenn du mir zuhörst, dann gib mir ein Zeichen ... laß diese Krähe zu deinem Grab fliegen.‘

Der Wind hatte sich gelegt. Die trockenen Grashalme stachen starr wie Kupferdrähte empor. Allmählich verhallte der zitternde Ton ihrer Stimme in der Luft und erstarb. Alles war von der Stille des Todes erfüllt. Die beiden Frauen standen in dem verdorrten Gras und blickten hinauf zu der schwarzen Krähe; und die Krähe saß mit eingezogenem Kopf auf dem Zweig, als ob sie aus Eisen gegossen sei.

Es verging eine lange Zeit. Allmählich kamen mehr Leute auf den Friedhof. Alte und junge Menschen bewegten sich zwischen den Grabhügeln.

Ohne zu wissen warum, hatte Mutter Hua ein Gefühl, als ob eine große Bürde von ihr genommen worden sei, und sie entschloß sich heimzugehen. Sie wandte sich der anderen Frau zu und sagte: ‚Es ist Zeit für uns, nach Hause zu gehen.‘ Die alte Frau seufzte und sammelte ausdruckslos die Teller mit den Speisen wieder ein. Einen Moment noch zögerte sie, dann ging sie langsam fort. ‚Was mag das alles bedeuten?‘ murmelte sie vor sich hin.

Sie waren noch keine zwanzig oder dreißig Schritte weit gegangen, als hinter ihnen ein lautes Krächzen ertönte. Mit einem Ruck wandten sie ihre Köpfe und sahen, wie die Krähe ihre Flügel ausbreitete, ihren Körper anspannte und wie ein Pfeil dem fernen Horizont entgegenflog.“[46]

Im Frühjahr 1919 war Lu Xun schließlich zu der Ansicht gelangt, die Revolution sei je nach dem Standpunkt des Betrachters entweder sinnlos oder unverstanden geblieben: Xias Blut konnte das sterbende Kind Hua Shuan nicht retten, und das chinesische Volk hatte sich unfähig gezeigt, dem Opfer Xias einen Sinn beizumessen. Lu Xun sagte jedoch auch, daß eine Spur von Hoffnung bestehe, auch wenn diese so schwach und zweideutig sei, daß sie nur durch schwer zu deutende Symbole dargestellt werden könne. Irgend jemand hatte schließlich das Grab des toten Revolutionärs mit einem Kranz von Blumen geschmückt, mit Blumen, die so rot wie der in Blut getauchte Wecken und so rot wie die revolutionäre Fahne der Bolschewiken waren. Die Mutter des kleinen Shuan kam von den Gräbern der Armen auf der rechten Seite herüber und überquerte den engen Pfad, um neben Xias Mutter auf der linken Seite stehen zu können. Und die Krähe konnte zwar nicht überredet werden, das gewünschte besondere Zeichen zu geben, aber sie flog dennoch schnell und offensichtlich direkt auf ein in der Ferne liegendes Ziel zu.

Lu Xun wich der Frage aus, ob dieses entfernte Ziel eine Form von sozialistischer Revolution in China sei, doch die tatsächlichen Ereignisse ließen Lus unentschiedene Haltung bald für viele als belanglos erscheinen. Die Kurzgeschichte „Medizin“ erschien zur gleichen Zeit, als die *Neue Jugend* ihre erste umfassende Ausgabe zum Thema „Marxismus“ veröffentlichte und als junge Chinesen erstmals erfuhren, daß auf der Pariser Friedenskonferenz, die die Streitfragen des Ersten Weltkriegs regeln sollte, die Forderungen Chinas von den westlichen Mächten kaltblütig zur Seite gefegt worden waren. So ging Lu Xuns Botschaft unter in dem allgemeinen Ausbruch sozialistischer und antiimperialistischer Aktivitäten und Reden, die in der chinesischen Revolution eine neue Periode einleiteten.

Seit dem ersten Jahrzehnt des zwanzigsten Jahrhunderts war eine kleine Anzahl von Chinesen beharrlich für den Sozialismus eingetreten. Ein chinesischer Delegierter hatte 1909 informell in Brüssel an dem Treffen der Zweiten Internationale teilgenommen, in Shanghai hatte es sozialistische Studiengesellschaften gegeben, und zu den Wahlen von 1913 war offiziell eine Sozialistische Partei gebildet worden (obgleich diese vorgab, keine politischen, sondern lediglich pädagogische Ziele zu verfolgen, und aus diesem Grunde keine Kandidaten aufstellte). Auch in Frankreich erwarben chinesische Studenten, die sich für den Anarchismus interessierten, Kenntnisse über den Sozialismus. Sie gründeten ihre eigenen Vereinigungen und stellten gleichzeitig ein erfolgreiches Arbeits- und Studienprogramm auf: Ihre Zahl stieg drastisch, als sich China 1917 entschloß, auf seiten der alliierten Mächte in den Ersten Weltkrieg einzutreten – eine Entscheidung, die mit Chinas Wunsch zusammenhing, die deutschen Konzessionen und damit verbundenen besonderen Vorrechte auf chinesischem Gebiet zu beseitigen. In der Folgezeit kamen mehr als zweihunderttausend chinesische Arbeiter nach Frankreich, um in der Rüstungsindustrie zu arbeiten und den Alliierten bei der Aushebung von Schützengräben, beim Transport von Gütern und bei Bauvorhaben hinter den Schützenlinien zu helfen. Einige dieser Chinesen konnten bereits bei ihrer Ankunft lesen und schreiben; viele andere erwarben diese Fähigkeiten jedoch erst durch besondere Ausbildungsprogramme der Armee. So kamen in Frankreich mehr und mehr Chinesen mit der sozialistischen Theorie in Berührung und hatten zugleich Gelegenheit, die Auswirkungen der bolschewistischen Revolution auf die Kriegsanstrengungen der Alliierten zu beobachten.[47] Für viele radikale chinesische Aktivisten war es vor der Verbreitung der Schriften Lenins über den Imperialismus äußerst schwierig gewesen, den Zusammenhang zwischen sozialistischer und antiimperialistischer Politik herzustellen, und viele waren von Präsident Wilsons „Vierzehn Punkten" über die Selbstbestimmung der kleinen und schwachen Nationen tief beeindruckt gewesen und davon überzeugt, daß sich die Vereinigten Staaten bei den anderen alliierten Mächten für die Respektierung der Souveränität Chinas einsetzen würden. Nur wenigen war bekannt, daß die chinesische Verwaltung in Peking, die nach dem Scheitern der Restaurationsversuche General Zhangs an die Macht gekommen war, die unpopuläre Politik Yuan Shikais wiederaufgenommen und den Japanern 1918 entscheidende Rechte auf der Halbinsel Shandong und in der Stadt Qingdao (Tsingtau) zugestanden hatte, um im Gegenzug eine Reihe neuer umfangreicher Darlehen zu erhalten. Aber selbst diejenigen, die von diesem Handel wußten, ahnten nichts von den geheimen Zugeständnissen, die Großbritannien und Frankreich den Japanern bezüglich ihrer späteren besonderen Stellung in China gemacht hatten.[48]

Ein Großteil der Informationen über die letzte Phase der Verhandlungen in Versailles wurde von Liang Qichao telegraphisch von Paris nach China übermittelt. Liang war, ungeachtet (oder gerade wegen) seiner Verwicklung in politische Angelegenheiten, über die zunehmend deutlicher hervortretende Schwäche Chinas auf internationaler Ebene so bestürzt wie kaum jemand. Ende des Jahres 1918 war er nach Europa gereist, um die dortige Situation abschätzen und, wenn möglich, die chinesischen Delegierten unter Druck setzen zu können. Nach einer friedvollen Schiffsreise bei ruhiger See, die ihm viel Zeit zum Lesen und Nachdenken ließ, ihn „von den Ärgernissen des politischen Geschehens verschonte und täglich den klaren Farben des Himmels und des Meeres überließ", bestand seine einzige Sorge darin, daß „ich nach dem Betreten des festen Landes niemals wieder dieses Glück erleben könnte".[49] Im Februar 1919 brachten ihn eine sich durch heftigen Nebel kämpfende „blutfarbene Sonne", ungenießbares Essen und ein eiskaltes Hotelzimmer in London auf unsanfte Weise wieder auf den Boden der Wirklichkeit zurück, und er notierte: „Wenn dies die Umstände nach dem Krieg sind, kann man sich vorstellen, wie es während des Krieges zugegangen sein mag." Liang war jedoch von dem Stoizismus der Engländer angesichts solcher Entbehrungen beeindruckt, und er verglich die englische Genügsamkeit mit der Verschwendung, die man überall in China antreffen könne.[50] Seine Gedanken wurden jedoch in eine neue Richtung gelenkt, als er im März nach Frankreich kam und dort mit den unsinnigen Zerstörungen des Krieges konfrontiert wurde. Sein Entsetzen und seine Verwirrung schilderte er auf einer Postkarte an seine Tochter:

„Wir verließen Paris am 7. März um sieben Uhr morgens und kamen um elf Uhr in Reims an. Reims war eine große Stadt mit mehr als einer Million Einwohnern gewesen, nun sind nur noch wenige tausend übriggeblieben. Kein einziges Gebäude in der Stadtmitte ist unversehrt. Dies war die berühmteste Stadt der frühen französischen Geschichte. Sie wurde im dritten Jahrhundert gegründet und besitzt ein Ruhmestor für den römischen Kaiser Augustus. Die Kathedrale ist ebenfalls berühmt als vollkommenes Beispiel des gotischen Stils – der Bau begann im zwölften Jahrhundert und wurde im sechzehnten abgeschlossen, die Außenmauern sind mit mehr als zweitausendfünfhundert in Reihen angeordneten Steinskulpturen geschmückt. Die Deutschen bombardierten sie dreimal, 1914, 1916 und 1918. Die Kathedrale wurde mehrmals getroffen, und mehr als die Hälfte des Gebäudes wurde zerstört."[51]

In späteren Briefen und Aufsätzen beschäftigte Liang sich wiederholt mit diesem Thema der Ernüchterung durch die Verluste an Menschenleben und die Vernichtung von Kultur durch den Krieg, eine Ernüchterung, die sich nicht nur auf Deutschland bezog, sondern auf all die westlichen Nationen, die eine Atmosphäre hatten entstehen lassen, in der solche Auswüchse möglich wurden. Sein eigener Abscheu erhielt zusätzliche Nahrung durch Informationen über private Abmachungen in der Vergangenheit und gegenwärtige Kleinmütigkeiten, die dazu führten, daß die alliierten Mächte die chinesischen Bitten schließlich ablehnten und die japanischen Forderungen erfüllten. In einer Flut von Telegrammen ermahnte Liang seine politischen Kollegen in China, auf die internationalen Rechte zu pochen. Dies sei eine „Jahrtausendchance" für China. Wenn es sich jetzt nicht behaupte, wie solle es dann jemals das Recht auf Unabhängigkeit unter den Völkern dieser Erde beanspruchen können?[52]

Als eine Pekinger Zeitung am 1. Mai 1919 die Mitteilung veröffentlichte, daß in Versailles gegen die Interessen Chinas entschieden worden sei, glichen die Wirkungen dieser Nachricht der Reaktion von Kang Youwei und den Examensstudenten auf die Nachricht über die japanischen Vertragsbedingungen von Shimonoseki vierundzwanzig Jahre zuvor und übertrafen diese noch. Aber der Protest, der am 4. Mai zunächst als große Demonstration und dann in Form von Unruhen auf die Straßen übergriff, verlieh einer neuen Epoche in Chinas Geschichte seinen Namen, einer Epoche, in der sich Chinas eigene kulturelle Sehnsüchte mit einer veränderten Einschätzung der internationalen Politik sowie einem neuen und umfassenderen gesellschaftlichen Bewußtsein vereinten. Vielleicht war dies die wahrste und großzügigste Deutung des von Lu Xun gebrauchten Symbols eines fernen Horizontes, den man fliegend erreichen konnte, denn mit diesem Gefühl neuer politischer Verpflichtungen entstand, ungeachtet der Wut und des Ärgers, auch eine neue Freude an den Möglichkeiten des menschlichen Wesens. Die internationale und zugleich selbstbezogene Grundtendenz dieser Erregung wurde von dem jungen Guo Moruo, der zu jener Zeit in Japan Medizin studierte – wie fünfzehn Jahre zuvor der junge Lu Xun –, in einem Gedicht eingefangen. Es entstand, als er mit seinem kleinen Sohn Ah-ho an einem Strand entlangging:

Ah-ho, wo ist der blaue Himmel?
Er deutet in die azurne Weite über sich.

Ah-ho, wo ist die Erde?
Er deutet auf die Inseln im Meer.

Ah-ho, wo ist dein Papa?
Er deutet auf einen Vogel in der Luft.

Aha! Ich bin also dieser Vogel in der Luft!
Ich bin dieser fliegende Vogel!
Sieh, wie ich den weißen Wolken davonfliege,
Sieh, wie ich mit den gleißenden Segeln um die Wette rase,
Und paß auf, wer höher fliegt,
Paß auf, wer schneller rast.[53]

Fünftes Kapitel

Das Land des Hungers

Betrachtet man die Krise vom 4. Mai 1919 lediglich als politischen Vorfall, so läßt sie sich anhand der Ereignisse, die sich an jenem Nachmittag zwischen ein Uhr dreißig und fünf Uhr fünfundvierzig in Peking abspielten, folgendermaßen darstellen. Vor dem Tor des Himmlischen Friedens an der südlichen Ecke der Verbotenen Stadt versammelten sich etwa dreitausend Studenten als Vertreter der dreizehn Pekinger Oberschulen und Universitäten, um zu einem patriotischen Protestmarsch in das ausländische Diplomatenviertel aufzubrechen. Viele trugen kleine Spruchbänder mit nationalistischen und antijapanischen Texten: ,,Gebt uns Qingdao zurück!" ,,Verweigert die Unterzeichnung des Friedensvertrages!" und ,,Nieder mit den Verrätern!". Andere verteilten fünfundzwanzigtausend Flugblätter, die eine örtliche Druckerei an jenem Morgen abgezogen hatte und auf denen gegen die wirtschaftlichen und territorialen Forderungen Japans protestiert und das chinesische Volk beschworen wurde, seine Rechte niemals aufzugeben.[1]

Als die Polizei den Studenten den Zugang zum Diplomatenviertel verwehrte, änderten sie ihre Marschroute und zogen vor das Haus des Verkehrsministers Cao Rulin. Cao, der gleichzeitig Direktor der chinesischen Staatsbank war, hatte man wegen seiner projapanischen Einstellung zum Ziel erkoren: 1915 hatte er die einundzwanzig Forderungen ausgehandelt; 1918 war er daran beteiligt gewesen, eine Reihe bedeutender japanischer Darlehen für China auszuhandeln, und nun drängte er die Chinesen, den Vertrag von Versailles zu ratifizieren.[2] Die Studenten trafen Cao nicht an – er entkam durch die Hintertür –, aber sie brachen in sein Haus ein, setzten es zum Teil in Brand und schlugen einige Angehörige und Freunde der Familie Caos, die sich dort versteckt hielten, zusammen. Schließlich, als sich der Auflauf bereits langsam zerstreute, griff die Polizei energischer ein, nahm zweiunddreißig Studenten fest und überführte sie in ein Gefängnis.

Oberflächlich gesehen erscheint dieser Vorfall zwar unbedeutend, er hatte jedoch unmittelbare und weitreichende Auswirkungen. Die Pekinger Studenten wurden nicht nur von ihren Lehrern und ihrem populären Universitätskanzler Cai Yuanpei unterstützt (dem brillanten und lebhaften Führer der ,,Gesellschaft zur Restauration" aus Qiu Jins Shanghaier Zeit von 1906, der zum Studium und zur Promotion nach Deutschland gereist war und nach seiner Rückkehr in der akademischen Hierarchie schnell aufsteigen konnte), sie hielten auch mit einer bemerkenswerten Hartnäckigkeit und Geschicklichkeit zueinander und bildeten eine eigene, fest miteinander verschmolzene Studentenvereinigung, um auf die Regierung größtmöglichen Druck ausüben zu können. Da der 7. Mai zur Erinnerung an die vier Jahre zuvor ausgesprochene Anerkennung der japanischen Einundzwanzig-Punkte-Forderung durch Yuan Shikai in ganz China inoffiziell zum Tag der nationalen Demütigung erklärt worden war, hatte die Demonstration auf Studenten außerhalb Pekings unmittelbare Auswirkungen. Die Regierung bemühte sich, Einzelheiten des Vorfalls mit einer Nachrichtensperre zu belegen, doch ihr Vorgehen war ungeschickt und schlug völlig fehl. Innerhalb eines Tages begannen Studenten in Tientsin, Shanghai und auch in weiter entfernten Städten mit der Planung eigener Streiks und Proteste. Auch in Tokio demonstrierten mehrere tausend Studenten und konnten nur durch mehrmaligen Einsatz der Polizei und der Kavallerie zerstreut werden, wobei neunundzwanzig Studenten ernsthaft verwundet wurden.[3]

Peking wurde mit Telegrammen überschüttet, welche Empörung über die Kompromißbereitschaft der chinesischen Regierung gegenüber Japan oder die Festnahme der Studenten äußerten. Sun Yatsen drängte darauf, alle Studenten auf Grund ihrer „patriotischen Gefühle" von einer Bestrafung auszunehmen. Kang Youwei, der sich in einem Zustand geistiger Hochstimmung befand, weil er in der Gründung des Völkerbundes einen ersten Schritt zur Erreichung seiner „Großen Gemeinschaft" erblickte, bezeichnete die Studentendemonstration als erste überzeugende Artikulation der „Rechte des Volkes" seit der Gründung der Republik im Jahre 1912. Er nannte die Demonstration „ein seltenes und wertvolles Ereignis" und verglich die Studenten mit den Patrioten, die im zwölften Jahrhundert während der Sung-Dynastie ebenfalls gegen die schwächliche Haltung ihrer Regierung angesichts fremder Aggressionen protestiert hatten.[4]

Obwohl die bedrängte Regierung die Freilassung der zweiunddreißig Studenten anordnete – sie wurden von ihren Mitstudenten in einem triumphalen Zug in einer Kolonne von dreizehn Autos auf ihr jeweiliges Universitätsgelände begleitet –, konnte die keimende Bewegung durch nichts mehr aufgehalten werden, erst recht als ein Student an den Verletzungen, die er während der Demonstration erlitten hatte, starb. In mehreren Städten wurden Studentenvereinigungen gegründet, die ein gemeinsames Vorgehen mit anderen wirtschaftlichen und gesellschaftlichen Kräften anstrebten. In Shanghai sandten einundsechzig Schulen und Oberschulen Delegierte in ein und dieselbe Vereinigung und planten, gemeinsam mit Kaufleuten und Arbeitern, Boykotts und Streiks; nachdem sie ein eigenes „Arbeitsministerium" zur Aufrechterhaltung des Kontakts mit der arbeitenden Bevölkerung gegründet hatten, zog eine Kundgebung Ende Mai mehr als hunderttausend Teilnehmer an. Dockarbeiter in den chinesischen Häfen weigerten sich, japanische Güter zu entladen; Geschäfte verpflichteten sich, keine japanischen Waren zu verkaufen, und in Hangzhou transportierten die Rikschafahrer keine japanischen Fahrgäste. Mitte Mai schlossen sich die Lehrer der Pekinger Oberschulen und Grundschulen zu einer Lehrervereinigung zusammen.[5]

Die allgemein herrschende Erregung steigerte sich noch, als Cai Yuanpei, der Kanzler der Nationaluniversität Peking, der angesehensten Hochschule in China, plötzlich sein Amt niederlegte. Cai hatte immer das Recht der Studenten auf Selbstbestimmung unterstützt und nach der Festnahme der zweiunddreißig Studenten bei der Regierung protestiert. Er war jedoch auch davon überzeugt, daß die Universität ein Zentrum der Kultur und Forschung sein müsse und daß Studenten studieren müßten. Seine Rücktrittserklärung begann mit der rätselhaften Bemerkung: „Ich bin erschöpft; diejenigen, die euer Pferd töteten, sind die Kinder am Straßenrand!" Gebildete Chinesen wußten, daß Cai hiermit auf eine alte, ergreifende Fabel anspielte, die von einem Beamten erzählt, der ein besonders schönes und selten öffentlich gezeigtes Pferd vorführt. Als die am Straßenrand stehenden Kinder beim Anblick des Pferdes vor Freude klatschen, treibt der Beamte das Pferd zu schnellerer Gangart an und reitet es so lange, bis es schließlich vor Erschöpfung tot umfällt.[6] War mit dieser verkürzten Botschaft gemeint, daß Cai Yuanpei sich für das Pferd und seine Studenten für jene Kinder hielt? Vielleicht wollte Cai Yuanpei nicht wie 1907 Qiu Jin „zu Tode geklatscht" werden, wie es Lu Xun in seinem damaligen beißenden Kommentar ausgedrückt hatte. Vielleicht wollte er auch nicht unter den Unterdrückungsmaßnahmen der Regierung leiden, die nach seiner Ansicht ganz sicher folgen würden. In dem Dreistädtegebiet von Wuhan ging der projapanisch eingestellte Militärgouverneur bereits mit äußerster Strenge gegen studentische Demonstranten vor. Er hatte seine Soldaten angewiesen, alle großen Versammlungen aufzulösen. Hunderte von Studenten wurden zusammengeschlagen und mindestens ein Student erschossen. Nachdem der Befehl ergangen war, jeden Studenten, der antijapanische Reden führte, hinzurichten, erstarben dort schließlich alle öffentlichen Proteste.[7]

Xu Sichang, der Präsident der Republik, war auch weiterhin der Meinung, daß die Studenten wieder am Unterricht teilnehmen sollten und daß China sich dazu entschließen müsse, die Verträge von Versailles zu ratifizieren. Präsident Xu, ein enger Verbündeter Yuan Shikais, hatte sein Amt in den unruhigen Monaten angetreten, die der Unterdrückung der von General Zhang initiierten Restaurationsversuche der Mandschus folgten. Obwohl er ebenso wie Kanzler Cai Yuanpei ein hervorragender Gelehrter war (beide zählten zu den wenigen Männern, die als Mitglieder der intellektuell hochangesehenen Hanlin-Akademie aus der Zeit der Qing-Dynastie nun in der Republik hohe Ämter bekleideten), richtete sich sein Interesse stets auf das traditionelle klassische Wissen und gegen die Verwendung der Umgangssprache, gegen die Lehren der radikalen Gesellschaftstheorien sowie gegen das moderne Recht und die Gesellschaftswissenschaften, die an der Nationaluniversität erfolgreich gelehrt wurden.[8] Er unterstützte darum weiterhin die projapanisch eingestellten Minister und weigerte sich, die Delegierten in Versailles anzuweisen, den Vertrag nicht zu ratifizieren. Als die Studenten daraufhin mit einem totalen Unterrichtsboykott reagierten, befahl er, alle diejenigen festzunehmen, die sich weiterhin an Demonstrationen beteiligen würden.

Den nun folgenden Maßnahmen der Studenten war ein glänzender Erfolg beschieden. Sie ließen sich nicht einschüchtern und begaben sich in kleinen Gruppen von ungefähr zwölf Personen auf die Straßen, redeten mit den Menschen in den Parks und an Straßenecken und bestärkten sie, die Regierung weiterhin zu bedrängen, den Versailler Vertrag nicht zu ratifizieren, japanische Waren zu boykottieren und sich nicht vor einer Verhaftung zu fürchten. „Die Zivilisierung der Welt hat zwei Ursprünge: das Studium und das Gefängnis", schrieb Chen Duxiu, der ehemalige Herausgeber der Zeitschrift *Neue Jugend,* der gerade zum Dekan der Studenten an die Nationaluniversität von Peking berufen worden war. „Wir Jugendlichen müssen bereit sein, ins Gefängnis zu gehen, wenn wir nicht gerade studieren, und zu studieren, wenn wir nicht gerade im Gefängnis sind. Nur auf diese Weise erreichen wir ein Leben in höchster Vollendung. Allein diejenigen Zivilisationen, die aus diesen Ursprüngen erwachsen, sind echte Zivilisationen mit Lebenskraft und Wert."[9] Als die Regierung die erste Studentengruppe verhaftete, bezogen mehrere tausend Studenten in den Straßen ihre Posten. Diesmal trugen sie Bettzeug und Lebensmittel auf dem Rücken mit sich, um ihre Bereitschaft, direkt ins Gefängnis zu gehen, zu demonstrieren. Die Regierung nahm vierhundertfünfzig Studenten fest. Am nächsten Tag erschienen noch mehr Studenten auf den Straßen, und als nach der Festnahme von mehr als 1100 Personen alle Gefängnisse in Peking überfüllt waren, mußte die Regierung Universitätsgebäude beschlagnahmen und diese in behelfsmäßige Gefängnisse umwandeln. Ungeachtet der oft äußerst harten Bedingungen in diesen Notbehelfsquartieren lehnten die Studenten alle von Sympathisanten außerhalb des Gefängnisses an sie herangetragenen Angebote von Spenden ab – so wurde zum Beispiel auch Liang Qichaos Bruder höflich abgewiesen, als er eine Spende von mehr als tausend Dollar, die Vereinigungen kantonesischer Kaufleute aufgebracht hatten, übergeben wollte. Auf diese Weise vermieden sie die Gefahr der Korruption, die Lu Xun vor den jungen studentischen Herausgebern seiner Zeitung während der Revolution in Shaoxing so sarkastisch aufgezeigt hatte.[10]

Ganz China wurde von neuerlichen Protestwellen, die von den Studenten in Peking ausgingen, überrollt. Sie übertrafen sogar die Demonstrationen, die auf den 4. Mai gefolgt waren. In Tientsin schlossen sich mehr als 170 Gruppen aus Wirtschaft, Erziehungswesen und Religion zusammen und gründeten die „Vereinigte Allianz zur Errettung der Nation". So groß war die politische Erregung, daß Zhou Enlai sein Studium in Japan abbrach, um nach Tientsin zurückzukehren und dort die Leitung der Zeitung der erweiterten Studentenvereinigung zu übernehmen. Kurz danach wurden die verschiedenen städtischen Studentenvereinigungen zu einem Chinesischen Studentenbund zusammengefaßt. In Shanghai wurden in über vierzig Wirtschaftsunternehmen und Fabriken Sympathiestreiks ausgerufen, und an die fünfzigtausend Arbeiter aus Textilspinnereien und Gießereien, von Zug- und Bahnlinien, aus Zigarettenfabriken und aus den Hafenanlagen erklärten sich solidarisch und legten ihre Arbeit nieder.[11] Anfangs hatten sich hauptsächlich männliche Studenten an den Demonstrationen beteiligt. Als die Regierung aber mehr und mehr Männer festnahm, setzte eine neue aufsehenerregende Entwicklung ein: Studentinnen organisierten eigene Demonstrationen. In Tientsin hatten Studentinnen und Lehrerinnen bereits eine Verbindung „Patriotischer Kameradinnen" und eine besondere Abteilung zur Abfassung von Ansprachen gegründet (Deng Yingchao, eine Studentin der Pädagogischen Hochschule, die später Zhou Enlai heiratete, war eine der Leiterinnen dieser Gruppe). Als dann in Peking die ersten männlichen Kommilitonen verhaftet wurden, demonstrierten am 4. Juni hundert Frauen und am 5. Juni über tausend Frauen vor dem Wohnsitz des Präsidenten Xu.[12] Schließlich entschloß sich der Präsident zu handeln und akzeptierte die Rücktrittsgesuche von Cai Rulin und zwei weiteren als projapanisch bekannten Ministern. Obwohl er weiterhin zögerte, die chinesischen Delegierten in Versailles anzuweisen, den Vertrag nicht zu ratifizieren, leisteten diese Delegierten – die von den Protesten in China beeindruckt waren, mehr als siebentausend Telegramme erhielten und von den chinesischen Studenten in Paris auch körperlich angegriffen wurden – bei den Abschlußfeierlichkeiten am 28. Juni in Versailles keine Unterschrift.[13] Diesem von so Vielen langersehnten Ergebnis kam höchstens eine symbolische Bedeutung zu, denn die chinesische Weigerung, den Vertrag zu ratifizieren, hatte keine Auswirkung auf die tatsächliche Machtstellung Japans in China. Die Bewegung, die in den Monaten Mai und Juni begonnen hatte, setzte sich jedoch fort und zeigte ungeahnte Auswirkungen auf das Bildungswesen, die gewerkschaftlichen Organisationen und auch auf die Einstellung der Intellektuellen gegenüber ihrem Land und sich selbst: so wurden in dieser Zeit mehr als vierhundert Zeitschriften gegründet, die politische und kulturelle Themen in der Umgangssprache erörterten; mehrere hundert Schulen mit oftmals radikalem Lehrplan wurden eröffnet und Fragen der internationalen Politik und der eigenen gesellschaftlichen Strukturen mit großer Sorgfalt erörtert.[14] Die Zeitschrift *Neue Jugend*, die vormals keine ausgeprägt politische Richtung verfolgt hatte (zumindest keine dezidiert geäußerte), veröffentlichte Ende 1919 ein lebendiges und idealistisches Manifest. Unter anderem hieß es darin:

„Wir glauben, daß der moralische Fortschritt der Menschheit ein Niveau erreichen sollte, das das auf tierische Triebe begründete Leben übersteigt. Darum sollten wir allen Völkern der Welt ein Gefühl der Freundschaft und der gegenseitigen Unterstützung entgegenbringen. Den aggressiven und besitzgierigen Militärherrschern gegenüber müssen wir jedoch feindselig gesinnt sein.

Wir treten für Massenbewegungen und gesellschaftlichen Wiederaufbau ein, indem wir die Verbindungen zur Vergangenheit und zu den gegenwärtigen politischen Parteien vollständig abbrechen.

Wir glauben nicht an die Allmacht der Politik, erkennen jedoch an, daß die Politik einen wichtigen Aspekt des öffentlichen Lebens darstellt. Wir glauben auch, daß in einer wahren Demokratie die politischen Rechte beim ganzen Volk liegen müssen. Zwar mögen dem Grenzen gesetzt sein, aber das Kriterium zur Verteilung dieser Rechte sollte darin bestehen, ob jemand arbeitet oder nicht, und nicht darin, ob er über Besitz verfügt. Eine solche Politik ist für die Einführung einer neuen Epoche unbedingt notwendig und stellt gleichzeitig ein wertvolles Hilfsmittel zur Entwicklung der neuen Gesellschaft dar. Wir betrachten auch die politischen Parteien als notwendige Einrichtungen der politischen Praxis, wir werden aber niemals Mitgliedschaften in Parteien dulden, die für die Interessen einiger weniger oder einer einzigen Klasse eintreten und nicht für das Glück der gesamten Gesellschaft.

Wir glauben, daß Politik, Ethik, Wissenschaft, Religion und Erziehung auf praktische Ziele ausgerichtet sein müssen, um Fortschritte im gegenwärtigen und zukünftigen gesellschaftlichen Leben erreichen zu können.

Wir müssen die nutzlosen und beziehungslosen Elemente der traditionellen Literatur und Ethik aufgeben, um solche neuen Elemente schaffen zu können, die für den Fortschritt der neuen Zeit und der neuen Gesellschaft erforderlich sind.

Wir glauben, daß für den Fortschritt unserer gegenwärtigen Gesellschaft Naturwissenschaften und pragmatische Philosophie Vorbedingungen sein sollten und daß Aberglaube und Spekulation abgeschafft werden müssen.

Wir glauben, daß die Achtung der Persönlichkeit und der Rechte der Frau zur fortschrittlichen Entwicklung unserer gegenwärtigen Gesellschaft unbedingt erforderlich ist; und wir hoffen, daß sich die Frauen selbst ihrer Pflichten gegenüber der Gesellschaft in vollem Maße bewußt sind.“[15]

Diese letzte Erklärung war von besonderer Bedeutung, denn bisher hatte sich in China an der Stellung der Frau kaum etwas geändert. Zwar gab es Fortschritte auf dem Bildungssektor, man hatte Gesetze verändert, um die schlimmsten Ungerechtigkeiten gegenüber Witwen zu vermeiden, und man setzte sich zunehmend dafür ein, das Fußbinden sowie die Tötung neugeborener Mädchen abzuschaffen. Doch obwohl Qiu Jin und Kang Youwei bereits vor fast zwanzig Jahren diese Grausamkeiten angeprangert hatten, existierten sie noch überall. Außerdem waren viele vielversprechende Initiativen aus der Zeit vor der Revolution von 1911 in den darauffolgenden Jahren der Militärherrschaft im Sande verlaufen. Einige weibliche Militär- und Rotkreuzeinheiten, die 1911 auf dem Höhepunkt der revolutionären Begeisterung gegründet worden waren, hatte man nur kurze Zeit später wieder aufgelöst. In der Provinz Guangdong war es den Frauen eine Zeitlang erlaubt, zu wählen und an der provisorischen Versammlung teilzunehmen. Diese Aktivitäten kamen jedoch zum Stillstand, als die Guomindang die Punkte in ihrem Parteiprogramm, die sich mit den Frauenrechten befaßten – die die „Revolutionäre Allianz“ ursprünglich unterstützt hatte –, wieder fallenließ. Als 1912 chinesische Suffragetten in der provisorischen Versammlung umfassende, aggressive Versuche unternahmen, eine Lobby zu gewinnen, erreichten sie dadurch lediglich allgemeine Bekanntheit, aber keine wirklichen Veränderungen. Auch andere vielversprechende Unternehmungen, wie die Gründung von Versicherungsgesellschaften, die den Frauen den Zugang zu einer Ausbildung ermöglichen sollten, und der Versuch, aus Einnahmen von Schmuckverkäufen ein Bankinstitut für Frauen zu bilden, brachen vollständig zusammen.[16] Als dann 1914 Erziehungsminister Tang Hualong die Bemühungen um die Ausbildung der Frauen öffentlich mißbilligte, folgten weitere Rückschläge. (Später wurde dieser Minister in Victoria, Kanada, von einem chinesischen Friseur ermordet.)[17]

Gleichzeitig gab es jedoch auch einige positive Anzeichen. Im gleichen Maße, wie immer mehr Schulen für Mädchen und Frauen gegründet wurden, zeigte sich auch die Gesellschaft zunehmend bereit, diese neuen Einrichtungen zu dulden und sogar zu fördern. Es bildete sich auch bald eine neue Gruppe emanzipierter Lehrer heraus (sowohl Männer als auch Frauen), die an diesen Schulen unterrichteten.[18] Die Lektüre volkstümlicher Berichte über heroische Frauen aus anderen Ländern und romantischer Erzählungen über chinesische Frauen war weit verbreitet. Auch Qiu Jins Gedichte, die 1907 fast unmittelbar nach ihrem Tode veröffentlicht worden waren, erschienen nun in einer neuen, erweiterten Ausgabe. Seit der Gründung der Zeitschrift *Neue Jugend* im Jahre 1915 war Chen Duxiu für die Rechte der Frauen eingetreten. 1918 veröffentlichte er in seiner Zeitschrift eine vollständige Übertragung von Ibsens *Nora oder Ein Puppenheim* in die chinesische Umgangssprache (Lu Xun hatte dieses Schauspiel 1907 erstmals in einem seiner japanischen Aufsätze besprochen). Das Stück gewann sofort große Beliebtheit, und der Name der Heldin, Nora, wurde in China ebenso bekannt wie zehn Jahre zuvor der Name Sophia.[19]

So wie Shen Congwen die vielschichtige Welt der Militärherrscher im Westen der Provinz Hunan in unmittelbarer Anschauung erfuhr, so erlebte Ding Ling die Kämpfe der Frauen in Changsha und in den kleineren ländlichen Städten, die ungefähr einhundertsechzig Kilometer von Shen Congwens Garnison flußabwärts am Yuan lagen, als Zeugin mit. Ding Ling, die 1905 in dem Städtchen Anfu im nördlichen Zentrum der Provinz Hunan als Tochter einer großen und wohlhabenden Grundbesitzerfamilie geboren worden war, sollte später einmal ebenso wie Shen zu den besten Schriftstellern ihres Landes zählen, und es stand ihr ein langes Leben bis ins volksrepublikanische China der achtziger Jahre unseres Jahrhunderts hinein bevor.[20] Wie Shen beschrieb sie sehr anschaulich die Revolution von 1911, die sie teils aus der Sicht ihrer Kindheit und teils basierend auf Erinnerungen ihrer Mutter schilderte. Sie erinnerte sich, wie sie und die anderen Kinder durch Gerüchte, daß die langhaarigen Banditen kämen, in Angst versetzt worden waren und wie sie aufgeregt im Garten gestanden hatten, als die Erwachsenen die am Nachthimmel sichtbaren, Unheil verheißenden astronomischen Vorzeichen besprachen. Für ihre Mutter bestand die Erinnerung an die Revolution hauptsächlich in der plötzlichen Stille oder vielmehr im unerwarteten Verstummen des alltäglichen Lärms. Auf dem Marktplatz, wo man sonst mit lauter Stimme Kundschaft angelockt hatte, arbeiteten jetzt still und unaufhörlich die Sänftenträger, die viel zu sehr damit beschäftigt waren, die Reichen aus der Stadt hinaus zu ihren Verwandten auf dem Lande zu befördern, um Zeit oder Anlaß zu haben, sich um weitere Arbeit zu bemühen. Aus dem Umland kamen Hunderte von Trägern, die von diesem plötzlichen Aufschwung profitieren wollten, und alle fanden genügend Arbeit. Ding Ling und ihre Familie sahen, wie man Karren mit Haushaltsgütern belud, um sie eilig in Sicherheit zu bringen. Sie hörten, wie die Städter (sogar auf der Flucht noch) überlegten, daß ihnen nichts passieren könne, weil sie nur ein kleines Stück Land besäßen, auf das sich ein Angriff nicht lohne. Sie hörten auch, daß man den Fahrpreis auf allen Flußbooten erhöht hatte. Sie hörten in der Ferne Gewehrsalven, und sie sahen, wie die ersten jungen Männer aus der Schicht des Gelehrten-Landadels ohne Haarzopf durch die Straßen spazierten, von denen es hieß: „Sie müssen Revolutionäre sein.“[21]

Ding Lings Vater, der kurze Zeit in Japan studiert hatte, war noch vor 1911 in jungen Jahren gestorben. In späteren Berichten wird er nur vage als weicher und großzügiger Mann beschrieben, der je nach Laune Familienbesitztümer an Verwandte und zufällige Bekannte verteilte. Ding Ling konnte sich später niemals genau an sein Gesicht erinnern. Sie hatte jedoch eine enge Beziehung zu ihrer verwitweten Mutter, eine Beziehung, die noch inniger wurde, als ihre Mutter die mutige Entscheidung traf, den Schutz des angestammten Familienbesitzes zu verlassen, um sich einer modernen Erziehung zunächst in der neu eröffneten Mädchenschule in Changde und später in der Provinzhauptstadt Changsha unterziehen zu können.[22]

In Changde stand die Ausbildung nach modernen Richtlinien erst in ihren Anfängen, aber Changsha war bereits gegen Ende des neunzehnten Jahrhunderts, als Tan Sitong, Liang Qichao und andere führende Reformer dort lehrten, ein Zentrum radikaler Gedanken gewesen. Auch nachdem Tan hingerichtet worden war und Liang ins Exil gehen mußte, blieb Changsha weiterhin ein anregendes pädagogisches Zentrum, das einige der besten Schulen Zentralchinas und ein wegweisendes Zentrum für Frauenerziehung beherbergte.[23] Ding Ling schildert in ihren Erinnerungen an das Schulleben ihrer Mutter 1911 in Changde und von 1912 bis 1913 in Changsha (an der Ersten Pädagogischen Hochschule für Mädchen) viel von den Ängsten und Erregungen, die diese zwanzig bis vierzig Jahre alten Frauen befielen, während sie versuchten, sich für ihr Leben in dem neuen chinesischen Staat vorzubereiten.[24]

Ding Lings Mutter, die bereits dreißig Jahre alt war, als sie erstmals die Schule besuchte, wurde sich allmählich der äußeren Welt, der Demütigung Chinas durch die ausländischen Mächte und der Notwendigkeit einer Reform des Staates bewußt. Viele ihrer Freundinnen äußerten den Wunsch,

Die Changde-Gruppe der sieben Frauen im Jahre 1911. Links auf dem Fußboden Xiang Jingyu; Ding Lings Mutter sitzt als dritte von rechts in einem der Korbsessel.

China zu „retten".[25] Schülerinnen, die zu Hause mit Opium rauchenden Verwandten aufgewachsen waren (selbst Zehnjährige rauchten gelegentlich), konnten mit melancholischer Genugtuung an den Debatten über die Schädlichkeit der Opiumsucht teilnehmen und waren begeistert von den radikaleren Zeitschriften, die Hunan aus Shanghai erreichten.[26] Einige stellten das heroische Vorbild Qiu Jins als Beispiel für die Frauen ihrer Zeit heraus, andere waren dagegen der Meinung, daß nicht Gewalt, sondern Erziehung und Bildung auf breiter Ebene vonnöten seien. Eine junge Frau drückte das folgendermaßen aus: „Seht euch einmal an, was seit der Gründung der ‚Gesellschaft zur Restauration' geschehen ist. Wie oft hat man Aufstände angezettelt, aber es hat nicht ein einziges erfolgreiches Beispiel gegeben. Das Ergebnis bestand lediglich darin, daß einigen Leuten die Köpfe abgeschlagen wurden."[27] Nach jenem ersten Schuljahr in Changde verfaßte eine Gruppe von sieben Frauen – von denen Ding Lings Mutter mit dreißig Jahren die älteste und ihre enge Freundin Xiang Jingyu mit siebzehn Jahren die jüngste war – ein ernstes Manifest, in dem sie gelobten, sich einem fortwährenden Studium zu unterziehen, um die Gleichberechtigung von Mann und Frau zu erreichen und um ihr Land durch Erziehungsmaßnahmen vor dem Untergang zu erretten.[28]

Die jüngeren Kinder, die manchmal dabeisitzen durften, wenn die Erwachsenen sprachen, wurden mit den Diskussionen über Erziehungsprobleme und über die Rolle, die sie später einmal im Leben übernehmen sollten, vertraut und lernten, ihren halb scherzenden Gesprächspartnern patriotische Antworten zu geben. Einem kleinen Mädchen wurde gesagt: „Wir müssen dir eine gute Erziehung geben. Du mußt aufhören, nur die Männer hoch einzuschätzen und die Frauen für gering zu halten. ... Möchtest du nicht etwas lernen, Kleines? Möchtest du nicht etwas Süßes von deiner Tante bekommen?" „Ich möchte lernen, aber ich möchte nichts Süßes haben; ich will ein ausländisches Dampfschiff haben", antwortete das Kind, das im Hause einer der Freundinnen der Mutter ein naturgetreues Modell eines ausländischen Passagierschiffes gesehen hatte.[29] Gleichzeitig erfuhr Ding Ling, wie tief die Kluft zwischen der Erziehung von Männern und der von Frauen und den damit verbundenen Erwartungen tatsächlich war, als der jüngere Bruder ihrer Mutter in die Welt der Geschäfte und des Wissens hatte hinausgehen dürfen, während ihre Mutter zu Hause lediglich im Sticken unterrichtet worden war. Nun, als ihre verwitwete Mutter mit ihren Schulaufgaben kämpfte, mußte Ding Ling mitansehen, wie sie ihren Lebensunterhalt durch Verkäufe kleiner Landstücke bestritt und auch von Einkünften lebte, die die alte Magd der Familie durch die Aufzucht von hundert Küken und einigen Ferkeln sowie durch den Anbau von Gemüse erwirtschaften konnte. Ding Ling verglich die Verwundbarkeit jener Küken, die gerade aus ihrer Schale geschlüpft waren, mit der Verwundbarkeit der Mädchen, die an jenem Ort und zu jener Zeit geboren wurden.[30]

Am schrecklichsten für sie war es jedoch, die Schmerzen und die Zähigkeit einer Mutter zu beobachten, die ihre Füße von den Bandagen befreit hatte. Ding Ling erinnerte sich später an die Beschreibung der ersten Schultage ihrer Mutter, als die Frauen vom Land, die von den vorangegangenen Aufnahmeprüfungen, Vorbereitungen und von der fremden Umgebung bereits verwirrt waren, gegen die Tränen ankämpften, die ihre Gesichter hinunterrollten, weil sie während der scheinbar endlosen Einführungsfestlichkeiten auf ihren gebundenen Füßen stehen mußten und Wut, Demütigung und Schmerzen zugleich empfanden.[31] Ein moderner Lehrplan konfrontierte diese Frauen mit einer dramatischen Herausforderung, dem Sportunterricht, der für alle Frauen angeboten wurde; gleichzeitig waren aber Frauen mit gebundenen Füßen von der Teilnahme befreit. Nachdem Dings Mutter von einigen ihrer radikaleren Freundinnen mit ungebundenen Füßen ermutigt worden war, entschloß sie sich, am Sportunterricht teilzunehmen, ungeachtet der Sticheleien einer großen Anzahl ihrer Klassenkameradinnen. Sie wikkelte die in mehreren Schichten liegenden Stoffstreifen von den Füßen, machte erste ängstliche Schritte, badete die Füße jeden Abend in kaltem Wasser, um die Schmerzen zu lindern, machte regelmäßig gymnastische Übungen und bemerkte schließlich, daß sich ihre Füße allmählich wieder streckten, bis sie endlich wie ihre Freunde und Lehrer normales Schuhwerk tragen konnte.[32] 1914 mußte Ding Lings Mutter ihre hartnäckigen Bemühungen um Weiterbildung beenden. Als sie die Schulgebühren nicht mehr bezahlen konnte, wurde ihr nicht weit von Changsha an einer Grundschule in Taoyuan eine Lehrtätigkeit angeboten. Dort unterrichtete sie mehrere Jahre lang, bis sie zur Leiterin der Schule von Changde befördert wurde, an der sie ihre Ausbildung einst begonnen hatte.[33]

Dieser langsame und stetige Kampf war bereits ein Sieg an sich und ermutigte Ding Ling, die schon früh lesen und schreiben konnte und nicht durch gebundene Füße behindert war, zu hochfliegenden Plänen. Sie besuchte eine Zeitlang die Grundschule von Changsha, die der Ersten Pädagogischen

Xiang Jingyu 1920 in Frankreich.

Hochschule angegliedert war, an der auch ihre Mutter einst studiert hatte. Danach lebte sie eine Weile gemeinsam mit ihrer Mutter in Changde und kehrte 1919 zum Studium nach Changsha zurück. Während ihrer Jugendzeit übte Xiang Jingyu, eine enge Freundin ihrer Mutter aus der ehemals verschworenen Gemeinschaft der sieben jungen Frauen in Changde, großen Einfluß auf Ding Ling aus.[34] Xiang, die einstmals als jüngste der Gruppe naive Begeisterung für das Programm der nationalen Wiederbelebung empfunden hatte, war nun zu einer starken Persönlichkeit und einer begabten Frau herangewachsen. Sie hatte ihre Ausbildung an der Zhounan-Mittelschule für Mädchen erhalten, der besten Frauenschule für höhere Bildung in

Changsha, die sich durch Xiang und ihre Freundinnen zu einem Zentrum politischer Aktivitäten entwickelte. Mit ihrer Freundin Cai Chang gründete Xiang, nachdem ihr radikaler Schulrektor sie dazu ermutigt hatte, in Anlehnung an die Grundsätze der „Gesellschaft für Arbeit und Studium in Frankreich" eine Arbeits- und Studiengruppe für Frauen (eine ähnliche Gruppe hatte Mao Zedong mit Cais Bruder Cai Hesen bereits in der führenden Schule für Jungen gegründet). Die jungen Frauen in Xiangs Gruppe bereiteten sich auf die Reise nach Frankreich vor, indem sie sich durch ein Arbeitsprogramm eine bessere Ausbildung sowie mehr Vertrauen in die eigenen Fähigkeiten aneigneten; auf diese Weise, so hofften sie, würden sie in die vorderste Front der jüngsten Generation chinesischer Studenten vorrücken, die für die Selbsterstarkung Chinas kämpfte. Xiang besprach ihre Pläne des öfteren ausführlich mit Ding Ling, und fast jedes Mal, wenn sie per Dampfschiff und mit dem Segelboot flußaufwärts die lange Reise in ihre Heimat unternahm, legte sie in Taoyuan eine Pause ein, um Ding Ling und ihre Mutter zu besuchen. Als sich die 4.-Mai-Bewegung auf Hunan ausbreitete, spielten die Studenten in Taoyuan und an der Zhounan-Schule eine führende Rolle; unter der Führung des (von Mao Zedong gegründeten) Allgemeinen Studentenverbandes organisierten sie Zehnerkomitees zur Errettung der Nation, die durch die Provinz reisten, um bei der Jugend von Hunan Patriotismus und ein Bewußtsein der eigenen Aufgabe zu wecken.[35]

Mit der patriotischen Einstellung wurde den Frauen allmählich auch die Bedeutung ihrer persönlichen Freiheit bewußt. Zum Teil war dieses Bewußtsein durch Aufsätze in der *Neuen Jugend* und ähnlichen Zeitschriften geweckt worden, die die Abhängigkeit der Frauen in der chinesischen Gesellschaft untersuchten, Heiraten nach konventionellem Vorbild kritisierten und für vielfältige geschlechtliche Beziehungen oder auch freie Liebe eintraten. Ding Ling gelang es schließlich, sich einer arrangierten Hochzeit zu entziehen, die von den Familienältesten der Sippe ihres verstorbenen Vaters vorbereitet worden war, indem sie ihre zukünftigen Schwiegereltern durch ihr radikales Verhalten so schockierte, daß diese es vorzogen, ihren Sohn nicht mit ihr zu verheiraten: Gemeinsam mit ihrer Freundin Yang Kaihui (der Tochter eines der führenden Pädagogen von Changsha) faßte Ding Ling den verwegenen Entschluß, sich an einer ehemals nur von Jungen besuchten Oberschule, an der die Koedukation gerade erst eingeführt worden war, einzuschreiben, ein Entschluß, der schließlich zwar von ihrer Mutter, nicht aber von der übrigen Familie gebilligt wurde. Mit nur vierzehn Jahren setzte sich Ding Ling auch bereits lautstark, aber ohne Erfolg, bei den Provinzialbehörden von Hunan für die Zusicherung gleicher Rechte für Frauen und für die gesetzliche Verankerung des Erbrechts für Frauen ein. Als im Jahre 1919 Xiang Jingyu, Cai Chang und andere Freunde Changsha verließen, um in Peking Französisch zu lernen und anschließend nach Paris zu reisen, war es Ding Ling und ihrer Mutter finanziell nicht möglich, sie zu begleiten; sie blieben jedoch weiterhin brieflich in Verbindung.[36]

Diese ungewöhnliche gedankliche Klarheit, die Energie und der Mut, den die jungen Frauen bewiesen, sollten jedoch nicht darüber hinwegtäuschen, daß es starke ihnen entgegengerichtete Kräfte innerhalb der chinesischen Gesellschaft gab, die ungeachtet einiger emanzipatorischer Bestrebungen zahllose andere Frauen dazu veranlaßten, ihre Füße und auch die Füße ihrer Töchter weiterhin zu binden, sich ohne Widerspruch in arrangierte Ehen zu fügen und im Falle ihrer Verwitwung demütig ein Leben in „Keuschheit" zu führen, das die herkömmliche Moral von ihnen verlangte. Der niedrigere Status der Frau war von Zeit zu Zeit sogar neu „bewiesen" worden, und jetzt wurden die älteren konfuzianischen Vorschriften der Unterordnung und des Gehorsams auch noch durch die pseudowissenschaftliche Sprache einer verwestlichten Wissenschaft sowie durch mathematische Formeln gestützt.[37]

In einem Aufsatz mit dem Titel „Meine Ansichten zur Keuschheit", den er 1918 für die Zeitschrift *Neue Jugend* schrieb, unterwarf Lu Xun diese anachronistische Einstellung gegenüber der Frau einer schonungslosen Prüfung. Er wies darauf hin, daß die einseitige Anwendung des Prinzips der Keuschheit auf die Frau (ohne dies zugleich auch vom Mann zu verlangen) der Logik Kang Youweis entspreche, den Kaiser wiedereinzusetzen, oder auch mit der Logik der Spiritualisten zu vergleichen sei, die den Geist des alten Philosophen Menzius zur Lösung der Probleme Chinas herbeizurufen gedächten. Lu Xun fragte gezielt:

„In welcher Weise verletzen unkeusche Frauen den Staat? Es ist nur allzu offensichtlich heutzutage, daß ‚der Staat am Ende ist'. Ununterbrochen werden gemeine Verbrechen verübt und Krieg, Banditentum, Hungersnot, Überschwemmung und Trockenheit folgen einander auf dem Fuße. Das ist aber darin begründet, daß uns eine neue Moral und eine neue Wissenschaft fehlen und daß alle unsere Gedanken und Taten nicht mehr in die heutige Zeit passen. Darum ähnelt unsere umnachtete Zeit den vergangenen finsteren Zeiten. Außerdem sind alle Posten in der Regierung, der Armee, den Universitäten und der Wirtschaft von Männern besetzt, nicht von unkeuschen Frauen. Es ist weiterhin unwahrscheinlich, daß die Männer in einflußreichen Stellungen von diesen Frauen so verhext worden sind, daß sie das Gefühl für Recht und Unrecht verloren und sich in ein ausschweifendes Leben gestürzt haben."[38]

Lu Xun führte weiter aus, daß Argumente, die auf *Yin* und *Yang* beruhten, ganz offensichtlich dummes Gerede seien, denn selbst wenn es solche Prinzipien gebe, könne man niemals die Überlegenheit des einen Geschlechtes gegenüber dem anderen „beweisen". Nur ein Land wie China könne „so eine entstellte Moral schaffen, die mit jedem Tag noch an Grausamkeit und Härte zunimmt."[39] Das bestehende System habe seit Jahrtausenden abscheuliche Forderungen an die Frauen gestellt; da man die vergangenen Fehler aber nicht korrigieren könne, solle man zumindest versuchen, sie in Zukunft zu vermeiden:

„Diese Frauen sind zu bemitleiden. Traditionsgemäß wurden sie in großer Anzahl grundlos gefangengehalten und sinnlos geopfert. Wir sollten ihnen eine große Gedenkfeier widmen.

Nach der Trauer um die Toten müssen wir schwören, rein, intelligent, tapfer, strebsam und fortschrittlich zu sein. Wir müssen jede Maske herunterreißen. Wir müssen all die Dummheit und Tyrannei in der Welt abschaffen, die sowohl andere als auch uns selbst verletzen.

Nach der Trauer um die Toten müssen wir schwören, das sinnlose Leiden abzuschaffen, das unser Leben erstickt. Wir müssen all die Dummheit und Tyrannei loswerden, die die Leiden anderer bewirken und dann auch noch ihre Freude daran haben.

Wir müssen auch schwören, dafür zu sorgen, daß alle Menschen ihr legitimes Glück erfahren können.“[40]

Der Protest gegen solche Scheinheiligkeit war nicht nur auf eine kleine Elite von Schriftstellern in Peking und Shanghai beschränkt. Als Fräulein Zhao aus der Nanyang-Straße in Changsha im Jahre 1919 Selbstmord verübte, weil sie sich weigerte, gemäß dem Wunsch ihrer Eltern den ortsansässigen Herrn Wu zu heiraten, versuchten einige den durch seinen tödlichen Ausgang in dramatischer Weise zugespitzten Fall auszunutzen, um eine positive Lektion daraus abzuleiten. Zu ihnen zählte auch Mao Zedong, zu jener Zeit ein junger Mann von Mitte zwanzig, der den väterlichen Bauernhof im Zentrum von Hunan verlassen hatte, um in Changsha zu studieren. Mao hatte sich im Verlauf seines Studiums aus einer von seinen Eltern vor langer Zeit ausgehandelten arrangierten Ehe mit der Tochter einer benachbarten Familie lösen können und war mit Ding Lings Freundin und Mitaktivistin Yang Kaihui zusammengetroffen, die er dann später heiratete. Der Vater von Yang Kaihui war der neokantianische Philosoph Yang Changji, unter dem Mao einige Jahre lang Ethik an der Ersten Pädagogischen Hochschule von Changsha studiert hatte und der Maos Gedanken bezüglich der Selbstverwirklichung des Individuums und der Verantwortlichkeit des Individuums gegenüber der Gesellschaft in grundlegender Weise beeinflußte. Mao wird auch – so nimmt man an – den 1915 von Yang verfaßten Artikel über die chinesische Familie gelesen haben, in dem die Rechte der Frauen im Westen und die dortige Praxis, sich den Ehepartner nach eigenem Ermessen auszuwählen, gepriesen wurden. Yang hatte auch auf die Gefahren der arrangierten Ehe im Falle von geistig und körperlich behinderten Menschen hingewiesen, deren Mängel eigentlich nicht vererbt werden sollten.[41] Vielleicht wandte sich Mao mit seinem ersten, in jugendlichem Alter verfaßten und 1917 in der *Neuen Jugend* veröffentlichten Aufsatz über Leibeserziehung unbewußt gegen diese rücksichtslosen eugenischen Ansichten. Er hielt es für notwendig, das chinesische Volk körperlich durch ausgiebige Übungen und soldatische Ausbildung zu stärken, um die alten chinesischen Ideale der „weißen und schlanken Hand“, „der langsamen und bedächtigen Gangart und des gelassenen Blickes“ auslöschen und sie statt dessen durch eine schöpferische „Wildheit" ersetzen zu können, die dazu befähige, „auf ein Pferd zu springen und gleichzeitig zu schießen; von einer Schlacht in die andere zu ziehen; mit einem Schrei die Berge zu erschüttern und mit Wutgebrüll die Himmelsfarben zu verwischen; mit der Stärke eines Xiang Yu Berge zu versetzen sowie mit der Verwegenheit eines You Ji die Zielscheibe zu durchbohren".[42]

Solche romantischen und dramatischen Gedanken zur Umwandlung der Persönlichkeit konnten jedoch Fräulein Zhao nicht mehr retten, denn sie gehörte zu den zwar mutigen, aber unglückseligen Frauen aus der Generation Ding Lings und Yang Kaihuis. Mao Zedong schrieb 1919 in einem Aufsatz für eine Zeitung in Changsha, daß Fräulein Zhao habe sterben müssen, weil sie von „drei eisernen Netzen, die eine Art dreieckigen Käfig bilden", gefangengehalten worden sei: Diese drei Netze seien ihre eigene Familie, die Familie Wu (die Familie des Bräutigams) und die chinesische Gesellschaft selbst. So halsstarrig die Zhaos und die Wus auch gewesen sein mochten, „wenn sich in der Gesellschaft eine die Öffentlichkeit beeinflussende Gruppe zur Unterstützung der jungen Frau gefunden hätte, wenn eine völlig neue Welt existieren würde, die die Flucht aus dem elterlichen Haus, um anderenorts Schutz zu suchen, nicht für verachtenswert, sondern für ehrenhaft gehalten hätte", würde Fräulein Zhao noch leben. Sie starb „an der Bösartigkeit des gesellschaftlichen Systems", fügte Mao hinzu, und wegen der „Nichtbeachtung des individuellen Willens". Aus diesem Vorfall könne man die simple Lehre ziehen, daß die Gesellschaft sich ändern müsse, aber auch, daß Selbstmord, so sehr man ihn in diesem Fall auch achten müsse, keine angemessene Reaktion darstelle. Gerade weil „die Menschen Selbstmord verüben, weil die Gesellschaft sie aller Hoffnungen beraubt hat," schrieb Mao, „sollten wir gegen die Gesellschaft kämpfen, um unsere verlorenen Hoffnungen wiederzugewinnen. Wir sollten kämpfend sterben."[43]

Wir wissen nicht, ob auch Qu Qiubai diesen Artikel gelesen hat; 1915, als er sechzehn Jahre alt war, hatte seine Mutter sich umgebracht, indem sie sorgfältig den roten Phosphor von Zündholzköpfen abgekratzt und das Pulver mit einem Glas Wein heruntergeschluckt hatte. Auch in ihrem Fall waren die Gründe für die Verzweiflungstat so vielschichtig wie die chinesische Gesellschaft selbst. Sie war – nach außen hin „gut" – mit einem gebildeten Mann verheiratet worden, der einer jener alten Grundbesitzerfamilien in Jiangsu entstammte, die zur Zeit der Qing die Stütze der Schicht des gelehrten Landadels bildeten und die nach den Erhebungen von 1911 (wie Shen Congwen im Falle seiner Heimatprovinz bemerkt hatte) zu ihrer wirtschaftlichen Stärke noch politische Macht hinzugewinnen konnten. Ihr Ehemann war jedoch faul, extravagant und unfähig, aus dem Landbesitz mehr Geld zu ziehen oder auch nur eine Anstellung in der neuen staatlichen oder Provinz-Verwaltung zu finden. Er hatte Qu Qiubai eine gute Grundausbildung zukommen lassen, war aber dann, als sein Vermögen schwand, in eine andere Provinz gezogen, um dort eine Anstellung als Lehrer anzunehmen. Sein Gehalt war jedoch so gering, daß er seiner Frau kein Geld überweisen konnte. Die Anstrengungen, die bei ihr zurückgebliebenen sechs Kinder aufzuziehen, die Pflicht, für die halbgelähmte Schwiegermutter zu sorgen, der kontinuierlich wachsende Berg von Schulden, die fortwährenden spitzen Bemerkungen der Verwandten ihres Ehemanns über ihre armselige Haushaltsführung und ihren Mangel an kindlicher Ergebenheit erschöpften Qu

Qu Qiubais Mutter im Jahre 1915 kurz vor ihrem Selbstmord.

Qu Qiubai und sein Vater um 1909.

Qiubais Mutter dermaßen, daß sie eines Tages das Leben nicht mehr ertragen konnte.[44]

Qu Qiubai war vom Tod seiner Mutter erschüttert – als er die Nachricht erhielt, verließ er schnellstens die Schule, zeitig genug, um ihren Körper noch zwischen den Hilfsmitteln des Selbstmordes liegen sehen zu können –, und er wußte beim besten Willen nicht, was er in Zukunft anfangen sollte. Er geriet fast mittellos nach Wuhan, wo Verwandte ihn finanziell ein wenig unterstützten, und lebte dann ab 1916 in Peking. Da er zu arm war, um die Zulassungsgebühren und Studiengelder an den normalen Universitäten bezahlen zu können, schrieb er sich für eine fünfjährige Ausbildung an dem unter dem Patronat des Außenministeriums neugegründeten russischen Sprachinstitut ein. Diese Einrichtung war nicht nur gebührenfrei, sie vergab zusätzlich auch noch kleine Stipendien und versprach nach Abschluß der Studien eine Anstellung bei der Regierung, im diplomatischen Dienst oder bei der Chinesischen Ost-Eisenbahn.[45] Qu besaß eine gute Ausbildung in klassischem Chinesisch – besonders auf dem Gebiet der Literatur – und war persönlich in starkem Maße am Buddhismus interessiert. Die russische Literatur dagegen war ihm, wie er sich später erinnerte, völlig unbekannt, als er 1917 das Institut erstmals betrat, und er hatte auch der russischen Revolution bis dahin keine Beachtung geschenkt. Wenn er überhaupt einer Ideologie anhing, dann war es ein „Anarchismus, wie ihn Tolstoi vertrat".[46]

Drei Jahre lang lebte Qu einsam in intensive Studien vertieft in Peking. Er arbeitete täglich elf Stunden, teils für die im Institut gelehrten Fächer Russisch und Französisch und teils an klassischen buddhistischen und philosophischen Texten. Letztere, so glaubte er, würden ihm zur „transzendentalen" Stufe des Dienstes an der Menschheit verhelfen, indem sie wahren Altruismus förderten.[47] Gesellschaftliche Kontakte unterhielt er lediglich zu einigen Mitstudenten innerhalb seines Faches und zu einer kleinen Gruppe, die sich im Büro des Leiters der Bibliothek der Pekinger Nationaluniversität, Li Dazhao, traf, um in zwangloser Weise über die marxistische Theorie zu sprechen. Auch Mao Zedong, der nach Abschluß seiner Studien an der Ersten Pädagogischen Hochschule nach Peking gekommen war und nun unter Li als Hilfsbibliothekar arbeitete, nahm an diesen Treffen teil. Qu empfand Lis Darstellung der marxistischen Theorie als tröstend in einer Welt, die er bisher nur in negativem Licht gesehen hatte. Die korrupten Bürokraten in Peking bedrückten und verärgerten ihn; die Eifersucht und der Haß innerhalb der Großfamilie hatten ihn verwirrt und in dem Gefühl belassen, daß „der Sinn des Lebens völlig im Dunkel lag".[48] Lis russische und marxistische Studien befanden sich zwar noch in ihren Anfängen, aber dennoch führte er seinen jüngeren Zuhörern ein Rußlandbild vor Augen, das in beispielhafter Weise die Vorteile eines erst spät in die moderne Welt aufgenommenen Landes verdeutlichte. Im Juli 1918 schrieb Li: „Gerade wegen seiner verhältnismäßig langsamen zivilisatorischen Entwicklung existierte überschüssige Energie für ein Wachstum." China könne sich ohne weiteres davon ermutigen lassen. Vier Monate später veröffentlichte Li die Ansicht, daß „der Sieg des Bolschewismus" unvermeidlich sei und daß dieser Sieg Militärs, Bürokraten und Kapitalisten zugleich hinwegfegen werde. Mit ähnlichen Worten wie fünfzehn Jahre zuvor Zou Rong schrieb er: „Überall in der Welt wird die Siegesfahne des Bolschewismus zu sehen sein, überall wird das Siegeslied des Bolschewismus zu hören sein, die Glocken des Humanismus werden erklingen. Die Freiheit dämmert herauf."[49] Qu blieb dagegen vorsichtig und hielt auch weiterhin eine Befreiung durch den Buddhismus für naheliegender: „Ich war überzeugt, daß die Welt durch die Verwirklichung der buddhistischen Lehre gerettet werden solle und daß alles, auch das gesellschaftliche System, vergänglich sei."[50]

Erst die Demonstrationen vom 4. Mai 1919, nicht aber jene abstrakten

Diskussionen, brachten Qu zum Handeln und lenkten seine Gedanken in eine andere Bahn. Er erinnerte sich später, daß er in den ersten Maitagen zunächst nur zögernd daran teilgenommen und das russische Sprachinstitut nur deswegen als Delegierter repräsentiert habe, „weil niemand anders es tun wollte".[51] Nachdem er sich jedoch den Demonstrationen am 4. Mai und im Juni angeschlossen und mit mehreren hundert Studenten aus Peking drei Tage lang im Gefängnis gesessen hatte, fühlte er sich wie „mitgerissen von einem Wirbelstrom" und nahm zusammen mit einer kleinen Gruppe von Pekinger Freunden „an der Bewegung mit unvorstellbarer Leidenschaft teil". In späteren Schriften schilderte Qu, der damals zwanzig Jahre alt war, die Wirkung der Demonstrationen auf sein Denken:

„Uns allen waren die tief verwurzelten Krankheiten der Gesellschaft, zu der wir gehörten, bekannt. Wir wußten jedoch nicht, wie wir sie heilen könnten. Die Gefühle allein schwollen jedoch so stark an, daß sich die angestaute Unruhe nicht länger zurückhalten ließ. Das war, soweit ich es sehe, der wahre Grund der Studentenbewegung. Es existierte eine Forderung nach Veränderung, und diese Forderung mündete in einen Ausbruch, der zumindest schockierende und aufrüttelnde Auswirkungen hatte, denn, wie Kropotkin sagt: ‚Ein Aufstand richtet mehr aus als viele tausend Bücher und Zeitschriften.'

Die patriotische Bewegung hatte tatsächlich eine tiefere Bedeutung als bloßen Patriotismus. Die Chinesen hatten bis zu diesem Zeitpunkt den Kolonialismus niemals in seiner ganzen Schmerzlichkeit empfunden, obwohl sie bereits über Jahrzehnte hinweg die Ausbeutung durch Ausländer hatten erleben müssen. Erst jetzt traf der scharfe Schmerz imperialistischer Unterdrückung das Mark unserer Knochen und erweckte uns aus den Träumen von undurchführbaren demokratischen Reformen. Die Streitfrage der ehemals deutschen Besitzungen in Shandong, die die Tumulte der Studentenbewegung auslöste, konnte nicht getrennt vom Gesamtproblem betrachtet werden."[52]

In den folgenden Monaten lebte Qu nur noch in den Welten des politischen Journalismus und des sozialen Aktivismus. Seine Bestrebungen wurden nicht nur von der durch den „Radikalismus des 4. Mai" geprägten Atmosphäre begünstigt, sondern auch durch solche Institutionen, die sich, wie der chinesische CVJM, mit sozialen Reformen beschäftigten und in einem reaktionären und von Militärs beherrschten China beträchtlichen Einfluß hatten.[53] Qu hatte sich intensiv mit der klassischen chinesischen Philosophie, dem Buddhismus sowie in zunehmendem Maße auch mit dem Marxismus befaßt und interessierte sich nun zusätzlich auch für die Arbeiten Bertrand Russells. Es kann nicht überraschen, daß Russell, dessen Werke zu jener Zeit vielfach ins Chinesische übersetzt wurden, eine solche Faszination ausstrahlte, denn seine Arbeiten zur mathematischen Logik trafen auf die von vielen Chinesen unternommenen Anstrengungen (angestachelt von Chen Duxius Aufrufen, anstelle von Konfuzius lieber „Herrn Wissenschaft" und „Herrn

Demokratie" zu studieren), sich ein grundlegendes Verständnis der westlichen Begriffe von Wissenschaft anzueignen. Außerdem stimmten Russells Gedanken über die Welt der Erscheinungen und das Wesen der Wirklichkeit in überraschendem Maße mit den Anschauungen der buddhistischen Philosophie überein; und von Russells Pazifismus und politischem Radikalismus waren alle diejenigen beeindruckt, die sich von den sozialistischen Experimenten in der Sowjetunion angezogen fühlten.[54]

Russell kam Ende 1920 nach einem Besuch der Sowjetunion zu einer Vortragsreise nach China, zu der die ,,Gesellschaft für Vorträge über den Humanismus" ihn und einige andere berühmte Persönlichkeiten eingeladen hatte. Diese Gruppe, die sich bemühte, China mit westlichen Intellektuellen bekannt zu machen, war von Liang Qichao gegründet worden. Nach seiner Rückkehr aus Frankreich hatte er sich entschlossen, sich zukünftig nicht mehr mit Politik, sondern nur noch mit Forschung und Lehre zu befassen. Russell war zu jener Zeit in China so populär, daß sowohl eine ,,Russell-Studiengesellschaft" als auch eine *Russell-Monatszeitschrift (Losu Yuekan)* gegründet wurden. Seine Vorlesungen über die Möglichkeiten gesellschaftlichen Wandels wurden mit Begeisterung aufgenommen. Russell wurde von seiner Geliebten, der jungen Soziologin Dora Black, begleitet. Sie hielt in Frauenschulen und vor anarchistischen Gruppen öffentliche Vorlesungen, die einen großen Einfluß entfalteten und in denen sie sich offen zu ihrem Verhältnis mit Russell bekannte, die Verbesserung der Beziehungen zwischen den Geschlechtern in der Sowjetunion lobte und die jungen Chinesen aufrief, sich unerschrocken gegen überkommene Heiratssitten zu wehren und die eigene seelische und wirtschaftliche Unabhängigkeit zu suchen.[55] Diese von Black und Russell verbreitete Botschaft war für China freilich überaus radikal. Viele konservative Chinesen waren darüber sehr verärgert, und selbst einige chinesische Linke empfanden Beunruhigung. Für Mao Zedong beispielsweise, der Russells Vorträge besuchte, als dieser von Peking aus nach Changsha kam (Vorträge, die mit großer Wahrscheinlichkeit auch Ding Ling hörte), war die Überzeugungskraft der vorgebrachten Argumente, daß der Kommunismus ohne gewaltsame revolutionäre Erhebungen, lediglich durch Erziehung und vorurteilsfreies Überzeugen erreicht werden könne, bestürzend. In Briefen an Cai Hesen und seine übrigen hunanesischen Freunde, die damals in Frankreich studierten und arbeiteten, widersprach Mao Zedong energisch Russells Auffassungen und wies darauf hin, daß China sich aus zeitlichen Gründen einen solchen schrittweisen Wandel nicht leisten könne. Es sei überhaupt unwahrscheinlich, daß sich an der jetzigen Situation, in der die Schulen und die Presse unter der Kontrolle der Kapitalisten stünden, allein durch geduldiges Warten jemals etwas ändern würde.[56]

Qu Qiubai war zwar von Russells Arbeiten tief beeindruckt, er verpaßte jedoch die Vorträge, weil die Pekinger Zeitung *Morgennachrichten (Chenbao)* ihm das großzügige Angebot gemacht hatte, ihn als Korrespondenten in die Sowjetunion zu entsenden, ein Angebot, das er schließlich annahm, obwohl seine Studien dadurch unterbrochen und seine Beamtenkarriere möglicherweise gefährdet wurde. Er ging das Risiko ein, weil er wußte, wie wenig in China über die Sowjetunion bekannt war. Ungeachtet der von Li Dazhao in Peking gegründeten kleinen Diskussionsgruppe und der im Sommer 1920 gebildeten Zellen des sozialistischen Jugendkorps hatte sich seit der bolschewistischen Revolution kein sachkundiger chinesischer Beobachter mehr in der Sowjetunion aufgehalten. Auch die lebensnahen Schilderungen von Russell und Black gründeten sich lediglich auf Erfahrungen, die diese während eines kurzen Besuches gewinnen konnten. Außerdem waren nicht nur pro-marxistisch eingestellte Gruppen an Informationen über die Sowjetunion interessiert. Die *Morgennachrichten*, die für die Reisekosten aufkommen wollten, waren vor sieben Jahren als Organ der Progressiven Partei Liang Qichaos gegründet worden und seitdem der einflußreichen Pekinger Gruppe von Intellektuellen und Politikern, die sich „Forschungsclique" nannte und der Liang als prominentes Mitglied angehörte, verbunden geblieben. Qu nahm das Angebot aus praktischen und finanziellen Erwägungen an, nicht zuletzt aber auch deswegen, weil es an seinen Pioniergeist appellierte. Er war von Vorfreude und Unruhe erfüllt und verherrlichte die Reise als Mission, die dem chinesischen Volk endlich Erleuchtung bringen sollte. Er verabschiedete sich auf einer ausgedehnten Rundreise von Freunden und Verwandten – auch von seinem Vater, den er jahrelang nicht gesehen hatte – und überarbeitete seine Jugendschriften für die Nachwelt.[57]

Am 18. Oktober wurde Qu von einer großen Freundesgruppe am Pekinger Hauptbahnhof verabschiedet. Sein radikaler Onkel Qu Junong, mit dem Qu Qiubai im Jahr zuvor die Freuden des sozialistischen Aktivismus ausgekostet hatte, beschwor in einem Abschiedsgedicht den Geist Tagores und Bergsons als Beweis einer über die physische Trennung hinausgehenden Harmonie alles Existierenden.[58] Die Reise wurde jedoch sehr bald schon unterbrochen; Qu saß, nach der betriebsamen Zeit in Peking, plötzlich in der mandschurischen Stadt Harbin fest und wartete mit den anderen Passagieren auf die sowjetischen Truppen, die zunächst die Soldaten des weißrussischen Kosakenführers Semjonow von der Route der transsibirischen Eisenbahn verdrängen mußten. Ende November stand der Zug immer noch in Harbin. Qu beschäftigte sich nun mehr mit dieser Stadt, die wirtschaftlich und industriell von Japanern beherrscht wurde. Er beobachtete das arrogante Benehmen der Japaner und verfaßte eine Sammlung von Aufsätzen, Gedichten und Notizen, die später als *Aufzeichnungen aus dem Land des Hungers* veröffentlicht werden sollte. (Qu wählte diesen Titel, da das chinesische Schriftzeichen für „Hunger," Aussprache „e", einen Hinweis auf das chinesische Wort für „Rußland," Aussprache ebenfalls „e", enthält. „E-guo" oder „E-Land" spielte für den gebildeten Chinesen sowohl auf die Sowjetunion an, als auch auf eine Begebenheit, die sich vor dreitausend Jahren in China zugetragen hatte. Zu jener Zeit hungerten sich zwei aufrechte Gelehrte aus Prinzipientreue zu Tode, um nicht unter einem unmoralischen Herrscher dienen zu müssen. Damit wollten sie zeigen, daß Selbstaufopferung zu höchster geistiger Befriedigung führen könne.)[59]

Eines der Gedichte Qus – er hatte es am 1. Dezember 1920 geschrieben – zeigt seine Bemühungen, seine buddhistische Überzeugung von der Unwirklichkeit materiellen Daseins und sein Verständnis der Welt als einer sich ständig wandelnden Gegebenheit, mit den bedrückenden Realitäten, die er zu erkunden gedachte, in Einklang zu bringen:

Das Leben ist unbestimmt,
Ein flüchtiges, verlöschendes Licht oder ein fließender Schatten.
Der Morgen ist kühl und kalter Tau gefriert,
Die laue Sonne verbreitet sich wie eine Krankheit
Der Tau schmilzt – das wundervolle Geheimnis des Lebens –
Aber der Strom des unerschöpflichen Schatzes an Bedeutungen bleibt unsichtbar
Und ebenso das letzte Teilchen in diesem großen Wirbel.
Wird es dir gelingen, durch all die Risse hindurch, die Bedeutung all dessen zu erfassen?

Das „Ich“ ist grenzenlos. Das „andere“ ist ebenfalls grenzenlos.
Lachen und Zorn, Leid und Freude werden niemals enden.
Wer gedenkt noch der Tage angefüllt mit Leiden?
Wann wird die Zeit der Erlösung von diesem Elend kommen?

Ist es dir bewußt, daß die Welt erlöst werden muß?
Sich selbst zu retten, heißt, auch andere zu retten.
Um einer völligen Erleuchtung willen begebe ich mich in das Land des Hungers.
Das Land des Hungers wird ohne Grenzen sein.[60]

In einem weiteren, ebenfalls in Harbin verfaßten Text, der zugleich Essay, Gesang und Vision darstellt, bediente sich Qu spielerisch einiger Gedanken, die sein Onkel in dem Abschiedsgedicht vom 18. Oktober verwendet hatte. Qu Junong hatte die Zeilen geschrieben: „Sieh, wie deine Gefährten in unserem Land der süßen Dunkelheit in trunkenem Schlummer liegen, was können sie vollbringen? Wenn du Honig bereiten willst, dann sammle das Süße der Blumen und bereite den Honig.“ Qu Qiubai entwickelte dieses Bild weiter zu einer ausgedehnten Metapher, die sein Land und dessen Suche veranschaulichte: China sei das Land des Schlummers und der „süßen Dunkelheit“, weil die Menschen dort lediglich nach Vergnügen und Bequemlichkeit trachteten und weil man alle Strahlen des Lichtes ausgelöscht habe: „Seit meiner Geburt habe ich nicht einen einzigen auch noch so schwachen Sonnenstrahl gesehen. Ich weiß nicht einmal, was Sonnenschein bedeutet. An einem Ort wie diesem habe ich meine Fähigkeit zu sehen fast völlig eingebüßt.“ Nun sei jedoch ein Sonnenstrahl in Rußland erschienen: „Ein Lichtstrahl, so rot wie Blut, der die gesamte Welt erleuchtet. Überall strahlen rote, mit dem Blut des Krieges gefärbte Blumen ihr rotes Licht aus und gleichen den Wolken des Abendhimmels und dem morgendlichen Nebel." Qu schloß mit den eindringlichen Worten: „An diesen hellen, von rotem Licht erstrahlenden Ort schickt man die Geisteskranken, um sie zu bestrafen. Es ist das Land erfüllt von Eis, Schnee, Kälte und von Hunger ... Jetzt bestraft ihr mich, den Geisteskranken, und ich füge mich in meine Strafe. Ich werde keinen von euch vergessen; ich will den Weg zum Licht für euch eröffnen."[61]

Auch nachdem schließlich im Dezember die Eisenbahnstrecke wieder befahrbar war, ging die Reise durch Sibirien nur langsam und mühevoll voran. Der Zug mußte an mehreren Eisenbahnknotenpunkten am Rande von öden, in der Kälte liegenden Provinzstädtchen warten, wo elende Zustände und Gespräche mit unzufriedenen Russen Qus noch jungen Glauben an das sowjetische Experiment starken Belastungen aussetzten. All dies diente jedoch der Vorbereitung auf erste Anzeichen jenes „Lichtes", das Qu suchte. Als sich der Zug schließlich Anfang 1921 Moskau näherte, sah Qu durch das Zugfenster zwischen den winterlichen schneebedeckten Bäumen Spuren einer Helligkeit: „Die eisigen Strahlen des Kristallmondes fielen wie Blitze durch das Fenster unseres Abteils, und durch diese Blitze und tanzenden Lichter kämpfte sich unser Zug vorwärts, immer näher an Moskau heran."[62]

Diese eisigen Mondstrahlen entsprachen genau dem Bild, das Qu sich von der Sowjetunion gemacht hatte, denn damals erlebte Rußland das von Hungersnöten und harter Arbeit gekennzeichnete Ende der ersten Phase der bolschewistischen Revolution, bevor Lenins neue Wirtschaftspolitik einsetzte. In seinem zweiten, 1921 verfaßten Buch *Geschichte meiner Gedanken in der roten Hauptstadt* beschäftigte er sich mit den verschiedenen Phasen der Ablehnung und der Euphorie, der Kälte und der Hitze, die er in Moskau durchlebte. Er versuchte nicht, die Schattenseiten eines sozialistischen Staates, vor denen man ihn gewarnt hatte, die „Träume, Illusionen, Gewehre und Gefängnisse", zu verheimlichen: Er erwähnte Zeitungsberichte über hungernde russische Bauern, die Leichenfleisch aßen oder sich aus Verzweiflung in ihren Häusern verbrannten; er verfolgte die Meuterei der Matrosen von Kronstadt und deren grausame Niederschlagung; er kostete das russische Schwarzbrot, „dessen bitteren, säuerlichen Geschmack und dessen Geruch nach Lehm und verfaultem Gras", und er beobachtete voller Mitleid die russischen Funktionäre, die ihr Verlangen nach den aus hellem Mehl gebackenen Brötchen, die die Reisenden aus China vorgesetzt bekamen, nicht verbergen konnten. Schließlich erkrankte Qu ernsthaft. Er hatte unter den Fieberdelirien und Schwächeanfällen einer beginnenden Tuberkulose zu leiden, die einen Sanatoriumsaufenthalt in der Nähe von Moskau erforderte.[63]

Qu fühlte sich oft überwältigt von Heimweh, wenn er an die Blumen, die Bäume, die Freunde, die Landschaft der Provinz Jiangsu und an Peking dachte. In einem ergreifenden Aufsatz, den er schlicht „Ein Brief von zu Hause" nannte, zeigte sich jedoch, daß diese Sehnsucht mit der wachsenden Fähigkeit verknüpft war, die chinesische Gesellschaft genauestens zu analysieren. Qu schilderte in diesem Aufsatz seine Gefühle angesichts eines Briefes, den sein jüngerer Bruder im März 1921 geschrieben hatte und der Moskau schließlich im November erreichte. Qu war sehr betroffen über den Satz „zu Hause ist alles in Ordnung" und weigerte sich schließlich, daran zu glauben – seine Erinnerungen an das Leben zu Hause und seine Vorstellungen von der Rolle der „Gelehrtenklasse" in China zwangen ihn, diese tröstende Botschaft zurückzuweisen. Die Liebe, die er für seine Mutter empfunden hatte, die Erinnerung an die Umstände ihres Todes, die damalige Aufteilung seines Elternhauses und seiner Familie und das Empfinden, daß sie alle in der Welt der Gelehrtenklasse gefangen seien – all das sprach gegen die Botschaft seines Bruders. Qu wurde sich auch bewußt, daß diese nicht unbedingt kapitalistische und auch nicht ausgesprochen feudalistische Klasse ihre Macht aus dem Anspruch herleitete, allein den Zugang zum Bereich des Wissens zu kontrollieren, was sie zugleich in die Lage versetzte, die dumme Bauernschaft auszubeuten; genauso hätten ausländische Mächte die einheimischen chinesischen Kapitalisten ausgenommen. Solche Überlegungen brachten Qu zu der Erkenntnis, daß er Mitglied einer Klasse „intellektueller Kompradoren" sei, und es fiel ihm für sein weiteres Vorgehen nicht mehr ein als der Schlachtruf „Proletarisiert die Gelehrten" und der Schwur „Dieser Tag wird kommen!"[64]

Ungeachtet dessen war Qu von dem Beispiel der Sowjetunion fasziniert, die ihm positive Perspektiven eröffnete und ihn in seinen eigenen Hoffnungen bestärkte, so daß er schließlich schreiben konnte: „Nun bin ich glücklich, denn ich habe den Leuchtturm des Meeres der Gedanken gesehen. Er sendet zwar nur einen einzigen, schwachen und undeutlichen roten Strahl aus, aber er ist Zeichen des einsetzenden, unaufhörlichen Fortschritts."[65] Qu erinnerte sich gerne an Erlebnisse wie die Spaziergänge an einem sonnigen Frühlingstag in einem Park am Stadtrand von Moskau, wo Paare Hand in Hand miteinander gingen; an kleine Kinder einer Grundschule, die ihn singend und tanzend empfingen und denen er die ersten chinesischen Schriftzeichen beibrachte; an eine Reise mit Tolstois Enkelin Sophia zu Tolstois Wohnsitz in Jasnaja Poljana, wo er in den Wäldern spazieren ging, die Bibliothek besichtigte (die zu seiner Freude eine Kopie des daoistischen Klassikers *Daodejing* von Laotse in einer englisch-chinesischen Ausgabe enthielt) und die Wohnhäuser der Bauern auf Tolstois Gut besuchte; an den Anblick von Lenin selbst während dessen Rede vor einer Delegiertenversammlung; an vertonte Gedichte Puschkins, die von Scheljapin gesungen wurden, und schließlich an das Ringen mit zwiespältigen Gefühlen in seinem Herzen und auf den Gesichtern der Menschen, die an dem Begräbnis des einstmals weltbekannten Anarchisten Peter Kropotkin teilnahmen.[66]

Unter all seinen Erlebnissen zeigte sich Qu von einem kurzen Gespräch im Kreml mit dem sowjetischen Erziehungskommissar Anatoli Lunacharski am tiefsten beeindruckt, denn Lunacharski kam bei dieser Zusammenkunft auf Probleme zu sprechen, die in der Sowjetunion nach 1917 aufgetaucht waren und die auch Qu, wenn er an sein eigenes Land dachte, besonders am Herzen lagen: Wie soll man die Erziehung schnell „proletarisieren", wenn Schulpersonal und Lehrer nicht der Kommunistischen Partei angehören, sondern in vielen Fällen Mitglieder der von der Verfassung zugelassenen demokratischen Parteien oder sogar Saboteure sind, die aus Überzeugung eine reaktionäre Haltung einnehmen? Dennoch hätten die Russen durch Konzentration auf bestimmte wissenschaftliche und medizinische Aspekte solche Fortschritte erzielt, daß seit kurzem einige wissenschaftliche Institutionen aus Westeuropa Studenten zum Studium nach Rußland schickten. Der Krieg und der Bürgerkrieg hätten Gebäude und Anlagen in verheerendem Zustand hinterlassen. Einige Probleme habe man auf geniale Weise gelöst. So seien beispielsweise einige russische Bücher wegen des Mangels an Büchern und Papier in Deutschland gedruckt worden. Lunacharski wies darauf hin, daß die Sowjetunion für die fernöstliche Kultur und Zivilisation ein offensichtliches Interesse hege – zum einen wegen der geographischen Lage der Sowjetunion zwischen Europa und dem Osten, zum anderen aber auch, weil die Russen die östliche Literatur und Philosophie zutiefst bewunderten. Es solle alles getan werden, um diese Verbindung zu festigen. Aus diesem Grunde habe die Sowjetunion kürzlich ihre eigene Universität des Fernen Ostens gegründet.[67]

Qu Qiubai war selbst an diesem Entwicklungsprozeß und dem Austausch zwischen den beiden Ländern beteiligt. Im Laufe des Jahres 1921 erwarb er sich einen hervorragenden Ruf als Dolmetscher einer wachsenden Zahl chinesischer Studenten in der Sowjetunion und später als Lehrer an der Universität des Fernen Ostens, an der lediglich ein Mitglied des Lehrkörpers die chinesische Sprache beherrschte.[68] Zur selben Zeit wurde die Kommunistische Partei Chinas gegründet und aufgebaut, ein Prozeß, in dem sowjetische Experten eine wichtige, zentrale Rolle spielten. 1920 fuhren Vertreter der Komintern – der von Lenin gegründeten Dritten Internationale, die sowohl die Weltrevolution fördern als auch die kommunistischen Organisationen außerhalb der Sowjetunion koordinieren sollte – nach China, um sich erstmals mit Chen Duxiu und Li Dazhao zu treffen. Sie erzielten beachtliche Fortschritte, besonders als die Chinesen noch im selben Jahr erfuhren, daß die sowjetische Regierung auf viele Ansprüche des Zarenreiches, etwa die Privilegien der Vertragshäfen und die Kontrolle der chinesischen Ost-Eisenbahn, verzichten wolle. Die Rekrutierung der Kommunistischen Partei ging anfangs langsam und vorsichtig vonstatten. Man griff auf kommunistische Klubs und Studiengruppen zurück, um einen kleinen Kern kommunistischer Kader zu bilden: dem ersten „Nationalen" Kongreß der Kommunistischen Partei, der im Sommer 1921 in Shanghai abgehalten wurde – in einer leerstehenden Mädchenschule im französischen Teil der internationalen Siedlung, um ein wenig vor den drohenden Überfällen durch Truppen der örtlichen chinesischen Militärherrscher geschützt zu sein –, gehörten dreizehn Abgeordnete an, die für die siebenundfünfzig Mitglieder starke Kommunistische Partei in China und die wenigen Mitglieder in Japan sprechen sollten. Außerdem waren noch zwei Angehörige der Komintern anwesend.[69]

Aus diesen kleinen Anfängen entwickelte sich die Kommunistische Partei Chinas von 1922 an langsam, aber stetig weiter. Anfang desselben Jahres kehrten einige radikale chinesische Studenten aus Frankreich zurück. Die französische Regierung hatte sie ausgewiesen, weil sie versucht hatten, das chinesisch-französische Hauptquartier ihrer Arbeits- und Studiengruppe an der Universität Lyon zu zerstören. Unter ihnen befanden sich auch Mao Zedongs Freund aus Hunan, Cai Hesen, und Ding Lings Freundin Xiang Jingyu. Cai und Xiang, die in Frankreich geheiratet hatten, reisten nach Shanghai und nahmen Kontakt zu Chen Duxiu auf, dem ehemaligen Herausgeber der *Neuen Jugend* und Studentenvertreter der Nationaluniversität von Peking, der nun das Amt des Generalsekretärs der Kommunistischen Partei bekleidete. Im Juli wurden beide in das Zentralkomitee gewählt. Xiang Jingyu wurde zur Direktorin einer neugeschaffenen Frauenabteilung der Partei ernannt und widmete sich erfolgreich der Aufgabe, die Arbeiterinnen in den Seiden- und Zigarettenfabriken von Shanghai zu organisieren. (Als im August 1922 in Shanghai mehrere tausend Seidenarbeiterinnen streikten – viele mußten in der Sommerhitze über den mit heißem Wasser gefüllten Bottichen arbeiten, in denen die Kokons weichten, und verdienten an einem Dreizehnstundentag vierzig Cents –, war das in der chinesischen Geschichte die erste bedeutende von Frauen durchgeführte Aktion in der Industrie.) Cai Hesen wurde Direktor der Propagandaabteilung und erreichte, daß zahlreiche der eher reformistisch eingestellten Mitglieder aus der Partei ausgeschlossen wurden. In der Provinz Hunan arbeiteten junge Führer wie Mao Zedong, Liu Shaoqi und Li Lisan unter Bergleuten und Eisenbahnern und halfen mit, in den Kohlegruben von Anyuan und auf der Eisenbahnstrecke Kanton – Hankou, unter den Druckern und Bauarbeitern von Changsha sowie unter den Rikschakulis Streiks zu organisieren.[70]

Von größter Bedeutung war der Streik der Matrosen in Hongkong, denn durch ihn wurde das Kräftepotential der Arbeiterbewegung am deutlichsten öffentlich demonstriert. Der Streik hatte in den ersten Tagen des Jahres 1922 begonnen. Man forderte höhere Löhne und verlangte, daß Matrosen nicht wie früher von zumeist korrupten Arbeitsvermittlungen angeheuert würden, sondern daß dazu allein die Gewerkschaft der Matrosen berechtigt sein sollte. Als Ende Januar die verschiedenen Vereinigungen der Hongkonger Hafenarbeiter und Kulis Sympathiestreiks anzettelten, waren an die dreißigtausend Menschen an den Streiks beteiligt, was zum Stillstand der Arbeit auf ungefähr einhundertfünfzig Schiffen führte. Als sich auch die Kulis in Kanton weigerten, die Frachtschiffe der Regierung aus Hongkong zu beladen, verschärfte sich die Situation. Der Streik griff auf weitere wichtige Häfen der

Provinz Guangdong über und wurde durch das Sekretariat der kommunistischen Arbeiter in Shanghai unterstützt, das die Anstellung von Streikbrechern an der Küste verhindern konnte. Ende Februar erhielten die Streikenden von anderen Sympathisanten in Hongkong – wie Gemüseverkäufern, Straßenbahnangestellten, Korbmachern und Hausangestellten – Unterstützung. Als das wirtschaftliche Leben der Kolonie fast zum Erliegen kam, gab die Hongkonger Regierung am 3. März auf. Sie versprach den Seeleuten fünfzehn- bis dreißigprozentige Lohnerhöhungen, schaffte das alte Arbeitsvermittlungssystem ab und erklärte alle Anordnungen zur Unterdrückung von Gewerkschaften für nichtig.[71]

Nach diesem Erfolg wurden in den verschiedenen zentralchinesischen Industrien und in den Eisenbahnbetrieben eine zunehmende Anzahl von Arbeiterklubs (die oftmals wiederum zu Gewerkschaften verschmolzen) gegründet. So waren beispielsweise im Han-Yeping-Allgemeinen-Gewerkschaftsverband, der im Dezember 1922 im Dreistädtegebiet von Wuhan gegründet wurde, Arbeiter der Kohlen- und Erzbergwerke, der Gießereien, Stahlwerke sowie der verschiedenen Flußschiffahrtsunternehmen vereinigt.[72] Die Gewerkschaften stellten nun durchdachtere Forderungen auf; ihr Interesse richtete sich nicht mehr allein auf Arbeitszeiten und Lohnerhöhungen, sondern sie entwickelten auch Pläne zur Entschädigung der Arbeiter bei Krankheit und Unfällen, zur Beendigung der auf Verlangen der Aufseher geleisteten privaten Arbeit, zur Gewinnbeteiligung der Arbeiter, zur Schaffung von Aufenthaltsräumen und Erholungsmöglichkeiten und schließlich zur Auszahlung von Sterbegeldern.[73]

Die Streiks verlangten größtes organisatorisches Geschick, denn zu den Gewerkschaftsmitgliedern zählten sowohl Handwerker, Mitglieder von Handelsvereinigungen und anderen gesellschaftlichen Gruppierungen als auch Anarchisten und einige Mitglieder der Kommunistischen Partei. Auch Mut war erforderlich, denn in den frühen zwanziger Jahren wurden Unterdrückungsmaßnahmen nicht nur angedroht, sondern auch durchgeführt: So hatte die Regierung der Provinz Hunan zwei anarchistische Anführer der Arbeitervereinigung hinrichten lassen, nachdem während eines Streiks in der Baumwollspinnerei von Changsha Fenster zerschlagen und Maschinen zerstört worden waren. Kurz vor Beendigung des Streiks der Seeleute von Hongkong hatte die britische Polizei auf Streikende geschossen, die nach Kanton abreisen wollten. Andere Streikende waren 1922 während der südlichen Eisenbahnstreiks von chinesischen Soldaten und auch von ausländischen Truppen, die mit Betriebswachen und den Truppen der Militärherrscher in Verbindung standen, getötet worden. Ein solcher Zusammenstoß ergab sich Ende 1922 auf dem großen, britisch geführten Kohlekombinat von Tangshan südöstlich von Peking, wo britische Soldaten von Truppen einer der Armeen Wu Peifus unterstützt wurden.[74]

General Wu war der mächtigste Militärherrscher im östlichen Zentralchina. Von seinem Stützpunkt in der Stadt Luoyang aus kontrollierte er den größten Teil des Gebietes zwischen Peking und Hankou. Obwohl einer seiner Untergebenen mitgeholfen hatte, den Tangshan-Streik zu brechen, hielten die kommunistischen Organisatoren den General im Vergleich zu den übrigen Militärherrschern für verhältnismäßig liberal, und sie nahmen an, daß er sich ihren Bemühungen anschließen werde, den Lebensstandard der Arbeiter anzuheben. Daher hatten Li Dazhao und andere Kommunisten besondere Anstrengungen unternommen, die verschiedenen Arbeiterklubs entlang der Strecke Peking – Hankou in einer Gewerkschaft zu vereinen. Als

General Wu Peifu 1922 im Alter von 48 Jahren.

sich jedoch Ende 1923 Delegierte dieser Klubs im nördlichen Eisenbahnzentrum Zhengzhou versammelten, verbot General Wu diese Zusammenkunft und ließ mehrere Delegierte verhaften, die sich dem Verbot widersetzten. Am 4. Februar riefen Kommunisten und Gewerkschaftsführer zum Generalstreik entlang des gesamten Eisenbahnnetzes auf. Solch einen Streik konnte General Wu nicht dulden, weil dadurch sein gesamtes Operationsgebiet und die Lebensader seiner Heeresverwaltung bedroht wurde. In enger Zusammenarbeit mit anderen militärischen Führern dieser Region gab er seinen Truppen am 7. Februar den Befehl, gegen die Streikenden vorzugehen. Etwa dreißig Arbeiter wurden getötet, eine größere Anzahl verwundet. Der Gewerkschaftssekretär des Eisenbahnausbesserungswerkes in Jiangnan wurde auf dem Bahnsteig vor den Augen der Mitglieder seiner Gewerkschaft enthauptet, weil er sich weigerte, ihnen zu befehlen, ihre Arbeit wiederaufzunehmen.[75]

Als hätte General Wus gewalttätiges Vorgehen den Anstoß dazu gegeben, gingen nun auch andere Militärführer und Industrielle gegen die Gewerkschaftsorganisationen in der Mandschurei und in Sichuan, in Tientsin und in Shanghai vor.[76] Diese überall erfolgreichen Unterdrückungsmaßnahmen im Frühjahr 1923 weckten nun bei den Kommunisten ein stärkeres Interesse daran, sich mit Sun Yatsen und der Guomindang zu verbünden. Während des ersten „Kongresses der Schwerarbeiter Ostasiens" im Januar 1922 in Moskau – Qu Qiubai erhob sich sogar von seinem Krankenbett, um daran teilzunehmen – hatte Gregori Sinowjew eine Allianz der Kommunisten mit der Guomindang als grundlegende politische Maßnahme empfohlen, weil sich die chinesischen Kommunisten in diesem Stadium der Revolution mit der nationalen Bourgeoisie verbünden müßten, um den ausländischen Imperialismus zu vertreiben und die Kräfte des einheimischen Feudalismus zu zerschlagen. Obwohl diese Formulierung angesichts der damaligen politischen und militärischen Schwäche der Guomindang reichlich übertrieben war, nahm der zweite Kongreß der Kommunistischen Partei Chinas im Juli 1922 dieses Programm gehorsam an. Chen Duxiu, der auf demselben Kongreß als Generalsekretär wiedergewählt wurde, reiste im weiteren Verlauf des Jahres nach Moskau, um dort mit höheren Komintern-Vertretern zusammenzutreffen. Man überzeugte ihn von der Richtigkeit der sowjetischen Bündnispolitik; außerdem traf er bei dieser Gelegenheit Qu Qiubai (und war von ihm beeindruckt), der ihm als Dolmetscher diente.

Ungeachtet seiner häufigen Erkrankungen war Qu von den Möglichkeiten, die China von der Sowjetunion geboten wurden, begeistert und trat – wahrscheinlich im Frühjahr 1922 – in Moskau der Kommunistischen Partei Chinas bei. Er hatte niemals wirklich behauptet, ein objektiver Journalist zu sein. Im marxistischen Denken schien er nun ein System gefunden zu haben, das seine vom Buddhismus genährten Zweifel am Wesen der Wirklichkeit endgültig zum Schweigen brachte und ihm eine sinnvolle Lebensaufgabe versprach. In der Neujahrsnacht des Jahres 1922, kurz vor der Morgendämmerung, schrieb er einige Zeilen nieder, die veranschaulichen, wie für ihn die Reise in das „Land des Hungers" zum triumphalen Erfolg seiner Suche nach dem Licht geworden war. „Moskau ist plötzlich näher an den Fernen Osten herangerückt", rief er aus. „Schaut auf den Fernen Osten, wie hell die purpurn und rot züngelnden Flammen erstrahlen! Wie die leuchtenden Wolken, die sich gerade gebildet haben, brausend zum Firmament stürmen! Wie grell, wie blendend dreht sich das Lichterrad! Oh, Morgenglanz, Morgenglanz!"[77] In den folgenden arbeitsamen Monaten in Moskau, die er mit Schreiben und Studieren verbrachte, wurde sein Stil gemäßigter. Seine feste Überzeugung blieb jedoch erhalten, und es ging für ihn nur noch darum, an welchem Ort er seinen Vorstellungen am ehesten dienen könne. Als Chen Duxiu ihn dann gegen Ende seines Besuches darauf hinwies, daß es nun Zeit sei, nach China heimzukehren, stimmte Qu zu.

Obwohl Qu erst vierundzwanzig Jahre alt war, hatte er innerhalb der Kommunistischen Partei Chinas die umfassendsten Erfahrungen über das Leben in einer „revolutionären" Gesellschaft sammeln können. Daraus erwuchs ihm ein solches Ansehen, daß er im Sommer 1923, auf dem dritten Nationalkongreß der Partei in Kanton, in das Zentralkomitee gewählt wurde. Mit seiner Kenntnis der russischen Literatur, seiner in Moskau gewonnenen Vertrautheit mit der sowjetischen Literaturtheorie und seinen Studien der sowjetischen Gesellschaft stellte er auch für die akademische Welt, besonders für deren radikale Vertreter an der Universität Shanghai, eine fesselnde Persönlichkeit dar. Im Jahre 1923 hatte sich die Universität Shanghai, ebenso wie einige Jahre zuvor die Nationaluniversität von Peking, zu einem anregenden intellektuellen Zentrum entwickelt: Cai Hesen, der Organisator der Arbeiterschaft, lehrte historische Soziologie; Mao Dun, der linksorientierte Kritiker und Romanschriftsteller, leitete die Literaturabteilung; der Dramatiker Tian Han las englische Literatur und Zhang Tailei, Qus Schulkamerad aus seiner Heimatstadt, politische Wissenschaften. Nur wenige Monate nach Qu Qiubais Rückkehr aus der Sowjetunion wurde ihm die Leitung der Abteilung für Sozialwissenschaften angeboten, und Qu nahm an.[78]

Von seinem neuen Stützpunkt in Shanghai aus konzentrierte sich Qu energisch darauf, die grundlegenden Voraussetzungen der marxistischen Literaturkritik und eine Vielzahl sozialistischer Schriften – u. a. die frühen Schriften von Robert Owen und Rosa Luxemburgs Briefe aus dem Gefängnis – in China bekanntzumachen.[79] Gestützt hauptsächlich auf die theoretischen Werke Bucharins wiederholte Qu die marxistischen Prämissen über die Stellung der Kunst im gesellschaftlichen „Überbau" und gab einen kurzen Überblick über mögliche Wege, auf denen „progressive Intellektuelle" dem Proletariat über anfängliche Schwierigkeiten hinweg zur Entwicklung von eigenen, unabhängigen Ausdrucksformen der Kunst verhelfen könnten. So solle China langsam von einer Stufe, in der „die Kunst um der Kunst willen" ausgeübt werde, in ein Stadium vordringen, in dem „die Kunst für das Leben" bestimmt sei. Qu machte sich darüber lustig, daß Kang Youwei und Liang Qichao gelegentlich immer noch für sich in Anspruch nähmen, über Kultur zu sprechen, und schlug vor, man möge ihre Diskussionsbeiträge doch gemeinsam mit den gebundenen Füßen und den Mandschuzöpfen, die beide Gelehrten vor einem Vierteljahrhundert bekämpft hatten, in einem Schrein verschließen.[80]

In anderen Aufsätzen versuchte Qu, den Wortschatz der Intellektuellen der auf den 4. Mai folgenden Periode zu erweitern. Er berichtete über den revolutionären Gebrauch, den russische Schriftsteller wie Wladimir Majakowski und Boris Pasternak vom Symbolismus als Waffe im revolutionären

Kampf gegen traditionalistische Formen gemacht hatten; und er erörterte auch die Bedeutung von Schriftstellern wie Sergej Semjonow, dessen Erzählung *Hunger* die Möglichkeiten einer von Proletariern zur eigenen Bereicherung verfaßten Literatur aufzeigte – Möglichkeiten, die schließlich von den jungen Schriftstellern, die offiziellen sowjetischen Kulturorganisationen angehörten, aufgegriffen worden waren. Qu gab in seinen theoretischen Aufsätzen keine klare Antwort auf die schwierige Frage, ob Schriftsteller, die dem Überbau angehörten, Veränderungen in der ökonomischen Basis auslö-

Qu Qiubai als junger Mann in den zwanziger Jahren.

sen könnten; er deutete jedoch an, daß größere kulturelle Veränderungen erst nach einer fundamentalen Umwandlung der Wirtschaft möglich seien. Qu versprach sich demnach nicht allzu viel von den Intellektuellen als Vorkämpfern, einer Rolle also, der er sich selbst verschrieben hatte.[81] In einem Aufsatz mit dem Titel „Im Ödland: Chinesische Literatur 1923", der im Oktober desselben Jahres veröffentlicht wurde, kritisierte Qu weitere Aspekte der nach dem 4. Mai entstandenen Kultur. So seien beispielsweise die meisten zeitgenössischen chinesischen Schriftsteller dem „chinesischen Latein" (das heißt, der formellen klassischen Sprache) gegenüber ablehnend eingestellt, gleichzeitig bereite es ihnen jedoch nach wie vor große Schwierigkeiten, in einer bewußten Umgangssprache (im Gegensatz zu einer der

Umgangssprache angenäherten Sprachform voll literarischer Zwischentöne) zu schreiben. Außerdem führten viele kulturelle Elemente Westeuropas in der Sprache zu einer neuen Mischung, die Qu „fremden Klassizismus" nannte. Der ohnehin schon miserable Zustand der chinesischen Literatur werde auf diese Weise noch weiter verschlimmert: einer Literatur, die größtenteils gesellschaftlich unbedeutend und emotional überladen sei – beherrscht von „*La valse*" und „*poésie*" – und sich endlos mit dem Thema Liebe befasse. „Liebe ist nun wirklich nicht göttlich," schrieb Qu, „Liebe ist menschlich, und wer behauptet, sie sei göttlich, der lügt!" Qu hoffte, daß Chinas bourgeoise Literaten als Alternative zu solch leichtfertiger Schriftstellerei es zukünftig nicht mehr als entehrend ansähen, „in die Kohlegruben hinabzusteigen".[82] Obwohl er selbst noch nicht soweit gegangen war, bemühte sich Qu doch, mit dem Schicksal der Industriearbeiter Shanghais vertraut zu werden, und führte in seinem Gedicht „Eisenblume", das in einer Shanghaier Zeitung am 15. Oktober 1923 veröffentlicht wurde, eine neue Versart vor, die seinen theoretischen Ausführungen voll entsprach:

Ich bin in keiner weichen, sanften und bequemen Welt,
Ich bin nicht umgeben von Ruhm und Glanz;
Ich bin in einer raucherfüllten, düsteren Fabrik
Und gieße meine Eisenblume in die Esse; Flammen um mich herum.

Eisenblumen trifft nicht einmal der Widerschein des Sonnenlichts,
Eisenblumen trifft nicht der Trost des Mondenscheins;
Im Ofen werden die Metalle geschmolzen in einem Wirbelsturm der Flammen,
Der lachend immer neue Kolben formt.

Dort schlagen Eisen aneinander in heiserem Lärm,
dort macht das goldene Metall ein drängendes Geräusch;
Wie ein Baum aus Kupfer den andauernden Böen widersteht,
So ist auch meine Liebe zu all dem, ich werde mich nicht davon lösen.

Niemand hier schwenkt einen Federfächer in würdigem Tanz,
Hier siehst du Schwielen nur – und Stärke;
In der Fabrik gleißen unauslöschlich Flammenstrahlen
Und blenden uns die aufrechte und unerschrockene Brust.

Ich atme ein den Ärger der Arbeiter am Hochofen,
Ich träume einen Traum, einen Traum von der „Großen Gemeinschaft":
Ein schrilles Lied steigt auf in meiner Kehle – Ich rufe aus in trunkenem Gelächter „Die Massen!"
Und gieße meine Eisenblume in die Esse; Flammen um mich herum.[83]

Im Herbst desselben Jahres hatte Ding Ling mit vielen anderen emanzipierten Studenten aus den unterschiedlichsten Gegenden Chinas die Aufnahme-

Ding Ling mit ihrer Mutter Mitte der zwanziger Jahre.

prüfungen an der Universität Shanghai abgelegt und sich dann als Studentin eingeschrieben. Sie wurde von einer ihrer engsten Freundinnen aus Changsha, Wang Jianhong, begleitet, mit der sie bereits um die gemeinsame Erziehung von Jungen und Mädchen in den Schulen von Hunan und um die Gleichberechtigung der Frauen gekämpft hatte. Die beiden jungen Frauen – Ding Ling war achtzehn und Wang Jianhong zwanzig Jahre alt – besaßen natürlich nicht so weitgehende Erfahrungen wie Qu Qiubai, aber auch sie hatten ihr Zuhause als Jugendliche verlassen, waren auf eigene Faust durch China gereist und hatten sich (wie Qu in Wuhan und Peking) einige Monate in Nanking und Shanghai durchgeschlagen. Sie mußten die bedrückende Erfahrung machen, weder als Schullehrer noch als Hausangestellte Arbeit finden zu können; sie hatten von neuen Freunden in Shanghai etwas über Arbeiterorganisationen und durch freiwillige Mitarbeit an der anarchistischen Zeitschrift *Freier Mensch* und der feministischen Zeitung *Stimme der Frauen* etwas über Journalismus gelernt. Qu Qiubai traf beide Frauen im Herbst 1923 und bezauberte sie durch seine Belesenheit, sein politisches Engagement und auch durch die Deklamationen von Dichtungen Puschkins. Gegen Jahresende lebten Wang Jianhong und Qu Qiubai zusammen. Ding

Ling war umgezogen, um in der Nähe der beiden, aber auch in der Nähe von Qus jüngerem Bruder Yunbai, mit dem sie eine enge Freundschaft angeknüpft hatte, leben zu können. Die vier wurden von Qus ehemaligem Kindermädchen umsorgt, die den Familiensitz in Jiangsu verlassen hatte, um Qu in Shanghai zur Seite stehen zu können. Nun wusch und kochte sie für ein geringes wöchentliches Entgelt für die ganze Gruppe.

Für eine Weile lebten sie harmonisch zusammen, aber im Frühjahr 1924 entwickelten sich Spannungen. Ding Lings Beziehung zu Qu Yunbai hatte sich abgekühlt, und Qu Qiubai und Wang Jianhong schienen Dings ständiger Gegenwart überdrüssig zu sein. Kurz vor den Sommerferien teilte Ding ihren Freunden mit, sie habe sich entschlossen, Shanghai für immer zu verlassen, und wolle, nachdem sie ihre Mutter in Hunan besucht habe, in Peking ihr eigenes Leben führen. Fast sechzig Jahre später erinnerte sie sich noch daran, mit welcher Gleichgültigkeit diese Neuigkeit aufgenommen wurde und daß weder Qu Qiubai noch Wang Jianhong es für nötig hielten, sie zum Dampfer an den Jangtse zu begleiten, ja, daß sie sie nicht einmal an ihrer Wohnungstür verabschiedeten. Nur das alte Kindermädchen Adong gab Ding Ling einen Korb Früchte mit auf die Reise.[84]

Sechstes Kapitel

Lob des Nirwana

In den Herbsttagen des Jahres 1923 unternahm Qu Qiubai gelegentlich kurze Ausflüge in die Umgebung von Shanghai, um dort den Dichter Xu Zhimo zu treffen, der soeben aus England zurückgekehrt war. Als Ding Ling sich 1925 in Peking niederließ, lernte auch sie Xu Zhimo kennen. Er half ihr und ihren Freunden bei den ersten literarischen Versuchen. Xu Zhimo schien zu den jungen Männern zu gehören, die immer auf der Sonnenseite des Lebens stehen. 1897 wurde er als Kind einer großen, wohlhabenden Kaufmannsfamilie in der Provinz Zhejiang geboren. Er hatte unter der Revolution von 1911 nicht zu leiden; seine Familie wurde vielmehr durch Handel und Bankgeschäfte zunehmend reicher: Xu Zhimos Vater lieferte unter anderem einen Großteil der Waffen für die revolutionäre Machtübernahme in Hangzhou. Xus Ausbildung wurde nicht wie diejenige Qus durch die Revolution unterbrochen oder vorzeitig beendet. Er besuchte in aller Ruhe die ausgezeichneten modernen Schulen Zhejiangs (er war ein frühreifer, hochbegabter Schüler und konnte seine Ausbildung als Klassenbester abschließen) und das St. John's Baptisten-College in Shanghai, wechselte dann auf ein kleines College in Peking und schließlich an das Institut für Recht und Politik der National-Universität Peking über (deren Studiengelder weder Qu noch Mao hatten bezahlen können). Man arrangierte für ihn eine Ehe mit Zhang Youyi, einem Mädchen, das einer einflußreichen Familie aus der Stadt Baoshan in der Provinz Jiangsu entstammte. 1918, als er einundzwanzig und sie achtzehn Jahre alt war, kam ihr erster Sohn zur Welt. Xu Zhimo schien selbst mit seiner durch die Heirat neu hinzugewonnenen Familie Glück gehabt zu haben, denn die Zhangs waren eine intelligente Familie, die das aufkommende „moderne“ Bewußtsein des neuen China maßgeblich beeinflußte: Ein Bruder Zhang Youyis galt bereits als erfolgreichster und innovativster Bankier Shanghais; ein anderer Bruder war ein enger Vertrauter von Liang Qichao, hatte in Berlin an der Universität studiert und arbeitete gemeinsam mit Liang in der Verfassungsbewegung sowie als Herausgeber reformorientierter Zeitschriften. Auf Empfehlung der Familie Zhang traf Xu mit Liang Qichao zusammen, dessen Schriften er als Schuljunge verschlungen und in seinen ersten Aufsätzen nachgeahmt hatte. Liang bewunderte Xu Zhimos hervorragende Beherrschung des klassischen Chinesisch und seine Energie. Xu wiederum betrachtete sich als Liangs Schüler.[1]

Im Spätsommer 1918 schiffte sich Xu Zhimo in die Vereinigten Staaten ein, um dort seine Universitätsausbildung fortzusetzen. Er war von der Vorstellung beflügelt (möglicherweise ausgelöst durch den Wunsch, es seinem Mentor Liang Qichao und seinem Schwager, dem Bankier, gleichzutun), der Alexander Hamilton des neuen China zu werden. Obwohl ihn große Einsamkeit überfiel, als er seine Frau und das Baby verlassen mußte, und obwohl er sich vor den unbekannten Verhältnissen in den USA fürchtete (auch Qu Qiubai war in großer Ungewißheit in die Sowjetunion gereist), überließ sich Xu Zhimo nicht den dichterischen Vagheiten, die Qus erste Arbeit über „Das Land des Hungers" geprägt hatten. Er betonte vielmehr seine heroischen Bestrebungen in einem ausführlichen Brief, den er noch auf dem Schiff in klassischem Chinesisch und mit vielen historischen Anspielungen auf seine eigene und die europäische Vergangenheit schrieb:

„Seit den Reformen von 1898 sind jedes Jahr mehr Landsleute zur Ausbildung in das Ausland gereist. Nach ihrer Rückkehr widmen sich manche dem politischen Leben, manche dem alltäglichen Geschäftsleben und manche wissen nicht, was sie anfangen sollen. Diejenigen der ersten Kategorie besitzen zwar große Fähigkeiten, sind aber durch ihr Gewinnstreben geblendet. Diejenigen der zweiten Kategorie verfügen zwar über großes Wissen, haben aber keine Ahnung, wie sie es anwenden sollen. Diejenigen der dritten Kategorie sind entweder so hilflos wie ein Fisch auf dem Trockenen oder sie versuchen, unter hoffnungslosen Bedingungen den richtigen Weg zu finden. Ach! Diese Menschen sind der Schatz der Nation, und doch sind sie so verwirrt und chaotisch. Warum haben wir keine wahren Patrioten, die bereit sind, vorwärts zu stürmen und den drei italienischen Helden auf dem Fuße zu folgen.* Statt dessen wandeln sie unentschlossen herum und folgen den alten Wegen. Sie müssen lernen zu verstehen, daß die heutigen Helden die Stürme [die sie umgeben] nicht vermeiden können und daß sogar Kosciusko Polens Stammland nicht beschützen konnte. Wir jungen Patrioten müssen davon lernen."

Die einzige Antwort auf diese mißliche Lage, so glaubte Xu, bestehe in einem Leben harter Arbeit, in Selbstverleugnung und in einer ungeschminkten Konfrontation mit der Wirklichkeit ohne jegliches Selbstmitleid.[2]

Xu verbrachte zwei Jahre in den Vereinigten Staaten, zunächst an der Clark Universität in Worcester, Massachusetts, wo er ein Umschulungsprogramm mit dem *Bachelor of Arts* abschloß, und anschließend an der Columbia Universität, wo er den *Master of Arts* in Politikwissenschaft erwarb. Während dieser Zeit hing er ausgesprochen hartnäckig seinen Idealen an. Er befolgte mit einem kleinen Kreis ebenso patriotisch eingestellter chinesischer Studenten einen strengen Tagesablauf, der durch frühes Aufstehen, Studium und Übungen gekennzeichnet war. Sie trafen sich häufig, um die Notlage ihres Landes zu diskutieren und sich gegenseitig in ihrem Eifer anzuspornen.

* Gemeint sind Mazzini, Cavour und Garibaldi, über die Liang Qichao eine populäre und einflußreiche Gruppenbiographie geschrieben hatte.

Xu studierte an der Clark Universität Geschichte im Hauptfach und belegte auch Spezialkurse wie Wirtschaftslehre und Bankwesen. An der Columbia Universität besuchte er weitere Kurse in Wirtschaftslehre, studierte Politische Theorie, arbeitete sich in den frühen Owenschen Sozialismus sowie in die Geschichte der Russischen Revolution ein und schrieb eine Dissertation über den Status der Frauen in China (in der er versicherte, daß deren Notlage in den Berichten der Missionare übertrieben dargestellt worden sei).[3] Diese Studien zeigen deutlich, daß Xu sich gewissenhaft darauf vorbereitete, in drei Rollen tätig zu werden: zum einen als chinesischer Hamilton, zum anderen als wahrer Schüler Liang Qichaos und zum dritten als pflichtbewußter Sohn seines einflußreichen Bankier-Vaters.

Und doch, so ehrgeizig diese Pläne auch scheinen mochten, wurde Xu von Zweifeln geplagt, ob seine Anforderungen an das Leben nicht zu gering seien. Später erinnerte er sich: „In Amerika hielten mich die Teilnahme an Kursen, der Besuch von Vorlesungen und auch Prüfungen, Kaugummikauen, Kinovorstellungen und Fluchen in Atem." Die Grundlage seines Denkens hatte sich jedoch nicht verändert: „Wenn ich ein reiner Tor war, als ich nach Amerika kam, so hatte sich daran nichts geändert, als ich von der Freiheitsdame Abschied nahm."[4] Der Anstoß, die Vereinigten Staaten zu verlassen (und damit auch das Ph. D. Programm der Columbia Universität, für das er sich eingeschrieben hatte), ging für Xu von den Schriften Bertrand Russells aus. Sie erschienen ihm im Gegensatz zu den anderen Werken, die er gelesen hatte, wie „goldene Lichtstrahlen – kalt, scharf, schnell beweglich –, die aus den Purpurwolkenbergen, die sich an einem Sommerabend über dem Meer türmen, hervorbrechen". Wenn er an Russell dachte, so Xu Zhimo, stellte er diesen Bildern des Lichtes und der Kraft immer das Woolworth-Gebäude gegenüber, das die Stadt New York um achtundfünfzig Stockwerke überragte, ein ehrfurchteinflößendes Symbol des Establishments und dennoch zugleich ein Symbol der mächtigen Strukturen, die durch Zornesstrahlen zum Umsturz gebracht werden könnten. Russell habe zwei frühere „Inkarnationen", schrieb Xu Zhimo. Die eine sei Voltaire, dessen „kaltes, klares Licht" ein halbes Jahrhundert lang auf die „Achtundfünfzig-Stockwerk-Gebäude" Frankreichs im achtzehnten Jahrhundert gefallen sei, bevor sie schließlich im Jahre 1789 zusammenstürzten. Die andere sei William Godwin – Ehemann von Mary Wollstonecraft und Vater von Mary Shelley –, der zwar weniger berühmt als Voltaire sei, aber Xu als der wahre Ahnherr des modernen Sozialismus erschien, als Mann, dem es zu seiner Zeit gelang, „viele falsche Vorstellungen zu zerstören und viele hohe Gebäude zu zerschlagen".[5]

Zwar verließ Xu Zhimo die Vereinigten Staaten zum Teil aus einem derartigen bilderstürmerischen Idealismus, er war aber auch ein Opfer mächtiger Gefühlsbewegungen, die er später einmal zu analysieren versuchte:

„Während der Höhen und Tiefen meines Lebens bewegten gewöhnlich Fäden starker Gefühle mein Handeln – als Beispiel können wir mein Suchen nach Bildung ansehen. Ich ging nach England, weil ich ein Jünger Russells sein wollte (Russell besuchte China, als ich in Amerika war). Es gab Gerüchte, er sei gestorben. Sie stellten sich als falsch heraus; aber damals weinte ich, und da Tränen alleine der Trauer nicht angemessen waren, verehrte ich sein Andenken mit Gedichten. Als ich erfuhr, daß er noch lebte, fühlte ich mich natürlich sehr erleichtert: Ich zog meine Anmeldung als Doktorand an der Columbia Universität zurück und kaufte eine Karte für die Schiffsreise über den Atlantik, weil ich mich mit ganzem Herzen dem Studium dieses Voltaire des zwanzigsten Jahrhunderts widmen wollte."[6]

Es war eine ungestüme Entscheidung, die in eine Sackgasse führte: Als Xu im Oktober 1920 in England eintraf und als Schüler von Russell in Cambridge studieren wollte, mußte er erfahren, daß Russell noch nicht aus China zurückgekehrt war und außerdem bereits vor Jahren seine Stellung als Fellow am Trinity College verloren hatte, weil seine Kollegen am College die pazifistischen Ansichten, die er während des Ersten Weltkriegs geäußert hatte, und seine kürzliche Scheidung mißbilligten.

So zog Xu Zhimo nach London. Er gab vor, an der London School of Economics bei Harold Laski in Politikwissenschaft promovieren zu wollen. Er unternahm mit Frau Laski im Hafengelände von Woolwich eine Wahlkampagne und schickte Liang Qichao mehrere Aufsätze über politische Themen zur Veröffentlichung in Liangs chinesischen Zeitschriften.[7] Aber Xu beteiligte sich nur halbherzig an dieser politischen Arbeit. „In jener Zeit", schrieb er, „fühlte ich mich zutiefst entmutigt und suchte nach neuen Wegen." In einem Brief vom November 1920 teilte er seinen Eltern mit, daß er bei seinen Studien zwar einige Fortschritte erziele, aber auch ständig von dem Gefühl begleitet sei, daß das, was er alljährlich hinzugelernt habe, verblasse, sobald er sich mit neuen Themen befasse. So bedeute London lediglich die Wiederholung eines Zyklus, der nach seiner Ankunft in Clark begonnen und bei seinem Wechsel von Clark nach Columbia seine Fortsetzung gefunden habe.[8] In jenem Brief erwähnte er aus naheliegenden Gründen nicht, daß er sich in Lin Huiyin verliebt hatte, die sechzehnjährige Tochter des Leiters der Chinesischen Völkerbund-Gesellschaft Lin Changmin.

Xu Zhimo hatte die nur vorübergehend in London lebende Familie Lin kennengelernt, weil diese ebenfalls mit Liang Qichao befreundet war. Lin Changmin hatte gemeinsam mit Liang eine Generation lang über politische und verfassungsrechtliche Probleme gearbeitet. Beide hatten 1917 einem kurzlebigen Kabinett der Progressiven Partei angehört, das versucht hatte, nach der mißlungenen Wiedereinsetzung Kaiser Puyis durch General Zhang Xun in China wieder eine gewisse Ordnung herzustellen. Lin war ein geselliger und gefühlsbetonter, romantisch veranlagter Mensch, der den jungen Xu Zhimo als unterhaltsamen Gefährten empfunden haben muß. Xu Zhimo wiederum fand in seinem ruhelosen und leicht erregbaren Zustand in dem jungen Fräulein Lin eine Seelengefährtin, die zugleich auch eine schöne und weitgereiste junge Frau war. Seine Frau Zhang Youyi, die er vor mehr als zwei Jahren in China mit ihrem Baby zurückgelassen hatte, war niemals gereist. Sie hatte sich erst kurz zuvor entschlossen, sich mit Hilfe eines Tutors weiterzubilden, und konnte in Xu Zhimos Augen wahrscheinlich niemals neben der kultivierten Lin Huiyin bestehen. Aus den noch vorhandenen Briefen, die Xu nach Hause schickte, spricht wenig Wärme für seine Frau. Sie lassen jedoch eine echte Liebe zu seinem kleinen Sohn erkennen, dessen sich änderndes Gesicht er lediglich von Photographien kannte. In einem Brief bat Xu seine Frau, den zweieinhalbjährigen Jungen einen ganzen Tag lang zu beobachten, alle seine Worte und Handlungen aufzuschreiben und ihm diese vollständige Aufzeichnung zuzusenden.[9]

London bot Xu Zhimo außer Fräulein Lin noch andere Zerstreuungen. Eines Morgens fuhren beispielsweise einige chinesische Studenten mit dem Auto vor seiner Wohnung vor und machten Xu mit H. G. Wells bekannt. Die beiden freundeten sich an, und Wells lud Xu in sein Landhaus ein. Sie aßen zu Mittag, gingen im Park spazieren (Wells forderte Xu zu dessen Erstaunen auf, mit ihm über einen Zaun zu springen. Xu willigte höflich ein, Wells folgte ihm, stürzte und zerriß seine Kleidung), aßen zu Abend und tranken bis spät in die Nacht hinein Whisky.[10] Eine weitere wertvolle Bekanntschaft in London war Goldsworthy Lowes Dickinson, den Xu erstmals bei einer Völkerbundversammlung gemeinsam mit Lin Changmin auf der Rednertribüne gesehen hatte. Danach begegneten sich Xu und Dickinson beim Tee bei den Lins und wurden Freunde. Dieses Zusammentreffen war für Xu zur damaligen Zeit sehr bedeutsam, denn Dickinson versprach viele Türen zu öffnen: Er war Fellow des King's College in Cambridge, liebte die chinesische Dichtkunst und Ästhetik, besaß zu den literarischen Kreisen Londons enge Kontakte und war sehr darum bemüht, einem liebenswerten jungen Gefährten bei seiner Karriere behilflich zu sein. Dickinson bemerkte, daß Xu sich mehr und mehr für Literatur interessierte, und drängte ihn, die London School of Economics zu verlassen und nach Cambridge überzuwechseln. Xu befolgte diesen Rat nur zu gerne und bewarb sich an mehreren Colleges, wurde aber abgelehnt, weil das akademische Jahr in Cambridge bereits zu weit fortgeschritten war und über eine Neuzulassung nicht mehr entschieden werden konnte. Während dieser Verhandlungen erhielt Xu die für ihn überaus niederdrückende Nachricht, daß Fräulein Lin von ihren Eltern zum Studium nach Edinburgh geschickt worden war und daß sich außerdem seine Frau Zhang Youyi kurzfristig entschlossen hatte, China zu verlassen und durch die rauhe Wintersee um die halbe Welt zu reisen, um an der Seite ihres Ehemannes leben zu können. Dickinson erreichte schließlich, daß Xu an seinem King's College als *special student* aufgenommen wurde, und so verließ Xu gleich nach Zhang Youyis Ankunft London, um Anfang 1921 gemeinsam mit ihr und einem Freund ein gemietetes Landhaus in dem wunderschönen Dorf Sawston zu beziehen, das ungefähr neun Kilometer von Cambridge und der Universität entfernt lag.[11]

Das gemeinsame Leben in Sawston gestaltete sich nicht zu einer Idylle. Xu unterhielt nicht nur eine leidenschaftliche Korrespondenz mit Lin Huiyin, deren Briefe er postlagernd in dem Lebensmittelladen von Sawston empfing, sondern er fühlte sich auch durch sein Eheleben gehemmt, das wahre Cambridge kennenzulernen und all die Möglichkeiten, die das Universitätsleben bot, auszukosten. Xu spürte, daß sich unter solchen Umständen die in ihm keimenden emotionalen und ästhetischen Kräfte nicht entfalten könnten. Jeden Tag fuhr er frühmorgens mit der Straßenbahn oder mit dem Fahrrad zur Universität, und jeden Abend fuhr oder radelte er zurück, aber der Tagesablauf bereitete ihm kein Vergnügen. Drei Jahre später schrieb er rückblickend: „Den ganzen Frühling über lebte ich so vor mich hin; ich wurde in Cambridge nicht heimisch; ich kannte niemanden dort; ich kannte lediglich eine Bibliothek, einige Klassenräume und einige wenige preiswerte Restaurants. Dickinson hielt sich meistens in London oder auf dem Kontinent auf, und so sah ich auch ihn nur selten."[12]

Es gibt keine Aufzeichnungen über das, was sich in jenem Frühjahr und Sommer in Sawston ereignete. Im Herbst 1921 jedoch verließ Zhang Youyi ihren Mann und reiste nach Berlin, um an der dortigen Universität zu studieren. Sie hatte Freunde dort, und ihr Bruder, der an der Universität in Jena bei Rudolf Eucken Moralphilosophie studierte, war in ihrer Nähe. In jenem Oktober kehrte auch Lin Huiyin mit ihrem Vater nach China zurück.[13] „Im Spätherbst", schrieb Xu, „reiste ich alleine wieder nach Cambridge; damit begann das Jahr meiner wahren Ausbildung. In dieser Zeit hatte ich endlich Gelegenheit, mich dem wirklichen Leben Cambridges zu nähern und diese Stadt zu entdecken! Nie zuvor hatte ich ein so intensives Glücksgefühl erlebt."[14] Denn nun kostete Xu „die Honigsüße des Alleinseins", wie er es ausdrückte. Er genoß die drei Arten von Vergnügen, die seine Frau ihm verweigert hatte: das Alleinsein mit seinen Freunden, das Alleinsein mit seinen Gedanken und das Alleinsein mit der Natur. Nun war er frei, sich in den warmen Strahlen von Dickinsons ausgeprägtem Ästhetizismus zu sonnen und als Günstling Dickinsons ein über alle Vernunft idealisiertes, aber dennoch seelenbewegendes Chinabild aufnehmen zu können. Dickinson hatte nämlich bereits 1901 unter dem Vorwand, es handele sich um die Gedanken eines chinesischen Gelehrten, in seinem populären Buch *Letters from a Chinese Official* geschrieben:

„All das, was in der Natur lieblich ist und was am Menschen ergreifend und empfindsam ist, zu fühlen und auszudrücken, um es zu fühlen oder doch zumindest dessen Ausdruck zu verstehen, das ist für uns Zweck genug. Eine Rose in einem mondbeleuchteten Garten, der Schatten von Bäumen auf dem Rasen, Mandelblüten, Pinienduft, der Becher Wein und die Gitarre; dies und die Dramatik von Leben und Tod, die lange Umarmung, die vergeblich ausgestreckte Hand, der Moment, der für immer davongleitet, befrachtet mit Musik und Licht, in den Schatten und die Stille spukender Vergangenheit, alles, was wir haben, all das entzieht sich uns, ein Vogel im

Fluge, ein Parfum entflohen in einem Windstoß – wir sind gelehrt worden, auf all diese Dinge zu reagieren, und die Reaktion ist das, was wir Literatur nennen. Das besitzen wir; das kann man uns nicht geben; aber das kann man uns so leicht nehmen."[15]

Xu Zhimo hatte dieses Buch gelesen und bewundert, und Dickinson hatte nach seinem Besuch in China im Jahre 1913 genau diese Gefühle noch einmal bekräftigt. Hier fand Xu Zhimo Geborgenheit vor den Demütigungen der Militärherrscher in seinem Heimatland und vor den aufrüttelnden Ermahnungen seines Mentors Liang Qichao zu Patriotismus und Pflicht. Einen besonderen Akzent erhielt die Situation dadurch, daß Xu sich zwar von der englischen Kultur und Empfindsamkeit angezogen fühlte, daß aber derjenige, der Xu dafür begeistert hatte, zu jener Zeit an dieser Kultur vieles auszusetzen hatte. Die Engländer seien, so hatte Dickinson geschrieben, „von der Natur geschieden, aber unkultiviert; gelehrt, aber nicht gebildet; anpassungsfähig, aber außerstande zu denken".[16]

Xu Zhimo las in jener Zeit auch Shelley und betrachtete ihn als seinen „Führer", nachdem er in allen Einzelheiten erfahren hatte, wie der Dichter seine Frau Harriet verlassen hatte, um mit der siebzehnjährigen Mary Godwin zu flüchten (der Tochter jenes geistreichen William Godwin, dessen Werke Xu so außerordentlich bewunderte). Shelley muß wohl durch sein Beispiel und durch seine Gedichte Xu Zhimo darin bestärkt haben, seine eigene Freiheit durch die Scheidung von der Frau, die er bereits davongejagt hatte, wiederzuerlangen. Zugleich machte sich Xu, der nun auch Keats und Byron las, Gedanken über die Freiheit der Seele eines Dichters und über deren Existenz außerhalb jeglicher Konventionen. Als er sich dann in Walter Pater vertiefte (dessen Werk er zufällig entdeckte, als er in einem Buchantiquariat vor einem plötzlichen Regenguß Schutz suchte), wurden seine ästhetischen Vorstellungen erneut tief beeinflußt.[17] In dem frühesten Gedicht, das uns von Xu überliefert ist und dessen erste Fassung das Datum vom 23. November 1921 trägt, sprach Xu sein sich entfaltendes dichterisches Ich an und bediente sich des erst jüngst befreiten chinesischen Versmaßes:

Oh Dichter! Warum weigert sich der Frühling, der doch schon andere
  Menschen berührt hat,
Immer noch, freizusetzen deine
Quellen schöpferischer Energie?

Lache, lache laut!
Die Gebirgsketten im Norden und im Süden haben noch nicht alle ihre
  Juwelen ausgespieen,
Und auch die Ozeane im Osten und im Westen haben noch nicht alle
  ihre Perlen verstreut.

Weich, weich die Klänge der Flöten, der Saiten,
Trinke tief vom Licht der Sterne, der Sonne und des Mondes!

Oh Dichter! Wieso weigert sich der Frühling, der doch schon andere
Menschen berührt hat,
Immer noch, freizusetzen deine
Quellen schöpferischer Energie?[18]

Xu mag für kurze Zeit geschwankt haben, seine Ehe zu beenden, als er erfuhr, daß seine Frau nach ihrer Ankunft in Berlin bemerkt hatte, daß sie schwanger war. Xu reagierte auf diese Nachricht (so als habe er seine Entschlossenheit, seine Frau ihrem eigenen Schicksal zu überlassen, prüfen wollen) mit einer chinesischen Übersetzung von Wordsworths Gedicht „Lucy Gray, oder die Einsamkeit", dessen quälende letzte Strophe lautet:

Über Stock und Stein trippelt sie dahin,
Und schaut sich niemals um;
Und singt ein einsam Lied,
Das pfeifet in dem Wind.

Diese Übersetzung beendete er am 31. Januar 1922. Wenige Tage später reiste er nach Berlin, wo Zhang Youyi am 24. Februar mit ihrem zweiten Sohn niederkam. Sie nannten ihn Peter. Nachdem Xu Weimar und Jena besucht hatte, um auf dem Heimatboden zweier früher Giganten der romantischen Tradition, Goethe und Schiller, zu stehen – und vielleicht auch, um ein offenes Gespräch mit seinem Schwager Zhang Junmai zu führen –, schrieb er schließlich Anfang März seiner Frau und verlangte die Scheidung.[19] Xu verfaßte diesen Brief in der formelhaften Sprache der „höheren Gefühle" und sprach von den Bedürfnissen ihrer freien Geister (wie es Shelley getan hatte), nicht aber von irgendwelchen Einzelheiten ihres Ehelebens oder von ihrer Verschiedenheit: „Wirkliches Leben muß durch Kampf gewonnen werden; wirkliches Glück muß durch Kampf gewonnen werden; wirkliche Liebe muß durch Kampf gewonnen werden! Unser beider Zukunft ist unbegrenzt; unser beider Denken drängt auf Gesellschaftsreform; unser beider Denken drängt darauf, das Wohlergehen der Menschheit zu erreichen. All dies hängt von unserem beispielhaften Leben ab. Mit Mut und Entschlossenheit und dem notwendigen Respekt vor unseren Persönlichkeiten müssen wir einer Scheidung aus freien Stücken zustimmen, um auf diese Weise den Schmerz zu beenden und das Glück einzuleiten."[20] Sie stimmte der Scheidung zu, und Xu kehrte nach England zurück.

Wieder in Cambridge, erlebte Xu Zhimo seinen wahren Frühling – zur gleichen Zeit, als Qu Qiubai von seinem Sanatorium aus erstmals die Lichter Moskaus in ihrer ganzen Schönheit sah und der Kommunistischen Partei beitrat. Nun konnte Xu sich der großen Freude, die er im vergangenen Herbst empfunden hatte, noch inniger hingeben, und er fühlte sich im Einklang mit dem Universum: „Diesen Frühling – zu meiner Bekümmernis den einzigen in meinem Leben – lebte ich nicht vergebens. Denn allein in jenem Frühling verlief mein Leben natürlich und wirklich froh – auch wenn es zufällig die Zeit war, in der ich die Qual des Lebens am tiefsten empfand. Nun konnte ich Muße, Freiheit und das Glück des völligen Alleinseins genießen. Es mag zwar merkwürdig klingen, aber es kam mir vor, als hätte ich damals erstmals das Licht der Sterne und des Mondes, das Grün des Grases, den Duft der Blumen und die Kraft des fließenden Wassers erkannt. Werde ich jemals jenes Suchen nach dem beginnenden Frühling vergessen?"[21] In jenem Frühling vollendete Xu ein kurzes, frohes lyrisches Gedicht, das erste, das er veröffentlichen wollte. Offensichtlich bemüht, in chinesischer Sprache die knappen Zeilen, einfachen Worte und reinen Gefühle der lyrischen Balladen der englischen Romantik aufzugreifen, entwarf Xu seine Sicht der englischen Landschaft:

> Duftend die südliche Brise,
> Grün das Gras, die Bäume.
> Warmes Sonnenlicht über dem Land,
> Weiße Wolken, gelbe Wolken, verstreut über den Himmel.
> Mitten in dem wogenden Weizenfeld
> Das Lachen und Plappern von Bauernjungen und Bauernmädchen.[22]

So verbrachte er Frühling und Sommer in der Unterhaltung mit Freunden, am Ufer des Flusses Cam liegend und die Rasenflächen des King's College und die von ihm so geliebte Brücke vor dem Clare College betrachtend, lesend, ein Boot auf dem Fluß stakend, schreibend, träumend oder mit rasender Geschwindigkeit dem Licht der untergehenden Sonne entgegenradelnd, um den schwindenden Tag noch für einige Momente zu verlängern. Er hatte sehr unterschiedliche und faszinierende Freunde: In Cambridge verkehrte er in einem Kreis, zu dem Dickinson, E. M. Forster und I. A. Richards gehörten. In London traf er sich weiterhin mit H. G. Wells, und er lernte John Middleton Murry, Bertrand Russell (soeben aus China zurückgekehrt), Roger Fry und Arthur Waley kennen. An einem Sommerabend lud ihn Murry nach Hampstead ein, um ihn seiner Frau Katherine Mansfield, deren Kurzgeschichten Xu verehrte, vorzustellen. Obwohl sie bereits todkrank war, beeindruckte sie Xu zutiefst durch ihre „Reinheit, Anmut und Intelligenz", und er fühlte sich überwältigt von ihrer Gegenwart. Sie sprachen natürlich über Literatur und über deren Übersetzung, und als Xu sich verabschiedete, beschwor sie ihn, sein Leben niemals in der Politik zu vergeuden, sondern sich der Kunst zu widmen.[23] Auch solche Zeiten haben jedoch ein Ende; im Herbst 1922 kehrte Xu nach China zurück. Am 15. Oktober lief er in den Hafen von Shanghai ein, wo er „mit wildklopfendem Herzen" seine Eltern und Freunde begrüßen konnte.[24]

Die Art, in der Xu Zhimo und seine Frau miteinander umgingen, war auf dramatische Weise „modern" und konnte als endgültige Antwort auf das umfassende, auf Vereinbarungen und Vernunfterwägungen beruhende Ehevermittlungssystem gelten, das in China bereits seit zwei Jahrzehnten kritisiert worden war. Aus diesem Grunde, aber auch wegen seiner ebenso modernen Gedichte – emotional, ungebunden und drastisch in ihrer Symbolik –, wurde Xu bald weithin bekannt. Studentenvereinigungen in China wollten ihn unbedingt zum Thema „Kunst und Leben“ hören, und seine Vorlesungen wurden ungeheuer beliebt (obwohl er sie vor der verdutzten Zuhörerschaft anfangs in Englisch hielt, sich des öfteren auf Matisse und Picasso bezog und ausführlich Wells und Pater zitierte). Gemeinsam mit Liang Qichao lehrte er im Sommersemester 1923 an der Nankai-Universität, und 1924 erhielt er eine Stelle an der Nationaluniversität Peking.[25] Für die ältere Generation berührte Xus Verhalten die Grundfragen des menschlichen Anstands, und dies um so mehr, als er erneut Lin Huiyin umwarb. Liang Qichao fühlte sich dadurch besonders betroffen, denn seit Lin Huiyins Rückkehr nach China war er bemüht, zwischen ihr und seinem zweiten Sohn eine Ehe zu vermitteln. Im Januar 1923 setzte sich Liang in einem ausführlichen Brief an Xu Zhimo (den er, wie er anmerkte, um drei Uhr morgens beendete) mit der Bedeutung des Problems der Freiheit und der Entscheidung im persönlichen Bereich auseinander, mit Problemen also, mit denen er sich in politischer Hinsicht bereits seit der „Hundert-Tage-Reform“ vor fast fünfundzwanzig Jahren beschäftigt hatte:

„Zwei Abende vor seiner Abreise erzählte mir Junmai* von Deinem Tun. Ich war sehr aufgebracht. Bisher hatte ich angenommen, es gebe zwischen Dir und Deiner Frau (auch wenn Du sie nicht mehr so nennen willst, werde ich es weiterhin tun) grundsätzliche Unvereinbarkeiten, und ich hatte vor, mich nicht mehr um diese Angelegenheit zu kümmern. Aber nun höre ich, daß Du ihr seit Deiner Rückkehr nach China weiterhin schreibst und sie mit Lob überhäufst. Warum nur hast Du so gehandelt? Es ist wirklich unverständlich. Ich hatte auch gedacht, daß Du vielleicht ebenso wie Junmai gerne alleine leben wolltest, aber nach dem, was Junmai mir erzählt hat, muß ich annehmen, daß es sich ganz anders verhält.“

Liang teilte Xu sodann mit, er wolle ihm zwei grundsätzliche Punkte verständlich machen. Erstens „die Fähigkeit, anderen Menschen Gefühle entgegenzubringen, die allein die übergeordnete Stellung des Menschen vor anderen Geschöpfen bedingt; wir können unser persönliches Glück nicht verfolgen, wenn dadurch andere leiden müssen“. Xu sei daher zu tadeln, weil er seiner Frau, den älteren Angehörigen der Familie Zhang und den beiden von ihm vernachlässigten Söhnen Leid zufüge. Zweitens: Obwohl „heute alle jungen Menschen am liebsten über die Erhabenheit der Liebe sprechen (ich möchte mich hier nicht gegen zeitgemäße Einstellungen wenden), bin ich mir auch bewußt, daß es auf dieser Erde noch sehr viele andere Dinge gibt, und ich kann nicht hinnehmen, daß man nun gerade die Liebe als das allein Existierende aufgreift. Außerdem ist Liebe etwas, was zu Dir

* Gemeint ist Zhang Junmai, der Bruder von Xu Zhimos geschiedener Frau Zhang Youyi, der soeben nach Abschluß seiner Studien in Jena nach China zurückgekehrt war.

kommt. Du kannst nicht hinausgehen und sie Dir aneignen. Du kannst nicht einfach verlangen: ‚Ich möchte Liebe haben, die so und so beschaffen ist', und dann erwarten, daß Du auch eine solche bekommst." Liang bat Xu, seine Gefühle zu zügeln und, wie Liang selbst, „übermäßiges Engagement" zu vermeiden.[26]

Xu erwiderte mit ungestümen Worten:

„Ich trotze der feindlichen Kritik der Gesellschaft und kämpfe mit aller Kraft, nicht um die Qualen eines elenden Geschicks zu vermeiden, sondern um meinem Gewissen Ruhe zu verschaffen, meine Persönlichkeit zu festigen und meine Seele zu erretten.

Wer unter den Menschen strebt nicht nach tugendhaftem Mittelmaß? Wer ist nicht zufrieden mit der gegenwärtigen Situation? Wer fürchtet nicht Schwierigkeiten und Gefahr? Aber da sind einige, die sich losreißen und darüber hinausgehen. Ich will in dem Meer der Menschheit die Gefährtin meiner Seele suchen. Finde ich sie, dann ist das mein Glück. Finde ich sie nicht, dann ist das mein Schicksal.

Ach, mein Lehrer! Ich war bemüht, in den Tiefen meiner Seele aus meinen Idealen ein reines Juwel zu schaffen. Ich nähre es mit dem heißen Blut meines Herzens, auf daß es meine tiefsten Sehnsüchte ausstrahlen möge."[27]

Liang empfand ungeachtet dieser Zurückweisung auch weiterhin Zuneigung zu Xu Zhimo. Er setzte sich dafür ein, daß Xu an der Literaturbeilage der *Morgennachrichten* mitarbeiten konnte (derselben Zeitung, die Qu Qiubai nach Moskau geschickt hatte), und überließ ihm eine Wohnung in einem alten Gebäude aus der Zeit der Qing-Dynastie in der Steintigergasse Nr. 7, wo Liang einen großen Teil seiner chinesischen und fremdsprachigen Bibliothek untergebracht hatte. Hier lebte Xu Zhimo mit mehreren Freunden und Schülern Liangs – Universitätslehrern, Philosophen und Schriftstellern – zusammen, zu denen auch der unbezähmbare alte Jian Jichang aus der Provinz Guizhou zählte. Er war seit vielen Jahren Liang Qichaos Gefährte und stand ihm mit seiner umfassenden klassischen chinesischen Bildung, die unter den geselligen Trinkgelagen keineswegs gelitten hatte, stetig zur Seite. Hier konnte man die harte Wirklichkeit der chinesischen politischen und wirtschaftlichen Zustände und die auseinanderfallende Pekinger Regierung vergessen. Xu Zhimo veranschaulichte dieses Leben in einem seiner schönsten Gedichte, „Steintigergasse Nr. 7", das er im Frühjahr 1923 verfaßte:

Es gibt Zeiten, in denen unser kleiner Hof von leichten Wellen einer grenzenlosen Zärtlichkeit durchzogen wird:
Die liebreizende Wistaria, den Busen entblößt, erbittet die Liebkosungen der Persimonenblätter,
Aus ihrer Höhe, hundert Fuß, neigt sich in einer sanften Brise die Sophora, den wilden Apfel zu umarmen,
Der gelbe Hund am Zaun wacht über Amber, seinen kleinen Freund, der dort in tiefem Schlafe ruht,

Die Vögel singen ihre letzten Balzgesänge, sie trillern ohne Ende –
Es gibt Zeiten, in denen unser kleiner Hof von leichten Wellen einer grenzenlosen Zärtlichkeit durchzogen wird.

Es gibt Zeiten, in denen unser kleiner Hof im Schauplatz eines Traumes aufgeht:
Über das Grün werfen Nebelschleier ihre Schatten, nachdem der Regen eine versiegelte und schweigende Dunkelheit gewoben hat,
Das Gesicht meinen welkenden Orchideen zugewandt, hockt ein einsamer Frosch und lauscht dem Schrei eines Wurmes im Nachbargarten.
Eine müde Regenwolke, noch unverbraucht, dehnt sich über dem Kopf der Sophora,
Was dort an der Dachkante flatternd kreist – ist es eine Fledermaus oder eine Libelle?
Es gibt Zeiten, in denen unser kleiner Hof im Schauplatz eines Traumes aufgeht.

Es gibt Zeiten, in denen unser kleiner Hof nur noch mit einem Seufzer reagieren kann:
Ein Seufzer angesichts der Sturmeszeiten, wenn zahllose rote Blüten zerstampft, zermahlen sind im Regen,
Ein Seufzer angesichts des frühen Herbstes, wenn Blätter, noch grün, mit Bedauern sich von ihrem Aste lösen,
Ein Seufzer angesichts der stillen Nacht, wenn der Mond in seiner Wolkenbarke zieht, gerade jetzt über der Westmauer,
Und der Wind trägt ein Klagelied vorbei, kalte Böen, die aus einer fernen Gasse kommen.
Es gibt Zeiten, in denen unser kleiner Hof nur noch mit einem Seufzer reagieren kann.

Es gibt Zeiten, in denen unser kleiner Hof von Freude überwältigt ist:
In der Abenddämmerung, nach dem Regen, da der Garten Schatten spendet, Duft und Kühle,
Der alte Jian, der Säufer, umklammert einen Krug, die Beine himmelwärts gestreckt,
Leert seinen Becher, ein Achtel, ein Viertel, bis des Weines Wärme ihm Herz und Wangen füllt,
Eine Bacchusfigur, den Mythen entwachsen, von sprudelndem Lachen getragen –
Es gibt Zeiten, in denen unser kleiner Hof von Freude überwältigt ist.[28]

Da nun die politischen Unstimmigkeiten zwischen Liang und Kang Youwei verblaßt waren und beide Männer wieder freundschaftlich miteinander verkehrten, ließ es sich Liang auch nicht nehmen, Xu Zhimo seinem alten Lehrer und Freund vorzustellen. Liang schilderte Xu Zhimo als „Ihres Schülers Schüler, ein außergewöhnlich intelligenter junger Mann, der Dichtkunst und klassische Prosa gut beherrscht; seine englischen Sprachkenntnisse sind sogar noch besser und seine englischen Gedichte wurden von ausländischen Gelehrten gelobt." Er fügte hinzu, daß Xŭ Zhimo sich momentan damit befasse, Liangs Arbeit über das frühe chinesische politische Denken ins Englische zu übersetzen (ein Projekt, das Xu zwar in Angriff nahm, jedoch niemals beendete).[29] Worüber die drei Männer schließlich miteinander sprachen, ist nicht bekannt – vielleicht über die klassische chinesische Dichtung, vielleicht über die Politik der Gegenwart; wahrscheinlich haben sie sich nicht über die europäische Dichtkunst der Romantik oder über Naturwissenschaften unterhalten, obwohl Xu, der in den Mooren der Grafschaft Cambridge leidenschaftlich gern Fahrrad gefahren war, sich nun zufällig in Gesellschaft zweier Gelehrter befand, die in den voraufgegangenen zwei Wochen ihr Wissen um die ehrfurchteinflößende Macht moderner Transportmittel hatten erweitern können. Kang Youwei war gerade zum ersten Mal mit einem Flugzeug geflogen und hatte in der Provinz Hebei hoch über der Stadt Baoding die äußere Große Mauer sehen können, die sich tief unter ihm ausnahm „wie eine quadratische Platte, auf der Gebäude und Pavillons wie viele umgestürzte Tassen verstreut waren."[30] Liang Qichao hatte vor kurzem ein furchtbares Drama durchlebt, als seine beiden jüngeren Söhne bei einem Autounfall in Peking ernsthaft verletzt worden waren. In den vergangenen Tagen hatten die Ärzte seine Söhne auf innere Verletzungen hin untersucht, und er wartete äußerst besorgt auf die endgültige Diagnose, unaufhörlich zwischen dem Krankenhaus und seiner Wohnung hin und her pendelnd. (Ihm wurde schließlich mitgeteilt, daß sein zweiter Sohn Liang Sicheng, den er mit Lin Huiyin verheiraten wollte, mindestens zwei Monate im Krankenhaus bleiben müsse. Er stellte daraufhin eine eindrucksvolle Lektüreliste zusammen, damit sein Sohn diese erzwungene Mußezeit nicht sinnlos vergeude.)[31]

Seitdem er von der Pariser Friedenskonferenz aus Europa zurückgekehrt war, hatte Liang alle seine Kräfte auf seine Lehrverpflichtungen sowie auf seine Schriftstellerei verwandt. Es genügte ihm, mit seiner Frau und seinen Kindern ein schlichtes Leben zu führen und nur von Ferne Einfluß auf das politische Leben zu nehmen. Völlig anders verlief das Leben Kang Youweis, der im Februar 1918 nach Shanghai zurückgekehrt war, nachdem er sich nach den fehlgeschlagenen Restaurationsversuchen General Zhang Xuns aus Sicherheitsgründen monatelang in der amerikanischen Botschaft in Peking aufgehalten hatte. In Shanghai hatte Kang Youwei einen Kreis von Angehörigen zu versorgen, zu dem fünf Ehefrauen verschiedensten Alters zählten (als 1914 seine geliebte Frau He Zhanli starb, hatte er drei neue Ehefrauen zu sich genommen), sechs unverheiratete Töchter, zwei junge Söhne, zehn Dienerinnen und Ammen und dreißig Diener.[32] Er mußte monatlich für die Ernährung und die Unterbringung all dieser Personen ungefähr zweitausend Dollar aufbringen. Das gelang ihm durch den Verkauf seiner eigenen Kalligraphien, durch Handel mit seltenen Büchern und Kunstobjekten, hin und wieder durch Spekulation mit städtischem Grundbesitz und durch seine ansehnlichen Güter in Jiangxi, die Tomaten, Zwiebeln, Tabak, Tee, Bauholz, Schweine und Hühner produzierten. Der Betrieb dieser ländlichen Güter war mit zahlreichen Ärgernissen verbunden, weil unehrliche Pächter und lokale Banditen die Hoffnungen, einen soliden Gewinn zu erwirtschaften, immer wieder zunichte machten. Für Kang war das – falls es dessen noch bedurft hätte – ein zusätzlicher Beweis dafür, daß China aus der Revolution von 1911 keinen Nutzen gezogen hatte.[33]

Für seine Bemühungen, in dem von endlosen politischen Auseinandersetzungen zwischen den Militärherrschern zerrütteten China eine Ordnung herzustellen, gab Kang einen beträchtlichen Teil seines Einkommens – nach einer Schätzung ungefähr die Hälfte – für Telegramme und andere Kommunikationsmittel aus, um mit den führenden militärischen und politischen Persönlichkeiten in Verbindung zu bleiben.[34] Kangs Ziel bei all diesen langwierigen Verhandlungen war nicht allein die Wiederherstellung eines geeinten Chinas, er versuchte auch sicherzustellen, daß Sun Yatsen daran gehindert wurde, sich eine neue, tragfähige Machtgrundlage zu schaffen. Kangs Argwohn gegen Sun und seine Abneigung gegenüber den Methoden und Zielen der Guomindang wuchsen in den Jahren 1922 und 1923 noch, denn zu dieser Zeit befand sich auch Sun in Shanghai und warb um Unterstützung für eine neustrukturierte Guomindang, die er in der Stadt Kanton gründen

Kang Youwei mit seinen Frauen und Kindern in Shanghai im Jahre 1921.

wollte. Von Kanton sollten dann zukünftige Bestrebungen zur Einigung des Landes ihren Ausgang nehmen.

Sun hatte mit der Neuorganisation seiner Partei auch das Ziel verfolgt, seinen grundlegenden Forderungen nach einer Lebensbasis für die Bevölkerung, nach kraftvollem Nationalismus und nach einer parlamentarischen Regierungsform mehr Nachdruck zu verleihen. (1924 wurden diese Grundsätze als die „Drei Volksprinzipien" kodifiziert; sie bildeten seitdem einen zentralen Bestandteil der Ideologie der Guomindang.) Sun war jedoch in seinen Bemühungen um substantielle militärische und wirtschaftliche Unterstützung auf Schwierigkeiten gestoßen. Nachdem er von verbündeten chinesischen Militärherrschern immer wieder betrogen worden war und da ihm auch die westlichen Mächte und Japan nicht helfen wollten, entschied sich Sun, Bündnisse mit der Sowjetunion und mit einem großen Teil der chinesischen Studenten- und Arbeiterschaft einzugehen. Um letzteres zu erreichen, erwog Sun, mit der chinesischen Kommunistischen Partei eine Einheitsfront-Strategie zu verfolgen. (Dieses Vorhaben fügte sich selbstverständlich gut zu dem von der Komintern getroffenen und vom Zentralkomitee der chinesischen Kommunistischen Partei bekräftigten Beschluß, eine Allianz mit der Guomindang anzustreben.)[35]

Kang Youwei war der Ansicht, daß allein der nördliche Militärherrscher Wu Peifu den ganz offensichtlich unter sowjetischem Einfluß stehenden Sun Yatsen unter Kontrolle halten könne. Bis zu dem Massaker an den streikenden Eisenbahnern im Februar 1923 galt Wu Peifu allgemein als die kultivierteste und fortschrittlichste Persönlichkeit unter den Militärs: Er hatte den Studenten, die an den Demonstrationen vom 4. Mai teilnahmen, seine Sympathie bezeugt, ein vielversprechendes Intellektuellen-Kabinett, das 1922 für kurze Zeit an der Macht gewesen war, unterstützt, Pläne zur friedlichen Wiedervereinigung Chinas unter der möglichen Führung Sun Yatsens gefördert, und er war außerdem ein sehr begabter Maler und Kalligraph.[36] Obgleich Wu durch seinen Befehl vom Februar 1923, die Eisenbahner zu töten, sein hohes Ansehen verloren hatte, schmeichelte Kang ihm – unbeeindruckt von Wus offensichtlicher Gewalttätigkeit und Unberechenbarkeit – weiterhin und drängte ihn, selbst intensive Anstrengungen zur Wiedervereinigung zu unternehmen. 1924 ersuchte Kang Wu außerdem, den hunanesischen General Zhao Hengti zu unterstützen und sich mit ihm zu einer zentralchinesischen Allianz zu vereinigen, um einen großangelegten Feldzug der südlichen Armeen, die Sun Yatsen treu ergeben waren, zu verhindern. Wie sehr Kang allein die rebellierende Jugend vergangener Zeiten und deren veraltete Wertvorstellungen, nicht aber diejenige von 1924 im Auge hatte, zeigt das folgende Verhalten: Als General Zhao Hengti Gewerkschaftsführer hinrichten ließ, Studenten bedrohte und Mao Zedong mit seinen Freunden zur Flucht aus der Provinz Hunan nach Süden zwang, war dies für Kang noch kein Grund zur Kritik. Erst als er die Gräber von Tang Caichang und den übrigen Märtyrern der Aufstände von 1900 vernachlässigt und von Unkraut überwuchert vorfand, protestierte er ärgerlich und energisch. Daraufhin ließ die Regierung die Grabstätten auf eigene Kosten pflegen.[37]

Wenn auch derartige Verhaltensweisen Kangs in den zwanziger Jahren den Anschein erwecken mochten, als habe er jeglichen Kontakt zur Realität verloren, so bedeutete dies doch keinesfalls, daß die Schriften, die er als Jugendlicher verfaßt hatte, und auch sein mutiges Vorgehen um die Jahrhundertwende in irgendeiner Weise als überholt empfunden worden wären. Wenn man sich erinnert, wie intensiv Kang sich Ende des 19. Jahrhunderts mit den Problemen der nationalen Identität Chinas, den grundlegenden Inhalten der Erziehung, der Analyse der kulturellen und historischen Aufzeichnungen Chinas und der Bedeutung der westlichen Wissenschaft beschäftigt hatte, dann wird offenbar, in welchem Maße diese Probleme auch für die Intellektuellen der unmittelbar auf die 4.-Mai-Periode folgenden Zeit noch aktuell waren. Sowohl diejenigen, die soeben begonnen hatten, Elemente der marxistischen Gesellschaftsanalyse für sich zu übernehmen, als auch diejenigen, die diese Analyse ablehnten, hatten große Schwierigkeiten damit, die Vergangenheit und die Zukunft Chinas in Einklang zu bringen.

Die eindrucksvollste Kritik an der Allmacht der westlichen wissenschaftlichen Methode kam von Liang Qichao. Er schrieb 1919, zur Zeit seines Europabesuchs, in einem Zeitungsartikel:

„Diejenigen, die die Allmacht der Wissenschaft priesen, hatten gehofft, daß, wenn die Wissenschaft Erfolg zeige, unverzüglich das Goldene Zeitalter anbreche. Nun, die Wissenschaft ist tatsächlich erfolgreich. Der materielle Fortschritt, der in den letzten einhundert Jahren im Westen erzielt wurde, übersteigt die Errungenschaften der vorhergegangenen drei Jahrtausende bei weitem. Aber dennoch sind wir Menschen dadurch nicht glücklicher geworden, im Gegenteil, die Wissenschaft beschert uns Katastrophen. Wir sind wie Reisende, die in der Wüste den Weg verlieren. Sie sehen einen großen schwarzen Schatten vor sich und laufen, in der Hoffnung er möge sie irgendwohin führen, verzweifelt auf ihn zu. Nachdem sie eine weite Strecke gelaufen sind, sehen sie den Schatten nicht mehr und verfallen dem Sumpf der Verzweiflung. Wer ist der Schatten? Es ist dieser ‚Herr Wissenschaft'. Die Europäer träumten in tiefer Sehnsucht von der Allmacht der Wissenschaft; nun beklagen sie deren Ruin. Dies ist ein bedeutender Wendepunkt im gegenwärtigen menschlichen Denken."[38]

Liang und sein Freund Zhang Junmai hatten mit Hilfe ihrer „Gesellschaft für Vorträge über den Humanismus" Gelehrte wie John Dewey und Bertrand Russell nach China eingeladen, deren Vorträge ganz sicher die Bewunderung für westliche wissenschaftliche Methoden förderten. Der einflußreiche Philosoph und Kritiker Hu Shih hatte vor seiner Rückkehr nach China an der Columbia Universität unter John Dewey studiert, sich zu einem der bedeutendsten Vertreter westlichen Denkens entwickelt und war schließlich während der 4.-Mai-Bewegung ein beliebter Lehrer an der Nationaluniversität Peking. Er riet dazu, die chinesischen Probleme pragmatisch bzw. „genetisch" anzugehen, und empfahl, die simple Vorstellung aufzugeben, daß irgendein besonderer „Ismus" fähig sein könne, alle Probleme Chinas zu lösen. Es ist nicht überraschend, daß neue Vertreter des Kommunismus, wie Li Dazhao und Chen Duxiu, sowohl Liang Qichao als auch Hu Shi kritisierten. Sie wiesen darauf hin, daß man in einem Land wie China, dessen Wirtschaft stagniere, ohne fundamentale Veränderung der ökonomischen Strukturen keine Probleme lösen könne, und daß die marxistischen Theorien des Klassenkampfes und des Materialismus für die Analyse der Probleme wesentlich seien.[39] Chen selbst hätte zeitweilig am liebsten die Regeln der chinesischen Schriftsprache über Bord geworfen, weil er der Ansicht war, daß selbst der „umgangssprachliche" Schreibstil jeglichem Wandel unnachgiebig entgegenstehe und folglich nicht zur Wegbereitung in eine neue Gesellschaft geeignet sei: „Die chinesische Schrift ist unfähig, neue Dinge und Prinzipien auszudrücken. Außerdem beherbergt sie verkommene und giftige Gedanken. Ich könnte sie aufgeben, ohne ihr nachzutrauern."[40]

Die chinesischen Studenten waren jedoch vielfältigen und keineswegs gleichgerichteten Einflüssen ausgesetzt. Manche waren von Kangs genialer historischer Analyse und seinem Suchen nach einem Sinn in der eigenen Vergangenheit geprägt, zeigten sich zugleich aber tief bewegt angesichts der Opfer der jungen Revolutionäre in den letzten Jahren der Qing-Dynastie und fühlten sich von Hu Shis Pragmatismus und seiner Anwendung westlicher historischer Methoden auf die literarischen und folkloristischen Traditionen Chinas angezogen. Einer dieser Studenten faßte sein Suchen in jener Zeit in folgende Worte:

„Von all den freudigen Gefühlen und inständigen Hoffnungen, die wir in den vorangegangenen Jahren angehäuft hatten, blieben uns nun lediglich melancholische Erinnerungen. Meine Sinne befanden sich in einer ständigen Erregung, so daß ich allein in den Tröstungen der Philosophie Ruhe finden konnte. Ich war von Natur aus völlig optimistisch eingestellt und vermochte weder eine negative Haltung gegenüber dem Leben einzunehmen, noch Trost in dem asketischen Weg des Buddhismus zu finden. Ich glaubte, daß man mit Hilfe des Studiums der Psychologie und der Soziologie die Lösung der Probleme des Lebens angehen könne. Als ich durch zunehmendes Alter und durch Erfahrung den verworrenen und ungeordneten Zustand dieser Welt kennenlernte, suchte ich besorgt nach einem einfachen, grundlegenden Prinzip, das auch mir helfen könne, einen Zugang zu den mich betreffenden Phänomenen zu finden."[41]

Die Suche nach diesem „einfachen, grundlegenden Prinzip" führte paradoxerweise auch zu einer umfassenderen Sichtweise der Vielfältigkeit des menschlichen Strebens, als junge Chinesen versuchten, sich von jenem Dualismus zu lösen, der, wie es schien, dem Denken Kangs und Liangs und auch dem der frühen Marxisten unwiderruflich zueigen war. In den zwanziger Jahren dieses Jahrhunderts äußerte sich das in der Erkenntnis dreier großer weltgeschichtlicher Dimensionen: der westlichen, der chinesischen und der indischen. Durch Identifizierung der letzteren Dimension mit den buddhistischen oder quietistischen Elementen und der ersten mit den wissenschaftlichen Elementen des Lebens konnte Chinas Position zwischen bisheriger Entwicklung und zukünftigen Bestrebungen sinnvoll bestimmt werden. Der Dichter Guo Moruo saß einmal mit seinem Sohn Ah-ho am Strand und las ihm aus *Die Mondsichel* des indischen Dichters und Nobelpreisträger von 1913 Rabindranath Tagore vor. Währenddessen dachte er über das Schicksal Chinas nach und überführte Tagores Dichtung in seine eigene:

Bleigraue Dächer der Fischerhütten
Schimmern dunkel im Kreis roter Flammen:
Jetzt hochrot ... jetzt krapprot
Jetzt orange ... jetzt golden.
Es ist wie immer das weiße Licht des Mondes.
„An der Küste endloser Welten treffen sich Kinder.
Über ihnen verharrt der unendliche Himmel in Stille, lärmend ist das rastlose Wasser.
An der Küste endloser Welten treffen sich Kinder mit Rufen und Tänzen."*
Wieder sitze ich auf dem zerbrochenen Schiffsrumpf an der Küste.
Mein kleiner Ah-ho
Gesellt sich mit mehreren Kindern hinzu;
Sie spielen gemeinsam im Sand.
Ich zitiere Tagores Gedicht,
Gehe zu ihnen und spiele mit ihnen.
Ach! Könnte ich nur ein reines Kind werden![42]

Guo hoffte sehr, Gemeinsamkeiten in den drei Zivilisationen zu finden. Für kurze Zeit liebäugelte er mit dem Gedanken, daß ein im Inneren jeder Kultur verborgener, gemeinsamer „Pantheismus" eine solche Begegnung der Kulturen ermöglichen könne.[43]

Einem Mann wie Liang Shuming (dem Sohn des Gelehrten Liang Ji, dessen Selbstmord im Jahre 1918 so viele seiner Zeitgenossen erschüttert hatte) erschien die optimistische Hoffnung auf einen solchen Pantheismus zu einfach. Er kam zu dem Schluß, daß die drei verschiedenen Zivilisationen ganz unterschiedliche Entwicklungen aufwiesen und daß jede Zivilisation für sich ein unterschiedliches Stadium der Anpassung des menschlichen Willens an die natürliche Umwelt darstelle. Zwar dominiere im Moment die westliche Zivilisationsform, denn sie beherrsche den Kampf und fordere die Eroberung der Umwelt; das bedeute aber keinesfalls, daß die chinesischen Vorstellungen von Harmonie und Anpassung wert- und kraftlos seien. Tatsächlich seien letztere schließlich den westlichen Methoden überlegen und verbänden

* Aus Tagores Gedicht „An der Küste" in *Die Mondsichel.*

materielle Stärke mit einem tieferen Verständnis der Natur und des ethischen Wesens der Menschen. In ferner Zukunft werde die indische Vision der Sinnlosigkeit allen Begehrens die menschliche Zivilisation endgültig verändern, wenn der Wille sich in sich selbst zurückziehe und seine eigene Aufhebung suche. Liang Shuming äußerte das in vereinfachter Form folgendermaßen: Nimmt man das Verlangen nach Schutz als eine Voraussetzung und die Existenz eines verfallenen Hauses als eine weitere, dann reagiert (und reagierte) der Westen darauf mit der Zerstörung des alten und dem Bau eines neuen Hauses; unter ähnlichen Umständen bestünde die Reaktion der Chinesen darin, das alte Haus sorgfältig zu renovieren. Die indische Reaktion dagegen wäre, den Wunsch nach einer Unterkunft auszulöschen.[44] Liang Shuming glaubte nicht, daß man Kulturen schöpferisch „vermischen" könne, wie es Liang Qichao (und auf seine Art auch Bertrand Russell) angedeutet hatte; China könne in keiner Weise als „rückständig" angesehen werden, denn es habe eine völlig andere Entwicklung durchlaufen, eine Entwicklung, die zeige, daß weder Wissenschaft, Demokratie noch Industrialisierung „unvermeidlich" seien. Die Gefahr der gegenwärtigen Situation liege darin, daß die drei existierenden Zivilisationsformen nun zu einer Verbindung gezwungen würden, obwohl letztlich nur eine einzige überleben könne. Deswegen, so schloß Liang Shuming recht gequält, müsse China das westliche Stadium der zivilisatorischen Entwicklung noch durchlaufen, da es dies bisher versäumt habe (ebenso wie auch Indien in der Zukunft diesen Weg gehen müsse); wenn China aber wie bisher entschlossen an seiner Einstellung gegenüber dem Leben festhalte, werde es gleichzeitig auch das Wesen der einstmals als „westlich" bezeichneten Zivilisationsform verändern.[45]

Liang Shumings Werk erschien 1921 unter dem Titel *Östliche und westliche Kulturen und ihre Philosophien* und erregte ungeachtet seiner Komplexität und Vieldeutigkeit beträchtliches Aufsehen. Zwei Jahre später wurden neue Tendenzen sichtbar, als die Auseinandersetzung mit Zhang Junmais Vortrag „Lebensphilosophie" wieder aufflackerte. Zhang Junmai (ein enger Freund von Liang Qichao und der frühere Schwager Xu Zhimos) bezweifelte, angeregt durch sein ausgedehntes Studium der idealistischen Philosophie in Deutschland, energisch den Wert der „wissenschaftlichen Methode", die zu jener Zeit von chinesischen Marxisten und anderen auf die gesellschaftlichen und ökonomischen Probleme Chinas angewandt wurde. Zhang war überzeugt, daß das Wesen des menschlichen Lebens sich niemals in „wissenschaftlichen" Begriffen darstellen lasse, denn es sei in seiner jeweiligen Einzigartigkeit nur subjektiv und intuitiv erfahrbar: die individuellen, psychologischen Phänomene lägen jenseits von Kausalgesetzen.[46] An den folgenden, langwierigen und mit Schmähungen durchsetzten Diskussionen beteiligten sich Philosophen, Wissenschaftler, Historiker und Literaturkritiker. Diejenigen, welche die „wissenschaftliche" Methode vertraten, klagten Zhang Junmai direkt an, er wolle eine „Gespenstermetaphysik" wieder zum Leben erwecken, die, nachdem sie in Europa zweitausend Jahre „herumgestreunt" und dort endlich unglaubhaft geworden sei, nun in angestaubter Verkleidung in China auftauche. Es sei offensichtlich, betonten sie, daß die Wissenschaft in der Welt des zwanzigsten Jahrhunderts allgegenwärtig sei, und kein Wissen könne „als solches anerkannt werden, wenn es nicht kritisch und logisch geprüft worden" sei.[47]

Obgleich diese in den frühen zwanziger Jahren in Druckschriften öffentlich ausgetragene Diskussion solcher Fragen viel Ärger aufwirbelte, blieben die Vertreter der verschiedenen Auffassungen doch eng miteinander befreundet, denn sie entstammten oftmals ähnlichen gesellschaftlichen Schichten, hatten ihre intellektuelle Reife an den gleichen Universitäten des Auslands erlangt und waren alle gleichermaßen ernüchtert angesichts der Schwäche Chinas. Xu Zhimos Tagebucheinträge vom Herbst 1923 zeigen, wie bunt gemischt der Freundeskreis war (er umfaßte sowohl Männer als auch Frauen), der sich in der malerischen Umgebung von Hangzhou und Changzhou zu offenbar endlosen Gesprächen, Ausflügen, festlichen Essen und Trinkgelagen traf: Da waren ehemalige Mitglieder der „Gesellschaft zur Restauration", die noch Qiu Jin gekannt hatten; Gründungsmitglieder der „Revolutionären Allianz" des Sun Yatsen, Guomindang-Mitglieder, Aktivisten auf den Gebieten der Volkserziehung und der Sprachreform; Wissenschaftler, Historiker, Dramatiker, marxistische Literaturkritiker sowie Dichter und auch solche Personen, die sich als Schüler John Deweys, Rudolf Euckens oder Irving Babbitts betrachteten. Auch Qu Qiubai ließ manchmal seine Arbeit in Shanghai ruhen und gesellte sich zu ihnen, denn sein Onkel Qu Junong (derselbe, der sich drei Jahre zuvor mit dem quälenden Gedicht über die Süße des Lebens am Pekinger Hauptbahnhof von Qu Qiubai verabschiedet hatte) war nun eng mit Xu befreundet.[48]

Es ist eine Ironie des Schicksals, daß Xu Zhimo und Qu Qiubai, die sich intellektuell so völlig verschieden entwickelt hatten, im Oktober 1923 an einem trägen Nachmittag nach dem Lunch in einem Garten zusammentrafen, wo Xu Zhimo mit mehreren Freunden über Walter Paters Theorie der Dichtkunst diskutierte. Xu war entsetzt, als er sah, wie sehr Qus Gesichtszüge von den verheerenden Auswirkungen der Tuberkulose gezeichnet waren. In seinem Tagebuch drückte er seine Bestürzung über Qus tägliches Arbeitspensum aus, das sich fast ohne Ruhepause von frühmorgens bis spätabends hinzog. Qu Qiubai wiederum war der Ansicht, daß Xu Zhimo und seine Freunde in einem Land der „Phantasie" lebten, das von den sentimentalen Werken der Katherine Mansfield, dem Glauben an die göttliche Macht der Liebe und einer Art trügerischer idyllischer Philosophie, die sich in der Verehrung Tagores zeige, beherrscht werde. Ein solches Leben sei ganz besonders fehl am Platze in einer Welt, die durch Ausbeutung der Klassen und imperialistische Aggression gekennzeichnet sei. Es habe den Anschein, als seien Xu und seine Freunde der Ansicht, man könne das Universum mit der überwältigenden Landschaft am Westsee von Hangzhou gleichsetzen. Auch er, so schrieb Qu, habe die Anziehungskraft des Westsees empfunden, und für einen wundervollen Augenblick habe dieser Anblick seinen Körper mit tiefer Befriedigung erfüllt. Aber dieser Kraft müsse man widerstehen, denn der Westsee sei nicht die wahre Wildnis, und seine Stille sei trügerisch.[49]

Eine Woche vor dieser Zusammenkunft und knapp zwei Wochen, bevor Qu sein Gedicht „Eisenblume" veröffentlichte, hatte Xu Zhimo gemeinsam mit Qus Onkel und Zhang Junmai den vor Changzhou liegenden buddhistischen Tempel der Himmlischen Ruhe (Tianning Si) aufgesucht. Er war überwältigt von der Landschaft und der allumfassenden friedlichen Harmonie, die die Mönchsgesänge und der Ton der Trommeln, Glocken und hölzernen Klappern ausstrahlten. „Sie übermittelten ein harmonisches Zusammenspiel von Ruhe und Sanftheit," schrieb Xu am nächsten Tag in sein Tagebuch, „und trugen meine Gefühle über unbekannte Grenzen."[50] Aus diesem Erlebnis entstand ein Gedicht:

> Als höre man, im Sonnenlicht, das so angenehm ist wie die Wärme des Feuers, auf dem Rücken liegend zwischen wild wogenden Gräsern und langen Stengeln, den ersten Sommerruf des Rebhuhns, der vom Rand des Himmels hoch zu den Wolken tönt und von den Wolken zurück an den Rand des Himmels geworfen wird;
>
> als höre man durch die daunenweiche Luft der Tropen in einer Wüstennacht, wenn die zarten Fingerspitzen des Mondlichts die ausgedörrten Bruchstücke der Felsen einzeln sanft bestreichen, gespenstisch, gespenstisch von ferne hergetragen den Laut der Glocke eines Kamels, das sich nähert und nähert und dann wieder entfernt ...;
>
> als höre man in einem abgeschiedenen Tal, wo zwischen den Bergen allein die klaren Sterne der Abenddämmerung eine Welt beleuchten, der das Sonnenlicht genommen ist, und wo die Gräser und die Bäume sich in stillem Gebete neigen, einen alten Wahrsager, einen blinden Mann, geleitet von einem jungen Knaben, dessen Gongschläge in diesem Reich der sinkenden Dunkelheit widerhallen;
>
> als höre man auf irgendeinem Meeresfelsen, grausam geschlagen von den tigerwilden Brechern während ein schwarzer Wolkenfetzen den Himmel dicht verhüllt, die See in tiefem und sanftem Tone all ihre Verbrechen eingestehen angesichts des bedrohlichen Sturmes;
>
> als höre man zwischen den Gipfeln des Himalaya, widerhallend durch unzählige Schluchten schimmernden Schnees, die eilenden Wolken von jenseits des Himmels getrieben von Winden von jenseits des Himmels;
>
> als höre man aus den Kulissen des Theaters des Lebens die unvergängliche Symphonie, in der sich mischen eitles Lachen und Schreie voller Schmerz und Not, das wilde Gellen von Plünderung und Massaker mit dem schrillen Lied von Todeswunsch und Selbstmord;

ich habe den Bittgesang im Tempel der Himmlischen Ruhe gehört!

Woher kommt diese Gottheit? Die Erde kann ein zweites solches Reich nicht bieten!

Klang der Trommel, Klang der Glocke, Klang des Steingeläuts, Klang des Holzblocks, Klang des Namens Buddhas ... da eine Musik wie diese in ernstem Rhythmus durch die große Halle rollt und fließt, finden die Strudel zahlloser Konflikte ihr Ende, wird der Widerschrei zahlloser leuchtender Farben ausgeglichen, lösen sich die zahllosen Hierarchien unter den Menschen auf ...

Dieser Klang des Namens Buddhas, dieser Klang der Glocke, Klang der Trommel, Klang des Holzblocks, Klang des Steingeläuts (anschwellend in einer Harmonie, die das Universum erfüllt und dabei ein Stückchen von dem Staub der Erde verliert) bringt eine Unzahl von Karma über Jahrhunderte hinweg zur Erfüllung;

woher kommt diese große Harmonie? – Stillstand aller Bewegung, Stillstand aller Verwirrung in der strahlenden See der Sterne, in dem Flötenlied der tausend Erden, in der Flut des Geschicks;

zu den Grenzen von Himmel und Erde, zwischen den Lacksäulen der Halle, auf der Augenbraue von Buddhas Bildnis, in den weiten Ärmeln meiner Robe, in meinen Ohren und an meinen Schläfen, in meiner Magengrube, in meinem Herzen, in meinem Traum ...

In meinem Traum, die Enthüllung dieses Augenblicks, blauer Himmel, weißes Wasser, warmer weicher mütterlicher Busen grünen Grases, ist dies der Ort meiner Geburt, ist dies das Land meiner Bestimmung?

Flügelglanz steigt in Unendlichkeit auf!

Ein Ausfluß der Freude aus der Quelle der Erleuchtung, wahrnehmbar nun in dieser großen feierlichen Stille, dieser Stille der Befreiung, harmonischen, grenzenlosen Stille!

Oh besinge Nirwana! Lob dem Nirwana![51]

Dieses Gedicht entstand zu der Zeit, als Xu Zhimo gemeinsam mit Liang Qichao und Zhang Junmai versuchte, Tagore mit Unterstützung der „Gesellschaft für Vorträge über den Humanismus" zu einer Vortragsreise nach China einzuladen. Xu Zhimo war von Tagores Werk tief beeindruckt. Er war sogar bereit, seine eigenen Exkursionen und Meditationen zu unterbrechen, um bei den Vorbereitungen behilflich sein zu können.[52] Nach vielen Verzögerungen und Mißverständnissen kam Tagore schließlich am 12. April 1924 in Shanghai an, wo er am Kai von Xu Zhimo und Zhang Junmai empfangen wurde. Zhang erkrankte kurze Zeit später und konnte daher nicht an der Reise teilnehmen. Xu Zhimo freundete sich jedoch sofort mit

Tagore an, begleitete ihn auf Schritt und Tritt und diente ihm bei fast all seinen in englischer Sprache gehaltenen Vorträgen als Übersetzer. Xu war offensichtlich von dem indischen Dichter beeindruckt, aber sein Eifer, den Dichter zu umsorgen, mag auch darin begründet gewesen sein, daß als zweiter Übersetzer Lin Huiyin fungierte, die immer noch nicht Liang Qichaos Sohn geheiratet hatte (was sie allerdings im Jahr darauf tat).[53]

Rabindranath Tagore, der eine Hand auf Xu Zhimos Schulter legt, und Leonard Elmhirst von Dartington Hall in Peking im Jahre 1924 (mit zwei Kindern eines Freundes).

In einer Vortragsreihe, die sich über einen vollen Monat hinzog, übermittelte Tagore den Chinesen seine Botschaft, deren Haupttendenz darin bestand, daß es ein Fehler sei, die zentralen Tugenden der asiatischen Kultur aufzugeben, um an deren Stelle der westlichen Zivilisation nachzueifern, die sich als materialistisch und zerstörerisch erwiesen habe. Die Chinesen sollten sich statt dessen an mehrere „Hoffnungen" halten. Eine Hoffnung liege bei den Dichtern, deren Aufgabe in der Welt darin bestehe, „mit ihren

Werkzeugen die geheime Bewegung des Lebens in der Luft einzufangen und sie in der Musik der Prophezeiung anklingen zu lassen". Eine Hoffnung liege beim Individuum und bei dessen Vermögen, sich zu opfern, das es ihm ermögliche, sich gegen rohe Gewalt und Habgier zur Wehr zu setzen, „das Individuum mit seinem Vertrauen in das Unendliche, das Unsichtbare, das Unbestechliche, das Furchtlose". Eine Hoffnung liege in dem ausgesprochen geistigen Charakter einer vereinten asiatischen Zivilisation. Eine weitere Hoffnung liege im Streben des Menschen, sich von „der Sklaverei des Fetischs der Größe, des Unmenschlichen" zu befreien.[54]

Die Vorträge wurden allgemein gut besucht; Tagore erhielt viele Einladungen zu ungezwungenen Zusammenkünften, und offensichtlich verehrten ihn zahlreiche Studenten. Aber von Anfang an war sein Besuch auch von Schmähungen und Protesten begleitet. Zu jener Zeit, als ausländischer Imperialismus und einheimischer Militarismus China beherrschten, erschien es besonders geschmacklos, von einem Inder Predigten anhören zu müssen, auch wenn dieser ein Nobelpreisträger war. Der Literaturkritiker und Romanschriftsteller Mao Dun (Qu Qiubais Kollege an der Universität Shanghai) veröffentlichte am Tage von Tagores Ankunft einen Zeitungsartikel, in dem er zwar Tagores Eintreten für die Unterdrückten, seinem Patriotismus und seiner dichterischen Persönlichkeit eine gewisse Anerkennung zollte, gleichzeitig aber diejenigen Chinesen, die sich am Kai zur Begrüßung Tagores eingefunden hatten, davor warnte, sich von Tagores Botschaft vom Wert der „Zivilisation des Orients" und vom „Paradies der Seele" überwältigen zu lassen.

„In unserer gegenwärtigen Situation, da wir von Militaristen innerhalb und von Imperialisten außerhalb des Landes bedrängt werden, gibt es keine Zeit für Träume. Wenn wir uns jetzt in die Betrachtung erlauchter Besucher versenken, so wird dies für uns kaum größeren Nutzen zeitigen als vor langer Zeit die Technik der Literaten, die versuchten, Banditen zu vernichten, indem sie ihnen die konfuzianischen Klassiker entgegenriefen. Ich möchte mit Wu Zhihui einen geeigneteren Wahlspruch für diese Stunde vorschlagen: ‚Antwortet auf die Maschinengewehre der Feinde mit chinesischen Maschinengewehren; beantwortet ihre Kanonen mit unseren Kanonen.'"[55]

Chen Duxiu, der Generalsekretär der Kommunistischen Partei Chinas, warf Tagore kurzerhand mit Liang Shuming und Zhang Junmai in einen Topf und verhöhnte sie als eine Gruppe, die sich bemühe, „unsere Eisenbahnen, unsere Dampfschiffe und unsere Druckpressen zu zerstören, um zum Holzdruck, zum Einbaum, zur Schubkarre und so weiter zurückzukehren".[56] Qu Qiubais Bemerkungen waren noch schonungsloser, wie es von einem Mann, der bereits sechs Monate zuvor gegen Tagores Besuch protestiert hatte, nicht anders zu erwarten war: „Indien ist bereits ein Teil der britischen Industriewirtschaft geworden, doch Tagore, der in einer Welt der Vergangenheit lebt, träumt noch immer davon, die Botschaft von ‚Liebe und

Licht' könne die Herzen der kapitalistischen Klasse Englands gewinnen. So gibt er sich alle Mühe, Indiens politischen Kampf zu ignorieren. Indien ist bereits ein modernes Indien geworden, aber Tagore scheint immer noch zu dem Wohnsitz des Brahma zurückkehren zu wollen. Kein Wunder, daß er und Indien sich in entgegengesetzte Richtungen bewegen – bereits jetzt ist er einige hundert Jahre rückwärts marschiert!"[57]

Selbst Guo Moruo, der Tagore so liebevoll in seinen Gedichten für seinen kleinen Sohn Ah-ho zitiert hatte, stellte sich nun, da er zunehmend marxistisch dachte, entschieden gegen Tagore. Er führte die medizinische Metapher, von der Lu Xun so wirkungsvoll Gebrauch gemacht hatte, fort und schrieb: „Der Verfall unseres Ostens ist eine Krankheit, die durch die Knechtschaft des Privatbesitzes verursacht ist." Tagores Ideen, so fügte er hinzu, seien nichts anderes als „das Morphin und der Kokosnußwein derjenigen, die über Besitz und Freizeit verfügen", und seine Botschaft des Friedens sei falsch und gefährlich: „Friedenspropaganda ist die magische Zauberformel, die die besitzende Klasse schützt; sie ist die Kugel und die Kette, die die besitzlose Klasse fesselt."[58]

Während Tagore von Stadt zu Stadt reiste, nahmen radikale Studenten diese Ideen oder Abwandlungen davon auf. Sie verteilten Flugblätter, stellten während seiner Vorträge polemische Fragen und unterbrachen seine Reden mit dem Ruf „Vertreibt den Elefanten". (Sie bezogen sich dabei auf eine sarkastische Parallele, die Chen Duxiu zwischen dem Dichter und dem Elefanten gezogen hatte – dem größten, wichtigtuerischsten, unterwürfigsten und „gefühllosesten" aller Tiere.)[59] In Peking waren die Proteste der Studenten besonders energisch und scharf. Die dort kursierenden Flugblätter verkündeten, die chinesische Jugend weise Tagores Lobeshymne auf das alte China, das Frauen herabwürdige, sich grundlos in Kriege stürze, einem grotesken Kodex kindlicher Ergebenheit folge und die Apathie im Volke begünstige, zurück: „Unsere Landschaft, die kaum unsere Bauern ernährt; unsere Industrie, die lediglich Heimindustrie ist; unsere Karren und unsere Boote, die täglich nur wenige Meilen zurücklegen; unsere monosyllabische Sprache und unsere idiographische Schrift; unsere Druckkunst, die auf dem Stand der geschnitzten Holzplatten stehen geblieben ist; unsere Straßen, die Latrinen gleichen, und unsere entsetzlich schmutzigen Küchen haben dazu beigetragen, daß wir unser Ansehen in der gesamten Welt verloren haben. Und da kommt nun Herr Tagore, um uns unser Übermaß an materieller Zivilisation vorzuwerfen. Müssen wir nicht gegen ihn protestieren?"[60] Tagore fühlte sich schließlich dermaßen belästigt durch die, wie er meinte, willentliche Verdrehung in diesen Vorwürfen, daß er seine Vortragsreihe in Peking abbrach und in aller Eile die noch verbleibenden Städte auf seiner Reiseroute besuchte.

Xu Zhimo, der sich wieder einmal verliebt hatte (dieses Mal in Lu Xiaoman, die kultivierte und aufsehenerregend schöne Frau eines jungen chinesischen Offiziers in Peking), vernahm diese Denunziationen mit Bestürzung.

Sein Herz war voller großmütiger Gedanken, und er glaubte so fest an Tagores Botschaft der Liebe und Hoffnung – er erhoffte die Gründung einer chinesischen Gemeinschaft zur Verwirklichung der Prinzipien Tagores –, daß ihm alle Kritik in erschreckender Weise irreführend erschien. Zur Verteidigung des indischen Dichters rief er aus: „Er tritt für ein schöpferisches Leben ein, für die Freiheit des Geistes, für internationalen Frieden, für Fortschritt auf dem Gebiet der Erziehung und für die Verwirklichung einer allumfassenden Liebe. Seine Kritiker behaupten jedoch, er sei ein Spion der Imperialisten, ein Agent des Kapitalismus, ein Verbannter eines versklavten Volkes in einem unterworfenen Land, ein Verrückter, der für das Binden der Füße eintrete! Sicherlich, die Herzen unserer Politiker und Banditen sind voller Schmutz, aber was hat das mit unserem Dichter zu tun? In den Köpfen unserer Möchtegern-Gelehrten und -Literaten herrscht Verwirrung, aber was hat das mit unserem Dichter zu tun?"[61] Xu Zhimo schloß seine Ausführungen mit einer Häufung von Lobpreisungen, die selbst das übertrafen, was er vor zwei Jahren über Katherine Mansfield geäußert hatte:

„Seine große und zartfühlende Seele, so wage ich zu sagen, stellt ein Wunder in der Geschichte der Menschheit dar. Seine unbegrenzte Vorstellungskraft und sein weitreichendes Mitempfinden lassen uns an Whitman denken. Sein Evangelium der allumfassenden Liebe und sein Eifer, seine Gedanken bekanntzumachen, erinnern uns an Tolstoi. Sein ungebeugter Wille und künstlerischer Genius erinnern uns an Michelangelo, den Bildhauer des Moses. Sein Humor und seine Weisheit lassen uns an Sokrates und Laotse denken. Die Ruhe und die Schönheit seiner Person erinnern uns an den hochbetagten Goethe. Sein Mitgefühl und seine reine Liebe, seine unermüdlichen Bemühungen um die Sache der Humanität, seine großartige und allesumfassende Botschaft erinnern uns manchmal an den Retter der Menschheit. Sein Scharfsinn, seine Musik, seine Würde erinnern uns an die Götter des Olymp. Man kann ihn nicht beleidigen, man kann ihn nicht übertreffen; er ist ein geheimnisvolles Naturphänomen."[62]

Dieser Wortschwall war für Xu charakteristisch, die Übertreibung war offenkundig, und die Aufzählung der Namen erschien den neuen Nationalisten Chinas auf bedrückende Weise einseitig, suchten sie doch nach einer Bestätigung der Ansicht, daß Chinas eigene Mittel das Land aus einer Epoche der Finsternis, die ihm von ausländischen Gewehren aufgezwungen war, erretten könnten. Konnte Laotse, selbst wenn er die Unterstützung von Marx erhielt – so mochten sie wohl gefragt haben –, es mit Whitman, Tolstoi, Michelangelo, Sokrates, Goethe, Christus und den olympischen Göttern aufnehmen?

Siebentes Kapitel

Wessen Kinder sind dies?

Im Jahre 1921, als sich Xu Zhimo in Cambridge aufhielt und Qu Qiubai in Moskau lebte, schrieb Lu Xun seine berühmte Erzählung „Die wahre Geschichte von Ah Q". In diesem klassischen Stück der modernen chinesischen Literatur schildert Lu Xun Ah Q als einen feigen, selbstsüchtigen und verschlagenen Menschen, der zu unendlichem Selbstbetrug fähig ist und der 1911 schließlich erschossen wird, weil er sich als Revolutionär ausgegeben hat, obwohl er in Wirklichkeit lediglich ein Aufschneider und unbedeutender Dieb war. Lu Xun ließ den Leser bewußt im unklaren über Ah Qs Aussehen und Herkunft: „Meine Methode besteht darin, es dem Leser unmöglich zu machen herauszufinden, wer außer ihm selbst diese Person sein könnte," erklärte Lu Xun, „so daß der Leser sich nicht unbeteiligt zurückziehen kann, sondern vermuten muß, daß es sich hier um ein Porträt seiner selbst oder aller übrigen Chinesen handeln könnte."[1]

Lu Xun vermochte kaum Anzeichen für irgendeine Besserung seit 1911 zu erkennen; er hegte weiterhin die deprimierende Vorstellung, daß Chinas „alte geistige Zivilisation" „kannibalische" Züge trage und stand damit in offensichtlichem Gegensatz zu den Ansichten Liang Shumings, Zhang Junmais und des überaus naiven „Herrn Bertrand Russell, der die Chinesen lobt, sobald ihn irgendein Sänftenträger am Westsee anlächelt". Alles was 1911 geschehen sei, schrieb Lu Xun, sei, daß „die Mandschus das Fest verlassen" hätten; seither fräßen „die Bettler weiterhin Abfall aus der Gosse", würden „weiterhin halbverhungerte Kinder für acht Kupferpfennige je Pfund verhökert" und stürben „die Menschen auf dem Lande wie eh und je den Hungertod". Und Lu Xun folgerte: „Unsere vielgerühmte chinesische Zivilisation ist lediglich ein Festmahl aus Menschenfleisch, das für die Reichen und Mächtigen zubereitet wurde. China ist nur die Küche, in der diese Festessen angerichtet werden."[2]

Im März 1925 schrieb Lu Xun in einem Brief an einen Freund, der meinte, daß die Situation vielleicht doch nicht so düster sei, wie Lu Xun sie sehe, und daß die Chinesen vielleicht nur aus „Faulheit" so gehandelt hätten, ausführlich über seine früheren Ansichten und wies die Meinung seines Freundes voller Bedauern zurück:

„Ich fürchte, dieses Verhalten gründet sich nicht einfach auf Faulheit, sondern eher auf Gemeinheit und Feigheit. Wenn Chinesen mit Macht konfrontiert werden, wagen sie nicht, sich zu widersetzen, sondern benutzen die Worte ‚den mittleren Weg einschlagen', um ihr tatsächliches Verhalten als gut erscheinen zu lassen und sich auf diese Weise selbst zu trösten. Wenn sie selbst an der Macht sind und merken, daß andere sie nicht beeinträchtigen können, oder wenn sie von der ,Mehrheit' unterstützt werden, dann sind die meisten von ihnen grausam, herzlos und tyrannisch wie Despoten; dann schlagen sie nicht den mittleren Weg ein. Sind sie aber machtlos und bleibt ihnen nichts anderes übrig, als ,den mittleren Weg' einzuschlagen, dann reden sie bereitwilligst über die Weisheit dieses Weges. Sobald sie völlig besiegt sind, sind sie bereit, sich dem Schicksal zu überantworten."[3]

In einem Essay, den er zum Teil als Entgegnung auf Kritiken verfaßt hatte, die das große Finale seiner Geschichte, in dem Ah Q vor den gierigen Augen der Menge erschossen wird, für übertrieben und unpassend hielten, schrieb Lu Xun: „Natürlich hätte Ah Q auf viele andere Arten enden können, ich weiß nur nicht, auf welche. Ich war früher einmal der Meinung, ich hätte übertrieben; jetzt glaube ich das allerdings nicht mehr. Wenn ich heute die Ereignisse in China, so wie sie sich tatsächlich abspielen, zu beschreiben hätte, dann würden sie den Menschen anderer Länder oder denen eines zukünftigen, besseren China grotesk erscheinen." Doch, wie er einmal selbst mit Bezug auf Russell gesagt hatte, „wenn die Sänftenträger aufhören könnten, ihre Fahrgäste anzulächeln, dann wäre China schon lange nicht mehr das China, das es ist".[4]

„Ah Q-ismus" war eine äußerst entmutigende Allegorie auf das Schicksal Chinas, dessen Lage, ganz gleich ob man in hohen ästhetischen Sphären lebte oder ob man versuchte, Fabrikarbeiter zu organisieren, 1925 sogar noch düsterer als 1921 erschien, als Lu Xun seine „humorvolle Erzählung" erstmals veröffentlicht hatte. (Ursprünglich war diese Geschichte von den Herausgebern der Pekinger *Morgennachrichten* als unterhaltender Beitrag zur Auflockerung der Zeitung in Auftrag gegeben worden. Bei der Durchsicht des zweiten Kapitels wurde die Geschichte allerdings von der humoristischen Abteilung in die Sektion für neue Literatur verlegt.)[5] Im Jahre 1925 hatten sich auch die letzten Spuren des alten republikanischen Regimes im wesentlichen aufgelöst. Ein durch und durch bestechlicher Präsident namens Cao Kun hatte korrumpiert, was von der Nationalversammlung noch übrig geblieben war, und am schlimmsten war vielleicht noch, daß der hervorragende Jurist Lo Wengan (der im Jahre 1922 seinen Sitz als oberster Richter am höchsten Gerichtshof Chinas zur Verfügung gestellt hatte, um im Finanzministerium ein gewisses Maß an Ordnung und Ehrlichkeit durchsetzen zu können), einer der bestausgebildeten und intelligentesten Männer, die jemals einwilligten, in das Kabinett einzutreten, selbst in eine Falle gelockt werden konnte, entlassen und ins Gefängnis geworfen wurde.

Von Jahr zu Jahr nahmen nun die Kämpfe und die Verluste zu, da die nördlichen Militärherrscher sich immer stärker in die Angelegenheiten der kränkelnden Zentralregierung einmischten und in Süd- und Westchina alle Macht in den Händen einer kleinen Anzahl örtlicher Heerführer zusammenlief. China war in Gefahr, auf Dauer auseinanderzubrechen, und zwar mit größter Wahrscheinlichkeit in neun eigenständige Regionen. Diese Gebiete deckten sich in einigen Fällen mit Provinzen, in anderen handelte es sich um „Makroregionen", denen eine Art logischer Zusammenhalt durch ein Zusammentreffen ökonomischer und geographischer Faktoren beschieden war. Drei dieser neun Gebiete befanden sich im Süden, drei lagen am Jangtse-Fluß in Zentralchina und drei befanden sich im Norden. In der Provinz Guangdong, der östlichsten der Südregionen, mußte Sun Yatsens Regime aufmerksam die politischen Entwicklungen in der Region Guangxi im Westen und in den beiden unmittelbar nördlich gelegenen Jangtse-Regionen im Auge behalten. Jegliche langfristige Planung mit dem Ziel einer nationalen Wiedervereinigung setzte daher eine Reihe von Allianzen voraus, die es den Guomindang-Truppen Suns – sie waren noch immer schwächer als viele Armeen der Militärherrscher, die ihnen entgegenstanden – ermöglichen würden, über die Provinz Hunan den Jangtse zu erreichen und dann flußabwärts über Nanking und Shanghai bis an das Meer vorzudringen. Dort galt es dann, neue Bündnisse zu schmieden, die die Guomindang- Kräfte in die Lage versetzten, Peking zu erreichen und die Regime in Shandong, in der Mandschurei und in Shanxi zu überwinden. Selbst ein solch vager Plan erforderte jedoch ein größeres Maß an Stabilität, als tatsächlich vorhanden war, denn riesige Armeen, wie beispielsweise die des Generals Feng Yuxiang, die – obwohl selbst ohne feste territoriale Basis – den Norden und den Nordwesten Chinas durchzogen, konnten das nördliche Gleichgewicht der Macht plötzlich verändern. Gegen Ende 1924 zum Beispiel hatten General Fengs Truppen Peking eingenommen, den Präsidenten Cao Kun gezwungen abzudanken, den abgesetzten Kaiser Puyi aus der Verbotenen Stadt heraus in die japanische Konzession Tianjin (Tientsin) getrieben und Duan Qirui als „vorläufigen Leiter der Verwaltung" eingesetzt, einen Mann, der während der Jahre des Ersten Weltkriegs viermal kurzfristig Premierminister gewesen war. In seiner jetzigen, recht undurchsichtigen Stellung bereitete Duan die Ausarbeitung einer neuen Verfassung für China vor und berief auch eine neue Nationalversammlung ein, doch war diesen Bemühungen kein greifbarer Erfolg beschieden. China hatte nun kein eindeutiges Machtzentrum mehr.[6]

Wie konnte sich die Situation verbessern? In einer Ansprache vor Studenten in Peking Ende des Jahres 1923 hatte Lu Xun eine weitere düstere Prognose vorgebracht: „Leider ist es zu schwierig, China zu wandeln. Allein das Verrücken eines Tisches oder die Reparatur eines Ofens zieht gewöhnlich Blutvergießen nach sich. Und selbst wenn Blut geflossen ist, ist es gar nicht sicher, daß es nun auch zu der angestrebten Veränderung kommen wird. Wenn nicht eine große Peitsche Chinas Rücken geißelt, wird sich unser Land niemals von selbst vorwärtsbewegen. Ich glaube, eine solche Auspeitschung ist unausweichlich; ob gut oder schlecht, sie wird kommen, doch von wo oder auf welche Weise, das kann ich nicht genau sagen."[7]

Im Jahre 1925 fiel die Peitsche erstmals auf Chinas Rücken nieder; oder vielleicht wäre es zutreffender zu sagen, daß sie erst in diesem Jahr unerträgliche Schmerzen hervorrief. Lu Xuns Metapher wird nämlich sinnvoll, wenn wir bestimmte Aktionen des ausländischen Imperialismus als jene Peitsche betrachten: Damit sie eine „antreibende Wirkung" auf China ausüben konnte, mußte sie als schmerzvoll empfunden werden, und diese Empfindung mußte dann ausgenutzt werden. An diesem Prozeß waren Industriearbeiter, Kaufleute, idealistische Studenten und bürgerliche Intellektuelle gemeinsam beteiligt; doch die Mitglieder der Kommunistischen Partei und einige radikale Mitglieder der Guomindang erlangten politische Bedeutung, weil es ihnen gelang, den Chinesen die Zusammenhänge zwischen ausländischer imperialistischer Macht und Chinas elendem ökonomischem Zustand offenzulegen. Li Dazhao, einer der Mitbegründer der Kommunistischen Partei, der entsprechend den Instruktionen der Komintern 1923 der Guomindang beigetreten war, legte genauestens dar, daß der ausländische Imperialismus das gesamte chinesische Volk „proletarisiert" habe: Es sei deshalb reif für eine sozialistische Revolution, obwohl es keine hochentwickelte kapitalistische Phase durchlaufen habe und nur über eine schmale proletarische Basis verfüge (China sei noch immer eine vorwiegend agrarische Gesellschaft). Als jedoch Li Dazhao, Qu Qiubai, Xiang Jingyu und andere junge Kommunisten das bereits bestehende städtische Proletariat näher kennenlernten, trafen sie auf eine vielversprechende potentielle Gefolgschaft, denn allgemein waren die Arbeitsbedingungen in China grauenhaft. In einer siebentägigen Arbeitswoche hatte der Arbeitstag oft vierzehn und mehr Stunden. Es gab kaum Ruhetage, Kinderarbeit war allgemein üblich, und die Löhne waren mitleiderregend niedrig; sie betrugen pro Familie ungefähr einen Dollar täglich. Die Unterkünfte (oftmals zu niedrigen Mieten vom Arbeitgeber zur Verfügung gestellt) waren schmutzig; jeder Raum wurde von vier bis fünf Personen bewohnt. Es gab keine sanitären Einrichtungen und oft auch keine Kochmöglichkeiten, so daß man den kärglichen Lohn ausgeben mußte, um von den Straßenhändlern heißes Wasser zur Bereitung eines Abendessens kaufen zu können. Viele Arbeiterfamilien hatten so wenig Geld, daß jährlich pro Person weniger als ein Dollar für Unterhaltung oder Erholung ausgegeben werden konnte und die billigsten Bücher und Zeitungen unerschwinglich waren (auch für die wenigen Arbeiter, die lesen konnten). Natürlich gehörten viele Fabriken, in denen solche Verhältnisse herrschten, chinesischen Unternehmern, aber es waren genügend Fabriken von westlichen oder japanischen Kreisen abhängig, um auslandsfeindlicher Kritik Nachdruck zu verleihen.[8] Im Jahre 1925 hatten sich die drei so unterschiedlichen Städte Peking, Shanghai und Kanton jede auf ihre Weise zu potentiellen Zentren revolutionärer Gewalt entwickelt. Zwar trat der ausländische Imperialismus am augenscheinlichsten in Shanghai zutage, Peking war jedoch durch einen großen Ausländeranteil im Gesandtschaftsviertel geprägt, sowie durch die japanische Bedrohung aus der Provinz Shandong im Osten und der Mandschurei im Norden, und in Kanton gab es nicht nur ausländische Konzessionen auf der Insel Shameen und westliche Geschäftsbeteiligungen, sondern es lag auch noch in der Nähe der britischen Kronkolonie Hongkong.

Der erste einer neuen Welle von Streiks gegen Baumwollspinnereien in japanischem Besitz wurde im Februar 1925 von dem von Kommunisten geleiteten „Arbeiterverein West-Shanghai" angezettelt. Der Shanghaier Streik wurde in beträchtlichem Maße von Studenten und patriotischen Geschäftsleuten unterstützt, von denen viele bereits gegen die weitverbreitete Praxis der Kinderarbeit in anderen Fabriken protestiert hatten. In jenem Frühling fanden weitere Streiks statt, und Mitte Mai wurde ein streikender Chinese von seinem japanischen Vorarbeiter getötet. Kommunistische Führer riefen für den 30. Mai zu einer antiimperialistischen Solidaritätsdemonstration auf, um eine „Wiederbelebung des Geistes des 4. Mai" zu bewirken. Die Demonstration fand wie geplant statt, aber in der internationalen Siedlung gab es einen Zusammenstoß mit der unter britischer Leitung stehenden Polizei. Die Polizei schoß in die Menge, elf Teilnehmer der Demonstration wurden getötet und mehr als fünfzig verletzt.[9] Innerhalb der folgenden Wochen breiteten sich, ähnlich wie nach den 4.-Mai-Demonstrationen von 1919, Sympathiestreiks und Massenkundgebungen auf andere Industrien in Shanghai aus, nur schlossen sich dieses Mal die Studenten den Arbeitern an. In der Stadt befanden sich mehrere Führer der Kommunistischen Partei, darunter auch Li Lisan und Liu Shaoqi. Sie hatten gemeinsam mit Mao Zedong an den Streiks in Hunan im Jahre 1922 mitgewirkt und waren wie letzterer durch den äußerst antikommunistisch eingestellten Militärherrscher, der dort die Kontrolle ausübte, zur Flucht aus der Provinz gezwungen worden. Die Verbindung zu den Studenten wurde von Yang Zhihua aufrechterhalten, einer Studentin der Universität von Shanghai, die sich von ihrem Ehemann hatte scheiden lassen und 1924 nach dem Tode von Wang Jianhong Qu Qiubai geheiratet hatte. Qu selbst überwachte die Propaganda-Arbeit, gab ein einflußreiches Journal der Bewegung mit dem Titel *Neuigkeiten vom Blutvergießen* heraus und arbeitete an einem wichtigen theoretischen Essay über die Streiks, den er „Nationalistische Revolution und Klassenkampf in der Bewegung des 30. Mai" nannte. Die Tendenz zur Gewalt war jedoch sehr viel ausgeprägter als sechs Jahre zuvor am 4. Mai. Die Streikposten waren wirkungsvoll organisiert, mit Schlagstöcken bewaffnet und hatten eine militärische Grundausbildung erhalten. Als Antwort darauf mobilisierten westliche und japanische Behörden Freiwilligenverbände, erklärten in ihren Konzessionsgebieten das Kriegsrecht, verlegten sechsundzwanzig Kanonenboote nach Shanghai und ließen Marineinfanteristen an Land gehen. In den ersten Junitagen wurden mehr als sechzig Studenten und andere Demonstranten getötet.[10]

In ganz China fanden daraufhin Massenaufmärsche, Proteste und Streiks zur Bekundung der Solidarität mit dem „Geist des 30. Mai" statt, die oftmals mit Boykottmaßnahmen gegen britische und japanische Waren und mit der Zerstörung der entsprechenden Firmenniederlassungen einhergingen. Gewalt war an der Tagesordnung und die Vergeltung manchmal brutal: In der Stadt Qingdao (Tsingtau) ließ der Militärherrscher von Shandong einen Gewerkschaftsführer und den Herausgeber einer örtlichen Zeitung hinrichten, weil sie Sympathie mit den Streikenden bezeugt hatten. In Tientsin besetzten Arbeiter eine Fabrik zur Verarbeitung von Seidenkokons; zwanzig Arbeiter wurden getötet und ungefähr dreihundert verwundet, als örtliche Truppen in erbitterten Kämpfen gegen sie vorgingen.[11]

Die Nachrichten von den Todesfällen am 30. Mai bewegten die Pekinger Studenten zutiefst. Xu Guangping, eine Studentin Lu Xuns an der Pekinger pädagogischen Hochschule für Frauen, schrieb Lu am 5. Juni in erregten Worten, daß die „tobende Flutwelle von Shanghai auf Peking übergegriffen habe". Nun sei die Zeit für Massenaktionen von seiten der Pekinger Studenten gekommen, aber obwohl Vertreter mehrerer Universitäten sich erwartungsgemäß vor dem Tor des Himmlischen Friedens versammelt hätten (ebenso wie ihre Vorgänger am 4. Mai 1919), hätten sie ihre Zeit nur mit kleinlichem Gezänk darüber vergeudet, wer den Vorsitz über das geplante „Nationale Komitee" führen solle; sie seien außerstande gewesen, ein koordiniertes Aktionsprogramm vorzulegen. Xu Guangping hatte daraufhin die Versammlung angewidert verlassen und befand sich auf dem Heimweg zu ihrer Hochschule, als sie zufällig auf der Straße die konservative Leiterin ihrer Schule erblickte (die ein Jahr zuvor durch radikale Studenten von ihrer Stelle vertrieben, dann jedoch vom Erziehungsministerium wieder eingesetzt worden war). „Als ich dieses Weibsstück Yang erblickte," schrieb Xu Guangping, „mit ihrem säuerlichen Lächeln beim Anblick unserer Gruppe, fühlte ich sofort eine Hitzewelle in mir aufsteigen und ich schrie: ‚Nieder mit Yang Yinyu, nieder mit Yang Yinyu, weg mit Yang Yinyu!' Meine Begleiter stimmten lautstark in meinen Ruf ein, und unsere Stimmen verfolgten Yangs Wagen, bis er nicht mehr zu sehen war. ... Mein Lehrer, Sie sehen, daß ich das wilde Pferd bin, das den Rest der Herde irreleitet; ich kann nicht gezügelt werden, ich kann nicht beherrscht werden. Was soll mit mir geschehen?"[12]

Xu Guangping wußte sehr wohl, daß Lu Xun Verständnis für ihre Handlungsweise aufbringen würde, denn er hatte Yang Yinyu in seinen satirischen Essays mehrfach verspottet und sie angeklagt, „hilflose Studenten ihres eigenen Geschlechtes" einzuschüchtern, indem sie „Schakale und Füchse" benutze, um ihre Machtposition zu behaupten. Weiter hatte er ihr vorgeworfen, daß sie sich ihren Studentinnen gegenüber wie eine tyrannische Schwiegermutter des traditionellen China benehme und die Studentinnen wie „Kinderbräute, die in ihren Haushalt ziehen," behandele. Schließlich hatte er sie als eine der mörderischsten Reaktionäre angeklagt, die „Schmutz über Äolsharfen streuen".[13] Lu Xun beantwortete Xus Brief genau eine Woche später und entschuldigte sich zunächst für die Verzögerung, weil er sich momentan um so viele Dinge kümmern müsse. Gerade weil Xu Guangping zu seinen Lieblingsstudenten zählte – sie hatte im März eine Korrespondenz mit ihm begonnen und unterschrieb ihre Briefe nun in zärtlicher Bescheidenheit mit „Ihr kleiner Teufel" –, war Lu Xun beunruhigt und besorgt über ihren offenen Radikalismus:

„Ich möchte nicht, daß sich dieser ‚kleine Teufel' in eine wilde Frau verwandelt oder die Kontrolle über sich verliert. Auch wenn es Ihnen selbst bedeutungslos erscheinen mag, eine wilde Frau zu werden ..., wenn andere Leute das bemerken, bedeutet es das Ende für Sie. Aus genau diesem Grunde vermeide ich es selbst, wirklich wild zu werden, obwohl ich zugeben muß, daß die Menschen dennoch behaupten, ich sei geistig labil – offensichtlich kann man dagegen nichts tun. Wenn Sie von Natur aus ungestüm sind, verlieren Sie natürlich leicht die Beherrschung. Am besten ist es, sich ein wenig zu beruhigen, sonst müssen Sie aufpassen, daß man Sie nicht zum Opfer macht – denn im heutigen China tragen der Verschlossene und der Biegsame die Siege davon."

Lu Xun wies auch darauf hin, daß studentischer Massenaktivismus unter diesen besonderen Umständen kaum Erfolg haben werde: Wenn schon die vereinigten Kräfte der Pekinger Nationaluniversität nicht einmal imstande gewesen seien, die Abdankung des unpopulären Erziehungsministers zu erzwingen, und wenn die Studentinnen der pädagogischen Hochschule für Frauen sogar unfähig gewesen seien, ihre Leiterin Yang Yinyu zu vertreiben, wie wollten sie dann erfolgreich gegen die Briten oder die Japaner vorgehen?[14]

Einer der Gründe dafür, daß Lu Xun zu beschäftigt gewesen war, um seiner Studentin bereits früher zu antworten, bestand darin, daß er seine persönlichen Ansichten über das Massaker vom 30. Mai zur Veröffentlichung vorbereitete; er schloß das Manuskript schließlich am 11. Juli ab. In diesem gefühlvollen und recht eigenartigen Schriftstück wies Lu Xun auf die Last hin, die nun von der jüngeren chinesischen Generation getragen werden müsse aufgrund der Handlungsunfähigkeit der Älteren – jener Älteren, die „soviel Energie darauf verwandt haben, geheimnisvoll und unergründbar, ausgewogen und glatt zu sein, daß sie alle wirklichen und schwierigen Aufgaben ihren Nachkommen hinterlassen haben". Durch ihre Schüsse auf die Shanghaier Demonstranten hätten die Briten nun bewiesen, daß sie harte Gegner sein würden, ein guter „Wetzstein" für die Chinesen, die sich auf einen Kampf von mindestens dreißig Jahren vorbereiten müßten.[15]

Noch nicht einen Monat später beendete Lu Xun eine Kurzgeschichte, die den Anschein weckte, als verurteile er sein eigenes Zögern und als lobe er diejenigen, die wie Xu Guangping bereit waren, tapfer ihre Stimme zu erheben. Lu Xun hatte nun fast völlig jene ausführlichen und von brillanten Beobachtungen zeugenden Erzählungen aufgegeben, die er zwischen 1918 und 1923 verfaßt hatte, und sich statt dessen kurzen, beißenden Satiren zugewandt, die teils Prosagedicht, teils Aufsatz, teils Traktat waren. Die folgende Satire (hier vollständig wiedergegeben) nannte er „Eine Meinung von sich geben".

„Ich träumte, ich befände mich in einer Grundschulklasse und wollte einen Aufsatz schreiben und fragte den Lehrer, wie man eine Meinung ausdrücke:

‚Das ist schwierig!', sagte er und blickte mich schräg über seine Brillengläser an. ‚Ich will dir eine Geschichte erzählen: Wenn in einer Familie ein Sohn geboren wird, freut sich das ganze Haus. Wenn das Kind einen Monat alt ist, trägt man es aus seinem Zimmer und stellt es den Gästen vor – natürlich werden dann Komplimente erwartet. Einer sagt: ‚Dieses Kind wird einmal reich sein.' Man dankt ihm herzlich. Ein anderer sagt: ‚Dieses Kind wird Beamter werden.' Man erwidert seine Komplimente. Wieder ein anderer sagt: ‚Dieses Kind wird sterben.' Er wird von der gesamten Familie ordentlich verprügelt. Daß das Kind sterben wird, ist unvermeidlich, aber die Aussage, daß das Kind reich oder ein hoher Beamter werden wird, mag eine Lüge sein. Die Lüge wird jedoch belohnt, und die Feststellung des Unvermeidlichen mit einer Tracht Prügel bedacht. Du –'

‚Ich möchte aber nicht lügen und auch nicht geschlagen werden, Herr, was soll ich sagen?'

‚Ja, in dem Falle sagst du: ‚Ah, sehen Sie sich nur dieses Kind an! Mein Ehrenwort! ... Haben Sie jemals! Oho! Hehe! He, he he he!'''"[16]

Noch bevor Lu Xun diese Geschichte beenden konnte, hatten die Briten wieder einmal gezeigt, welch guter „Wetzstein" sie sein konnten. Als am 23. Juni in Kanton ein großer Demonstrationszug von Arbeitern, Studenten und Militärkadetten auf die von Ausländern besetzte Insel Shameen zuwanderte, um Solidarität mit den Toten von Shanghai und den Arbeitern in Hongkong, die ebenfalls streikten, zu bezeugen, eröffneten britische Posten (diesmal unterstützt von französischen Soldaten) das Feuer auf die Menge, weil sie die Menschenansammlung für bedrohlich hielten. Zweiundfünfzig Demonstranten wurden getötet und über hundert verletzt.[17]

Zwei Jahre lang, 1922 und 1923, hatten die Soldaten des Generals Wu Peifu die Gewerkschaften durch Hinrichtungen und Vergeltungsmaßnahmen unterdrückt, aber nun war die Bewegung zu mächtig geworden, um durch solche gelegentlichen Gewalttaten zurückgehalten werden zu können. Auch die Stadt Kanton hatte sich unter dem reformierenden Einfluß von Sun Yatsens Guomindang verändert. Komintern-Agenten, die mit Sun Yatsen zusammenarbeiteten, hatten die Partei fest strukturiert, diszipliniert und sie den revolutionären Prinzipien Suns verpflichtet. Es war eine Ironie des Schicksals, daß diese Wandlung für Sun zu spät eintrat, denn er erlag Anfang 1925 einem Krebsleiden, nachdem er sich in Peking noch ein letztes Mal um die Zustimmung der nördlichen Militärherrscher zu einer Allianz bemüht hatte, die in China wieder eine verfassungsmäßige Regierung herstellen sollte. Dank ihrer neuen Organisation hielt die Partei jedoch auch nach Suns Tod zusammen, als mehrere Führer sich um Suns Nachfolge bemühten. Zu dieser neuen Generation zählte auch Chiang Kaishek. Nachdem er Sun 1922 in einem Moment ernsthafter persönlicher Gefahr beigestanden hatte, wurde

Chiang 1923 von der Guomindang zur militärischen Ausbildung nach Moskau gesandt. Nach seiner Rückkehr ernannte man ihn zum Leiter der neuen Kadettenanstalt der Armee, die Sun Yatsen mit finanzieller Unterstützung und mit Beratern der Komintern in Whampoa bei Kanton gegründet hatte. Entsprechend den Prinzipien der Allianz von Guomindang und Kommunisten wurde der junge kommunistische Aktivist Zhou Enlai zu seinem Stellvertreter gewählt; er war für die politische Organisation verantwortlich. Ebenso wie die Militärkadetten nach Abschluß ihrer Ausbildung den südlichen Armeen neue Stärke und Zusammenhalt vermittelten, so gab auch die Gewerkschaftszentrale den lokalen Gewerkschaften neue Kraft: So konnte z. B. der Streik in Hongkong für die beispiellos lange Zeit von sechzehn Monaten durchgehalten werden, weil die Streikenden Beihilfen von chinesischen Arbeitern im Inland und in Übersee erhielten, weil man sie mit Unterkünften und Lebensmitteln unterstützte und ihnen bei Ausbildungsproblemen zur Seite stand.[18]

Während man so der Organisation der Guomindang und der elenden Lage der chinesischen Industriearbeiter neue Aufmerksamkeit schenkte, beurteilten und analysierten chinesische Intellektuelle gleichzeitig erstmals sorgfältig die Ressourcen, die Schwächen und die Möglichkeiten des agrarischen China. Im Jahre 1919 hatte Li Dazhao starken Einfluß auf einige Pekinger Studenten ausgeübt und ihnen nahegelegt, aufs Land zu gehen, um die dortigen Zustände unmittelbar untersuchen zu können; in den zwanziger Jahren waren Gruppen mit ähnlichen Zielen von Shanghai aus aufgebrochen. Mao Zedong war mit einigen Schulfreunden aus Hunan zweimal durch diese Provinz gereist, um sich ein Bild von den örtlichen Zuständen zu machen. Von größter Bedeutung mag allerdings eine furchtbare Hungersnot gewesen sein, die in den Jahren 1920 und 1921 Nordchina entvölkerte. Millionen landwirtschaftlicher Arbeiter starben an den Folgen, und die Einzelheiten dieser Massentragödie wurden von internationalen Hilfsorganisationen und der chinesischen Presse anschaulich beschrieben.[19] Doch waren, wie Peng Pai zeigte – ein junger Kommunist aus der Schicht der Grundbesitzer, der seine politische Ausbildung von japanischen Sozialisten erhalten hatte – jene „Untersuchungen" in mancher Hinsicht unüberlegt und nutzlos. Die kulturelle und wirtschaftliche Kluft zwischen den gebildeten Besuchern und den gemeinen Ackerbauern war so unvorstellbar groß, daß Mißverständnisse über die Motive der Besucher unvermeidlich waren. Pengs eigene revolutionäre Unternehmungen während des Frühjahrs 1921 im östlichen Teil der Provinz Guangdong waren jämmerlich verlaufen: Als er einmal in seinem westlichen Anzug auf einen Bauern zuging, der gerade sein Feld düngte, sagte ihm dieser Bauer ganz ernsthaft, daß er dieses Jahr kein Geld für die Theatertruppe übrig habe. Ein anderer Bauer hatte gefragt, welchem Bataillon Peng angehöre, und sich dann mit der Bemerkung davongestohlen, er sei „nicht gut genug, um mit euch Beamten befreundet zu sein". Ein dritter Bauer fragte ihn, ob er gekommen sei, um die Dörfler zu drängen, ihre

Schulden zu bezahlen. Und die Menschen in Pengs Heimatstadt nahmen an, Peng habe einen Nervenzusammenbruch erlitten. Nur langsam, nach wochenlangen Gesprächen und Diskussionen, die Peng, der ein geschickter Zauberkünstler war, mit einigen öffentlichen Vorführungen seiner Kunststücke belebte, gelang es ihm, jenes Maß an Mißtrauen und Fatalismus zu durchbrechen, das einen seiner ersten bäuerlichen Gesprächspartner zu folgender Bemerkung veranlaßt hatte: „Das Schicksal eines jeden ist vor langer Zeit bereits festgelegt worden: Ein Grundbesitzer wird ein Grundbesitzer und ein Pächter wird stets ein Pächter bleiben.“[20] Bis zum Jahre 1925 war es Peng jedoch gelungen, in seinem Heimatgebiet mehrere Bauernvereinigungen zu gründen; außerdem leitete er in der Stadt Kanton ein erfolgreiches Bauernbildungsinstitut, das unter gemeinsamer Verantwortung der Guomindang und der Kommunisten stand (Mao Zedong wurde 1926 Kursleiter).

In Shanghai waren überwiegend die städtischen Arbeiter politisch aktiv, in Kanton beteiligten sich allmählich auch landwirtschaftliche Arbeiter, in Peking jedoch waren es auch im Jahre 1925 noch hauptsächlich Intellektuelle, die an politisch motivierten Aktionen mitwirkten. Als Peking unter der Herrschaft des Militärherrschers Feng Yuxiang stand, konnte Li Dazhao seinen Schlupfwinkel auf dem Lande verlassen und seine Bekehrungsversuche beim Lehrpersonal und den Studenten an den Universitäten von Peking und Tientsin wiederaufnehmen. Li besaß nun das Prestige, das ihm als Gründungsmitglied der chinesischen Kommunistischen Partei zukam, und er gewann noch mehr Ansehen durch seine Erfahrungen als Teilnehmer des Komintern-Kongresses von 1924 in Moskau und durch die breite Basis, auf die er sich nach seiner Wahl in das Exekutivkomitee der neuorganisierten Guomindang stützen konnte. Da General Feng außerdem den Gewerkschaften wohlwollend gegenüberstand, konnten die Kader der Kommunistischen Partei im Norden langsam darangehen, das System, das durch die Hinrichtungen vom Februar 1923 erschüttert worden war, wieder aufzubauen.

Die Erfolge Li Dazhaos und anderer beim Aufbau der chinesischen Kommunistischen Partei genügten, um Wen Yiduo bei seiner Rückkehr nach China im Juli 1925 ernsthaft zu beunruhigen. Wen war 1919 im Alter von zwanzig Jahren aktiv an der Bewegung des 4. Mai beteiligt gewesen. Während seines anschließenden dreijährigen Studiums in den Vereinigten Staaten – am Chicago Art Institute, am Colorado College und an der Columbia Universität – war er, nicht zuletzt, weil er die Auswirkungen der amerikanischen Rassendiskriminierung sehr stark empfand, zu einem überzeugten Nationalisten geworden. Ebenso wie aber Kang Youwei nichts daran gelegen war, daß seine Vorstellung vom Nationalismus von Sun Yatsens republikanischem Redeschwall davongetragen wurde, so war auch Wen Yiduo nicht daran interessiert, daß die Kommunistische Partei seine nationalistischen Überzeugungen vereinnahmte. Aus diesem Grunde war Wen der „Großflußgesellschaft“ *(Dajiangshe)* beigetreten, die chinesische Studenten in den Vereinigten Staaten (deren Ziel ein starkes, nicht aber ein sozialistisches China war) gegründet hatten.

Nach seiner Rückkehr nach Peking schrieb Wen am 13. Januar 1926 einem engen Freund, mit dem er in Colorado gemeinsam studiert hatte, daß „in China die von den Roten verursachten Unruhen heftig und wild sind, was den Nationalisten in unserer Gruppe eine große Verantwortung auferlegt; insgesamt wird die Entwicklung härter und brutaler werden. In nächster Zukunft wird ein heftiger Kampf zwischen Kommunismus und Nationalismus stattfinden."[21] Wen schrieb weiter, daß er die meisten nicht-kommunistischen Verbündeten in Peking für praxisfern und ziemlich wirkungslos halte. Nur langsam sei es ihm gelungen, Gleichgesinnte zu finden, die dann in dem von ihm im Westen Pekings gemieteten neuen Haus zusammengetroffen waren, um über Chinas Zukunft zu diskutieren. In einem Brief an seine Dajiang-Freunde in den Vereinigten Staaten schrieb er, daß sich diese kleine Gruppe mit Mitgliedern anderer nationalistischer Vereinigungen getroffen und eine Föderation nationalistischer Gruppen gegründet habe, um gemeinsam gegen russische und japanische Übergriffe und Truppenbewegungen in der Mandschurei zu protestieren. Xu Guangping hatte Lu Xun gegenüber erklärt, sie finde diese Treffen zu zahm, Wen Yiduo dagegen fand sie oftmals enttäuschend roh, wenn Schmähungen und Beleidigungen (und gelegentlich Möbelstücke) durch die Luft flogen. Wen machte für diese Ausschreitungen „sogenannte Kommunisten" verantwortlich, denen er nach wie vor äußerst feindselig gegenüberstand. Doch er zeigte sich beeindruckt von den Fähigkeiten einer Studentin, deren schrille Beschimpfungen durch die Menge gellten und alle Zuhörer aufmerksam werden ließen. Diese junge Genossin, so berichtete man ihm, war tapfer mit hoch erhobenem Spruchband an der Spitze der Demonstrationen gegen das Massaker vom 30. Mai durch die Straßen marschiert, so daß Pekinger Bürger sie ehrfürchtig als die „chinesische Johanna von Orleans" bezeichnet hatten.[22]

Die Bedenken, die Wen Yiduo gegenüber jungen politischen Aktivisten hegte, hatten viel gemeinsam mit den vorsichtigen Bemerkungen Lu Xuns gegenüber seiner Studentin Xu Guangping. Lu Xun hatte jedoch keine vergleichbare antikommunistische Einstellung zum Ausdruck gebracht. Mit seinem Antikommunismus glich Wen eher Xu Zhimo, der nach seinem Besuch der Sowjetunion zu Beginn des Frühjahrs 1925 angetan, aber nicht beeindruckt war. Xus Schriften vom Sommer 1925 zeigen, daß er keines der Wunder fand, die Qu Qiubai 1921 und 1922 erlebt hatte: Für Xu Zhimo bestand Moskau nur aus bleigrauem Himmel und schneebedecktem Boden, dem ständigen Wissen um eine Vergangenheit, die ohne eine Spur zu hinterlassen zerstört worden war, Erinnerungen an Blut, das auf der Suche nach einer neuen Ordnung verschüttet worden war, bekümmerten Gesichtern in den Straßen, Mangel an Waren in den Geschäften und schäbig gekleideten Menschen. Im Januar 1926 veröffentlichte Xu Zhimo zwei Abhandlungen, die wie ein Versuch erscheinen, seine eigenen Wertvorstellungen zu ordnen.

Zuerst erschien eine sorgsame Erwiderung auf die enthusiastische Lobrede des jungen Chen Yi auf Lenin. Xu hielt Lenin für einen „Fanatiker", der Planern des zukünftigen chinesischen Staates niemals als Vorbild dienen sollte, weil er zuviel Zerstörung gebracht habe. Xu glaubte nicht, daß die marxistische Klassenanalyse auf China angewandt werden könne, denn „die Kinder unserer Arbeiter können Beamte und unsere Bauern Kaufleute werden; sie vermögen nicht allein diese Schranken zu überwinden, sie sind sogar niemals vollständig voneinander getrennt gewesen".[23] In der zweiten Abhandlung, die Xu „Das Cambridge, das ich kannte" nannte, beschrieb er das Gegenbeispiel, das – wie Xu meinte – die Alternative zu Sowjetrußland oder dem China der Militärherrscher am besten aufzeige. Um seine Gefühle mit uneingeschränkter Überzeugungskraft ausdrücken zu können, benutzte Xu Zhimo nicht den kurzzeiligen und wundervoll ausgewogenen Stil, in dem er in Peking „Steintigergasse Nr. 7" verfaßt hatte, auch nicht die langen, gleichförmigen Sätze, mit denen er den Frieden in „Der Tempel der Himmlischen Ruhe" in Changzhou eingefangen hatte, sondern er griff auf die volle Erhabenheit des Prosastils nach dem Vorbild Paters zurück:

„Die Grenzen des Himmels verschwinden im Nebel, und jene scharfe Silhouette ist die Kirche eines nahen Dorfes. Höre die gemächliche Harmonie der Glocken, die zur Morgenliturgie läuten. Dies ist die Ebene Mittelenglands; ihre Landschaft ist ein stilles Sich-Heben-und-Senken, ähnlich dem Anschwellen eines ruhigen Meeres. Keine Berge sind zu sehen, nur Wiesen, immergrünes und fruchtbares Ackerland. Von diesem kleinen Hügel aus sieht man Cambridge nur als grüne Wolke von Bäumen, die zum Teil dicht zusammenstehen, zum Teil von schlanken Türmen durchsetzt sind. Von der anmutigen Cam ist nichts zu erblicken, wenn man aber die Brokatschärpe von Bäumen verfolgt, kann man sich den Verlauf des gemächlichen Gewässers vorstellen. Bauernhäuser und Wäldchen liegen im Schachbrettmuster verstreut. Neben jedem Häuschen gibt es ein willkommenes, schattiges Plätzchen, neben jedem schattigen Platz steht auch ein Häuschen.

Wenn man zur Dämmerung aufsteht, sieht man den Rauch aus den Schornsteinen der Küchen. Hebt sich der Morgennebel allmählich und zieht sich der grauweiße Vorhang vom Himmel zurück (am schönsten nach einem leichten Regenschauer), dann klettert der Rauch aus Kaminen von fern und nah in Fäden, in Strähnen, in Spiralen, beschwingt oder träge, dunkelgrau oder blaßblau oder weiß langsam durch die stille Morgenluft und verschwindet, so als ob Morgengebete der Menschen eines nach dem anderen in den Hallen des Himmels verklingen. Nur selten sieht man in diesen ersten Frühlingstagen die Morgensonne. Aber wenn sie schließlich durchbricht, gibt es für den Frühaufsteher keine größere Freude. In einem Augenblick vertieft sich die Farbe der Felder. Ein Goldpuder überzieht wie ein dünner Schleier das Gras, die Bäume, die Straßen, die Bauernhöfe. In einem Augenblick ist das gesamte Land im Umkreis von der Fülle des Morgens überflutet. In einem Augenblick trinkt das eigene Herz vom Glanz des Tagesanbruchs.

‚Frühling!' scheint die siegreiche Luft an deinem Ohr zu flüstern. ‚Frühling!' scheint deine freudige Seele zurückzurufen."[24]

Wen Yiduos Erinnerungen an Chicago, Colorado City oder New York ließen sich damit nicht vergleichen. Er konnte jedoch für Xu Zhimos antikommunistische Einstellung Verständnis aufbringen, und es gab noch weitere Eigenschaften und Erfahrungen, die die beiden Männer teilten. Wen entstammte wie Xu einer wohlhabenden Familie (östlich des Dreistädtegebiets von Wuhan in der Provinz Hubei) und hatte eine ausgezeichnete klassische Erziehung genossen. Auch Wen war bereits frühzeitig gereift, bewunderte die Schriften Liang Qichaos, besuchte in Peking das College und schiffte sich nach der Feier seiner Hochzeit, die seine Eltern für ihn arrangiert hatten, nach den Vereinigten Staaten ein. Sein erstes Kind, ein Mädchen, kam zur Welt, als Wen in Chicago lebte, und es war drei Jahre alt, als der Vater es erstmals sah. Wen und Xu entdeckten beide ihre dichterische Begabung im Ausland, und so wie Xu während seiner Zeit in Cambridge seine ersten umgangssprachlichen Gedichte schrieb, verfaßte Wen seine ersten Gedichte in Chicago. Wen bewunderte zwar Tagore nicht (er verfaßte einen kritischen Essay, als Tagore sich in China aufhielt), aber er durchstreifte im Geiste gemeinsam mit Xu die Bezirke des höheren Ästhetizismus, bewunderte die Zeichnungen von Aubrey Beardsley und die Schriften von Walter Pater. Wen lehrte für kurze Zeit am Pekinger Kunstinstitut. Sein Eklektizismus zeigte sich in seiner Studiowohnung, die Xu Zhimo als völlig schwarz, nur durch Goldstreifen aufgehellt, beschrieb, was wie eine „nackte afrikanische Schönheit, die lediglich mit einem Paar goldener Arm- und Fußreifen bekleidet ist", wirke; in einem Raum stehe in einer Wandnische eine kleine marmorne Kopie der Venus von Milo, die einen Hauch „träumerischer Andeutung" verbreite.[25]

Im Januar 1926 lud Xu Zhimo Wen Yiduo ein, sich der Gruppe von Dichtern anzuschließen, die unter dem Namen „Halbmondgesellschaft" (zu Ehren einer berühmten Gedichtsammlung Tagores) zwanglos zusammentraf. Wen willigte ein, revanchierte sich jedoch nicht sofort durch eine Einladung Xus zu den unter seiner Leitung stattfindenden Zusammenkünften junger chinesischer Nationalisten (vielleicht meinte er, daß Xu, der zu jener Zeit eine ekstatische Liebesaffäre mit der noch verheirateten Lu Xiaoman durchlebte, einen zu schlechten Ruf habe). Im März 1926 erklärte Wen sich jedoch einverstanden, eine Abteilung für Dichtung in der literarischen Beilage der Pekinger *Morgennachrichten*, die Xu Zhimo herausgab, redaktionell zu betreuen.[26]

Die erste Ausgabe dieses Projekts, von dem man angenommen hätte, es handele sich um ein von den ästhetischen Theorien und Schriften Xus, Wens und deren Freunden geprägtes rein literarisches Unterfangen, wurde durch ein in China bereits alltäglich gewordenes zufälliges Zusammentreffen von Ereignissen zu einem politischen Dokument. Gerade als man über den Inhalt beratschlagte, wurde Peking am 18. März von der dritten Demonstration, die mit einem Massaker endete, erschüttert. Die Gründe für die Pekinger Tragödie vom 18. März waren vielschichtiger als die der vorausgegangenen Streiks vom 30. Mai in Shanghai und vom 23. Juni in Hongkong und Kanton. Aber auch jetzt war die Wut gegen den Imperialismus die treibende Kraft, die sich in diesem Falle jedoch eher gegen Japan als gegen England oder Frankreich richtete. Die Krise begann mit einem Zwischenfall im Gebiet von Tientsin während der Kämpfe zwischen Armeen rivalisierender Militärherrscher: Der Zugang zur Stadt war von der Seeseite her von Truppen des Generals Feng Yuxiang vermint worden, um General Zhang Zuolin, der die Mandschurei beherrschte, eine Landung unmöglich zu machen. Die Japaner protestierten gegen diese Störung ihres Handels und Verkehrswesens in einem Gebiet, das sie inzwischen als ihre eigene Einflußsphäre betrachteten, und befahlen, den Hafen wieder zu räumen. Als in Peking nationalistische Studenten während einer Demonstration, die gemeinsam von Vertretern der Guomindang und der Kommunistischen Partei organisiert worden war, zum Amt des Leitenden Verwalters (mit diesem Titel hatte General Feng den amtierenden Staatschef für die Zeit der Abwesenheit eines ordentlichen Präsidenten benannt) marschierten, um ihn aufzufordern, das japanische Ultimatum zurückzuweisen, wurden sie von Regierungstruppen vertrieben. Am folgenden Tag, dem 18. März, versammelte sich eine neue, größere Menge von Demonstranten vor dem Tor des Himmlischen Friedens. Nachdem sie sich einige Protestansprachen angehört hatte, setzte sich die Menge in Bewegung und marschierte erneut zum Amt des Leitenden Verwalters. Polizisten versperrten ihr den Weg, eröffneten das Feuer und töteten siebenundvierzig Demonstranten, überwiegend junge Studenten.

Dieses Ereignis, dessen ursprünglicher Anlaß so eindeutig und dessen Ergebnis für die jungen Teilnehmer so tragisch war, bestärkte Wen Yiduos Abneigung gegen lautstarke Demonstrationen keineswegs, sondern befreite seine dichterische Ausdruckskraft von Zwängen, die es ihm seit seiner Rückkehr nach China fast unmöglich gemacht hatten, zu schreiben. Sofort beschloß er, die Abteilung für Dichtung in den *Morgennachrichten* in ein Forum seiner Entrüstung umzuwandeln. Noch bevor jedoch diese Abteilung gedruckt werden konnte, verfaßte er ein Gedicht, das Xu Zhimo am 27. März in der literarischen Beilage seiner Zeitung veröffentlichte. Wen Yiduo brachte darin seine Trauer um die Toten in dem imaginären Monolog eines Rikschakulis zum Ausdruck. Wie viele Intellektuelle seiner Zeit bediente sich Wen des vorgeblich schlichten Wesens eines Rikschakulis, um eine vielschichtige Aussage über die mißliche Lage der Menschheit zu machen. (Zhou Enlai war in einem frühen Gedicht, das die Ungerechtigkeiten des kapitalistischen Systems aufzeigte, ebenso verfahren, wie auch Xu Zhimo in einem Gedicht über die Stille im Zentrum unserer geheimnisvollen Reise auf der Erde.) Zum Gedenken an den Ort des Massakers nannte Wen Yiduo sein Gedicht „Das Tor des Himmlischen Friedens“:

Du lieber Himmel, ich hatte wirklich Angst heute morgen! Sogar jetzt zittern meine Beine noch. Sieh dort, sieh dort! Fast holen sie uns ein. Kann jemand so schnell rennen wie ich?

Bitte Herr, lassen Sie mich Atem schöpfen, jene Dinge dort, sehen sie nicht jene pechschwarzen Dinge, einige haben keinen Kopf, andere humpeln, sie erschrecken mich, sie winken weiter mit ihren weißen Spruchbändern und rufen laut.

Nichts kann man heutzutage tun; wer gibt uns eine Antwort? Nichts können Menschen dagegen tun, nur die Geister. Ach, sie treffen sich immer noch, sie können sich immer noch nicht benehmen! Sieh dort, wessen Kinder sind das? Sie sind kaum herangewachsen, nicht wahr? Was geht hier vor?

Sind das nicht Bajonettwunden an ihren Köpfen? Herr, man sagt, daß gestern Menschen getötet wurden und daß diejenigen, die gestorben sind, dumme Studenten waren. Wie seltsam heute alles ist; diese Studenten haben genügend zu essen und zu trinken – mein zweiter Onkel starb in Yangliuqing, der Hunger trieb ihn zu den Soldaten – warum opfern diese hier ihr Leben?

Ich bin kein Lügner, ich habe gerade meine Lampe mit zwei Maß Öl gefüllt, so viel wie eine volle Kelle, wie soll ich weiter und weiter trotten, wenn ich die Straße nicht sehe? Kein Wunder, daß Klein-Kahlkopf zu Tode erschrocken war und uns befahl, des Nachts nicht durch das Tor des Himmlischen Friedens zu gehen. Ach! Ein neuer Schlag für uns Rikschakulis. Morgen wird die Stadt Peking voller Geister sein![27]

Fünf Tage später, am 1. April, erschien in Xu Zhimos literarischer Beilage erstmals die Abteilung für Dichtung. Sie enthielt einen langen Essay von Wen Yiduo, der sich mit dem schrecklichen Umstand befaßte, daß zum Zeitpunkt der Geburt dieser Abteilung für Dichtung in den Gassen in der Nähe des Tors des Himmlischen Friedens das Blut der getöteten Studenten geflossen sei. Er pries dieses Zusammentreffen als eine echte, ja sogar unvermeidliche Verbindung, in der Kunst und Patriotismus eins würden; beide Ereignisse seien zeitlich zusammengefallen, weil sie untrennbar seien; das Blut, das am Tor des Palastes und in den Gassen geflossen sei, sei patriotisches Blut, das von nun an aus den Pinseln der neuen Schriftsteller auf das Papier fließen werde: „Jene Edlen, die am 18. März starben, waren nicht nur Patrioten, sie waren selbst die großartigsten Gedichte."[28]

Auch Lu Xun beobachtete voller Trauer das März-Massaker, obwohl er Wens Phantasterei, daß der Tod jener jungen Leute das „großartigste Gedicht" darstelle, nicht teilte. Lu Xun hatte einerseits, wie wir aus seiner Korrespondenz mit seiner Studentin Xu Guangping wissen, bereits lange damit gerechnet, daß etwas derartiges geschehen würde. Schon in seinen ersten Briefen Anfang 1925 hatte er Xu davor gewarnt, sich zu Gewalttätigkeiten hinreißen zu lassen, denn er selbst, so schrieb er, habe eines aus dem Grabenkrieg der westlichen Alliierten während des Weltkriegs gelernt: Wenn man sich außerhalb der sicheren Gräben befand, wurde man getroffen; in den Gräben jedoch blieb man nicht nur am Leben, sondern konnte auch „rauchen, ein wenig singen, Karten spielen, Wein trinken und gelegentlich eine Kunstausstellung arrangieren".[29] Die Menschen seien nicht nur aus Gleichgültigkeit „teilnahmslos", fügte Lu in einem weiteren Brief hinzu, sondern auch, weil sie es sich ersparen wollten, weitere unerträgliche Schmerzen erleiden zu müssen.[30] Als Xu Guangping daraufhin das eindrucksvolle Beispiel der Märtyrerin Qiu Jin pries und beklagte, daß sich niemand mit ihr messen könne, entgegnete Lu Xun, daß ein China, dem „der Zugang zu den Toren der Großen Gemeinschaft versperrt sei", einen revolutionären Wandel zwar unbedingt benötige, daß jedoch überstürzter Wandel nur zu „Feuer und Schwert" führe und daß weder Sun Yatsen noch Qiu Jin fähig gewesen seien, konstruktive Veränderungen im Lande herbeizuführen.[31] Diese Gedanken entwickelte Lu Mitte der zwanziger Jahre in einigen Essays weiter. Er schrieb, daß zu echten Notzeiten die Lehrer zumeist verschwänden, der Großteil der Studenten der Gefahr aus dem Wege gehe und nur wenige als „Sündenböcke" zurückblieben, die „geschlachtet werden, sobald sie aufmucken". Die Jugendlichen würden denken, sie seien imstande, „in den Herzen der Menschen ein Feuer zu entzünden und eine Glut zu entfachen, die die Nation zu neuem Leben erwecken kann. Wenn aber die Menschen sich weigern, entzündet zu werden, verbrennen lediglich die Funken selbst, so wie während eines Begräbnisses Papiergötter und -wagen auf der Straße verbrennen." Qiu Jin schließlich habe durch die Schuld von Denunzianten sterben müssen: „Kurz nach der Revolution wurde sie noch als Heldin bezeichnet, heute aber hört man diesen Titel kaum noch."[32]

Die Tragödie des 18. März 1926 traf Lu Xun schon deshalb mit so furchtbarer Gewalt, weil er sie vorausgeahnt hatte. Xu Guangping befand sich nicht unter den Toten, doch zwei andere seiner Studentinnen waren getötet und eine weitere schwer verwundet worden. Liu Hezhen, eine der getöteten jungen Frauen, hatte Lu Xuns Schriften besonders bewundert, und Lu war über das bezeichnende Detail informiert, daß sie für ein Jahr die Zeitschrift abonniert hatte, in der er seine Arbeiten meistens veröffentlichte, obwohl sie unter großen finanziellen Schwierigkeiten lebte. Zunächst reagierte er auf den 18. März mit allgemeinen Worten der Entrüstung. Er verglich die Tat der chinesischen Regierung mit der des Zaren Nikolaus II. der junge russische Intellektuelle von seinen Kosaken hatte töten lassen, warnte davor, daß Blutschulden in gleicher Münze zurückbezahlt werden müßten, machte sich über diejenigen lustig, die behaupteten, die Demonstration sei „von Kommunisten entfacht" worden, obwohl nicht einer der Anführer der Demonstration Kommunist war, und er beschwor die Jugend, sich darüber klar zu werden, daß diejenigen, die getötet hätten, skrupellos seien. Deswegen „sollte unsere erwachende Jugend sich nicht wieder so unbesonnen dem Tod ausliefern".[33] Als ihn die Pekinger Studenten baten, zu der am 25. März stattfindenden Gedächtnisfeier für die Ermordeten eine Schrift zu verfassen, war das Gefühl des Verlustes in ihm noch so stark, daß er sich dazu nicht fähig fühlte. Erst am 1. April, dem Tag, an dem auch Wen Yiduos Essay erschien, gelang es ihm, seine persönlichen Gefühle in Worte zu fassen:

„Liu Hezhen, eine der über vierzig getöteten jungen Leute, war meine Schülerin. So bezeichnete ich sie, und so dachte ich von ihr. Jetzt aber zögere ich, sie meine Schülerin zu nennen, denn ich sollte ihr meine Trauer und meine Achtung darbringen. Sie ist nicht länger Schülerin eines Menschen, der wie ich unwürdig dahinlebt. Sie ist ein chinesisches Mädchen, das für China gestorben ist. ...

Ich wußte, daß am 18. frühmorgens eine Massendemonstration vor dem Regierungsgebäude stattfand. Am selben Nachmittag erfuhr ich die schreckliche Neuigkeit, daß die Wachen tatsächlich das Feuer eröffnet hatten, daß Hunderte verletzt worden seien und daß Liu Hezhen eine der Toten war. Ich bezweifelte jedoch diese Berichte. Ich bin stets bereit, das Schlimmste von meinen Landsleuten zu denken, aber ich konnte mir nicht vorstellen, geschweige denn daran glauben, daß wir uns zu einer so verachtenswerten Barbarei herablassen könnten. Warum sollte auch die lächelnde, sanfte Liu Hezhen grundlos vor dem Regierungsgebäude abgeschlachtet werden? ...

Ich habe es zwar nicht gesehen, aber man erzählte mir, daß Liu Hezhen fröhlich vorangegangen sei. Natürlich, es handelte sich ja lediglich um eine Bittschrift, und niemand mit auch nur einem Funken Ehrgefühl hätte an eine Falle gedacht. Aber dann erschoß man sie vor dem Regierungsgebäude aus dem Hinterhalt. Die Kugel durchbohrte ihre Lunge und ihr Herz. Eine tödliche Wunde, aber sie starb nicht sofort. Zhang Jingshu, die Liu begleitete, versuchte, ihre Kameradin aufzuheben. Sie wurde ebenfalls – von vier Schüssen, einer von ihnen aus einer Pistole – durchbohrt und fiel zu Boden. Und als Yang Dezhun, die auch dabei war, versuchte, Zhang aufzuheben, wurde auch sie getroffen: Die Kugel drang in ihre linke Schulter ein, trat rechts von ihrem Herzen wieder aus, und Yang fiel ebenfalls zu Boden. Es gelang ihr, sich aufzusetzen, aber ein Soldat schlug ihr mit dem Gewehrkolben auf den Kopf und die Brust, und so starb sie ...

Die Zeit fließt unaufhörlich dahin. In den Straßen ist es wieder friedlich, denn ein paar Leben zählen in China nichts. Sie liefern höchstens einigen gutmütigen Müßiggängern einigen Gesprächsstoff, oder sie dienen bösartigen Müßiggängern als Material, um ‚Gerüchte' zu verbreiten. Ich messe diesem Vorfall kaum tiefere Bedeutung bei, denn es handelte sich hier ja nur um eine unbewaffnete Demonstration. Die Geschichte des Fortschrittskampfes der Menschheit durch Blutvergießen ähnelt der Entstehung von Kohle; eine große Menge Holz wird benötigt, um ein wenig Kohle zu erzeugen. Aber Demonstrationen, besonders unbewaffnete, sind zwecklos.

Da jedoch Blut vergossen wurde, zieht dieser Vorfall natürlich größere Aufmerksamkeit auf sich. Zumindest wird er den Verwandten, Lehrern, Freunden und Geliebten der Toten zu Herzen gehen. Und wenn auch die Blutflecken mit der Zeit verblassen, so wird doch in der abklingenden Trauer das Bild eines sanften, immer lächelnden Mädchens ewig weiterleben. Der Dichter Dao Jian schrieb:

> Meine Verwandten mögen immer noch trauern,
> Während andere begonnen haben zu singen.
> Ich bin tot und verschwunden – was ist da noch zu sagen?
> Mein Körper liegt begraben in den Bergen.
> Und das ist vollauf genug."[34]

Während in Peking Lehrer und Dichter trauerten, unternahmen die beiden Militärs, die Peking selbst und einen großen Teil von Nordchina beherrschten – General Wu Peifu, der den nördlichen Eisenbahnstreik von 1923 niedergeschlagen hatte, und Zhang Zuolin, der äußerst antisowjetisch eingestellte Herrscher über die Mandschurei – einen gemeinsamen Versuch, Kommunisten und radikale Anhänger der Guomindang aus der Stadt zu vertreiben. Selbst der Leitende Verwalter, gegen den die Studenten am 18. März demonstriert hatten, sah sich gezwungen, im japanischen Konzessionsgebiet in Tientsin Schutz zu suchen. General Feng Yuxiang, ein ehemaliger Anhänger der Guomindang, flüchtete in die Sowjetunion. Lu Xun blieb anfangs noch in Peking und griff die Logik der nördlichen Militärs mit überschäumendem Sarkasmus an, zum Beispiel in einem angeblichen „Nachrichtenbericht" mit dem Titel „Unterdrückung der Roten": „Flugzeuge aus Mukden bombardierten Peking dreimal, wobei zwei Frauen getötet und ein kleiner brauner Hund verletzt wurden ... Ob die beiden von den Bomben getöteten Frauen und der verwundete kleine braune Hund Rote waren oder nicht, können wir einfachen Leute nicht entscheiden, weil keine diesbezügliche Verfügung erlassen wurde."[35] Aber durch solchen Spott machte sich Lu nur weitere Feinde, und er mußte sich versteckt halten. Schließlich war er dermaßen gefährdet, daß er sich im August 1926 gezwungen sah, Peking zu verlassen. An der Küste, wo das Leben etwas sicherer war, nahm er an der Provinzuniversität von Amoy vorübergehend eine Anstellung an. Sein „kleiner Teufel" Xu Guangping verließ Peking ebenfalls und setzte ihr Studium in der Stadt Kanton fort.

Aber auch der Süden war kein Paradies, denn auch dort überschlugen sich die Ereignisse. Am 20. März, nur zwei Tage nach dem Tod der Pekinger Studenten, hatte Chiang Kaishek Schritte unternommen, die seine eigene Position in Kanton und innerhalb der Guomindang festigen sollten. Er ging gegen Kommunisten und sowjetische Berater vor, ließ sie zum Teil ins Gefängnis werfen oder schloß sie aus der Partei aus. Auf der Versammlung des Zentralkomitees der Guomindang im Mai billigte und bekräftigte man diese ersten Schritte. Zwar waren solche Aktionen ganz offensichtlich den langfristigen Zielen der Kommunisten entgegengerichtet, und viele Kommunisten waren äußerst beunruhigt, aber dennoch fühlten sie sich an die von Stalin verfügten Richtlinien der Komintern gebunden, die eine Fortsetzung der Allianz mit der Guomindang vorschrieben. So konnten sie es nur stillschweigend hinnehmen, daß Chiang, der selbst bereits die Leitung der Abteilung für politische Organisation übernommen hatte, am 9. Juli als Oberster Befehlshaber der nationalistischen Armeen eingesetzt wurde. Als solcher vertrat Chiang nun die Führung einer selbsternannten ,,Nationalen Regierung Kanton". Die Kontinuität innerhalb der Guomindang wurde betont, indem man den noch lebenden Sohn Sun Yatsens ein Porträt seines verstorbenen Vaters hochheben ließ, als Chiang Kaishek seine neue Befehlsgewalt erhielt.

Chiang strebte als Ziel die nationale Wiedervereinigung an, die Sun Yatsen nie erreicht hatte. Als Führer einer komplexen Allianz, die sich auf militärische Verbündete (oftmals ehemalige Militärherrscher) der südlichen Provinzen Guangdong, Hunan und Yunnan gründete und mit deren Hilfe acht Feldarmeen aufgestellt werden konnten, deren Offiziere wiederum an der modernen Whampoa-Militärakademie ihre Ausbildung und politische Schulung erhalten hatten, war Chiang überzeugt, dieses Ziel endlich erreichen zu können. Obwohl die Kommunisten einen solchen Versuch für verfrüht hielten, ordnete Chiang Mitte Juli 1926 den Beginn des sogenannten Nordfeldzuges, an, der ausgehend von der Stadt Kanton durch die Provinzen Guangdong und Hunan bis zum Dreistädtegebiet von Wuhan am Jangtse-Fluß führen sollte. Die ersten Phasen dieser militärischen Aktion waren erstaunlich erfolgreich. Als die Guomindang-Armeen entlang dem Lauf des Xiang-Flusses nach Norden vordrangen und am 12. August in die Stadt Changsha einzogen, die ein verbündeter Militärherrscher, der zum Nationalistischen General ernannt worden war, für Chiang erobert hatte, trafen sie allerorten auf eine ihnen gewogene Bevölkerung und gewannen immer neue Verbündete hinzu. Im September setzten die Truppen zum Sturm auf Wuhan an: Die Städte Hankou und Hanyang fielen sofort, Wuchang folgte bald darauf und ergab sich den Nationalistischen Armeen am 10. Oktober 1926, dem fünfzehnten Jahrestag jener ersten Meuterei, die die Revolution ausgelöst hatte.[36]

Ende 1926, als der Nordfeldzug für kurze Zeit am Jangtse-Fluß stagnierte, ergaben sich neue Spannungen und neue Bündnismöglichkeiten. Nach einer Spaltung der Guomindang selbst versammelten sich die radikaleren Parteimitglieder in Wuhan. Chiang Kaishek setzte sich mit seinen maßgeblichen Beratern, die größtenteils dem konservativen und der Großindustrie zugeneigten Teil der Guomindang angehörten, in der Stadt Nanchang fest. Außerdem gab Chiang klar zu verstehen, daß er nicht sofort auf Peking zumarschieren, sondern zunächst flußabwärts Shanghai angreifen wolle. Es war offensichtlich, daß dies eine umsichtige Politik gegenüber den ausländischen Mächten erforderte, denn in Shanghai selbst befanden sich ungefähr zwanzigtausend ausländische Soldaten und im oder in der Nähe des Hafens lagen mehr als vierzig ausländische Kriegsschiffe. Zur gleichen Zeit nahmen auf dem Lande Angriffe gegen Grundbesitzer und in den Städten Streiks und Proteste gegen Militärherrscher und Industrielle zu. Im Februar 1927 ordnete die von Kommunisten unterstützte Allgemeine Gewerkschaft in Shanghai einen Generalstreik an, um Solidarität mit den Guomindang-Armeen zu bekunden und um die Vertreibung des Militärherrschers Sun Chuanfang zu erzwingen, der immer noch die Stadt kontrollierte. Sie strebte auch die Bildung einer Volksregierung in der Stadt und viele weitere Verbesserungen an. Obwohl sich am 20. Februar Hunderttausende von Arbeitern an dem Streik beteiligten und wichtige Fabriken und Transportsysteme stillgelegt wurden, war es nicht möglich, die uneingeschränkte Unterstützung der Handelskammer oder der Vereinigung der Ladenbesitzer zu erringen, und General Sun rief Soldaten zu Hilfe, um den Streik zu unterdrücken. In einem grausamen Rückgriff auf eine von der Qing-Regierung praktizierte Bestrafung für kriminelle Verräter wurden die Köpfe von zwanzig hingerichteten Streikteilnehmern öffentlich an Straßenkreuzungen zur Schau gestellt. Ein verspäteter Versuch der Allgemeinen Gewerkschaft zwei Tage danach, einen bewaffneten Aufstand durchzuführen, blieb völlig erfolglos, zum Teil auch, weil die Guomindang-Armeen ihren Vormarsch nur vierzig Kilometer vor der Stadt stoppten, während innerhalb der Stadt die letzten Stützpunkte der Aufständischen gestürmt wurden.[37]

In den ländlichen Gebieten Chinas fanden ebenso heftige Auseinandersetzungen statt, an denen unvorstellbar große Menschenmassen beteiligt waren. In einem Artikel, den Mao Zedong im Januar 1926 für die Guomindang-Zeitschrift *Der chinesische Bauer* geschrieben hatte, hieß es, daß man, selbst wenn man auch nur das Zehntel Prozent jener Chinesen, die mindestens hundert Morgen Land (ein riesiger Besitz auf dem chinesischen Land) besäßen, als „Großgrundbesitzer" bezeichnete, immer noch auf dreihundertundzwanzigtausend Personen komme![38] Nur ein Jahr später, im Februar 1927, beschrieb Mao die unglaubliche Entwicklung des Selbstbewußtseins der Bauern in seiner Heimatprovinz Hunan: Die Bauernverbände, die zum Teil von kommunistischen oder Guomindang-Funktionären gegründet worden und zum Teil als spontane Reaktion auf unerträgliche Mißstände entstanden waren, hielten nun die Macht in Händen. „Was man vor vier Monaten noch gemeinhin als ‚Bauernbande' verspottet hat, ist nun etwas äußerst Ehrenwertes geworden. Diejenigen, die sich einstmals dem mächtigen Landadel zu Füßen warfen, werfen sich nun dem mächtigen Bauerntum zu Füßen", schrieb Mao. Wenn man die in dieser Revolution gespielten Rollen auf einer Zehn-Punkte-Skala bewerten wolle, dann verdienten die Bauern sieben Punkte und die „Städter und das Militär" (das heißt, Truppen und Funktionäre von Guomindang und Kommunistischer Partei) lediglich drei Punkte. Er erwähnte die verschiedenen Aktionen der Bauernführer: Sie überprüften die Geschäftsbücher der Grundbesitzer, um Unterschlagung und Betrug aufzudecken; sie entzogen ihnen Gelder, um ländliche Kreditvereine zu gründen; sie führten ortsansässige Tyrannen durch die Straßen und ließen sie zu ihrer Demütigung große Papierhüte tragen; sie zerstörten die Autorität der Großfamilien und die religiösen Strukturen der Ahnenverehrung, und sie schreckten auch nicht vor Hinrichtungen zurück – „diese Bestrafung wurde auf Verlangen aller Bauern und des gesamten Volkes den schlimmsten örtlichen Tyrannen und bösartigsten Landadeligen zugemessen".[39]

Mao Zedong im Jahr 1927.

Am 14. August 1926, zwei Tage nach Chiang Kaisheks Einmarsch in Changsha, gab Xu Zhimo in Peking eine Gesellschaft, um seine bevorstehende Heirat mit (der nun geschiedenen) Lu Xiaoman zu feiern. Es war ein verschwenderischer Empfang mit mehr als einhundert geladenen Gästen, der diesem Höhepunkt einer dramatischen und langandauernden Werbung angemessen war, die Xu Zhimo vor aller Öffentlichkeit, begleitet von unzähligen Liebesbriefen, leidenschaftlichen Gedichten und selbstenthüllenden Tagebüchern (die das Paar wenig später veröffentlichte), vollführt hatte. Xu Zhimo war überzeugt, daß er mit Lu Xiaoman, die in Peking wegen ihrer Schönheit, als gute Sängerin und Malerin sowie auch auf Grund ihrer guten Französischkenntnisse gerühmt wurde und deren Mädchenname seltsamerweise das Schriftzeichen enthielt, das auch zur Umschrift von Katherine

Xu Zhimo und Lu Xiaoman bei ihrer Hochzeit in Peking am 3. Oktober 1926.

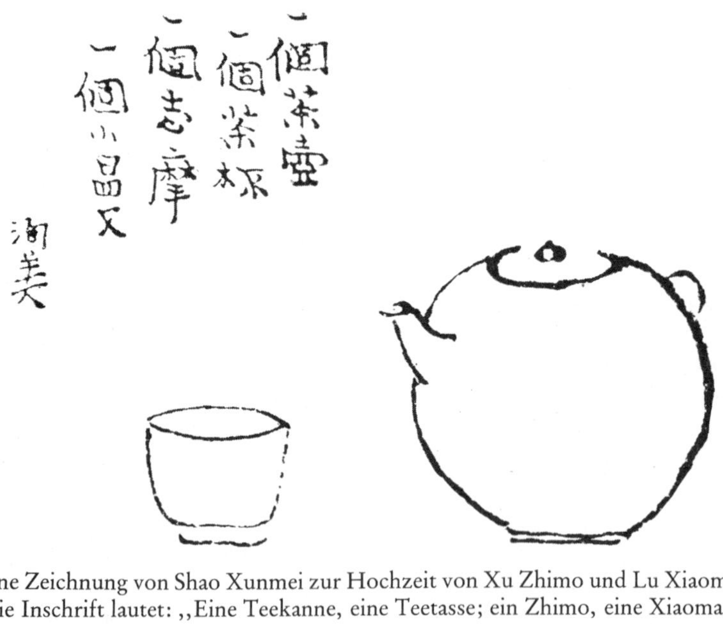

Eine Zeichnung von Shao Xunmei zur Hochzeit von Xu Zhimo und Lu Xiaoman. Die Inschrift lautet: „Eine Teekanne, eine Teetasse; ein Zhimo, eine Xiaoman."

Mansfields Namen gebräuchlich war – nur mit einer vorausgehenden Verkleinerungsform, so daß man Xiaoman auch als „Kleine Mansfield" lesen konnte –, die „Seelengefährtin" gefunden habe, die er, wie er Liang Qichao mitgeteilt hatte, um jeden Preis suchen wollte.[40] Sechs Wochen nach dem Empfang führte das Paar die Hochzeitszeremonien durch. Auf Xus Bitten willigte sein alter Lehrer Liang Qichao, der nun die politische Bühne verlassen und die Leitung der Pekinger Nationalbibliothek übernommen hatte, ein, die Zeremonie zu leiten und eine Ansprache zu Ehren des Paares zu halten. Xu und seine Gäste waren jedoch erstaunt, als Liang die Gelegenheit nutzte, um Sitten und Moral der jungen Generation anzuklagen, und darauf hinwies, daß eine solche Eheschließung zwischen zwei erst vor kurzen geschiedenen Personen äußerst unschicklich sei und daß er, Liang, gemeinsam mit anderen Xu ohne Erfolg gebeten habe, nicht so zu handeln. „Die Jungverheirateten und alle Gäste erblaßten," schrieb Liang am folgenden Tag an seine Tochter, „ich befürchte, daß es niemals zuvor, weder hier bei uns noch im Ausland, weder im Altertum noch in der Gegenwart, eine solche Heiratszeremonie gegeben hat." Nachdem er ihr mitgeteilt hatte, daß er ihr eine Abschrift seiner Worte anläßlich des Empfangs zusenden wolle, fuhr er fort:

„Die Jugend macht einen solchen Wirbel um die Liebe. Sie hat kein Gefühl für Mäßigung, sondern zerschlägt absichtlich das schützende Netz der Konventionen und fällt so in ihre eigene traurige Falle. Das ist äußerst bedauerlich. Xu Zhimo ist wirklich intelligent; ich liebe ihn; obwohl ich ihn bei dieser Gelegenheit so tief unter seine Würde sinken sah, habe ich niemals die Hoffnung verloren, ihn aus seiner mißlichen Lage befreien zu können. Außerdem bin ich sehr bestürzt, daß sich auch alle seine alten Freunde von seinem Verhalten abgestoßen fühlen. Wenn Xu dieses Verhalten weiterhin für richtig hält und dann von der Gesellschaft zurückgestoßen wird, so ist das seine eigene freie Entscheidung, und man kann ihn nicht dafür tadeln. Wenn ich ihn jedoch betrachte, so empfinde ich großes Mitleid und habe Sorge, daß dies die Art von Situation ist, die zu einem Selbstmord führen kann."[41]

Xu war jedoch der Meinung, er habe finstere, negative Mächte überwunden. „Ich triumphierte," so schrieb er seinem Freund Leonhard Elmhirst in England, „triumphierte über die tödliche Macht der Ignoranz und des Vorurteils, die alle Gesellschaften umfangen hält."[42] Der Triumph, wenn es einer war, dauerte jedoch nur kurze Zeit. Xus Eltern hatten sowohl die Scheidung als auch die neue Ehe mißbilligt, und als Xu seine Frau für zwei Monate mit zu seinen Eltern nach Hause nahm, geriet die Beziehung in eine Krise. Lu Xiaoman war die meiste Zeit krank und fühlte sich in der nach ihrer Meinung provinziellen Umgebung fehl am Platz. Xus Eltern verließen schließlich Zhejiang, wo Banditen einen Teil ihrer Ländereien an sich gerissen hatten und die familiären Geschäfte nur noch schlecht liefen. Sie ließen sich gemeinsam mit Xu Zhimos ehemaliger Frau Zhang Youyi und dem Enkel, der 1918 vor Xus Abreise in die Vereinigten Staaten geboren worden war, in Peking nieder. (Der zweite kleine Sohn, Peter, der in Cambridge gezeugt worden und in Berlin zur Welt gekommen war, war mit drei Jahren, bevor Xu Zhimo ihn noch einmal hatte sehen können, gestorben.)[43] Xus Vater untersagte seinem Sohn auch, von seinen verbliebenen Bankkonten größere Geldsummen abzuheben, und so befand sich Xu Zhimo erstmals in seinem Leben in finanziellen Nöten. Eine neue von Xu gegründete Zeitschrift für dramatische Literatur ging ein, und Xu war so bedrückt und besorgt, daß er keine Gedichte mehr schreiben konnte.[44] Als im Januar 1927 die Lage auf dem Lande in Zhejiang immer gefährlicher wurde, verließen auch Xu und Lu Xiaoman den Familiensitz. Sie zogen sich nach Shanghai „zu den Flüchtlingen" zurück, wo Xu den Halbmond-Buchladen und ein weiteres Unternehmen gründete, um etwas Geld zu verdienen, denn er sah keine Möglichkeit, seine Lehrtätigkeit in Peking wieder aufnehmen zu können. Das Gebiet um Hangzhou, wo Xu 1923 so glücklich gewesen war, stand nun „halbleer" – so schrieb er in englischer Sprache an Elmhirst – und „wurde von den Schrecknissen verschiedenster Katastrophen, die ein Bürgerkrieg mit sich bringt, heimgesucht. Armer Westsee, verlassen und bedroht!" Xu, der sich von engen Freunden abgestoßen fühlte, die in einer Welt, die „schnell in einen Alptraum von versteckter Leidenschaft und Bestialität zu stürzen scheint", weiterhin einen „Panglossschen" Optimismus zeigten, widmete sich der Fertigstellung eines Projekts, an dem er seit mehr als zwei Jahren bereits arbeitete: der Übersetzung des *Candide* von Voltaire.[45]

Während Xu Zhimo die Übersetzung Anfang März beendete, versuchte die Polizei der Internationalen Siedlung von Shanghai aus Furcht vor einer erneuten Störung des Wirtschaftslebens, mögliche Streikanführer aufzuspüren und festzunehmen. Die Allgemeine Gewerkschaft beeilte sich ihrerseits, einen weiteren großen Streik zu organisieren, der schließlich der Guomindang den Zugang zur Stadt eröffnen sollte.

Am 8. März feierte Kang Youwei in Shanghai seinen siebzigsten Geburtstag. Xu Zhimo und Lu Xiaoman wurden anscheinend nicht zu dieser großen Zeremonie eingeladen. Liang Qichao und einige ehemalige Studenten Kangs reisten aus Peking herbei, um ihrem alten Lehrer die Ehre zu erweisen, und der Exkaiser Puyi, der, seitdem er 1924 aus der Verbotenen Stadt hatte fliehen müssen, im Asyl im japanischen Konzessionsgebiet Tientsin lebte, sandte Kang ein Jadezepter und eine Ehrenwidmung als Geschenk.[46] Kang hatte seit geraumer Zeit mit den Militärherrschern nicht mehr in Briefwechsel gestanden, um die Zukunft Chinas zu erörtern. Seine einzige öffentliche Äußerung der letzten Zeit war ein Telegramm an die verschiedenen nordchinesischen Militärherrscher gewesen, in dem er sie bat, Puyi seine Pensionen und das Recht, in der Verbotenen Stadt zu leben, wieder zuzugestehen, so wie man es ursprünglich 1912 vereinbart habe.[47] Statt dessen zog Kang es nun vor, über intergalaktische Reisen nachzudenken. Seit seinem Flug über

Baoding, als er, wie er in einem Gedicht schrieb, mit dem Gefühl eines mitleidsvollen Weisen, der aus dem Himmel herabsteigt, um sich dem maßlosen Leid der Menschheit zu widmen, zur Erde zurückgekehrt war, hatte er im Geiste immer wieder den Himmel durchstreift. 1906 gründete er offiziell seine „Akademie der Himmelsreisen“, wo er über seine Reisen berichtete und seinen Traum darlegte, eines Tages eine Mars-Chronik zu verfassen als Gegenstück zu der vielbändigen traditionellen chinesischen Lokalgeschichte. In einigen seiner letzten Gedichte bemühte er sich um eine neue Synthese zwischen der Tatsachenwelt der westlichen Astronomie und den Vorstellungen von einem millionenfachen Himmel in der traditionellen Kosmologie.

Schau auf zu dem glitzernden Silberstrom,
Zu dem Schweif einer leuchtenden Weisheit,
Dessen Länge sechzehn Grade des Himmels überspannt!
Zweihundert Millionen Sterne sind dort versammelt
(Einige sagen, es seien drei Milliarden)
Und bilden mit unserer Sonne und den acht Planeten eine Familie.

Unsere Sonne ist nur ein Stern, der wie ein Insekt auf dem Fluß schwimmt,
Wie ein Sandkorn im Ganges;
Riesige weiße Sterne mit Temperaturen von Myriaden Graden,
Endlos entfernt, sind doch ihre Nachbarn.
Sie helfen mir vorwärts mit ihrem strahlenden Licht,
Während ich in die Ferne reise mit lautem Gesang.

Im Himmelsrund von dreihundertsechzig Graden
Nimmt die Weite des Silberstroms nur zehn ein;
Schwebend in den außergalaktischen Himmeln
Ist er doch nur der hundertsechzigtausendste Teil des Universums.
Hoch fahre ich in meinem himmlischen Schiff,
Und steige auf zur Milchstraße und dem Wohnort der Gesegneten.[48]

Kang blieb nach seinem Geburtstag nicht in Shanghai, sondern reiste an die Südküste der Provinz Shandong, wo er in Qingdao (Tsingtau) ein weiteres Haus gekauft hatte – in jener Stadt, die einst von den Deutschen und nun von den Japanern beherrscht wurde und die gegen Ende der Qing-Dynastie und während der 4.-Mai-Periode oftmals eine Rolle bei den nationalistischen Protesten gespielt hatte. Hier verfaßte er sein letztes literarisches Werk, eine umfangreiche Dankesschrift für die Geburtstagsgeschenke, die ihm der abgesetzte Kaiser geschickt hatte. Mit zitternder Hand geschrieben und doch in wunderschön angeordneten Schriftzeichen abgefaßt, erinnerte die Denkschrift an die turbulenten Ereignisse zwischen 1895 und dem Versuch einer Restauration von 1917. Sie war in vollem Einklang mit der Hofetikette der späten Qing verfaßt, nach der die Nennung des Himmels jeweils drei und die des Titels des Kaisers jeweils zwei Schriftzeichen über dem normalen Text erfolgte; sich selbst bezeichnete Kang als „Ihr gehorsamer Beamter“, und er schrieb die Zeichen, die auf ihn selbst verwiesen, mit besonders kleinen Pinselstrichen – auch dies wieder entsprechend dem Ritual der Qing. Am letzten Märztag 1927, zehn Tage nach einem zweiten Generalstreik in Shanghai, der den Sturz des dortigen Militärherrschers und den Einzug der Guomindang-Truppen in die Stadt nach sich zog, ließ Kang Youwei seine Qing-Hofgewänder auf seinem Bett auslegen, nahm ein rituelles Bad und setzte sich aufrecht neben die Kleider. Eine halbe Stunde später starb er an einem Hirnschlag.[49]

Achtes Kapitel

Den Frühling wecken

Am Abend vor Kang Youweis Tod schrieb Liang Qichao an seine Söhne Sicheng und Siyong, die beide in den Vereinigten Staaten studierten – der eine an der Universität von Pennsylvania, der andere an der Cornell Universität –, um ihnen mitzuteilen, wie erleichtert er sei, daß sie nicht im Zentrum des Chaos leben müßten. Liang war zwar froh, daß die Allianz zwischen Kommunisten und Guomindang allem Anschein nach zusammengebrochen war und daß Chiang Kaishek offensichtlich nicht der Linken zutrieb (so wie manche es aufgrund des Einflusses sowjetischer Berater befürchtet hatten), aber er war doch beunruhigt über mögliche Reaktionen des Westens auf die fremdenfeindlichen Demonstrationen in Nanking und sorgte sich über den möglichen zukünftigen Zustand Chinas, den seine Söhne bei ihrer Heimkehr vorfinden könnten:

„Die Situation in Nanking ist noch vollkommen in der Schwebe, und ich bin mir nicht sicher, was da vorgeht. Außenstehende übertreiben alles; die Vorfälle waren zwar unvermeidlich, ganz sicher aber gibt es in der Armee eine Gruppe, die darauf bedacht ist, Unruhe zu stiften. Darüber besteht kein Zweifel. Obwohl nun völlig klar ist, daß Chiang Kaishek und seine Leute keine Kommunisten sind, befürchte ich, daß nicht einmal Chiangs Leute vorauszusagen wagen, ob es ihnen gelingen wird, die Kommunisten unter Kontrolle zu halten. Shanghai ist momentan die Beute, die von beiden Parteien umkämpft wird. Es ist eine unsagbar verzweifelte Situation. Gehen die Kommunisten als Sieger hervor, dann werden wir übrigen nicht einmal wissen, worin unser endgültiges Schicksal bestehen wird. Peking selbst gleicht einem ungeheuren Pulverfaß, das nur darauf wartet, gezündet zu werden.“[1]

Innerhalb von zwei Wochen war die Frage, wem die Beute zufallen würde, entschieden: Zwischen dem 11. und 13. April unternahmen Soldaten, die Chiang Kaishek loyal ergeben waren und die eng mit paramilitärischen Gruppen und lokalen Organisationen der Geheimgesellschaften zusammenarbeiteten, eine Blitzaktion. Sie verhafteten Personen, die als Kommunisten galten, durchbrachen die Streikposten der Arbeiter, entwaffneten sie und eroberten das Shanghaier Hauptquartier der Allgemeinen Gewerkschaft sowie alle übrigen Bollwerke der Linken. Alle Versuche der Studenten oder Arbeiter, Solidarität mit den Linken zu bezeugen, wurden grausam im Maschinengewehrfeuer erstickt. Obwohl die Guomindang nichts über die Zahl der Todesopfer verlauten ließ, wurden nach zeitgenössischen Schätzungen an die fünftausend Menschen in der Stadt getötet.[2]

Diesen Morden war ein monatelanges politisches Taktieren zwischen den verschiedenen Fraktionen innerhalb der Guomindang und zwischen der Guomindang und den verschiedenen Fraktionen innerhalb der Kommunistischen Partei und der Gewerkschaftsbewegung vorausgegangen. Die Kommunisten hatten unter Führung von Chen Duxiu die Instruktionen der Komintern befolgt, bis zum Abschluß der antiimperialistischen Phase der Revolution mit der Guomindang zusammenzuarbeiten. Gleichzeitig hatten sie selbstverständlich versucht, in den Städten, die die Guomindang besetzt hielt, ihre Position innerhalb der Arbeiterschaft zu stärken. Chiang Kaishek, dem die Spannungen zwischen seiner Partei und diesen kommunistischen „Verbündeten" sowie zwischen Gruppen innerhalb seiner Partei in Wuhan und an anderen Orten wohlbekannt waren, sah sich zwangsläufig nach verläßlicheren Verbündeten und nach neuen Geldquellen um. Im März 1927 war er gegen die führenden Gewerkschaftsorganisationen in Nanchang, Nanking und anderen Städten vorgegangen, sobald sie seine Stellung bedrohten. Zugleich hatte er von Shanghaier Wirtschaftskreisen, die über den dortigen Einfluß der Kommunisten beunruhigt waren, Kreditangebote von mehr als sechs Millionen Dollar erhalten. Der Angriff im April war daher lediglich der Höhepunkt einer kontinuierlichen Wendung nach rechts.

Die Ereignisse in Shanghai erschütterten zwar die Parteimoral der Kommunisten, aber obgleich Chiang Kaishek sich als gefährlicher Gegner erwiesen hatte, bedeutete das für sie nicht, die gesamte Strategie des Bündnisses mit der Guomindang aufzugeben. Erstens hatte sich Chiang nicht als wahrer Freund der Bourgeoisie gezeigt, denn er erpreßte rücksichtslos Gelder von ihr und griff, um finanzielle Unterstützung für seine Armeen zu erhalten, auf Entführungen und andere Einschüchterungsmethoden zurück. Zweitens hatten die nördlichen Militärherrscher, ausgenommen Feng Yuxiang, Kommunisten und streikende Arbeiter ebenso grausam behandelt, und sie konnten im Gegensatz zu Chiang nicht einmal behaupten, sie verfolgten das Ziel der nationalen Wiedervereinigung. Für diejenigen, die den Mord an den Eisenbahnarbeitern durch General Wu Peifu im Jahre 1923 fast vergessen hatten, mußte das Vorgehen des mandschurischen Militärherrschers Zhang Zuolin im April 1927 in Peking eine brutale Erinnerung darstellen. General Zhang befahl seinen Soldaten, in die sowjetische Botschaft in Peking einzudringen, wo während des vorangegangenen Jahres mehr als zwanzig chinesische Linke Asyl gesucht hatten. Einmal innerhalb des Botschaftsgebäudes, ergriffen Zhangs Männer alle Chinesen, die sich dort versteckt hielten, und Tausende von Dokumenten, die die sowjetischen Aktivitäten innerhalb der chinesischen Kommunistischen Partei belegten. Nach einem flüchtigen Verhör wurden zwanzig Kommunisten – darunter auch Li Dazhao, der Führer der 4.-Mai-Bewegung, ehemalige Leiter der Bibliothek der Pekinger Nationaluniversität und Mitbegründer der chinesischen Kommunistischen Partei – gehängt.[3]

Ungeachtet ihrer Zweifel befolgten die chinesischen Kommunisten weiterhin die von der Komintern übermittelten Befehle Stalins, mit den „linksgerichteten" Elementen der Guomindang, die sich nun im Dreistädtegebiet von Wuhan konzentrierten, zusammenzuarbeiten, auch wenn damit eine starke Zügelung der revolutionären Bauernbewegung erforderlich wurde, damit sich die noch verbliebenen Anhänger innerhalb der Bourgeoisie nicht zurückgestoßen fühlten. Ein Großteil von Mao Zedongs Hunan-Bericht, der den Aktivismus der Bauern lobte, wurde aus diesem Grunde solange nicht in offiziellen Parteizeitungen veröffentlicht, bis Qu Qiubai darauf bestand, eine eigene Ausgabe zu publizieren. Qu arbeitete nun ganz offensichtlich gegen Chen Duxiu und dessen engste Ratgeber, obgleich Chen immer noch Generalsekretär der Partei war. Qu war der Meinung, daß Chen und seine Fraktion die Rolle des Proletariats überbetonten und die Rolle des Kleinbürgertums und der Bauernschaft in der chinesischen Revolution unterschätzten. In derselben polemischen Sprache, wie sie in der Sowjetunion üblich war, klagte Qu schon im März 1927 Chens führenden Kollegen als „Trotzkisten" an. Im Sommer jenes Jahres versuchte Qu, die Entlassung Chens als Generalsekretär der Partei zu erreichen, was ihm schließlich im August auf einer außerordentlichen Parteikonferenz auch gelang. Qu, dessen Titel „Leiter des Politbüros" war, wurde nun im Alter von achtundzwanzig Jahren *de facto* Vorsitzender der chinesischen Kommunistischen Partei.[4]

Während Qu um die Führung der Partei taktierte, hatte sich deren allgemeine Lage zunehmend verschlechtert. Im Frühjahr und zu Beginn des Sommers 1927 befolgten die chinesischen Kommunisten eine Zeitlang ihre Anweisungen, mit dem sogenannten linken Flügel der Guomindang zusammenzuarbeiten, von dem man glaubte, er sei Chiang Kaishek gegenüber feindlich eingestellt und sympathisiere mit den langfristigen Zielen der Kommunisten. Doch die Führer dieser angeblich linken Gruppierung unter den Guomindang-Politikern mußten sich auf unabhängige Militärs in Zentralchina stützen, um selbst überleben zu können. Und da diese Militärs wiederum in enger Beziehung zu den Großgrundbesitzern standen, mußte die Kommunistische Partei die Bauernvereinigungen zum Schweigen bringen, die zu Beginn des Jahres so aktiv gewesen waren. Die Folgen waren katastrophal. In ihrer Empörung über die Morde und die Erniedrigungen, die ihren Familien oder Bekannten zugefügt worden waren, und fest entschlossen, jegliche weitere Ausnutzung ländlicher Mißstände durch die Kommunisten zu verhindern, bedienten sich die Grundbesitzer der örtlichen Militärs (mit stillschweigender Duldung der Guomindang und unter den Augen einer gelähmten Kommunistischen Partei), um die Macht der Bauernvereinigungen zu zerschlagen. Im Mai und Juni 1927 wurden allein in der Gegend um Changsha mehr als zehntausend Menschen hingerichtet und Tausende mehr noch in Wuhan. Unter den Getöteten befanden sich Bauern, die als Delegierte an legitim einberufenen konstituierenden Versammlungen teilgenommen hatten, Mitglieder örtlicher Bauernvereinigungen und junge radikale Frauen, die ihr Haar zum Zeichen ihrer kürzlich gewonnenen Unabhängigkeit kurz geschoren hatten.[5]

Mitte des Sommers endlich reagierte Stalin auf diese Grausamkeiten und befahl den chinesischen Kommunisten – nachdem die „linke" Guomindang bereits alle Beziehungen zur Kommunistischen Partei abgebrochen hatte und in Treue zu der von Chiang Kaishek geführten Fraktion zurückgekehrt war –, eine aggressive Politik zu verfolgen und Erhebungen und Aufstände in Stadt und Land zu schüren. Diese Kombination, so hoffte man, würde noch einmal den Schwung der sozialen Revolution im gesamten Land steigern. Unter der Leitung von Qu Qiubai, der Stalins Instruktionen umsetzen mußte, wurden jedoch nur katastrophale Ergebnisse erzielt. Die „Herbsternte-Aufstände" in Hunan, deren Durchführung Mao Zedong oblag, waren ein Mißerfolg, und weder Changsha noch irgendein militärisch haltbares Gebiet auf dem Lande konnten erobert werden. Mao wurde von seinem Parteiposten entbunden und zog sich überstürzt in die Berge Jinggangshan an der Grenze zwischen Hunan und Jiangxi zurück. Andere kommunistische Militäreinheiten erlitten schwere Verluste und schafften es nicht, ihre Ziele Nanchang und Shantou zu erobern. Schließlich endete eine gemeinsame Anstrengung der Kommunisten, im Dezember 1927 in der Stadt Kanton eine „Kommune" zu begründen, um der Welt (und den Kritikern Stalins) zu beweisen, daß es immer noch einen Gipfel der revolutionären Bewegung in China gebe, mit einem Massaker, in dem Guomindang-Soldaten noch mehr Arbeiter umbrachten. Anfang des Jahres 1927 hatten die kommunistischen Führer an die zwei Millionen landwirtschaftliche Arbeiter in ihren Bauernorganisationen und fast drei Millionen städtische Arbeiter, die durch Delegierte auf dem Gesamtchinesischen Gewerkschaftskongreß vertreten waren, als ihre Anhänger bezeichnen können. Gegen Ende des Jahres waren beide Organisationsgruppen restlos zerschlagen.[6]

Wen Yiduo konnte viele dieser Entwicklungen persönlich beobachten, denn er arbeitete Ende 1926 und die ersten Monate des Jahres 1927 in Wuhan oder an seinem Familienwohnsitz östlich Wuhans in Xishui und Ende 1927 in oder in der Nähe von Shanghai. In Wuhan regten ihn die Tragödien, die er mit ansehen mußte, wieder zum Malen an, und er arbeitete an einer großen Komposition, die die Schrecken des Krieges darstellen sollte. Die Hoffnungslosigkeit, mit der ihn das politische Chaos erfüllte, wurde durch einen persönlichen Verlust noch vertieft, denn in jenem Winter starb seine vierjährige Tochter, die während seines Studienaufenthaltes in Chicago geboren worden war.[7] In einer kurzen Einführung zu seinem mit Mai 1927 datierten Gedicht „Das verlassene Dorf" zitierte Wen Berichte, die die Verlassenheit großer Gebiete des chinesischen Landes beschrieben, wo niemals der Rauch eines einzigen Küchenfeuers aufstieg und des Nachts in keinem einzigen Haus Licht schimmerte, wo Bauern, deren Türen und Fensterrahmen bereits von Soldaten der Militärherrscher verheizt worden waren, ihre letzten kostbaren Werkzeuge versteckten, damit sie nicht verbrannt oder gestohlen würden, und wo Bauern oftmals ihr Land für immer aufgaben und kein überlebendes Tier zurückließen, das die ungepflügten Felder hätte durchwühlen können:[8]

Wohin sind sie gegangen? Wie konnte das geschehen?
Auf Küchenöfen kauern Frösche, in Suppenkellen blühen Lilien;
Tische und Stühle treiben auf Feldern und in Wasserteichen;
Seilbrücken von Spinnweben durchziehen Raum für Raum.
Särge sind eingekeilt in Türöffnungen, Felsbrocken versperren die Fenster;
Ein Anblick von seltsamer Düsternis, der mein Herz zerreißt.
Pflugscharen liegen rostend im Staub,
Fischernetze, zurückgelassen, verkommen in Aschehaufen.

Mein Gott! Selbst ein solches Dorf konnte sie nicht zurückhalten,
Wo die Rosen ewig lächeln und Lilienblätter groß wie Regenschirme wachsen;
Wo die Reisschößlinge so schlank sind, der See so grün
Und der Himmel so blau ist und wo der Gesang der Vögel den Tauperlen ähnelt.
Wer ließ die Schößlinge ergrünen und die Blumen erröten?
Wessen Schweiß und Blut vermischten sich mit dem Boden?
Diejenigen, die gegangen, zogen so fest entschlossen und ohne Zögern davon.
Was war ihr Kummer, was ihr geheimer Wunsch?

Nun, irgendjemand muß es ihnen sagen: „Hier spazieren die Schweine
Durch die Straßen, Enten watscheln zwischen den Ferkeln,
Hähne treten auf die Pfingstrosen und Kühe weiden auf Gemüsebeeten."
Sagt ihnen: „Die Sonne ist untergegangen, aber das Vieh ist noch auf den Hügeln.
Die schwarzen Silhouetten der Tiere verweilen auf der Hügelkette, wartend,
Während die umliegenden Berge, wie Drachen und Tiger,
Sie umringen. Sie blicken sich um und zittern.
Ihre Köpfe neigend, zu verschreckt, um noch einmal aufzuschauen ..."

Beeilt Euch, erzählt es ihnen – erzählt es dem dritten alten Wang,
Erzählt es dem ältesten Zhou und all seinen acht Brüdern,
Erzählt es allen Landarbeitern, die um das Linhuai-Tor wohnen,
Und erzählt es dem alten Li, dem rotgesichtigen Schmied,
Erzählt es dem einäugigen Long und Xu, dem Wahrsager,
Erzählt es der alten Frau Huang und allen Dorffrauen,
Erzählt ihnen alle diese Dinge, Wort für Wort.
Ruft ihnen zu: „Kommt zurück, kommt zurück!"

Mein Herz ist zerrissen von diesem düsteren Anblick.
Mein Gott! Daß solch ein Dorf diese Leute nicht zurückhalten kann!
Daß solch ein Paradies auf Erden ohne Leben sein soll![9]

Das Gedicht wirkt noch bitterer aufgrund der Tatsache, daß sich auch Wen Yiduo selbst den Umherziehenden angeschlossen hatte. Die Kunstakademie in Peking hatte er bereits verlassen, weil sich die Lage dort äußerst gefährlich gestaltete, und auch in Wuhan fand er es unmöglich zu leben. Kurz nachdem ihm Freunde eine Lehrtätigkeit am Institut für Politische Wissenschaften in Wusong in der Nähe von Shanghai besorgt hatten, ordnete die Guomindang an, das Institut zu schließen, weil es linksorientiert sei. So zog Wen dann nach Hangzhou (das nun, wie es Xu Zhimo erschien, seiner früheren Schönheiten beraubt war) und verbrachte den Sommer 1927 zum Teil wieder gemeinsam mit Xu in Shanghai, wo sie die Gründung einer neuen Zeitschrift erörterten, die als Forum für die aus Peking vertriebene Halbmondgruppe dienen sollte. Eine Zeitlang schnitzte Wen dekorative Siegel: eine schwierige Aufgabe, die er mit der ihm eigenen künstlerischen Präzision auszuführen imstande war. In Nanking, das die Guomindang zu Chinas neuer Hauptstadt erklärt hatte, übte er eine Bürotätigkeit aus und unterrichtete an der Universität amerikanische und englische Literatur. Wen, der sich dem Streben nach Schönheit in der Kunst verschrieben hatte und sein Land zutiefst liebte, sah sich nun, in einer Welt, die die Schönheit zu verhöhnen schien, gezwungen, seinen Glauben an die Macht des Schönen erneut zu festigen. Während des Jahres 1927 stellte er seine seit 1923 verfaßten poetischen Werke zusammen. Im Januar 1928 wurde diese Sammlung in schwarz-goldenem Einband (vielleicht als Erinnerung an das seit langem verlassene Pekinger Studio) von der von Xu Zhimo im Vorjahr in Shanghai gegründeten Halbmond-Buchhandlung veröffentlicht. Wen nannte seine Anthologie *Totes Wasser* und bekräftigte in der zentralen Strophe des Gedichtes mit demselben Titel, das die Stimmung des gesamten Bandes anklingen läßt, seine Überzeugung, daß die Schönheit, auch wenn sie unter gräßlichen Verhältnissen erzittere, stets lebendig bleiben werde:

Vielleicht färbt Messingschrott einst sich türkis,
Pfirsichblüten werden blühen über rostigen Konservendosen,
Fettiger Abschaum wird einen Gazeschleier weben,
Grauer Dunst wird von den Keimen aufsteigen.

Laßt dieses tote Wasser gären zu grünem Wein,
Sprudeln von runden Perlen des Schaums:
Kleine Perlen glucksen, verwandeln sich in große Perlen,
Zerplatzen beim Ansturm der einfallenden Mücken.

So mag sich dieser Graben mit hoffnungslosem totem Wasser,
Sehr wohl eines gewissen Glanzes rühmen;
Dann, wenn die Frösche die Stille nicht mehr ertragen können,
Wird sich aus dem toten Wasser ein Lied erheben.[10]

Auch Xu Zhimo hatte stets davon geträumt, diesen „gewissen Glanz" inmitten der Finsternis zu erschaffen, und als er schließlich gemeinsam mit Wen im März 1928 seine Zeitschrift *Halbmond* erstmals herausgab, schrieb er mit glühenden Worten von dem „kreativen Idealismus", der ihn beflügele, und mit dem ihm eigenen Stilgefühl fügte er seiner Einführung als Motto zwei Zitate bei, eines aus der Schöpfungsgeschichte („Es werde Licht") und ein zweites von Shelley („Wenn es Winter wird, kann der Frühling dann noch weit sein?"). Außerdem erklärte er, daß seine Zeitschrift, die „Würde" und „Gesundheit" repräsentiere, sich mit aller Kraft dafür einsetzen wolle, „alle Bakterien, die Leben und Denken auslöschen", zu zerstören. In einer ironischen Aufzählung nannte Xu dreizehn Arten solcher „Bakterien": Sentimentalismus, Dekadenz, Ästhetizismus, Utilitarismus, Schulmeisterei, Affektiertheit, Erotik, Fanatismus, Korruption, Schlagworthaftigkeit, Negativismus, Extremismus und „Ismus-ismus".[11] Marxistische Schriftsteller, die nun in der ehemals bunt gemischten Autorengruppe „Schöpfungsgesellschaft" die Führung übernommen hatten, glaubten, daß ein Großteil dieser Kritik gegen sie selbst gerichtet sei (was auch tatsächlich der Fall war) und erwiderten umgehend, daß ein solcher „kreativer Idealismus" nichts weiter als „wunderliche Erinnerungen und Phantasien" zu bieten habe und daß das „Rad der Geschichte die Halbmonddichter in ihr eigenes Grab ziehen werde".[12]

Auch Lu Xun, der sich nach einer langen Zeit eines zurückgezogenen Daseins nun wieder anschickte, in das Licht der Öffentlichkeit zurückzukehren, widmete dieser Auseinandersetzung seine Aufmerksamkeit. Fast das gesamte Jahr 1927 hindurch hatte er sich kaum zu etwas äußern können, zu sehr erschütterten ihn die Gewalttätigkeiten, die das Volk erleiden mußte – besonders die Ermordung oder Verstümmelung von Frauen mit kurzgeschnittenen Haaren durch Soldaten, die gegen Linke vorgingen –, und er hatte Zuflucht in Sarkasmen und Anspielungen gesucht. Seine Achtung dem chinesischen Volk insgesamt gegenüber war keinesfalls gestiegen, und die lüsterne Menschenmenge, die zusammenströmte, um die nackten Körper der enthaupteten weiblichen Revolutionäre anzugaffen, ekelte ihn ebenso an wie diejenigen, die die Gewalttätigkeiten ursprünglich begangen hatten.[13] Persönlich jedoch fühlte er sich wahrscheinlich glücklicher als je zuvor. Der Briefwechsel, den er seit langem mit seiner früheren Studentin Xu Guangping unterhielt und den er auch fortführte, als er in Amoy und sie in Kanton lebte, hatte sich über verschiedene Stufen der Freundschaft zu entwaffnender Offenheit und schließlich, als Lu Mitte des Jahres 1927 Amoy verließ, um mit Xu zusammenzuleben, zu einer Liebesbeziehung entwickelt.[14] Nach einigen gemeinsamen Monaten in Kanton verließen sie zwei Monate vor dem katastrophalen Dezemberaufstand die Stadt und ließen sich in Shanghai nieder. (1929 brachte Xu dann Lus einzigen Sohn zur Welt.) Vermutlich aus Liebe zu ihr verfaßte Lu Xun am 24. Dezember 1927 einen kurzen Aphorismus: „Jede Frau kommt mit den Instinkten einer Mutter und einer Tochter

Lu Xun mit seinem Sohn am 25. September 1930. Lu Xun schrieb auf das Photo: „Hai Ying und Lu Xun: im Alter von Eins und Fünfzig."

Lu Xun und Xu Guangping in Kanton am 11. September 1927.

zur Welt. Es gibt keine fraulichen Instinkte. Frauliche Instinkte entwickeln sich durch die Macht der Umstände und stellen eine einfache Kombination von Mutter- und Tochterinstinkten dar." Daß er sich aber nicht von sentimentalen Gefühlen überwältigen ließ, zeigte er in einem zur gleichen Zeit geschriebenen entsprechenden Aphorismus über die chinesischen Männer: „Der Anblick kurzer Frauenärmel läßt sie an bloße Arme, den nackten Körper, die Geschlechtsorgane, Geschlechtsverkehr, freie Liebe und außereheliche Kinder denken. In diesem einzigen Punkt zeigen die Chinesen eine lebhafte Phantasie."[15]

Die Auseinandersetzungen zwischen den Marxisten der „Schöpfungsgesellschaft" und den romantischen Idealisten der „Halbmondgesellschaft" erschienen Lu Xun ganz besonders absurd. Die Selbstgerechtigkeit vieler Linker reizte und ärgerte ihn. Er zog sich von jenen zurück, die in Shanghais internationaler Siedlung lebten und „revolutionäre Gedichte" verfaßten, die kaum eindrucksvoller waren als „Shanghaier Filmplakate und Werbesprüche für Sojasoße" oder die einfach albern wirkten:

> Oh, Dampfpfeife!
> Oh, Lenin!

Er verspottete auch ihre verworrene Symbolik und führte als Beispiel die „revolutionäre" Gestaltung eines Buchdeckels an, der als Symbol einen Dreizack zeigte, auf dessen mittleren Zinken der Hammer (aus dem sowjetischen Hammer und Sichel-Emblem) gespießt war. „Diese Zusammenstellung führt lediglich dazu, daß man weder mit dem Dreizack stoßen noch mit dem Hammer schlagen kann", bemerkte Lu; „es verdeutlicht nur die Dummheit des Künstlers und könnte sehr wohl all diesen Schriftstellern als Kennzeichen dienen."[16]

Lu Xun wußte sehr wohl, daß dieselben Schriftsteller ihn nun für reaktionär hielten; denn man warf ihm vor, er habe durch seine Geschichten in dem berühmten Buch *Ein Ruf zu den Waffen* die Jugend nur aufgestachelt, um sie im nachhinein im Stich zu lassen. Er wußte auch, daß sie ihn und einige seiner engen Freunde absichtlich von der neuerstandenen „Schöpfungsgesellschaft" ausgeschlossen hatten. Trotzdem ließ er sich auch nicht von seiner distanzierten Haltung gegenüber den experimentellen Autoren der „Halbmondgesellschaft", wie Xu Zhimo und Wen Yiduo, abbringen, die ebenso hochtrabende Ansprüche äußerten, und er wendete die „Ismus"-Liste nun gegen den Verfasser Xu Zhimo selbst: „Viel über sich selbst zu schreiben, ist Expressionismus; über andere zu schreiben, bedeutet Realismus; Gedichte über ein Mädchenbein zu verfassen, ist Romantizismus; Gedichte über ein Mädchenbein zu verbieten, bedeutet Klassizismus; und:

> Ein Kopf fällt hernieder vom Himmel,
> Ein Ochse auf dem Kopf steht hoch.
> Oh je!
> An der See fliegen grüne Blitze! ...

ist Futurismus."[17] Er hielt auch nicht viel von ihren Vorbildern: „Xu Zhimo hat seinen Tagore, Hu Shi hat seinen Dewey – ach ja, Xu Zhimo hat auch noch seine Katherine Mansfield, denn er weinte an ihrem Grab."[18] Mit ihrem Wunsch nach Ruhe, ihrer Hinnahme der strengen Überwachung der Gesellschaft durch die siegreiche Guomindang und ihrer Entschuldigung der Gewalttätigkeiten der Guomindang „verstecken sich diese Schriftsteller im Zwielicht der bourgeoisen Kultur", und sie bemerkten nicht, daß auch sie zerstört werden könnten. „Nachdem sich die Kritiker der Halbmondgesellschaft sehr für Ruhe und Ordnung eingesetzt haben, ist all ihr Streben lediglich auf ‚Gedankenfreiheit' ausgerichtet – nur auf die Freiheit zu denken, nicht aber auf die Verwirklichung von Gedanken. Aber es gibt auch Maßnahmen zur Herstellung von Ruhe und Ordnung, die nicht einmal das Denken erlauben." Oder anders ausgedrückt: „John Stewart Mill erklärte, daß die Tyrannei die Menschen zynisch mache. Er wußte nicht, daß eine Republik sie verstummen läßt."[19]

Bei anderer Gelegenheit hatte Lu Xun laut darüber nachgedacht, ob junge Frauen, denen es in diesem „neuen China" an Halt fehle, jemals in der Lage sein würden, zu überleben. Im Jahre 1923 hielt er vor einigen seiner Studenten an der Pekinger Pädagogischen Hochschule für Frauen einen geistreichen Vortrag, der sich die Popularität von Ibsens *Nora oder Ein Puppenheim* zunutze machte und den treffenden Titel trug: „Was geschieht, nachdem Nora das Haus verlassen hat?". Lu Xun legte dar, daß einer chinesischen Nora nur die folgenden drei Möglichkeiten offenstünden: zu verhungern, auf die schiefe Bahn zu geraten oder zu ihrem Ehemann heimzukehren. Lu Xun entschuldigte sich für das ernüchternde Resultat dieser Analyse und wandte sich an seine Zuhörer mit Worten, die offensichtlich an sein früheres Gespräch mit dem Herausgeber der *Neuen Jugend* über die schlummernden Chinesen in einem eisernen Haus anknüpften: „Die schmerzlichste Erfahrung des Lebens besteht im Erwachen aus einem Traum in einer ausweglosen Situation. Träumer sind glückliche Menschen. Gibt es keinen Ausweg, so ist es wichtig, die Schläfer nicht zu wecken." Wie konnte Nora, nachdem man sie geweckt hatte, den sich ihr bietenden freudlosen Aussichten entkommen? Nach Lu Xun gab es nur eine einzige Möglichkeit: „Um es ganz offen zu sagen, sie braucht Geld."

Wie sollten Frauen in der chinesischen Gesellschaft zu Geld kommen? Nur durch Erlangung ihrer vollen wirtschaftlichen Rechte, sowohl innerhalb der Familie als auch außerhalb dieser in der gesamten Welt. Wie könnte das erreicht werden? Allein durch Kampf, durch einen langen, langsamen und geduldigen Kampf, sagte Lu Xun, denn „wenn man politische Rechte verlangt, wird man kaum auf Widerstand stoßen, wenn man jedoch von gleicher Verteilung der Güter spricht, wird man wahrscheinlich auf Feinde treffen, und das wird natürlich zu erbitterten Kämpfen führen". Er wolle nicht von dramatischen Fällen der Selbstopferung sprechen, sagte Lu Xun und bezog sich damit auf Qiu Jin und die neuen radikalen weiblichen Organisatoren der Kommunistischen Partei, denn „ich betrachte Nora als eine ganz normale Frau. Wenn sie eine außergewöhnliche Frau wäre, die losstürmte, um sich zu opfern, dann wäre das etwas anderes. Wir haben kein Recht, Menschen zu einem Opfer zu drängen, und auch kein Recht, sie daran zu hindern. ... Die Entscheidung, sich zu opfern, vollzieht sich auf einer ganz persönlichen Ebene, und sie hat nichts gemein mit dem sozialen Engagement von Revolutionären."[20]

Ding Ling zeigte keine Neigung, sich auf den Weg der Aufopferung zu begeben, obgleich sich einige ihrer Freunde aus Changsha auf Gedeih und

Verderb der Kommunistischen Partei verschrieben hatten; sie konnte aber auch keine wirtschaftlich unabhängige Position erlangen. Nachdem sie 1923 die Shanghaier Universität verlassen hatte, war sie nach Peking gezogen, wo sie einige Vorlesungen Lu Xuns besuchte und sich mit Hilfe geringer finanzieller Zuwendungen von zu Hause (Ding Lings Mutter war zu jener Zeit Rektorin einer Grundschule in Hunan) und durch Besuche beim Pfandleiher über Wasser hielt. Glücklicherweise hatte sie einen verständnisvollen Vermieter gefunden, der für Gespräche über in- und ausländische Schriftsteller auf die Miete verzichtete. Auch Liebe und Kameradschaft hielten sie aufrecht – Ende des Jahres 1924 lebte die damals neunzehnjährige Ding Ling mit dem gleichaltrigen Hu Yepin zusammen, der Schriftsteller werden wollte.[21]

Ding Ling äußerte einige Jahre später, daß jene Zeit eine Periode des Wartens und des Experimentierens für sie gewesen sei: seit dem Jahre 1923 lagen die stürmischen Aktivitäten ihrer Studentenzeit in Changsha und die Versammlungen mit Radikalen aus Shanghai und Nanking hinter ihr; vor ihr lag noch die Zeit der politischen Arbeit für die Kommunistische Partei. An eine enge Freundin schrieb Ding Ling, daß sie und Hu während jener Zeit in Peking zweifellos verliebt gewesen seien, ,,aber als wir erstmals zusammentrafen, waren wir zu jung. Wir waren wie Kinder und machten aus unserer Liebe und unseren unbedeutenden Meinungsverschiedenheiten ein Schauspiel. War eins vorbei, stürzten wir uns in unserer großen Glückseligkeit sogleich in ein neues. Wir fürchteten nichts. Wir dachten an nichts. Tagsüber hielten wir uns bei den Händen und spielten Spiele; nachts umarmten wir uns und schliefen. Wir schienen fortwährend glücklich zu sein. Wir hatten unseren eigenen Himmel und unsere eigene Erde."[22]

Hu Yepins frühe Lebensjahre waren ebenso unruhig gewesen wie Ding Lings Jugend. Hu war mit dreizehn Jahren aus seiner Heimat in der südlichen Küstenprovinz Fujian davongelaufen. Einige meinten, er habe dem Juwelier, in dessen Geschäft er als Lehrling arbeitete, ein goldenes Armband gestohlen. Bevor er schließlich bei der Literaturbeilage der *Peking Nachrichten* eine Anstellung fand, hatte er eine kurze schulische Ausbildung in Shanghai und an einer Marineakademie in Shandong durchlaufen. Freunde beschrieben damals Ding und Hu als offensichtlich sorglos und äußerst leichtsinnig, obgleich sie auch starken emotionalen Schwankungen ausgesetzt gewesen seien: Sie konnten an einem Tag voller Freude durch die Straßen stürmen und am nächsten Tag, wenn etwas schiefgelaufen war, stundenlang im Bett liegen und in den Tag träumen. War genügend Geld vorhanden, dann verpraßten sie es bei teuren Gelagen; wenn sie kein Geld hatten, blieben sie in ihrem winzigen Zimmer, das zuerst in der Nähe eines Tempels in den Westbergen und später in einer ärmlichen Gegend von Peking lag.[23] Shen Congwen, der 1923 sein Soldatenleben im Westen der Provinz Hunan aufgegeben hatte und entschlossen war, sich als Schriftsteller durchzuschlagen, kam ebenfalls nach Peking, wo er das junge Paar 1924 kennenlernte.

Dessen Wohnverhältnisse ähnelten seinen eigenen: „Das Bett besteht aus einem harten Holzbrett. Der Erdboden ist feucht und modrig. Die Wände sind mit alten Zeitungen tapeziert, und die mit Papier verklebten Fenster sind mit Zeichnungen bekritzelt." Sie besaßen auch die übliche kleine Privatbibliothek aus abgenützten Exemplaren von Übersetzungen – Werke über Anarchismus und Revolution, Turgenjews *Väter und Söhne,* Dumas' *Kameliendame* und Flauberts *Madame Bovary* (die Ding Ling immer wieder las).[24]

Shen Congwen beschrieb scharfsichtig und liebevoll Ding Lings Charakter: „Ihr Verhalten und ihre körperliche Erscheinung ließen eine Neigung zur Stille erkennen, und dennoch besaß sie sehr starke und oftmals ungezügelte Gefühle. In ihren Briefen offenbarte sich der Konflikt zwischen diesen beiden Charaktereigenschaften besonders rein und ursprünglich. ... Sie war nicht gesellig, und es fehlte ihr auch die Gewandtheit, die manche Frauen in Gesellschaft besitzen. Zu Fremden fand sie nur schwer Kontakt, aber sie war sehr redegewandt, wenn sie mit ihren alten Freunden zusammen war. Sie sprach so, wie sie schrieb. Sie brachte ihre Gedanken, ob ausführlich oder knapp, stets klar zum Ausdruck und langweilte ihre Zuhörer niemals. In vieler Hinsicht benahm sie sich nicht so, wie man es von einer Frau erwartet, denn sie besaß nicht den üblichen weiblichen Hochmut und auch nicht den üblichen weiblichen Anstand. ... Sie schätzte die Ungezwungenheit zwischen männlichen Freunden und wollte auch daran teilhaben. Darum legte sie ihre Weiblichkeit beiseite."[25]

Das Unvermögen, an den Sonnenseiten des gesellschaftlichen Lebens teilzuhaben, und die Armut waren eng miteinander verbunden. Fast alle frühen Geschichten, die Shen Congwen Mitte der zwanziger Jahre verfaßte, handeln deshalb von sozialer Frustration und jugendlichem Unbehagen. Die jungen Schriftsteller konnten sich jedoch gegenseitig helfen, und es gelang ihnen, etablierte Persönlichkeiten auf sich aufmerksam zu machen: Hu Yepin war beispielsweise Shen behilflich, Artikel in den *Pekinger Nachrichten* zu veröffentlichen. Xu Zhimo brachte Shens Stücke gemeinsam mit denen Wen Yiduos in den *Morgennachrichten* unter, und Shen schrieb auch für dieselben Zeitschriften wie Lu Xun.[26]

Obgleich Ding Ling, Hu Yepin und Shen Congwen (seit 1926 waren sie unzertrennliche Freunde) gelegentliche Kontakte zu Universitätskreisen hatten, scheinen sie an den Demonstrationen vom März 1926 in keiner Weise teilgenommen zu haben. Sie sahen sich auch nicht, wie Lu Xun und Wen Yiduo, gezwungen, wegen des politischen Druckes die Stadt zu verlassen. Einmal jedoch, als ihre finanzielle Lage einen gefährlichen Tiefpunkt erreicht hatte, reiste Ding Ling nach Shanghai, wo sie hoffte, eine Anstellung beim Film zu bekommen. Die Reise war zwar erfolglos, aber sie vermittelte ihr die nötigen Einzelheiten zur Niederschrift ihrer ersten Geschichte „Meng Ke". Es ist die Geschichte des Mädchens Meng Ke, das aus der Provinz in die unbekannte Stadt zieht, von städtischen Verwandten unterstützt wird und schließlich in einem Film der großen Studios eine kleine Rolle erhält. Im Laufe der Geschichte erlebt Meng Ke verschiedene Formen von Heuchelei und kleinen Grausamkeiten: Reiche Mädchen, die sich insgeheim über die Armen lustig machen, bieten Meng Ke ihre abgelegten, modischen Kleidungsstücke an; junge Radikale, die die überraschte Meng Ke als „Chinas Sofia" begrüßen und Flugblätter und Fahnen für eine Demonstration vorbereiten, bitten Meng Ke, sich ihnen anzuschließen, obwohl sie gar nichts von ihr wissen; ein junger Student liest ihr Gedichte vor und hält ihre Hand, obwohl er ein Verhältnis mit einer anderen hat; die Bosse im Studio, die ihr schließlich eine Anstellung geben, behandeln sie wie ein Objekt. Die Darstellung aller dieser Einzelheiten aus der Sicht eines naiven Mädchens aus Hunan, das Ding Ling noch wenige Jahre zuvor selbst gewesen war, entfaltete einen unwiderstehlichen Reiz, dem sich kein Leser in Shanghai zu entziehen vermochte. Ende 1927 wurde die Geschichte in der angesehenen *Literarischen Monatszeitschrift* veröffentlicht.[27]

Der tiefe Eindruck auf die Leserschaft und der Ruhm, der Ding Ling in einer Welt zufiel, die von Krieg und Gewalttätigkeit erschöpft und von ehrgeizigen jungen Schriftstellern, die empfindsam und modern zugleich sein wollten, überfüllt war, mögen auf die Verwendung des Kinos als symbolischer Mittelpunkt in der Geschichte Meng Kes und auf die behutsame Verbindung dieses Symbols mit Elementen der chinesischen Vergangenheit zurückzuführen sein. In der Geschichte besucht Meng Ke gemeinsam mit einem gebildeten jungen Studenten, der gerade von einem einjährigen Aufenthalt in Paris zurückgekehrt ist, eine Kinovorstellung. Sie schauen sich eine Filmfassung der *Kameliendame* an. (Drei Jahre zuvor, so erfährt der Leser, war Meng Ke bei der Lektüre des Romans noch in Tränen ausgebrochen.) Als Meng Ke nun eng an ihren Freund geschmiegt unter all den flüsternden Paaren sitzt, schwindet diese Unschuld in der körperlichen Intimität des dunklen Theaters.[28] Eine Art ländliches Paradies ist verlorengegangen – so sieht es auch Meng Ke, wenn sie Briefe von ihrem Vater erhält, die das friedliche Leben auf dem Lande beschreiben, das sie zugunsten Shanghais aufgegeben hat. Als sie gegen Ende der Geschichte fortgeht, um ihre erste bezahlte Arbeit anzunehmen (Nora, die endgültig ihr Zuhause verläßt, könnte Lu Xun gesagt haben), wird sie in einem Filmstudio angestellt, – aber nicht in irgendeinem beliebigen Studio. Wenn Ding Ling es die „Vollmond-Theatergesellschaft" nennt, so ist das eine ironische Anspielung auf das Gezänk zwischen der „Halbmond-Gesellschaft" und deren Rivalen: Das, sagt sie, benutzen wir heutzutage, um unser Licht zu verbreiten.[29] Und wenn Ding Ling ihre Erzählung damit beendet, wie sich Meng Ke, die nun unter ihrem Bühnennamen Lin Lang bekannt ist, schließlich zurückzieht, so geschieht dies mit einem Seitenblick auf die gesamte literarische Welt Shanghais und einer sarkastischen Anspielung auf den Titel *Ein Ruf zu den Waffen*, den Lu Xun für seine erste Sammlung von Erzählungen gewählt hatte:

„Und gegenwärtig gibt es wahrscheinlich in vielen Zeitungen und Zeitschriften einer bestimmten Richtung nicht wenige solcher selbsternannten Shanghaier Literaturgrößen und Dramatiker und Direktoren und Kritiker bis hin zu den bemitleidenswerten Mitläufern, die jeweils ihren eigenen Ruf zu den Waffen ausstoßen und mit phrasenhaften Klischees wie ‚die prachtvollste Frau‘ und ‚sie, die Mond und Blumen beschämt‘ den Anspruch erheben, das Talent dieser unbekannten Lin Lang entdeckt zu haben. Manche bezeichnen sie als einen einzigartigen und strahlenden Filmstar, weil sie ihren Körper begehren, um ihre eigenen Bedürfnisse zu befriedigen. Andere sind schon befriedigt, wenn sie in irgendeiner Weise mit ihr in Beziehung gebracht werden können.“[30]

Innerhalb von zwei Monaten beendete Ding Ling eine weitere umfangreiche Erzählung, „Tagebuch des Fräulein Sophie“, die sie im Februar 1928 in der *Literarischen Monatszeitschrift* veröffentlichte. Nun wurde Ding Lings Name gemeinsam mit den Namen von vier weiteren Autoren auf der Titelseite der Zeitschrift gedruckt. Schon der Titel der Erzählung war glänzend gewählt, denn bereits der Name erweckte sogleich Erinnerungen an einen Höhepunkt revolutionären Draufgängertums, verkörpert durch die Person der Sofia Perowskaja, die der vor 1911 geborenen Generation wohlbekannt war und an die auch die Radikalen in Ding Lings erster Geschichte gedacht hatten, als sie mit Meng Ke sprachen. Indem Ding Ling sich nun einer Leserschaft zuwandte, die, wenn sie überhaupt schon gelebt hatte, 1911 zur Zeit der Revolution noch im Kindesalter gewesen war, konnte sie die Ausstrahlung, die der Name Sophie immer noch besaß, so verändern, daß sie der Welt dieser neuen Leserschaft entgegenkam. Diese Leser lebten als junge Erwachsene oder Jugendliche in einer Umgebung, in der Revolution ein beschönigender Ausdruck für mörderische Enttäuschung geworden war. Deswegen beschrieb Ding Ling die Sophie des Jahres 1928 als gelangweilt, krank, mürrisch, von Selbstmitleid zerfressen, grausam und haltlos in ihren Gefühlen. In einer ununterbrochenen Selbstanalyse der Hauptperson in Form von Tagebucheintragungen vom Dezember bis zum März eines bestimmten Jahres sehen wir eine tuberkulöse Sophie, die allein in einem kleinen, häßlichen Zimmer liegt und die verschiedensten Rachegedanken gegen diejenigen hegt, die sie lieben. Wie bereits in „Meng Ke“ ist das Kino auch hier ein wichtiges Motiv, dem mit dem Namen des bekannten Pekinger Kinos „Reines Licht“, das Sophie besucht, bewußt ein kosmischer Hauch verliehen wird. Kurz bevor sie hineingeht, überkommt Sophie ein heftiger Widerwille, und sie trennt sich sowohl von ihren engsten Freunden (die passenderweise in der Jugendgasse wohnen) als auch von einer Gruppe junger Frauen. Ding Ling läßt Sophie diesen Augenblick mit kraftvollen Worten beschreiben: „Wir erreichten das ‚Reine Licht‘ sehr zeitig und trafen in der Halle eine Gruppe junger Frauen aus meiner Heimat. Wie sehr ich ihre selbstzufrieden lächelnden Gesichter verabscheute! Ich konnte sie nicht begrüßen, und ich empfand eine rasende Wut, als ich all diese Leute sah, die den Film sehen wollten.“ Als ihre Freunde für einen Moment abgelenkt sind, läuft Sophie fort, ohne das Theater betreten zu haben, in das sie selbst ihre Freunde eingeladen hatte. In ihrem Tagebuch schreibt sie weiter: „Niemand außer mir selbst wird mir vergeben können.“[31] Es war eine Ironie, die Lu Xun gefallen hätte, daß Sophie die Anzeige des Kinos „Reines Licht“ zwischen Anzeigen für Aphrodisiaka, Kleiderverkäufe, Jurakurse und „606“, das Allheilmittel für Geschlechtskrankheiten, gefunden hatte.[32] 1918 hatte Lu Xun bildhaft empfohlen, mit „606“ eine Heilung der Verfallserscheinungen des chinesischen Intellekts anzustreben. Für Ding Ling war dieses Rezept nur noch eine Zufälligkeit auf den letzten Seiten einer Morgenzeitung. Chinas Krankheit war viel zu umfassend geworden, als daß irgendeine spezielle Behandlung noch Sinn gehabt hätte.

Sophies Selbstzweifel werden noch zusätzlich durch sexuelle Sehnsüchte genährt, deren Erfüllung sie jedoch ablehnt. „Ich fühle, daß sein ganzer Körper den Druck meiner Lippen verlangt“, schreibt sie von einem jungen Mann, der sie umwirbt. „Ich glaube nicht, daß Liebe rational oder wissenschaftlich sein kann“, schreibt sie über ein junges Paar, das sich liebt, aber nicht miteinander schläft. „Wie kommt es, daß sie nicht den unwiderstehlichen Wunsch haben, sich nackt zu umarmen?“[33] Sophie selbst versagte sich jedoch die Erfüllung solcher Leidenschaft, obgleich sie eine solche Haltung bei anderen kritisiert. Lediglich unbedeutende Erinnerungen erfüllen sie: „Die zerrissenen Handschuhe, die Schublade der Frisierkommode ohne ein Parfüm darin, das neue, aber seltsam zerrissene Baumwollkleid und die kleinen, alten Spielsachen, die so lange Zeit aufbewahrt wurden.“[34] Die Erzählung endet offen und doch mit beunruhigender Heftigkeit, als sich Sophie von dem Mann unter ihren Freunden, den sie am hübschesten findet, aber am meisten verachtet, küssen läßt:

„Nachdem er gegangen war, überdachte ich noch einmal das Geschehene. Ich hätte mein Herz herausreißen und mit aller Kraft schlagen mögen. Wie konnte ich die Küsse eines Mannes aushalten, den ich verachte? Ich liebe ihn nicht, mache mich über ihn lustig, und doch lasse ich mich von ihm umarmen. Hat dieser Abglanz eines Ritters die Macht, mich soweit herabzuziehen?

Tatsächlich habe ich mich selbst beschmutzt, denn man ist selbst sein eigener erbitterter Feind. Mein Gott, wie soll ich all das, was ich verloren habe, rächen und wiedergutmachen. Mein Leben habe ich nur als Spielzeug betrachtet. Ich habe schon soviel davon vergeudet, daß es gar keine Rolle spielt, ob diese neue Erfahrung mich in einen neuen Abgrund stürzt.

Ich möchte nicht in Peking bleiben, und ich möchte nicht in die Westberge ziehen. Ich will mit dem Zug nach Süden fahren, wo mich niemand kennt, und dort das vergeuden, was von meinem Leben übriggeblieben ist. Der Schmerz erfüllt mein Herz mit neuem Leben, und nun blicke ich mitleidsvoll auf mich selbst und breche in ein wahnsinniges Gelächter aus.

‚Lebe und stirb auf deine Art unbemerkt. Oh, wie ich dich bemitleide, Sophie!‘“[35]

Der Erfolg dieser Geschichte Anfang des Jahres 1928 veranlaßte Ding Ling und Hu Yepin, dem in Peking ein ähnlicher Durchbruch versagt geblieben war, auf eigene Faust in den Süden nach Shanghai zu reisen. In den folgenden Jahren verfaßte Ding Ling dort drei Bände mit Kurzgeschichten, die ihren frühen Ruhm weiter festigten. Fast alle Geschichten handelten von Frauen und wurden von Frauen erzählt oder in Tagebuchform vorgetragen. Sie beschrieben Frauen, die sich in der neuen Gesellschaft zurechtfinden mußten und die, oftmals erfolglos, dem Leben einen Sinn abgewinnen wollten oder nach irgend etwas Bedeutungsvollem suchten, um darüber zu schreiben. Manchmal näherten diese Erzählungen sich scharfer Sozialkritik: Eine junge Frau aus einer armen Familie auf dem Lande wird zugrunde gerichtet, weil sie sich danach sehnt, wie die Reichen in ihren Sommerhäusern zu leben; der Lebenslauf einer jungen Prostituierten wird nicht anhand irgendeines dramatischen Ereignisses geschildert, sondern anhand der alltäglichen Kleinigkeiten, die mit ihrem ermüdenden Dasein verbunden sind.[36]

Ding Ling vermied in dieser Zeit jedoch jegliche offensichtlich politische Äußerung. Boshaft erklärte sie, daß zumindest ein Mann – Ou Waiou in ihrer Geschichte „Ein Mann und eine Frau“ – immer dann ein Gefühl der Solidarität mit seinen bedauernswerten Mitmenschen empfinde, wenn er in einer kalten Nacht zu einem Stelldichein mit seiner Geliebten oder mit einer Prostituierten geht und sieht, daß die Rikschakulis noch immer auf Fahrgäste warten:

„Wenn er unterwegs ist, sich einsam fühlt und unter der Kälte leidet, kann er hassen, die Kapitalisten hassen. In solchen Augenblicken kommt er sich wie ein revolutionärer Held vor. Nicht nur in seinem eigenen Interesse hält er die Revolution für notwendig, nicht allein weil er zu arm ist, um zu heiraten oder ins Bordell zu gehen. Wenn er durch die kalte Nacht geht, sieht er viele Rikschakulis, die in ihrer abgetragenen, schäbigen Kleidung immer noch durch die Straßen laufen und nach Kunden Ausschau halten, um noch ein wenig zu verdienen, bevor sie zu ihren Frauen und Kindern heimkehren. Seine Überzeugung, daß die Reichen ausgelöscht werden müssen, erklärt sich größtenteils aus dem Anblick der Rikschakulis ...“[37]

Während die Schriften Ding Lings äußerst erfolgreich waren, fanden die Arbeiten Hu Yepins, mit dem Ding Ling immer noch zusammenlebte, keine nennenswerte Anerkennung. Seine anspruchslosen Geschichten und Gedichte konnten sich im harten Konkurrenzkampf der Welt der Literatur nicht durchsetzen. Er war Redakteur der literarischen Seite der *Zentralen Tagesnachrichten* und einer anderen Zeitschrift und hatte diesen beiden Seiten den Titel *Rot und Schwarz* gegeben. Gleichzeitig gründete er gemeinsam mit Ding Ling einen eigenen kleinen Verlag, den Rot-und-Schwarz-Verlag, und Ding Ling gründete mit Shen Congwen eine neue Zeitschrift, *Die menschliche Welt.* Als ersten Band einer groß angekündigten „Reihe Gesammelter Werke“ veröffentlichte der Verlag eine Sammlung von Gedichten Hu Yepins. (Das kleine Buch trug als ansprechenden Schmuck eine rot-schwarze Linie auf der Vorderseite und einen rot-schwarzen Halbkreis – vielleicht eine Anspielung auf einen Halbmond? – auf der Rückseite.) Im Vorwort schrieb Ding Ling in aller Offenheit über ihre Bemühungen, genügend Geld zur Veröffentlichung von fünfzig Gedichten aufzutreiben, und über ihren Entschluß, vorerst nur zweiundzwanzig Gedichte zu drucken; die übrigen müßten auf einen günstigeren Zeitpunkt warten. Liebevoll beschrieb Ding Ling, wie Hu Yepin durch die alltägliche Sorge um seinen Lebensunterhalt immer wieder aus der Welt der Poesie herausgerissen worden sei und wie unfähig sie selbst sei, ihm die nötige Ruhe zum Schreiben von Gedichten zu verschaffen. Sie fügte hinzu, daß ihr die Auswahl recht schwer gefallen sei, weil sie sich stets zu solchen Gedichten hingezogen gefühlt habe, die Hu Yepin ursprünglich für sie geschrieben hatte.[38] Doch das Buch mit den nostalgischen Gedichten fand, obwohl Ding Lings Name auf der Titelseite stand, keinen Käufer. Der Rot-und-Schwarz-Verlag wurde geschlossen, die Zeitschrift ging ein und Hu Yepin verlor seine Stellung als Redakteur. Hu beschäftigte sich nun mit dem Sozialismus. Er las (in Übersetzungen) Lunatscharskij und Plechanow und schrieb seinen ersten Roman *Unterwegs nach Moskau,* der von einer jungen Frau erzählt, die ihren bourgeoisen Ehemann, der ihren kommunistischen Geliebten getötet hat, verläßt, um ein neues Leben in der Sowjetunion zu beginnen.[39] Mit der Schriftstellerei allein konnten jedoch weder Hu noch Ding Ling genügend Geld für ihren Lebensunterhalt aufbringen. Die ersten beiden Erzählungen Ding Lings brachten ungeachtet ihres Erfolges nur einhundertvierzig Dollar ein, und Hu sah sich gezwungen, eine Anstellung zu suchen. Als man ihm schließlich in der Stadt Jinan in der Provinz Shandong die Stelle eines Lehrers an einer Oberschule anbot, nahm Hu diese Ende 1929 an. Shen Congwen, der ebenfalls mittellos war, nahm eine Lehrtätigkeit in Wuhan auf.[40]

Ding Ling blieb einsam und niedergeschlagen zurück in Shanghai. Als sie im Frühjahr 1930 zu einem Wiedersehen mit Hu nach Shandong reiste, war sie, so schrieb sie später, äußerst überrascht: „Ich traf einen ganz anderen Menschen wieder. ... Er war der radikalste Mann der Oberschule. Den ganzen Tag predigte er über historischen Materialismus, marxistische Literaturtheorie, so wie sie von Lu Xun und Feng Xuefeng übersetzt worden war, und über proletarische Literatur. Als ich ihn, ungeachtet seiner Jugend, von so vielen vertrauensvollen Studenten umringt sah und ihn so ruhig, zuversichtlich und entschlossen reden hörte, erfüllte mich eine unbeschreibliche Freude."[41]

In jenem Jahr war es sehr gefährlich und verlangte großen Mut, seine kommunistische Überzeugung öffentlich zu äußern. Die Kommunistische Partei war nach den brutalen Schlägen von 1927 zersplittert. Ihre Lage war 1928 so bedenklich geworden, daß erstmals seit der Gründung der Partei im Jahre 1921 der Jahreskongreß außerhalb Chinas, in Moskau, einberufen werden mußte. Während der Sitzungen in Moskau wurde Qu Qiubai, der einst Chen Duxiu wegen dessen Bündnis mit der Guomindang so heftig des

„Rechtsopportunismus" angeklagt hatte, all seiner höheren Parteiämter enthoben, weil er sich durch die von ihm organisierten Aufstände in Stadt und Land Ende 1927 eines „Linksopportunismus" schuldig gemacht habe (beide Taktiken waren ursprünglich von Stalin selbst angeordnet worden). Während Qu in Moskau blieb, um eine Analyse der chinesischen Revolution zu schreiben, entwickelten sich in der Partei drei unterschiedliche Richtungen. Der neugewählte Parteisekretär (einer der wenigen Industriearbeiter innerhalb der Hierarchie) versuchte, die zerschlagenen Gewerkschaftsverbände zu vereinigen, um in den Städten ein Mindestmaß an Einfluß zu bewahren. Li Lisan, der Leiter seiner Propagandaabteilung, setzte sich mit aller Kraft für die Anweisungen der Komintern ein, mit Hilfe der erzürnten Bauernschaft und unterstützt durch Einheiten der chinesischen Roten Armee proletarische Aufstände gegen die Guomindang zu organisieren. Diese Taktik führte im Sommer 1930 zu kommunistischen Angriffen auf die Städte Changsha und Nanchang, denen jedoch ein Erfolg versagt blieb. Mao Zedong schließlich festigte, obwohl er den Anordnungen der Partei Folge leistete, seine Truppen für kurze Zeit in den Nanchang-Feldzug einzubringen, seine Position in dem bergigen und spärlich bewohnten Gebiet in der Grenzregion der Provinzen Jiangxi und Fujian.[42]

Infolge von Unterdrückungsmaßnahmen durch die ausländischen Mächte und durch die Guomindang verlor die Partei ständig wertvolle Mitglieder: Ding Lings Freundin Xiang Jingyu, die 1919 eine führende Rolle unter den Studentinnen, die nach Frankreich geschickt worden waren, gespielt hatte und vor den Unruhen des 30. Mai 1925 an der Organisation von Arbeiterinnen aus Shanghai beteiligt gewesen war, wurde in der französischen Konzession von Hankou verhaftet. Als sie im dortigen Gefängnis einen Hungerstreik anzettelte, übergab man sie der Polizei der Guomindang. Am 1. Mai 1928 wurde sie hingerichtet. Xiangs Ehemann, Cai Hesen, der an der Schule in Changsha eng mit Mao befreundet gewesen war, wurde in Hongkong von der britischen Polizei festgenommen, den dortigen chinesischen Behörden übergeben und getötet. Mao Zedongs junge Frau Yang Kaihui schließlich, die Tochter von Maos Ethiklehrer Yang Changji und ehemalige Klassenkameradin von Ding Ling, wurde 1930, nach dem glücklosen Angriff auf Changsha, gemeinsam mit ihren beiden Kindern verhaftet und erschossen.[43]

Diese Festnahmen und Hinrichtungen waren beispielhaft für die Herrschaft der Guomindang über das Land. Nach einer Unterbrechung im Jahre 1927 war der Nordfeldzug 1928 weitergeführt und im Dezember desselben Jahres abgeschlossen worden, als Chiang Kaisheks Truppen Peking besetzten und Zhang Zuolins Sohn (der nach seinem Vater Militärherrscher der Mandschurei geworden war) der neugegründeten Nationalregierung in Nanking die Treue schwor. Chiang Kaisheks Machtstellung wurde zwar regelmäßig von rivalisierenden Politikern innerhalb der Guomindang oder von mit diesen verbündeten Militärs bedroht, niemand bestritt jedoch Chiangs Grundsatz, daß zunächst die politische Macht der Kommunisten gebrochen werden müsse, bevor China sich dem Problem des ausländischen Imperialismus zuwenden könne (insbesondere dem ständig anwachsenden japanischen Druck). Chiang war, wie bereits vor ihm Präsident Yuan Shikai, in den frühen Jahren der Republik bestrebt, die Regierung zu zentralisieren

Mao Zedongs erste Frau Yang Kaihui und ihre Söhne Anying (geb. 1921) und Anqing (geb. 1922). Yang Kaihui wurde im Jahre 1930 von der Guomindang verhaftet und erschossen.

und Wirtschaft, Industrie, Erziehung und Armee zu modernisieren. In gewissem Sinne bedeuteten die Kommunisten für Chiang eine ähnliche Bedrohung wie einst die Guomindang für Yuan: In beiden Fällen handelte es sich um eine politische Partei mit großer Anziehungskraft auf das Volk, deren Forderungen nach sozialer Gerechtigkeit, auch wenn sie begründet waren, unterdrückt werden mußten, wenn zu befürchten stand, daß sie die für die zentrale Regierungsausübung erforderliche öffentliche Ordnung stören könnten. Wie schon früher stellten auch die Japaner eine äußerst ernsthafte Bedrohung dar, die man so lange eindämmen mußte, bis die Uneinigkeiten im eigenen Lande beigelegt waren.

Chiangs Basis war, ebenso wie einst die von Yuan, äußerst instabil, wenn man das von ihm kontrollierte Land, die finanziellen Mittel und seine verfassungsmäßigen Rechte betrachtet. Er war bereits Kommandeur der Armeen des Nordfeldzugs, als man ihn im März 1928 zum Vorsitzenden des Zentralen Politischen Rates ernannte. Im Oktober desselben Jahres wurde er zusätzlich zum Vorsitzenden der Nationalregierung in Nanking mit Aufsichtsfunktion über die fünf Abteilungen der neugebildeten chinesischen Regierung berufen. Die Machtbefugnisse dieser Ämter mußte Chiang jedoch erst noch abstecken. Ein Teil seiner Autorität gründete sich auf die Armee, insbesondere auf die Kadetten, die an der Whampoa-Militärakademie ausgebildet worden waren und Chiang als ihren persönlichen Führer betrachteten. Außerdem unterstützte ihn der politische Apparat der Kaderschule der Guomindang, die von Chiangs engsten Verbündeten in Nanking geleitet wurde. Zusätzlich kamen ihm Beziehungen zugute, die gefestigt wurden, als er Ende 1927 in die mächtige, mit amerikanischen und chinesischen Wirtschaftsunternehmen verbundene Familie Soong einheiratete. Chiangs Frau Soong Meiling war am Wellesley-College ausgebildet worden. Eine ihrer Schwestern war mit Sun Yatsen, eine andere mit dem Finanzier H. H. Kung, einem Absolventen von Oberlin und Yale, verheiratet gewesen. Der Bruder, T. V. Soong, ein Harvard-Absolvent, war unter Sun Yatsen Leiter der Bank von Kanton gewesen und hatte nun für die Guomindang das Amt des Finanzministers übernommen. Verbindungen zu Organisationen der Shanghaier Geheimgesellschaften und der Unterwelt stützten Chiangs Machtposition ebenfalls. In den dreißiger Jahren verstärkte Chiang seine Stellung noch zusätzlich durch die Gründung einer paramilitärischen Eliteorganisation der Guomindang, der Blauhemden, die er über die Geheimpolizei der Guomindang lenkte.[44]

Als die antikommunistischen Repressionen in allen von der Guomindang beherrschten Landesteilen Chinas um sich griffen, ließen sich immer mehr Kommunisten in Shanghai nieder. Auch wenn Lu Xun keinen Gefallen daran gefunden haben mag und obgleich auch hier ständig die Gefahr der Verhaftung und Ausweisung drohte, war das Leben in den internationalen Konzessionen nach wie vor weitaus sicherer als in anderen von der Guomindang kontrollierten Städten. Außerdem wurden die Mitglieder der Kommunistischen Partei von den großen Industrieunternehmen, den Universitäten, den großen Verlagen und verschiedenen Zeitungen und Zeitschriften unterstützt und ermutigt. Auch Ding Ling und Hu Yepin flüchteten zurück nach Shanghai, nachdem man sie gewarnt hatte, daß man Hu wegen seiner Aktivitäten in Shandong verhaften würde. Hu arbeitete in Shanghai eifrig für die Partei, die ihn im November 1930 schließlich als Mitglied aufnahm. Er wurde aktives Mitglied des „Bundes linksgerichteter Schriftsteller", einer neugegründeten Organisation, die durch Zusammenschluß der „Schöpfungsgesellschaft" mit anderen linken Gruppierungen, in denen einst Lu Xun und andere aktiv mitgewirkt hatten, dem Gezänk zwischen den einzelnen radikalen Organisationen ein Ende bereiten sollte. Lu Xun trat zwar nicht in die Partei ein, wurde aber, wie auch der in jenem Winter aus Moskau zurückgekehrte Qu Qiubai, ein einflußreicher Wortführer des „Bundes linksgerichteter Schriftsteller".[45]

Die meisten Intellektuellen lebten in Shanghai, aber die Hoffnungen der Kommunistischen Partei richteten sich doch mehr auf die abgelegenen ländlichen Gebiete, wo einige Gruppen der Roten Armee Sowjets eingerichtet, Programme zur Neuverteilung des Bodens organisiert und das Familienleben durch neue Heiratsgesetze, die die freie Partnerwahl und den Frauen die Scheidung erlaubten, revolutioniert hatten. Von den acht 1930 existierenden Sowjets war der Jiangxi-Sowjet in dem bergigen Grenzgebiet zwischen den Provinzen Jiangxi und Fujian der bedeutendste. Mao Zedong war nicht nur an der Gründung dieses Sowjets entscheidend beteiligt gewesen, unter seiner Führung waren auch wiederholte Angriffe der Guomindang-Truppen erfolgreich zurückgeschlagen worden. Nachdem Hu Yepin bereits dem Exekutivkomitee des „Bundes linksgerichteter Schriftsteller" angehörte, ernannte man ihn zusätzlich zum Delegierten an einem bevorstehenden Kongreß im Jiangxi-Sowjet. Hu war von den Berichten über den Zusammenbruch traditioneller Heiratssitten im Jiangxi-Sowjet, nachdem im August 1930 von der Partei der aufsehenerregende Erlaß über sexuelle Freiheit verkündet worden war, überwältigt und schrieb die erfrischende und fröhliche Erzählung „Gemeinsames Leben". Darin schildert Hu den Entschluß einer Bäuerin, nach zehnjähriger Ehe ihren Ehemann und ihre beiden kleinen Kinder zu verlassen, um mit einem anderen Mann im Sowjet zusammenleben zu können. Die Geschichte besitzt weder einen Höhepunkt noch Dramatik, denn der verlassene Ehemann ist mit der neuen Situation einverstanden, nachdem ihn der Präsident des Volkskomitees getröstet hat. Hu beschrieb diese neue Welt mit folgenden Worten:

„Das Leben hat sich gewaltig verändert. Menschen, die früher in quälender Armut lebten, sind nun lebenslustig und fröhlich. Noch beeindruckender ist die Ausgelassenheit und Lebhaftigkeit der Frauen. Sie hatten zurückgezogen in verarmten Familien existiert, wo sie dem sinnlosen Kreislauf von Kochen, Waschen, Kinderpflege und Schweinefüttern unterworfen waren und wie Häftlinge in einem Gefängnis ohne einen Hoffnungsstrahl für die Zukunft dahinvegetierten. Nun gleichen sie Vögeln, die sich hoch in den Himmel emporschwingen. Sie führen nun ein unabhängiges Leben. Sie werden nicht mehr verfolgt oder unterdrückt. Sie fürchten sich auch nicht mehr vor ihren Ehemännern. Sie dürfen Freundschaften mit Männern ihrer Wahl anknüpfen. Es steht ihnen sogar frei, sich mit einem Genossen bei der Bezirksverwaltung registrieren zu lassen und auf diese Weise auch offiziell ein gemeinsames Leben zu führen. Selbst ihre Kinder werden von der Gemeinschaft umsorgt, so daß die Frauen aller persönlichen Sorgen enthoben sind."[46]

In einer anderen, ebenfalls im Herbst oder Winter 1930 geschriebenen Erzählung schildert Hu Yepin ein junges Paar, das sich zu einer Abtreibung entschließt, um seine politische Arbeit nicht durch ein Kind zu beeinträchtigen. Auch hier handelt es sich um eine konfliktlose Geschichte, denn die Frau stimmt der Entscheidung freudig zu „ ‚Sei nicht traurig,' sagte sie und ergriff seine Hand. ‚Wir lieben uns. Niemand kann dir Vorwürfe machen. Du hast dich schon so sehr beherrscht; es ist meine Schuld. Unter anderen Umständen sollten wir das Kind natürlich behalten. Aber obwohl wir uns ein Kind leisten könnten, sollten wir es jetzt noch nicht zur Welt kommen lassen. Ein Baby wird sich nur störend auf unsere Arbeit auswirken. Wir dürfen kein Kind bekommen!' "[47]

Ob Hus wirkliches Leben ebenso undramatisch verlief, mag dahingestellt bleiben. Auch Ding Ling wurde im Frühjahr 1930 schwanger und brachte im November einen Sohn zur Welt. Fast jede Kurzgeschichte, die Ding Ling in jenem Jahr schrieb, wie auch ihre Novelle *Shanghai, Frühling 1930*, handelte von einem Paar, das sich hin- und hergerissen fühlt zwischen einem Leben im Dienste der Revolution und dem üblichen, von Arbeit und Muße erfüllten Tagesablauf innerhalb der gesetzlich abgesteckten Grenzen der Gesellschaft. Manchmal übernimmt der Mann, manchmal die Frau die revolutionäre Rolle, und in verschiedenen Geschichten spiegeln sich Ding Lings eigene mißliche Lage und die ihrer Jugendfreundin Wang Jianhong wider (die bereits im Jahre 1924 gestorben war, und bis zuletzt mit Qu Qiubai zusammengelebt) hatte.[48] Ganz sicherlich zweifelte Ding Ling an ihrem damaligen Leben und an der Bedeutung ihrer bisherigen schriftstellerischen Arbeiten, denn eine der Personen in *Shanghai, Frühling 1930* hält einen Monolog von solcher Überzeugungskraft, daß man ihn zwangsläufig als Ausdruck von Ding Lings eigenen tiefen Empfindungen ansehen muß:

„Manchmal meine ich, es würde keinen allzu großen Verlust für uns bedeuten, wenn wir die Schriftstellerei völlig aufgäben. Wir schreiben, einige Leute lesen es, die Zeit vergeht, und nichts geschieht. Was hat das für einen Sinn, außer daß wir dafür bezahlt werden? Zwar fühlen sich einige Leser von Teilen der Handlung und manchen Passagen ergriffen – aber wer sind denn schon diese Leser? Studenten der kleinbürgerlichen Klasse, die gerade die Oberschule und das Jünglingsalter erreicht haben, sind gegenüber der Melancholie am anfälligsten. Sie spüren, daß diese Erzählungen ihrer emotionalen Lage entsprechen, weil sie eine gewisse Melancholie zum Ausdruck bringen, die sie zwar empfinden, aber nicht wirklich erleben. ... Aber was bringt das? Ich sehe nun, daß wir nur Schaden angerichtet haben, denn wir haben diese jungen Leute auf unsere alten Bahnen gelenkt. Wir haben sie in eine ausweglose Situation des Sentimentalismus, Individualismus, der Unzufriedenheit und Sorge hineingezogen. ... Wo ist ein Ausweg für sie? Täglich versinken sie nur tiefer in ihrer Schwermut, denn sie erkennen den Zusammenhang zwischen der Gesellschaft und ihrem Leiden nicht. Selbst wenn sie ihre Sprache verbessern sollten und einige Essays und Gedichte schreiben könnten, die von einigen erfahrenen Schriftstellern gelobt würden, was, so frage ich euch, bedeutete das für sie persönlich? Und was bedeutete das für die Gesellschaft? Aus diesem Grunde bin ich selbst bereit, das Schreiben aufzugeben."[49]

Ab Sommer 1930 schwieg Hu Yepin über die Zusammenkünfte, an denen er in Shanghai teilnahm. Weder der Ort noch der Grund der Versammlungen war Ding Ling bekannt, und nur gelegentlich erfuhr sie, daß auch Qu Qiubai, der einen anderen Namen angenommen hatte und seinen Wohnort ständig wechselte, unter den Teilnehmern war und daß sich die Kommunisten im zweiten Stockwerk einer geräumigen Villa hinter geschlossenen Fensterläden trafen, während zur Tarnung im Stockwerk unter ihnen eine wohlhabende Familie in einem ausgetüftelten Täuschungsmanöver ihrem Nachmittagsvergnügen nachging und sich mit Ma-Jong-Spielen und einem Grammophon beschäftigte.[50] Am 17. Januar 1931 nahm Hu wieder einmal an einer solchen Zusammenkunft teil. Dieses Mal wollten im Hotel des Ostens an der Avenue Edward VII im internationalen Konzessionsgebiet kommunistische Schriftsteller und Funktionäre unterschiedlichen Ranges Pläne für die bevorstehende Delegiertenkonferenz, die in demselben Jahr im Jiangxi-Sowjet abgehalten werden sollte, erörtern. Die Sicherheitsvorkehrungen mußten äußerst streng sein, denn zu jener Zeit unternahmen Chiang Kaisheks Soldaten einen massiven Feldzug zur Vernichtung des Sowjets, und selbst eine Reise nach Jiangxi war mit größten Gefahren verbunden. Dennoch verriet irgend jemand den Ort und vielleicht auch die Tagesordnung des Shanghaier Treffens der Polizei der internationalen Konzession. (Bis heute halten sich Gerüchte, daß eine vierte Gruppierung innerhalb der Kommunistischen Partei, die sich auf die Komintern stützte und über neue chinesische Führungskräfte aus Moskau verfügte, der Polizei rechtzeitig einen Hinweis gegeben habe, um sich auf diese Weise unerwünschter Rivalen zu entledigen.) Die Polizei stürmte das Hotel des Ostens, verhaftete sechsunddreißig Teilnehmer der Versammlung (neunundzwanzig Männer und sieben Frauen) und übergab sie den Truppen der Guomindang. Man fesselte die Gefangenen und überführte sie in das Hauptquartier der Shanghaier Wusong-Garnison in Longhua im Süden der Stadt. Longhua war berühmt für seine Naturschönheiten – Xu Zhimo war nach seiner Heirat mit Lu Xiaoman im Frühling dort gewesen, um die blühenden Pfirsichbäume zu bewundern –, aber es war auch der Ort, an dem die Guomindang politische Gefangene in Lagern konzentrierte.[51]

Eine Zeitlang herrschte große Verwirrung unter den übrigen Radikalen von Shanghai, denn niemandem war die Anzahl der Festgenommenen und der Grund ihrer Verhaftung bekannt. Als Lu Xun von den Ereignissen erfuhr – er war eng mit einem der Inhaftierten befreundet –, verbrannte er sofort einen großen Teil seiner Korrespondenz und zog, ohne es jemandem mitzuteilen, mit Xu Guangping und ihrem Baby in ein Hotel.[52] Shen Congwen hatte sich an jenem Nachmittag mit Hu verabredet. Als Hu nicht erschien, erkundigte sich Shen bei Ding Ling, und kurze Zeit später erfuhren sie beide, was geschehen war. Die folgenden drei Wochen verliefen wie ein Alptraum. Es gelang Hu, eine Nachricht mit der Bitte um Hilfe aus dem Gefängnis zu schmuggeln, und Shen und Ding Ling versuchten, über viele Freunde und Beziehungen – angefangen bei Xu Zhimo und Cai Yuanpei bis hin zu engen Beratern und Vertrauten Chiang Kaisheks wie Zhang Qun und Chen Lifu –, Hus Entlassung zu erreichen.[53] Ihr Vermögen schwand durch die unaufhörlich zu leistenden kleinen Bestechungen und Bezahlungen von Boten und Vermittlern langsam dahin, ohne daß man Shen und Ding Ling wirkliche Hilfe versprechen konnte. An einem frostigen Wintertag verkleideten sich beide als Bauern und zogen, nachdem sie einen entsprechenden Hinweis erhalten hatten, nach Longhua, um Hu vielleicht sehen zu können. Die Wachen teilten ihnen jedoch nur mit, daß für Hu besondere Sicherheitsvorkehrungen in Kraft seien und daß er darum kein Anrecht auf Besuche habe. Gerade als sie wieder gehen wollten, erblickten sie Hu für einen Moment, und auch Hu sah sie. Hu erhob seine gefesselten Hände zu einem spöttischen Gruß, und Ding Ling sagte zu Shen Congwen: „Er ist es, er sieht glücklich aus, wie tapfer er ist, immer noch wie ein junger Leopard!“[54] Sie sahen ihn nicht wieder und erfuhren einige Tage später, daß am Abend des 7. Februar dreiundzwanzig der inhaftierten Kommunisten von einem Erschießungskommando hingerichtet worden seien. Unter diesen befand sich auch Hu Yepin. Die Öffentlichkeit erfuhr nichts von den Hinrichtungen, und selbst die Shanghaier Zeitungen schwiegen zu den Vorfällen. „Vielleicht wollten sie nichts mitteilen, vielleicht hielten sie es auch nicht für notwendig“, schrieb Lu Xun.[55]

In dem Roman *Vor uns das Licht,* den Hu vor seinem Tode gerade noch hatte beenden können, beschreibt er drei Personengruppen, die mit der 30.-Mai-Bewegung von 1925 konfrontiert werden: Personen, die der Kommunistischen Partei bereits als Mitglieder angehören, solche, die auf Grund ihrer sozialistischen Einstellung eine utopische oder anarchistische Richtung eingeschlagen haben, und Schriftsteller im Elfenbeinturm, die im Gegensatz zu den Prinzipien des sozialistischen Realismus Kunst um der Kunst willen betreiben. Im Roman sehen die zwei letzten Personengruppen ihren Irrtum ein: Die utopischen Sozialisten werden Parteimitglieder und treten damit in „den hellen Sonnenschein“ hinaus; die Dichterin, die „schön wie eine Rose“ ist und nur Verse wie „die schönen Träume sind vorüber“ und „bitte küß mich noch einmal“ geschrieben hatte, „stößt nun endlich heiße, rote Flammen aus“ und überredet ihren Ehemann, der Elfenbeinturm-Romane verfaßt, gemeinsam mit ihr eine neue radikale Zeitschrift, die *Blutblumen-Wochenschrift,* herauszugeben.[56]

Xu Zhimo und seine Frau Lu Xiaoman dagegen gehörten nicht zu den solchermaßen Bekehrten. Xu näherte sich einer Art Sozialphilosophie allenfalls durch sein Eintreten für die Prinzipien des gemeinschaftlichen Arbeitens und der Kameradschaft, wie sie von seinem englischen Freund Leonhard Elmhirst in Dartington Hall in Devonshire und von Rabindranath Tagore in der (mit Elmhirsts Hilfe errichteten) Gemeinschaft von Surul in Santiniketan vorgelebt wurden. Xu besuchte beide Orte im Sommer und im Herbst 1928 und schrieb in sehr herzlichen Worten auf englisch an Elmhirst:

„Es wäre einmal interessant, Dartington und Surul zu vergleichen: Beide Orte sind von Ihnen erschaffen worden, und beide sind von denselben Idealen beseelt und mit der Ihnen eigenen Sorgfalt gestaltet worden. Aber dennoch empfinde ich die zwei Gemeinschaften als sehr unterschiedlich. Wie ich schon einmal sagte, glaube ich, daß Dartington der Utopie am nächsten kommt. Die Natur dort ist freundlicher und von Liebe erfüllt, und sie wird eher stimulierend auf ihre Bemühungen wirken, eine harmonische Dichtkunst heranreifen zu lassen. Der indische Boden ist demgegenüber von ganz anderer Art. Dort ist die Natur unfreundlich und unnachgiebig, und der Mensch hat, wenn er nicht mit Wissen und einem ausgeprägten Willen ausgestattet ist, die für seinen Existenzkampf unentbehrlich sind, kaum eine Hoffnung zu überleben. Neulich stand ich lange Zeit sinnend vor den Ruinen jenes zerstörten Dorfes, in dem von ehemals fünfhundert Familien nur fünfundzwanzig am Leben geblieben sind, und ich war von Mitleid erfüllt. Als landwirtschaftliches Experiment funktioniert Surul natürlich recht gut, und mit dem von mir sehr geschätzten Lal als Leiter wird es noch eine große Zukunft haben. Und doch, wie groß müssen Geduld, heldenhafte Anstrengung und Opferbereitschaft sein, um diese enorme Aufgabe des Wiederaufbaus zu bewältigen, die Sie auf so bewundernswerte Weise in Angriff genommen haben und die dennoch erst begonnen ist, wenn man sich die Größe des Landes und die weit härteren Bedingungen dort vergegenwärtigt!“[57]

Anfang 1929 hoffte Xu immer noch, daß er mit finanzieller Unterstützung von Elmhirst eine ähnliche Gemeinde in China, vielleicht in der Provinz Zhejiang, begründen könne. Dort, so meinte er, treffe man noch auf Menschen, die „wegen des engen Kontaktes mit der Natur noch einen Rest charakterlicher Schönheit besitzen, der von modernen Einflüssen noch unberührt ist“.[58] Aber bereits im März 1929 litt Xu unter starken Depressionen und hatte kaum noch Hoffnung, seine Pläne verwirklichen zu können. Ein Grund für seine Niedergeschlagenheit war der Tod von Liang Qichao am 19. Januar, nachdem Liang jahrelang gegen ein Nierenversagen angekämpft hatte. Liang sei, so schrieb Xu, „unter seinen Zeitgenossen die größte Persönlichkeit“, denn er sei ein hervorragender Gelehrter gewesen und habe die traditionellen chinesischen Werte in vollendeter Weise ausgelegt. Seine große Bedeutung bestehe darin, „daß durch seine Bemühungen eine umfassende geistige Revolution bewirkt worden ist, ohne die die folgende politische Revolution nicht möglich gewesen wäre“.[59] „Es ist ein unersetzlicher Verlust für mich", trauerte Xu. Vielleicht erinnerte er sich an die Strafpredigten, die Liang ihm gehalten hatte, als er 1923 hartnäckig Lin Huiyin den Hof machte und 1926 seine Heirat mit Lu Xiaoman durchsetzte. Darin lag eine ergreifende Paradoxie, denn es war Lin Huiyin, die nun Liang Qichaos Schwiegertochter war, die den sterbenden Mann in seinen letzten Monaten versorgte, während sich Qu durch seine Ehe mit Lu Xiaoman entweder mit lästigen gesellschaftlichen Verpflichtungen oder mit den unaufhörlichen alltäglichen Klagen und gelegentlichen Extravaganzen seiner Frau beschäftigen mußte. Xu unternahm seine ausgedehnten Reisen ins Ausland stets ohne seine Frau, die sich bereits nach kurzer Zeit in die Halbwelt des Theaters gestürzt und angeblich einen neuen Liebhaber genommen hatte.[60] Darüber hinaus zehrten auch die Auseinandersetzungen in der literarischen Welt Shanghais um den sozialistischen Realismus einerseits und um die verschiedenen Ästhetizismen andererseits an seinen Kräften: So wichtig Xu und Wen die Fragen des Stils und der perfekten Form in der Kunst auch nahmen und so vollendet ihre literarischen Arbeiten auch waren, die Debatten über diese Probleme waren doch zermürbend. Nach 1928 gab Wen Yiduo Dichtkunst und Malerei auf und zog sich in die Welt der klassischen Gelehrsamkeit zurück. 1930 schrieb er auf Xu Zhimos Bitten ein letztes Gedicht, dessen Hauptteil jedoch von quälender (und für Wen unumstößlicher) Skepsis gegenüber ihrer beider Arbeit erfüllt war:

> Wer weiß nicht
> Wie wenig diese Dinge bedeuten:
> Ein Baum voller singender Zikaden, ein Krug mit gewöhnlichem Wein.
> Selbst die Erwähnungen von dunstverschleierten Bergen, Tälern in der Morgendämmerung oder glitzernden Sternenhimmeln
> Sind nicht weniger langweilig, sind so unsäglich langweilig. Sie verdienen nicht,
> Unser überschwengliches Erstaunen, unser Mühen, sie mit ergreifenden Worten zu belegen,
> Unsere Sorge, goldene Worte zu prägen, um sie zu einem Lied zu fügen.
> Auch ich würde sagen, daß eine Flut von Tränen wegen des Gesangs eines Pirols
> Zu sinnlos, zu belanglos und zu verschwenderisch ist.[61]

Xus Name war auf Betreiben einiger politisch engagierterer Kollegen bereits von der Titelseite seiner eigenen Zeitschrift *Halbmond* verschwunden. Nachdem sich nun auch Wen in Schweigen hüllte, blieb Xu allein die Bewunderung jugendlicher Verehrer.[62]

Xus Niedergeschlagenheit wuchs, je mehr er sich mit den Zuständen in China beschäftigte. So schrieb er im März 1929, wieder auf Englisch, an Elmhirst:

„Zunehmend befällt mich ein schmerzliches Gefühl nostalgischer Wehmut, da ich gezwungen bin, all das wahrzunehmen, was mich umgibt: Schäbigkeit an Stelle von Würde, Feindseligkeit und Zerstörungswut an Stelle von Kameradschaft und Zusammenarbeit; leblose und ansteckende Dogmen, tote Prinzipien staksen leichenhaft ziellos umher, um die gesamte Nation in noch größeres Unheil zu stürzen und die schöpferische Quelle des menschlichen Geistes zu verschütten! Während dessen schleppen sich ganze Provinzen unter einfach unvorstellbaren Lebensbedingungen dahin. Ich selbst habe kurz den hungernden Norden gesehen, und das Blut gefriert mir in den Adern, wenn ich nur daran denke. Kinder, die schon nicht mehr menschlich aussehen, versuchen verzweifelt, den quälenden Hunger und die Kälte zu lindern, und zanken sich um Flechten und Moose, die sie mit knochigen Fingern von den Felsspalten gekratzt haben und in ihren Mund stecken wollen. Mein Gott, warum hat man sie zur Welt gebracht!"[63]

Er schrieb jedoch weiter und verfaßte teils dunkle und heroische Todesphantasien, teils visionäre Essays über das Vergnügen des Fliegens, mit denen er an Schriften anknüpfte, die er 1925 nach der erstmaligen Lektüre der Werke d'Annunzios geschrieben hatte – „wie die stürmische See, die unendliche Abgründe in die Einsamkeit des Raumes brüllt; wie Wolken, die die Erde umhüllen" –, und träumte auch weiterhin davon, sich „in den Himmel emporzuschwingen, um die Erde einem Ball gleich im unendlichen Raum rollen zu sehen".[64] Xus Vorstellungen von der Ungebundenheit des Herzens und vielleicht auch seine Erkenntnis, daß er bereits mit vierunddreißig Jahren der neben Lu Xun berühmteste Schriftsteller in China war, mögen dazu beigetragen haben, daß er ein begeisterter Flugpassagier wurde (ganz zu schweigen von der Tatsache, daß ein leitender Mitarbeiter einer Fluggesellschaft ihm aus Bewunderung ein Freiticket verschafft hatte) und zwischen Nanking, Shanghai und Peking hin und herpendelte, um seinen mannigfaltigen Vorlesungs- und Lehrverpflichtungen nachzukommen. Die Flugzeuge paßten zu seinen Leidenschaften, die er nun inniger und kraftvoller auszudrücken gelernt hatte. So schrieb er in einem Gedicht, das er nach eigenen Angaben am ersten Weihnachtstag 1930 abends um sechs Uhr verfaßt hatte:

Nichts anderes suchte ich als ein beständigeres
Maß der Zeit, um meinen Atem zu schöpfen,
Glitzernde Sterne sollten meine Augen sein,
Mein Haar, ein Schimmer an des Himmels Rand,
Die Wirrnis leichtgefärbter Wolken,
Und meine Arme, meine Brust getragen von des Windes
Brausen, frei meiner Stirn entgegen,
Und die Wellen, wie sie anrennen gegen meine Beine, jedes
Aufbranden, sendet eine mystische Aura aus.
Dazu noch der Blitz für mein Denken,
Der das Licht seines Drachentanzes auf den Horizont wirft,
Meine Stimme der Donner, der sich unverhofft bricht,
Den Frühling zu wecken, zu wecken das neue Leben.

Ach, jenseits aller Gedanken, jenseits aller Vergleiche
Liegt die Erleuchtung, die Macht der Liebe.[65]

Die öffentliche Luftfahrt in China befand sich seinerzeit jedoch noch in den Anfängen, und Fliegen war eine riskante Sache. So zerschellte beispielsweise am 19. November 1931 ein kleines Charterflugzeug auf dem Flug von Nanking nach Peking in der Nähe von Jinan in der Provinz Shandong bei dichtem Nebel an einem Berg; der einzige Passagier und die Besatzung kamen ums Leben. Der Passagier war Xu Zhimo.[66]

Neuntes Kapitel

Lebt wohl, ihr schönen Dinge

„Die chinesische Luftfahrtgesellschaft hat eine Bombe auf die Welt der Literatur geworfen“, schrieb ein Oberschüler in Tientsin, nachdem er die Nachricht von Xu Zhimos Tod vernommen hatte. „Wer hätte gedacht, daß der weise Dichter Herr Xu am Himmel sterben würde? Gott muß sich geirrt haben, denn er vergaß, in seinem tiefergelegenen Reich den Dichter, den wir am höchsten schätzen, zu behüten; er vernichtete unseren hervorragendsten Künstler. Unser weiser Dichter Herr Xu ist tot! Dies ist ein tragisches Ereignis für die chinesische Kultur, ein tragisches Ereignis für die Dichter, die ihm folgen werden!“ Es gebe zwar noch andere gute chinesische Dichter, räumte der junge Mann in seiner Trauer ein, aber sie seien ihrer Kunst nicht treu geblieben. Sie hätten sich in die Welt der Philosophie oder Soziologie zurückgezogen, hätten ihren Geist verloren oder seien unreif geblieben. Allein Xu habe durchgehalten und weitergekämpft, um schließlich in Tod und Unsterblichkeit zu enden: „China besitzt nun seinen Herrn Xu wie England seinen Shelley. Bleibt nur die Frage: Wohin ist dieses helle Licht gezogen, das über unseren Köpfen leuchtete?“[1] Einige jüngere Leute waren also durchaus bestürzt und glaubten, mit Xus Tod sei der Traum vom reinen und romantischen Individualismus beendet; andere, die Xus eigener Generation angehörten, zeigten sich weniger gerührt. Wen Yiduo bemerkte (ungeachtet seiner jahrelangen Zusammenarbeit mit Xu und der Unterstützung, die Xu ihm bei der Veröffentlichung seiner Arbeiten gewährt hatte), Xus gesamtes Leben habe „aus romantischen Geschichten bestanden. Was soll ich über ihn schreiben?“[2]

Unter den damaligen Umständen schien der Tod Hu Yepins die bedeutenderen Fragen aufzuwerfen. Obschon Hus revolutionäre Gesinnung in gewisser Hinsicht von Ziellosigkeit und Sentimentalität geprägt gewesen war, verlieh ihm sein Tod eine neue Würde. Lu Xun ehrte Hu und die anderen mit ihm hingerichteten Kommunisten, indem er in der Zeitschrift *Großer Bär* des „Bundes linksgerichteter Schriftsteller“ einen Holzschnitt von Käthe Kollwitz abdrucken ließ. Er trug den Titel *Opfer* und stellte eine trauernde Mutter dar, die ihren Sohn für immer aufgeben muß.[3] In einem Essay zum Gedenken der jungen Märtyrer wies Lu Xun auf die Ironie des Schicksals hin, daß in China stets die Alten den Nachruf auf die Jungen verfassen müßten und nicht die Jungen für die Alten. „Während der vergangenen dreißig Jahre habe ich das Blut so vieler junger Leute fließen sehen, daß ich mich nun überflutet fühle und nicht länger atmen kann. Jetzt bleibt mir nur noch mein Pinsel, um einige wenige Artikel zu schreiben, die ein Loch durch das geronnene Blut bohren sollen, damit ich ein paar elende Atemzüge mehr machen kann. Was für eine Welt ist das? Die Nacht ist so lang, der Weg ist so weit, daß ich besser vergesse oder in Schweigen verharre."[4]

Lu Xun gab jedoch seinen Glauben an die Macht des geschriebenen Wortes nicht auf, auch wenn er die fundamentalen Schwierigkeiten sah, die mit dem Schriftstellerdasein verbunden waren, und obwohl er wußte, wie leicht man zur Aufgabe einer idealistischen politischen Einstellung verführt werden konnte. Im Frühjahr 1930 hatte er bei einer Versammlung des „Bundes linksgerichteter Schriftsteller" erklärt:

„Ich glaube, daß heutzutage die ‚linken' Schriftsteller sehr leicht zu ‚rechten' Schriftstellern werden können. Zunächst einmal ist es sehr bequem, extrem radikal oder ‚links' zu sein, wenn man sich hinter den verschlossenen Fenstern seines Arbeitszimmers aufhält und mit den tatsächlichen sozialen Konflikten gar nicht in Berührung kommt. Sobald man aber mit der Wirklichkeit zusammenstößt, zerschlagen sich alle diese Vorstellungen. Hinter verschlossenen Türen ist es sehr leicht, radikale Gedanken zu deklamieren, aber ebenso leicht, auf die ‚rechte' Seite überzuwechseln. Im Westen bezeichnet man solche Leute als ‚Salon-Sozialisten'. ... Man wird leicht ein ‚Rechter', wenn man nicht versteht, was Revolution tatsächlich bedeutet. Revolution ist eine bittere, mit Schmutz und Blut verbundene Angelegenheit, die keinesfalls so wunderschön und perfekt ist, wie es sich die Dichter vorstellen. Es ist eine ungeheuer nüchterne Angelegenheit, die viele niedrige und ermüdende Arbeiten erfordert und keineswegs so romantisch ist, wie die Dichter glauben. Selbstverständlich ist Revolution stets mit Zerstörung verbunden, aber ein weit wichtigeres Element der Revolution ist doch der Aufbau; und während Zerstörung einfach ist, ist Aufbauen äußerst mühsam. So werden alle diejenigen, die romantischen Vorstellungen anhängen, schnell ernüchtert, wenn sie eine echte Revolution näher kennenlernen."[5]

Solche Überlegungen regten Lu Xun zu Versuchen an, genauer zu bestimmen, wie ein sinnvoller sozialer Realismus beschaffen sein sollte. Er war sich bewußt, daß Übertreibungen nur lächerlich wirken und daß kleinbürgerliche Schriftsteller und Künstler sich vor falschen Wirkungen hüten sollten: „Ich persönlich meine, daß Proletarier realistisch, so wie sie tatsächlich sind, gezeichnet werden sollten – es ist völlig unnötig, ihre Fäuste größer als ihre Köpfe darzustellen." Er wußte auch, daß „keiner unserer linken Schriftsteller aus dem Arbeiter- oder Bauernmilieu stammt. Das liegt zum einen daran, daß Bauern und Arbeiter stets zu unterdrückt und geknechtet waren, um eine Ausbildung auch nur anstreben zu können. Ein weiterer Grund ist die chinesische Bilderschrift, deren ursprüngliche Bedeutung schon längst nicht mehr ohne weiteres erkennbar ist und die es Arbeitern und Bauern auch nach zehnjährigem Studium noch nicht ermöglicht, ihre Gedanken freimütig zu Papier zu bringen." In einer solchen Situation war die Stellung der Intellektuellen offensichtlich unklar, und Lu Xun glaubte, daß den bürgerlichen

Schriftstellern in Hinblick auf den gegenwärtigen Entwicklungsstand ihres Bewußtseins nur eine begrenzte Rolle zufallen könne; darum „können wir höchstens darauf hoffen, daß Werke erscheinen werden, die den Aufstand des Kleinbürgertums gegen die eigene Klasse dokumentieren, oder solche, die als nützliche Denkschriften brauchbar sind".[6]

Es überrascht nicht, daß sich Qu Qiubai nach seiner Rückkehr aus Moskau im Jahre 1931 mit Lu Xun verbündete und schließlich sogar dessen enger Freund wurde. Qu, den man von allen höheren Ämtern in der Kommunistischen Partei entbunden hatte, der aber wegen seiner Kenntnis der russischen Sprache und der sowjetischen Politik nach wie vor sehr einflußreich war, hatte sich jahrelang mit Problemen der chinesischen Schrift und Sprache befaßt und die meiste Zeit in Moskau auf Pläne zur Entwicklung einer phonetischen Schrift für die Chinesen verwandt, um so eine wahre proletarische Literatur zu ermöglichen. Gemeinsam mit Lu Xun griff er die Oberflächlichkeit derjenigen an, die meinten, daß sich unter der Fahne der Guomindang eine wertvolle nationale Literatur entwickeln könne, und er bestand darauf, daß Literatur ein „Werkzeug des Kampfes" bleiben müsse.[7] Qus Enttäuschung über „westliche" Interpretationen, die die Komintern-Agenten hartnäckig auf bestimmte Bereiche der chinesischen Revolution anwandten, nahm solche Ausmaße an, daß er sich gezwungen sah, seine 1924 ursprünglich gegen Xu Zhimo gerichtete Zurückweisung der westlichen Elemente innerhalb der Bewegung für eine neue Kultur Chinas umzuformulieren. Die gepriesene Umgangssprache *(baihua)*, in der die Intellektuellen nun schrieben, war für die Massen immer noch unverständlich, denn sie benutzte Elemente der alten klassischen Sprache und zusätzlich grammatische Strukturen und sogar Worte der Europäer. Wie schon die alte klassische Sprache wurde auch die „neue klassische" Sprache *(xin wenyan)* von der Elite kontrolliert (und verlieh ihr die Kontrolle):

„Die arbeitende Bevölkerung wird von einer Großen Mauer umschlossen, einer Barrikade, die sie vollständig vom kulturellen Leben abgrenzt. Was ist diese Große Mauer? Es ist ganz einfach die neue klassische Sprache der 4.-Mai-Periode (die sogenannte *baihua*-Literatur von heute). Auch wenn man sich noch so sehr bemüht, sie in der Bevölkerung einzuführen: solange sie auf einer neuen klassischen Sprache aufbauen, werden alle wissenschaftlichen und künstlerischen Kenntnisse der neuen Periode nur für zehn- oder zwanzigtausend junge Intellektuelle erreichbar sein."[8]

Qu bemerkte, daß die Massen nicht nur außerstande waren, die Werke Xu Zhimos zu lesen, sondern ebenso auch von modernen „revolutionären" Schriften völlig unberührt blieben. Ein Beispiel für die Schärfe, mit der er diese Argumente formulierte, bildet sein Vorwort zu dem „proletarischen" Roman *Frühling*, den ein Mitglied des „Bundes linksgerichteter Schriftsteller" geschrieben hatte und der nicht einmal „die Ebene eines ganz gewöhnlichen Realismus erreichte" und daher den Lesern nicht dazu verhalf, die Welt zu „verstehen", ganz zu schweigen davon, sie zu „verändern". Qu gelangte aber dennoch zu dem Schluß, daß auch solche Bücher der Sache der Revolution dienlich sein könnten und daß es für die Schriftsteller keinen Grund gebe, zu schweigen. „Selbstverständlich ist Kunst außerstande, das gesellschaftliche System zu verändern, und man muß sich stets vor Augen halten, daß die Kunst in jeder Hinsicht von der Produktionsweise und von den Klassenbeziehungen bestimmt wird. Kunst kann aber das gesellschaftliche Leben beeinflussen und die Entwicklung des Klassenkampfes *zu einem gewissen Grad* beschleunigen oder blockieren, indem sie die Bedingungen dieses Kampfes etwas verändert und die Macht einer bestimmten Klasse stärkt oder schwächt."[9]

Qus Kritik mag Lu Xun besonders hart getroffen haben, denn Lus Arbeiten waren stilistisch schwierig, enthielten eine Fülle von subtilen Redewendungen und Anspielungen und hatten sich zunehmend von jeder durchgehenden erzählerischen Linie befreit. Tatsächlich hatte Mao Dun, den Qu von allen Romanautoren am meisten bewunderte, bedauert, daß Lu Xun über „alte Dörfer" schreibe und daß seine Landschaften keine großen Städte enthielten, keinen Hinweis auf „die klopfenden Herzen der städtischen Jugend".[10] Vielleicht beschäftigte sich Lu Xun aus diesem Grunde verstärkt mit den visuellen Künsten. Ganz besonders fühlte er sich von der kraftvollen Einfachheit und Unmittelbarkeit der Karikatur und des Holzschnittes angezogen, die er beide schon seit langem bewunderte und nun durch den im Sommer 1930 gegründeten „Bund linksgerichteter Künstler" energisch förderte. In den gleichen Jahren, in denen er mit Qu Qiubai ausführlich Gespräche über sowjetische Literaturtheorie und die proletarische Position Chinas führte (und Qu oftmals in seiner Wohnung Schutz vor den gefährlichen Razzien der Polizei der Guomindang gewährte), wandte Lu Xun große Summen aus eigener Tasche auf, um junge Künstler zu ermutigen, dieses kraftvolle und direkte Mittel der visuellen Kommunikation in Workshops und Ausstellungen weiterzuentwickeln.[11]

Ding Ling fühlte sich durch den tragischen Tod Hu Yepins verpflichtet, den Einsatz, den Hu bewiesen hatte, zu bekräftigen. Nachdem sie sich von Freunden in Shanghai Geld geliehen hatte, reiste sie gemeinsam mit Shen Congwen quer durch China zu ihrer Mutter in West-Hunan. Auch Ding Ling verheimlichte den Tod Hu Yepins vor ihrer Mutter, so wie Kang Youwei 1898 seiner Mutter die Hinrichtung seines Bruders verschwiegen hatte. Gemeinsam mit Shen Congwen ersann sie ein geschicktes Täuschungsmanöver und ließ Briefe in der Handschrift Hu Yepins nach Hunan schicken, um die alte Dame in der Gewißheit zu wiegen, daß es Hu gut gehe und sie sich um das Wohlergehen ihrer Familie in Shanghai keinerlei Gedanken machen müsse. Ding Ling erzählte ihrer Mutter, sie wolle mit Hu eine ausgedehnte Reise unternehmen, und überredete sie, während dieser Zeit für ihr Baby zu sorgen. Nachdem beide drei Tage lang in intensiven und vertrauten Gesprächen ihr gemeinsames Leben vor der 4.-Mai-Bewegung und die Veränderungen, die seitdem auf dem Lande und in der Großfamilie stattgefunden hatten, erörtert hatten, reiste Ding Ling ohne ihr Kind nach Shanghai zurück.[12]

Gleich nach ihrer Rückkehr nach Shanghai im Sommer 1931 schrieb Ding Ling die Kurzgeschichte „Eines Nachts", in der sie ihre Gefühle angesichts des Todes Hu Yepins offenlegte und zugleich dokumentierte, wie sehr sie

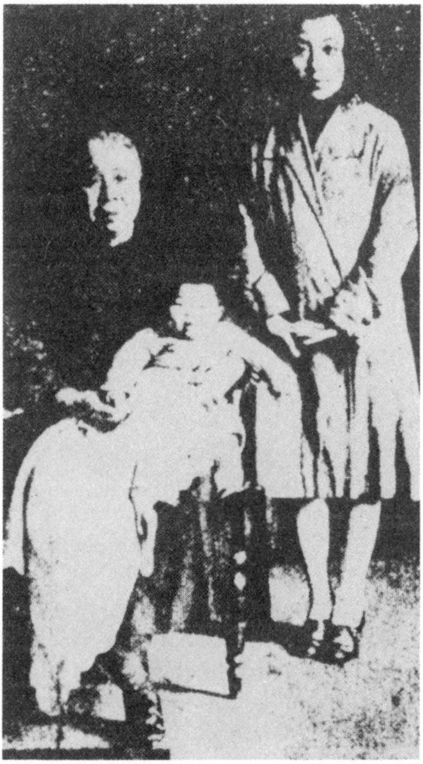

Ding Ling mit ihrer Mutter und ihrem Kind in Hunan im Frühjahr 1931 nach Hu Yepins Hinrichtung.

von ihrem früheren naiven revolutionären Optimismus abgerückt war. Die Geschichte erzählt, wie sich eine kleine Gruppe männlicher und weiblicher Gefangener aneinandergekettet durch beißendes Schneetreiben zu ihrer letzten Bestimmung schleppt, den im kalten Boden befestigten Holzpfählen. Zwar ist es den Gefangenen möglich, noch ein letztes Mal liebe- und vertrauensvolle Blicke zu wechseln, aber bevor sie die erste Strophe der „Internationale" zu Ende singen können, werden ihre Stimmen von Maschinengewehrsalven erstickt. Zum Abschluß heißt es: „Die Nacht war häßlich und abstoßend. Große Schneeflocken und feiner Eisstaub trieben dahin. Der wilde Wind des Winters heulte vorbei, nur um ebenso heulend zurückzukehren. Der Schnee türmte sich auf den hängenden Köpfen und wurde von der nächsten Sturmböe wieder davongeblasen. Still und bewegungslos waren sie dort angebunden. An einigen Punkten – an einem, an zwei, an drei Punkten – tropfte das Blut herab und färbte den Schnee in der Dunkelheit. Wird der Himmel jemals wieder hell werden?"[13] Linke Leser reagierten begeistert: der „Bund linksgerichteter Schriftsteller" ernannte Ding Ling zum Mitglied seines ständigen Ausschusses. Sie wurde Herausgeberin einer Zeitschrift des Bundes mit dem Titel *Großer Bär* und zur Leiterin der für Arbeiter- und Bauernliteratur zuständigen Abteilung des Schriftstellerbundes ernannt. Anfang 1932 trat sie in die Kommunistische Partei ein.[14]

Ding Lings Erfahrungen während dieser Zeit lassen erkennen, wie sie sich mit aller Kraft um neue Ausdrucksmöglichkeiten bemühte, die ihrem Leben eine gewisse Bedeutung verleihen konnten. Im Frühjahr 1931, kurz nach ihrer Rückkehr aus Hunan, sprach sie vor Studenten der Guanghua-Universität in zwangloser Atmosphäre über ihre Vergangenheit und über ihre zukünftigen Pläne. Von Hu Yepins Tod sprach sie als von „einer gewissen unglücklichen Erfahrung", doch bestritt sie energisch, daß sie sich deswegen aus der Gesellschaft in ein Leben der persönlichen Trauer zurückziehen wolle oder daß dieses Ereignis sie daran hindern könne zu schreiben – obgleich sie glaube, daß viele ihrer jüngeren Arbeiten deshalb erfolglos geblieben seien. Ein Schriftsteller solle sich nicht allein mit persönlichen Erfahrungen befassen, erklärte sie ihren Studenten, setzte sich zugleich aber in bezug darauf, worum sie sich künftig bemühen wolle, auch gewisse Grenzen:

„Sicherlich werde ich nicht mehr über Liebe schreiben; ich habe kürzlich Dinge geschrieben, die damit nichts zu tun haben. Ich möchte aber auch nicht über Arbeiter oder Bauern schreiben, denn ich bin weder Arbeiter noch Bauer. Worüber kann ich dann schreiben? Ich habe bemerkt, daß fast alle meine Leser Studenten sind, und darum will ich zukünftig Themen behandeln, die diese interessieren. Für mich wäre es nicht gut, über Arbeiter und Bauern zu schreiben, aber es gibt ja noch genügend andere Dinge in der menschlichen Gesellschaft. Ich glaube, ich werde einen langen Roman über meine Familie verfassen."[15]

Ding Ling entwarf einen Roman, der den schlichten Titel *Mutter* tragen und über den Zeitraum vom Ende der Qing-Dynastie bis zur Revolution von 1927 das Schicksal ihrer eigenen Mutter schildern sollte, die einer weitverzweigten Großfamilie in der Provinz Hunan entstammte (insgesamt zählten dazu mehr als dreitausend Personen, die in zahlreichen Haushalten verstreut lebten). Ihrem Herausgeber schrieb Ding Ling, das Buch werde ungefähr dreihunderttausend Schriftzeichen umfassen und sie hoffe, pro Tag eintausend Zeichen zu schreiben, um somit das gesamte Buch innerhalb von zehn Monaten abschließen zu können. Sie beabsichtigte, in ihrem Roman auch von den Spannungen zwischen Bauern und Grundbesitzern auf dem Lande, von den Veränderungen in kleinen Städten, die durch die Mechanisierung örtlicher Industriebetriebe ausgelöst worden waren, und von den Auswirkungen der modernen Verkehrsmittel und Handelsmethoden auf die Gesellschaft zu erzählen.[16]

Ding Lings Bereitschaft, sich mit derart wichtigen Themen in einem umfangreichen Roman zu befassen, entsprach einer neuen, aber dominierenden Zeitströmung. Hatte man sich in den zwanziger Jahren äußerst intensiv und erfolgreich mit lyrischen Formen und der Kurzgeschichte befaßt, so waren die dreißiger Jahre eine Periode, in der der moderne Roman geformt wurde. 1931 war unter dem Titel *Familie* Ba Jins bewegende Geschichte dreier Brüder aus seiner Heimatprovinz Sichuan erschienen, die sich den Zwängen der Modernisierung und der Heiratssitten anpassen mußten (bzw. dazu außerstande waren). 1933 wurde Mao Duns umfangreicher, im Stil Zolas verfaßter Roman *Mitternacht* veröffentlicht, der die Finanzwelt Shanghais beschrieb. Shen Congwens Versuch, seine Gedanken um das Leben am Fluß in West-Hunan herum zu gruppieren, wo er selbst aufgewachsen und später als Soldat stationiert war, erschien im Jahre 1934 unter dem Titel *Grenzstadt.*

Die dramatischen Ereignisse der damaligen Zeit hatten offenbar derart ungeheure Ausmaße angenommen, daß Schriftsteller nur durch ein Streben nach ähnlichen Maßstäben Befriedigung finden konnten. So wie die Hoffnungen der einzelnen Menschen stetig schwanden, so schien auch die politische Handlung einzelner an Bedeutung zu verlieren. 1925 war Xu Guangping von Lu Xun wegen ihrer Überzeugung, Studenten könnten ausländische Imperialisten in irgendeiner Weise beeinflussen, noch sanft zurechtgewiesen worden. 1932 hatte sich bereits mehrmals gezeigt, wie recht Lu mit seiner skeptischen Haltung gehabt hatte. Besonders die Japaner verstärkten ihren militärischen und wirtschaftlichen Einfluß in den drei Gebieten der Mandschurei, der Provinz Shandong und in Shanghai. Offiziere der japanischen Armee in China handelten oftmals eigenmächtig, ohne spezielle Order aus Tokio, wenn sie versuchten, die Chinesen zu aggressiven Reaktionen zu provozieren, die dann wiederum weitere japanische Aggressionen rechtfertigten. In ähnlicher Weise strapazierten japanische Wirtschaftsunternehmen in China die Geduld der Chinesen auf das äußerste. Auch wenn ihr Gewinn nicht immer so hoch war, wie man allgemein annahm, so fügten sie doch den chinesischen Geschäftsleuten erheblichen Schaden zu, da sie das Monopol auf alle Rohstoffquellen beanspruchten, die chinesischen Arbeitskräfte ausbeuteten und weitreichende wirtschaftliche Vorzugskonditionen verlangten. Japanische Offiziere waren für die Ermordung des mandschurischen Militärherrschers Zhang Zuolin im Jahre 1928 verantwortlich, und im selben Jahr zwangen ihre Armeen in Shandong die Soldaten des Nordfeldzugs zu einem großen Umweg. 1931 nahm die japanische Armee nach einem angeblichen Überfall einer chinesischen Einheit auf japanische Soldaten in der Nähe von Mukden große Teile der Mandschurei ein. Im Januar 1932 fielen japanische Truppen in Shanghai ein und besetzten einen Teil der Stadt als Reaktion auf Streiks und antijapanische Aufstände. Sie zogen sich erst zurück, als sich die chinesischen Soldaten unerwartet heftig zur Wehr setzten und den Japanern schwere Verluste zufügten. Die Japaner forderten auch den Ex-Kaiser Puyi auf, seinen Zufluchtsort Tientsin zu verlassen und sich für das neugeschaffene Amt des Präsidenten in der Mandschurei, die nun in Manchukuo umbenannt worden war, zur Verfügung zu stellen. Im März 1932 willigte Puyi schließlich ein, und nach zweijähriger Amtszeit wurde er zum Kaiser ernannt (nach 1908 und 1917 nahm er diesen Titel nun zum dritten Mal an).[17]

Zu dieser Zeit, in den frühen dreißiger Jahren, faßte die Guomindang unter Führung von Chiang Kaishek den schicksalhaften Entschluß, das allgemeine Gefühl der nationalen Demütigung mit aller Kraft zu unterdrücken, denn man befürchtete, daß weitere Demonstrationen der Studenten und Arbeiter Japan und andere ausländische Mächte nur zu erneuten Vergeltungsmaßnahmen herausfordern könnten. Damit richtete sich Chiang nicht nur gegen die Kommunisten, sondern auch gegen die neue, liberal eingestellte Generation von Studenten, die im Westen ausgebildet und von westlichen Einflüssen geprägt war. Zugleich führte er seine Partei zu einem durch den Rückgriff auf Konfuzius legitimierten autoritären Regierungssystems zurück, das er durch eine Stärkung der Polizei- und Geheimdiensteinheiten durchzusetzen suchte. Aus diesem Grunde, aber auch wegen der seit langem bestehenden internen Zwistigkeiten unter den ehemaligen Anhängern Sun Yatsens aus der Zeit der Nationalen Allianz, war Chiangs Machtposition innerhalb der Partei und auch unter seinen militärischen Verbündeten, die weiterhin große Teile West- und Nord-Chinas beherrschten, niemals unumstritten. 1930 war Chiang mit einem Bürgerkrieg gegen ehemals verbündete Generäle in Nord-China konfrontiert. 1931 bedrohte ihn zum einen der rechte Flügel der Guomindang und zum anderen die Gefahr eines unabhängigen Regimes in Kanton; 1933 brach in der Provinz Fujian ein Aufstand abtrünniger Nationalisten aus.

Chiangs Machtposition wurde aber durch die Tatsache gestützt, daß die kommunistischen Armeen selbst zersplittert und in ihrer Führung gespalten waren. Obgleich bis 1933 die Komintern die Partei in Shanghai beherrschte, erwies sich schließlich doch die Konzentration der Partei auf die Städte als unbefriedigend, und Macht und Einfluß gingen zunehmend auf den ländlichen Stützpunkt Jiangxi über, als dessen faktischer Führer Mao Zedong galt. Der Jiangxi-Sowjet war jedoch nur einer von mehreren kommunistischen Stützpunkten, die verstreut in den Provinzen Guangxi, Hunan, Sichuan, Hebei und Shaanxi lagen und jeweils eigene Führer und Programme besaßen. Selbst in Jiangxi wurde die politische Strategie unaufhörlich überdacht, so beispielsweise das Ausmaß an Gewalt, das gegenüber den Grundbesitzern anzuwenden war, die Geschwindigkeit der Neuverteilung des Landes, die Definition der Klassenzugehörigkeit der verschiedenen Gruppen innerhalb der Bauernschaft und die Taktik des Einsatzes repressiver Maßnahmen und einer organisierten Guerilla, um den Gegenangriffen regulärer Guomindang-Verbände zu widerstehen.[18]

Angesichts dieser Vorgänge war es eine mögliche Reaktion, sich der absurden Tragik des Augenblicks auszusetzen, und es war der Romanschriftsteller Lao She, dem dies am vortrefflichsten gelang. Lao She war ein Mandschure, dessen Vater im Jahre 1900 während des Boxeraufstandes der kaiserlichen Wache angehört hatte und sein Leben verlor, als er die Verbotene Stadt gegen die alliierten Truppen, die zur Befreiung der ausländischen Botschaften eingesetzt worden waren, verteidigen wollte. (Dieselben alliierten Armeen hatten bereits Shen Congwens Vater und die Soldaten, die die Dagu-Festungsanlagen an der Küste verteidigen wollten, besiegt.) Zu jener Zeit war Lao She erst ein Jahr alt; danach wuchs er bei seiner verwitweten Mutter unter fast armseligen Verhältnissen auf. 1924 verließ er, vielleicht um seinem Leben eine glücklichere Wendung zu geben, China und reiste nach England. Er lebte fünf Jahre lang in London, wo er als Sprachlehrer arbeitete, britischen Gelehrten bei ihren Übersetzungen aus dem Chinesischen half und begeistert die Werke von Dickens las.[19] In London schrieb er drei humoristische Romane, die in China veröffentlicht und wohlwollend aufgenommen wurden. Als er 1930 nach China zurückkehrte – man hatte ihm eine Lehrtätigkeit an der Universität in Jinan in der Provinz Shandong übertragen – war er entsetzt über die Anmaßungen der Japaner. Er schrieb daraufhin einen neuen Roman über eine chinesische Familie, die auf tragische Weise in Japans Pläne verwickelt wird. Lao She hatte den Roman 1931 während der Sommerferien beendet und seinem Verlag in Shanghai zugeschickt. Doch als ob die Botschaft des Romans ausgelöscht werden sollte, ging das einzige Exemplar des Manuskriptes in Flammen auf, als japanische Truppen bei ihrem Angriff auf Shanghai im Jahre 1932 die Stadt bombardierten.[20]

Lao Shes Antwort auf diesen Verlust war der Roman *Katzenland.* In ihm brachte er seine ganze Verbitterung über seine Situation, seine Landsleute und über die ausländischen Aggressionen zum Ausdruck. In einer Schilderung seiner geistigen Verfassung während der Niederschrift des *Katzenlandes* verhöhnte Lao She mit einer drastischen Metapher seine persönliche Unzulänglichkeit und den Wahnwitz seines Unterfangens: „Ein völlig hirnloser Mensch könnte in einem Misthaufen etwas Nahrung finden; ein gebildeter Mensch würde sein Interesse nicht zuallererst auf einen Misthaufen richten. Aber nur so ein halbgebildeter und halbhirnloser Mensch wie ich kann auf den Gedanken kommen, diesen Misthaufen zu verbessern und zu erhalten. Solch ein Mensch predigt den Fliegen, die oben auf der Kacke sitzen: ‚Los kommt! Bringen wir diesen Ort in Ordnung!‘“[21] Man hat den Eindruck, als habe Lao She gegen alle Elemente der gegenwärtigen Krise zugleich kämpfen wollen: die Errichtung des Marionettenstaates Manchukuo, die Willkür der Japaner gegenüber hilflosen chinesischen Zivilisten, die kurzsichtige Haltung der Guomindang, die mörderischen Streitigkeiten der

Kommunistischen Partei und die Tatsache, daß Zehntausende in China den Ängsten der Zeit durch Opiumgenuß zu entfliehen suchten. Die von Lao She aufgegriffene Idee eines von der Welt abgeschnittenen Reisenden, der sich in einem (der Situation Chinas entsprechenden) allegorischen Land wiederfindet, war vielen Autoren utopischer und satirischer Literatur geläufig. Es ist jedoch durchaus möglich, daß die Anfangszeilen von *Katzenland* an Xu Zhimo erinnern sollten, der fünf Jahre zuvor *Candide* übersetzt hatte

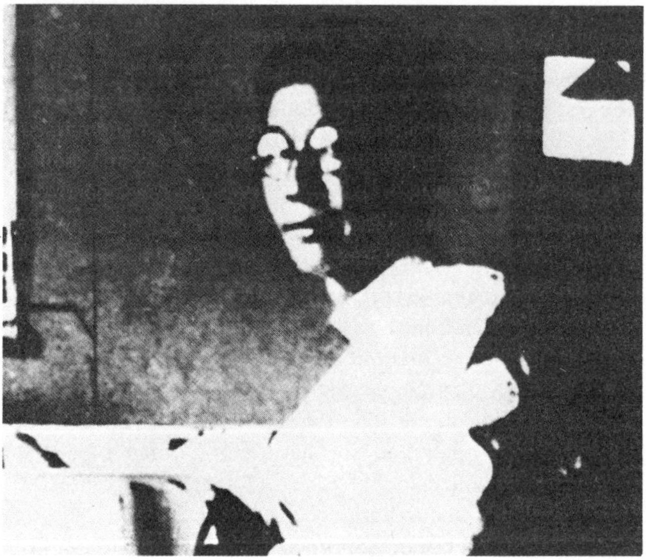

Lao She Anfang der dreißiger Jahre.

und bei einem Flugzeugabsturz ganz in der Nähe von Jinan, wo Lao nun lebte, sein Leben verloren hatte:

„Das Flugzeug war völlig zerstört.

Mein Freund – der Schulkamerad meiner Kindheit und seit kaum mehr als einem halben Monat mein Pilot – besaß keinen heilen Knochen mehr.

Wie war es nur möglich, daß ich noch lebte? Warum war ich nicht tot? Vielleicht wußten es die Götter, doch für mich selbst bestand kein Grund, sich darüber aufzuregen.

Wir hatten Kurs auf den Mars genommen und waren nach den Berechnungen meines toten Freundes kurz vor dem Flugzeugabsturz in die Mars-Atmosphäre eingedrungen. War ich denn auf dem Mars gelandet? Wenn das tatsächlich der Fall sein sollte, dann konnte die Seele meines Freundes befriedigt ruhen: Als erster Chinese auf dem Mars zu sein – dafür lohnte es sich schon zu sterben.“[22]

Der Teil des Mars, auf dem Lao Shes Erzähler gelandet war – und den dieser später nach seinen katzenartigen Einwohnern Katzenland nennt –, beherbergt grausame und faule Wesen. Das Katzenvolk, das eine einfache Sprache und eine noch einfachere Schrift besitzt, das sich durch seinen unendlichen Appetit auf Opiate in einem fast permanenten Zustand der Betäubung befindet, das die persönliche Hygiene vernachlässigt, dessen städtische Organisation chaotisch ist, das dem Tod gegenüber fatalistisch eingestellt und dessen angebliche Moral scheinheilig ist, dieses Katzenvolk erfüllt den Romanhelden mit Abscheu, wenn er es mit dem China vergleicht, das er gerade verlassen hatte – einem Land, das er als „groß, glorreich und frei" rühmt. Die Dichtkunst der Katzen, so wie er sie kennenlernt, läßt zumindest ein geringes Maß an Würde und einige Zeichen des Fortschritts erkennen. So zeigt beispielsweise eine Katze dem Erzähler ein selbstverfaßtes Gedicht mit dem Titel „Gefühle nach dem Studium unserer Geschichte", das die folgenden Zeilen enthält:

> Kostbares Blatt,
> Kostbare Blume,
> Kostbarer Berg,
> Kostbare Katze,
> Kostbarer Magen.

Wie jene dichtende Katze erläutert, stellt die letzte Zeile „Kostbarer Magen" einen erst kürzlich errungenen dichterischen Durchbruch dar, der in der zwanzigtausendjährigen Geschichte der Katzendichtung bislang unentdeckt geblieben war.[23] Solche befreienden Momente fehlen allerdings der Politik der Katzen. Soweit der Erzähler das System überschauen kann, scheint sich das Katzenvolk mit einer unendlichen Reihe von Regierungsgeschäften zu befassen, die sie „Gezänk" nennen. Die derzeit herrschende Ideologie „Jedem-seinen-Teil-ismus" hatte sich nach einem langen Gezänk, das schließlich den Sturz der Katzenkaiser bewirkte, durchgesetzt. Aber diese Ideologie vermochte der Nation kaum Trost zu bringen, und der Führer der Jedem-seinen-Teil-isten beanspruchte schließlich die kaiserliche Robe für sich selbst und nahm den Ehrentitel „Herrscher über das zehntausendfache Gezänk" an.[24]

Den Höhepunkt der Erzählung bildet der Überfall einer Gruppe von kleinen Leuten (ganz offensichtlich eine Anspielung auf die Japaner) auf das Katzenland. Das Katzenvolk, das nicht fähig ist, sich auf eine gemeinsame Politik zu einigen, wird systematisch zusammengetrieben und abgeschlachtet. Eine kleine Gruppe von zehn Katzen kann sich auf einen einsamen Berg zurückziehen. Aber selbst dort, wo sie kurzzeitig vor den Eindringlingen sicher sind, gelingt es ihnen nicht, sich zu solidarisieren. Als dann die „kleinen Leute" den Berg einnehmen, sind nur noch zwei Katzen am Leben. „Und selbst diese beiden," schreibt Lao She, „waren in tödlichen Kampf verstrickt. Die feindlichen Soldaten töteten sie nicht, sondern schlossen sie in einen großen hölzernen Käfig ein. Und dort kämpften die beiden weiter, bis sie sich zu Tode gebissen hatten."[25] Nach dieser Apokalypse gelingt es dem Titelhelden mit Hilfe eines französischen Raumschiffes, das zufällig auf dem Mars landet, nach China zurückzukehren.

Die Botschaft von *Katzenland* reizte linke Autoren sofort zur Kritik. Lao She selbst meinte, daß das Buch ,,wie ein Vogel mit gestutzten Flügeln unfähig sei, sich vom Boden zu erheben", denn es besitze nicht die Kraft der Bitterkeit und den Humor einer wahren Satire, sondern handele ,,nur von negativen Dingen, denn mir fiel nichts Positives ein".[26] Einige der zentralen Fragen, die Lao in seinem Roman stellte, ähnelten jedoch den Problemen, mit denen sich Lu Xun und Qu Qiubai bereits seit zehn Jahren beschäftigten: welche Bedeutung man wohl dem geschriebenen Wort zumessen dürfe angesichts der Tatsache, daß unmittelbares politisches Handeln China so viel Unheil gebracht habe? Und, falls Literatur als politisches Mittel Sinn und Wirkung hatte, war die Satire ein geeignetes Mittel?

Einige Gedanken Lu Xuns zu diesem Thema nahmen während des Februars im Jahre 1933 Gestalt an, als George B. Shaw seine Ostasienreise in Shanghai für einen Tag unterbrach. Lu Xun nahm mit Freuden eine Einladung zu einem Zusammentreffen mit Shaw an. Die Einladung hatte Cai Yuanpei ausgesprochen, der seit seinem Rücktritt als Kanzler der National-Universität in Peking maßgeblich das Erziehungswesen der Guomindang beeinflußte und der gemeinsam mit Sun Yatsens Witwe die chinesische ,,Liga zum Schutz der Menschenrechte" gegründet hatte, die auch Shaws Gastgeber in Shanghai war.[27] Lu Xun berichtete später, er habe Shaw nicht viel zu sagen gehabt. Er freute sich jedoch, gemeinsam mit Shaw photographiert zu werden, und zeigte sich beeindruckt von der Aufrichtigkeit, die aus Shaws Auftreten sprach, und von der Gelassenheit, mit der er unzählige belanglose Fragen chinesischer Journalisten beantwortete. Als Qu Qiubai ein kleines Buch mit Berichten über Shaws Besuch in China zusammenstellte, war Lu Xun gerne bereit, die Einleitung zu verfassen. Lu Xun schrieb, Shaw sei ein Spiegel, der das wahre Gesicht der Chinesen reflektiere, und die Genauigkeit dieser Reflexion beweise seine Größe ebenso wie die Tatsache, daß er jeden gleichermaßen beleidige. Shaw habe sich geweigert, den verschiedenen Gruppierungen unter den chinesischen Intellektuellen nach dem Munde zu reden: ,,Die Lahmen hofften, er würde den Gebrauch von Krükken empfehlen, die an Krätze Erkrankten hofften, er würde das Tragen von Hüten anpreisen, diejenigen, die Rouge aufgelegt hatten, hofften, er würde blaßgesichtige Matronen verspotten, und die Verfasser nationalistischer Literatur erwarteten von ihm vernichtende Angriffe auf die Japaner." Weil sie die Weigerung Shaws, mit ihnen gemeinsame Sache zu machen, nicht hinnehmen konnten, hätten sich die chinesischen Intellektuellen gegen ihn gewandt: ,,Er sagt die Wahrheit, aber sie halten das für einen Scherz; sie lachen laut über ihn und tadeln ihn, weil er selbst nicht lacht." Schließlich hätten sie ihn zu ihrer Verteidigung einen ,,Satiriker" genannt, als ob dies die Kraft

Lu Xun, George Bernard Shaw und Cai Yuanpei (der Kanzler der Universität Peking während der 4.-Mai-Bewegung) nach dem Mittagessen im Hause der Witwe Sun Yatsens in Shanghai am 17. Februar 1933. „Als wir so nebeneinander standen," schrieb Lu Xun sechs Tage später, „wurde ich mir meiner geringen Körpergröße bewußt. Und ich dachte, daß ich vor dreißig Jahren mehr Gymnastik hätte treiben sollen, um größer zu werden.

seiner Analyse hätte schwächen können. Aber wie Lu Xun beobachtete, „wird das Ende dieses paradoxen Shaw oder die Lösung von Shaws Widersprüchen erst dann erreicht sein, wenn die Widersprüche der Gesellschaft gelöst sind, und das ist kein Grund zum Lachen".[28]

Für Ding Ling und die wenigen Mitglieder der Kommunistischen Partei, die sich in jenem Frühjahr 1933 noch in Shanghai aufhielten – die meisten lebten zerstreut in anderen Städten, waren getötet oder ins Gefängnis geworfen worden oder befanden sich im Süden, im Schutz des Jiangxi-Sowjet –, müssen diese Worte niederdrückend geklungen haben. Ding Ling hatte unermüdlich für die Partei gearbeitet: in der Redaktion der Zeitschrift *Großer Bär,* als Mitglied des Exekutivkomitees des „Bundes linksgerichteter Schriftsteller" und in den Jugendabteilungen der Kommunistischen Partei. Gleichzeitig schrieb sie ein Dutzend Kurzgeschichten, die sich mit revolutionären Themen oder der antijapanischen Widerstandsbewegung befaßten. Eine dieser Erzählungen mit dem Titel „Adolph der Poet" schildert in düsteren Worten das ziellose Leben eines weißrussischen Emigranten, eine andere stellt eine sozialistische Fassung des Märchens von Peter Pan und Tinker Bell dar, aber die meisten ihrer Geschichten handelten, entgegen der Ankündigung, die sie 1931 vor den Studenten von Guanghua geäußert hatte, von Bauern und Arbeitern innerhalb der revolutionären Bewegung. Sie arbeitete auch sehr intensiv an ihrem Roman *Mutter;* von Herbst 1932 bis zum Frühjahr 1933 schrieb sie fast hunderttausend Zeichen; im April konnte sie den ersten Teil der geplanten Trilogie beenden und an ihren Verleger schicken.[29] Zur Zeit der Niederschrift dieses Romans lebte sie in Shanghai gemeinsam mit einem blassen, ziemlich kränklichen jungen Schriftsteller und Übersetzer namens Feng Da in der Kunshan Straße in einem Apartment im dritten Stock. (Shen Congwen traf ihn einmal; er war nicht von ihm beeindruckt und meinte, Feng sehe wie ein Büroangestellter einer ausländischen Firma aus.) Am 14. Mai 1933 überfiel die Polizei die Wohnung in der Kunshan Straße, als sich Ding im Gespräch mit Feng und zwei kommunistischen Freunden befand. Einer der Freunde versuchte, über den Balkon in eine andere Wohnung zu fliehen, und stürzte zu Tode. Ding wurde mit den übrigen verhaftet und verschwand spurlos.[30] Ihre Freunde in Shanghai glaubten, sie sei getötet worden. Yang Quan, der Generalsekretär der „Liga zum Schutz der Menschenrechte", der vor kurzem noch Shaws Gastgeber gewesen war, versuchte herauszufinden, ob Ding noch am Leben sei. Er protestierte öffentlich gegen ihre Verhaftung und verlangte von der Guomindang eine Erklärung. Die Guomindang-Führung haßte Yang seit Monaten, da seine Liga heftige Vorwürfe gegen sie erhoben hatte. Der neuerliche Protest traf nun mit der Entsendung von Spezialagenten der Guomindang nach Shanghai zusammen. Am 18. Juni, an einem frühen Sonntagmorgen, als Yang gerade mit seinem Sohn ausfahren wollte, feuerten vier Männer Schüsse auf Yangs Wagen ab. Yang war auf der Stelle tot.[31]

Später in jenem Jahr entschloß sich Qu Qiubai, nach Jiangxi überzusiedeln. Mao Zedong hatte ihn gebeten, im dortigen Sowjet als Erziehungskommissar zu arbeiten und zu versuchen, seine Theorien zur Erziehung der Massen und zum literarischen Realismus in die Praxis umzusetzen. Er erreichte Jiangxi im Januar 1934 (seine Frau und seine Tochter hatte er in vermeintlicher Sicherheit bei Freunden in Shanghai untergebracht). Aber die Zustände im Sowjet waren so primitiv und das Leben auf Grund des ständigen militärischen Drucks durch Chiang Kaisheks „Ausrottungsfeldzüge" so hektisch, daß Qu alle seine Kräfte darauf verwenden mußte, den Analphabeten die Grundlagen des Lesens beizubringen. Qu versuchte zwar unablässig, Neuerungen einzuführen, indem er Tänze und Volkslieder in die proletarische Kunstform einbezog, aber hier traf er auf die harte Realität seiner eigenen Erklärung vom Sommer 1932, daß die Erziehungsarbeit unter den Bauern sehr viel schwieriger sein würde als unter den Angehörigen des Proletariats, denn „die Sprache des Volkes auf dem Lande ist primitiv und unklar" und immer noch von jenen „unklaren Regionalismen" beherrscht, die das städtische Proletariat durch die gemeinsame Erfahrung von Industriearbeit und städtischer Existenz langsam hatte abstreifen können.[32] Aber hier hatte er zumindest für eine kurze Zeit Gelegenheit, seinen Traum von einer chinesischen Schriftsprache zu verwirklichen, die die Bedürfnisse der Massen, nicht allein die der bürgerlichen Elite berücksichtigte, wie auch immer diese definiert sein mochten:

„Die revolutionäre Literatur und Kunst des Volkes muß sich zuallererst auf die niedrigste proletarische Gassensprache einstellen. Oberflächlich gesehen scheint es anfangs so, als habe man sich nach der Umgangssprache der traditionellen Romanliteratur gerichtet. Aber das sollte keineswegs als ein Zeichen der Resignation aufgefaßt werden. Hier handelt es sich um eine proletarische Vorhut, die die gesamte arbeitende Bevölkerung dazu anleitet, eine neue und reichhaltige *moderne chinesische Literatur* zu erschaffen. Manchmal wird es notwendig sein, in den Schriften die verschiedenen örtlichen Dialekte zu berücksichtigen, und in Zukunft kann vielleicht eine besondere Literatur für Guangdong, Fujian und andere Provinzen entwickelt werden."[33]

Qu Qiubai blieb jedoch kaum Zeit, diese Vorstellungen zu erproben. Unter dem ständigen Druck der Truppen der Guomindang mußten sich die kommunistischen Streitkräfte aus Jiangxi mehr und mehr zurückziehen. Chiang Kaishek verfügte über eine starke erfahrene Armee und wurde von hohen deutschen Offizieren, die an den großen Schlachten des Ersten Weltkriegs teilgenommen hatten, beraten. 1934 ähnelte der Krieg in Jiangxi den Kämpfen auf den Feldern von Flandern, denn die Guomindang-Soldaten rückten systematisch aus vorbereiteten Stellungen mit Blockhäusern und Schützengräbern vor. Gleichzeitig lernten sie, die Täuschungsmanöver der Kommunisten zu durchschauen und die katastrophalen Fehler zu vermeiden, die ihnen bislang im Kampf gegen die Guerilla-Armeen unterlaufen waren, wozu zu weit auseinandergezogene Nachschublinien und die Aufsplitterung in kleine Einheiten zählten, die dann von größeren Guerillagruppen aufgerieben werden konnten. Die kommunistische Führung war über eine erfolgversprechende militärische Strategie tief zerstritten und ließ sich in eine starre Verteidigungsposition drängen, die sie nicht lange halten konnte. Als sich im Frühjahr 1934 der Vorrat an Lebensmitteln und Munition dem Ende zuneigte (zu keiner Zeit hatte medizinischer oder hochwertiger militärischer Nachschub den Sowjet erreicht), planten die Kommunisten, notfalls Jiangxi zu verlassen, um sich ein neues Stützpunktgebiet dort zu suchen, wo anderen kommunistischen Sowjets das Überleben gelungen war: entweder in der Provinz Sichuan oder in Shaanxi. Als gegen Ende des Jahres der Rückzug unvermeidlich wurde, verließen ungefähr hunderttausend Kommunisten die Hauptstadt des Jiangxi-Sowjet (wobei sie den Beginn ihres Rückzuges gekonnt vor den Streitkräften der Guomindang zu verbergen wußten), um die harte und gefährliche Reise in den Nordwesten anzutreten, die später als der „Lange Marsch" bekannt werden sollte. Lediglich eine kleine Anzahl von Soldaten blieb zur Täuschung gemeinsam mit den Kranken, Alten und den sehr jungen Kindern zurück. Mao Zedong, der während seines Aufenthalts im Sowjet mit He Zizhen zusammenlebte und zwei Kinder mit ihr hatte, mußte, obwohl He Zizhen ihn auf dem Marsch begleitete, beide Kinder zurücklassen.[34]

Qu Qiubai war durch seine Tuberkulose zu geschwächt, um den Marsch wagen zu können, und blieb ebenfalls zurück. Anfang 1935 machte er sich dann zu Fuß auf den Weg nach Shanghai, zeitweise mußten ihn seine Begleiter auf einer Bahre transportieren. Im Februar wurde er mit seiner Gruppe von einer Patrouille nationalistischer Soldaten gefaßt. Es gelang Qu anfangs, seine Identität zu verbergen. Nachdem ihn aber ein Spitzel verraten hatte, wurde er in das Tingzhou-Gefängnis in Changting in den Bergen in West-Fujian überführt.

Im Mai 1935 schrieb Qu ein umfangreiches Testament, das er „Einige überflüssige Worte" nannte. Nach seinem Tode gelangte dieses Dokument auf unbekanntem Wege in die Hände Dritter und wurde später publiziert. Zwar hatte ein Journalist, dem erlaubt worden war, Qu im Gefängnis zu interviewen, Teile des Dokumentes gesehen, aber es ist ungewiß, ob die Guomindang das ursprüngliche Schriftstück gekürzt oder in Teilen gefälscht hat. Die Kommunistische Partei war jedenfalls der Ansicht, daß der selbstverachtende und zynische Ton des Dokumentes dem Andenken Qus nicht gerecht werde und nahm es nicht in seine offiziellen „Gesammelten Werke" auf. Große Teile des Schriftstückes erinnern jedoch an den Qu, der fünfzehn Jahre zuvor nach Moskau gereist war, obgleich er zur Zeit der Niederschrift des Testaments krank und erschöpft darniederlag und sich mit sechsunddreißig Jahren wie ein alter Mann fühlte:

„Man stelle sich für einen Augenblick ein schwaches Pferd vor, das einen mit mehreren tausend Pfund beladenen Wagen einen gefährlichen steilen Berg hochziehen muß. Langsam versucht es, ihn von der Stelle zu bewegen.

Aber irgendwann ist es zu erschöpft, um weiter zu ziehen, und es ist zu ängstlich, um zurückzukehren. Genauso ging es mir, als ich für die Führung der Kommunistischen Partei verantwortlich war. Das Gefühl der Verzweiflung, das aus der Unfähigkeit entstand, mein Tun zu beenden, belastete mein schwaches Ich auf unbeschreibliche und unerträgliche Weise. Alles Politische erzeugte in mir somit einen gefühlsmäßigen Überdruß, und ich sehnte mich nach einer süßen Ruhe, in der mein Geist, von jeglichem Nachdenken befreit, aufhören könnte zu arbeiten. Allein Leere ist noch in mir, seitdem ich im Januar 1931 auf Beschluß der vierten Konferenz der Kommunistischen Partei Chinas aus dem Politbüro ausgeschlossen wurde."[35]

Mit „Leere" meint Qu wahrscheinlich, daß er sich weiterhin mit propagandistischen Arbeiten beschäftigen mußte, die ihn zwar intellektuell interessierten, seine „wahre Liebe", das Studium der russischen Literatur, jedoch nicht ersetzen konnten: Ein „historischer Irrtum" habe ihn dazu geführt, eine Stellung in der Parteiführung anzunehmen, denn „tief in meinem Herzen wußte ich, daß ich nichts anderes als ein sorgenfreier, unkonventioneller und unbekümmerter ‚Literat' war", einer jener „intellektuellen Müßiggänger", die so wenig zum Geschehen der Welt beitrügen.[36] Qu schrieb, er sei ein oberflächlicher marxistischer Theoretiker gewesen und habe sich allein mit solchen Dingen befaßt, die ihn persönlich interessierten. Er habe zum Beispiel niemals *Das Kapital* gelesen, weil ihn Nationalökonomie nicht in-

Qu Qiubai mit seiner Frau, der führenden Kommunistin Yang Zhihua, und beider Tochter, wahrscheinlich 1929 in Moskau.

teressierte. Die Wahllosigkeit, mit der er seine Studien verfolgt habe, bedeute jedoch nicht, daß er kein Marxist sei. Der Marxismus bilde für ihn das Umfeld, in dem er seine Gedanken habe entwickeln können, auch wenn seine marxistischen Überzeugungen durch frühere Lektüre mit dem Anarchismus Tolstois vermischt worden seien:

„Solange die kommunistische Gesellschaft die freieste aller Gesellschaften bleibt, nämlich klassenlos und staatenlos, habe ich nichts gegen sie einzu-

Qu Qiubai im Gefängnis kurz vor seiner Hinrichtung im Jahre 1935.

wenden, denn diese Gesellschaftsart stimmt mit meinem anarchistischen Ideal, in dem Friede und Liebe die Welt beherrschen und alle Menschen durchdringen, überein. Der Unterschied zwischen Marxismus und Anarchismus liegt in der Methode. Die Marxisten sagen mir, daß ein erbitterter Klassenkampf zur Errichtung der Diktatur des Proletariats, das heißt zur Übernahme der Regierungsmacht durch das Volk, stattfinden muß, bevor das endgültige Ziel erreicht werden kann. Bevor der Staat endgültig absterben kann, muß ein neuer Staat errichtet werden; bevor sich eine echte Demokratie entwickeln kann, muß eine proletarische Demokratie bestehen. Diese scheinbar gegensätzliche und doch logisch stimmige Darstellung – die sogenannte marxistische Dialektik – hat mich wirklich fasziniert."[37]

An einer anderen Stelle des Testaments fügte Qu hinzu: „Ihr, meine lieben Genossen, marschiert stetig und unbezwingbar vorwärts. Ich beneide euch und bete für euren Erfolg. Aber ich kann euch nicht länger folgen."[38]

Gegen Ende des Testaments beschreibt Qu die schreckliche Müdigkeit, die ihn seit mehreren Jahren überwältigt habe, eine Müdigkeit, die zum Teil in seiner Krankheit und zum Teil in den Mühen seiner politischen Arbeit begründet sei. Nun könne er es für wenige Augenblicke genießen, unbefangen gegenüber seiner Vergangenheit zu sein, bevor er in den ewigen Schlaf hinübergleite. Er bedauert, daß es ihm nicht gelungen sei, seine Klassenzugehörigkeit zu überwinden, um der Kommunistischen Partei besser dienen zu können; daß er weder gegenüber seinen Genossen noch gegenüber seiner Frau Yang Zhihua, zu der er eine echte und tiefe Liebe empfunden habe, offen gewesen sei; daß er einen großen Teil des Lebens als „burleske Show" betrachtet habe, in der er als Parteiführer, Collegeprofessor, Übersetzer, Ehemann und Spezialist für Grundschulerziehung viel zu viele seichte Rollen gespielt habe, und schließlich, daß er seine kleine Tochter niemals wiedersehen werde.

„Die Welt ist immer noch sehr schön für mich. Die Jungen und die Mutigen marschieren voran. Es gibt Blumen, Früchte, herrliche Berge und Flüsse, Fabriken mit Schornsteinen – wie männlich und heroisch sie vor ihrem Betrachter stehen! Und auch der Mond, wie sehr liebe ich den Mond; er scheint heute heller zu glänzen als je zuvor: Leb wohl, leb wohl, du schöne Welt!

All meine Kraft ist mir genommen. Nur ein leerer Rahmen ist geblieben. Wenn ich darüber bestimmen könnte, würde ich ihn dem Labor einer medizinischen Fakultät zur Verfügung stellen. Ich habe gehört, daß viele chinesische Krankenhäuser und medizinische Fakultäten große Schwierigkeiten haben, für ihre Experimente Leichen zu bekommen. Seit 1919 leide ich an Tuberkulose und mußte mehrere Male geröntgt werden. Ich erinnere mich, daß Ärzte 1931 Narben auf meinen Lungen entdeckten und sich deren Ursachen nicht erklären konnten. Wenn sie meinen Körper öffnen und genauer untersuchen würden, könnten sie, glaube ich, leichter etwas Neues entdekken. Das mag für andere Tuberkulosekranke in der Zukunft eine Hilfe sein. Meine Bemerkung mag laienhaft oder gar lächerlich klingen, denn ich verstehe nichts von Medizin.

Kurz, diese burleske Show ist beendet; die Bühne ist nun leer. Was änderte es, wenn ich mich nun sträubte zu gehen? Ich werde lange, lange ruhen. Ich kann nicht einmal darüber bestimmen, wie mein Körper beseitigt werden soll. Lebt wohl, all ihr schönen Dinge auf der Welt!

Das Leben des Klim Samgin von Gorki, *Rudin* von Turgenjew, *Anna Karenina* von Tolstoi, *Die wahre Geschichte von Ah Q* von Lu Xun, *Schwanken* von Mao Dun und *Der Traum der Roten Kammer* von Cao Xueqin – alle sind es wert, gelesen zu werden. Der chinesische Bohnenquark ist die köstlichste Speise der gesamten Welt. Adieu und lebt wohl!"[39]

Am 18. Juni 1935 wurde Qu Qiubai von einem Exekutionskommando hingerichtet.

1934, kurz bevor er nach Jiangxi reiste, hatte Qu Qiubai für die Neuausgabe von Lu Xuns gesammelten Essays ein herzliches Vorwort verfaßt. Nach Qus Tod erwiderte Lu Xun die ihm erwiesene Ehrung und arbeitete unermüdlich an der Herausgabe von Qu Qiubais gesammelten Aufsätzen – auch diese Bände veröffentlichte Lu Xun, wie bereits viele frühere Artikel, unter einem Pseudonym, um der Zensur zu entgehen.[40]

Die enge Freundschaft, die sich zwischen den beiden Männern entwickelt hatte, beruhte sicherlich auf ihren weitreichenden gemeinsamen Interessen und Erfahrungen: beide liebten die russische Literatur, sie hatten junge radikale Studentinnen geheiratet, hatten jeweils nur ein einziges Kind, um dessen Sicherheit sie ständig in Sorge waren; sie litten an Schlaflosigkeit, bevorzugten einen essayistischen Stil und waren beide an Tuberkulose erkrankt (auch Lu Xun war tagelang schwach und bewegungslos ans Bett gefesselt). An den innerparteilichen Gruppenkämpfen, die Qu Qiubai Ende der zwanziger Jahre an die Spitze und in den dreißiger Jahren zu Fall gebracht hatten, war auch Lu Xun stets intensiv beteiligt gewesen, und in den Jahren 1935 und 1936 wurde Lu Xun in noch turbulentere Auseinandersetzungen hineingezogen. Im „Bund linksgerichteter Schriftsteller" gehörten persönliche Streitigkeiten über ideologische Fragen zur Tagesordnung. Durch seinen Dichterfreund Hu Feng wurde Lu in einen gehässigen Kampf mit Zhou Yang, dem führenden kommunistischen Funktionär für kulturelle Angelegenheiten, verwickelt. Es ist eine Welt entstanden, so schrieb Lu Xun an Hu Feng, in der „ich mich ständig an eine eiserne Kette gefesselt fühle, während ein Aufseher meinen Rücken peitscht. Wie schwer ich auch arbeite, die Peitsche wird auf mich niedergehen. Wenn ich meinen Kopf wende und frage, worin denn nun meine Fehler bestünden, wird der Mann seine Hände zusammenschlagen, sie höflich schütteln und sagen, daß ich äußerst gute Arbeit leiste, daß er und ich ganz sicherlich die besten Freunde seien und daß heute ein schöner Tag sei. Ha, ha, ha." Oder, wie er es noch anschaulicher einem anderen Freund schilderte: es war eine Welt, in der „ich schräg stehen mußte, um mich auch von hinten zu schützen".[41]

Die neuerlichen Spannungen zwischen Lu Xun und ehemaligen Freunden innerhalb der Kommunistischen Partei beruhten auf zwei Faktoren: der wachsenden Macht der Japaner und der fast völligen Vernichtung der Kommunistischen Partei selbst. Gegen Ende 1935 hatten die Japaner, denen die Herrschaft über die Mandschurei nicht genügte, Chahar (nördlich von Peking) besetzt und die Guomindang gezwungen, große Gebiete der Provinz Hebei frei von chinesischen Soldaten zu halten, wodurch sie zunehmend Einfluß auf das eigentliche chinesische Hoheitsgebiet gewannen. Gleichzeitig war es dem Hauptteil der Kommunistischen Armeen gelungen, sich in der Nähe der Stadt Baoan neu zu formieren, nachdem ihr Rückzug aus dem

Jiangxi-Sowjet sie ein Jahr lang oftmals in Kämpfe verwickelt und sie fast 6400 Kilometer in einem großen Bogen durch die südwestliche Provinz Guizhou, weiter nördlich durch die tibetischen Grenzgebiete, durch Gansu bis nach Shaanxi geführt hatte. Dieses arme und bergige Gebiet lag zwischen der Großen Mauer und der Stadt Xian. (Vor vierzig Jahren hatte Kang Youwei den Kaiser Guangxu beschworen, Xian zur Landeshauptstadt zu machen.) Hier schlossen sich Mao Zedong und die siebentausend Überlebenden des ,,Langen Marsches" mit einer kleinen kommunistischen Armee zusammen, die dort seit 1931 einen Sowjet hatte aufrechterhalten können. Zusätzlich gewannen sie einige Rekruten aus örtlichen Moslemgemeinschaften, aber sie blieben weiterhin äußerst verwundbar.[42] In Xian zogen sich bereits Truppen, die Chiang Kaishek treu ergeben waren, zusammen, um in einem erneuten und wie sie hofften endgültigen Feldzug die Kommunisten auszurotten. Es war deshalb eine lebensnotwendige Taktik der Kommunisten, die mit der von Stalin und von der Komintern vertretenen allgemeinen Linie übereinstimmte, für eine landesweite ,,Einheitsfront" gegen die japanischen Besatzer einzutreten. Dieser Taktik schien die allgemeine Unterstützung des Volkes sicher zu sein, denn am 9. Dezember 1935 hatten Studenten in Peking zu einer riesigen antijapanischen Massenkundgebung aufgerufen, die im Ausmaß der Erregung, die örtlich und überall im Lande entfesselt wurde, an die großen Demonstrationen der Jahre 1919, 1925 und 1926 erinnerte und eine neue Generation von Studentenführern im ganzen Land bekannt werden ließ.[43]

In dieser Situation wurde Lu Xun in eine Debatte mit kommunistischen Parteifunktionären verwickelt, deren Schärfe zunahm, als das Zentralkomitee im Frühjahr 1936 die Auflösung des ,,Bundes linksgerichteter Schriftsteller" befahl. Lu Xuns Ansicht zu dieser Maßnahme war kaum gefragt, obwohl er eine so wichtige Rolle in der Arbeit des Schriftstellerbundes gespielt hatte. ,,Wie kann man den Bund denn einfach so auflösen," bemerkte er einem Freund gegenüber, ,,als ob er nicht an vorderster Front gestanden hätte!" An seiner Stelle wurde eine Literatur- und Kunstvereinigung gegründet, die Kulturarbeiter unter der Parole ,,Literatur zur nationalen Verteidigung" sammeln sollte. Lu Xun und Hu Feng, die sich ärgerlich gegen diese Maxime wandten, weil sie glaubten, daß dadurch die revolutionäre Begeisterung abgeschwächt werde, schlugen dagegen vor, die Schriftsteller sollten sich das Motto ,,Massenliteratur des Nationalen Revolutionären Krieges" zu eigen machen. Zhou Yang, der für die Kommunistische Führung sprach, bestand dagegen darauf, die ,,nationale Verteidigung" zum zentralen Thema der Literatur zu erheben; ausgenommen davon seien nur die Werke der ,,Verräter der Nation" – eine unfreundliche und kaum verschlüsselte Anspielung auf die Haltung Lu Xuns.[44]

Lu Xun war durch diese Vorkommnisse bereits verärgert, doch sein Zorn steigerte sich, als einer seiner Bekannten, ebenfalls mit Zhou Yang befreundet, schrieb, Lu ,,stärke unbewußt die boshaften Tendenzen" solcher Leute wie des Dichters Hu Feng. Dieser gemeinsame Freund wandte sich mit tadelnden Worten, nur notdürftig von Höflichkeitsfloskeln überdeckt, gegen Lu Xuns Einstellung und verwies auf deren Bedeutung im Kontext der weltpolitischen Entwicklungen, von denen China sich nicht loslösen könne.[45] Lu Xun erwiderte, daß er eine vernünftige Haltung zu einer Einheitsfront gegen Japan selbstverständlich unterstütze, jedoch zugleich auch davon überzeugt sei, daß die Motive der jungen Kommunisten, die sich nun so emsig in der Politik betätigten – und „ihre Zähne in mein Fleisch schlagen" –, in erster Linie sektiererisch und engstirnig seien.[46]

Diese Auseinandersetzungen scheinen Lu Xun etwas von seiner früheren Vitalität und Schlagfertigkeit zurückgegeben zu haben, denn gegen Ende 1935 verfaßte er plötzlich mehrere Kurzgeschichten, die Themen aus der Geschichte Chinas aufgreifen. Lu Xun stellte mythische oder halbmythische Figuren in verfremdete Situationen und ließ sie gleichermaßen geistvolle wie bissige Dialoge sprechen, in denen er ohne jedes Pathos jahrtausendealte Vorstellungen und Handlungsweisen aufgriff. Die mythischen Herrscher Shun und Yü, die treuen Mitarbeiter Boyi und Shu Qi, die ihr Leben opferten, als die Shang-Dynastie unterging, der Philosoph Konfuzius und die daoistischen Weisen Zhuangzi (Chuang-tse) und Lao-tse – sie alle fanden Eingang in diese neugeschaffene Welt, die Lu Xun erdacht hatte.[47] Sie stellten nicht länger Vertreter jener „kannibalischen Kultur" dar, als die Lu Xun sie fast zwanzig Jahre zuvor beschrieben hatte, sondern waren nun von einem wehmütigen Hauch umgeben, wenngleich ihre Worte teils provozierend, teils aber auch kraftvoll und anregend sind. In der Erzählung „Abschied vom Paß" beispielsweise kehrt der Weise Lao-tse der Welt des „Hofes" den Rücken, von der er annimmt, sie werde in Zukunft von Konfuzius beherrscht werden, und zieht in die nordwestlichen Wüstengebiete jenseits der Großen Mauer. Als er sich auf dem Rücken eines dunklen Ochsen, bepackt mit seinen wenigen Habseligkeiten, seinem Ziel nähert und bereits die Neigung der Lößebene unter einem klaren, blauen Himmel erblickt, wird er von einer Soldatenpatrouille angehalten, die ihn höflich, aber bestimmt zu ihrem Wachhaus bringt, damit er dort noch einen letzten Vortrag halte, bevor er seinen Weg fortsetze. Als Lao-tse sich anschickt, seine Ansichten darzulegen, entsteht Bestürzung:

„‚Der Weg, von dem berichtet werden kann, ist nicht der ewige Weg; die Namen, die genannt werden können, sind nicht die ewigen Namen. Aus dem Namenlosen erwuchsen Himmel und Erde. Das Namentragende ist allein die Mutter aller Geschöpfe ...‘

Die Zuhörer blickten einander an. Niemand machte sich Notizen. Lao-tse fuhr fort:

‚Wahrlich, nur wer sich für immer von den Begierden löst, vermag das Geheime Wesen zu erschauen; wer sich niemals von den Begierden löst, vermag nur die Äußerungen zu sehen. Beides entstammt derselben Form, doch die Namen sind verschieden. ‚Dieselbe Form‘ können wir nur als das

Mysterium bezeichnen, oder besser noch als das, ‚was dunkler ist als das Mysterium‘, das Tor, dem alles Geheime Wesen entstammt.‘

Unmut erschien auf den Gesichtern aller Anwesenden. Manche schienen nicht zu wissen, wohin mit ihren Händen und Füßen. Einer der Zollbeamten gähnte laut; der Schreiber schlief ein und ließ seine Messer, Bürsten und Holztäfelchen krachend auf die Matte fallen.“[48]

Verwirrt durch diesen Vortrag, aber dennoch begierig, möglicherweise Profit daraus schlagen zu können, bittet die Wache Lao-tse, seine Gedanken in einem Buch niederzuschreiben. Als das Buch fertiggeschrieben ist, bemerkt sie mit Entsetzen, daß es „dasselbe alte Gewäsch“ enthält. Man läßt Lao-tse nun mit einem kleinen Vorratssack auf dem Rücken seines Ochsen weiter in die Wüste ziehen. Das kleine Buch liegt derweil in einem Regal im Wachhaus, einem Regal, auf dem sich bereits „Salz, Sesam, Stoff, Bohnen, ungesäuertes Brot und andere beschlagnahmte Güter türmen“.[49]

Danach verfaßte Lu Xun keine weiteren Erzählungen. Er widmete sich der Herausgabe von Qu Qiubais Werk, bereitete ein Buch mit Holzschnitten von Käthe Kollwitz vor und versuchte seine Übersetzung des Romans *Die Toten Seelen* von Gogol zu beenden. In der ihm verbleibenden Zeit beschäftigte ihn die heftige und polemische Auseinandersetzung um die programmatische Zielsetzung der kommunistischen Kulturarbeit und, um eine Einheitsfront gegen Japan. Lu Xun wurde seit langem von einem japanischen Arzt behandelt, und obwohl er diesem Achtung und Vertrauen entgegenbrachte, vereinbarten seine Freunde eine Untersuchung bei einem amerikanischen Tuberkulosespezialisten. Dieser teilte Lu Xun mit, daß er bald sterben werde, und fügte – wie Lu Xun berichtete – taktvoll hinzu, daß Lu, wäre er ein Europäer, schon seit fünf Jahren unter der Erde liegen würde. Ironisch bemerkte Lu Xun: „Ich bat ihn nicht, mir ein Medikament zu verordnen, denn da er im Westen studiert hatte, konnte er wohl kaum gelernt haben, einem bereits seit fünf Jahren toten Patienten etwas zu verschreiben.“[50]

Ein Essay, den Lu am 5. September 1936 mit dem lakonischen Titel „Tod“ überschrieb, entsprach dem von Qu Qiubai kurz vor seiner Hinrichtung verfaßten Testament.

„Wäre ich ein hoher Edelmann mit einem riesigen Vermögen, dann hätten meine Söhne, Schwiegersöhne und andere mich vor langer Zeit bereits gebeten, ein Testament zu verfassen; von mir hat das jedoch keiner verlangt. Allerdings kann ich ebensogut eines hinterlassen. Ich lege Wert auf einige wenige Verhaltensregeln meiner Familie; dazu zählen:

1. Nehmt von niemandem einen Pfennig für das Begräbnis an. Dies gilt nicht für alte Freunde.
2. Beendet die ganze Zeremonie so schnell wie möglich. Beerdigt mich, und damit gut.
3. Veranstaltet keine Gedenkfeiern.

4. Vergeßt mich und kümmert euch um eure eigenen Angelegenheiten – tut ihr das nicht, dann seid ihr einfach albern.
5. Wenn das Kind heranwächst und keine besondere Begabung zeigt, soll es sich mit irgendeiner unbedeutenden Arbeit seinen Lebensunterhalt verdienen. Keinesfalls soll es nur dem Namen nach Schriftsteller oder Künstler werden.
6. Verlaßt euch nicht auf die Versprechen anderer.
7. Laßt euch niemals mit Menschen ein, die andere verletzen und gleichzeitig Vergeltung ablehnen und Toleranz predigen.

Es gab noch andere Punkte, doch ich habe sie vergessen. Ich erinnere mich auch, daß mir während eines Fieberanfalls der Brauch der Europäer vor Augen trat, vor dem Tode in einer Art Feier andere um Vergebung zu bitten und ihnen selbst auch zu vergeben. Also: ich habe viele Feinde, und was würde ich wohl antworten, wenn irgendein neumodischer Mensch meine Meinung dazu wissen wollte? Nach einigem Nachdenken kam ich zu dem Schluß: sollen sie mich doch weiter hassen. Ich werde auch keinem einzigen vergeben.

Es fand aber keine derartige Feier statt, und ich habe kein Testament aufgesetzt. Ich liege einfach ruhig da, aber manchmal verdrängt ein Gedanke alle anderen: Wenn dies Sterben sein soll, bereitet es jedenfalls keine Schmerzen. Gegen Ende mag es freilich anders sein; aber dennoch, weil es nur einmal im Leben geschieht, kann ich es ertragen.“[51]

Lu Xun starb am 19. Oktober 1936 in Shanghai.

Ding Ling war nach ihrer Festnahme im Mai 1933 nicht hingerichtet worden; die Guomindang stellte sie jedoch für die folgenden drei Jahre unter Arrest. Da sie weder angeklagt noch eine Untersuchung gegen sie eingeleitet wurde und Ding die meiste Zeit in Häusern von Guomindang-Beamten (in Nanking oder in Hangzhou) zubrachte, gelangten viele ihrer ehemaligen Freunde zu der Überzeugung, sie sei übergelaufen und verrate vielleicht sogar ihre Freunde an die Guomindang oder verleugne ihre einstige kommunistische Überzeugung. Lu Xun beispielsweise hatte gegenüber Freunden trocken bemerkt, daß „die Guomindang für sie sorge“.[52] Der Zweck ihrer Verhaftung scheint jedoch nicht darin bestanden zu haben, Ding Ling zu bestrafen, sondern eher darin, sie von ihren ehemaligen Freunden zu isolieren, um sie zu zwingen, ihre propagandistische Arbeit für die Kommunistische Partei aufzugeben. Sie durfte mit ihrem Liebhaber Feng zusammenleben, und ihre Mutter (die inzwischen sicherlich erfahren hatte, was Hu Yepin zugestoßen war) reiste aus Hunan an und brachte auch das Kind mit, das sie seit Hus Tod versorgte. Während des Jahres 1935 wurde Ding erneut schwanger und gebar eine Tochter, deren Vater Feng war.

Die Art und Weise der Behandlung Ding Lings war sicherlich äußerst ungewöhnlich im Umfeld des Kampfes zwischen der Guomindang und den

Kommunisten. Ein höherer Offizier der Guomindang, der der Ermittlungsbehörde angehörte und seinerzeit auch Ding Lings Festnahme angeordnet hatte, berichtete später über Ding Lings Haltung und wies auf den psychischen Druck hin, dem sie unterworfen war:

„Ihr Fall war nicht so schwerwiegend, denn sie hatte nicht an gewalttätigen oder subversiven Handlungen teilgenommen. Ich hoffte sehr, daß sie ihre schriftstellerische Begabung nutzen und sich als Kulturarbeiterin für unsere Partei einsetzen würde. Gleich nach ihrer Ankunft in Nanking sprach ich offen mit ihr. Sie äußerte die Absicht, sich von ihrer Vergangenheit loszusagen und eine schriftliche Erklärung dazu abzugeben. Als sich das Paar bereiterklärte, ein neues Leben zu beginnen, brachte ich sie in einem ruhigen Hotel unter. Nach zwei Wochen verlegte man sie jedoch wegen der hohen Hotelkosten in das Haus eines meiner Kollegen. ... Innerhalb des Wohnsitzes wurden sie zuvorkommend betreut und mit allem Notwendigen versorgt, aber es war ihnen nicht gestattet, das Haus zu verlassen. Sie lebten in einem großen Arbeitszimmer, vor dem ein kleiner Garten lag, und durften ungestört lesen, miteinander sprechen oder tun, was sie wollten. Sie erhielten Bettdecken, Bettücher, Kleidung, Bücher und Zeitschriften, Schreibmaterial und Lebensmittel, ohne dafür bezahlen zu müssen. Sie sagte, sie habe in Shanghai niemals so angenehm gelebt."[53]

Tatsächlich aber schrieb Ding Ling sehr wenig in dieser merkwürdigen und abgeschlossenen Umgebung, was nicht verwunderlich ist. Später erklärte sie: „Ich hatte absolute Muße, aber ich schrieb nicht. Ich grübelte nur und wurde von all dem Grübeln ruhelos. Ich hoffte nur, eines Tages wieder unter Streß leben zu können und mir die Zeit zum Schreiben abringen zu müssen."[54] Eine der Geschichten, die sie dennoch vollendete, handelte von einem Gefängniswärter, der in seiner unbeholfenen Art freundlich war, ihr gelegentlich eine Zigarette anbot und von seinen vergangenen Heldentaten schwärmte. Die offensichtliche Sympathie, die Ding diesem Wächter und einigen seinen Kollegen entgegenbringt, scheint durch die gesamte Erzählung hindurch und steht in krassem Gegensatz zu den Diskussionen, die sich in den linken Intellektuellenkreisen Shanghais über die direkte Abhängigkeit von Klassenzugehörigkeit und Charakter entwickelt hatten. Für Ding Ling war ein menschlicher Guomindang-Wärter kein Widerspruch in sich:

„Die Tage sind zu lang. Es ist, als ob wir auf einer trostlosen Insel lebten, wenn wir den ganzen Tag untätig in dieser großen Halle bleiben müssen. Ich ermutige sie (die Wächter), mir ihre Lebensgeschichte zu erzählen. Ihre Geschichten sind ergreifend, und ich lerne viel daraus. Seit ihrer Geburt haben sie ständig den Stürmen des Lebens trotzen und in ihrer ereignisreichen Vergangenheit viele seltsame Dinge mitansehen müssen. Nach einiger Zeit nehmen einige von ihnen Unterricht bei uns. Einer studiert Englisch. Einer lernt Chinesisch und übt das Schreiben mit dem Pinsel. Wieder ein anderer liest lieber Romane; täglich fragt er uns Worte, die ihm unverständlich sind."[55]

Kurz vor, vielleicht auch gleich nach ihrer Festnahme befaßte sich Ding Ling wieder mit der Figur, die sie im „Tagebuch des Fräulein Sophie" geschaffen hatte. Die nun ältere, weisere Sophie schreibt in einem ruhigen Moment, sie habe die vergilbten Seiten ihres alten Tagebuchs noch einmal durchgeblättert und empfinde keine Beziehung mehr zur Schreiberin jener Zeit. Ihr damaliges Selbst rufe in ihr keine Gefühle mehr wach. „All jene Phantasien, Gefühle, Wunden und Liebschaften sind Vergangenheit."[56] In diesem Werk (von dem nur noch sieben Seiten existieren) identifiziert sich Ding Ling völlig mit der Gestalt der neuen Sophie. Sie schreibt, daß Sophie einen neunzehnjährigen Liebhaber findet, und erzählt von ihren gemeinsamen Leidenschaften, von den allmählichen Veränderungen in ihrem Leben, nachdem sie Peking verlassen hatten:

„Während derselben Zeit wurde ich Mutter eines Sohnes. Wir wollten kein Kind. Es schien für uns unmöglich, ein Kind aufzuziehen, denn wir fürchteten, ein Kind würde unser gemeinsames Leben zu sehr auseinanderreißen. Und dennoch waren wir ganz gewöhnliche Menschen; wir konnten unsere Liebe für diesen kleinen, lebhaften Säugling nicht unterdrücken. Wenn wir sein unschuldiges, rotes, zartes Gesichtchen betrachteten, während er in seiner Wiege schlief, tröstete das über alle Mühsal hinweg, die er seinen Eltern zufügte. Er schrie sehr viel, und ich litt geistig und körperlich mehr als je zuvor in meinem Leben. Dennoch, ich bin eine Frau und es fehlt mir nicht der Reichtum der mütterlichen Liebe, und wenn ich entschlossen gewesen wäre, das Kind bei mir zu behalten, wäre ich sicherlich stark genug dafür gewesen."[57]

Aber, so spricht die neue Sophie des Tagebuchs, sie habe den Verlockungen, die dieses Baby mit sich brachte, widerstanden und das Kind, ohne jemals eine Träne zu vergießen, zur Großmutter nach Hunan gesandt.

Ding Lings Verschwinden hatte ihren Ruhm nur noch vergrößert. Fragmente wie dieses wurden (ungeachtet ihres literarischen Wertes) in namhaften Zeitschriften veröffentlicht und steigerten noch die Atmosphäre des Geheimnisvollen und Mehrdeutigen, die ihren und Sophies Namen umgab.

Obwohl sie sich in ihre Gefangenschaft zu fügen schien, traf Ding Ling im Jahre 1936 sorgfältige Vorkehrungen zur Flucht. Ihr Geliebter Feng war ernsthaft an Tuberkulose erkrankt und mußte von Zeit zu Zeit in ein Krankenhaus eingewiesen werden. Ding Ling beteuerte ihren Guomindang-Wärtern, sie leide an Langeweile, sei durch die Krankheit ihres Geliebten deprimiert und außerdem völlig erschöpft durch die endlose Aufgabe, ihre Kinder verpflegen und umsorgen zu müssen. Im Mai 1936 erhielt sie die Erlaubnis, nach Peking zu reisen. Dort traf sie sich mit Mitgliedern der Kommunistischen Partei; man beschloß, daß Ding Ling zunächst nach Nanking zurückkehren und später im selben Jahr versuchen solle, sich in das kommunistische Operationsgebiet von Baoan durchzuschlagen, wohin bereits eine Anzahl linker Intellektueller geflüchtet war. Wieder in Nanking, traf Ding Ling im Sommer mit Hilfe von Untergrundmitgliedern der Partei alle Vorbereitungen. Im September, als alles geregelt war, erteilte ihr die Guomindang die Erlaubnis, nach Shanghai zu reisen, um sich dort von einem japanischen Facharzt behandeln zu lassen. Freunde nahmen sie dort auf und versteckten sie. Sie blieb etwa einen Monat lang, bis sich eine Transportmöglichkeit in den Nordwesten ergab. Mitte Oktober schlug sich Ding Ling bis Xian durch, wo sie sich inmitten der Truppen der Guomindang erneut bei Freunden versteckte.[58] Am letzten Tag des Oktobers 1936 floh sie auf einem Karren aus der Stadt und rumpelte dem kommunistischen Operationsgebiet entgegen. Wenn man sich die Erzählungen vor Augen hält, die sie in den zehn Jahren zuvor geschrieben oder gelesen hatte, so könnte man sich die junge Frau an jenem Oktobertag in drei verschiedenen Verkleidungen vorstellen: als Lao Shes Erzähler, der sich den letzten zehn Guerillas auf ihrem Berg im Katzenland anschließt; als Lu Xuns Philosoph, der über die Pässe dem reinen, blauen Himmel entgegenzieht, der über den kahlen Lößhügeln strahlt; oder einfach als eine ältere, müde Sophie mit dem festen Willen, von dem, was ihr von ihrem Leben im Süden geblieben war, nichts zu verschwenden.

Zehntes Kapitel

Flüchtlinge

In seinem selbstkritischen Vorwort zum Roman *Katzenland* aus dem Jahre 1933 hatte Lao She einen kurzen imaginären Dialog mit einem seiner Leser wiedergegeben: „Er fragte mich: ‚Für welche Richtung schreibst du? Welcher Klasse gehörst du an? Für welche Leute behauptest du zu sprechen? Gehörst du zu den Wirbeltieren, oder vielleicht nicht? Wieviel bezahlen sie dir?' Ich kaufte ihm zehn Pfund Äpfel, um damit sein Maul zu stopfen. Er stellte keine weiteren Fragen, und ich ging zufrieden davon, um mich tüchtig auszuschlafen." Der Schlaf war so tief, fügte Lao She hinzu, daß er nach dem Erwachen nicht mehr wußte, in welchem Jahr oder Monat er sich befand. So war er nicht imstande, seinem Vorwort, wie unter Autoren üblich, ein Datum hintanzusetzen.[1]

Zu Beginn des Jahres 1936 hatte Lao She auf Grund der Erfahrungen während seines Aufenthaltes in China erkannt, daß solche Fragen nicht einfach als bloß amüsant abgetan werden konnten. Während der glühendheißen Shandong-Sommer der Jahre 1933 und 1934 hatte er – in den langen Ferien, die seine Lehrverpflichtungen an der Universität Jinan unterbrachen – weitere Anstrengungen unternommen, die Welt der chinesischen Mittelklasse seiner Zeit zu ergründen. Was er sah, bedrückte ihn zunehmend: man ließ sich nicht mehr von den Werten der alten chinesischen Gesellschaft leiten, doch man war auch unfähig, moralische Grundsätze zu entwickeln, die sich für eine neue Gesellschaft als hilfreich hätten erweisen können. Man war sich seines Unglücks zwar bewußt, doch man fand nicht den Mut, entschlossen zu handeln, um die Lage zu ändern. Die Bier schlürfenden Pseudomarxisten, die falschen Konfuzianer in Satinpantoffeln oder die hilflosen Armen, die in den ihnen unverständlichen gesellschaftlichen und militärischen Auseinandersetzungen gefangen waren, sie alle waren schutzlos. So wie die Männer und Frauen in der Erzählung Lu Xuns, die 1911 ziellos von dem Marktflecken He in das Städtchen Wu gerannt waren, so konnten auch Lao Shes Figuren „niemals genau herausfinden, wer gegen wen in diesen Bürgerkriegen kämpfte, und es kümmerte sie auch gar nicht, wer gewann oder verlor". Sie beteten allein darum, daß alle Armeen möglichst weit von ihren Wohnorten entfernt blieben, und wenn sie sich nicht ganz sicher waren, so hißten sie die japanische Flagge auf ihrem Dach in der Hoffnung, daß wenigstens dieses Symbol respektiert werden würde, gleich welche Armee auch einmarschierte.[2]

Im Frühjahr 1936, nachdem er sich in Shanghai nicht als unabhängiger

Schriftsteller hatte behaupten können und erneut eine Stellung als Lehrer angenommen hatte – dieses Mal in Shandong, in der Stadt Qingdao (Tsingtau) –, beschloß Lao She, seine Lehrtätigkeit für ein Jahr völlig aufzugeben und einen letzten Versuch zu unternehmen, einen erfolgreichen und ernsthaften Roman zu schreiben.

Rikscha – die Geschichte, die Lao She 1936 verfaßte und von September an in Fortsetzungen in einer Zeitschrift veröffentlichte (zu derselben Zeit, als Ding Ling sich von Shanghai nach Baoan durchschlug und als Lu Xun im Sterben lag) – handelt von einem jungen Rikschakuli namens Xiangzi, genannt „das Kamel", der in Peking lebt und arbeitet. Sie stellt (obgleich niemals vordergründig) eine Allegorie dar auf das Schicksal Chinas während der vergangenen zehn Jahre, seit dem Nordfeldzug von 1926. Der Held des Romans, Xiangzi, jung, kräftig und ungebildet, aber doch voller Hoffnung, nimmt in Peking seine Arbeit auf: er zieht einen gemieteten Rikscha-Wagen. Schnell und guten Mutes rennt er bei jedem Wetter und zu jeder Jahreszeit durch die Stadt, in der er bald jede Steigung und jede Gasse, jedes Restaurant und jeden Kanaldeckel, jedes Lichtspiel auf den Mauern und jeden Luftwirbel an den Straßenecken kennt. Er träumt nur von dem Tag, an dem er seinen eigenen Rikscha-Wagen besitzt, den er, sorgfältig eingefettet, in poliertem Glanz erhalten will, und an dem er eine liebenswerte Frau findet, die seine Kinder gebären wird. Doch als einzelner vermag er nicht zu überleben, ungeachtet der Stärke seines Körpers und der Klarheit seiner Träume: Der Rikscha-Wagen, den er sich schließlich von seinem Verdienst kaufen kann, wird von einer Einheit umherziehender Soldaten beschlagnahmt und niemals zurückgegeben. Eine neue Geldsumme, die er sich unter großen Schwierigkeiten, aber auch durch erhöhte Rücksichtslosigkeit gegenüber seinen Kollegen zum zweiten Mal erspart hat, verliert er an einen unredlichen Detektiv, der vorgibt, er suche nach politischen Umstürzlern. Xiangzi heiratet in der Hoffnung auf ein leichteres Leben eine Frau, die er nicht liebt, und muß mitansehen, wie sie von ihrem Vater enterbt wird. Nach ihrem Tod im Kindbett weist er eine andere junge Frau von sich, die ihm Liebe und Zuneigung hätte geben können. Am Ende des Romans ist Xiangzi krank, allein und früh gealtert. Er lebt von erbettelten Leihgeldern, von der bezahlten Teilnahme an Umzügen und Demonstrationen und von dem Erlös aus dem Verkauf von Informationen über gewerkschaftliche Agitatoren an die Pekinger Polizei.[3]

Rikscha enthielt die Antworten Lao Shes auf die fünf Fragen, die sein imaginärer Gesprächspartner im Vorwort zu *Katzenland* gestellt hatte. Um die letzte Frage zuerst aufzugreifen: Der Roman stellte eine Auftragsarbeit dar und war, den Gesetzen des Marktes folgend, eher zu lang geworden als zu kurz: „Fünftausend Schriftzeichen möchten wohl besser sein als hunderttausend, da Literaturwerke nicht mit Schweinen vergleichbar sind, deren Güte von ihrem Umfang bestimmt wird. Doch muß man einsehen, daß für hunderttausend Schriftzeichen drei- bis fünfhundert Dollar bezahlt werden,

Rikschakuli, Holzschnitt von Lan Jia.

während fünftausend Schriftzeichen nur neunzehn Dollar einbringen." Zweitens: Obwohl Lao She keine bestimmte politische Richtung vertrat, war er doch von sozialistischen Theorien über die Rolle der Literatur in der Gesellschaft und die Anforderungen des Realismus beeinflußt worden. Hier fehlte jenes strahlende Licht, das einstmals Qu Qiubais Hoffnungen in Moskau erhellt hatte; allein das stille Wissen um eine Welt war vorhanden, in der ein alter Mann murmelt: „Wir sind doch Brüder, trotz allem", und in der Xiangzis Frau kurz vor ihrem Tode erkennt, daß das Leben „wie ein Gang nach Osten ist, wenn die Sonne schon untergeht. Die fernen Orte sind bereits dunkel, doch direkt vor dir ist noch ein wenig Licht und du nützt es aus, um noch ein wenig weiter zu gehen".[4] Drittens: Lao She hielt sich selbst offensichtlich für ein Mitglied der Bourgeoisie. Er glaubte, er besitze einiges Talent und auch ein gewisses gesellschaftliches Bewußtsein, betrachtete sich aber als häuslichen Menschen (er hatte 1934 nach einigen Enttäuschungen endlich geheiratet und hatte nun auch ein Kind): Daher behauptete er nicht, über Möglichkeiten zur Veränderung der Welt zu verfügen. Der freundliche Cao aus dem Roman *Rikscha,* der Xiangzi eine Weile für sich arbeiten läßt, scheint hier sehr deutlich für den Autor zu sprechen:

„Er war nichts als ein gewöhnlicher Mensch, der manchmal stundenweise Unterricht erteilte und dann wieder anderen Beschäftigungen nachging. Er hielt sich selbst für einen Sozialisten und für einen Ästheten und war in gewisser Hinsicht von den Schriften des William Morris beeinflußt. Er besaß keine tiefverwurzelten Ansichten über Politik oder Kunst, doch er hatte einen Vorteil: das, woran er glaubte, ließ sich in den unbedeutenden Angelegenheiten des täglichen Lebens in die Tat umsetzen. Er schien eingesehen zu haben, daß er keinerlei Begabungen besaß, die die Menschheit hätten in Erstaunen setzen können und die ihn befähigt hätten, irgendetwas Weltbewegendes zu vollbringen. Daher kümmerte er sich um seine Arbeit und um seinen Haushalt in der Art und Weise, wie es ihm seine Ideale vorschrieben. Und obwohl diese der Gesellschaft nichts Neues brachten, so stimmten doch sein Handeln und seine Worte wenigstens überein, und er zog nicht umher, um mangelnde Fähigkeiten hinter vorgetäuschter Tapferkeit zu verbergen."[5]

Viertens: Lao She bediente sich der Ausdrucksweise der Straßen Pekings, wenn er für die Armen sprach, deren Individualismus in einer unwirtlichen und unberechenbaren Gesellschaft unterging, oder für die Chinesen seiner Zeit, die sich kluger kollektiver Handlungen unfähig erwiesen, die ihnen selbst oder der Gesellschaft zum Vorteil hätten gereichen können. Die Schlußworte des Romans verleihen dem politischen Argument eine umgangssprachliche Direktheit, die sicherlich auch Qu Qiubai gefallen hätten:

„Der Mann in Rot, der den Gong schlug, und der Mann mit der Seidenfahne trieben den Umzug an und verfluchten ihn mit dem gesamten Wortschatz des dörflichen Dialekts, der ihnen bekannt war.

‚Du Kerl! Ich spreche mit dir, Kamel! Nun mach schon, du Arschloch!'

Er schien noch immer nicht zu hören. Der mit dem Gong kam herüber und schlug ihm eins über den Kopf. Er rollte mit den Augen und blickte benommen um sich. Er achtete überhaupt nicht darauf, was der mit dem Gong sagte. Er war allein damit beschäftigt, den Boden nach Zigarettenkippen abzusuchen, für die es sich zu bücken lohnte.

Hübscher, ehrgeiziger, schöne Träume träumender, eigensüchtiger, individualistischer, standfester, großartiger Xiangzi. Keiner weiß, bei wievielen Beerdigungen er mitmarschiert war, und keiner weiß, wann und wo er es geschafft hat, sein eigenes Begräbnis zu arrangieren, diese heruntergekommene, eigensüchtige, glücklose Ausgeburt aus dem Schoß der Gesellschaft, ein Geist, der sich in der Sackgasse des Individualismus verfangen hatte."[6]

Fünftens: Selbst auf die höhnischste jener Fragen – ob der Autor zu den Wirbeltieren zähle oder vielleicht nicht – hatte Lao She nun eine Art Antwort entwickelt. Denn wenn sich die Menschen von den übrigen Wirbeltieren nur durch ihre aufrechte Haltung unterschieden – und allein auf diese Weise das bißchen Würde erlangten, das sie für sich in Anspruch nahmen –, dann bedeutete die Aufgabe dieser Haltung zugleich die Verneinung eines solchen Unterschiedes und das Ende aller Würde. Daher ist es in Xiangzis melancholischer Geschichte von Bedeutung, daß er sich nicht mehr, wie anfangs im Stolze seiner Jugend, aufrecht hält, selbst dann nicht mehr, wenn er zwischen der Deichsel seines Rikscha-Wagens steht. Für seine Erfahrungen mußte er einen hohen Preis zahlen. Nicht allein das Schicksal zerbrach sein Gemüt, er „ließ die Schultern auch absichtlich hängen". Und als sei es mit dieser Form der Resignation noch nicht genug, verdoppelte sein Schmerz sich von Zeit zu Zeit durch die Geschlechtskrankheit, die er sich bei der Konkubine eines Kunden zugezogen hatte. Xiangzi wußte nichts von der Wunderkur mit Arsphenamin, „606", die Lu Xun der Nation zwanzig Jahre zuvor empfohlen hatte und von der Ding Lings Fräulein Sophie nebenbei aus den Annoncen ihrer Zeitung erfahren hatte. Selbst wenn er sie gekannt hätte, so hätte er sie sich doch nicht leisten können: „Er nahm gelegentlich etwas Arznei zu sich oder überstand sie mit wütender Entschlossenheit. Jedenfalls betrachtete er seine Erkrankung keinesfalls als etwas Besonderes."[7]

Im Verlauf des Jahres 1936, als Lao She ein so düsteres Bild vom Schicksal des Individuums zeichnete und während sich die kommunistischen Streitkräfte alle Mühe gaben, ihren nordwestlichen Stützpunkt in Baoan zu halten, kehrten bei breiten Bevölkerungsschichten allmählich die nationalistischen und patriotischen Gefühle zurück, die so entscheidend die chinesische Welt der zwanziger Jahre geprägt hatten. Im März 1936 wurde gelegentlich eines Treffens von Delegierten aus sechzehn Städten erneut eine „Nationale Studentenunion" gegründet. Im April bildeten die Studenten in Peking ihre eigene „Vereinigung zur Errettung der Nation", und im Juli wandten sie sich an das Exekutivkomitee der Guomindang mit der Bitte, die antikommunistischen Kampfhandlungen einzustellen, die politischen Gefangenen zu entlassen und sich dem Widerstand gegen die Japaner zu verpflichten. Im August erklärte die Kommunistische Partei, die zunächst nur eine unbedeutende Rolle bei der Entwicklung dieses für sie so günstigen Nationalismus gespielt hatte, öffentlich ihre Unterstützung für die „Vereinigung zur Errettung der Nation" und forderte sie auf, Abgeordnete in das nordwestliche Rätegebiet zu entsenden. Nachdem japanische Truppen im November 1936 in die Provinz Suiyuan (ehemals ein Teil der Inneren Mongolei) eingerückt waren, propagierten die Kommunisten öffentlich ihre Forderung nach einer Einheitsfront gegen die Japaner, und es kam zu großen Demonstrationen in Peking, Shanghai und Xian. (Eine solche Einheitsfront sollte der entsprechen, die die Sowjetunion im selben Jahr im Spanischen Bürgerkrieg aufzubauen versuchte. Einige chinesische Kommunisten betonten dies auch, indem sie ihre Einsätze in Yanan mit den Aktionen der Loyalisten in Madrid verglichen.) Gegen Ende des Monats verschärften sich die Spannungen, als die Guomindang in Shanghai sieben Anführer der „Vereinigung zur Errettung der Nation" inhaftieren ließ. Am 4. Dezember, als der Nordwest-Feldzug gegen die Kommunisten ins Stocken geriet – ein größerer Angriff, vorgetragen von Truppen aus Gansu, die loyal zu Chiang Kaishek standen, endete in einem verheerenden Mißerfolg, und andere Truppenteile, die in Xian stationiert waren, weigerten sich, überhaupt noch zu kämpfen –, flog

Chiang nach Xian, um den Feldzug persönlich zu leiten. Acht Tage später hatten ihn seine eigenen meuternden Truppen festgenommen. Nach zwei Wochen dramatischer und spannungsgeladener Verhandlungen, in die die Guomindangführung, die Kommunisten und militärische Führer verschiedener anderer Gruppierungen eingeschaltet waren, wurde Chiang unter der Bedingung freigelassen, daß er den antikommunistischen Kampf beende und die gesamte Nation in einer anti-japanischen Einheitsfront hinter sich vereine.[8]

Ding Ling hatte Xian einige Wochen vor dem Putsch gegen Chiang verlassen. Als sie im Oktober den kommunistischen Stützpunkt Baoan erreichte, nahmen die kommunistischen Führer sie sehr freundlich auf – sie machten sich nur zu gerne ihr Prestige als Schriftstellerin und als flüchtige politische Gefangene der Guomindang zunutze. Ding Ling führte lange Gespräche mit Mao Zedong, der wie sie selbst aus Hunan stammte und dessen Frau Yang Kaihui, die 1930 hingerichtet worden war, dieselbe Schule wie sie besucht hatte, und mit Deng Yingchao, die zur Zeit der 4. Mai-Bewegung in Tientsin die Aktionen der Studenten koordiniert hatte und nun mit Zhou Enlai verheiratet war. Eine Ortsgruppe der „Vereinigung für Literatur und Kunst", gegen deren Existenz Lu Xun im Vorjahr so heftig protestiert hatte, wurde unter der Leitung Ding Lings gegründet. Auf eigenen Wunsch inspizierte sie sodann die militärischen Frontabschnitte in West-Shaanxi an der Grenze zu Gansu und verbrachte dort den Dezember. Als sie im Januar 1937 zurückkehrte, waren die Kommunisten nach Yanan gezogen, eine etwas größere Stadt, die ihnen für das kommende Jahrzehnt als Stützpunkt dienen sollte. Ding Ling wurde hier mit der Leitung der politischen Bildung betraut, außerdem beauftragte man sie mit der Herausgabe der historischen Unterlagen über den Langen Marsch und bat sie, an einer Pädagogischen Hochschule in Yanan Literatur zu unterrichten.[9]

Der Eifer und die Einfachheit des Lebens in Yanan, wo die Überlebenden des „Langen Marsches", die durch den Putsch in Xian von Verrätern auf der Flucht zu Patrioten erhoben worden waren, ihre Verteidigungsstellungen ausbauten, eine große Anzahl neuer Rekruten gewannen und sich auf einen möglicherweise langen Krieg gegen die Japaner vorbereiteten, mußten Ding Ling tief beeindrucken. Der Unterschied zu den drei früheren Abschnitten ihres Lebens – als fast mittellose ehemalige Studentin in Peking, als gefeierte junge Schriftstellerin in den literarischen Zirkeln Shanghais und als gejagte und schließlich inhaftierte kommunistische Verschwörerin – war nur allzu deutlich. Nun, da man ihr die Rollen, die sie zu spielen hatte, anwies – als Funktionärin, als Propagandistin und als Lehrerin – und da man ihr selbst den Text, den sie zu sprechen hatte, vorlegte, wurde sie stark und, wie sie einem Bekannten aus Shanghai mitteilte, nahm an Gewicht zu. Sie gewöhnte sich daran, über weite Entfernungen barfuß zu laufen; sie lernte, auf Züge oder Straßen oder selbst auf Maultiere zu verzichten, um das rauhe Gelände, in dem sie reiste, zu überwinden. Sie empfand keinerlei Unbehagen, wenn sich auf unabsehbare Zeit keine Gelegenheit bot, das Gesicht zu waschen oder die Zähne zu putzen, und sie trug die einfache Armeekleidung mit der Mütze auf dem Hinterkopf.[10]

Im Frühjahr 1937 hatte Ding Ling sich dem in Yanan herrschenden Lebensrhythmus angepaßt. Die Führung der Kommunistischen Partei arbeitete die heiklen Einzelheiten ihres Abkommens mit der Guomindang aus. Sie

Ding Ling 1938 im kommunistischen Stützpunkt Yanan.

Mao Zedong (rechts), General Zhu De (Mitte) und Zhou Enlai in der Provinz Shaanxi gegen Ende des Jahres 1936 nach Abschluß des Langen Marsches.

machte schließlich vier Zugeständnisse als Gegenleistung dafür, daß sie zukünftig von Angriffen der Guomindang verschont bliebe: die Kommunisten verpflichteten sich, alle Versuche aufzugeben, die Regierung der Nationalisten zu stürzen. Etwa dreißigtausend Soldaten der Roten Armee sollten der „Führung" der Guomindang unterstellt werden, und die Bezeichnung Sowjet sollte nicht länger für das Gebiet von Yanan und die eine Million Menschen, die die Kommunisten dort kontrollierten, verwendet werden. Weiterhin sollten demokratische Verhältnisse auf der Grundlage eines allgemeinen Wahlrechts eingeführt werden, das es auch Nicht-Kommunisten ermöglichte, in öffentliche Ämter gewählt zu werden. Schließlich sollten keine weiteren Grundbesitzer enteignet werden. In dem Bemühen, ihren Anhängern zu versichern, daß diese „Zugeständnisse" keinesfalls einen „Verzicht" bedeuteten, sondern eine bare Notwendigkeit angesichts der zunehmenden Angriffe der Japaner, beeilten sich die Kommunisten sogleich, diese Vereinbarungen in die Tat umzusetzen, und im Sommer 1937 wurde das Abkommen schließlich unterzeichnet.[11]

Das Abkommen hatte noch eine besondere Dringlichkeit durch die Tatsache erhalten, daß am 7. Juli 1937 japanische Truppen der Garnison in Tientsin beschlossen hatten, die Marco-Polo-Eisenbahnbrücke über den Yongting-Fluß 24 Kilometer südwestlich von Peking – eine entscheidende Stelle der Verbindung nach Wuhan und Zentralchina – einzunehmen. Unerwarteterweise, jedenfalls in Hinblick auf all das Nachgeben und all die Kapitulationen der vergangenen zwanzig Jahre, reagierten die dort stationierten chinesischen Truppen mit erbittertem Widerstand. Um ihre Truppen in Tientsin (es befanden sich dort lediglich zehntausend Soldaten) zu unterstützen, entsandte das japanische Heereskommando in der Mandschurei weitere dreißigtausend Soldaten zur Verstärkung; andere japanische Einheiten eröffneten zur gleichen Zeit einen großangelegten Angriff auf Shanghai. Im August 1937 befanden sich China und Japan in offenem Kriegszustand.[12]

In Yanan war man von dem Ausbruch der anti-japanischen Feindseligkeiten begeistert. Für die Kommunisten war der Widerstand an der Marco-Polo-Brücke ein Symbol für den neuen Geist des chinesischen Volkes, und Ding Ling schrieb, dies sei der Beginn einer neuen Ära heldenhafter Einfachheit, in der der Geist von Yanan die gesamte Nation erfassen werde. In einem ihrer wenigen poetischen Versuche, niedergeschrieben drei Tage nach dem Angriff der Japaner, betonte sie unter dem schlichten Titel „Juli in Yanan" den Kontrast zwischen Yanan und der Welt, die sie hinter sich gelassen hatte. Die Welt, die sie verlassen hatte, war es freilich, gegen die sich die Angriffe der Japaner nun richteten:

Welcher Ort ist hier?
Es ist das Paradies.
Wir sind hier erst seit einem halben Jahr
Und noch nicht alles steht auf festem Fundament.
Doch sauber sind die Straßen; gesäumt von Bäumen ihre Ränder.
Bettler gibt es keine hier und auch nicht Frauen, deren Lächeln käuflich ist.
Du siehst keine Opiumhöhlen, keine Spielhallen;
Die Leute scheinen in jeder Situation von Glück erfüllt:
Die Bauern haben Land
Die Arbeiter den Acht-Stunden-Tag – und sind geschützt.
So stattlich sind diese Arbeiter; aus Wuhan kommen sie,

Aus Xian und Shanghai,
Aus allen Gegenden des Landes.
Tausende von Studenten, lebendig, intelligent,
Wir alle sind standhafte Abkömmlinge des Gelben Kaisers.[13]

Fünf Jahre zuvor hatte Shen Congwen am Ende eines langen und bedrükkenden Gesprächs mit einer entmutigten, schäbig gekleideten und heruntergekommenen Ding Ling halb im Scherz gesagt: „Unsere Erinnerungen sind noch so jung. Du solltest dich nicht schon so früh alt machen!" Und er notierte, daß sie mit bitterem Lächeln antwortete: „Wann war ich jemals wirklich jung?"[14] Nun, da sie durch halb China gezogen war und ihren Geliebten mit ihren zwei Kindern hatte zurücklassen müssen, gewann sie in der Gruppe junger Frauen, die es aus allen Landesteilen nach Yanan gezogen hatte und mit denen sie zusammen lebte, auch ein Gefühl ihrer Jugend zurück. Ihr gemeinsames Ziel hatte bereits ihre Mutter dreißig Jahre zuvor angestrebt: die Beseitigung des Analphabetismus, der Erniedrigung durch Armut und des Fußbindens (das im Nordwesten nach wie vor von nahezu allen Frauen auf dem Lande praktiziert wurde).

Neben der Poesie wandte sich Ding Ling dem Schauspiel und dem Theater zu. Gegen Ende 1937 wurde sie zur Leiterin des Betreuungskorps für den nordwestlichen Kriegsschauplatz ernannt und führte eine Gruppe von mehr als dreißig Künstlern und Autoren durch Shanxi und Shaanxi, wo sie für die Soldaten und die Bauern Vorstellungen gaben – manchmal aus dem Stegreif, manchmal auch nach vorbereiteten Skripten. Die zwei Stücke, die Ding Ling zu jener Zeit selbst verfaßte, waren – kaum überraschend – anti-japanischen Themen gewidmet. In einem gibt sich ein Mitglied des chinesischen Widerstands als japanischer Kollaborateur aus, um seiner Geliebten in der Untergrundarbeit behilflich zu sein; in dem anderen Stück wird ein gefangener japanischer Soldat dazu gebracht, das wahre Gesicht seiner Landsleute zu erkennen und Verständnis für die Sache Chinas zu gewinnen.[15]

Der Ausbruch des Chinesisch-Japanischen Krieges hatte – mit merkwürdiger Ironie – Ding Ling ein gewisses Maß an Genugtuung und persönlicher Sicherheit gebracht; dasselbe ließ sich jedoch nicht von denjenigen sagen, die in Ostchina zurückgeblieben waren, wo in den Monaten nach dem Vorfall an der Marco-Polo-Brücke eine Katastrophe der anderen folgte. Noch im selben Sommer 1937 besetzten die Japaner Peking und Tientsin; im November fiel Shanghai nach heftigen Kämpfen, und im Dezember folgte Nanking. Bis zum Herbst 1938 hatten die Japaner ihre Kontrolle über die Städte in Nordostchina gefestigt, waren den Jangtse-Strom flußaufwärts vorgerückt, um die Stadt Wuhan einzunehmen, und hatten Kanton besetzt. Diese ersten sechzehn Monate des Krieges waren für die chinesischen Armeen mit furchtbaren Verlusten verbunden. Chiang Kaishek, fest entschlossen, seine wichtigsten Stützpunkte in Ostmittelchina zu halten, hatte viele seiner besten

Soldaten – oftmals mit dem Befehl zum Kampf bis auf den letzten Mann – für die Verteidigung von Shanghai und Nanking aufgeboten. In diesen Schlachten verloren die Chinesen mehr als 350000 Soldaten; weitere 700000 fielen bei dem Versuch, einen Verteidigungsring um Wuhan aufrechtzuerhalten. Auch die Zivilbevölkerung mußte hohe Verluste an Menschenleben hinnehmen. Zehntausende starben infolge von Entscheidungen, die die Befehlshaber Chiangs getroffen hatten – so beispielsweise der, die Deiche des Gelben Flusses zu sprengen und die Nordebene Chinas zu überfluten, um den japanischen Vormarsch zu verlangsamen, oder auch die gesamte Stadt Changsha in Brand zu setzen, damit sie nicht in die Hände des Feindes falle. Doch mehr noch kamen durch die Grausamkeiten der Japaner ums Leben. Allein in Nanking wurden im Verlauf von zehn Tagen im Dezember 1937 schätzungsweise 300000 Chinesen ermordet und zehntausende von Frauen in einer Orgie des Totschlags und der Plünderei mißhandelt und vergewaltigt.[16]

Die rasche Abfolge der japanischen Siege zwang Millionen Chinesen, denen noch die Möglichkeit einer Wahl geblieben war, sich schnell zu entscheiden, wo sie leben wollten. Es gab vier Alternativen: das japanisch besetzte Nordchina um Peking, wo ein Marionettenregime unter nominell chinesischer Kontrolle regierte; die Jangtsetal-Region, wo ein weiteres Marionettenregime (nach 1940 mit dem ehemaligen Guomindang-Führer Wang Jingwei an der Spitze) von Nanking aus einen Großteil der reichsten Gebiete Chinas, einschließlich Shanghai, beherrschte; Nordwestchina, wo das Gebiet um den kommunistischen Stützpunkt Yanan in Shaanxi – der nun nicht mehr als Sowjet, sondern als Grenzlandregierung bezeichnet wurde – über die benachbarten Provinzen von Gansu und Ningxia hinaus bis nach Shanxi und Hebei hinein ausgedehnt worden war; und schließlich der Süden und der Südwesten, wo die politische Macht in Chiang Kaisheks Kriegshauptstadt Chongqing in der Provinz Sichuan konzentriert war.

Für viele waren freilich bereits vorhandene Bindungen oder Sympathien dafür ausschlaggebend, wo sie sich hinbegaben. Lu Xuns Bruder, der seine Ausbildung in Japan erhalten und eine Japanerin geheiratet hatte, entschied sich, in seinem Haus in Peking zu bleiben, und führte dort sein Schriftsteller- und Gelehrtenleben durch den gesamten Krieg hindurch fort. Nanking war zwar fast völlig zerstört worden, doch Shanghai blieb ein natürlicher Zufluchtsort für viele Schriftsteller und Autoren und auch für diejenigen, die in dieser Gegend über Vermögen und Grundbesitz verfügten. Selbst nachdem 1942 die Internationale Niederlassung besetzt worden war, bildete die Stadt einen kulturellen Mittelpunkt des Landes, wo eine Anzahl begabter Autoren lebte und für ein enthusiastisches Publikum schrieb.

Für linke und kommunistische Autoren, gleichgültig, ob es sich um Freunde oder Feinde Lu Xuns handelte, war es nur folgerichtig, aus Shanghai zu fliehen und sich nach Yanan zu begeben, wo sie erwarten durften, herzlich willkommen geheißen und unterstützt zu werden; Zhou Yangs gefeierte Anwesenheit dort – er wurde sogar zum Direktor der „Lu Xun Akademie der Literatur und Künste" ernannt – mochte allerdings für einige wenige linke Schriftsteller, die mit Lu Xun eng befreundet gewesen waren, Grund genug sein, Yanan fernzubleiben und ihr Glück entweder in Chongqing selbst oder irgendwo anders in dem von der Guomindang kontrollierten Gebiet zu suchen. Feng Xuefeng beispielsweise, der kommunistische Dichter, der eine entscheidende Rolle bei der Flucht Ding Lings aus den Händen der Guomindang gespielt hatte, traf eine solche Entscheidung, und auch Chen Duxiu, den Mitbegründer der Kommunistischen Partei, der viele Jahre lang von seinen ehemaligen Genossen als Trotzkist beschimpft worden war, konnte nichts dazu bewegen, nach Yanan zu gehen, obwohl Mao Zedong einen Boten sandte, um ihn dazu zu überreden. Chen entschied sich für einen kleinen Ort im Landesinneren, von Chongqing flußaufwärts, obgleich seine beiden Söhne in den zwanziger Jahren von der Guomindang hingerichtet worden waren und er selbst fünf Jahre in Guomindang-Gefängnissen verbracht hatte.[17]

Vor ähnlichen Entscheidungen standen auch Wen Yiduo und Lao She, deren Laufbahnen und Ziele sich überkreuzt hatten: Wen hatte der Schriftstellerei den Rücken gekehrt, um sich der Lehrtätigkeit zu widmen, während Lao (nach dem Erfolg von *Rikscha)* schließlich doch noch die Lehrtätigkeit aufgegeben hatte, um sich der Schriftstellerei zuzuwenden.

Für Wen Yiduo, der sowohl den japanischen Imperialismus als auch die Kommunistische Partei in aller Öffentlichkeit schonungslos kritisiert hatte, konnte es kaum eine andere Wahl geben, als sich nach Zentral- oder Südwestchina zu begeben, obwohl er auch der Guomindang gegenüber keine Zuneigung empfand. Seit 1928 hatte Wen ein gewisses Maß an Frieden und finanzieller Sicherheit gefunden, indem er klassisches Chinesisch zunächst an der Universität von Wuhan, dann in Qingdao (Tsingtau) und nach 1932 an der Qinghua Universität in Peking (wo er selbst studiert hatte, bevor er 1922 in die Vereinigten Staaten reiste) lehrte. Er widmete sich nun den frühesten daoistischen Schriften und der Poesie der Tang-Zeit sowie dem ergreifenden, aber auch schwerverständlichen Gedichtzyklus, den Qu Yuan im dritten Jahrhundert vor Christus verfaßt hatte. Wen war als Dozent beliebt, obwohl sein Verhalten exzentrisch war. Er kleidete sich schwarz und trug buschiges Haar, trat ungezwungen auf, rauchte während der Unterrichtsstunden und forderte seine Studenten auf, es ihm gleichzutun. Seine Vorlesungen begannen am Abend und zogen sich bis tief in die Nacht hinein. Wenn die Studenten ihn fragten, warum er keine Gedichte mehr schreibe, dann seufzte er nur und antwortete, er sei dazu nicht mehr fähig; er verfaßte statt dessen lange Aufsätze, in denen er sich mit der Dichtung der Vergangenheit beschäftigte. Politisches Engagement zeigte er nicht mehr; er beteiligte sich nicht an den Demonstrationen vom 5. Dezember 1935 und ermahnte 1936 seine Studenten, sich an ihre Arbeit zu halten und keine Energien mit politischem Aktivismus zu verschwenden.[18]

Wen verharrte in dieser Haltung bis zum Juli 1937. Dann jedoch, als die Japaner nach dem Vorfall an der Marco-Polo-Brücke gegen Peking vorrückten, sandte er seine Frau und seine fünf Kinder (drei weitere waren in jungen Jahren während des Bürgerkriegs gestorben) in aller Eile zu seinen Eltern in die Nähe von Wuhan, wo er sie in Sicherheit glaubte. Er selbst blieb zunächst zurück, um seine Bücher und Manuskripte zusammenzupacken und um das Haus zu veräußern, in dem er einige friedvolle Jahre verbracht hatte. In einem Brief, den er seiner Frau am 16. Juli, kurz nach ihrer Abreise, schrieb, vermochte er das Ergreifende dieses Augenblicks in Worten einzufangen:

„Ihr seid nun alle abgereist. Ich bin allein im Haus, es ist so still, so überaus still, und ich denke andauernd an Dich, meine geliebte Frau. Niemals hätte ich gedacht, daß ich so hilflos sein könnte, doch seit Du abgereist bist, fühle ich mich wie ein umherirrender Geist, ich bringe nichts zustande. Vor einiger Zeit noch habe ich einen Studenten ausgeschimpft, der so verliebt war, daß er seine Studien nicht mehr ordentlich weiterführte, und jetzt sehe ich ein, daß ich mich in derselben Lage befinde. In den vergangenen Tagen habe ich mir Sorgen um unser Land gemacht, und ich habe meine Familie vermißt, doch am meisten bekümmert mich, daß Du nicht hier an meiner Seite bist. Meine Liebste, ich fürchte den Tod nicht, doch ich hoffe nur, daß wir beide ihm gemeinsam begegnen möchten.“[19]

Noch gegen Ende desselben Monats verließ Wen Peking. Er gelangte zu seiner Familie in der Nähe von Wuhan, doch mußte er sie schon bald wieder verlassen, um sich nach Changsha zu begeben, wo seine Qinghua-Studenten gemeinsam mit Flüchtlingen zweier weiterer Pekinger Universitäten ihre Hochschule wieder eröffnet hatten.

Als die heranrückenden japanischen Truppen 1938 die Universität erneut zu einem Ortswechsel zwangen, gründeten die Qinghua-Studenten gemeinsam mit den Studenten der übrigen Pekinger und Nankinger Universitäten tief im Südwesten, in der Stadt Kunming in der Provinz Yunnan, die „Vereinigte Südwest-Universität“ (im Chinesischen abgekürzt zu „Lianda“). Die männlichen Studenten wurden angewiesen, von Changsha nach Kunming zu Fuß zu gehen; den Frauen und dem Lehrkörper wurde es erlaubt, mit dem Zug zu reisen – und zwar zunächst nach Süden bis nach Haiphong in Vietnam, von dort aus mit der Indochina-Yunnan-Eisenbahn nach Yunnan und schließlich nach Kunming. Wen Yiduo entschied sich allerdings, obwohl er dem Lehrkörper angehörte, für den Fußmarsch mit seinen Studenten. Dieser Entschluß sollte sich nachhaltig auf sein weiteres Leben auswirken. Die weiten Märsche durch China in den Jahren 1937 und 1938 vermittelten vielen Chinesen erstmals eine Vorstellung von der Großartigkeit und der Ausdehnung ihres Landes; sie erwiesen sich als zwar weniger schreckliche, aber gelegentlich doch anstrengende Wiederholungen des Langen Marsches der Kommunisten 1934 bis 1935. Während der achtundsechzigtägigen Reise von Februar bis April 1938 – die Entfernung betrug bereits in der Luftlinie

Flüchtlinge füllen die Züge nach Guilin, Holzschnitt von Cai Dizhi.

mehr als elfhundert Kilometer, doch der Weg, den sie durch das gebirgige und von Flüssen zerschnittene Gelände nehmen mußten, war knapp zweitausend Kilometer lang – kamen Wen erneut die Probleme seines Landes zu Bewußtsein, die ihm bereits 1927 einmal deutlich vor Augen gestanden hatten.

Wen und seine Studenten zogen durch den Westen der Provinz Hunan und kamen durch die Ortschaft Yuanling, in der Shen Congwen aufgewachsen war. Der Zufall wollte es, daß Shen, nachdem er aus dem Kampfgebiet weiter östlich entkommen war, sich dort aufhielt und nun Wen und die zweihundert Studenten, die mit ihm reisten, begrüßte. Er half ihnen, für einige Tage Unterkunft und Verpflegung zu finden. Ähnlich Shen begann nun auch Wen, die dort ansässigen Miao-Stämme zu bewundern, und er bemühte sich, ihre Kultur zu verstehen. Erstmals seit vielen Jahren verfaßte er wieder Entwürfe, und wenn seine Studenten Ruhepausen einlegten, so hielt er ihnen ausführliche Vorlesungen über die Mythologie und die Geschichte der Regionen, durch die sie zogen. In den zwanziger Jahren hatte Shen Congwen durch eine Auswahl jener sechshundert Miao-Lieder, die seine Freunde in der Armee gesammelt hatten, der literarischen Welt Pekings einen Eindruck von der Eleganz, dem Witz und von der Ausgelassenheit der Miao vermitteln können. Nun sammelte einer der Studenten Wens mehr als zweitausend Lieder aus derselben Gegend und aus den Provinzen Guizhou und Yunnan tiefer im Südwesten und bereitete sie für eine Veröffentlichung vor.[20]

Wen und seine Studenten lernten, sparsam mit knappen Lebensmittelvorräten umzugehen und auch in solchen Dörfern zu überleben, wo für sie einfach keine zusätzlichen Vorräte vorhanden waren, und sie lernten auch, die Aggressionen zu ertragen, die schnell genug gegen sie aufflammten. Wen fand noch bitterere Armut und einen noch tiefer ausgeprägten Konservativismus vor als damals bei den Kämpfen 1927 in Hunan und Hubei: junge Frauen, zu arm, um Kleidungsstücke zu besitzen; Männer wie Tiere paarweise unter riesigen Lasten; Berghänge, bedeckt mit Opiummohn und kontrolliert von Banditen; Kinder, unberührt von jeder modernen Erziehung, die gebeugt vor der Tafel des Konfuzius die konfuzianischen Klassiker rezitierten.[21]

Während der ersten Monate in Kunming kämpfte Wen mit einer Unzahl von Problemen. Zehntausende Flüchtlinge drängten sich in der Stadt. Die Mieten schossen in die Höhe, und alle lebensnotwendigen Dinge wurden knapp. Einige sehr seltene Gelegenheiten ausgenommen, ersetzte heißes Wasser den Tee, und der bisherige Kettenraucher Wen fand Zigaretten nun unerschwinglich. Mit dem Ansteigen der Lebensmittelpreise erwies sich sein Lehrergehalt zunehmend als ungenügend, und die Hochschule mußte andauernd umziehen, da militärische oder sonstige Organisationen immer wieder ihre Quartiere beanspruchten. Eine Zeitlang kampierten sie auf einem verlassenen Friedhof; sie schliefen auf den Lehmböden der Strohhütten oder verkrochen sich in Löchern im Boden. Einige arbeiteten stundenweise als Wasserträger oder als Hausmeister, andere kamen – zu Wens Leidwesen – als Schmuggler an schnelles Geld.[22] Wens Briefe an seine Frau in jenem Sommer 1938 waren angefüllt von Einzelheiten der verzweifelten Suche nach Geld und der bangen Lektüre der Zeitungen, um zu erfahren, welche Eisenbahnlinien oder Straßen noch offen waren, welche Flughäfen noch zivile Passagierflüge abfertigten und in welchen Städten man noch sicher leben konnte, während die Japaner immer weiter nach Osten und Süden vordrangen.[23]

Die Liebe, die Wen und seine Frau verband, obwohl ihre Ehe in den frühen zwanziger Jahren von ihren Eltern arrangiert worden war, zeigt, daß manche Elemente des alten China auch unter den neuen Umständen ihren Wert behielten. Doch zugleich erinnert uns dieses Beispiel auch an die Menschen, die der emanzipierten Welt der Revolution zum Opfer fielen: Chiang Kaisheks erste Frau, die er verließ, um Meiling Soong zu heiraten; Lu Xuns erste Frau, die nach wie vor in Peking bei ihrer Schwiegermutter lebte, während Xu Guangping sich um Lu Xuns Kind und um sein schriftstellerisches Werk kümmerte; Xu Zhimos frühere Frau Zhang, die mit dem gemeinsamen Sohn zusammenlebte, während Xus zweite Frau, Lu Xiaoman, seine Tagebücher bearbeitete; Mao Zedongs zweite Frau He Zizhen, die ihre zwei Kinder in Jiangxi hatte zurücklassen müssen, während des Langen Marsches schwanger gewesen war und die Mao in Yanan verlassen hatte, um das Filmsternchen Jiang Qing zu heiraten. Als Wen seine Kreise um die Stadt Kunming zog auf der Suche nach Dörfern, in denen noch Zimmer zu mieten waren, stets darüber nachsinnend, wo ihn wohl der nächste Schicksalsschlag treffen werde, da waren seine Träume jedenfalls von der Erwartung erfüllt, wieder mit seiner Frau vereint zu sein, damit sie „die Bitterkeit gemeinsam verzehren" könnten.[24] In besorgten Briefen an seinen Vater bat er seine Eltern inständig, ihre Entscheidung, im Hause ihrer Vorfahren wohnen zu bleiben, nochmals zu überdenken; doch das größte Problem bestand – als sich die Kriegshandlungen ausweiteten – in der Entscheidung, wo man noch einen sicheren Zufluchtsort finden könne. Im September dann, nachdem Wen seine Frau und seine fünf Kinder am Ende der Eisenbahnstrecke in Guiyang empfangen hatte und in Begleitung auch noch seines Bruders und von dessen Familie nach Kunming zurückgekehrt war, zogen sie zu elft in zwei Zimmer über einer Packpferdestation in einem Dorf nordwestlich von Kunming. Sie schliefen auf dem Boden wie die Studenten und behalfen sich mit geliehenen Gerätschaften und Möbeln.[25]

In dieser angespannten Atmosphäre blühten – ähnlich wie bei Ding Ling in Yanan – Wens Gesundheit und seine Schaffenskraft auf. Er entdeckte von neuem die körperliche Vitalität und den Patriotismus, die ihn in der Zeit der Pekinger Demonstrationen im März 1926 beseelt hatten, die ihm jedoch anschließend abhanden gekommen waren. Nun, im Kunming der Kriegszeit, waren die bitteren und aufreibenden literarischen Fehden zumindest vorübergehend verstummt; Wen war allein damit beschäftigt, genug zu essen zu finden, den japanischen Kampfflugzeugen zu entgehen, die ihn einmal, als er seine Kinder von der Schule abholte, fast getötet hätten, und seinen Lehrverpflichtungen in einer entblößten und vereinfachten Welt nachzukommen.[26] Zwar verfaßte er keine Gedichte mehr, doch vermochte er seine Gefühle für das neue China in seinen wissenschaftlichen Werken auszudrücken – eine Gelegenheit hierzu bot sich ihm anläßlich der Veröffentlichung der Volkslieder der Miao, die seine Studenten auf ihrem Marsch von Changsha nach Kunming gesammelt hatten. In dem Vorwort zu diesem Buch, das er im März 1939 verfaßte, schrieb Wen: „Ihr sagt, diese (Gedichte) seien primitiv und brutal. Recht habt ihr, und genau so etwas brauchen wir heute! Wir sind viel zu lange zivilisiert gewesen, doch nun, da kein Ort geblieben ist, an den wir uns noch zurückziehen könnten, müssen wir die letzte und reinste Karte ausspielen: wir müssen die tierische Natur, die Tausende von Jahren schlafend in uns gelegen hat, befreien, damit wir zurückbeißen können." Der Krieg gegen Japan, so fuhr Wen fort, sei für die Chinesen eine letzte und zugleich notwendige Gelegenheit, sich selbst unter Beweis zu stellen. In Worten, die uns an die Briefe erinnern, die Liang

Qichao 1919 aus Paris an seine Freunde geschickt hatte, verkündete Wen: „Diese Gelegenheit, die sich nur einmal in tausend Jahren ergibt, wird uns erkennen lassen, ob in unserem Blut noch immer die Triebkraft der wilden Tiere des Altertums vorhanden ist. Falls dies nicht der Fall ist, so wäre es besser für uns, wir gäben zu, daß wir ein Volk geistiger Eunuchen sind; dann aber sollten wir auch jeglichen Versuch aufgeben, in dieser Welt zu überleben."[27]

Einen ähnlichen Weg intellektuellen Wandels durchlief auch Lao She, obgleich er im Unterschied zu Wen seinem Patriotismus schließlich einen institutionellen Rahmen gab. Im Spätsommer 1937 war Lao She von seinem Wohnsitz in der Provinz Shandong geflüchtet und in den Südwesten gereist, um sich den Guomindang-Truppen in ihrer zeitweiligen Hauptstadt Wuhan anzuschließen. Dort wurde er im Frühjahr 1938 zum Vorsitzenden der „Gesamtchinesischen Anti-Japanischen Schriftstellerunion" gewählt und zum Herausgeber der Zeitschrift dieser Union, *Literatur für den Nationalen Widerstand*, ernannt. Zweifellos verdankte er diese Posten der Tatsache, daß, ungeachtet seiner vernichtenden Kritik am „Jedem-seinen-Teil-ismus" und seiner scharfen Verurteilung der Ausbeutung der Armen, sowohl kommunistische als auch Guomindang-Anhänger seine künstlerische Integrität bewunderten und sich über seine Angriffe auf die jeweilige Opposition freuten, trotz der Kritik, die er ihnen selbst zukommen ließ. Seine Aufgabe in diesen beiden Positionen bestand darin, Schriftsteller aller Altersgruppen für die chinesischen Kriegsanstrengungen zu vereinen; dafür setzte er seine Kräfte ein, zunächst in Wuhan und später in Chongqing, nachdem die japanische Armee die Räumung Wuhans im Sommer 1938 erzwungen hatte. Während er sich so bemühte, den literarischen Zweig der Einheitsfront zu stärken, verfaßte er zahlreiche patriotische Stücke und Balladen, um sowohl die Truppen als auch die Zivilisten für die Kriegsanstrengungen ihres Landes zu mobilisieren. Doch die Leidenschaft und Ironie seiner früheren Werke fehlten in diesen vordergründigen Propagandastücken. Noch weit unzufriedener mit seinen Leistungen mußte er sein, als er erneut einen Roman verfaßte und an seine ehemalige Meisterschaft in der Beherrschung dieses Genres anzuknüpfen suchte. Die *Verbrennung*, die er 1943 beendete, war ganz offensichtlich darauf angelegt, diejenigen Chinesen zu verunglimpfen, die mit den Japanern kollaborierten, und zu zeigen, daß diese Leute, auch wenn sie ernsthaft behaupteten, auf diese Weise Landsleute vor dem Tode zu erretten, lediglich von noch übleren Verrätern verdrängt werden würden. Die einzige Hoffnung für ihre Nation liege in den Guerillakräften der Guomindang, die ihren unerbittlichen Kampf so lange fortführen würden, bis sie die Eindringlinge von chinesischem Boden vertrieben hätten.[28] In seinem Vorwort zu *Verbrennung* deutet Lao She seine Unzufriedenheit mit diesem Roman an und bekennt freimütig: „In der Vorkriegszeit hätte ich das Manuskript vernichtet." Er räumte auch ein, daß er von den technischen Aspekten des Krieges – Taktik, Waffen, Transport – keinerlei Ahnung habe, und fügte hinzu, er wisse nicht einmal sehr viel über das Landesinnere Chinas, in dem er sich gegenwärtig aufhalte: „Was soll jemand da schreiben? Wie kann jemand da schreiben?“[29]

Mit diesen scheinbar beiläufigen Bemerkungen unterstrich Lao She ein grundlegendes Problem des Lebens in Chongqing, ja sogar des Lebens in dem gesamten Gebiet des von der Guomindang besetzten „Freien China“ nach 1938. Die blutigen Feldzüge dieses Jahres hatten sowohl die japanischen als auch die chinesischen Armeen erschöpft; beide Seiten befanden sich in einer Periode erzwungenen Stillhaltens, während der sie versuchten, für die nächste Runde der Auseinandersetzung neue Kräfte zu sammeln. Die Chinesen, deren Streitkräfte fast alle ihre Flugzeuge und nahezu ihre gesamte schwere Ausrüstung verloren hatten und nun im Landesinneren in unentwickelten Regionen ohne nennenswerte Industrien festsaßen, waren weitgehend von Nachschub abhängig, der sie aus dem Westen über die Burma-Straße erreichen konnte. Sie besaßen daher keine Möglichkeit, eine größere Offensive gegen die Japaner zu unternehmen. In dieser Zeit unfreiwilliger Ruhe flackerten die alten Feindseligkeiten zwischen der Guomindang und den Kommunisten wieder auf: häufig kam es zu Zusammenstößen zwischen Guerillaeinheiten der beiden Seiten, da die Kommunisten von ihrem Stützpunkt in Yanan aus weitere Grenzregion-Regierungen hinter den japanischen Linien errichteten, Meutereien in den Armeen der nördlichen Militärs anstifteten, die zuvor loyal zu Chiang Kaishek gestanden hatten, und somit ihre eigenen Armeen und Operationsgebiete ständig vergrößerten. Jede Seite versuchte, in die Führungsstäbe der anderen Seite Spione einzuschleusen. Sprecher der Guomindang behaupteten, die Kommunisten bedienten sich in zynischer Weise des Schlagwortes der Einheitsfront, um ihren eigenen Aktionsbereich auszuweiten, während die Kommunisten darauf beharrten, man enthalte ihnen den notwendigen militärischen Nachschub vor und verweigere ihnen eine sinnvolle Mitsprache in der Regierung. Im Januar 1941 griffen Einheiten der Guomindang unter dem Vorwurf, die kommunistischen Truppen in Süd-Anhui widersetzten sich ihren Befehlen, offen die Neue Vierte Armee der Kommunisten an und töteten Tausende von Soldaten. Nur wenige Monate später wurde der Stützpunkt in Yanan aus dem Nordwesten von chinesischen Moslemtruppen angegriffen, die offenbar auf Anweisung der Guomindang handelten. Eine breit angelegte Koalition chinesischer Politiker und Intellektueller einiger dritter Parteien bemühte sich verzweifelt, erneut eine Liga für den nationalen Wiederaufbau zustande zu bringen, und drang darauf, die alte Nationalversammlung wieder einzuberufen, um ein gewisses Maß an Einheit zurückzugewinnen. Im März 1941 bildete sie eine „Vereinigung der Demokratischen Parteien Chinas“, doch ihre Initiativen vermochten den Bruch nicht zu überwinden. Als die Japaner im Dezember 1941 Pearl Harbor bombardierten und Präsident Roosevelt ein großes amerikanisches Kommandozentrum unter General Joseph Stillwell in Chongqing errichtete, zeigte die chinesische Einheitsfront bereits Zeichen des Verfalls.[30]

Ein Ergebnis dieser Situation bestand in einem bemerkenswerten Unterschied zwischen der westlichen und der chinesischen Einschätzung der Lage in Chongqing: Im Westen priesen hohe Politiker und die Verfasser von Leitartikeln das ,,Freie China" und nannten Chiang Kaishek einen wirklichen Führer der Nation, dessen Land als einer der wichtigsten Verbündeten in den antijapanischen Kriegsanstrengungen der Alliierten anzusehen sei. Doch in China selbst verwiesen kritische Stimmen auf den Wirrwarr und die

Chiang Kaishek bei einer Ansprache auf einer antijapanischen Massenversammlung in Chongqing Anfang der vierziger Jahre.

bürokratische Desorganisation in der Hauptstadt, auf die schlecht geführte Armee, auf die unübersehbare Korruption, die mit der Abrechnung und der Auszahlung der riesigen amerikanischen Kredite an die Chiang-Regierung einherging, sowie auf die erneuten Zensurmaßnahmen und politischen Einschüchterungsversuche, mit denen sich die Guomindang gegen jeden wendete, der in dem Verdacht stand, ein ,,Linker" zu sein. Einer der Studenten Wen Yiduos, der nach Chongqing gezogen war, als Wen sich nach Kunming begeben hatte, und der mit seinem ehemaligen Lehrer einen regelmäßigen Briefwechsel aufrechterhalten hatte, fing diesen bedrückenden Aspekt der Zeit pointiert in einem Gedicht ein, dem er den Titel ,,Verhaftung" gab:

Ein schwacher Kampf
Gleich dem eines kleinen Vogels
Gepackt in riesiger Hand.
Wirre Fußschritte
Eilen durch den winzigen Hof.
Fackellicht blitzt jenseits meines Fensters auf.
Schreckeinflößend, für einen Augenblick nur,
Das durchdringende, traurige Weinen einer alten Frau.
Wie die Kräuselung auf einem See von Dunkelheit,
In den soeben jemand einen Kiesel warf,
Allmählich in die Ferne entschwindet,
Allmählich vergeht.[31]

Andere Autoren versuchten, in ihren Werken jene Atmosphäre der Kriegszeit in Chongqing einzufangen, in der sich Aufgeregtheit, Teilnahmslosigkeit und eine inkonsequente, halbverwestlichte Moral vermischten. Besonderen Erfolg erzielte Yuan Shuipai mit seinem Gedicht „Musik der Überschriften"; er bediente sich einer Montage aus politischen Phrasen, Werbesprüchen und Zeitungsschlagzeilen, um an die Hunderte von Flüchtlingen zu erinnern, die bei einem verzweifelten Versuch, Deckung zu finden, im Sommer 1941 zu Tode getrampelt worden waren, als japanische Flugzeuge die Stadt bombardierten. Das Gedicht konnte – kaum überraschend – in Chongqing nicht veröffentlicht werden und erschien schließlich in Hongkong:

Sieben Tage und sieben Nächte Essen, Schlafen, Stuhlgang auf dem Dach eines Güterwagens
Einhundert bis dreihundert am Eingang zum Tunnel aufgehäuft
Großes Feuer, Großes Feuer, Großes Feuer
Körper, Körper, Körper
  Die eindrucksvollen Bilder an den Wänden
  Muskelmänner, die sich vorwärtsdrängen
  Fuß, Fuß, Fuß
  Kurve, Kurve, Kurve
Ein Augenpaar stößt aus den Flammen hervor
Und die Flammen schießen aus den Augen hervor
Stadt folgt auf Stadt, die Eisenbahnstrecke
Von Dorf zu Dorf, enge Pfade und Berittene
  Grenzenlose Freude, wenn wieder Vollmond ist
  Viele Leute verlieren ihre Hüte in der riesigen Menge
  Falls die Luftschutzsirene ertönt, alles Technicolor
  Hier liegt gewiß der erste Preis, beeil dich und werde reich
Gespannt, Gespannt, Gespannt
Dickköpfig, Dickköpfig, Dickköpfig
Viertausend Millionen Dollar bewegen sich auf dem Goldmarkt
Wechsel, Kein Wechsel, Sprich nicht über nationale Angelegenheiten

Jede Melodie großartig, elegant und erhebend
Jede Szene voll ausgesuchter Musik und Tänze
Singe zu Ehren der Schulkinder, die in die Armee eintreten
Tanze zum Wohl der Flüchtlinge.[32]

Für Yanan wirkte sich der Kontrast zu Chongqing vorteilhaft aus. Das begeisternde Gefühl, die schwierigen Umstände des Lebens meistern und zu einem saubereren und klareren Mittelpunkt gelangen zu können, beherrschte dort die kommunistische Welt und faszinierte nicht nur die chinesischen Intellektuellen, die – wie Ding Ling – auf Dauer nach Yanan zogen, sondern auch nahezu alle westlichen Journalisten und Militärs, denen es gelang, den kommunistischen Stützpunkt zu erreichen. Das lag zum Teil daran, daß es keine Luxusgüter gab – allein die Tatsache, daß Ding Ling einmal eine Dose Kaffee besaß, wurde zum Gegenstand ausführlicher Gespräche –, und zum Teil daran, daß die Partei seit ihrer Hinwendung zu einer Einheitsfront-Politik an Flexibilität und Pragmatismus gewonnen hatte. Mao Zedong betonte in seinen Ende der dreißiger Jahre entstandenen Schriften die Notwendigkeit, ständig aus der Praxis zu lernen und die Widersprüche in jeder nur möglichen Situation zu erkennen, und er lobte die Guomindang für drei Jahrzehnte schöpferischer Führung seit dem Ende der Qing. Mao wies auch auf die Notwendigkeit hin, „den Marxismus zu sinisieren, das heißt sicherzustellen, daß er in allen seinen Erscheinungsformen chinesische Eigenarten berücksichtigt", doch er beharrte zugleich darauf, jeder dogmatischen Erstarrung entgegenzuwirken, um zu verhindern, daß aus den Chinesen „entweder Don Quixotes oder Ah Qs" werden.[33] Zudem war angesichts der armseligen wirtschaftlichen Umstände in Yanan nahezu jeder chinesische Verbündete, gleich welcher Klasse, im Kampf gegen die Japaner willkommen.[34] Ding Lings Gefühle zu jener Zeit spiegeln sich in einem kurzen Dialog zwischen zwei Frauen im kommunistischen Herrschaftsbereich wider, der in einer ihrer Geschichten aus dem Jahre 1939 enthalten ist:

„Du siehst immer so vergnügt aus, sagte Liusu, ich kann das gar nicht verstehen, Weidi. Man meint, du seist in deinem ganzen Leben nie von irgendwelchem Ärger berührt worden. Wie hältst du diese Stimmung aufrecht?

Glaube nur nicht, ich sei immer so gewesen. Früher war ich ein unglückliches Mädchen; ich habe mir eine Menge Sorgen gemacht. Doch seitdem ich hierhergekommen bin, fühle ich mich geistig wie neugeboren. Ich verfolge meine eigenen Interessen, plane meine eigene Arbeit und habe den Mut, das zu sagen und zu tun, was ich will. Das kollektive Leben sagt mir zu. Ich bin mir meiner Existenz bewußt, ganz gleich wie unbedeutend ich sein mag."[35]

Doch um 1940 wurde es schwierig, diesen Optimismus aufrechtzuerhalten. Der Zusammenstoß der Neuen Vierten Armee mit der Guomindang im Jahre 1941 und der Tod so vieler kommunistischer Soldaten bedeuteten einen ebenso ernsthaften Rückschlag wie die grausamen Gegenangriffe, mit denen die Japaner umgehend die großangelegte Offensive der Hundert Regimenter beantworteten, zu der die Kommunisten 1940 in Nordchina angetreten waren. In ihrem Feldzug, der die brutale Bezeichnung ,,Drei Alles" (das heißt, ,,verbrennt alles, plündert alles, tötet alles") trug, unternahmen die Japaner den systematischen Versuch, den Widerstand der Chinesen im Norden durch Terror auszuschalten. Zahlreiche Dörfer wurden zerstört, die Zivilbevölkerung hingeschlachtet oder zur Arbeit in die japanischen Industrieanlagen in Manchukuo verschickt. Obwohl den Kommunisten gleichsam als Antwort auf diesen Terror eine Flut neuer Rekruten zuströmte, sah sich die kommunistische Führung auf Grund verschiedener Ereignisse doch gezwungen, ihre Strategie zu überdenken. Insbesondere hatte die Wirtschaftsblockade durch die Guomindang – verbunden mit der Beendigung jeglicher Unterstützung – zu einer hohen Inflation und zu Versorgungslükken geführt. Es war dringend notwendig geworden, die Moral und die Disziplin der Partei zu straffen; und schließlich begann die Parteiführung erneut, auf die Bedeutung einer ,,Volksfront" hinzuweisen und in stärkerem Maße als zuvor die Notwendigkeit der Solidarität aller jener Intellektuellen zu betonen, die sich angeblich dem Kommunismus verbunden fühlten.[36]

Ding Ling spürte diesen Druck ebenfalls. Nach 1940 schrieb sie keine der euphorischen Widerstandsgeschichten mehr, die in den vergangenen zwei Jahren ihre Zeit beansprucht hatten. Es war ein merkwürdiger Zufall – einer, der vielleicht ihren Stimmungswandel erklärt –, daß sie und einige ihrer Freunde erst kürzlich einige Exemplare von Qu Qiubais sardonischem Testament ,,Einige überflüssige Worte" erstanden und dessen Botschaft diskutiert hatten. Ding, die Qu sehr gut gekannt hatte, war fest von der Echtheit des Dokuments überzeugt, obwohl andere Funktionäre sie bestritten.[37] In einer Folge von vier Erzählungen, die sie 1940 und 1941 verfaßte, setzte Ding Ling sich eingehend mit ihren Eindrücken von Härte, Heuchelei und Enttäuschung auseinander, die sie hinter der vordergründig so freudigen Fassade der kommunistischen Ordnung in Yanan wahrnahm. In einem der Texte erfährt ein Zeitungsreporter, der sich nach dem reicheren Leben in den Herrschaftsgebieten der Guomindang sehnt, schließlich wahre Not und echten Mut. Doch anstatt aus dieser Erfahrung bereichert hervorzugehen, träumt er nur davon, wie er die Gelegenheit, darüber zu schreiben, zu seinem Vorteil ausbeuten und seine eigene Rolle in den Vordergrund stellen kann. In der Erzählung ,,Als ich im Xia-Dorf war" wird ein von den Japanern entführtes und wiederholt vergewaltigtes Mädchen, das durch die Erniedrigung erkrankt und von einer Geschlechtskrankheit geschwächt ist, von den Kommunisten überredet, ihre Treffen mit japanischen Männern fortzusetzen, um so für die Partei lebenswichtige Informationen zu erlangen. Außerstande, ihr Handeln öffentlich zu erläutern, wird die junge Frau natürlich zur Zielscheibe von Verleumdungen und Anfeindungen ihrer Mitbewohner im Dorf. Dennoch verliert sie nie den Glauben daran, daß die

Ärzte der Partei letztlich imstande sein werden, sie zu heilen. In der dritten Erzählung leidet ein Mann, der ein verantwortungsvolles Amt auf dem Lande, das er gar nicht haben wollte, erhalten hat und der eine unglückliche, kinderlose Ehe mit einer um vieles älteren Frau führt, an seinen sexuellen Frustrationen und an seiner politischen Unfähigkeit. Als seine Frau einmal aus Wut über seine Apathie gegen das Bett hämmert, wird er von dem Gedanken beherrscht, sie könnte den dort aufgestellten irdenen Topf mit dem Vorrat an Bohnenkeimen zerbrechen. Er liebt Bohnenkeime.[38]

Wenn auch jemand – mißbilligend – in diesem ironischen Schluß eine Anspielung auf die letzte Zeile von Qu Qiubais „Einige überflüssige Worte" hätte erkennen können, so beschwor doch erst Ding Lings vierte Erzählung „Im Hospital", die in ihrer Offenheit und in ihrem Realismus die übrigen Prosatexte übertraf, den Konflikt mit der Partei herauf. Denn in dieser Beschreibung des Schicksals einer jungen Revolutionärin, die in eine kleine Klinik im Gebiet von Yanan entsandt wird, zeichnete Ding Ling eine Welt, in der die Herzlosigkeit und die Inkompetenz der Kommunisten eine von kapitalistischen Zuständen kaum unterscheidbare Situation erzeugen. Ding Ling besaß durchaus Verständnis für die kriegsbedingten Mängel in der Versorgung der Patienten in allen Hospitälern des Gebiets von Yanan, in denen die Kohlen für die Öfen knapp waren und saubere Bettwäsche fehlte, in denen oft nur eine einzige Injektionsnadel für die Patienten einer Station zur Verfügung stand und es fast keinerlei Narkose- und Arzneimittel gab. Diese Situation, so ihre Meinung, werde jedoch durch die Handlungsweise der Funktionäre und ihrer Mitarbeiter noch verschlimmert, nicht etwa gemildert. Diejenigen, die sich ihren Aufgaben mit der größten Hingabe widmen, versinken langsam in Schweigen oder sehen sich zu erregten Beschwerden gezwungen, die sich letztlich nur gegen sie selbst kehren. Die Erzählung endet damit, daß die Heldin, eine junge Krankenschwester namens Lu Ping, die Versetzung in eine andere Einheit beantragt. Dieser Wunsch wird ihr gewährt.

Die Unklarheit der Motive, die Ding Ling bewogen hatten, der Partei beizutreten, und ihr Wissen um die Schwäche ihrer Parteidisziplin spiegeln sich in einem Monolog Lu Pings kurz nach ihrer Ankunft im Hospital. Sie denkt hier noch einmal über die Art und Weise nach, in der die Partei ihr befahl, ihre Hoffnungen auf eine höhere Beamtenstelle aufzugeben, und wie die Partei ihrer College-Ausbildung ein Ende setzte, um sie als Krankenschwester im Hinterland einzusetzen:

„Sie wandte ein, sie besitze nicht die für eine solche Aufgabe notwendigen Voraussetzungen und sie nähme auch jede andere Tätigkeit auf sich, ganz gleich, wie unbedeutend diese auch sei. Sie vergoß sogar einige Tränen, doch alle ihre Einwände reichten nicht aus, die Entschlossenheit des Funktionärs zu erschüttern. Sie war außerstande, seine Entscheidung abzuändern, und so blieb ihr nichts anderes übrig, als zu gehorchen.

Der Untersekretär der Partei kam zu ihr, um mit ihr zu sprechen, und der

Bezirksleiter griff das Thema immer wieder auf. Ihre Taktik ärgerte sie. Sie wußte, warum man ihr dies antat. Sie wollten nichts anderes, als daß sie die leuchtende Zukunft aufgebe, von der sie das vergangene Jahr über geträumt hatte, und daß sie wieder zu ihrer alten Lebensform zurückkehre. Sie wußte, daß sie niemals ein großer Arzt werden konnte und daß sie nun lediglich eine gewöhnliche Hebamme war. Ob sie da war oder nicht, das war letztlich vollkommen gleichgültig. Sie hatte sich über ihre Möglichkeiten, die Schranken ihres bisherigen Lebens zu überwinden, viele Illusionen gemacht, und nun, da man ihren Hals in den eisernen Kragen der ‚Partei' und der ‚Bedürfnisse der Partei' geschlossen hatte, konnte sie da den Befehlen der Partei zuwiderhandeln? Konnte sie diesen eisernen Kragen ignorieren, den sie sich selbst umgelegt hatte?"[39]

Ding Ling zeichnet ein Bild, in dem die Verwirrung und die Furcht, die die Gedanken Lu Pings bestimmen, kraftvollen Ausdruck finden: Nachdem sie bei einer zeitraubenden Operation assistiert und schließlich durch die Dämpfe aus der Kohlenpfanne in der Höhle, in der das Team arbeitet, das Bewußtsein verloren hat, liegt sie weinend und fiebernd im Bett und sehnt sich einzig noch danach, wieder mit ihrer Mutter vereint zu sein, um an deren Brust all ihren Jammer hinauszuschreien:

„Die Realitäten des Lebens ängstigten sie. Sie fragte sich, warum so viele Leute in jener Nacht an ihr vorübergegangen waren, ohne daß auch nur ein einziger ihr geholfen hätte. Und sie dachte auch darüber nach, daß der Direktor des Hospitals das Leben der Patienten, Ärzte und Krankenschwestern gefährdete, nur um ein wenig Geld zu sparen. Sie blickte zurück auf ihr tägliches Leben. Welchen Nutzen besaß es für die Revolution? Da die Revolution der gesamten Menschheit zugute kommen sollte, warum mangelte es selbst ihren engsten Genossen so sehr an Liebe? Sie wurde unschlüssig. Sie fragte sich: Beginne ich etwa in meiner Einstellung zur Revolution zu wanken? Die Nervenschwäche, die sie schon seit langem begleitete, erfaßte sie von neuem. Nacht für Nacht fand sie keinen Schlaf.

Die Leute ihrer Parteiabteilung kritisierten sie. Sie belegten sie mit Etikettierungen wie ‚klein-bourgeoises Bewußtsein', ‚dreister und liberaler Intellektualismus' und beschuldigten sie auf diese Weise noch vieler anderer gefährlicher Einstellungen; kurzum, sie sagten, ihre Parteigesinnung sei schwach. Der Direktor des Hospitals ließ sie zu einer Unterredung kommen.

Selbst die Patienten verhielten sich ihr gegenüber kühl und abweisend und sagten, sie sei eine Schwärmerin. Ja, kämpfen sollte sie! Doch gegen wen sollte sie kämpfen? Gegen alle?"[40]

Eine solche Frage stellen zu müssen – zu jener Zeit und an jenem Ort und selbst durch den Mund einer fiktiven Person –, konnte wohl kaum sehr ermutigend für Ding Ling sein. Und falls sie eine bestätigende Antwort im Sinn hatte, wie sie unverhohlen andeutete, so bedeutete das zugleich eine Herausforderung an die Partei, die diese nicht unbeachtet lassen durfte.

Elftes Kapitel

Korrekturen

Ding Ling bewegte sich 1942 auf gefährlichem Boden, und andere Schriftsteller in Yanan waren furchtlos genug, ihr zu folgen. Einer ihrer Freunde, der ihre kritische Einstellung teilte, rief die Erinnerung an Lu Xun wach; er verfaßte einige *Zawen* – jene kurzen, bissigen Aufsätze, derer sich Lu Xun während der letzten Jahre seines Lebens bedient hatte, um den Stil der Kommunisten zu verspotten und zu parodieren. Andere Intellektuelle in Yanan schlossen sich an, und Ding Ling nutzte ihre Stellung als Redakteurin der Literaturseite des *Tageblatts der Befreiung*, zu der sie im Frühjahr 1941 ernannt worden war, um diesen Trend tatkräftig zu unterstützen:

„. . . Es heißt, dies sei nicht der geeignete Ort, um *Zawen* zu verfassen, und das einzige, was hier benötigt werde, seien Gedanken über das demokratische Leben und den großen Aufbau.

Es mag in der menschlichen Natur liegen, daß man sich an kleinen Erfolgen berauscht oder daß man es haßt, gesagt zu bekommen, daß man krank sei oder daß man deswegen einmal zu einem Arzt gehen sollte. Doch dies sind auch Zeichen von Trägheit und Feigheit.

Lu Xun ist tot. Gewohnheitsmäßig sagen wir zu uns selbst, wir sollten dieses oder jenes tun, um uns seiner würdig zu erweisen. Doch es fehlt uns sein Mut, sich mit den Problemen auch im Detail zu befassen. Ich bin der Meinung, daß es für uns von größtem Nutzen wäre, wenn wir uns seine Standhaftigkeit gegenüber der Wahrheit aneignen könnten, und auch seine Furchtlosigkeit! Unser Zeitalter benötigt die *Zawen* noch, eine Waffe, die wir niemals niederlegen dürfen. Hebt sie auf, und die *Zawen* werden voller Leben sein!“[1]

Verschiedene Autoren reagierten auf diese Zeilen und wiesen darauf hin, daß Dunkelheit sowohl über Yanan als auch über Chongqing laste und daß die Funktionäre denjenigen „Wunden schlügen“, die sie zu unterdrücken suchten: Lu Xuns „Dolch“ habe rostend im Boden gelegen; es gelte, ihn auszugraben und zu schärfen. Andere schrieben, die Partei habe die Korruption und die Gleichgültigkeit nicht völlig beseitigen können und die Führung der Partei habe sich von den Massen und von den Jüngeren entfernt, da sie sich besonderer Privilegien erfreue.[2] Xiao Jun, ein junger mandschurischer Schriftsteller und einst hochgelobter Schützling Lu Xuns, der 1940 in Yanan eingetroffen war, verlieh diesen Auffassungen noch zusätzliches Gewicht mit seiner Behauptung, der „Wein kameradschaftlicher Liebe“ sei in Yanan „verdünnt“ worden und einige übereifrige Funktionäre hätten sich benommen wie Rennläufer, die ihren Rivalen die Spikes ihrer Schuhe „ins Gesicht treten".[3] Im Januar 1942 hatte Xiao Jun damit begonnen, das alte Thema des „heroischen Individualismus" wieder zu aktualisieren (Xu Zhimo hatte es einst propagiert) und vor dessen Hintergrund das Ziel aller Menschen zu verteidigen, „sich selbst zu stärken und danach zu streben, erster zu sein". Zwar erschienen auch Marx und Lenin in seinem Pantheon der Individualisten, doch seine Liebe galt ihnen, wie er schrieb, deshalb, weil sie „echte Dichter" waren; er nannte sie in einem Atemzug mit Homer, Sokrates, Byron, Beethoven und Rodin.[4]

In einem weitaus tiefgründigeren und subtileren Aufsatz mit dem Titel „Gedanken über den 8. März", den sie im März 1942 niederschrieb, befaßte sich Ding Ling mit der Situation der Frauen in Yanan. Als Anlaß ihrer Ausführungen wählte sie den Internationalen Frauentag, der – 1910 proklamiert – 1924 erstmals in China gefeiert worden war. Das Zentralkomitee der Partei hatte Anweisung gegeben, am Internationalen Frauentag die antifaschistische Einheitsfront zu feiern, die chinesische Einheit zu fördern und die aktive Beteiligung der Frauen an der Revolution hervorzuheben. Doch Ding Ling mied diese Themen und ging ihren eigenen Weg.[5] Es könne schon sein, daß es für die Frauen in Yanan besser stehe als in anderen Teilen Chinas, schrieb sie, doch bestehe keinerlei Grund, sie über Gebühr zu beneiden. Die Frauen führten auch weiterhin ein schwieriges Leben, und zwar aufgrund der doppelten Moral der Männer.

„Alle Leute nehmen Anteil, wenn eine Genossin heiratet, doch dabei bleibt es nicht. Es ist schwierig für eine Frau, eine engere Beziehung zu einem Genossen aufzubauen, und es ist unmöglich, eine solche Beziehung gleichzeitig mit mehreren zu pflegen. Die Karikaturisten werden sie mit Fragen verspotten wie: ‚Der Sektionsleiter wird also heiraten, oder nicht?' Haben doch die Dichter über die Frauen gesagt:

‚In Yanan sind nur die Reiter politische Bosse,
Es gibt keine Künstler unter den Bossen.
Ein Künstler in Yanan ist jemand, der vergeblich hinter einem hübschen Mädchen herjagt.'

Und bei Zusammenkünften der verschiedensten Art müssen die Frauen sich Bemerkungen anhören wie: ‚Verdammt nochmal! Ihr könnt uns alte Funktionäre ruhig verspotten und sagen, wir seien Deppen vom Lande, doch ohne uns Deppen wärt ihr überhaupt nicht in Yanan!'

Die meisten Frauen hier kommen jedoch an einer Heirat nicht vorbei. (Nicht zu heiraten ist ein größeres Verbrechen, denn in einem solchen Fall werden sie zur Zielscheibe aller möglichen Gerüchte und andauernder Verunglimpfungen.) Falls sie nicht einen Mann heiraten, der auf einem Pferd reitet, dann wird es einer sein, der Strohsandalen trägt; falls es kein Künstler ist, dann der Leiter der Sektion für Allgemeine Angelegenheiten."

Eine besondere Ironie, so fuhr Ding Ling fort, bestehe darin, daß diejenigen Frauen, die auf Druck der Gesellschaft in Yanan ihre Parteikarrieren aufgegeben, geheiratet und Kinder bekommen hatten, dann auch noch als „heimgekehrte Noras" verhöhnt würden. Falls sie sich unterständen, ihre Kinder einem Kindermädchen anzuvertrauen, um einmal in der Woche tanzen zu gehen, so beginne alle Welt über sie zu tuscheln. Einige verheiratete Frauen bemühten sich um Abtreibungen, oder sie versuchten, eine Amme zu finden, um sich wieder ihrer politischen Arbeit widmen zu können. Doch solche Handlungsweise trüge ihnen nur den Vorwurf der „Rückständigkeit" ein. Auch eine Scheidung bedeute keine Lösung des Problems: für einen Mann zwar leicht zu vollziehen, würde dieser Schritt doch stets dann kritisiert, wenn eine Frau ihn unternehme. Für das Schicksal der Frau, schrieb Ding Ling, gleichgültig ob sie „rückständig" sei oder nicht, behielten letztlich die physischen Gesetze des Lebens unverändert ihre Gültigkeit; nur die Bezeichnungen würden ausgewechselt, um zu verdeutlichen, daß die Frauen in einer modernen Welt lebten: „Bald zeigt ihre Haut Falten, ihre Haare lichten sich, die Sorgen des täglichen Lebens nehmen ihnen auch den letzten Rest an Schönheit. Sie sind in all diesem Unglück gefangen, als sei es vollkommen natürlich. In der alten Gesellschaft konnten die Leute wenigstens noch um Mitleid bitten oder sagen, ein böses Schicksal habe sie getroffen. Heute jedoch sagen wir ‚das hat sie sich selbst zuzuschreiben' oder ‚geschieht ihr recht'." In einem zentralen Abschnitt ihres Aufsatzes forderte Ding Ling die Partei auf, den Problemen der Frauen gegenüber eine aufmerksamere Haltung einzunehmen:

„Ich bin selbst eine Frau, und ich weiß besser als jeder andere um die Unzulänglichkeiten der Frauen. Doch ich verstehe auch ihr Leid. Frauen können nicht über ihre Zeit hinauswachsen; sie sind nicht vollkommen, sie bestehen nicht aus Stahl. Sie sind außerstande, allen Versuchungen und dem stillen Druck der Gesellschaft zu widerstehen; sie alle haben ihre Geschichte, erfüllt von Blut und Tränen, sie alle haben einmal bewegende Gefühle verspürt (und dies ungeachtet dessen, ob sie große Freude oder tiefe Trauer empfanden, ob sie jetzt glücklich sind oder unglücklich, ob sie noch immer auf sich selbst gestellt kämpfen oder sich bereits in den Strom des gewöhnlichen Lebens begeben haben), und all dies trifft um so mehr für die Genossinnen zu, die es geschafft haben, Yanan zu erreichen. Wie groß ist meine Sympathie für alle die Frauen, die zu Boden gestoßen und als Verbrecherinnen bezeichnet worden sind! Ich wünschte, daß die Männer – und ganz besonders diejenigen in Machtpositionen – und auch die Frauen selbst die Unzulänglichkeiten der Frauen im Zusammenhang mit der gesellschaftlichen Wirklichkeit sähen."[6]

Es heißt, Mao Zedong habe einige Monate später, anläßlich einer Gruppenaufnahme, den Ehrensitz an Ding Ling mit der spöttischen Bemerkung abgegeben: „Wir wollen nicht noch einmal am achten März zurechtgewiesen werden!"[7] Tatsächlich war jedoch zu diesem Zeitpunkt die erste umfassende „Korrektur"-Kampagne der Kommunisten bereits nahezu abgeschlossen, und es mußten fast vier Jahrzehnte vergehen, ehe Ding Ling wieder mit ähnlicher Offenheit schreiben konnte.

Das erklärte Ziel der Korrekturkampagne von 1942 lag in der Verbesserung der Parteiorganisation und in einer Straffung der Disziplin zu einer Zeit, da wegen der Flut von Flüchtlingen und auch wegen des ungeheuren Drucks auf Yanan sowohl von seiten der Japaner als auch von seiten der Guomindang die Zahl der Parteimitglieder rasch zunahm. Die Strategie beruhte auf Überlegungen, mit denen Mao Zedong erstmals zu Zeiten des Jiangxi-Sowjet, während der späten zwanziger Jahre, experimentiert hatte, um parteiinterne Konflikte durch Druck der Gruppe und intensives Studium zu überwinden, statt durch Säuberungen und körperliche Gewalt. 1939 und 1940 war dieses Verfahren in der Yanan-Region an viertausend Studenten und Funktionären erprobt worden, die unter Anleitung die Werke von Marx, Lenin und Stalin sowie von Mao Zedong und Liu Shaoqi lesen mußten. Im Frühjahr 1942 kündigte Mao eine neue Kampagne an, die zwei Problemen galt: in der Bürokratie sollte sie sich gegen „Subjektivismus, Sektierertum und autoritäres Verhalten" richten, in der Welt der Kultur gegen „Realismus, Sentimentalität und Satire".[8] In einer Rede ließ Mao im Februar 1942 erkennen, worum es ihm ging. Die Korrekturkampagne besaß eine durchaus zwiespältige Zielsetzung; man konnte sie als gegen diejenigen Funktionäre gerichtet ansehen, denen bereits die Kritik von Xiao Jun und Ding Ling gegolten hatte, oder aber auch als gegen Ding Ling und Xiao Jun selbst oder überhaupt gegen jeden, der sein Wissen allein aus Büchern bezog und der weder imstande war, den Boden zu pflügen, noch zu kämpfen oder die wahre Natur revolutionärer Theorie zu verstehen. „Wir studieren den Marxismus-Leninismus nicht, weil er dem Auge schmeichelt oder weil er irgendeinen mystischen Wert besitzt", sagte Mao. „Der Marxismus-Leninismus besitzt weder Schönheit noch mystischen Wert. Er ist lediglich überaus nützlich." Die Beziehung zwischen dem Marxismus-Leninismus und der chinesischen Revolution, so fuhr er fort, sei mit der Beziehung zwischen einem Pfeil und einem Ziel zu vergleichen. So, wie es sinnlos sei, Pfeile ziellos in die Luft zu schießen, so sei es auch sinnlos, „einen Pfeil in die Hand zu nehmen, ihn hin- und herzustoßen und mit dem Ausruf ‚großartiger Pfeil, großartiger Pfeil' zu preisen", ihn jedoch niemals abzuschießen. Im augenblicklichen Entwicklungsstadium Chinas sollte man den Bogenschützen nicht dafür tadeln, daß er ungenau ziele oder die wahren Aufgaben des Pfeiles noch nicht gänzlich verstanden habe: „Wenn wir Fehler aufdecken und Unzulänglichkeiten kritisieren, so verfolgen wir dasselbe Ziel wie der Arzt bei der Behandlung einer Krankheit. Der Zweck aller Bemühungen liegt stets darin, die Leute zu retten, nicht sie zu Tode zu kurieren!"[9]

Maos Kritik an den Fehlern der Yanan-Intellektuellen veranlaßte eben diese Intellektuellen zu einem energischen Gegenangriff. Ding Lings Aufsatz zum Internationalen Frauentag kann als eine solche Reaktion gedeutet werden – als neuerliche Bestätigung der Notwendigkeit feministischer Argumente in einer Welt, in der kommunistische Funktionäre behaupteten, die Sache des Feminismus müsse hinter die Interessen proletarischer Solidarität zurückgestellt werden –, doch es gab noch zahlreiche weitere Reaktionen, von denen Ding Ling viele auf der Literaturseite des *Tageblatts der Befreiung* veröffentlichte. Die vielleicht konsequentesten Beiträge stammten von Wang Shiwei, einem kommunistischen Aktivisten, der während der zwanziger Jahre in Moskau studiert und einen gewissen Ruf als Übersetzer marxistischer Werke erlangt hatte und der nun am Politischen Zentralinstitut von Yanan als Dozent für kommunistische Theorie tätig war. In einem zweiteiligen Aufsatz mit dem Titel „Wilde Lilie", den Ding Ling Mitte März 1942 veröffentlichte, trauerte Wang um eine junge Freundin, die 1928 von der Guomindang hingerichtet worden war. Er verglich die Welt der politischen Leidenschaft und des Aktivismus mit der Selbstgefälligkeit der Funktionäre in Yanan, die sich weit abseits von dem „Meer des Blutes" hielten, als das sich die Wirklichkeit an allen anderen Orten Chinas darstelle. Wang schrieb, er habe seinen Beitrag aus zwei Gründen mit „Wilde Lilie" betitelt: zum einen, weil diese Blume, die in solcher Üppigkeit um Yanan wachse, eine „geeignete Widmung an das reine Andenken" seiner Freundin sei, und zum anderen, weil die Zwiebel dieser Blume angeblich einen bitteren Geschmack besitze. Diejenigen, die von dieser Zwiebel gekostet hätten, behaupteten, sie besitze eine medizinische Wirkung, schrieb Wang in offensichtlicher Anspielung auf Maos Rede einen Monat zuvor, „doch ich selbst bin mir da nicht so sicher". Falls nun Yanan wirklich ein seltener Lichtpunkt in dem Meer der Dunkelheit sei – und Wang räumte ein, im großen und ganzen sei es wohl so –, dann sei es um so dringender, „nachdem man das Unvermeidliche dieser Dunkelheit erkannt hat, deren Wiedererscheinen unter dem Deckmantel eines bolschewistischen Aktivismus zu verhindern".[10]

Die Flut der Kritik endete im April, als Ding Ling ihrer Stellung als Redakteurin enthoben wurde. Am 2. Mai, nachdem Mao die Intellektuellen in Yanan in einer Ansprache aufgefordert hatte, über ihre Einstellung zur Kommunistischen Partei und zu dem Publikum, für das sie schrieben, nachzudenken, erging der Befehl an die Autoren und Funktionäre, sich in kleinen Gruppen und gelegentlich auch in öffentlichen Foren über einen längeren Zeitraum hinweg zusammenzusetzen.[11] Nach einer dreiwöchigen Debatte hielt Mao eine zweite Ansprache, in der er seine Ansichten zur Aufgabe der Kunst sehr viel eingehender darlegte. Ausgehend von seiner persönlichen Auffassung von der Wirkung „populärer" kultureller Formen und angeregt auch durch sowjetische Theoretiker und durch die späten Schriften Qu Qiubais zeigte Mao die Maßstäbe auf, die von nun an für die Autoren in den kommunistisch beherrschten Grenzregionen verpflichtend sein sollten: Literatur und Kunst sollten sich an die Massen wenden, und ihr Klassenstandpunkt müsse der des Proletariats, nicht des Kleinbürgertums sein. Um dies zu erreichen, müßten Autoren und Künstler von den Arbeitern, Bauern und Soldaten lernen und dürften nur das verbreiten, wofür ein Bedürfnis bestünde und was von diesen Gruppen „leicht angenommen" werde. Zwar sei es durchaus möglich, von der Literatur der Vergangenheit oder fremder Länder zu lernen, doch könnten solche Werke niemals unkritisch auf die Gegenwart Chinas übertragen werden. Die Massen seien „für Literatur und Kunst eine unerschöpfliche Quelle, die einzige Quelle überhaupt". Daher könne es keine klassenunabhängige Theorie der „menschlichen Natur" geben; und was einige Autoren für die wahre menschliche Natur jenseits aller Klassen hielten, sei in Wirklichkeit nichts anderes als Ausdruck eines bourgeoisen Individualismus. Falls ein Yanan-Intellektueller sich ernsthaft darum bemühe, die Laufbahn eines „nutzlosen Autors oder Künstlers zu vermeiden, vor der bereits Lu Xun in seinem Testament seinen Sohn gewarnt hat", sagte Mao, dann müsse er „ein für allemal jene feudale, bourgeoise, kleinbürgerliche, liberalistische, individualistische, nihilistische, ästhetizistische, aristokratische, dekadente, pessimistische und jedwede sonstige Ausprägung von Kreativität vernichten, die den Volksmassen und dem Proletariat fremd ist".[12] In einem anderen Abschnitt seiner Rede wandte sich Mao direkt gegen Ding Lings Bemerkung von 1941, es sei notwendig, Lu Xuns *Zawen*-Stil beizubehalten und auch den Geist, der ihn dazu angeregt hatte:

„‚Noch ist die Zeit der Essays, und wir benötigen den Stil Lu Xuns.' Wenn uns Essay und Lu Xuns Stil nichts weiter bedeuten als Satire, so ist diese Ansicht nur soweit zutreffend, wie sie sich auf die Feinde des Volkes bezieht. Lu Xun lebte unter der Herrschaft der Kräfte der Dunkelheit. Damals gab es keine Redefreiheit, und so hatte Lu Xun vollkommen recht, als er sich der Form des Essays mit ihrem kalten Spott und ihrer brennenden Satire bediente, um den Kampf zu entfachen. Auch wir benötigen beißenden Spott, der sich gegen den Faschismus und gegen chinesische Reaktionäre richtet, doch in den antijapanischen Stützpunkten in den Grenzregionen von Shaanxi, Gansu und Ningxia und auch andernorts hinter den feindlichen Linien, wo den revolutionären Autoren und Künstlern völlige demokratische Freiheit gewährt wird, und wo diese nur den Elementen der Konterrevolution und des Geheimdienstes verweigert wird, da sollte der Essay eine andere Form annehmen als bei Lu Xun; er mag seine Stimme wohl laut erheben, doch sein Inhalt sollte nicht dunkel oder abwegig sein, so daß er den Volksmassen unverständlich bleibt. Wenn es um das Volk selbst ging und nicht um dessen Feinde, dann hat Lu Xun nicht einmal in seiner ‚Essayperiode' revolutionäre Personen oder Parteien verspottet, und der Stil, den er in diesen Essays anwandte, unterschied sich völlig von dem, dessen er sich gegen den Feind bediente. Ich habe eben schon gesagt, daß die Unzulänglichkeiten der Menschen kritisiert werden müssen, doch wenn wir solche Kritik äußern, dann müssen wir einen Standpunkt aufrichtiger Solidarität mit dem Volk und vollkommener Hingabe an dessen Erziehung und Schutz einnehmen. Wenn wir Genossen mit denselben rücksichtslosen Methoden behandeln, die gegen den Feind angebracht sind, dann identifizieren wir uns mit dem Feind."[13]

Am 27. Mai, vier Tage nach dieser Rede Maos, wurde im Politischen Zentralinstitut eine Reihe von Zusammenkünften einberufen mit dem erklärten Ziel, Wang Shiwei wegen seiner ,,Wilden Lilie" und anderer Schriften zu kritisieren. Anfang Juli hatten sich diese Zusammenkünfte bereits zu Massenveranstaltungen ausgeweitet, an denen mehr als tausend Personen teilnahmen. Wangs Aussage, ,,die Politik richtet sich nach der Kunst", und die Literatur sei imstande, die allgemeingültigen Aspekte der menschlichen Natur aufzudecken, wurde verurteilt. Er bot an, seine Mitgliedschaft in der Partei aufzugeben, doch er weigerte sich selbst dann noch zu widerrufen, als ,,Große-Schriftzeichen-Plakate" erschienen, auf denen er als Trotzkist beschimpft wurde. Ding Ling, von Parteimitgliedern, denen ihre Geschichte ,,Im Hospital" mißfiel, unter heftigen Druck gesetzt, schloß sich der Kritik an Wang an. Am 10. Juni verurteilte ihn das Politische Zentralinstitut als ,,verkappten Trotzkisten" und schloß ihn aus der Partei aus. Er verschwand aus dem öffentlichen Blickfeld und widmete sich, wie es hieß, ,,politischen Aufgaben". (Zwanzig Jahre später berichtete Mao, Wang sei 1947 hingerichtet worden.)[14]

Ding Ling konnte sich auch durch ihre Gegnerschaft zu Wang nicht retten. In zunehmend schärferen Angriffen, die zum Teil im *Tageblatt der Befreiung* veröffentlicht wurden, hielt man ihr vor, sie verhalte sich genauso wie ihre Lu Ping in der Erzählung ,,Im Hospital"; das Werk selbst wurde als ein Schriftwerk bezeichnet, das die Massen außer Acht lasse und altmodische realistische Techniken verwende. In Übereinstimmung mit Maos Bemerkungen vom 23. Mai hieß es, sie habe das Instrument der Kritik in ungebührlicher Weise gegen Mitglieder der Kommunistischen Partei angewandt. Einen Tag nachdem das Urteil über Wang bekanntgegeben worden war, lenkte sie ein: sie gab zu, die Beschuldigungen gegen sie seien berechtigt und sie habe sich auch in ihren Ansichten über die Frauen, die sie in den ,,Gedanken am 8. März" vorgetragen hatte, geirrt. Zwar habe sie in diesem Essay ,,Blut und Tränen vergossen", doch stelle ihre Haltung in der Welt von Yanan, wo Einigkeit im Klassenkampf die Unterschiede zwischen den Geschlechtern überwinden müsse, nichts anderes als einen überholten Feminismus dar.

Ding Lings ursprüngliche umstrittene Ansichten über die Frauen und ihr anschließender Widerruf führten zu einer Flut von Kommentaren zur Rolle der ,,Noras" in der modernen Welt. Während zumindest ein Autor argumentierte, Qiu Jin sei eine wirkliche Nora gewesen, da sie ihre Familie zugunsten einer ungewissen Zukunft in revolutionärem Aktivismus verlassen habe, wiesen andere darauf hin, in Yanan zumindest hätte Nora eingesehen, daß ihr Verantwortungsgefühl für die Massen die wichtigste Vorbedingung dafür sei, ihre eigene wahre Individualität zu verwirklichen. In Ding Lings Fall blieb das Urteil in der Schwebe: Ende Juni erhielt sie den Befehl, Yanan zu verlassen und sich zum ,,Studium" zu den Bauern aufs Land zu begeben. Unterwegs ermunterte sie jedoch der Oberkommandierende der kommunistischen Streitkräfte Zhu De, eine ausführliche Abhandlung über das Heldentum der Soldaten der Roten Armee zu verfassen. Zhu lud sie in sein Hauptquartier in Taolin ein und gewährte ihr Zugang zu Kampfberichten. Ihre pflichtgetreue Geschichte erschien am 9. Juli 1942 unter dem Titel „Die Achtzehn" im *Tageblatt der Befreiung*. Wenige Tage später verließ sie Taolin und begab sich zur Arbeit auf das Land, wo sie die nächsten zwei Jahre verbringen sollte.[15]

Während dieser zwei Jahre der unfreiwilligen Abwesenheit Ding Lings von der politischen und literarischen Welt in Yanan vollzog sich in China ein dramatischer Wandel im Kräfteverhältnis zwischen der Guomindang und den Kommunisten. Der Eintritt der Amerikaner in den Krieg (für die Chinesen hatte der Weltkrieg bereits 1937 mit dem Ausbruch des Krieges gegen Japan begonnen, nicht erst 1939 mit Hitlers Einmarsch in Polen oder 1941 mit dem japanischen Angriff auf Pearl Harbor) hatte Chiang Kaishek weitaus geringere Vorteile erbracht, als dieser sich erhofft hatte. Obwohl die Vereinigten Staaten der Guomindang-Regierung massive Kredite eingeräumt, General Stilwell mit einer Beratergruppe nach Chongqing entsandt und den Chinesen umfangreichen Nachschub an Kriegsmaterial versprochen hatten, das man leihweise überlassen wollte, wurden doch im Frühjahr 1942, nach dem Fall Singapurs an die Japaner und nach dem gleichzeitigen unerwarteten und katastrophalen Zusammenbruch der britischen Armeen in Malaya, alle früheren Berechnungen über die Schnelligkeit des japanischen Vormarsches in Südostasien gegenstandslos. Als im Sommer 1942 Chiang Kaisheks Truppen – zum großen Ärger General Stilwells – nicht imstande waren, den japanischen Vormarsch in Burma aufzuhalten, verlor China mit der Schließung der Burma-Straße auch seinen letzten Zugang zum Ozean. Von nun an war Chiang Kaishek auf den geringen Nachschub angewiesen, der von Indien her auf der gefährlichen Luftroute über den Himalaya – bekannt als „der Buckel" – nach Südwestchina eingeschleust wurde. Churchill und Stalin konzentrierten sich verständlicherweise auf den Kampf gegen die deutschen Truppen unter General Rommel in Nordafrika und auf die Verteidigung Stalingrads, nicht aber auf den chinesischen Kriegsschauplatz. Und da auch Präsident Roosevelts persönliches Interesse dem Kriegsschauplatz im Westen galt, gab er Churchills Forderungen nach, ursprünglich für China bestimmtes Kriegsmaterial nach Europa zu verschiffen. Chiang Kaishek lastete Stilwell persönlich die Verantwortung für diesen „Verrat" an und war empört über dessen Versuche, grundlegende Reformen in der Kampfausbildung und in der Befehlsstruktur der Armee der Nationalisten durchzusetzen. Statt dessen folgte er dem Rat des Generals Claire Chennault, China solle versuchen, Japan aus der Luft, nicht aber auf dem Boden zu schlagen. Doch die Anlage größerer neuer Flugplätze im Südwesten, von denen aus die japanischen Nachschublinien bombardiert werden konnten, forderte nicht allein einen oftmals sehr hohen Preis an Mühsal und Leiden, sondern führte 1944 – wie vorauszusehen war – zu einem Gegenangriff einer japanischen Streitmacht von mehr als vierhunderttausend Soldaten. Die Japaner nahmen Changsha, Guilin und schließlich auch die strategisch bedeutende Stadt Guiyang ein, von der aus sie Chongqing selbst bedrohten. Chiangs Armeen verloren über zweihunderttausend Mann, und entsprechend litt auch die Moral.[16]

Ganz im Gegensatz dazu konnte die kommunistische Regierung in Yanan gegen Ende 1943 und 1944 erstaunliche Erfolge verzeichnen. Die Führung in Yanan zog die Lehren aus den Erfahrungen der Guerillas in den übrigen Grenzregionen und befreite sich zunehmend von den Beschränkungen, die ihr durch die Rücksichtnahme auf die Einheitsfront auferlegt gewesen waren. Statt dessen übernahm sie die Politik der sogenannten „Massenlinie", die eine umfassende Mobilisierung der Bauern, ihren Zusammenschluß zur gemeinsamen Nutzung knapper Güter in armen Gegenden und die Steigerung der heimischen Produktion in Kleinindustrie und Handwerk ebenso einschloß wie das Bemühen, in Familien, Schulen und Jugendgruppen sozialistische Theorien zu verbreiten, ferner die Ausdehnung der antijapanischen Guerilla-Aktionen auch auf Gebiete, die bisher von der Guomindang beherrscht worden waren, und auch die Einbeziehung der Bauern selbst in die Kampagnen, in denen die Grundbesitzer mit Forderungen nach Pachtermäßigung konfrontiert wurden. Die kumulative Wirkung dieser Anstrengungen zeigte sich in der Verbreitung kommunistischer Stützpunkte über den gesamten Norden Chinas, so daß schließlich mehr als einhundert Millionen Menschen in Gebieten lebten, in denen die Kommunisten zumindest in irgendeiner Form vertreten waren.[17]

Die Ehrlichkeit, die Sachkunde und das Pflichtbewußtsein der kommunistischen Funktionäre, die diese Erfolge bewirkt hatten, nahmen sich – ungeachtet der mangelnden Empfindsamkeit und der Arroganz, die Ding Ling an ihnen kritisiert hatte – vorteilhaft aus gegenüber dem Verhalten derjenigen, die die Guomindang-Gebiete verwalteten und deren Korruption und Grausamkeit weithin bekannt und gefürchtet waren. Auch die Fähigkeit der Kommunisten – seit den üblen Erfahrungen von 1941 – in den Grenzgebieten die Preise niedrigzuhalten, stand im Gegensatz zum Unvermögen der Guomindang, die Inflation zu bändigen; 1944 nahm die Geldentwertung in Chongqing katastrophale Ausmaße an. Die Kommunisten waren sich des Propagandawertes dieser Gegensätze durchaus bewußt und unternahmen alles Erdenkliche, um sie noch deutlicher herauszustreichen. Wahrscheinlich verdankte Ding Ling ihre Rückkehr vom Lande nach Yanan 1944 ihrer Eignung als höchst wertvolle Interviewpartnerin für ausländische Journalisten: Wenn diese sie dort erblickten, gesprächig und lächelnd, sichtbar entspannt, wie sie ihr eigenes Gemüse auf einem kleinen Stückchen Land bei ihrer Höhle anbaute und wie sie ihre eigene Wolle spann, dann erschien sie wie der lebende Beweis für die Richtigkeit des Weges, den man in Yanan beschritt. Die Personen, die sie zu jener Zeit in ihren Erzählungen beschrieb, arbeiteten schwer, stellten keine Ansprüche, folgten jedem Ruf der Partei und waren stets bereit, alle ihre Fähigkeiten dafür einzusetzen, die Bauernschaft für den Widerstandskrieg zu mobilisieren und neue Parteimitglieder ausfindig zu machen. Ding Ling eignete sich die Ausdrucksweise der Bevölkerung des nördlichen Shaanxi an und legte die eher gewundene Satzstruktur ihrer früheren Erzählungen ab, die sich zum Teil an den grammatischen Modellen europäischer Sprachen orientiert hatten. Mao Zedong zeigte sich zufrieden mit ihren neuen Schriften; sie fügten sich in bewundernswerter Weise in die von ihm entwickelten Prinzipien eines kommunistischen literarischen Schaffens.[18]

Der sich ständig erweiternde Einfluß der Kommunisten und die gleichzeitige Demoralisierung der Guomindang veranlaßten chinesische Nationalisten in Chongqing und Kunming zu einem letzten Versuch, eine dritte politische Kraft zu bilden. Im Oktober 1944 kam es zur Gründung der ,,Demokratischen Liga Chinas", deren Programm darauf abzielte, die bürgerlichen Freiheiten zu schützen, einen Bürgerkrieg zu vermeiden, alle Streitkräft in China einem nationalen Oberkommando zu unterstellen und eine repräsentative Nationalversammlung einzuberufen. Ein solches Programm wäre Kang Youwei gegen Ende des vergangenen Jahrhunderts durchaus naheliegend erschienen, einem Großteil der zum Kampf entschlossenen Führung der Guomindang ging es jedoch zu weit, und so war die Liga von Anfang an Belästigungen, Zensurmaßnahmen, Polizeieingriffen und gelegentlichen Akten offener Gewalt ausgesetzt.[19]

Obgleich die Demokratische Liga auch in Kunming tätig wurde, hätte doch kaum jemand erwarten können, daß Wen Yiduo ihrem Wirken nennenswerte Aufmerksamkeit entgegenbrachte. 1944 war er fünfundvierzig Jahre alt und die Tage seiner radikalen Studentenzeit lagen zwanzig Jahre zurück. Es schien, als sei ihm ein einzigartiger Erfolg darin beschieden, sein Leben jenseits von Politik und Krieg einzurichten. Er beschäftigte sich eingehend mit der Erziehung seiner Kinder, war seiner Frau in innigster Zuneigung verbunden (ihren Freunden fiel auf, wie sie ihre Zeit so einzuteilen wußten, daß sie möglichst oft zusammen sein konnten, und wie sie es verstanden, die täglichen Trennungen und Wiedersehen, die ihnen der Rhythmus der Lehrverpflichtungen an der Universität auferlegte, zu Ritualen ihrer Liebe zu gestalten), und stand in engem Verhältnis zu seinen Studenten. Darüber hinaus hatte er sich einem Leben der Gelehrsamkeit verschrieben und befand sich in einer Periode ungewöhnlicher Schaffenskraft. Er veröffentlichte regelmäßig Arbeiten über sein Lieblingsthema, die ,,Gesänge des Südens" von Qu Yuan aus dem dritten Jahrhundert v. Chr., untersuchte den gesellschaftlichen Hintergrund der konfuzianischen Klassiker *Buch der Lieder* und *Buch der Wandlungen,* schrieb über Tang-zeitliche Dichtung und verfaßte eine umfassende Anthologie moderner chinesischer Poesie. Gleichgesinnte Kollegen bildeten seine Umgebung. Sein jüngerer Bruder lebte in Kunming und lehrte französische Literatur. Shen Congwen (der eine wissenschaftliche Leidenschaft für das sechste Jahrhundert v. Chr. entwickelt hatte) war von Hunan aus in den Süden gezogen und hielt sich ganz in der Nähe auf. Ein anderer Freund befaßte sich in Lehre und Forschung mit den Werken von Verlaine und Mallarmé, und ein weiterer Freund widmete sich den Gedichten Rilkes und Goethes. Wen selbst war zwar seinem Vorsatz, nie wieder Gedichte zu schreiben, treu geblieben, doch boten ihm die szenischen Bilder, die er als Zusätze zu Qu Yuans Gedichten in Worte faßte, einen Ausweg. Wen hatte sich nämlich vorgenommen, die Welt wieder erstehen zu lassen, in der diese Gedichte seiner Ansicht nach vor zweitausendzweihundert Jahren gesungen worden waren und Freude bereitet hatten:

„Unter dem dichten, schattenspendenden Laub eines Bambushains am Abhang eines Hügels steht ein Wagen mit einem Leoparden als Zugtier. Das Fell des Tieres ist hell-orange; neben ihm liegt ein Fuchs – den Körper übersät mit Gold- und Kupferflecken. Jenseits des Bambus im Hintergrund sehen wir den Gipfel der Göttin hoch aufragen wie einen Schirm und doch auf ewig sich in Wolken und Nebel verbergend – der schönste und zugleich

Wen Yiduo in Kunming gegen Ende des Jahres 1945.

auch zurückhaltendste der zwölf Gipfel des Wu-Massivs. Das eintönige Zirpen der Insekten im Walde ertönt in unseren Ohren einem Summen gleich. Plötzlich zerteilt eine Stimme die Stille: ‚Es hat den Anschein, dort drüben ist jemand, in der Senke des Hügels.‘ Und die Echos – wie Wellenkreise im Wasser – ziehen weiter und weiter nach allen Seiten den Felsen zu ‚– des Hügels – des Hügels – des Hügels –‘“[20]

Das einzige Rezept, das er – so schrieb Wen einem engen Freund in einem Brief vom 25. November 1943 – gegen die Krankheit Chinas zu verschreiben wisse, sei eine umfassende Geschichte der chinesischen Poesie oder vielleicht ein langes historisches Gedicht, das geeignet sei, diejenigen Geister zu beruhigen, die er in *Totes Wasser* vor so langer Zeit gerufen hatte: „Niemals werde ich vergessen, daß wir nicht nur die Besitzer des Heute, sondern auch der zwei, drei Jahrtausende des Gestern sind.“[21]

Wahrscheinlich bildeten die Korruption und die Rohheiten der Guomindang-Armee, die ihm zunehmend zu Gesicht kamen, den Anstoß für Wen Yiduo, sich schließlich doch von seinem Gelehrtendasein und von seinen poetischen Nachschöpfungen loszureißen. 1944 standen seine drei Söhne in ihrem zweiten Lebensjahrzehnt, und als nach den japanischen Siegen in Südwestchina eine allgemeine Wehrpflicht in den Bereich des Möglichen rückte, dachte Wen Yiduo mit Schrecken an das Leben, das seinen Kindern bevorstehen mochte. Seit Jahren schon befanden sich seine Studenten in tiefem Zwiespalt, welcher Seite sie sich zuwenden sollten. Einige hatten den Weg nach Yanan gewählt, andere waren nach Chongqing gegangen, und Wen Yiduo wußte, daß die Jugend Chinas in eine Situation gezwungen wurde, in der sie schließlich gegeneinander kämpfen würde, nicht aber gegen den gemeinsamen Feind, die Japaner. Wen erblickte nun außerhalb Kunmings die ersten Zwangsverpflichteten, aneinandergekettet, manchmal am Straßenrand sterbend, menschlicher Ballast, dem weder Lebensmittel noch medizinische Fürsorge oder gar Bezahlung gewährt wurde. Zur selben Zeit nahm die Kaufkraft seines Gehalts durch die Inflation in einem solchen Maße ab, daß es nur noch dazu ausreichte, seine Familie einige wenige Tage des Monats zu ernähren. Den Rest mußte er sich hinzuverdienen, indem er noch an einer zweiten Schule unterrichtete und zudem bis spät in die Nächte hinein dekorative Siegel schnitzte.[22]

Ein Angehöriger einer kleinen Lyrikvereinigung an der Universität, der Wen gelegentlich in seinem bescheidenen Haus auf dem Lande außerhalb Kunmings besuchte, zeichnete ein Ereignis auf, das wahrscheinlich den Wendepunkt bedeutete. Es war am 9. April 1944, einem sonnigen Tag. Wen hatte seine achtjährige Tochter an die Hand genommen und saß, von einem Dutzend Studenten umgeben, unter einigen Bäumen, wo er sich mit seinen Begleitern zwei, drei Stunden lang über Dichtung unterhielt. Nach dieser Sitzung schlenderten alle gemeinsam zurück, als ihnen auf einer Brücke nahe der Hauptstraße eine weitere Gruppe von Zwangsverpflichteten begegnete. „Wir müssen etwas unternehmen“, sagte Wen zu seinen Studenten. „Jedesmal wenn ich diese ‚wehrtüchtigen Rekruten' am Straßenrand verhungern sehe, kommt es mir vor, als sei ich selbst der Bestrafte. Schaut sie euch dort an, aneinandergebunden, dahingezerrt, mit Gewehren vorwärtsgetrieben, jeder von ihnen bereits soweit abgemagert, daß ihre Beine nicht einmal mehr so dick sind" – hier hielt Wen seine rechte Hand hoch, der Zeigefinger berührte den Daumen, um die mitleiderregende Dürre ihrer Glieder anzudeuten. „Sie schleppen sich dahin, schleppen sich dahin, und einer von ihnen fällt zu Boden. Sie schleppen sich weiter dahin. Wieder geht einer zu Boden."[23]

Im Laufe der folgenden Wochen verfaßte Wen mehrere politische Aufsätze. Er setzte sich in ihnen sehr kritisch mit der konfuzianischen Maxime des „Maßhaltens" auseinander, die er als die Ursache dafür ansah, daß die Bevölkerung sich mit einem „Leben zwischen Hunger und Tod" abfand, und er schrieb es dem ausgeprägten Familiensinn der Chinesen zu, daß jeder wahre Patriotismus zerstört sei. Er empfahl, die Fortschrittsidee des Westens zu übernehmen, die selbstbezogene „Altertümelei" aufzugeben, die die Probleme der Gegenwart übersehe, sowie sich vollkommen von konfuzianischer „Dieberei" und daoistischem „Eskapismus" loszulösen.[24] Im Juli sprach er zu einer Studentenversammlung und forderte seine Zuhörer auf, den Geist des 4. Mai 1919 und des 9. Dezember 1935 wieder mit Leben zu erfüllen. Im August folgte er – gemeinsam mit mehreren Kollegen – der Einladung einer Gruppe von Armeeoffizieren, die Zukunft Chinas zu erörtern. Bei dieser Gelegenheit äußerte er seine Bestürzung über den Zustand der chinesischen Streitkräfte. Er fühle, so sagte er, daß die „Revolution" möglicherweise die einzige Lösung für die Probleme Chinas sei. In jenem Herbst, als Chiang Kaishek endgültig General Stilwells Bemühungen, in der nationalchinesischen Armee Reformen durchzusetzen, unterlief und Präsident Roosevelt dazu überredete, Stilwell in die Vereinigten Staaten zurückzuberufen, trat Wen Yiduo dem neugegründeten Kunming-Zweig der „Demokratischen Liga" bei, half bei der Organisation einer Großveranstaltung in Kunming und rief eine neue politische Wochenzeitschrift ins Leben. Mit neuer intellektueller Energie begann er die Lektüre der Werke Lunacharskis und Plechanows, der Gedichte Majakowskis, der kritischen Arbeiten Lu Xuns und so vieler Schriften Mao Zedongs, wie er nur auftreiben konnte.[25]

Im Jahre 1945 erhielten Wen Yiduos Radikalität und sein Empfinden, persönlich wenig ausrichten zu können, zusätzliche Nahrung. Wieder einmal war der Landkrieg gegen die Japaner zum Erliegen gekommen. Nachdem sich die Japaner bereits 1944 während der Gegenangriffe in Südwestchina überanstrengt hatten, benötigten sie nun alle ihre Reserven, um den amerikanischen Kräften im Pazifik standzuhalten. Chiang Kaishek nutzte diese Zeit, um mit Unterstützung durch General Albert C. Wedemeyer, Stilwells feinfühligerem Nachfolger als Kommandeur auf dem chinesischen Kriegsschauplatz, seine Armeen zu reorganisieren und deren Ausbildungsstand zu verbessern. Im Norden bemühten sich dagegen die Kommunisten, mit Hilfe von Kampagnen zur Erziehung der Massen und zur Mobilisierung der Guerilla ihren Einfluß auszudehnen.

Wen reagierte auf diese militärische Atempause, indem er sich mit nur noch größerer Anstrengung in die Arbeit für die Demokratische Liga stürzte und das chinesische Volk durch seine Schriften zu nationalen Reformen anzuregen suchte. Sein Vorgehen erinnerte an die 4. Mai-Bewegung von 1919, an der er als Student teilgenommen hatte und deren Ziele, die Beseitigung überholter kultureller und gesellschaftlicher Wertvorstellungen, bisher nur unvollkommen verwirklicht worden waren. Die langen Jahre, die er mit dem Studium klassischer Werke verbracht hatte, erschienen Wen nun fragwürdig, und er bemerkte einmal, er beschäftige sich nun mit solchen Werken, um „deren Geschwüre zu öffnen und deren dunkle Seiten offenzulegen." Als einige Freunde ihn an die anspruchsvollen poetischen Maßstäbe erinnerten, die er einst vertreten hatte, und an sein früheres, hartnäckiges Festhalten an einer bestimmten Form des Ausdrucks, erwiderte er: „Nun ist die Zeit, in der vor allem Trommler benötigt werden ... Kammermusiker sind jetzt nur von zweitrangiger Bedeutung." Mit dieser Aussage bezog Wen sich auf eine Gruppe junger chinesischer Dichter, die sich anschickten, den sowjetischen Dichter Majakowski nachzuahmen, dessen „Trommelschlagstil" ihnen wie eine Art Ruf zu den Waffen erschien. Es gab auch Kollegen, die das Verhalten Wens tadelten, da sie es nicht nur für unpassend, sondern auch für gefährlich hielten. Ihnen sagte Wen: „Ich verstehe zwar nichts von Politik, aber ist es denn jetzt an der Zeit, sich um seine eigene Sicherheit zu sorgen? Ich schätze eure Bedenken sehr, doch ich möchte weiterhin Mensch bleiben, und ich habe immer noch ein Gewissen."[26]

Der Dichter Qu Yuan, dessen Selbstmord im Exil in Südwestchina bei Wen Yiduo noch nach zweitausendzweihundert Jahren historische Nachwirkungen hatte, erschien ihm nun als „Symbol des Kampfes der Menschen für ein Leben in Ehre". Es ist anzunehmen, daß Wen sich ausführlich mit Guo Moruo über dieses Thema unterhalten hat, als dieser im Sommer 1945 Kunming besuchte. Guo Moruo hatte kürzlich ein eigenes Bühnenstück über Qu Yuan abgeschlossen und Qus schwierige Gedichte in umgangssprachliches Chinesisch übersetzt. Seit er Mitte der zwanziger Jahre die Faszination, die das dichterische Werk Tagores auf ihn ausübte, überwunden und den Kreis um Xu Zhimo verlassen hatte, war Guo überzeugtes Mitglied der Kommunistischen Partei. Er war mit der Lage in Chongqing vertraut – er hatte dort in der Propagandaabteilung gewirkt – und bestärkte sicherlich noch Wens Auffassung von der Dringlichkeit politischer Reformen in China.[27]

Die langsame Neugliederung der Streitkräfte der Guomindang und deren Pläne für die schließliche Wiedervereinigung des Landes gingen von der Erwartung aus, Japan werde 1946 zusammenbrechen. Da den Chinesen die Entwicklung der Atombombe verborgen geblieben war, rechnete niemand mit einer früheren Kapitulation der Japaner. Als den japanischen Truppen daher nach der Bombardierung Hiroshimas und Nagasakis Mitte August 1945 von Kaiser Hirohito befohlen wurde, die Waffen in China zu strecken, war die Guomindang in großen Teilen Chinas völlig unvorbereitet, die japanische Kapitulation formell entgegenzunehmen. Folglich stießen die kommunistischen Truppen in dieses Vakuum; sie nahmen die Kapitulation entgegen, stärkten ihre eigenen Streitkräfte mit den japanischen Waffen und Munitionsvorräten, die ihnen in die Hände fielen, und befahlen ihren Truppen, Teile der Mandschurei zu besetzen. Als Ergebnis amerikanischer Vermittlungsbemühungen, zunächst durch General Patrick Hurley, dann durch General George C. Marshall, flog Ende 1945 Mao Zedong zu Gesprächen nach Chongqing, wo die beiden gegnerischen Seiten sich darauf verständigten, im Januar 1946 eine „Beratende Politische Konferenz" zu gemeinsamen Gesprächen zwischen den Kommunisten, der Guomindang und den verschiedenen demokratischen Parteien der „Dritten Kraft" einzuberufen. Wen bemühte sich in Kunming in zahlreichen Ansprachen und Veröffentlichungen, greifbare Ergebnisse dieser Konferenz für die Zukunft Chinas sicherzustellen. Chiang Kaisheks Entscheidung, die verschiedenen regionalen Kommandeure der Kriegszeit – von denen einige entsprechend der offiziell noch immer gültigen Politik der Einheitsfront politisch Andersdenkenden ein gewisses Maß an Toleranz entgegengebracht hatten – durch Männer zu ersetzen, deren persönliche Loyalität zu Chiang außer Zweifel stand, wirkte sich jedoch auf Wens Engagement zunächst hinderlich aus und brachte ihn schließlich in ausgesprochene Gefahr. In Kunming waren die Auswirkungen der neuen Situation sofort sichtbar: auf studentische Demonstranten wurde geschossen, und Schlägertrupps in Zivil oder als Kulis verkleidet zogen durch Schulen und Colleges, wo sie Fenster und Geräte zerschlugen, Lianda-Studenten verprügelten und gelegentlich auch Handgranaten warfen. Eine Granate tötete drei Studenten und einen Musiklehrer; ein weiterer Student verlor ein Bein. Ungeachtet entsprechender Verbote der Behörden bahrten die Studenten die Särge dieser vier „Märtyrer" in der Universitätsbibliothek auf – umgeben von Weihrauch und den bei Begräbnissen üblichen Schriftrollen. Im März 1946 veranstalteten die Studenten von Kunming Umzüge und Gedächtnisfeiern zu Ehren der vier Getöteten und riefen einen Streik aus, der rasch auch in anderen Universitäten des gesamten Landes befolgt wurde.[28]

In jenem Frühjahr endeten noch weitere Vermittlungsbemühungen zwischen den Kommunisten und der Guomindang ohne Erfolg und der Bürgerkrieg brach erneut aus; die Studenten und die Professoren der Lianda kehrten allmählich an ihre jeweiligen Universitäten im Norden zurück. Wen Yiduo blieb in Kunming, um dort auch weiterhin für die „Demokratische Liga" zu wirken und um noch einige Angelegenheiten für die Universität zu erledigen. Einige seiner Freunde, die sich um seine Sicherheit in dieser angespannten politischen Lage sorgten, hatten ihm zu einem Ruf an die Universität von Kalifornien verholfen, doch er lehnte es selbst dann noch ab, das

Land zu verlassen, als auch seine Frau sich den inständigen Bitten seiner Kollegen anschloß. Am 11. Juli wurde Li Gongpu, einer seiner engsten Freunde aus der „Demokratischen Liga", auf offener Straße, nur wenige Häuserzeilen von Wens eigener Wohnung entfernt, erschossen. Wen bestand darauf, für Li eine Gedächtnisfeier abzuhalten, obwohl man ihn dringend vor diesem selbstmörderischen Unterfangen warnte.

Wens Beharrlichkeit erinnert uns an seine Gefühle im Jahre 1922, als er erfahren hatte, daß ein junger Chinese, mit dem er befreundet war, bei einem Autounfall in Colorado ums Leben gekommen war: „Das läßt mich über umfassendere Fragen nachdenken – die Bedeutung von Leben und Tod – das große Rätsel des Universums. Während der letzten Tage war ich ziemlich geistesabwesend. Man sagt bereits, ich verlöre den Verstand. Doch ist nicht derjenige wirklich verrückt, der nicht imstande ist, über solche Fragen den Verstand zu verlieren?"[29] Die Gedächtnisfeierlichkeiten für Li Gongpu wurden am 15. Juli 1946 abgehalten, und Wen selbst hielt eine Ansprache, in der er das Beispiel Lis pries und die Geheimagenten, die seinen Freund erschossen hatten, dazu aufforderte, auch ihn zu erschießen. Am Abend desselben Tages, als er um fünf Uhr mit seinem neunzehnjährigen Sohn, der gekommen war, ihn nach Hause zu begleiten, das Büro der Zeitung der „Demokratischen Liga" verließ, eröffnete eine Gruppe von Männern von der gegenüberliegenden Straßenseite aus das Feuer. Wen brach mit drei Kugeln im Kopf zusammen und starb sofort. Sein Sohn erlitt schwere Verletzungen in der Brust und an den Beinen, überlebte den Anschlag jedoch.[30]

Wens Freunde in Kunming besaßen nach seinem Tod nicht den Mut, in der gleichen Weise zu protestieren, wie er selbst es nach Lis Tod getan hatte. Dennoch entwickelte sich der Fall rasch zu einer nationalen Angelegenheit. Die „Demokratische Liga" setzte eine Untersuchungskommission unter dem Vorsitz von Liang Shuming ein, dem umstrittenen Autor aus den zwanziger Jahren, der nun ein allseits angesehener Philosoph und politischer Aktivist war. In ihrem Abschlußbericht gelangte die Kommission zu dem Schluß, Angehörige der Garnisonskommandantur in Kunming seien für den Mord verantwortlich; es war jedoch nicht möglich, eine unmittelbare Beteiligung der Führungsspitzen der Guomindang nachzuweisen. Wen Yiduos Name wurde überall in China zum Symbol dafür, sich den repressiven Maßnahmen der Guomindang zum Trotz für die geistige und persönliche Freiheit einzusetzen.[31]

Ein Programmpunkt der Liga, dem sich auch die „Beratende Politische Konferenz" von 1946 anschloß, war die Forderung nach einem Ende der „ausländischen Einmischung" in den chinesischen Bürgerkrieg – eine deutliche Anspielung auf die Unterstützung, die die Vereinigten Staaten der Guomindang gewährten. Sie schloß Ende 1945 und zu Beginn des Jahres 1946 Patrouillen der U.S. Marineinfanterie in wichtigen Häfen Nordchinas sowie Lufttransporte einer großen Anzahl von Soldaten Chiang Kaisheks in die Mandschurei ein, um zu verhindern, daß das gesamte Gebiet in die Hände der Kommunisten fiel. Die Liga protestierte auch gegen das Ausmaß der amerikanischen Verkäufe überschüssiger militärischer Ausrüstung an Chiang, deren Wert im Sommer 1946 etwa 900 Millionen Dollar erreichte. Im Dezember desselben Jahres facht die angebliche Vergewaltigung einer Studentin der Pekinger Nationaluniversität die Erregung und die Verärgerung der Studenten, die erst kürzlich von Kunming zurückgekehrt waren, in dramatischer Weise an; die plumpen Versuche der Regierung, die Angaben der jungen Frau durch Zweifel an ihrer Moral in Mißkredit zu bringen, verschärften die Situation noch zusätzlich. Die Unterdrückung Andersdenkender durch die Guomindang, die amerikanische Militärhilfe für Chiang Kaishek, die amerikanische Präsenz in China und schließlich der Vorgang der Vergewaltigung selbst verschmolzen im Bewußtsein der Öffentlichkeit zu einer Anklage. Es kam zu Protestversammlungen und Demonstrationen in Peking, die sich auch auf andere Städte ausweiteten: auf Tientsin, auf Shanghai, auf Chongqing, auf Kanton und selbst auf Taipeh in Taiwan, das nun erstmals wieder unter chinesischer Hoheit stand, seit sein Verlust im Jahre 1895 Kang Youwei zu seinen allerersten Protesten veranlaßt hatte. Nur ein Jahr nach Kriegsende erschien die Guomindang in ähnlicher Weise außerstande, den Bedürfnissen des chinesischen Volkes gerecht zu werden, wie die Regimes der Militärherrscher in der Vergangenheit. Und an Stelle der Japaner erschienen nun bereits die Amerikaner als Schlüsselfiguren imperialistischer Aggression. Wen Yiduo, der sich kurz vor seiner Abreise nach Chikago mit der Niederschrift heroischer Reimpaare in wunderschöner klassischer Kalligraphie an der 4. Mai-Bewegung von 1919 beteiligt hatte, hätte sicherlich ein grimmiges Vergnügen empfunden.[32]

Bei Kriegsende zogen etwa einhunderttausend Soldaten aus den kommunistischen Operationsgebieten unter dem Kommando von General Lin Biao, einem achtunddreißigjährigen Veteran der Feldzüge zu Zeiten des Jiangxi-Sowjet und des „Langen Marsches", nach Norden in die Mandschurei. Dort trafen sie auf russische Truppen, die im August 1945 in dieses Gebiet eingedrungen waren, und nahmen die Kapitulation der japanischen Mandschureiarmeen sowie der Streitkräfte des ehemaligen Marionettenregimes von Mandschukuo entgegen. Mit den umfangreichen Vorräten der erbeuteten Waffen ausgerüstet, waren sie nun bestens vorbereitet, die Mandschurei – besonders das Gebiet nördlich des Flusses Sungari – gegen die anrückenden Guomindang-Truppen zu verteidigen. Ding Ling verließ Yanan im Sommer desselben Jahres. Sie begab sich allerdings nicht in die Mandschurei, sondern ließ sich etwa einhundertsechzig Kilometer nordwestlich von Peking in der Stadt Zhangjiakou nieder, einer ehemals bedeutenden Garnisonsstadt an der Großen Mauer, die die Kommunisten nun zu einem Stützpunkt in ihrem Operationsgebiet ausgebaut hatten. Ding Ling verlebte hier einige friedliche Monate mit ihrem Freund Chen Ming, einem Schriftsteller, den sie in Yanan kennengelernt hatte, sowie mit ihrem Sohn und ihrer Tochter, die sie zehn

Jahre zuvor bei ihrer Flucht aus Shanghai zurückgelassen hatte. Im Juli 1946 zog sie allerdings aufs Land nach Hebei, in die Nähe von Zhuolu am Fluß Sanggan, um dort gemeinsam mit kommunistischen Funktionären und örtlichen Dorfbewohnern die Landreform durchzuführen.[33]

Die Grundsätze dieser Landreform wichen ganz entschieden von der maßvollen Politik der „Pachtsenkung" ab, die die Kommunisten zur Zeit der Einheitsfront während des Krieges gegen Japan in den von ihnen kontrollierten Gebieten verfolgt hatten. Einzelheiten waren in einer innerparteilichen Direktive vom 4. Mai 1946 enthalten, die die zukünftige Politik für die nordchinesischen Provinzen Shandong, Hebei und Shanxi festlegte, in denen die Guomindang keinen wirksamen Einfluß besaß. (Im Süden war im allgemeinen die Guomindang überlegen; in der Mandschurei erschwerte die unübersichtliche Situation, die die Amerikaner mit ihren Lufttransporten zehntausender Guomindang-Soldaten herbeigeführt hatten, eine langfristige Planung.) In dieser Direktive wurde sorgfältig zwischen verschiedenen Besitzformen der Grundherren, verschiedenen Schichten innerhalb der Bauernschaft und verschiedenen Formen kommunistischer Kontrolle über ein Gebiet unterschieden. Es war beabsichtigt, Großgrundbesitzer und solche Grundherren, die mit den Japanern kollaboriert hatten, zu bestrafen, bzw. sie zu töten, falls ihnen schwerwiegende Verbrechen nachgewiesen werden konnten. Denjenigen, die andere in nur geringem Maße ausgebeutet hatten, sollte gerade soviel Land belassen werden, wie sie für ihr eigenes Auskommen benötigten; der Rest war zu beschlagnahmen. In Gebieten, in denen die Partei genügend Anhang hatte, war vorgesehen, kleinere Grundbesitzer und reiche Bauern durch „Schiedsverfahren und Übereinkunft" dazu zu überreden, ihre überschüssigen Ländereien den ärmeren Mitgliedern ihrer Dorfgemeinschaft zu verkaufen oder zu schenken; die Industrie- oder Handelsunternehmen dieser Leute sollten allerdings unangetastet bleiben. Die sogenannten mittleren Bauern – diejenigen also, die gerade genug Land für ihren eigenen Lebensunterhalt besaßen und kaum zusätzliche Arbeitskräfte beschäftigten – sollten dagegen mit größter Vorsicht behandelt und „in die Bewegung einbezogen" werden. Ihr Land sollte „von Eingriffen verschont" bleiben. Alles Land, das durch Verkäufe, Beschlagnahme oder „Schenkungen" verfügbar geworden war, konnte dann von den kommunistischen Bauernverbänden an die landlosen landwirtschaftlichen Arbeiter, armen Pächter, ärmsten Bauern und an die Hinterbliebenen der Kriegstoten verteilt werden. Intellektuellen und auch solchen Grundbesitzern gegenüber, die während des Krieges aus ihren Dörfern geflüchtet waren und nun bereit waren, nach Hause zurückzukehren und produktiv zu arbeiten, war eine „versöhnliche Haltung" einzunehmen. In Gebieten, in denen die Partei noch nicht stark genug war, sollte sich die Landreform – so wie in Yanan – auf Pacht- und Zinssenkungen beschränken und vorerst noch keine Umverteilung des Bodens in Angriff nehmen.[34]

Zusätzlich zu den Bauernverbänden setzten die Kommunisten noch andere Massenorganisationen ein: Innerhalb der Regierungsbezirke mußten Milizeinheiten Nachschublinien bewachen und die Gebiete besetzen, die von den kommunistischen Fronteinheiten erobert wurden; in den Dörfern wurden alle Männer im Alter von sechzehn bis fünfundfünfzig Jahren in örtlichen Selbstverteidigungsgruppen zusammengefaßt, die für den Transport von Getreide und militärischem Nachschub sowie für die Verteidigung der Dörfer verantwortlich waren. Frauenverbände sollten den Wachdienst unterhalten, alle Reisenden überprüfen, erste Hilfe leisten, handwerkliche Tätigkeiten ausführen und örtliche Ausbildungsmöglichkeiten für Frauen schaffen. Diese Anweisungen zeichneten selbstverständlich nur ein Ideal, nicht aber die Wirklichkeit. Jedes Dorf war durch seine eigene Situation gekennzeichnet – angefangen von der Anzahl der Grundbesitzer und dem Ausmaß, in dem diese sich ausbeuterisch betätigt hatten, bis hin zu der Anzahl der Pächter und den Fähigkeiten der anwesenden Funktionäre. Allgemein jedoch bestand eine Tendenz, radikaler vorzugehen, als es in jener Direktive empfohlen wurde, und oftmals kam es zu Gewalt- und Terrorakten. Im Sommer 1947 wurde vielerorts die Verteilung des gesamten Bodens auf alle Dorfbewohner – Männer wie Frauen – gefordert, auch wenn dadurch die mittleren Bauern enteignet wurden.[35]

Die kommunistischen Programme, die vielen Millionen Bauernfamilien, die seit eh und je in bitterster Armut gelebt hatten, Landbesitz versprachen – auch wenn es sich nur um kleine Grundstücke handelte –, riefen eine Spannung und eine Erregung von ungeheurem Ausmaß hervor. Ding Ling wurde sogleich in die dramatischen Vorgänge einbezogen, die diese Veränderungen mit sich brachten; die Reaktionen der Armen, die von vorsichtiger Zurückhaltung bis hin zu unkontrollierten Ausschreitungen reichten, betrafen sie unmittelbar. Obwohl keinerlei Gewißheit bestand, daß die Reformen von Dauer sein würden, da die Kämpfe zwischen der Guomindang und den Kommunisten um die Mandschurei und um große Teile Nordchinas andauerten, so war doch zumindest das Bewußtsein all derjenigen Bauern auf Dauer gewandelt, die im Verlauf der Landreform an Massendiskussionen und Massenaktivismus teilgenommen hatten. Ding Ling sah sich von ihren Erfahrungen mit den Bauern beeinflußt und betrachtete dies als Grundlage für ihre weiteren Schriften:

„Ich erkannte, daß ich mir viele Gedanken um sie machte, allerdings nicht etwa, weil sie eine gewisse Liebenswürdigkeit besaßen. Ich hatte größtes Verständnis für ihre Unzulänglichkeiten. Ich war unruhig und fand keinen Schlaf und merkte, daß sich meine frühere Begeisterung für die Landreform nun in eine ganz andere Art von Eifer wandelte. Zahlreiche Personen schossen mir durch den Kopf; ich erörterte meine Vorstellungen mit ihnen und stritt auch mit ihnen. Manchmal kamen mir so viele in den Sinn, daß ich gar nicht alles verarbeiten konnte; manchmal war es auch zu wenig, um darüber zu schreiben. Wie dem auch sei, meine Erinnerungen und meine gesteigerte Vorstellungskraft regten mich an und trieben mich vorwärts; sie versetzten mich in Unruhe und stärkten mich zugleich. Ich lebte in ihrer Welt, umgeben von Wolken farbenprächtiger neuer Möglichkeiten. Ich brannte darauf, irgend etwas zu unternehmen, und sagte zu mir selbst: ‚Fang an; warte nicht länger!'"[36]

Ding Ling ergänzte die Bereiche, über die es „zu wenig zu schreiben" gab, durch ausgedehnte Lektüre der Berichte kommunistischer Funktionäre, zu denen sie mit einer Sondererlaubnis Zugang erhielt, und begann 1947 mit der Niederschrift eines neuen Romans. Im Sommer 1948 beendete sie *Sonne über dem Fluß Sanggan;* genauer gesagt, schloß sie nur den ersten, allerdings eigenständigen Teil einer geplanten Trilogie ab, ähnlich wie im Falle der *Mutter* dreizehn Jahre zuvor.[37]

Ding Ling ließ ihren Roman auf dem Lande in der Nähe des Flusses Sanggan spielen, wo sie seit 1946 lebte, in einem imaginären Dorf mit dem Namen Nuanshui, den man wörtlich als „Belebendes Wasser" übersetzen kann. Sie vermied die Fehler von 1942, als sie die kommunistischen Funktionäre über Gebühr kritisiert hatte, und stellte den höchsten Funktionär von Nuanshui, der für kurze Zeit dorthin entsandt wurde, um die schwierigste Phase der Landreform zu überwachen, als einen Helden dar, mit „den Augen eines Falken und der Geschwindigkeit eines Rehs", als einen Mann, der monatelang von rohem Mais und gesalzenen Rüben leben könne und der selbst im tiefsten Winter in Erdlöchern schlafe (wobei er jede Nacht mehrmals erwache und einige Male auf und ab springe, um sich vor Erfrierungen zu schützen). Seine Urteile seien durchweg fair, scharfsinnig und gutmütig.[38] Man sollte allerdings nicht übersehen, daß die übrigen Funktionäre, die in dem Roman eine Rolle spielen, ausgesprochen menschlich dargestellt sind: einige sind jung und kraftvoll und können den Versuchungen nicht widerstehen; viele schwanken in ihrer Einstellung und werden von Furcht und Zweifel heimgesucht. Einer hat, ähnlich Ding Ling, sein Bücherstudium in der Stützpunktbibliothek aufgegeben, da er der Meinung ist, „die ländlichen Gebiete seien eine großartige lebendige Bibliothek, in der er viel wirklichkeitsnäher studieren könne";[39] ein anderer, mit Namen Wen Cai (wörtlich: „äußerst kultiviert"), enthielt zweifellos gewisse Aspekte der „Selbstkritik", deren Anwendung Ding Ling während der Korrekturprogramme in Yanan erlernt hatte. Sie beschrieb Wen als einen Menschen, der immer noch zu sehr in Büchern lebe und zu sehr mit Theorien beschäftigt sei, um von den Massen lernen zu können, obgleich seine Absichten gut seien:

„Er beteiligte sich nun an der Landreform und gab vor, Chinas Bodenprobleme und ländliche Wirtschaftsformen zu studieren. Die Partei war der Ansicht, mehr Erfahrung könnte für ihn vorteilhaft sein, und bestimmte, daß er aktiv an der Arbeit teilnehme. Die Behörden des Distriktes, in den er geschickt wurde, kannten ihn jedoch nicht und ließen sich von seiner gewählten Ausdrucksweise und offensichtlichen Bildung beeindrucken. Sie behandelten ihn über die Maßen höflich und vertrauten ihm so weit, daß sie ihn als Leiter einer Arbeitsgruppe einsetzten, die vom Distriktkomitee der

Partei ausgesandt wurde, um in Nuanshui mit seinen etwa zweihundert Familien die Landreform durchzuführen."[40]

Wie vorauszusehen war, machte Wen eine Reihe von Fehlern, die von Funktionären mit größerer Erfahrung korrigiert werden mußten. Auch von den Grundbesitzern und Dorfbewohnern von Nuanshui entwarf Ding Ling ein differenziertes Bild; sie fanden sich von starken Kräften mitgerissen, die sie kaum verstanden, und sie kämpften darum, das zu behalten oder sich anzueignen, was sie für das ihre hielten. Die Frauen von Nuanshui sind besonders prägnant skizziert: die umsichtige Anführerin der örtlichen Frauengruppe, die verschlagene Frau des Grundbesitzers Li, die hübsche, junge Nichte des Grundbesitzers Qian, die magere, stolze und verbitterte Frau des Schäfers, die in der Vergangenheit ihrer Wut nur dadurch hatte freien Lauf geben können, daß sie ihren armen und schwer arbeitenden Mann beschimpfte, bis die Landreform ihr nun Stimme und Forum verlieh. Ding Ling griff zwar auf die feministischen Ansichten, die sie in ihren „Gedanken zum 8. März" veröffentlicht hatte, nicht wieder zurück, aber ihre Beschreibungen besaßen dennoch genügend Aussagekraft. So etwa im Falle einer alten Frau, die von den Sorgen eines langen Daseins in Armut halb in den Wahnsinn getrieben wurde und die nun bebend einen Freudentaumel miterlebt, den sie nicht recht versteht. Als die Funktionäre bei den Vorbereitungen für eine entscheidende Begegnung mit den reichsten Grundbesitzern mit ihr zusammentreffen, hockt sie auf dem Ofenbett *(kang)* im Hause eines enteigneten Grundbesitzers:

„Als sie es endlich schafften, sich zusammenzufinden, um die ganze Angelegenheit durchzusprechen, wußten sie nicht, wohin sie gehen sollten, und Yumin zog sie in einen Nebenraum. Dort war eine zahnlose, schwerhörige, alte Frau, die kaum noch gehen konnte. Doch sie hielt ihr Gesicht an das Glasfenster gepreßt und kicherte freudig beim Anblick der vielen Menschen draußen. In ihren Augen standen Tränen. Als die Männer hereinstürzten, schien sie zunächst einen Augenblick lang erstarrt, doch ganz plötzlich kam sie wieder zu sich. Sie kroch vom anderen Ende des *kang* herbei, schüttelte immer wieder den Kopf, erhob eine Hand und öffnete den Mund. Doch anstatt irgend etwas zu sagen, lachte sie nur. Sie lachte und lachte, bis ihr die Tränen über die Wangen flossen. Hu stand in der Nähe des *kang*; er eilte zu ihr und legte einen Arm um sie, und sie lehnte an seiner Schulter und begann zu schluchzen wie ein kleines Kind. Hu streichelte sie, und nachdem sie eine Weile geweint hatte, hob sie ihren Kopf, schaute alle an, wischte sich mit einer Hand die Tränen aus den Augen und stützte sich mit der anderen Hand gegen die Mauer. Dann kroch sie zurück in die Ecke des *kang* und preßte ihr Gesicht wieder gegen die Fensterscheibe."[41]

In vielen Berichten über die Landreform, angefangen von Mao Zedongs Hunan-Bericht, den er 1927 nach eigenen Erlebnissen aufzeichnete, bis hin zu denen zwei Jahrzehnte später, erscheint der Zeitpunkt, an dem der mächtigste der örtlichen Grundbesitzer ermittelt und bestraft wird, als einer der entscheidendsten Momente überhaupt – als ein Moment, in dem der Grundbesitzer derart erniedrigt werden soll, daß er es niemals wieder wagen wird, seine Tyrannei fortzuführen, und als ein Augenblick, in dem das gesamte Dorf in einen Akt kollektiver Gewalttätigkeit einbezogen wird, der es sowohl physisch als auch emotionell in den Ablauf revolutionären Wandels einbezieht. In einem zentralen Abschnitt ihres neuen Romans beschrieb Ding Ling die Angriffe der Dorfbewohner auf den verhaßten Grundbesitzer Qian:

„Als der Vorsitzende mit der Verlesung der Aussage begann, wurde die Menge erneut unruhig und schrie: Soll er doch selbst lesen!

Qian kniete mitten auf der Bühne; sein gefüttertes Gewand hing in Fetzen an ihm herab. Er trug keine Schuhe und wagte nicht, jemandem in die Augen zu schauen. Er las: In der Vergangenheit habe ich im Dorf Verbrechen begangen und gute Leute unterdrückt –

Das genügt nicht! Einfach ‚ich' zu schreiben, genügt nicht! Schreib: ‚der örtliche Gewaltherrscher Qian!'

Ja, schreib: ‚Ich, der örtliche Gewaltherrscher Qian!'

Fang nochmal an!

Qian begann erneut zu lesen: Ich, Qian, ein örtlicher Gewaltherrscher, habe im Dorf Verbrechen begangen und gute Leute unterdrückt; ich verdiene einen hundertfachen Tod. Aber meine guten Freunde sind gnädig –

Wen zum Teufel nennst du hier deine guten Freunde? Ein alter Mann rannte nach vorne und bespuckte ihn.

Red schon weiter. Sag einfach ‚alle Leute dieses Dorfes.'

Nein, warum sollte er uns seine Leute nennen?

Sag ‚alle Herrschaften'.

Sag ‚alle armen Herrschaften'. Wir wollen keine reichen Herrschaften sein! Nur die Reichen werden ‚Herrschaften' genannt!

Qian mußte weiterlesen: Dank der Gnade all der armen Herrschaften im Dorf –

Das ist nicht gut. Sag nicht ‚arme Herrschaften'; wir armen Herrschaften haben uns nun erhoben. Sag ‚die befreiten Herrschaften', das kann nicht falsch sein.

Ja, ‚befreite Herrschaften'.

Jemand lachte. Heute sind wir befreite Herrschaften!

Dank der Gnade all der befreiten Herrschaften ist mein unwürdiges Leben verschont worden –

Was? Das versteh ich nicht. Eine andere Stimme aus der Menge unterbrach Qian. Wir befreiten Herrschaften wollen mit all diesem Büchergequatsche nichts zu tun haben. Mach es einfach. Sag, dein Hundeleben ist verschont worden.

Ja, dein Hundeleben verschonen! stimmten die übrigen zu.

Qian mußte fortfahren: Verschont mein Hundeleben. In Zukunft muß ich mein böses Verhalten völlig ändern. Wenn ich mich auch nur im geringsten schuldig mache oder gegen die Interessen der Massen handele, bin ich des Todes. Dies ist die Aussage des örtlichen Gewaltherrschers Qian, unterzeichnet in Gegenwart der Massen. Am dritten August!"[42]

Sonne über dem Fluß Sanggan hatte, den Erfordernissen der Zeit entsprechend, einen denkbar einfachen Handlungsaufbau. Ding Ling verstand es jedoch, die ästhetische Struktur des bedrückenden Romans mit Nachklängen verschiedener Ereignisse auszufüllen. Einige reichten zurück in ihre eigene Kindheit, zum Beispiel an den ersten Schultag ihrer Mutter, wenn sie Bauernfrauen in Nuanshui beschrieb, die schmerzerfüllt auf ihren gebundenen Füßen dahinwankten oder ihre Füße rieben, während sie vom Rande des Geschehens aus den endlosen Anschuldigungen der Dorfbewohner gegen den Grundbesitzer Qian lauschten. Andere Nachklänge sind eher literarischer Art: Die Krähen fliegen krächzend über den Kopf des alten Bauern Gu; diesmal jedoch nicht zu einem gänzlich unsichtbaren Horizont, wie in Lu Xuns „Medizin", sondern zu einem Horizont, der allerdings durch Ungewißheiten des Sozialismus verhüllt ist, denn Gu, ein schwerarbeitender, ‚mittlerer' Bauer wurde „unbedacht als ein reicher Bauer eingestuft". Als die Bauern beginnen, ihre Anschuldigungen laut hinauszuschreien, wird über der Bühne, auf der der Grundbesitzer steht, ein dünner Halbmond sichtbar und ruft Erinnerungen an literarische Streitigkeiten aus den Tagen Xu Zhimos wach.[43] Einige Abschnitte enthalten eine verhüllte Kritik kommunistischer Gewalttätigkeiten; so ist beispielsweise einer Szene, in der die Funktionäre diskutieren, wer im Dorf Nuanshui der bekannteste Schurke ist und daher vorrangiges Ziel ihrer Angriffe sein soll, die Skizze eines kleinen Jungen zur Seite gestellt, der gedankenlos mit einer Heuschrecke spielt, deren Flügel er ausgerissen hat. Der Ausgang der Geschichte ist hintergründig und traurig; die Dorfbewohner laufen zusammen, um die jungen Rekruten zu sehen, die frohen Mutes ausziehen, um die Stadt Yanqing gegen die heranrückenden Truppen der Guomindang unter General Fu Zuoyi zu verteidigen; sie schauen ihren Freunden in die Ferne nach, bis eine Biegung des Weges ihnen den Blick versperrt. Der Leser erinnert sich, daß dasselbe Bild bereits in einer früheren Szene vorgekommen war, als die hagere Frau des Schäfers zunächst mit ihrem Mann streitet, sich dann aber wieder mit ihm aussöhnt und ihm nachschaut, wie er in der kalten Morgendämmerung mit seiner kleinen Herde die Straße entlangtrottet.[44]

Der Abschnitt gewinnt noch an Deutlichkeit durch die Tatsache, daß General Fu Zuoyis Truppen durchaus Teil der Wirklichkeit waren; seine Armeen besetzten Zhangjiakou und nahmen im Oktober 1946 weite Teile des Distriktes von Zhuolu am Fluß Sanggan ein. Weitere Guomindang-Truppen eroberten im März 1947 Yanan, allerdings erst, nachdem es von den Kommunisten ohne Verluste evakuiert worden war. Diese Armeen bemühten sich freilich, die Maßnahmen der kommunistischen Landreform rückgängig zu machen, was sich nur allzu oft unter schrecklichen Grausamkeiten vollzog. Besonders in der Provinz Jiangsu, in den wiedereroberten

Gebieten in der Nähe von Nanking, dem erneuten Regierungssitz Chiang Kaisheks, aber auch in den nördlichen Regionen, in denen Ding Ling tätig gewesen war, rächten sich die Familien der zu Tode geprügelten oder öffentlich erniedrigten Grundbesitzer, indem sie die Bauern, von denen sie enteignet worden waren, einsperrten, erschossen oder – wie es in vielen Fällen belegt ist – lebendig begruben.[45]

Viele der Bauern, die einst die Vorbilder für Ding Lings Schilderung der Dorfbewohner am Sanggan abgaben, mögen bei diesen Vergeltungsakten ums Leben gekommen sein; Ding Ling selbst jedoch gewann durch ihren Roman erneut Anerkennung und wurde mit Ehrenämtern ausgezeichnet. Sie hatte nun die Fehler offiziell korrigiert, die ihr 1942 Mißbilligung eingebracht hatten, und die Partei ließ sie – so als wollte sie zeigen, daß sie Ding Lings Sinneswandel vollkommen akzeptierte – als Mitglied der Delegation der chinesischen Kommunisten an der Zweiten Vereinigung Demokratischer Frauen Ende 1948 in Budapest teilnehmen. Mit Exemplaren ihres soeben veröffentlichten Buches im Gepäck reiste Ding Ling zunächst nach Ungarn und von dort aus nach Moskau. Zum ersten Mal in ihrem Leben verließ sie China.[46]

Zwölftes Kapitel

Eine neue Ordnung

Ding Lings Erfahrungen während des Bürgerkriegs standen in krassem Gegensatz zu denen des jungen mandschurischen Schriftstellers Xiao Jun, der 1935 zu Lu Xuns Freunden gezählt und 1942 gemeinsam mit Ding Ling die Funktionäre in Yanan kritisiert hatte. Ende 1945, als Ding Ling nach Zhangjiakou gesandt wurde, um dort die Landreform zu beobachten, erhielt Xiao Jun die Erlaubnis, Lin Biaos Truppen auf dem Weg in seine Heimat zu begleiten. Xiao Jun war neben Lao She zweifelsohne der berühmteste Schriftsteller mandschurischer Abkunft, und vor allem sein Roman *Dorf im August* (erstmals erschienen 1935), der die Kämpfe kommunistischer Guerillaeinheiten gegen die japanischen Invasoren beschrieb, hatte ihn weithin bekannt werden lassen. Offenbar erwartete sich die Kommunistische Partei von ihm, besonders nachdem er nun eine „Korrektur" durchlaufen hatte, einen gewissen Propagandaeffekt und ernannte ihn daher zum Herausgeber der neuen Zeitschrift *Kultur-Anzeiger,* die als Sammelbecken für die radikalen Intellektuellen im Nordosten dienen sollte. Xiao Jun erwuchs damit eine bedeutsame Aufgabe. Die Schlacht um Chinas Zukunft wurde in der Mandschurei geschlagen, zwischen den kommunistischen Streitkräften, die im Norden des Sungari und verstreut auf dem Lande im Süden des Flusses vertreten waren, und den Streitkräften der Guomindang, deren Einsatz darauf abzielte, für das Regime in Nanking die Kontrolle zurückzugewinnen. Die Partei war der Ansicht, in dieser Schlacht falle den Intellektuellen ebenso eine Rolle zu wie den Bauern oder den Soldaten der neubenannten Nordöstlichen Demokratischen Vereinigten Armee.[1]

Nach einem Jahr sorgfältiger Vorbereitungen veröffentlichte Xiao Jun am 4. Mai 1947 die erste Ausgabe des *Kultur-Anzeigers;* das Datum war offensichtlich mit Bedacht gewählt, um an den Kulturkampf der ursprünglichen 4.-Mai-Bewegung von 1919 anzuknüpfen. Diejenigen, die geglaubt hatten, die Wahl dieses Datums sei allein symbolisch zu werten, wurden rasch enttäuscht. Nahezu von Anbeginn seines Erscheinens an nutzte Xiao Jun den *Kultur-Anzeiger* als Forum zur Veröffentlichung von Ansichten, die der jungen kommunistischen Kulturszene ein Greuel sein mußten. Wie bereits in Yanan kritisierte Xiao Jun auch in der Mandschurei das mangelnde Einfühlungsvermögen und das übereifrige Vorgehen der kommunistischen Funktionäre und verglich deren Auftreten gegenüber der Bevölkerung mit dem Auftritt eines Clowns vor seinem Publikum: beiden lägen Hohn und Täuschung zugrunde. Die Leute lohnen die Aufführung mit lautem Applaus, schrieb Xiao, und bemerken überhaupt nicht, daß sie verhöhnt und erniedrigt werden. In einer offenkundigen Anspielung auf die „Korrektur"-Ansprache Mao Zedongs von 1942 beschuldigte er die Partei einer Unzahl von „Ismen", darunter „Ah Q-ismus" und „Don Quixotismus," und er erweiterte die Liste noch (wie bereits lange zuvor einige 4.-Mai-Intellektuelle und auch Xu Zhimo) um Phantasiebezeichnungen wie „So-so-ismus" und „Iß-dich-satt-und-tu-nichts-ismus".[2] Er ging sogar noch über seinen Standpunkt von 1942 hinaus und kritisierte das gesamte Programm der Landreform als „unfreundlich und herzlos", als einen „unerhörten Akt der Räuberei". Die neuerlichen Massenkampagnen der Partei mit dem Ziel, das Denken der chinesischen Intellektuellen zu „reformieren", nannte er „mechanistisch" und bewertete sie als dem schöpferischen Geist des chinesischen Volkes zuwiderlaufend. Er verurteilte den andauernden Bürgerkrieg als eine sinnlose Tragödie und setzte sich dafür ein, die Kämpfe einzustellen und ein geeintes, demokratisches China zu schaffen. Schließlich griff er auch die Russen in der Mandschurei an und kritisierte nicht nur ihr ungehobeltes Benehmen, sondern auch die Tatsache, daß sie dringend benötigte industrielle Ausrüstungen in die Sowjetunion abtransportierten, um auf diese Weise ihre Verluste im Krieg gegen Deutschland auszugleichen – womit sie Chinas eigene Bemühungen um wirtschaftlichen Wiederaufbau ernsthaft behinderten.[3]

Xiao Juns Angriffe entsprangen sicherlich nicht allein ehrlicher Empörung, sondern auch einer gewissen Selbstherrlichkeit, denn zur gleichen Zeit veröffentlichte er (nun neununddreißig Jahre alt) im *Kultur-Anzeiger* auch seine Autobiographie, in der er ausführlich seinen „großen Trotz" und seinen „Wunsch, unbezähmbar zu sein" beschrieb. Er veröffentlichte auch – mit ausführlichen Erläuterungen – jene Briefe, die er in den Jahren 1935 und 1936 von Lu Xun erhalten hatte, und verfaßte Gedichte in klassischem Stil. Sein Widerwille, sich der Parteidisziplin zu beugen, war so offensichtlich, daß allein sein örtlicher Ruhm ihm seine Stellung als Herausgeber sicherte – vielleicht jedoch wollte die Parteiführung auch nur sehen, wie weit er wohl gehen werde. Gegen Ende 1948 entschied sie sich allerdings, Xiao Jun als ein negatives Beispiel hinzustellen und eine neue Korrekturkampagne mit dem Ziel einzuleiten, denjenigen bürgerlichen Intellektuellen ungewisser Loyalität Gehorsamkeit beizubringen, die nun, da die Guomindang den Bürgerkrieg offensichtlich verlor, um Aufnahme in die Kommunistische Partei nachsuchten.

Xiao Jun erschien als ideale Zielscheibe, denn seine unverhüllte Kritik an der Partei konnte als überzeugender Beweis für die Notwendigkeit angeführt werden, diejenigen in ein neues Stadium sozialistischen Klassenkampfes zu überführen, die bisher einen antijapanischen Nationalismus vertreten hatten. Gegen Ende des Jahres 1948 erschienen mehrere Artikel mit Angriffen auf Xiao Jun, und kurz darauf wurden zunächst in Schulen, Fabriken und auf Parteiversammlungen in Harbin und dann überall in der Mandschurei sogenannte „Kritik-Sitzungen" abgehalten. Einflußreiche Persönlichkeiten folgten der Einladung zur Teilnahme und brachten immer neue Anschuldigungen vor, darunter auch Ding Ling kurz nach ihrer Rückkehr aus Budapest. In einer öffentlichen Verlautbarung forderte sie Xiao Jun auf, „seine Fehler zu korrigieren, die Welt der Arbeiter, Bauern und Soldaten zu studieren und der Partei zu folgen". Andere warfen ihm vor, „sich mit unseren Feinden anzufreunden", und unterzogen seinen Roman *Dorf im August* einer kritischen Prüfung. Sie warfen dem Autor vor, er habe es versäumt darauf hinzuweisen, daß die Kräfte der Bauernschaft unter der Führung der Partei und des Proletariats stünden, und er habe auch die „Klassenbasis" des Feindes nicht aufgezeigt. Wieder andere Kritiker beschuldigten ihn, den russischen Imperialismus des siebzehnten Jahrhunderts mit dem Auftreten der Sowjets in der Gegenwart gleichzusetzen. Wie könne er nur glauben, so fragten sie, daß ein Land wie die Sowjetunion, das auf die Prinzipien des Marxismus-Leninismus gegründet sei, jemals „eine Unterdrücker-Nation der unterdrückten Nationen" werden könne? Als Xiao Jun sich standhaft weigerte, seine Aussagen in irgendeiner Weise öffentlich zu widerrufen, wurde das Erscheinen des *Kultur-Anzeigers* eingestellt und er selbst in die Kohlengruben in der südlichen Mandschurei geschickt, um dort mit den Bergleuten zu arbeiten – eine vielleicht unbeabsichtigte Befolgung des Ratschlags von Qu Qiubai aus dem Jahre 1923, daß Schriftsteller, die das Proletariat zu verstehen suchen, in die Bergwerke gehen sollten.[4]

Die Entschiedenheit, mit der die Kommunisten Xiao Jun in die Schranken wiesen, wurde nicht zuletzt durch ihre wachsenden militärischen Erfolge gegen die Guomindang ermöglicht. Gegen Ende 1948 fielen in der Mandschurei die Städte an die Kommunisten; sie gewannen die Kontrolle über die Provinz Shandong und nahmen mehrere Städte in der Provinz Hunan ein: der Zusammenbruch der Guomindang in Nanking erschien unausweichlich. Chiang Kaisheks Regierung litt unter Unruhen in der Arbeiterschaft, mangelnder Kampfmoral bei den Truppen, zunehmender Korruption in der Verwaltung und einer fortschreitenden Geldentwertung. Die Inflation hatte bereits alle Ersparnisse der Bevölkerung vernichtet, und ähnlich wie in Deutschland im Jahre 1923 waren Einkäufe nur noch mit Hilfe von Behältern voller Banknoten möglich. So katastrophal sich die Inflation auf die Löhne der Arbeiter auswirkte, und so unerträglich die Lebensbedingungen der Bauern auf dem Lande waren, das nun wieder von den Grundbesitzern beherrscht wurde, die während des Krieges geflohen oder von den Kommunisten enteignet worden waren, – denjenigen, die auf den Gehaltslisten der Regierung standen, ging es kaum besser. Besonders betroffen waren die Lehrer an den staatlichen Schulen und Universitäten. 1943 hatte sich Wen Yiduo in Kunming darüber beschwert, daß ein Scheffel Reis viertausend Dollar nationalchinesischer Währung (CNC) kostete, und es blieb ihm keine andere Wahl, als noch eine zweite Lehrerstelle anzunehmen und Siegel zu schnitzen, um den notwendigen Lebensunterhalt zu verdienen. Einst hatte ein chinesischer Dollar etwa einem amerikanischen Dollar entsprochen, und selbst während der ersten Jahre des Zweiten Weltkriegs war der offizielle Wechselkurs 20 zu 1. Im Frühjahr 1946 jedoch hatte die Inflation die chinesische Währung in gänzlich eigene Sphären enthoben: die Gehälter der Collegeprofessoren betrugen monatlich sechzigtausend Dollar CNC. Damit lagen sie zwar geringfügig über den Löhnen der Textilarbeiterinnen, betrugen jedoch nur ein Drittel des Verdienstes etwa von Facharbeitern im Schreinerhandwerk oder in der Maschinenbauindustrie in Shanghai. Im Frühjahr 1947 hatte sich die Inflation weiter verschlimmert, und noch mehr Papiergeld wurde gedruckt; die Regierung erhöhte die Gehälter auf zweihunderttausend Dollar CNC im Monat, doch selbst eine solche Summe genügte nicht mehr, um die Miete bezahlen und zugleich noch Lebensmittel einkaufen zu können. Im Frühjahr 1948 sah sich ein Beamter, dessen Einkommen auf 3 100 000 Dollar CNC im Monat gestiegen war, außerstande, die Miete für seine Hütte zu bezahlen, wenn der Besitzer eine Bezahlung in Reis anstelle von Bargeld verlangte. Mit dieser drastischen Verschlechterung der Lebensumstände und mit dem Verlust jeglichen Vertrauens in die Währung schwand in der Bevölkerung auch das Gefühl jener Bedrohung, das sich bislang mit einem kommunistischen Sieg verbunden hatte. Die Mittelschicht sah sich bereits in einen proletarischen Zustand versetzt und blickte daher mit zunehmender Sympathie auf die von den Kommunisten beherrschten Gebiete: Eine Vereinigung von Universitätsprofessoren ließ verlauten, man verdiene weniger als ein Kuli oder als die Männer, die in den Dörfern den Stallmist ausschaufelten.[5]

Shen Congwen fing die Stimmung der Intellektuellen in einem Brief ein, den er im Dezember 1948 an einen jungen Studenten sandte, der ihn um Rat gebeten hatte. Sogar Shens Ausdrucksweise zeigt bereits erste Spuren der Anpassung an die sich wandelnden Erfordernisse jener Zeit:

„Die gegenwärtige Regierung ist in jeder Hinsicht korrupt und gelähmt, und es hat nicht den Anschein, daß sich daran etwas ändern ließe. Wir Schriftsteller dieser Epoche, einer Epoche, die vor dreißig Jahren mit den Aufständen des 4. Mai begann, haben im Geist der Demokratie und der Wissenschaft gewirkt, und wir haben selbstlos die größten Mühen auf uns genommen. Wir haben unser bestes getan, vor allem auf dem Gebiet der Kultur. Unsere neue Gesellschaft verlangt von aufrechten jungen Leuten wie Dir Opfer. Unabhängig von politischen Schwankungen hängt der Aufbau eines neuen Landes von der Mitarbeit einer ehrlichen und fleißigen Jugend ab. Du fragst, was Du selbst dazu beitragen kannst, die gegenwärtige Situation zu überwinden. ... Ich kann dich nur darauf hinweisen, daß es sinnlos ist, ihr zu entfliehen. Da wir hierbleiben, müssen wir alles daransetzen, aus unseren früheren Fehlern zu lernen. Wir können es uns nicht leisten, uns auch weiterhin hinter unserem alten Schild zu verbergen: wir dürfen nicht länger Bücherwürmer sein."[6]

Shen Congwen war 1946 nach Peking zurückgekehrt, wo er seitdem chinesische Literatur lehrte, und es dürfte ihm nicht schwer gefallen sein, die allgemeine Lage realistisch einzuschätzen und sich auszumalen, welche Folgen für ihn selbst daraus resultierten. Er wußte, daß Flucht sinnlos sei; sein Gefühl, er könne unter einem kommunistischen Regime in Sicherheit leben, mochte aus seiner Überzeugung herrühren, daß seine Schriften entweder unpolitisch seien oder sogar an der Guomindang Kritik übten, wie beispielsweise diejenigen Aufsätze, die er während des Krieges den angeblichen ländlichen „Reformprogrammen" in Hunan gewidmet hatte.

Im Januar 1949, einen Monat nachdem Shen diesen Brief geschrieben hatte, übergab der Guomindang-General Fu Zuoyi Peking an die Kommunisten. Diese trafen sogleich Vorbereitungen, hier die neue Hauptstadt Chinas zu errichten, indem sie die Spitzen ihres Verwaltungsapparats dorthin verlegten und ihre Ämter und designierten Ministerien endlich in dauerhaften Gebäuden unterbrachten, nachdem sie so viele Jahre auf Wanderschaft gewesen waren. Zu denjenigen, denen neue Aufgaben zuteil wurden, zählte auch Ding Ling. Sie hatte ihre Loyalität erst vor kurzem durch ihre Kritik an Xiao Jun erneut bewiesen und wurde im Februar als Mitglied in ein Komitee zur Neuordnung der chinesischen Kultur aufgenommen. Mit Shen Congwen war sie in Peking nicht mehr zusammengetroffen, seit sie 1927 das „Tagebuch des Fräulein Sophie" geschrieben hatte (zu jener Zeit lebte sie noch mit Hu Yepin zusammen), während er die literarische Auswertung seiner Jahre bei den Militärs in Hunan erwog.[7] Nun, in der wenig stabilen Situation des Jahres 1949, vermochte sie – oder zog sie es vor – ihm nicht zu helfen. Am 1. Februar erschienen im Umkreis der Pekinger Universität erste Wandzeitungen mit anonymen Angriffen auf Shen, die die Kritik Guo Moruos und anderer Sprecher der Kommunistischen Partei an Shen Congwen wiederholten. Shen wurde beschuldigt, er sei reaktionär und unmoralisch, eine „literarische Hure". Über die Post erhielt er Drohungen, Zeichnungen von Gewehrkugeln und andere Warnungen. Die Atmosphäre ähnelte derjenigen, die Wen Yiduo drei Jahre zuvor in Kunming erlebt hatte, und löste bei Shen Congwen eine zunehmende Nervosität und Verwirrung aus. Er verschenkte den größten Teil seiner Bücher an Freunde und Studenten und sagte zu einem von ihnen: „Es sieht so aus, als müsse ich sterben. Diese Bücher jedoch haben keine Fehler begangen; es besteht kein Grund, sie mit mir zu vernichten." Schließlich hielt er den wachsenden Druck nicht mehr aus; er flüchtete aus seiner Professorenwohnung in der Universität von Peking zu Freunden in der Nähe der Qinghua-Universität, wohin ihm auch seine Familie folgte.[8]

Während Shen in der Anonymität Schutz suchte, stand Ding Ling im Rampenlicht; ihre steile Karriere entsprach den erstaunlichen Erfolgen der Kommunisten im Bürgerkrieg. Nach dem Fall Pekings trat Chiang Kaishek als „Präsident von China" (diesen Titel hatte er sich selbst vor noch nicht einem Jahr verliehen) im Januar zurück. Im März, als Ding Lings Komitee eine „Gesamtchinesische Vereinigung literarischer und künstlerischer Kreise" ins Leben rufen wollte, zogen die kommunistischen Truppen durch Zentralchina und erreichten den Jangtse. Sie überquerten den Fluß im April und nahmen Nanking ein, als Ding Ling China in der Tschechoslowakei auf dem Weltfriedenskongreß vertrat. Als Ding Ling im Juli zur Teilnahme an den Gründungsfeierlichkeiten der „Gesamtchinesischen Vereinigung" zurückkehrte, bei denen sowohl Mao Zedong als auch Zhou Enlai Ansprachen hielten, hatten die kommunistischen Truppen bereits Shanghai und Wuhan eingenommen. In den folgenden zwei Monaten, in denen Ding Ling sich neben einundzwanzig weiteren Künstlern mit ihrer Tätigkeit als Mitglied des ständigen Ausschusses der „Gesamtchinesischen Vereinigung" vertraut machte und zur Herausgeberin des *Literatur-Anzeigers* ernannt wurde, der die zentrale Stimme der neuen kulturellen Welt des kommunistischen China darstellen sollte, vernichteten die kommunistischen Armeen die letzten Stützpunkte Chiang Kaisheks im Süden des Landes. Mao Zedong verkündete am 1. Oktober 1949 offiziell die Gründung der Volksrepublik China, zwei Wochen vor dem Fall Kantons. Ding Ling befand sich erneut im Ausland, dieses Mal in Moskau, um als Leiterin einer chinesischen Delegation an den Feierlichkeiten zum zweiunddreißigsten Jahrestag der bolschewistischen Oktoberrevolution teilzunehmen, als Chongqing und Kunming in die Hände der Kommunisten fielen und der Bürgerkrieg sein Ende nahm.[9]

Kaum jemand hatte vorausgeahnt, daß die kommunistischen Streitkräfte ihren Sieg in so kurzer Zeit erringen würden und dem Land die Agonie eines langandauernden Bürgerkriegs erspart bleiben würde. Obwohl China sich einer Unzahl von Problemen gegenübersah, wie beispielsweise einer furchtbaren Inflation, Millionen von Flüchtlingen, einer unvollendeten Landreform, unerfahrenen Funktionären, die nun in höchste Ämter gespült wurden, und einer isolierten Stellung in der Welt, dürften die meisten Chinesen doch sehr glücklich über das Ende des Krieges gewesen sein. Zu denen, die das Ereignis feierten, zählte auch Hu Feng, Lu Xuns Freund und Verbündeter in den literarischen Auseinandersetzungen von Shanghai im Jahre 1936. Er hatte die Kriegsjahre in Chongqing verbracht und war nun nach Peking zurückgekehrt. Sein Gedicht „Lied der Freude" aus dem Jahre 1949 verknüpfte die Erinnerung an die Ereignisse der Vergangenheit mit dem Wunsch für eine gesegnete Zukunft:

Meine Kameraden in Waffen,
Meine Brüder,
Ich habe Euch sterben gesehen
In feuchten und stinkenden Gefängnissen,
Habe Euch hungern und frieren gesehen in einem verlassenen Dorf.
Ihr – Ihr und die Bauern – habt die Läuse gefüttert mit Eurem Fleisch,
Habt blutiges Wasser auf dem Schlachtfeld getrunken mit Euren Freunden.
Ihr habt Schlag auf Schlag und Prüfung um Prüfung ertragen,

Ihr habt den Schmerz und den Tod besiegt.
Während dieser
Vielen, vielen Jahre
Überlebte Eure Hoffnung
Und überlebte Euer Wille.
Und heute,
In diesem Augenblick, der Euch alle erregt,
Vergeßt alles was gewesen,
Seid Euch gewiß, daß das, was gewesen,
Euch Reinheit verliehen hat, die Reinheit des neugeborenen Kindes,
Das in der warmen Wiege liegt
Mit einem unbefleckten Herzen voll der Segnungen eines neuen
Lebens.[10]

Lao She dagegen verfiel nicht in solche Schwärmereien. Er hatte im Frühjahr 1946 – genau zu dem Zeitpunkt, als Wen Yiduo ein Angebot ausschlug, in Kalifornien zu lehren – eine Einladung im Rahmen des kulturellen Austauschprogramms des US-Außenministeriums angenommen und die Zeit des Bürgerkriegs in den Vereinigten Staaten verbracht. Sein Aufenthalt dort war von mancherlei Mißverständnissen geprägt. Einige waren geringfügig – wie beispielsweise sein Versuch, den Einheimischen gegenüber freundlich zu sein, der dazu führte, daß ein Schwindler ihn kurz nach seiner Ankunft im Taft-Hotel in New York um fünfzig Dollar betrog. Andere waren schwerwiegender, so etwa im Falle seines neubegründeten literarischen Ruhms. 1945 erschien in New York eine Übersetzung seines Romans *Rikscha*. Der Book-of-the-Month-Club vertrieb das Buch, und es erwies sich als Bestseller. Doch jegliche Freude, die Lao She über diesen Erfolg empfunden haben mochte, verschwand, als er die Übersetzung, die er niemals autorisiert hatte, einmal genauer anschaute. Die gesamte Struktur des Romans war verändert worden, wahrscheinlich um dem Verlangen der Amerikaner nach Solidarität mit einem Kriegsverbündeten entgegenzukommen, und auch, um dem Wunsch der Öffentlichkeit nach einer glücklichen Auflösung aller häuslichen und gesellschaftlichen Wirren zu entsprechen. Während Lao She sich von seinen Lesern mit einem Portrait des Rikschakulis Xiangzi verabschiedet hatte, das diesen als gebrochenen Mann zeigte, als Polizeispitzel, den Körper von Gonorrhoe gepeinigt, die Freundin durch Selbstmord verloren, hatte der Übersetzer die Geschlechtskrankheit verschwiegen, die Freundin wieder zum Leben erweckt, aus Xiangzis Verhalten jeden Makel getilgt und einen betrogenen Dissidenten sogar in einen einflußreichen Beamten verwandelt. Lao Shes Roman endet damit, daß Xiangzi durch die Straßen schleicht, nach Zigarettenkippen Ausschau haltend, ein Opfer seiner eigenen naiven Hoffnung, ein individualistisches Leben führe zum Erfolg. Der amerikanische Übersetzer präsentierte im Schlußabschnitt demgegenüber einen kraftvollen Xiangzi, der seine Geliebte in die Arme schließt und mit schnellen Schritten dem Abend entgegeneilt: „In der milden Kühle des Sommerabends regte sich die Last in seinen Armen leicht und schmiegte den Körper noch enger an ihn, während er dahinrannte. Sie lebte. Er lebte. Sie waren frei."[11]

Lao She ließ chinesischen Freunden gegenüber erkennen, wie sehr ihn diese Veränderungen ärgerten, doch er unternahm keine juristischen Schritte, um seine ursprüngliche Fassung durchzusetzen. Er gab sich allerdings größte Mühe, geeignete Übersetzer für seine in der Kriegszeit entstandenen Romane zu finden, und arbeitete auch eng mit ihnen zusammen. Zwei dieser Werke erschienen in englischer Sprache; der Erfolg von *Rickscha* ließ sich jedoch nicht wiederholen. Während der drei Jahre, die er in den Vereinigten Staaten verbrachte, nahm Lao She den Amerikanern und der Guomindang gegenüber eine zunehmend kritische Haltung ein. Vielleicht lagen die Wurzeln seiner Verärgerung in Chongqing, wo er während des Krieges Propagandaschriften für die Guomindang verfaßt hatte, während seine Frau und sein Kind sich in Peking aufhielten. Seltsam genug, lebte seine Familie nun in Chongqing (sie war dorthin gegen Ende des Krieges gezogen), während er in New York war, und Lao She machte sich sicherlich Sorgen, welche Schwierigkeiten der erneute Bürgerkrieg und die wachsende Inflation mit sich brächten. Seine melancholischen Gedanken über die chinesische Kultur, die er bereits im *Katzenland* so deutlich zum Ausdruck gebracht hatte, kamen nun wieder zutage, als Lao She sich verärgert über prominente chinesische Intellektuelle der 4.-Mai-Generation ausließ, die sich auf die Seite der Guomindang und damit gegen die Kommunisten gestellt hatten. Zur gleichen Zeit wich seine bisherige Kritik an den Kommunisten einem Unbehagen an den Versuchen der Amerikaner, in den chinesischen Bürgerkrieg einzugreifen. Lao She nahm vor allem am Besuch General Wedemeyers in China im Jahre 1947 Anstoß. Wedemeyer hatte Chiang Kaishek 1945 in Chongqing kräftig unterstützt, und sein erneuter Besuch diente offensichtlich dazu, neue amerikanische Hilfslieferungen für die Streitkräfte der Guomindang, die zu dieser Zeit in der Mandschurei und in Nordchina kämpften, anzuregen.

1949 resultierte Lao Shes Verärgerung über den amerikanischen Lebensstil aus einer Vielzahl von Ereignissen und Erscheinungen, die die Verfilmung des Romans *The Great Gatsby* mit Alan Ladd und Betty Field in den Hauptrollen ebenso einschlossen wie die Werbung für Eiscreme und Coca Cola.[12] Dennoch fiel ihm die endgültige Entscheidung, nach China zurückzukehren (er traf sie im Herbst 1949, als der Sieg der Kommunisten offensichtlich war), nicht leicht. Sie konnte es auch kaum sein für jemanden, der so schonungslos über den „Jedem-seinen-Teil-ismus" geschrieben und so unzweideutige Ansichten über die verdeckten Machenschaften radikaler Revolutionäre gehegt hatte. Einer seiner Freunde in San Francisco erinnerte sich später daran, wie er Lao She wenige Tage vor seiner Abreise im Golden-Gate-Park getroffen hatte. Er saß dort auf einem Grashügel, mit seinen

Gedanken beschäftigt, als eine leichte Brise die Musik einer Blaskapelle aus der Richtung des zoologischen Gartens zu ihm herübertrug.[13] Lao She erklärte diesem Freund, nach seiner Ankunft in China werde er eine „Lehre der drei Nein" praktizieren: Nein zu politischen Diskussionen, Nein zur Teilnahme an irgendwelchen Versammlungen und Nein zu Ansprachen. Doch in der so stark politisierten Welt, in die er nun zurückkehrte, erwiesen sich solche Vorsätze als Illusion. Bereits im Februar 1950 wurde Lao She, wie bereits zuvor Ding Ling, als Mitglied in das Ständige Komitee der „Gesamtchinesischen Vereinigung literarischer und künstlerischer Kreise" berufen, und zur gleichen Zeit erschien in der Zeitschrift *Kultur des Volkes* ein Aufsatz, in dem er Amerikas „Abstieg in den Faschismus" und „die beiden großen Lager" analysierte, zwischen denen jeder Chinese, ob er nun in China oder in Übersee lebe, wählen müsse.[14]

Im selben Monat kehrte Mao Zedong aus Moskau zurück. In neunmonatigen Verhandlungen mit Stalin war ein Vertrag zustandegekommen, der ein Sicherheits- und Handelsabkommen sowie eine Vereinbarung über die Unterstützung chinesischer Entwicklungsprojekte umfaßte. Der Vertrag enthielt jedoch keine Zusagen über eine umfangreiche Hilfe und auch keine sonstigen Hinweise auf eine überschwengliche Freude der Sowjets, ein so riesiges Land für das kommunistische Lager gewonnen zu haben.

Für den Rest des Jahres wurden nahezu alle Chinesen an der Landreform beteiligt. Ausgehend von den Erfahrungen, die sie in den vierziger Jahren in Nordchina hatte sammeln können, mobilisierte die Partei Hunderttausende von Funktionären, um in den Dörfern zu agitieren, Bauernvereinigungen zu gründen und die armen und mittleren Bauern gegen ihre Grundbesitzer zu führen. Die Funktionäre begannen ihre Tätigkeit in zentral gelegenen Siedlungen, die dann später als Modell für das umgebende Land dienten. Sie lehrten die ärmeren Bauern und die Arbeiter ohne Landbesitz, die verschiedenen Stufen des Reichtums in ihren Gemeinden einzuschätzen, ermutigten sie, über die erniedrigende Armut, der sie in der Vergangenheit unterworfen waren, Klage zu führen, und leiteten sie zu öffentlichen Kundgebungen an – oftmals ähnlich denjenigen, die Ding Ling so lebensnah beschrieben hatte –, auf denen die Grundbesitzer beschimpft, gedemütigt und manchmal auch geschlagen oder getötet wurden.

Die Durchführung des Programms war schwierig, blutig und reich an unerwarteten Problemen. Manche Grundbesitzer versteckten ihr Geld und ihre Kornvorräte oder verschenkten Land, um die Größe ihres Besitzes zu verschleiern; sie töteten ihr Vieh oder zerstörten ihre Obstgärten, oder sie bemühten sich einfach, den Armen den Mut zu Maßnahmen gegen die Eigentumsverhältnisse zu nehmen, indem sie Gerüchte in Umlauf setzten, die Guomindang-Armeen würden in Kürze zurückkehren und Rache nehmen. Dennoch war am Ende des Jahres 1951 die Herrschaft der Grundbesitzer und reichen Bauern über das ländliche China endgültig gebrochen; das Land und die materiellen Vermögenswerte, die das Existenzminimum einer Familie überstiegen, waren unter hundert Millionen oder noch mehr ärmeren Familien verteilt worden. Die Größe der zugeteilten Grundstücke war zwar bescheiden, etwa ein Zehntel eines Hektars pro Kopf in dicht besiedelten Gebieten und ein halber oder nicht ganz ein Hektar in dünn besiedelten oder wenig fruchtbaren Regionen; doch die derart radikale und ausnahmslose Umverteilung privaten Vermögens bewirkte in ganz China das endgültige Ende der überlieferten Verhältnisse, obwohl der Boden nach wie vor in Privatbesitz verblieb.[15]

Gleichzeitig mit dem Programm zur Landreform wurde 1950 das umfassende Eherecht verkündet; es sollte die Frauen aus der Tyrannei aufgezwungener Heiraten befreien und ihnen die Möglichkeit geben, sich scheiden zu lassen. Zugleich wurden Schutzvorschriften für Kinder erlassen, um Kindestötungen und den Verkauf von Minderjährigen zu unterbinden. Obgleich viele Männer erbitterten Widerstand gegen diese Verfügungen leisteten, zeigten sie doch Erfolg. Besonders in den Gebieten, in denen überdurchschnittlich viele Männer fehlten, da sie im Bürgerkrieg gefallen waren oder seit Ende 1950 in Korea kämpften, war die Mitwirkung der Frauen an der Landreform für deren Gelingen entscheidend, und indem sie in diese Rolle hineinwuchsen, stellten sie auch wieder jene Frage, die Ding Ling bereits 1942 vorgetragen hatte: ob nicht der Befreiung der Frau Vorrang vor den Zielen der ökonomischen Revolution einzuräumen sei. Die fast eine Million Scheidungen, die innerhalb des ersten Jahres nach Inkrafttreten des Eherechts ausgesprochen wurden, zeugen von den Zwängen, denen die Frau in China unterworfen war.[16]

Die Kommunistische Partei Chinas, die nun das Ziel verfolgte, eine starke Regierung aufzubauen, nachdem sie achtundzwanzig Jahre lang von Ort zu Ort gezogen oder in Kampfhandlungen verwickelt gewesen war, konnte es sich nicht leisten, alle Bereiche des chinesischen Alltags radikal umzuwälzen. In der Industrie verfolgte man eine eher vorsichtige Politik, um die wichtigsten kapitalistischen Führungspersönlichkeiten – ungeachtet ihrer vormaligen Beziehungen zur Guomindang oder zu ausländischen Imperialisten – zu ermutigen, ihre bisherigen Positionen nicht zu verlassen. Auf diese Weise hoffte man, Einbrüche in der Produktion vermeiden zu können. Die wirtschaftlichen Maßnahmen zielten auf die Eindämmung der katastrophalen Geldentwertung des zurückliegenden Jahrzehnts durch festgelegte Löhne und Preise sowie auf eine rationierte Lebensmittelverteilung. Zu diesem Zweck mußte, neben der erforderlichen Bürokratie, auch ein von der Partei geführtes Gewerkschaftssystem errichtet werden, das imstande war, die Herrschaft der Geheimgesellschaften und krimineller Elemente über die Transportarbeiter, Tagelöhner und Hafenarbeiter zu brechen und die Banden zu zerschlagen, die Prostitution und Opiumhandel organisierten.[17]

Um die gebildete Elite für diese Maßnahmen zu gewinnen, erklärte Mao Zedong auf Parteiversammlungen und bei Zusammenkünften der „Beratenden Politischen Volkskonferenz“ (die ihre Tagungen auch nach Gründung der Volksrepublik weiterhin abhielt), China befände sich nun auf einer höheren Stufe jener Koalition, in der sich die Arbeiter und Bauern mit der ,,kleinbürgerlichen und der nationalen Bourgeoisie" zu einer neuen vereinigten Front zusammengefunden hätten und die er als ,,demokratische Volksdiktatur" bezeichnete. Nur bestimmten Großgrundbesitzern und der ,,bürokratischen Bourgeoisie" sollten keinerlei Rechte zuerkannt werden, da sie als Vertreter der Guomindang-Militaristen den Terror im eigenen Lande geschürt und mit den amerikanischen Imperialisten kollaboriert hätten. Parallel zur Landreform initiierte Mao eine ,,Gedankenreform". Ausgehend von den Erfahrungen der Yanan-Bewegung von 1942 und der Anti-Xiao-Jun-Kampagne von 1948 zielte dieses Programm darauf ab, das Denken jener Intellektuellen zu beeinflussen, die aufgrund ihrer Klassensituation offensichtlich noch außerstande waren, Verständnis für die notwendigen Opfer aufzubringen, die von den Mitgliedern der neuen Gesellschaft erwartet wurden.

Das vordringliche Ziel dieser erneuten Korrekturkampagne war die Beseitigung solcher Elemente in der chinesischen Kultur, die sich allzu sehr nach westlichen Vorbildern richteten, die sich weigerten, die revolutionäre Notwendigkeit einer Beseitigung des ,,Elfenbeinturm-Eskapismus" anzuerkennen, oder die sich schlicht ihrer eigenen ,,Dekadenz" oder ,,Melancholie" hingaben. Mao Dun, der einst Xu Zhimo so ätzend wegen dessen Lobeshymne auf Rabindranath Tagore kritisiert hatte und nun mit Ding Ling und Guo Moruo in der ,,Vereinigung literarischer und künstlerischer Kreise" zusammenarbeitete, hielt 1949 – noch vor der offziellen Gründung der Volksrepublik – zum dreißigjährigen Jubiläum der 4.-Mai-Bewegung eine Rede, in der er alle diese Verhaltensweisen zusammenfassend als ,,Kompradorenkultur" bezeichnete, da sie, ähnlich den chinesischen Kaufleuten, die vor der kommunistischen Revolution für westliche Handelsgesellschaften gearbeitet hatten, unbewußt die Macht des ausländischen Imperialismus stärkten.

,,Die Kompradorenkultur, die man auch zutreffend als das Patenkind des Imperialismus bezeichnen könnte, hat sich unsere großen Städte als Stützpunkte erkoren, von denen aus sie ihre Angriffe unternimmt. Das Kleinbürgertum ist die Treibhauserde, die der Kompradorenkultur am besten entspricht; es ist eine Erde, in der die Kompradorenkultur jederzeit Wurzeln schlagen kann. Die Anbetung der Bewohner des Westens, die Berauschung am europäischen und amerikanischen Lebensstil, die Vorstellung, ,der Mond scheint im Ausland heller als daheim' – oder, um es noch deutlicher auszusprechen, die Erzeugung eines Minderwertigkeitskomplexes in den Gemütern unserer Menschen –, das ist die Besonderheit der Kompradorenkultur. Am anrüchigsten sind diejenigen, die einige dekadente und widerliche feudalistische Sitten Chinas sorgfältig auswählen (und damit diejenigen nachahmen, die mit unechten Antiquitäten handeln) und ganze Bücher darüber schreiben, um sich nichts als Gelächter und eine karge Gabe von ihren westlichen Herren einzuhandeln – und all dies dient einzig und allein dem Zweck der Sättigung ihrer materiellen Begierden!“[18]

Als Mao Dun 1950 nacheinander in die Ämter eines Stellvertretenden Vorsitzenden der „Vereinigung literarischer und künstlerischer Kreise“, des Vorsitzenden des Schriftstellerbundes und des Kultusministers berufen wurde, entwickelte er seine Vorstellungen zu zentralen Aspekten kommunistischer Politik. Seine Bereitschaft, sie in reale Politik umzusetzen, steigerte sich noch nach dem Oktober desselben Jahres, als die chinesische Entscheidung, in den Koreakrieg einzugreifen – nachdem die Streitkräfte der Amerikaner und der Vereinten Nationen sich dem Fluß Yalu genähert hatten –, das gesamte Land in nervöse Wachsamkeit versetzte. Zugleich kam es zur beschleunigten Durchführung verschiedener innenpolitischer Kampagnen, die den Umfang und die Macht der Geheimpolizei und des Sicherheitsdienstes wachsen ließ. Die erste dieser Kampagnen richtete sich gegen „Konterrevolutionäre“; sie führte zur Anklageerhebung gegen möglicherweise eine Million Menschen, die vor 1949 Mitglieder der Guomindang gewesen waren oder mit Ausländern zusammengearbeitet hatten, und endete mit zahlreichen Hinrichtungen. Weiter setzte die Partei einen „Feldzug der drei Anti“ in Gang, um Korruption, Verschwendung und Bürokratisierungstendenzen in ihren eigenen Reihen zu beseitigen und sich von Guomindang-Elementen zu befreien. In der Folgezeit initiierte sie einen „Feldzug der fünf Anti“ gegen die angeblichen Missetaten derjenigen Unternehmer, die nach 1949 in China geblieben waren, um beim wirtschaftlichen Wiederaufbau behilflich zu sein, und die nun der Bestechung, der Steuerhinterziehung und des Betrugs sowie des Diebstahls von Regierungseigentum und Verrats von Staatsgeheimnissen beschuldigt wurden. Das „Programm zur Gedankenreform“, das auf den Prinzipien des Selbststudiums und des Schuldbekenntnisses unter Anleitung der Partei – verbunden mit einem intensiven Studium der Schriften Mao Zedongs – gründete, stellte eine wichtige Begleiterscheinung zu diesen eng miteinander verknüpften Formen wirtschaftlichen Wandels und interner „Säuberung“ dar.[19]

Lao Shes Vorahnungen in den Vereinigten Staaten hinderten ihn nicht, dem neuen Druck mit Fassung zu begegnen. Als auf Anordnung der Partei die Filmfassung einer seiner frühen Kurzgeschichten „Dieses mein Leben“ – eine pessimistische Schilderung der Verfallserscheinungen im China des zwanzigsten Jahrhunderts, dargestellt aus der Sicht eines Pekinger Polizisten – mit einer positiven Wendung endete, protestierte er nicht. Er mußte sich mit diesem Vorgang, der so merkwürdig an die nichtautorisierte amerikanische Übersetzung seines Romans *Rikscha* erinnerte, abfinden, wollte er als Schriftsteller in der Volksrepublik Anerkennung ernten. Seine Anpassung an die Forderungen des sozialistischen Realismus vollzog sich rasch und erfolgreich. 1950 verfaßte er unter dem Titel *Drachenbartgraben* ein neues Stück, in dem er das elende Leben armer Leute beschrieb, die in Peking an den Ufern eines Abwässerkanals wohnten. Das Thema eignete sich vorzüglich, um die Kontraste zwischen den Zuständen im vorkommunistischen und im kommunistischen China hervorzuheben. Lao She beschreibt die Existenz der Kanalanwohner vor 1949 als einen Alptraum, beherrscht von Krankheit und Tod, geprägt von Erniedrigungen durch die Übergriffe örtlicher Krimineller und von der Ausbeutung durch eine habgierige Guomindang-Regierung, die den bereits verzweifelten Menschen auch noch eine Hygienesteuer auferlegt. Im Gegensatz dazu reinigen die Kommunisten den Kanal, weisen den Armen eine bezahlte Tätigkeit zu und beseitigen die Kriminellen – sie säubern, in konkreter und symbolischer Weise, die Welt der Kanalanwohner.[20] Zu einer noch offensichtlicheren Bekundung seiner Loyalität gegenüber dem kommunistischen Regime entschied sich Lao She im Oktober 1951 anläßlich der Feiern zum zweiten Jahrestag der Gründung der Volksrepublik China. Er verfaßte einen Aufsatz, in dem er die Erregung beschreibt, die eine ,,Kampf"-Versammlung gegen intellektuelle Dissidenten in seinem eigenen Kopf bewirkt. Der Aufsatz wurde erwartungsgemäß in der *Kultur des Volkes* abgedruckt:

,,Die Versammlung war eröffnet. Von der Tribüne herab wurden der Zweck der Versammlung und die Verbrechen, die die bösen Maulhelden begangen hatten, verkündet. In passenden Abständen schrien verschiedene Gruppen in der Menge, vorne und hinten, links und rechts, die Losung: ,Nieder mit den bösen Maulhelden! Unterstützt die Volksregierung!' Wurde dann dieser Schrei von der gesamten Menge aufgenommen, steigerte sich der Lärm zu einer gewaltigen Woge. Die Stimme des Volkes ist die Stärke des Volkes; eine Stärke, die ausreicht, um die Bösewichte erzittern zu lassen .... Männer und Frauen, alte und junge, kamen nacheinander auf die Tribüne, um ihre Anschuldigungen vorzubringen. Wenn in einer Rede der Höhepunkt der Gefühle erreicht war, dann riefen viele in der Menge: ,Schlagt sie!' Ich selbst und auch die Intellektuellen in meiner Nähe riefen unwillkürlich mit: ,Schlagt sie! Warum versetzen wir ihnen keine Hiebe?' Als die Polizei diejenigen, die nach vorne gingen, um die Maulhelden zu schlagen, zurückhielt, fiel meine Stimme in den Aufschrei Hunderter ein: ,Sie haben es so gewollt! Schlagt sie!' Und dieser Aufschrei verwandelte mich in einen anderen Menschen! Ich war stets jemand gewesen, der sich um ein gesittetes Verhalten bemüht hatte. Sicher, ich haßte böse Maulhelden und schlechte Menschen, doch wie hätte ich mich jemals überwinden können, wild zu schreien: ,Schlagt sie', wenn ich nicht an dieser Anschuldigungsversammlung teilgenommen hätte? Die Empörung der Leute erregte mich derart, daß ich einer der ihren wurde. Ihr Haß war auch mein Haß. Ich konnte nicht und wollte nicht ,mit gefalteten Händen zuschauen'."[21]

In einer offiziellen Verlautbarung der ,,Selbstkritik" erklärte Lao She im Jahr darauf, er werde stets versuchen, sich ,,Schritt für Schritt in Übereinstimmung mit den Anweisungen des Vorsitzenden Mao weiterzuentwickeln und alle Fehler in meinen Gedanken und in meinem Leben zu korrigieren".[22]

Shen Congwen dagegen fand den neuerlichen Druck fast unerträglich. Obwohl man ihm 1949 erlaubt hatte, seine Tätigkeit an der Universität auch weiterhin auszuüben, war er immer wieder Zielscheibe der Kritik, und Komitees aus Funktionären und Studenten wurden ausgesandt, um seine Gedanken „zu säubern" und ihn „zu beraten". Schließlich verlor er 1950 seine Stellung und mußte an einem „revolutionären Studienkurs" teilnehmen. Einer seiner Freunde, der später China verließ, berichtet, auch innerhalb von Shens Familie seien erhebliche Spannungen aufgetreten, da seine Frau sich zunehmend politisch engagiert habe und seine Kinder, ermutigt von ihren Lehrern, Aufsätze verfaßt hätten, in denen sie den korrekten gesellschaftlichen Standpunkt beschrieben, den sie selbst und ihre Mutter einnähmen, während sie die „reaktionären" Ansichten ihres Vaters bedauerten. In einem solchen Aufsatz nannte Shens jüngerer Sohn seinen Vater einen „sogenannten" Schriftsteller, der in der Volksrepublik erkrankt sei, da seine Auffassungsgabe verwirrt sei, und gab an, die übrigen drei Familienmitglieder verbrächten ihre Feierabende nach der Arbeit oder nach der Schule damit, ihn zu reformieren.[23] Schließlich unternahm Shen, so berichtete derselbe Freund, einen stümperhaften Selbstmordversuch; er trank Petroleum und durchschnitt sich Kehle und Handgelenke. Im Krankenhaus glaubte er zunächst, er befinde sich im Gefängnis. Noch mehrere Wochen nach seiner Entlassung bot er einen bedauernswerten Anblick: sein Gesicht und seine Augen waren geschwollen, und seine Nase blutete ununterbrochen. Befragt, was er durchgestanden habe, antwortete Shen in einem melancholischen Ausbruch:

„Wie soll ich das nun verstehen? Die Schriftsteller, die unter so günstigen Umständen aufwuchsen und das Geld besaßen, im Ausland studieren zu können, lebten in den obersten Schichten der Gesellschaft. Sie feierten heute den Geburtstag irgendeiner Berühmtheit und gingen morgen zur Party irgendeiner anderen großen Persönlichkeit. Nun haben die Kommunisten die Macht übernommen, und diese Leute leben immer noch in den obersten Schichten der Gesellschaft. Ich war jahrelang nur ein Armeegefreiter, und ich stamme vom Lande. Es mag wohl sein, daß meine politische Bildung in der Vergangenheit unzureichend war und daß ich bis jetzt noch nicht alles aufgeholt habe. Aber warum bekomme ich denn gar keine Chance, mich der Gesellschaft wieder anzuschließen? Welche Verbrechen habe ich eigentlich begangen? Was haben die Kommunisten mit mir im Sinn? Wenn sie doch nur deutlich sagten, was sie wollen, so würde ich ihren Anordnungen sicherlich folgen. Der Tod schreckt mich nicht, aber warum wird eine solche Kampagne persönlicher Schmähungen gegen mich durchgeführt? Einige meiner alten Freunde sind in der Kommunistischen Partei, Ding Ling zum Beispiel, und auch eine Menge meiner ehemaligen Studenten."[24]

Ding Ling erwies sich jedoch für Shen nicht als Hilfe. Sie mußte ihre eigene Parteidisziplin unter Beweis stellen und gab sich größte Mühe, jegliche Handlung zu vermeiden, die ihre Machtposition im *Literatur-Anzeiger*

Ding Ling zeichnet ihre Tochter Zuhui in Peking im Jahre 1954.

hätte gefährden können. Ihre revolutionäre Glaubwürdigkeit unterstrich sie unter anderem durch Lobeshymnen auf ihren früheren Geliebten Hu Yepin. Sein Status als Märtyrer der Revolution war nun durch die Anordnung der Partei bestätigt worden, seinen Körper gemeinsam mit denen der übrigen 1931 hingerichteten Kommunisten aus dem Massengrab bei Longhua zu exhumieren und auf den neuen Friedhof der „Märtyrer der Revolution" außerhalb Shanghais zu überführen. Die Partei ordnete auch eine Sammelausgabe aller seiner Werke an und beauftragte Ding Ling mit der Leitung dieses Projekts.[25] In dem Vorwort, das sie im November 1950 für diese Ausgabe verfaßte, kritisierte sie ihre eigenen ehemaligen „kleinbürgerlichen Illusionen", ihre „Verdrossenheit" und ihre „Langweiligkeit" und verstieg sich in diesem Zusammenhang zu Verunglimpfungen Shen Congwens, ohne daß dies – so hat es den Anschein – in irgendeiner Weise notwendig gewesen wäre:

„Yepin war völlig anders als Shen Congwen und ich. Anders als ich, die ich bequem und launisch sein kann, war Yepin stets ein Pragmatiker, der es sich niemals erlaubte, so wie Shen Congwen der Oberklasse zu schmeicheln. Yepin war stark; er befand sich mit den Herrschenden in stetem Konflikt. Shen Congwen war von Anfang an auf die Vornehmen versessen, und das führte dann zu seinen Bindungen an die ‚Halbmond-Gesellschaft' und an die Schule der ‚Modernen Kritiker'. Er gab sich nicht mit dem bescheidenen Los eines kämpferischen Schriftstellers zufrieden, nein, er mußte Professor werden, er mußte am Institut in Wusong lehren. Im Unterbewußtsein fürchtete er diejenigen, die die proletarische Literaturbewegung ins Leben riefen."[26]

Eine derartige Einschätzung besaß beträchtliches Gewicht, denn 1951 erreichte Ding Lings Ansehen seinen Höhepunkt. In diesem Jahr erhielt sie den Stalin-Preis für ihren Roman *Sonne über dem Fluß Sanggan*, der zwei Jahre zuvor ins Russische übersetzt worden war. Daneben hatte sie die Erlaubnis erhalten, in Peking ein zentrales Literaturinstitut zu gründen, um dort junge Autoren auszubilden. Auf diese Weise fiel ihr die Aufsicht über eine neue Generation Intellektueller zu. Außerdem wurde sie in eine gehobene Stellung in der Propagandaabteilung der Partei berufen. Als sie daher 1951 Shen Congwen aufforderte, einen Beitrag für ihre Zeitschrift zu verfassen, war er sich ihrer Motive nicht sicher und schrieb ihr: „Ich habe den Kontakt zu den neuen Literaturzeitschriften verloren. Es wäre wohl das Beste, wenn Du mir zwei lesenswerte Aufsätze zusenden könntest, damit ich weiß, was ich schreiben soll."

Der Aufsatz, den er in jenem Jahr verfaßte, zeigt deutlich sein Bemühen, auf die nun vorherrschenden literarischen Dogmen einzugehen und sein Versagen als revolutionärer Aktivist zu untersuchen. Er räumt ein, seine frühen Erfahrungen in den Armeen der Militärherrscher hätten ihn „an der Politik verzweifeln" lassen. Daher habe er in den zwanziger und dreißiger Jahren „die liberale Haltung eines alten Intellektuellen eingenommen, im Glauben, eine Verbindung von Literatur und Politik sei unmöglich, unnötig und falsch". Sein Werk habe deshalb ungewollt „der ungebrochen feudalistischen Herrschaft der Guomindang genutzt" und „den Abschaum begünstigt", der sich um Chiang Kaishek versammelt hatte, insbesondere die Verwandtschaft von dessen Frau, die berüchtigte Familie Song. Shen Congwens formelle Zusammenfassung seines früheren Lebens als Schriftsteller lautete wie folgt:

„Nach 1928 verbrachte ich mein Leben in Lehranstalten, und es traf sich, daß ich besonders enge Beziehungen zu intellektuellen Anhängern der anglo-amerikanischen Richtung knüpfte, die für Demokratie und Freiheit kämpften. Obgleich meine Arbeitsgewohnheiten unverändert blieben, wandelte sich doch mein Lebensstil allmählich, und ich entwickelte mich zu einem Halbintellektuellen: einerseits reichte mein Kontakt zur Gesellschaft nicht über den Kreis der Studenten und Kollegen hinaus, andererseits waren die Themen meiner Lektüre sehr viel breiter gestreut. Nun, ich war ein kraftvoller und produktiver Schriftsteller, und ich wollte mich auch am Aufbau eines neuen Verlags beteiligen. Leser mußten gefunden werden, und zwar nicht nur in Lehrinstituten, sondern auch unter den Mitgliedern anderer moderner Organisationen. Meiner Arbeit wurden Ermutigung und Anregung zuteil, und ich engagierte mich eifrig in der Gruppe der Autoren von

Kurzgeschichten. Die meisten meiner Schriften der vergangenen zwanzig Jahre waren vergleichsweise fortschrittlich, einige ließen jedoch die Schwäche eines unsteten Intellektuellen erkennen: meine Sprache war kunstvoll, doch meine Gedanken waren verwirrt. Ich beherrschte einen Stil, doch ich besaß keine Vorstellung vom Leben.

Der größte Teil meiner Arbeiten war der Revolution nicht förderlich; er wirkte sich schädlich auf die Jugend aus und lähmte ihren Willen zum Fortschritt. Diejenigen meiner Geschichten, die ihre Thematik aus den buddhistischen Klassikern bezogen, zeigen die Verworrenheit meiner enzyklopädischen Bildung. Ich verschmolz den Nihilismus der Buddhisten mit meinen eigenen exotischen Gefühlen und mit den Ergebnissen meines Studiums der Anthologien aus der Frühlings- und Herbstepoche, mit denen ich so sehr vertraut war. Aus dieser Verschmelzung resultierten überaus krankhafte, unvernünftige und ungesunde Bücher, wie beispielsweise *Der siebenfarbige Alptraum*. Zu den Werken, die meine Entwicklung beeinflußten, zählten unverkennbar die Schriften von Freud und Joyce, deren unausgegorene und bruchstückhafte Überlegungen auch in meinem Werk Widerhall fanden.“[27]

Mit diesen Gedanken schien Shen die Funktionäre, die über ihn urteilen mußten, zufriedengestellt zu haben, denn nach einer kurzen weiteren ideologischen Belehrung erhielt er eine neue Stelle zugewiesen. Doch als habe man die Ausrichtung seines Denkens auf die Vergangenheit noch betonen wollen, sollte er nicht etwa als Lehrer oder als schöpferischer Schriftsteller wirken, sondern wurde damit beauftragt, im ehemaligen Kaiserpalast und jetzigen Palastmuseum in Peking Antiquitäten zu katalogisieren.

Im Laufe der nächsten Jahre entwickelte sich Shen langsam zu einem Kenner früher chinesischer Seidenmuster und der Bronzespiegel der Tang- und Song-Dynastien. Lao She schrieb einige weitere Stücke, wurde auf eine Freundschaftsreise nach Korea entsandt und avancierte zum zweiten Vorsitzenden des Schriftstellerverbandes. Ding Ling sammelte Erfahrungen als Anführerin kritischer Angriffe auf abweichlerische Intellektuelle. Die Zeitspanne zwischen 1952 und 1955 war vergleichsweise friedlich und entspannt: der 1953 in Korea geschlossene Waffenstillstand ermöglichte es der chinesischen Regierung, sich auf interne Probleme zu konzentrieren. Wenn auch das Taiwan-Problem notgedrungen ungelöst blieb, da die siebte US-Flotte weiterhin die Meerenge von Taiwan kontrollierte und somit jeglicher Versuch einer kommunistischen Landungsoperation vergeblich schien, so verringerte sich wenigstens mit Stalins Tod im selben Jahr der ungeheure Druck, den die Sowjetunion bis dahin auf China ausgeübt hatte. Die sowjetische Führung der Ära nach Stalin gab sogar Port Arthur (das heutige Lüta) und Dalien an China zurück. Auf internationaler Ebene spielten die Chinesen eine versöhnliche Rolle: Zhou Enlai betätigte sich als Vermittler, als der erbitterte Krieg zwischen Frankreich und Vietnam 1954 sein Ende fand, und übte im folgenden Jahr einen mäßigenden Einfluß aus, als die nicht zur

SEATO gehörenden Länder im indonesischen Bandung ihren politischen und militärischen Kurs diskutierten. Innenpolitisch erwies sich der erste Fünfjahresplan zur Entwicklung der chinesischen Industrie als erfolgreich. Die allmähliche Enteignung ausländischen Vermögens vollzog sich ohne Blutvergießen; die Verstaatlichung der einheimischen Industrie verlief ohne Gewalttätigkeiten und war Bestandteil einer langfristigen Planung. 1953 wurde die erste sorgfältige Volkszählung in der Geschichte des modernen China durchgeführt und erbrachte eine Bevölkerungszahl von 582680000 Menschen. Mit Hilfe technischer Unterstützung durch die Sowjets begann der Bau zahlreicher Wasserkraftwerke, vor allem am Gelben Fluß, während die Ausrüstung der Armee erneuert und die Kommandostruktur umgebildet wurde, um die Wiederholung der Fehler auszuschließen, die im Koreakrieg zu so schwerwiegenden Verlusten geführt hatten. Dieser Krieg und der wirtschaftliche Wiederaufbau, der ihm folgte, versorgten einen großen Teil der Literatur, des Theaters und des Films mit Themen und boten die Möglichkeit, den damals geforderten „sozialistischen Patriotismus" genauer zu definieren.

Auf dem Gebiet der Landwirtschaft vollzog sich der tiefgreifendste Wandel. Die Partei führte ein ausgeklügeltes System staatlicher Kreditbüros und ländlicher Absatzkooperativen ein, und die ärmeren Bauern wurden aufgefordert, sich zu „Beistandsgruppen" zusammenzuschließen. Alle diese Initiativen verfolgten das Ziel, privaten Landanbau zunehmend als weniger gewinnbringend erscheinen zu lassen und auf diese Weise den Weg für eine kollektivierte Landwirtschaft zu ebnen.[28] Diese Entwicklung vollzog sich in Auseinandersetzung mit dem tiefsitzenden Glauben chinesischer Bauern, daß Landbesitz die wichtigste Voraussetzung für ein glückliches Leben sei. In *Sonne über dem Fluß Sanggan* hatte Ding Ling diese Haltung in der Beschreibung eines Pachtbauern namens Hou eingefangen, der nach einem Leben in verzweifelter Armut nun von seinem früheren Grundbesitzer die Schenkungsurkunde für ein Stück Land ausgehändigt bekommt. Er ist so sehr an sein bisheriges Schicksal gewöhnt, daß er zunächst glaubt, er müsse die Urkunde wieder zurückgeben. Erst nachdem die Mitglieder der Bauernvereinigung seines Dorfes und auch sein eigener Sohn den Vorgang mit ihm erörtert haben, sieht er schließlich ein, daß er das Land behalten darf:

„Ein anderer lobte ihn: ‚Er ist einfach zu ehrlich, der alte Kerl. Sein ganzes Leben hat man auf ihm herumgetrampelt; jetzt endlich kommt er zur Vernunft!'

Der junge Hou lachte ebenfalls und sagte: ‚Vater, Buddha hat mit uns nichts zu tun. Jahr für Jahr haben wir Weihrauch abgebrannt, doch er hat uns niemals auch nur die geringste Aufmerksamkeit geschenkt. Aber sobald der Vorsitzende Mao den Befehl gab, kamen Leute hierher und schenkten uns Land. Der Vorsitzende Mao ist unser Buddha. Wenn wir in Zukunft irgendeinen verehren, dann sollte es der Vorsitzende Mao sein. Meinst du nicht auch, Vater?'

Der Pachtbauer Hou grinste nur und schwieg. Schließlich fragte ihn jemand: ‚Du hast nun Deinen Anteil am Land. Wirst du es wieder zurückgeben?‘ Er schüttelte heftig den Kopf und antwortete: ‚Nein, nein! Die Massenversammlung gestern hat mich doch zur Vernunft gebracht, oder nicht?‘ Er kicherte.“[29]

Im Jahre 1953 änderte die Regierung ihre Wirtschaftspolitik, um den Übergang zu landwirtschaftlichen Produktionskooperativen zu beschleunigen. In den ersten Kooperativen wurden das Prinzip des privaten Grundbesitzes und auch manche anderen Eigentumsunterschiede noch beibehalten, da jedem Bauer soviel ausgezahlt wurde, wie er an Land und Zugtieren eingebracht hatte. Doch das änderte sich im Jahre 1955. Alarmiert durch die Tatsache, daß die landwirtschaftlichen Überschüsse nicht mit der angestrebten industriellen Entwicklung Schritt hielten (die Bauern produzierten zwar mehr, sie aßen jedoch auch mehr), und aufgeschreckt auch durch die Tatsache, daß sich in den meisten ländlichen Gemeinden die Kluft zwischen reichen und armen Bauern bereits wieder vergrößerte, befahl die Parteiführung den sofortigen Übergang zu einer kollektivierten Landwirtschaft. Die Eigentumsurkunden wurden für ungültig erklärt und jeder Familie blieb nur ein kleines Stück privaten Bodens, auf dem sie zusätzliches Gemüse anbauen oder vielleicht auch Schweine oder Hühner aufziehen konnte. Der Übergang vollzog sich mit erstaunlicher Geschwindigkeit. Im Frühsommer 1956 umfaßten die Kollektive bereits vierundsiebzig Millionen Haushalte, das waren 61,8 Prozent aller chinesischen Haushalte, und gegen Ende des Sommers erreichte diese Zahl bereits 90 Prozent.[30]

Diese neue Phase der chinesischen Revolution war zwar sehr eindrucksvoll, doch sie ließ sich weder in der politischen Rhetorik noch in der Literatur in ähnlicher Weise darstellen wie die stürmische erste Phase der Landreform. Die meisten Autoren, einschließlich Ding Ling, äußerten sich daher diesmal nicht zu den anstehenden Problemen. Die Verlautbarungen der Regierung selbst vertuschten die Spannungen, die diese gewaltige Umwälzung mit sich brachte, nicht zuletzt auch deshalb, weil noch eine Reihe anderer regionaler und generationsbedingter Konflikte das gesamte Land erfaßte. Sie waren entstanden, als Funktionäre aus dem Norden in den erst kürzlich befreiten Süden zogen, als Funktionäre aus den Städten auf das Land zogen und als Millionen neuer Mitglieder der Kommunistischen Partei mit denjenigen um Ämter stritten, die der Partei bereits vor 1949, vor 1945 oder, wie im Falle der Elite der Veteranen des Langen Marsches, bereits vor 1934 beigetreten waren. Aus Gründen, die auch heute noch nicht völlig deutlich sind, waren bereits zwei der einflußreichsten Personen der Partei entmachtet worden. Zum einen Gao Gang, der des Versuchs beschuldigt wurde, ein eigenes, „unabhängiges Königreich“ in der hochindustrialisierten Region der südlichen Mandschurei geplant und sich „an verschwörerischen Aktivitäten beteiligt“ zu haben. Zum anderen Rao Shushi, der des „schamlosen Betrugs“ während der Kriegsjahre in Yanan und nach der Befreiung in Shanghai sowie der Bildung einer ,,gegen die Partei gerichteten Allianz" während seiner Mitarbeit im staatlichen Planungskomitee angeklagt wurde. Gao Gang verübte 1954 Selbstmord; Rao wurde in demselben Jahr aller seiner Ämter enthoben, sein weiteres Schicksal ist unbekannt.[31]

Ähnliche Konflikte ergaben sich auch auf den höheren Ebenen der Kultusbürokratie, wo verschiedene Gruppierungen erbitterte Auseinandersetzungen austrugen und die Fronten offenbar noch weiter in die Vergangenheit zurückreichten. Zu Beginn der fünfziger Jahre scheint Ding Lings Einfluß etwa dem Zhou Yangs geglichen zu haben, der 1936 in Shanghai als Widersacher Lu Xuns und 1942 während der Yanan-Korrekturen als ihr eigener Gegenspieler aufgetreten war. Seit 1953 jedoch begann Ding Lings Stern langsam wieder zu sinken; sie verlor mehrere Funktionen als Herausgeberin und Komiteemitglied und mußte mitansehen, wie das von ihr gegründete Literaturinstitut in andere Hände überging. Sie wandte sich unerbittlich gegen Autoren, darunter gegen manche ihrer ehemals engen Freunde, die den Bedürfnissen der Massen nicht genügend Aufmerksamkeit widmeten, sie selbst blieb jedoch eine Perfektionistin. Sie drängte die Schriftsteller, das perfekte Buch zu schreiben (sie wies in diesem Zusammenhang auf die Erzählungen Lu Xuns sowie auf Cao Xueqins *Traum der Roten Kammer* aus dem 18. Jahrhundert als Vorbilder hin), und warnte die Literaturfunktionäre der Partei vor einer ,,elternhaften Autorität" in ihrem Verhältnis zu den Autoren, da dies letztlich nur deren Kreativität behindere. Sie selbst sah sich nicht in der Lage, etwas Substantielles zu verfassen – mit Ausnahme einiger kurzer journalistischer Beiträge –, und tröstete sich damit, auf die Bedeutung der Schriftsteller für die Gesellschaft zu verweisen. Schließlich konnte sie es nicht mehr verhindern, selbst in die Schußlinien der politischen Auseinandersetzungen zu geraten, da auch dem *Literatur-Anzeiger,* den sie einst gegründet hatte, Verbindungen zu jenen ,,unabhängigen Königreichen" vorgeworfen wurden, die angeblich in Shanghai und in der Mandschurei etabliert worden waren.[32]

Bevor die Kritik Ding Ling zu Fall brachte, konzentrierte die Partei sich auf die Schriftsteller Hu Feng und Feng Xuefeng. Beide Männer waren hartnäckige Revolutionäre und ehemalige Freunde Lu Xuns (Feng war auch ein Freund Ding Lings), die die Kriegsjahre zumeist in Chongqing verbracht hatten. Sie hatten sich damals kritisch gegenüber den Versuchen der Kommunisten in Yanan geäußert, die kulturelle Szene zu beherrschen. Sie hatten ihre eigene Zeitschrift gegründet, um diesen Tendenzen entgegenzuwirken.[33] Zu Beginn der fünfziger Jahre wurden beide beschuldigt, nach wie vor bourgeoise Gedanken zu hegen. Gegen Ende 1954 jedoch wichen die Angriffe der Partei auf die Werke Hus politischen Anschuldigungen. 1955 wurde er verhaftet und zu einer Gefängnisstrafe verurteilt, da er ein Konterrevolutionär, ein Guomindang-Agent und der Anführer einer antikommunistischen Untergrundorganisation gewesen sei. Ding Ling sah voraus, daß die Gegner Hus wahrscheinlich auch die ihren waren; sie nutzte einige Parteiversammlungen Ende des Jahres 1954, um mehrfach Selbstkritik zu üben – ihre Aussagen wurden jedoch weder veröffentlicht noch akzeptiert. Sie zog sich für kurze Zeit in ein Sanatorium zurück, doch als die Partei 1955 ein Sonderkomitee benannte, das sich mit ihrem Fall befassen sollte, verließ sie dieses Refugium und versuchte, sich vollends aus dem literarischen und politischen Leben Pekings zurückzuziehen und ruhig in den Vororten westlich der Hauptstadt zu leben, nicht weit von dem Ort entfernt, an dem sie dreißig Jahre zuvor mit Hu Yepin in Armut die Studentenzeit durchlebt hatte. Ihr Rückzugsversuch schlug allerdings fehl: 1956 griff Zhou Yang, die mächtigste kulturpolitische Persönlichkeit, Ding Ling an und warf ihr vor, ihr gesamtes Leben lang „gegen die Partei eingestellt" gewesen zu sein.[34] Erneut übte Ding Ling ausführlich Selbstkritik, aber auch diesmal unterließ die Partei eine Veröffentlichung. Doch die Richtung ihrer Gedanken läßt sich an Hand einiger Aufsätze, die sie anschließend verfaßte (einen davon widmete sie dem Andenken Hu Yepins), bruchstückhaft nachzeichnen. Da sie in ihrer Jugend so viel gelitten habe, schrieb sie, seien ihre Geschichten in der Tat „voll der Verachtung für die Gesellschaft und voll des Starrsinns einer einsamen Seele"; die Personen der 4.-Mai-Epoche, die ihre Gedanken am nachhaltigsten geformt hätten und auch in ihren Schriften wiederkehrten, hätten alle „unter schwerem Druck gestanden, hätten sich vollkommen einsam gefühlt und hätten doch alle einen Weg gesucht, auf dem es weitergehen konnte".[35]

Dieses Werben um Verständnis blieb zwar ohne Wirkung, doch die gesamtpolitische Entwicklung verschaffte Ding Ling Mitte 1956 eine kurze Atempause. Besorgt, die mit aller Kraft vorangetriebene Kollektivierung der Landwirtschaft könne auf Grund der Zurückhaltung der Funktionäre und tiefverwurzelter „bürokratistischer" Widerstände in ernste Schwierigkeiten geraten, und bemüht, die Unterstützung der Intellektuellen zu gewinnen, verkündete Mao im Mai jenes Jahres eine neue Massenbewegung – diesmal sollten „hundert Blumen blühen und hundert Gedankenrichtungen miteinander in Wettstreit stehen". Ziel dieser Kampagne war es, denjenigen wieder Zuversicht zu geben, die zur Ansicht gelangt waren, ihre Fähigkeiten würden vom Staat nicht ausreichend geschätzt, sei es nun auf dem Gebiet der Künste und der Geisteswissenschaften (den Blumen) oder auf dem der Naturwissenschaften und der Technik (den Gedankenrichtungen).[36]

Die Reaktion vieler Chinesen auf diese neue Kampagne bestand in einer verständlichen Zurückhaltung. Andere glaubten jedoch, die Partei eröffne tatsächlich neue Wege der Kritik. So schrieb Huang Qiuyun, der einst Romain Rollands *Jean Christoph* übersetzt hatte, im Herbst 1956:

„Niemand kann abstreiten, daß es in unserem Land noch immer Überflutungen und Dürreperioden, Hungersnot und Arbeitslosigkeit, ansteckende Krankheiten und Unterdrückung durch die Bürokratie und andere unerfreuliche und nicht zu rechtfertigende Erscheinungen gibt ... Kein Schriftsteller mit aufrichtigem Gewissem und klarem Kopf sollte seine Augen selbstzufrieden verschließen und angesichts der Realität des Lebens und des Leidens des Volkes schweigen. Wenn ein Autor nicht den Mut besitzt, die dunklen Krankheiten einer Gesellschaft zu enthüllen, wenn er nicht den Mut besitzt, positiv an der Lösung der wichtigsten Probleme im Leben seines Volkes mitzuwirken, und wenn er nicht den Mut besitzt, all das anzugreifen, was mißgestaltet, krank und finster ist, kann er dann überhaupt ein Schriftsteller genannt werden?"[37]

Lao She hatte sich bereits der von Huang angesprochenen Herausforderung gestellt. Im Frühjahr 1956 schloß er ein Stück ab, das die Lebensgeschichte eines Betrügers namens Li Wenming aufgriff, dem es zu Beginn der fünfziger Jahre als angeblich verwundetem Kriegsheld gelungen war, sich in die Kommunistische Partei einzuschleichen. Da Li von kommunistischen Funktionären umschmeichelt (einige hatten sogar versucht, sich an seine Rockschöße zu klammern) und mit zahlreichen Gefälligkeiten überhäuft worden war, eignete er sich hervorragend als realer Bezugspunkt für eine Satire auf die Partei.[38] Noch im selben Jahr versuchte Lao She, wie andere chinesische Autoren auch, eine klare Vorstellung davon zu bekommen, wie weit die neuen Freiheiten wirklich reichen sollten. In einem Brief an einen Freund schrieb er: ,,In der westlichen Kammer lauscht das junge Fräulein Zhou einer Rundfunksendung über neue Dichtung, die mit deutlicher Stimme verlesen wird. Soll das das Blühen der hundert Blumen sein?"[39] ,,Die westliche Kammer" war eine elegante Anspielung sowohl auf das in China so ungebrochen populäre Liebesdrama *Der Traum der westlichen Kammer* aus dem vierzehnten Jahrhundert wie auf das wiedererwachende Interesse an den literarischen Strömungen des Westens, die bereits in den zwanziger und dreißiger Jahren so großen Anklang gefunden hatten. Lao She beschloß, den wechselhaften Auswirkungen äußerer Einflüsse auf China nachzugehen, und verfaßte das *Teehaus*, das bemerkenswerteste seiner Stücke.

Ausgehend von Gedanken, die er in seiner acht Jahre zuvor verfilmten Geschichte ,,Dieses mein Leben" verfolgt hatte, machte Lao She sich nun daran, ein Resümee der großen Ereignisse in der jüngsten Geschichte Chinas zu ziehen. Die drei Akte des Stückes vergegenwärtigen historische Phasen, die Lao She in Gesprächen und Erinnerungen der Besucher und des Besitzers eines Pekinger Teehauses heraufbeschwört; die Akteure ändern sich zwar mit der Zeit, bewahren letztlich aber doch ihre Identität. Der erste Akt weist zurück auf den Frühherbst des Jahres 1898, kurz nach der Reform der Hundert Tage, der Flucht Kang Youweis und der Hinrichtung seines Bruders Guangren sowie seines Schülers Tan Sitong. Der zweite Akt spielt im Sommer 1917, ein Jahr nach dem Tod des Präsidenten Yuan Shikai und in jenem Sommer, als Zhang Xun in einem erfolglosen Putsch versuchte, den ehemaligen Kaiser Puyi wieder einzusetzen. Der dritte Akt vergegenwärtigt einen Herbsttag ,,nach dem Sieg über die Japaner, als Guomindang und amerikanische Truppen Peking besetzt hielten"; ein genaues Datum wird nicht genannt. In diesem Stück, in dem eine Fülle von Personen aus allen gesellschaftlichen Schichten auftritt, feiert Lao She die Stadt, die er offenbar mehr als jede andere geliebt hat, und er preist den Witz und den Mut des chinesischen Volkes, wie er es seit *Rikscha* nicht mehr unternommen hatte. Doch dies ist kaum die eigentliche Botschaft des Stückes, dessen Schurke stets der Staat ist – ein immer grausamer, gefühlloser, unfähiger und allgegenwärtiger Staat. Sah man die geschichtlichen Tatsachen als konsequente Entwicklung von den Qing über die Militärherrscher zur Guomindang, so bedurfte es nur eines rudimentär ausgebildeten Assoziationsvermögens, um zu erkennen, daß sich auch die kommunistischen Funktionäre als Zielscheibe eben dieser Kritik eigneten.[40]

Huang und Lao gehörten einer älteren Generation an, die während der 4.-Mai-Epoche mit westlicher Literatur vertraut geworden war. Die Botschaft, die sie verkündeten, wurde jedoch mit noch weitaus größerer Intensität von denen aufgegriffen, die Mitte der dreißiger Jahre geboren worden waren und die nun, etwa zwanzig Jahre alt, ihre Universitätsstudien abschlossen oder gerade damit beschäftigt waren, ihre erste Anstellung unter dem kommunistischen Regime zu finden. Beispielhaft für diese neuen Stimmen ist eine Novelle mit dem Titel *Der junge Mann, der gerade in der Organisationsabteilung eingetroffen ist*, veröffentlicht von dem jungen Autor Wang Meng in der Zeitschrift *Literatur des Volkes* im September 1956. Der Protagonist der Erzählung ist zwanzig Jahre alt, Mitglied der Kommunistischen Partei (wie auch Wang Meng selbst) und eifrig darum bemüht, seiner Partei und seinem Lande zu dienen. Zu seiner Bestürzung muß er in seiner ersten Stellung erkennen, daß seine Vorgesetzten nicht selten faul, unfähig, heuchlerisch und überheblich sind. Sie leben in einer Welt, in der man wartet, bis jemand „Gelder veruntreut oder eine Frau vergewaltigt, bevor die höheren Ränge sich endlich erheben und aufmerksam werden". In einer Atmosphäre von Langeweile und gegenseitigem Mißtrauen, die das Arbeitsleben bestimmt, kommt es nur selten vor – so zum Beispiel, während er sich in aller Keuschheit an der Seite einer jungen Genossin entspannt und Tschaikowskys *Capriccio Italien* lauscht –, daß der Held in seinem sorgenvollen Herzen ein Gefühl der Solidarität und der emotionalen Erfüllung verspüren kann.[41]

Da eine intensivere Reaktion auf Mao Zedongs Forderung nach offener Kritik zunächst ausblieb, ließ Mao im Januar 1957 seine eigenen, im alten, klassischen Stil geschriebenen Gedichte veröffentlichen, offensichtlich um denjenigen ein Gefühl der Sicherheit zu geben, die fürchteten, wegen ihrer im „alten Stil" verfaßten Schriften verurteilt zu werden. Um auch die parteiinternen Kritiker seiner Hundert-Blumen-Politik zum Schweigen zu bringen, hielt er im Februar 1957 seine berühmte Rede „Über die korrekte Handhabung von Widersprüchen im Volk", in der er mit allem Nachdruck seiner Überzeugung Ausdruck verlieh, nur durch schöpferischen Kampf und mit Wagemut könnten die Chinesen die Revolution vertiefen und höhere Stufen des politischen und gesellschaftlichen Lebens erreichen.[42] Im späten Frühjahr 1957 vertraute endlich die Mehrheit der chinesischen Intellektuellen Maos Versprechen, eine weiterreichende Meinungsfreiheit als bisher zu garantieren, und im Mai und Juni gewann eine Unzahl von Studenten, Schriftstellern, Lehrern, Malern, Medizinern und Mitgliedern religiöser Gruppierungen etwas von der Offenheit und jenem bilderstürmerischen Elan zurück, die einst die Intellektuellen der 4.-Mai-Bewegung gekennzeichnet hatten. Längst vergessene Namen und kulturelle Strömungen wurden aus der Vergessenheit gehoben: Universitäten boten Seminare über Bertrand Russell und John Maynard Keynes an; ein Student an der Universität von Peking verlangte das Recht, Byron lesen zu können, anstatt eine endlose Reihe zweitklassiger sowjetischer Autoren vorgesetzt zu bekommen, und unterzeichnete seinen Aufruf in Lateinisch. Ein anderer verglich die Behandlung Hu Fengs im Jahre 1955 mit dem Fall Dreyfus um die Jahrhundertwende und fügte die Bemerkung hinzu, das französische Volk sei zu beglückwünschen, da es „das Urteil zurückgenommen" habe, das es selbst irrtümlich ausgesprochen habe.[43]

In dem Maße, in dem sich die neue Generation zu Wort meldete, wurden auch ihre Sprecher bekannt. Lin Xiling, eine Jurastudentin an der Universität von Peking, die bereits Aufsätze über Balzac und Tolstoi veröffentlicht und kurzfristig in der Volksbefreiungsarmee gedient hatte, war im Mai 1957 erst zwanzig Jahre alt, als sie durch ihre packenden Reden auf dem Campus Berühmtheit erlangte. Sie bezeichnete sich selbst als „kleinen Teufel" (wie bereits die Studentin Xu Guangping dreißig Jahre zuvor gegenüber ihrem Lehrer Lu Xun) und behauptete, Mao Zedongs Bemerkungen in Yanan 1942 besäßen für China nicht länger Gültigkeit, da aus den Intellektuellen nun Arbeiter, Bauern und Soldaten geworden seien. Deren Pflicht aber sei es aufzuzeigen, daß China im Grunde immer noch feudalistisch und undemokratisch sei. Lin hatte während ihrer Jura-Ausbildung an Bezirksgerichten gearbeitet und dort miterlebt, wie angebliche Konterrevolutionäre behandelt wurden. Sie schätzte, daß in den frühen Jahren der Revolution mehr als siebenhunderttausend Personen aufgrund manipulierter Anklagen hingerichtet worden seien und daß der Sicherheitsdienst Gerichtsakten gefälscht habe, um systematische Untersuchungen unmöglich zu machen. Lin Xiling rief alle Chinesen dazu auf, ihr Recht auf Opposition zur Gesellschaft weder heute noch in fünfhundert Jahren aufzugeben, und stellte die „sozialistische Demokratie" Titos als ein brauchbares Modell vor, an dem sich China in seiner gegenwärtigen Notlage orientieren könne.[44]

Als ob es damit noch nicht genug gewesen sei, erschienen Wandplakate in der Öffentlichkeit, auf denen zunehmend unangenehme Fragen gestellt wurden. Warum waren die beiden Parteiführer Gao Gang und Rao Rushi unterdrückt worden? Was war mit Wang Shiwei geschehen, dem Freund Ding Lings und Autor der „Wilden Lilie", damals in Yanan? Hatte nicht Mao Zedong sich sattgegessen zu einer Zeit, da die Bauern hungerten? Sollte man Mao nicht vielleicht mit „Eure Majestät" anreden, da er sich doch schon wie ein Kaiser verhielt? Der Kreis der Kritiker erweiterte sich rasch. Arbeiter in den Städten brachten ihre Unzufriedenheit mit Streiks, mit Forderungen nach besseren Arbeitsbedingungen, mit Produktionsverlangsamungen und mit vorgetäuschten Erkrankungen zum Ausdruck. Bauern zogen sich aus den erst kürzlich gebildeten Kollektiven zurück und versuchten unter dem Vorwurf, die Partei presse ihnen noch mehr ab als zuvor die Grundbesitzer, ihre Steuerzahlungen einzuschränken.[45] Mao Zedong selbst aber sah sich als Urheber dieser Kritikbewegung in einer äußerst schwierigen Lage. Im Juni 1957 beschloß er, das Ruder herumzuwerfen, und leitete eine neue „Anti-Rechts"-Kampagne ein. Zu seiner Verteidigung gab er nun vor, er habe „die Dämonen und Kobolde aus ihren Verstecken hervorgelockt, um sie leichter vernichten zu können", und er habe „die Samenkörner keimen lassen, um sie bequemer aushacken zu können."[46]

Dieser Richtungswechsel kam für Ding Ling im denkbar ungünstigsten Augenblick. Die Anfangsphase der „Hundert-Blumen"-Bewegung war ihr als ein geeigneter Zeitpunkt erschienen, den Kampf um ihre Wiederaufnahme in die Kultusbürokratie aufzunehmen und die Vorherrschaft ihres Rivalen Zhou Yang zu beenden. Im Sommer 1957, als die „Anti-Rechts"-Bewegung bereits an Stärke gewann, wies sie auf mehreren Parteiversammlungen entschieden die Anschuldigungen zurück, sie habe zwischen 1933 und 1936 kommunistische Genossen an die Guomindang verraten und sie habe 1942 mit ihren Bemerkungen zum Internationalen Frauentag die Partei verleumdet. Ding Ling führte an, bei allen Protesten, die sie gegen Angehörige der Partei gerichtet habe, sei sie doch niemals von den Richtlinien der Partei abgewichen. Offenbar versuchte sie auch, den Schriftstellerbund zu ihrer Entlastung zu einer Eingabe zu bewegen, um auf diese Weise ihren Einfluß und ihr Prestige unter Beweis zu stellen, doch dieser Versuch mißlang, und die Opposition gegen sie wurde nur noch stärker. Den gesamten Juli hindurch fanden täglich Versammlungen statt, oftmals mit mehr als zweihundert Anwesenden, auf denen sie und ihr ehemaliger Mitarbeiter beim *Literatur-Anzeiger,* Chen Qixia, kritisiert und über ihre Loyalität zur Partei befragt wurden.

Chen Qixia hielt als erster dem Druck nicht länger stand. Am 3. August bekannte er verschiedene gegen die Partei gerichtete „Verbrechen", lieferte seinen gesamten Briefwechsel mit Ding Ling aus den vergangenen Jahren aus und beschuldigte Ding Ling des Versuchs, „die Herrschaft über die literarischen Kreise an sich zu reißen". Die Auswirkungen dieser Anschuldigungen lassen sich aus einer Presseverlautbarung der offiziellen Nachrichtenagentur der Partei in Peking vom 7. August 1957 ermessen:

„Wie die Volkszeitung heute meldet, wurde im Verlauf der gegenwärtigen Tagung, die das Komitee der Kommunistischen Partei im Bund chinesischer Schriftsteller einberufen hat, eine gegen die Kommunistische Partei gerichtete Clique unter der Führung der Schriftsteller Ding Ling und Chen Qixia aufgedeckt, die die Führung der Partei in ihren literarischen Arbeiten bekämpfte und sich um persönliche Macht bemühte. ...

Die Grundpositionen dieser Clique sind die folgenden: Verneinung der Führung und der Überwachung der Arbeit der Literaten durch die Partei und ihre Politik, Prinzipien und Richtlinien; Zerstörung der Einheit der Partei durch Provokationen; Verkündung eines bourgeoisen Individualismus und die Befürwortung einer Heldenverehrung.

Weiter wurde aufgedeckt, daß diese Anti-Partei-Clique den Plan gefaßt hatte, auf der für Oktober eingesetzten staatlichen Konferenz der Schriftsteller und Künstler einen umfassenden Angriff auf die Partei zu führen und die Schriftsteller zu spalten. Ferner beabsichtigte die Clique, durch ihre Anhänger das Organ des Chinesischen Schriftstellerbundes, den *Literatur-Anzeiger,* in ihr Sprachrohr zu verwandeln. ...

Chen Qixia gestand seine gegen die Partei gerichteten Verbrechen auf der Tagung ein; Ding Ling hat dies bisher verweigert."[47]

Ding Lings Weigerung, die gegen sie erhobenen Beschuldigungen anzuerkennen, mußte den Unmut der Partei ganz besonders zu einem Zeitpunkt herausfordern, als die Partei erneut der Parteiloyalität größte Bedeutung zumaß – nach der traumatischen Verurteilung Stalins durch Chruschtschow in Rußland und angesichts der Art und Weise, wie sich während des Ungarnaufstands von 1956 die Intellektuellen dort in den sogenannten Petöfi-Kreisen zusammengeschlossen hatten, um gemeinsam gegen den Staat vorzugehen. Ende September war ihr Fall in siebenundzwanzig weiteren Versammlungen erörtert worden, und in zunehmendem Maße beteiligten sich auch einflußreiche Autoren an der Kritik: Lao She beschuldigte Ding Ling, sie habe einen „Überheblichkeitskomplex" und verachte alle übrigen Schriftsteller. Mao Dun, der Verfasser von *Mitternacht,* den sie selbst 1952 schonungslos kritisiert hatte, nannte sie egozentrisch und in „bourgeoisem Individualismus" befangen. Lu Xuns Geliebte und ehemalige Studentin, Xu Guangping, beschuldigte sie des „Ein Buch-ismus", und somit eines komplexen intellektuellen Verbrechens, das mit dem Vorwurf verbunden war, sie versuche in egoistischer Weise und auf Kosten der übrigen Anforderungen des Lebens und der Partei ein perfektes Buch zu schreiben. Guo Moruo, inzwischen Präsident der chinesischen Akademie der Wissenschaften, stimmte dieser Anschuldigung zu.[48] Karikaturen jener Zeit zeigen Ding Ling, wie sie fett und faul unter einem Geldbaum liegt, aufgestützt auf einen dickleibigen Wälzer mit der Aufschrift „Ein Buch-ismus". Der Vorwurf des „Ein Buch-ismus" gewann einen besonders ironischen Zug durch die Tatsache, daß Ding Ling sich seit 1948 nicht mehr in der Lage gesehen hatte, auch nur *ein* längeres literarisches Werk zu verfassen. Doch die Kritik wurde noch weiter in ihre Vergangenheit zurückgetragen und erhielt einen sehr persönlichen Anstrich, da Ding Ling sich nach Ansicht ihrer kommunistischen Kritiker schließlich selbst in die Figuren verwandelt habe, die sie einst so gekonnt erschaffen hatte. Dieses Argument vertrat vor allem Yao Wenyuan (später ein Mitglied der „Viererbande"), der sie beschuldigte, mit ihren frühen Beschreibungen des Lebens von Prostituierten Pornographie verfaßt zu haben. In einem bissigen Aufsatz unter dem Titel „Die Freiheitskönigreiche des Fräulein Sophie" identifizierte er sie mit Fräulein Sophie und mit der Krankenschwester Lu Ping aus Yanan.[49] Im Januar 1958 schließlich erschien eine Sonderausgabe des *Literatur-Anzeigers*, in der ihr Aufsatz „Gedanken zum 8. März" aus der Yanan-Zeit und ihre Erzählung „Im Krankenhaus" nachgedruckt und kritisiert wurden. Im Vorwort beschuldigten die Herausgeber die Autorin, sie habe mit ihrem Werk den japanischen Imperialismus und die Guomindang-Reaktionäre unterstützt und sei seit ihrer Inhaftierung in Nanking eine Guomindang-Agentin gewesen. Der Autor eines Beitrags mit dem Titel „Fräulein Sophie in Yanan" schrieb: „Ding Ling, Sophie und Lu Ping sind einfach drei unterschiedliche Namen für ein und dieselbe grausame Frau. Alle drei teilen dieselbe Absicht, die darin besteht, den seelenzerstörerischen Charakter ihres eigenen extremen Individualismus zu beschönigen. Sie haßt nicht einen besonderen Aspekt von Yanan, sondern Yanan selbst. Sie richtet ihre Angriffe nicht gegen ganz bestimmte Personen, sondern gegen jedermann in Yanan. Sie verwirft nicht einen bestimmten Arbeiter, Bauern oder Soldaten, sondern alle Arbeiter, Bauern und Soldaten."[50]

Die letzten Angriffe bekam Ding Ling möglicherweise gar nicht mehr zu Gesicht, denn als sie sich im September 1957 nach wie vor weigerte, ein Schuldbekenntnis abzulegen, wurde sie aller ihr noch verbliebenen Positionen und Komitee-Mitgliedschaften enthoben, aus dem Schriftstellerbund und aus der Partei ausgeschlossen und in die Nähe der kleinen Stadt Tang-

Eine Karikatur, in der Ding Lings „Ein-Buch-ismus" verhöhnt wird.

yuan am Nordufer des Sungari, in Heilungjiang, Chinas nördlichster Provinz an der Grenze zur Sowjetunion, gesandt, um dort durch Arbeit auf einem Bauernhof zu sühnen.

1958 drängte Mao Zedong China in den „Großen Sprung nach vorne", in jenen aufsehenerregenden und visionären Plan, mit dessen Hilfe die siebenhunderttausend bestehenden landwirtschaftlichen Kooperativen mit einer durchschnittlichen Mitgliedschaft von ungefähr eintausend Personen zu etwa vierundzwanzigtausend Kommunen mit einer Bevölkerung von jeweils mindestens dreißigtausend Menschen zusammengefaßt werden sollten. Diese neuen Einheiten sollten für Landwirtschaft, Kleinindustrie, Erziehung, Verteidigung und Gesundheitsfürsorge zuständig sein und somit sowohl zur Dezentralisierung der Verwaltung als auch zur Selbstversorgung Chinas beitragen. Zugleich sollten sie, so behauptete Mao, China einen gigantischen Schritt näher zum Kommunismus führen. Auch in den Städten wurden Kommunen gegründet. Ihre Aufgabe bestand in der Zerstörung der Überreste traditioneller Familienstrukturen und des herkömmlichen Individualismus sowie in einer organisatorischen Erfassung der intellektuellen und physischen Umwelt der Arbeiter, um auf diese Weise eine Steigerung der Produktion zu erzielen. In den Städten mußten auf jedem Fleckchen Boden Lebensmittel angebaut werden, und auf dem Land wurden die noch verbliebenen privaten Grundstücke und Küchen im Interesse des Kollektivs abgeschafft. Zugleich konstruierte jede ländliche Untereinheit ihre eigenen kleinen Schmelzöfen, um Eisen für die industrielle Entwicklung Chinas zu produzieren.[51]

Mehrere Faktoren trugen zu dem Wagnis bei, den „Großen Sprung nach vorne" zu versuchen: der Erfolg des ersten Fünf-Jahres-Plans sowie der Verlauf der Bildung von Kooperativen auf dem Lande und der Verstaatlichung der Industrien weckten ein gewisses Vertrauen in die Eigenkräfte der chinesischen Wirtschaft. Der erfolgreiche Versuch der Sowjets, den künstlichen Satelliten Sputnik in eine Erdumlaufbahn zu bringen, erschien als Symbol für die Überlegenheit der sozialistischen Staaten gegenüber dem kapitalistischen Westen. Schließlich sind auch die Meinungsunterschiede zwischen Mao und anderen hochrangigen Genossen, die bereits 1955 im Verlauf der landwirtschaftlichen Kollektivierungskampagne und in den Jahren 1956 und 1957 anläßlich des Versuchs, zur Kritik an der Partei zu ermuntern, zutage traten, zu berücksichtigen. Sie zwangen Mao dazu, eine noch radikalere Richtung einzuschlagen, um auf diese Weise eine Stagnation in der Entwicklung des Landes zu vermeiden. Die negativen Folgen dieser Faktoren trugen dann allerdings auch zum Scheitern des „Großen Sprung nach vorne" bei: Ungünstige klimatische Bedingungen, eine überbeanspruchte Arbeiterschaft und hoffnungslos ungenaue Statistiken führten dazu, daß die wirtschaftlichen Ziele unerreichbar blieben. Die Sowjets kritisierten den Plan als unüberlegt und riefen damit heftige Reaktionen auf seiten der Chinesen hervor. Beschuldigungen und Säuberungen in der Kommunistischen Partei Chinas entzweiten die Führung und erzwangen eine Neuorientierung ihrer Politik. Im Frühjahr 1959 trat Mao Zedong als Vorsitzender der Volksrepublik zurück (er blieb allerdings Vorsitzender der Kommunistischen Partei), und Liu Shaoqi wurde an seiner Stelle Staatsoberhaupt. Im Sommer desselben Jahres kritisierte der Verteidigungsminister Peng Dehuai, ein Anhänger sowjetischer technologischer Methoden in Armee und Regierung, mit heftigen Worten den „Großen Sprung nach vorne". Mao Zedong besaß jedoch noch genügend Rückhalt, um Peng abzusetzen und ihn mit Schwerarbeit zu bestrafen.

Während dieser Periode war Ding Ling in den Hühnerställen von Tangyuan beschäftigt. Ihren eigenen Aufzeichnungen zufolge nahm die Geflügelaufzucht sie völlig in Anspruch, und sie entwickelte sich zum Experten in der Pflege kranker Hühner, von denen sie einige auf dem warmen Ofenbett in ihrer eigenen Hütte umsorgte, bis sie wieder gesund waren. Fast fünfzig Jahre waren vergangen, seit sie die Versuche der Bediensteten ihrer Familie verfolgt hatte, das Familieneinkommen durch die Aufzucht von Hühnern aufzubessern. Mit resignierendem Humor bemerkte Ding Ling nun, daß sie aufgrund ihrer eigenen Lebenserfahrungen ein natürliches Mitleid mit der Not von Hühnern verspüre. Sie beschäftigte sich ernsthaft mit den Problemen der Aufzucht gesunder Tiere und baute in ihrer Freizeit aus den Pappdeckeln alter Zahnpastaschachteln und aus anderen Materialien, die sie auftreiben konnte, sogar Modelle eines idealen Hühnerhofs. Man bat sie, in der örtlichen Schule mitzuwirken, und sie stürzte sich in eine Unzahl von Lehrverpflichtungen, darunter auch Lesekurse für die Älteren in der Gemeinde.[52]

1960 durfte Ding Ling in einer untergeordneten Rolle an einer Tagung in Peking teilnehmen, wo sie offenbar einiges über die politischen Konsequenzen der Abkehr vom „Großen Sprung nach vorne" erfuhr. Nachdem eine Reihe von Fehlernten zu schrecklicher Not auf dem Lande geführt hatte, wurde die Zahl der Kommunen wieder auf etwa siebzigtausend erhöht; die Anzahl der jeweiligen Mitglieder verringerte sich auf diese Weise bedeutend. Die Kollektivküchen wurden aufgelöst und auch die Kommuneschmelzöfen abgebaut, nachdem sich die Qualität des dort produzierten Stahls als unzureichend erwiesen hatte. Diese Rückschläge der Politik Maos schwächten dessen Position in der Partei und festigten die Stellung Liu Shaoqis. Seit Chruschtschow 1959 zu Besprechungen mit Präsident Eisenhower nach Camp David gereist war, vertiefte sich die Kluft zur Sowjetunion. In Ding Lings Aufzeichnungen für diese Tage findet sich allerdings nur die bittere und auch vielsagende Bemerkung, in den Jahren 1961 und 1962 seien die Lebensmittel in Tangyuan so knapp gewesen, daß sie sich außerstande gesehen habe, ernsthaft ein Ausbildungsprogramm durchzuführen – die Bauern waren zu geschwächt und zu hungrig, um sich noch konzentrieren zu können. Statt dessen erzählte sie ihnen alle möglichen Geschichten, an die sie sich aus ihrer Zeit in Yanan und anderenorts erinnern konnte. Die Zuhörer, die ihr nach einem kargen Mittagessen eifrig lauschten, wurden auf diese

Weise von ihren eigenen Sorgen abgelenkt. So arm und kümmerlich dieses Leben gewesen sein mag, so erinnerte sie sich an diese Zeit später doch mit einer gewissen Wehmut. Chen Ming, ihr Lebensgefährte damals in Yanan, hatte die Erlaubnis erhalten, sie nach Tangyuan zu begleiten, und zusammen vermochten sie selbst ihrem Dasein im äußersten Nordosten noch eine gewisse ,,Romantik" abzugewinnen: ,,Das Leben während jener Jahre hatte auch seine angenehmen Augenblicke", schrieb sie später, ,,zum Beispiel, wenn ich hinab zum Fluß ging, um die Wäsche zu waschen, oder wenn ich mit Chen Ming in einer Winternacht nach einem Kinobesuch durch den Schnee nach Hause ging, wenn niemand sonst zu sehen war, nur die nächtliche Szenerie weißgefärbt durch den Schnee." In Yanan habe sie als Frontberichterstatter im Krieg gegen die Japaner größere Mühsal durchlitten, sagte sie, und die Bauern in Tangyuan erwiesen ihr manche Gefälligkeit, obwohl sie als ,,Rechtsabweichler" gebrandmarkt war und ungeachtet auch des Schattens, den die Beschuldigungen wegen nicht näher benannter Verbrechen, die sie zu nicht näher bezeichneten Zeiten begangen haben sollte, über sie warfen.[53]

Dreizehntes Kapitel

Der Lärm der Renegaten

Nach der „Hundert-Blumen"-Bewegung und dem „Großen Sprung nach vorne" bemühte sich die Partei um angemessene Kompromisse. Man lockerte die Beschränkungen, die den Intellektuellen und der Bauernschaft auferlegt worden waren: Die chinesischen Schriftsteller und Künstler, die man gezwungen hatte, sich strikt an eine sozialistisch-realistische Linie zu halten, nur revolutionäre oder den Klassenkampf betreffende Themen zu behandeln und den guten oder schlechten Klassenhintergrund aller beschriebenen Personen eindeutig aufzuzeigen, befaßten sich nun intensiv mit der tatsächlichen Problematik des „Großen Sprunges". Die chinesischen Bauern, die durch die Hitze der Kollektivierungsmaßnahmen zwei Jahre lang in Atem gehalten worden waren, durften wieder einmal eigenes Land bestellen. Man lockerte die strenge Kontrolle der Regierung über den Handel mit privaten Agrarprodukten und billigte der Führung der Kommunen auf lokaler Ebene ein größeres Maß an Autonomie zu. Es war mehr als nur eine Spur von Pragmatismus im Spiel, als die Kommunistische Partei versuchte, die Arbeiter auf dem Lande und in der Stadt wieder an realisierbare Produktionsziele heranzuführen, ein Pragmatismus, den der Generalsekretär der Partei Deng Xiaoping treffend beschrieb: Solange eine Katze viele Mäuse fange, sei es vollkommen gleichgültig, ob sie schwarz oder weiß sei.

Dieser Positionswechsel auf wirtschaftlichem Gebiet war mit einer verstärkten Betonung der Rolle der Verwaltung verbunden, denn nun wurde an Stelle der heroischen Taten des kollektiven Willens, auf den sich Mao Zedong gestützt hatte, damit die Chinesen sich selbst und ihre Gesellschaft veränderten, umsichtige Planung empfohlen. Unter den Mitgliedern der Kommunistischen Partei selbst, deren Zahl 1961 siebzehn Millionen betrug, kam es zu Streitigkeiten zwischen den örtlichen Funktionären, die oftmals ärmeren gesellschaftlichen Schichten entstammten und Maos Vision einer gewaltsamen Veränderung unterstützten, und den gebildeteren und disziplinierteren Funktionären, die in den regionalen Planungsbüros höhere Stellen bekleideten. Bestürzt über die sich erneut durchsetzenden Strukturen der Absicherung und der Routine versuchte Mao Zedong 1962 eine umfassende „sozialistische Erziehungskampagne" einzuleiten, die erneut die Bedeutung des Klassenkampfes in China hervorheben sollte. Die armen Bauern wurden wieder einmal ermutigt, ihre Klassenfeinde unter den ehemaligen Landbesitzern und reichen Bauern zu identifizieren und die Funktionäre auf dem Lande zu zwingen, jährlich eine bestimmte Zeit an der Landarbeit teilzunehmen.[1] Der zentrale Impuls dieser neuen Bewegung sollte von erfahrenen kommunistischen Funktionären ausgehen, die in großen Arbeitsgruppen auf das Land zu schicken waren, um unter den Bauern ,,Wurzeln zu schlagen" und deren Vertrauen zu gewinnen, um auf diese Weise Beispiele von Amtsvergehen und Fehltritten innerhalb der lokalen Führung aufzudecken. Gleich von Anfang an brachte dieses Verfahren jedoch Probleme mit sich: die Arbeitsgruppen mißbrauchten mitunter ihre Macht. Sie schwärzten gewissenhafte Funktionäre als Extremisten an und störten allein durch ihre Präsenz den landwirtschaftlichen Arbeitsablauf. Zumindest war Mao dieser Ansicht, und er fühlte sich darin noch zusätzlich bestätigt, als Deng Xiaoping und Liu Shaoqi (Maos Nachfolger als Staatsoberhaupt) die grundlegenden Richtlinien neu formulierten, an die sich die an den Ermittlungen beteiligten Funktionäre halten sollten. Anstatt die Bedeutung des Klassenkampfes zu betonen, schienen diese neuen Grundsätze oftmals gegen radikale bäuerliche Aktivisten gerichtet zu sein, während die höheren Schichten von einer sich bereits verknöchernden Bürokratie geschützt wurden. Maos Befürchtungen verschlimmerten sich noch, als er von einem Verwaltungsbezirk in der Provinz Hebei erfuhr, wo Liu Shaoqis Frau Wang Guangmei persönlich eine Arbeitsgruppe leitete und zu der Einschätzung gelangte, daß 85 Prozent der örtlichen Funktionäre korrupt seien oder ,,spontanen Kapitalismus" ausübten. Wang Guangmei berichtete, daß die gesamte lokale Organisation ,,im Grunde nicht der Partei angehört", sondern ,,einem doppelgesichtigen konterrevolutionären Regime", und sie riet zu radikalen Veränderungen innerhalb der örtlichen Führungsschicht.[2]

Mao merkte, daß solche Berichte den Kampfeswillen der revolutionär gesinnten Bauern zerstören würden und außerdem bewiesen, daß die von ihm so sorgfältig aufgestellte Unterscheidung zwischen ,,Widersprüchen innerhalb des Volkes" (die mit Nachsicht angegangen werden sollten) und ,,Widersprüchen im Verhältnis zum Feind" (die heftige Gegenmaßnahmen erforderten) völlig unverstanden geblieben war; Mao versuchte darum, durch verschiedene Zeitungen und andere Propagandamittel Nachrichten über solche ländlichen Produktionsbrigaden zu verbreiten, die sich nach seiner Meinung als äußerst erfolgreich erwiesen hatten, so beispielsweise die in einem ärmlichen und gebirgigen Teil der Provinz Shanxi wirkende Brigade Dazhai. Obgleich Mao eine nationale Lobeskampagne in Gang setzte, weil diese Einheit in den späten vierziger Jahren so schnell Gruppen für gegenseitige Hilfe und danach in den frühen fünfziger Jahren Kollektive gegründet hatte, fand eine nach Dazhai gesandte ,,Säuberungs"-Einheit heraus, daß die Erfolge der Brigade weit geringer waren, weil ihre vielgerühmten lokalen Führer sowohl die Flächenangaben als auch die Zahlen der Getreideproduktion gefälscht hatten.[3]

Es ist gut möglich, daß Mao, nachdem er Ende 1964 persönlich mit dem Leiter der Dazhai-Brigade gesprochen hatte, zu dem Schluß gelangte, daß Elemente innerhalb seiner Partei ganz offensichtlich bestrebt waren, alles das zu untergraben, was Mao für wichtig hielt. Er hatte jedoch bereits die Presse angewiesen, beeindruckende Beispiele von persönlicher Armut und Aufopferung auf dem Lande zu veröffentlichen und damit das Vorbild Dazhai weiterhin zu bestärken. Die von Mao 1963 ausgegebene Parole ,,Lernt von Lei Feng" war ein Beispiel für diese Taktik: Lei Feng war ein junger Soldat, der 1939 als Sohn einer armen Bauernfamilie geboren wurde. Bevor er 1962 bei einem Unfall starb, war er Traktorfahrer, Stahlarbeiter und Soldat der Volksbefreiungsarmee gewesen. Leis schlichtes und undramatisches Leben sollte betonen, wie sehr Mao sich dem gewöhnlichen, armen Chinesen verpflichtet fühlte. Seine Mitgliedschaft in der Armee wies auf Maos Entschluß hin, die Streitkräfte und deren loyalen Verteidigungsminister Lin Biao als Basis für Angriffe auf ,,Rechte" innerhalb der Partei einzusetzen. Lei Fengs angebliche Verehrung von Maos Schriften bereitete auf ein neues und noch ausgeprägteres Stadium des Personenkultes um Mao vor.[4]

Als dieser Kult 1966 seinen Höhepunkt erreichte und die Armee, geführt von Lin Biao, Maos Worte verbreitete, die nun in dem ,,Kleinen Roten Buch" gesammelt waren und Mao als ,,großen Steuermann", ,,großen, großen Führer" und ,,rote, rote Sonne in unserem Herzen" rühmten, blieb Intellektuellen wie Lao She nichts weiter übrig, als sich auf eine neue Periode von Beschränkungen einzurichten und die kommende Entwicklung geduldig abzuwarten. Zwar waren einige hohe Beamte, wie 1962 Shao Quanlin, mit Nachdruck dafür eingetreten, den Intellektuellen zu erlauben, die strikten Grundsätze des sozialistischen Realismus etwas großzügiger auszulegen, damit auch der ,,Mittelcharakter" berücksichtigt werde, Personen also, die im Zentrum jenes Spektrums anzusiedeln waren, das sich von Beispielen reinster Tugend, wie sie Soldaten der Volksbefreiungsarmee und unerschrockene arme Bauern verkörperten, bis zu abscheulichen Landbesitzern und Kollaborateuren der Guomindang erstreckte. Shao hatte diese Gedanken anläßlich einer Tagung in Dalian zum Ausdruck gebracht:

,,Die zwei Endpunkte eines Stabes sind klein; die zwischen ihnen liegende Strecke ist jedoch groß. Helden und rückständige Elemente bilden die beiden Endpunkte; diejenigen, die sich in der Mitte befinden, bilden die Mehrheit. Deswegen sollten wir über die verschiedenartigen und äußerst komplexen Zustände dieser Menschen schreiben. Die Literatur versucht hauptsächlich, auf den ,Mittelcharakter' erzieherisch einzuwirken. Die progressivsten und fortschrittlichsten muß man nicht mehr indoktrinieren. Zwar kann die Beschreibung von Helden beispielhaft sein, aber wir sollten uns doch bemühen, auch solche Personen zu schildern, die in der Mitte des Spektrums anzusiedeln sind. Wenn wir lediglich über heldenhafte, nicht aber über die gegensätzlichen und komplexen Charaktere schreiben, wird der in der Romanliteratur vertretene Realismus unzulänglich sein. In einem Roman muß bei der Darstellung von Personen unbedingt von den individuellen Handlungen und psychischen Eigenarten eines Charakters ausgegangen werden, um seine Widersprüche beschreiben zu können. Die Tatsache, daß Revisionisten das Dunkel des menschlichen Innenlebens beschrieben haben, hat uns davor zurückschrecken lassen, dasselbe zu tun. Das dunkle Innenleben *ist* jedoch ein Thema, das wir darstellen können. Es ist lediglich falsch, über das Dunkel allein um des Dunkels willen zu schreiben."[5]

Shaos Ansichten wurden allerdings zurückgewiesen, und Ding Ling zählte zu den ,,Rechten", deren Werke ausgegraben und zitiert wurden, um Shao

Lao She in Peking Anfang der sechziger Jahre.

seinen falschen Weg vor Augen zu führen – ungeachtet dessen, daß Shao stets einer der heftigsten Gegner Dings Lings gewesen war.[6]

Ein Mann wie Lao She war jedoch trotz seiner korrekten Einstellung, die er bei der Niederschrift von *Drachenbartgraben* bewiesen hatte, kein Schriftsteller, der die von Shao angesprochene innere Notwendigkeit ignorieren konnte, die ,,individuellen Handlungen und psychischen Eigenarten eines Charakters zur Darstellung seiner Widersprüche" zu analysieren. Bereits 1957, als Lao She *Teehaus* beendete, mußte seinen Lesern erneut der scharfe und sarkastische Ton auffallen, der auch in *Katzenland* und *Rikscha* vorherrschend gewesen war. „Wer ist Tan Sitong?" fragt jemand gegen Ende des ersten Aktes von *Teehaus*, nachdem er erfahren hat, daß Tan 1898 von den Mandschus hingerichtet worden war, weil er der Reformpartei Kang Youweis angehört hatte. „Ich glaube, ich habe seinen Namen irgendwann einmal gehört", erwidert ein Freund. „Ist ja auch egal, er muß schon ein schwerwiegendes Verbrechen begangen haben, sonst hätte man ihn doch nicht geköpft."[7] Mit solchen Bemerkungen versuchte Lao She, den immer wiederkehrenden Mißbrauch der Staatsgewalt und die stillschweigende Hinnahme dieses Mißbrauchs seitens der Bürger zu veranschaulichen; und indem er von der „Hundert-Blumen"-Bewegung einen Bogen zu Kang Youwei spannte, lobte er indirekt nicht nur Aktivisten wie Qiu Jin mit ihren schmerzerfüllten Gedichten und Lu Xun mit seinen unaufhörlichen Warnungen vor der menschlichen Neigung, Ungerechtigkeiten zu dulden, sondern auch Xiao Jun und Ding Ling – ungeachtet des politischen Status, der diesen beiden Autoren seinerzeit zuerkannt wurde. Gelegentlich trug er seine Kommentare unter dem Vorwand, es handele sich um Literaturkritik, derart todernst vor, daß sie zumindest denjenigen unter seinen Lesern, die sich an das Beispiel „heroischer" Dichtkunst erinnerten, das er in *Katzenland* zitiert hatte, ungeheuer witzig erscheinen mußten. So schrieb Lao She in einem dieser Essays:

„Der Osten ist rot,
Die Sonne geht auf,
In China ist Mao Zedong erschienen!

Das Gedicht hat zwar auch schnelle Hebungen, aber was ist es doch für ein wunderschönes Gedicht! Sucht man Reinheit in einem Gedicht, wie herrlich ist dann die Disziplin dieses einzigen Satzes. Der Dichter weitet sein Thema nicht etwa aus und schreibt:

Seit langem ist es schon hell und die östlichen Gefilde
Sind schon in Rot getaucht.
Die Sonne will gerade ganz hervorkommen.
Oh, Mao Zedong kann wirklich mit Chinas Sonne verglichen werden, oh ja!"

Er schreibt seinen Satz diszipliniert und sparsam und dennoch: wie weitumfassend ist dieser Satz, wie tief greifen seine Gefühle, wie klangvoll ist sein Rhythmus! Es ist eine Freude, ihn zu lesen, eine Freude, ihn zu singen!"[8]

Der Scherz wäre überzogen gewesen, wenn er ihn noch weiter ausgearbeitet hätte; zudem fügte Lao She solche Passagen in längere Essays ein, wo sie von vielen Lesern gar nicht bemerkt wurden. Er schloß sich nicht der Tendenz anderer Autoren der sechziger Jahre an, die Parteiführung in Zeitungsbeiträgen und Theaterstücken mittels historischer Parallelen zu kritisieren, wie es zum Beispiel Wu Han in seinem Schauspiel *Hai Rui wird entlassen* unternimmt. Dieses Stück wurde von kommunistischen Funktionären und wahrscheinlich auch von Mao selbst als Kritik am „Großen Sprung nach vorne" und als stillschweigendes Lob für Maos in Ungnade gefallenen Kollegen Peng Dehuai aufgefaßt und löste das Endstadium der „Sozialistischen Erziehungskampagne" aus. Die neue, 1966 eingeleitete politische Kampagne erhielt den Namen „Große Proletarische Kulturrevolution" und brachte buchstäblich Millionen radikaler Jugendlicher aus ganz China nach Peking, wo Mao Zedong auf dem Tiananmen-Platz vor dem Tor des Himmlischen Friedens riesige Paraden abnahm.

Für die Siebzehnjährigen oder noch Jüngeren, die nach der kommunistischen Machtübernahme von 1949 geboren worden waren, bedeutete dies die Gelegenheit, die Erfahrungen des berühmten Langen Marsches von 1935 zumindest teilweise nachzuvollziehen. Obgleich Mao beabsichtigte, mit den jungen Roten Garden, wie diese Jugendlichen genannt wurden, Druck auf die Bürokratie des chinesischen Bildungswesens und der Partei auszuüben, verfolgten die Roten Garden entsprechend ihrer sehr unterschiedlichen Herkunft die verschiedensten Ziele: Einige waren Bauern und Proletarier und glaubten, daß eingefleischte konservative Kräfte ihnen eine gerechte Chance zur Ausbildung und Beförderung verweigert hätten; einige waren als Kinder von Eltern, die als „Rechte" gebrandmarkt worden waren, überzeugt, man verweigere ihnen wegen der Vergehen ihrer Eltern den Zugang zu denselben Mitteln; einige waren von ihren Heimatstädten aufs Land geschickt worden und benutzten nun diese Gelegenheit, um heimzukehren; einige waren idealistische Jugendliche, die von ehrgeizigen Parteifunktionären angespornt worden waren zu marschieren und die nun ihre eigene Macht zu festigen gedachten. Innerhalb der ländlichen Kommunen, der Universitäten und der Fabriken wurde „Rot-sein" zu einem universalen Anspruch, der ebenso schwierig zu bestreiten wie zu beweisen war. Einige „winkten mit der roten Fahne, um die rote Fahne anzugreifen", andere versuchten den Angriffen auf ihre vorherige Teilnahmslosigkeit zuvorzukommen, indem sie das Tempo der Revolution noch beschleunigten. Die Roten Garden, die die britische Botschaft in Peking niederbrannten, ehemalige „Kapitalisten" zusammenschlugen, für höhere Löhne streikten, Kunstgegenstände zerstörten, „reaktionäre" Straßenbezeichnungen änderten, Mitglieder des Zentralkomitees entführten, ihre eigenen Schul- und Universitätseinrichtungen bombardierten, neue von Arbeitern geleitete Kommunen gründeten und einstimmig zu Mao als der „roten, roten Sonne in ihrem Herzen" aufschrieen, waren eine berauschende Zeit lang Manipulierte und Meister zugleich.[9]

Die Erregung und die Wut, die in den Jahren 1966 und 1967 vorherrschten, der tödliche Ernst, mit dem Feinde zur Strecke gebracht wurden, das Empfinden, daß alle überkommenen Institutionen Chinas – kulturelle, politische und wirtschaftliche – zerschlagen werden müßten, sind nur schwer zu begreifen. Jugendliche der gesamten Welt, in Japan, den Vereinigten Staaten, in England, Frankreich und Westdeutschland berauschten sich an dem Bewußtsein, daß die chinesische Jugend die Freiheit erhalten hatte, das Alte anzugreifen, und versetzten zeitweilig selbst ihre jeweiligen Regierungen in Schrecken. Innerhalb Chinas waren die Auswirkungen freilich weit größer, weil die Bewegung von Mao Zedong selbst Rückendeckung erhielt und von der Armee entweder geduldet oder ermuntert wurde. Zudem wurden die Jugendlichen durch eine sich neu herausbildende Gruppe von Shanghaier Parteiführern angestachelt. Deng Xiaoping, Liu Shaoqi und seine Frau Wang Guangmei sowie eine Reihe weiterer hoher Parteiführer wurden öffentlich gedemütigt und entmachtet. Zhou Enlai war für kurze Zeit gefährdet, und selbst Mao wurde wegen seiner Versuche, die Wucht der Revolution zu bremsen, kritisiert. Alte Namen wurden erneut aufpoliert oder ausgelöscht: einige Studenten bildeten Lu-Xun-Zirkel, um gegen die fest verwurzelte Elite und die privilegierten Kinder höherer Funktionäre zu kämpfen; andere wandten sich gegen den verstorbenen Qu Qiubai, weil er einst jene defätistischen „Überflüssigen Worte" verfaßt hatte, die den Aktivismus der Partei herabzusetzen schienen; sie zerschlugen seine Gedenktafel auf dem Pekinger Friedhof für die Märtyrer der Revolution und schändeten sein Grab.[10] Gleichzeitig wandten sich Gruppen der Roten Garden auch gegeneinander: diejenigen, die Arbeiter- oder Bauernschichten entstammten, versuchten, innerhalb der Hierarchie der Partei aufzusteigen, und verurteilten solche Roten Garden, die aus hochgebildeten Familien kamen, in den Aufnahmeexamina der Universitäten gut abschnitten und daher in die einträglicheren Stellen hineinrutschten. Sie machten sich über die gut abgesicherten alten Parteihasen lustig, weil diese „ihr Herz an ein kleines Auto, ein kleines modernes Haus, einen weißen Mantel, ein Labor gehängt" hätten, und mit Worten, die Zou Rongs Verspottung der Mandschus im Jahre 1903 sehr ähnelten, klagten sie „die alten und neuen Herren" der Republik an: „Früher wart ihr privilegiert, saßt auf unseren Köpfen und habt euren Dreck auf uns fallen lassen, um uns eure Überlegenheit zu beweisen. Heute lebt ihr unter einer Diktatur und habt zu leiden." Studenten aus einflußreichen Familien schlugen zurück, um sich selbst und den guten Namen ihrer Familien zu schützen. Studenten aus Grundbesitzerfamilien und aus Familien, die in irgendeiner Beziehung zur Guomindang gestanden hatten, schlossen sich ihnen an, weil man ihnen jegliche Aufstiegsmöglichkeiten in der Partei verweigerte. Oftmals brachen sie in Regierungsämter ein und plünderten die verhaßten Akten, die den Schlüssel zum Vorleben ihrer Familie und somit zu ihrem eigenen zukünftigen Leben bildeten.[11]

Wie und warum Lao She zur Zielscheibe der Kritik wurde, ist unklar. Natürlich war er wegen seiner jüngsten Schauspiele bekannt, aber die meisten Rotgardisten waren wohl noch zu jung, um den Film *Dieses mein Leben* zu kennen. Wußten sie, daß Lao She die Romane von Charles Dickens verehrte? Hatte irgend jemand *Katzenland* gelesen und seine Satire auf die Ideologie des „Jedem-seinen-Teil-ismus" begriffen? Hatte die Jugend seine sarkastischen Kommentare zur Dichtkunst der jüngsten Zeit zum Anlaß genommen? Vielleicht genügte es bereits – wie für so viele, die zu jener Zeit leiden mußten –, daß er alt und berühmt war und so Vieles an fremder Kultur in sich aufgenommen hatte, daß man ihn als verwestlicht bezeichnen konnte. Als er im Mai 1966 von westlichen Journalisten interviewt wurde, sagte er: „Ich kann verstehen, warum Mao Zedong die alten bourgeoisen Vorstellungen zerstören will, ich kann jedoch nicht über diesen Kampf schreiben, denn ich bin kein Marxist und fühle und denke deshalb nicht wie ein Pekinger Student. ... Wir Alten können uns für das, was wir sind, nicht entschuldigen. Wir können nur verständlich machen, warum wir so sind, und den Jungen auf ihrem Weg in die Zukunft zuwinken."[12] Im Sommer 1966 befaßte er sich wieder mit seiner eigenen fernen Vergangenheit und arbeitete an einem autobiographischen Roman, der das Familienleben der alten mandschurischen Militärs gegen Ende der Qing-Dynastie beschrieb. Belustigt erinnerte er sich, wie modern es damals gewesen war, westliche Dinge zu besitzen – die letzten Zeilen seines Manuskripts beschreiben wenig schmeichelhaft Personen, die sich in einem mit Glasfenstern ausgestatteten Qing-Pavillon, der ganz und gar in westlichem Stil eingerichtet war, versammelten – auf dem Tisch westliches Geschirr, auf dem Boden westliche Teppiche und an der Decke schaukelt eine westliche Lampe ...[13]

Im August 1966 erhielt Lao She den Befehl, mehreren „Studiensitzungen" beizuwohnen, die Mitglieder des Pekinger Revolutionskomitees abhielten. Es ging ihm gesundheitlich nicht gut – er war siebenundsechzig, sein Bein schmerzte ihn und er litt unter Bronchialblutungen –, und man erlaubte ihm, sich einige Tage zu Hause bei seiner Frau und seinen vier Kindern (eine Tochter war Physikerin und ein Sohn Schreiner) zu erholen. Während jener Tage telephonierte er mit seinem Freund, dem Dichter Zang Kejia, und besprach mit ihm seine Lage. Zang kannte Lao seit 1935 und konnte als enger Freund Wen Yiduos und Autor von „Haft", einer während des Krieges in Chongqing geschriebenen Erzählung, verstehen, was Lao She durchmachen mußte. Lao She erzählte dann mit gebrochener Stimme: „Man gibt mir eine gründliche Erziehung!" Am 23. August wurde Lao She zu einer weiteren Sitzung vorgeladen, diesmal zu einer großen „Kampfsitzung" einer Gruppe von Mittelschülern der Roten Garden. Lao wurde gezwungen, stehend ein Plakat hochzuhalten, das ihn als Konterrevolutionär und Kriminellen auswies. Einigen Berichten zufolge wurde er auch gezwungen, einen Narrenhut zu tragen, und man schlug ihn mit den hölzernen Stützen, die man im Theater für die Kulissen benötigte. Während er der Versammlung beiwohnen mußte, plünderte man sein Haus und zerstörte einen Großteil seiner Bücher und seines Eigentums. Am folgenden Tag wurde er zu weiteren Sitzungen bestellt und abermals geschlagen. In der Nacht starb er im Taiping-See, nahe der südwestlichen Ecke der alten Mandschustadt. Entweder hatte er Selbstmord verübt, oder seine Befrager hatten ihn bewußtlos geprügelt und dann in den See geworfen. Die Ortsbehörden ordneten eine sofortige Verbrennung an, eine sorgfältige Untersuchung der Leiche war nicht möglich.[14]

Ding Ling gelang es, dem harten Schicksal, das Lao She und andere in den großen Städten erleiden mußten, zu entgehen, vielleicht, weil sie weit im Norden in der Provinz Heilungjiang lebte; aber auch für sie war es eine trostlose Zeit. Die milden Jahre, die sie auf dem Kollektivbauernhof erleben durfte, waren 1964 noch vor der Kulturrevolution zu Ende gegangen, als sie und Chen Ming von Tangyuan in den noch weiter nördlich gelegenen Bezirk Lobei überführt wurden. Dort mußte sie harte körperliche Arbeit verrichten, durfte nicht mit Chen Ming zusammenleben und wurde von jeglichem Schreibmaterial ferngehalten. Rivalisierende Gruppen von Lobei- und Tangyuan-Kommunen zwangen Ding Ling, an ,,Kampfsitzungen" teilzunehmen, die eine seelische Belastung darstellten und auch körperliche Mißhandlungen einschlossen. Ding Ling erzählte später in einem Interview, daß Freunde aus Tangyuan sich ihr gegenüber hart gezeigt hätten, um damit echte Grausamkeiten, die radikale Funktionäre in Lobei ihr zufügen wollten, zu verhüten.[15] Nach dem Sommer 1966 jedoch fiel Ding Ling völlig in die Hände der radikalen Funktionäre von Lobei. Sie wurde in ,,Gruppenkritiksitzungen" gedemütigt, getreten, mit den Fäusten geschlagen und gezwungen, lange Zeit in der gefürchteten ,,Flugzeug"-Haltung zu verharren: Beine gestreckt, Oberkörper im rechten Winkel nach vorne gebeugt, Arme zur Seite gestreckt. Das Manuskript zu dem langen Roman, an dem sie in Tangyuan gearbeitet hatte – eine Art Fortsetzung zu *Sonne über dem Fluß Sanggan,* die das Schicksal der Bauernrevolutionäre behandelte, die in Zhangjiakou geblieben waren, nachdem General Fu Zuoyi 1946 das Gebiet zurückerobert hatte –, wurde vernichtet. Sie mußte das Wohnheim, in dem sie bislang gewohnt hatte, verlassen und allein in einem Kuhstall schlafen. Selbst in dieser Lage war sie, wie sie selbst später sagte, überzeugt, daß manche sie nur mißhandelten, um sie vor einer noch schlimmeren Behandlung zu schützen, ein Vorgehen, das Mut und List zugleich erforderte und Ding Ling Bewunderung abnötigte.

Es waren jedoch lange, dunkle Tage, während derer Ding Ling lediglich aus winzigen Mitteilungen Trost schöpfen konnte, die Chen Ming auf Schnitzel von Abfallpapier, Streichholzschachteln, Zigarettenpackungen und sogar auf die vertrockneten Blätter der Maiskolben, die sie aßen, kritzelte und die er dann, wenn sie aneinander vorbeigingen, zu Boden fallen ließ oder ihr sonst auf irgendeine Weise zuschmuggelte. Auch nachdem die Roten Garden diese Notizen konfiszierten und verbrannten, verzweifelte Ding Ling nicht, denn sie hatte sich vorsorglich alle Mitteilungen gemerkt: ,,Sie können Dir Deine körperliche Kraft nehmen," schrieb Chen in einer der Mitteilungen, ,,aber sie können niemals Deine geistige Stärke zerstören. Du bist ein weißes Segel weit draußen auf dem Meer; es bleibt Hoffnung, auch wenn die Wellen gegeneinanderschlagen. Ich blicke aus nach Dir; andere erheben mit mir ihre Stimme, um Dir zuzurufen." Und weiter: ,,Dunkle Nächte vergehen und die Dämmerung zieht herauf. Bitterkalte Tage werden sich zu Frühlingswinden wandeln. Wenn nicht stürmischer Wind und Regen auf schwache Schößlinge niederschlügen, wie sollten dann jemals mächtige Bäume wachsen." Oder: „Wir sind nicht allein. Wieviele begabte Beamte und fähige Gelehrte mußten kummervolle Zeiten durchstehen und wurden eines Verbrechens angeklagt? Wir sind lediglich Getreidekörner auf dem Ozean, wir dürfen nicht zuviel trauern. Breite Deine Flügel aus, horte Deine Gaben, so daß Du die große Zukunft, die Dir bevorsteht, nutzen kannst. Niemals, niemals darfst Du verzweifeln!"[16]

Obgleich es tragische Schicksale wie das Ding Lings und Lao Shes zu Tausenden gab, schaffte es die Kulturrevolution nicht, die alte politische Ordnung vollständig umzustürzen. Angesichts der wachsenden chaotischen Zustände in China war Mao gezwungen, die Armee zu Hilfe zu rufen, um die Studenten zu beruhigen, die Kämpfe zwischen den rivalisierenden Fraktionen beizulegen und sowohl die Bauern als auch die Stadtbevölkerung zurück zur Arbeit zu bewegen. Die alte intellektuelle Ordnung blieb jedoch zehn Jahre lang von Grund auf verändert, als Maos Frau Jiang Qing die kulturellen Angelegenheiten des Staates in die Hände nahm und ihre Vision einer reinen chinesisch-sozialistischen Kunst entwarf, die von Spuren westlichen Einflusses und von jeglichen Überbleibseln der ehemaligen „feudalen" Gesellschaft unbefleckt sein sollte. Elemente der Volkskunst und des Volkstanzes, bäuerliche Erzählungen, Triumphe der Volksbefreiungsarmee und kommunistisches Parteipathos wurden zu einer neuen nationalen Kultur verbunden, die für China zur erzwungenen Kost wurde. Das Tor des Himmlischen Friedens, von dessen Terrasse aus Mao Ende 1966 Woche für Woche die vorbeimarschierenden Kolonnen der Roten Garden gegrüßt hatte, blieb für die Jugend für lange Zeit, auch nachdem man sie zurück auf ihre Felder und in ihre Fabriken beordert hatte, das Symbol der Revolution. Einst hatte Wen Yiduo die neuentdeckte Technik der umgangssprachlichen Dichtung angewandt, um die Ängste eines Rikschafahrers und die Seelen der Studenten zu preisen, die 1926 vor jenem Tor durch die Gewehre der Militärherrscher sterben mußten. Nun konnten Hunderte von jungen Arbeitern ihre neuerrungenen Fähigkeiten des Schreibens und Lesens anwenden, um am gleichen Ort ihrer Partei zuzujubeln:

Hurra, tausend Berge und Flüsse, die alle jetzt befreit sind,
Entfalten die glühend rote Fahne mit fünf goldenen Sternen.
Der Vorsitzende Mao winkt mit seiner Hand am Tor des Himmlischen Friedens;
In einem Augenblick hat die Geschichte so viele Jahrhunderte hinweggerollt.

Du Tor des Himmlischen Friedens, erhaben und majestätisch,
Du hast mehrere hundert kriegerische Stürme durchlebt,
Und verkörperst die triumphierende Freude des Siebenhundert-Millionen-Volkes;
Auf dem Land des Ostens stehst du aufrecht und stolz.

Von dir erstrahlt der Glanz der Partei,
Einzigartig und unbesiegbar ruft sie den Elementen Befehle zu.
Sie ist frontal den bösartigen Stürmen vom Pazifik begegnet,
Und sie hat die hereinbrechende Kaltfront von Sibirien zerschmettert...

Seht, Blumen in unzähligen Farben schmücken das Tor, seht –
Sie spiegeln das Rot der drei Fahnen, die sich im Frühlingswind zusammenrollen und entfalten.
Die Schritte vor dem Tor, ewig vorwärtsmarschierend, befehlen uns zuzuhören –
Und hört, oh, hört doch, wie sie den Lärm aller Renegaten übertönen.[17]

Die junge Textilfabrikarbeiterin Lu Ping, die dieses Gedicht schrieb – ihr Name erinnert zufällig an die junge Heldin in Ding Lings Erzählung „Im Hospital“ –, wird die Schriftstellerin Ding Ling wahrscheinlich kaum oder gar nicht gekannt haben, aber ihre Zeile vom Übertönen der Renegaten traf Ding Lings damalige Lage so genau, als hätte sie damit Ding Lings nächsten Schicksalsschlag vorausnehmen wollen. Selbst als die Kulturrevolution sich abzuschwächen schien, steigerte sich der Groll noch, den Maos Frau Jiang Qing, die während der Kulturrevolution zu Chinas führendem Kulturkommissar aufgestiegen war, seit den Tagen in Yanan gegenüber einer breiten Gruppe von Intellektuellen hegte. Jiangs feindliche Einstellung wurde durch Yao Wenyuan erneut bestärkt, durch den Bürokraten also, der in der Anti-Rechts-Periode nach der „Hundert-Blumen“-Bewegung Ding Lings Werk so grundlegend und feindselig kritisiert hatte und der jetzt gemeinsam mit Jiang Qing zu den vier Personen gehörte, die durch die Kulturrevolution größte Macht gewonnen hatten. Als Ding Ling im April 1970 von jener kleinen kulturrevolutionären Gruppe aus Lobei abberufen und nach Peking befohlen wurde, dachte sie zuerst, daß „Rettung bevorstünde“. Ihre optimistischen Erwartungen zerschlugen sich jedoch sofort. Man brachte sie in ein Gefängnis der höchsten Sicherheitsstufe am Rande der Stadt und sperrte sie in eine kleine Zelle. In dieser kleinen Zelle, so erinnerte sie sich später, „mußte ich essen, urinieren, mich entleeren und schlafen“. Sie las die Werke, die man ihr zuteilte. Im ersten Jahr *Maos ausgewählte Werke* in vier Bänden; im folgenden Jahr die sechsbändige, von der Partei gebilligte Ausgabe ausgewählter Schriften Marx' und Lenins; danach eine weitere Auswahl, die auch die Schriften Engels' und Stalins umfaßte sowie die kommunistische Parteizeitschrift *Rote Fahne* und das *Volkstageblatt*.[18] Einmal im Monat erlaubte man ihr einen Gang an die frische Luft, aber jeglicher Kontakt zu Chen Ming oder zu anderen Freunden wurde ihr untersagt. „Wenn ich etwas schreiben wollte“, beschrieb sie ihre Erfahrung, „dann hatte ich keinen Stift und kein Papier. Wenn ich etwas sagen wollte, dann war niemand im Raum als ich selbst. Es war Isolation, völlige und absolute Isolation. Von meiner Geburt an hatte ich niemals eine solche Isolation erlebt. Wenn ich früher, während der Kulturrevolution, tagsüber mißhandelt und geschlagen worden war oder auf irgendeine andere Weise gelitten hatte, konnte ich doch wenigstens abends in meinen eigenen Stall zurückkehren, und wenn Chen Ming dort war, konnten wir unsere Erfahrungen teilen, einander trösten und unterstützen. Die bitteren Tränen durften fließen; man mußte nicht den ganzen Kummer in sich verschließen. Aber allein, eingeschlossen in jenem Raum, von morgens bis abends, von abends bis morgens, hatte ich nur die Wahl, zu sitzen und gegen die Wand zu starren oder zwischen den Wänden auf und ab zu gehen. Diese Einsamkeit war wie eine giftige Schlange, die an meinem Herzen nagte."[19]

Lu Xun hatte ebenfalls das Bild einer Schlange, die sich um sein Herz schlang, gebraucht, um seine Einsamkeit in den Jahren der Militärherrscher vor der 4.-Mai-Bewegung zu schildern, als er niemanden erreichen und niemanden finden konnte und keine Hoffnung schimmern sah. Ihm blieb nur die vage Aussicht, einen neuen Kämpfer erreichen zu können, der „weiter galoppiert in die Einsamkeit", und selbst das war Ding Ling versagt. Sie zehrte lediglich von Erinnerungen an ihren langen Hausarrest in Nauking Mitte der dreißiger Jahre, als das Pflichtbewußtsein ihrer Wärter von Menschlichkeit erweicht wurde. Von ihrer zweiten Gefangenschaft in den siebziger Jahren berichtete sie:

„Es mag seltsam erscheinen, aber während jener Zeit hing ich voller Überzeugung einer wirklich ‚romantischen' Phantasie an: Ich stellte mir vor, daß eines Tages ein gutherziger Gefängniswärter – genauso ein gutherziger Wächter, wie man ihn immer in den alten Schauspielen und Opern sah – mich in meiner Einsamkeit bemitleiden würde und mir in seiner gutherzigen Art einen Brief von meinem Ehemann brächte. In diesem Brief würde Chen Ming mich mit einigen Worten trösten und aufheitern. Ich wartete sehnsüchtig Tag für Tag, und täglich sah ich traurig, daß meine Hoffnungen nicht in Erfüllung gingen; ich hoffte weiter, eintausend und achthundert Tage lang, aber niemals kam jener ersehnte Brief."[20]

Ding Ling erwähnte auch, daß nicht ein einziger Freund sie während der fünf Jahre, die sie im Gefängnis verbrachte, besuchte. Aber das hatte wahrscheinlich nichts mit Gleichgültigkeit oder Furcht zu tun, sondern lag einfach daran, daß man von ihrem Gefängnisaufenthalt nichts wußte. „Menschen wie sie kommen überall durch, da kannst du ganz unbesorgt sein", sagte Shen Congwen zu einem seiner ehemaligen Studenten, der im Mai 1973 Peking besuchte. Obgleich Shen Ding Ling neun Jahre lang nicht gesehen hatte, glaubte er, sie lebe immer noch „guten Mutes und bei bester Gesundheit" in Heilungjiang. Dieser Irrtum war angesichts Shens damaliger verhältnismäßig komfortabler Lebensumstände doppelt peinlich. Er war mit den alten Textilsammlungen im Pekinger Palastmuseum beschäftigt und erschien seinem Interviewer zufrieden und kraftvoll. Er hatte nichts Literarisches mehr geschrieben außer einigen kleinen Gedichten im Jahre 1962, nachdem er auf Einladung der Partei Mao Zedongs Guerillastützpunkt von 1928 in Jingganshan besucht hatte (inzwischen ein nationales Heiligtum zum Gedenken an die Tage des revolutionären Kampfes und des Überlebens), und er schien sich mit der Veröffentlichung von historischem Material zu begnügen. Außerdem erzählte er, daß seine beiden Söhne zu ihrer Zufriedenheit als Werkzeugmaschinenarbeiter beschäftigt seien. Das Wohlwollen, das seine Familie erfuhr, läßt sich auch daraus ermessen, daß man ihm selbst während der Kulturrevolution erlaubte, in einem kleinen Haus auf dem Lande in Hubei Ferien zu machen.[21]

Shens Interviewer, der auch bei Wen Yiduo studiert hatte, reiste als einer der ersten chinesisch-amerikanischen Besucher durch China, nachdem die diplomatischen Beziehungen zwischen China und den Vereinigten Staaten wieder aufgenommen worden waren, als China 1971 Mitglied der Vereinten Nationen geworden war und Präsident Nixon 1972 die Volksrepublik besucht hatte. Ungeachtet dieser neuen sino-amerikanischen Beziehungen blieb China auch weiterhin in der Ungewißheit befangen, die dem Tod von Lin Biao im Jahre 1971 folgte (angeblich hatte er einen Mordanschlag auf Mao geplant). Außerdem war China mit ständigen Kriegsdrohungen der Sowjets einerseits und dem Druck der Amerikaner in Vietnam andererseits konfrontiert. Die gesamte Forschung an den Universitäten hatte jahrelang brachgelegen und war immer noch nicht wiederaufgenommen worden. Weiterhin wurde die städtische Jugend in großer Zahl auf das Land geschickt, um Arbeitslosigkeit in den Städten zu vermeiden, und die Bevölkerungszahl erreichte mit neunhundert Millionen Menschen einen kritischen Stand. Die wachsende Macht der vier neuen Führer, die im Schatten eines kränkelnden Mao Zedong aus den Wirren der Kulturrevolution hervorgegangen waren, hatte nicht zu politischer Stabilität geführt, denn zur gleichen Zeit gewann Deng Xiaoping (der 1966 einer Säuberung zum Opfer gefallen war) mit Unterstützung des an Krebs erkrankten Premierministers Zhou Enlai wieder an Einfluß.

1974 versuchte die Partei mit einer seltsamen Massenkampagne, der „Kritisiert Konfuzius und kritisiert Lin Biao"-Bewegung, die Vorstellung zu verbreiten, daß Lin ebenso wie Konfuzius ein Reaktionär gewesen sei, weil Lin sich gegen Mao gestellt habe, so wie Konfuzius sich gegen die Partei der politischen Zentralisierung und des wirtschaftlichen Fortschritts der neuentstandenen feudalen und anti-aristokratischen Staaten des fünften Jahrhunderts v. Chr. gewandt hatte. Durch einen ähnlichen historischen Sprung konnte Mao Zedong mit dem Kaiser Qin Shi Huangdi des dritten Jahrhunderts v. Chr. verglichen werden, der sich um die Einigung Chinas so verdient gemacht hatte. Hinter diesen ziemlich gezwungen klingenden Formulierungen verbarg sich die Tatsache, daß Mao ernstlich erkrankt war und daß Millionen revolutionärer Jugendlicher, die man noch vor wenigen Jahren zu größter Erregung aufgestachelt hatte, kaum eine Ahnung davon besaßen, welchen Zielen die nationale Politik zustrebte. Sie waren sich jedoch völlig im klaren darüber, daß immer noch tiefgreifende Ungerechtigkeiten in der Auswahl der Funktionäre bestanden – das Gleichgewicht hatte sich ganz entschieden zuungunsten derer verschoben, die eine wie auch immer geartete westliche Ausbildung besaßen oder deren Eltern zur Elite der Jahre vor 1949 gehörten. Und die Jugend wußte auch, daß die von der Partei vertretene massive Umsiedlung der städtischen Jugend auf das Land ein entsetzlicher Fehler war.[22]

Drei ehemalige Rotgardisten in Kanton, einer Stadt, die während der Kulturrevolution zu den unbeständigsten Zentren zählte, griffen diese latente Kritik auf. Alle drei jungen Männer hatten 1966 unter vorteilhaften Umständen gelebt: der eine hatte gerade sein Examen an der Kunsthochschule von Kanton abgelegt, die beiden anderen waren Funktionärssöhne und besuchten eine Mittelschule. Keiner von ihnen hatte nun eine zufriedenstellende Arbeit gefunden, die die Erregung der Jahre während der Kulturrevolution hätte ersetzen können. Während der Jahre 1973 und 1974 arbeiteten die drei Freunde ein Manifest aus, das sie schließlich am 7. November 1974 an eine Straßenmauer in Kanton klebten. Das Dokument war mit einem Pseudonym unterzeichnet, das sich aus jeweils einem Schriftzeichen der Namen der Verfasser zusammensetzte: Li-Yi-Zhe. Es war auf siebenundsechzig aneinandergeklebte Zeitungsblätter geschrieben und erstreckte sich über eine Länge von fast einhundert Metern. Li-Yi-Zhe gab vor, für den Marxismus und gegen das „Lin-Biao-System" und die revisionistische Politik Deng Xiaopings zu sprechen und schrieb, daß die Partei, nachdem sie die alten revolutionären Wandzeitungen heruntergespült habe, nun eine „neue bourgeoise Mode des Besitzes" einführe, indem sie „unter dem Vorbehalt des sozialistischen Besitzes der Produktionsmittel" öffentliches Eigentum in privates umwandele. Mit anderen Worten: der Zugang zu knappen Gütern und Mitteln sei zunehmend einer begrenzten Gruppe von Funktionären vorbehalten. Dagegen erwarte man vom restlichen China einen „grotesken Loyalitätstanz", viele Arbeitsstunden bei niedriger Bezahlung sowie „morgendliche Gebete und abendliche Buße". Lin Biaos „feudalistische, semifaschistische Autokratie" habe allein in der Provinz Kanton vierzigtausend Menschen das Leben gekostet und weitere Hunderttausende in „kuhstallähnliche Drecklöcher" gezwängt. Wie solle man solche Handlungen und die der ausländischen Imperialisten, der Militärherrscher oder der Guomindang an jenen berüchtigten Tagen des 30. Mai 1925, 18. März 1926 oder 12. April 1927 auseinanderhalten?[23]

Während der Kulturrevolution, so schrieben die drei Autoren weiter, habe sich Chinas Rechtswesen aufgelöst und das Volk habe „neue Ketten erhalten" (eine spöttische Umkehr der letzten Zeilen des *Kommunistischen Manifests* von Marx). Selbst wenn man die chinesische Jugend beschwöre, mutig zu sein und „gegen den Strom zu schwimmen", könne sie sich nicht einmal teilweise den Mut eines Lu Xun erlauben, denn Lu Xun habe japanische Freunde gehabt, die ihm halfen, sein Werk zu publizieren, wenn er verzweifelt war, während die Jugend der Volksrepublik der siebziger Jahre niemanden habe, an den sie sich wenden könne, wenn die Partei ihre Artikel mit einem Verbot belege. Das chinesische Volk ähnele einem „Reisenden aus dem mit Flüssen durchzogenen Süden, der Wasser erst dann schätzt, wenn er in die Wüste kommt". Li-Yi-Zhe rief den Vierten Nationalen Volkskongreß an, der gerade zusammentraf (der letzte, Dritte Kongreß, hatte 1964 stattgefunden), das sozialistische demokratische Recht zumindest teilweise wiederherzustellen.[24]

Der Volkskongreß, der schließlich im Januar 1975 einberufen wurde, konnte Li-Yi-Zhe jedoch nur wenig Trost spenden. In der neuen Verfassung, die auf diesem Kongreß verabschiedet wurde und die die Verfassung von 1954 ablösen sollte, hieß es zwar, daß China sich nun von einem „demokratischen Volksstaat" (so die Formulierung der Verfassung von 1954) zu einem „sozialistischen Staat der Diktatur des Proletariats" entwickelt habe, daß „Marxismus, Leninismus und die Mao Zedong-Gedanken" die „theoretische Grundlage des Denkens unserer Nation" bildeten und daß die Kommune als Grundlage der politischen und wirtschaftlichen Organisation anzusehen sei. Aber der Kongreß schaffte auch die verschiedenen Klauseln der vorhergehenden Verfassung ab, die die Freiheit der wissenschaftlichen Forschung und des literarischen wie künstlerischen Schaffens sowie die Freiheit, sich an einem beliebigem Ort einen Wohnsitz zu nehmen oder an einen anderen Ort umziehen zu können, garantierten. Es blieb offen, ob der neue Paragraph 13 – „freie Aussprache, freie Meinungsäußerung, ausführliche Diskussionen und das Schreiben von Plakaten mit großen Schriftzeichen sind neue Formen, die von den Volksmassen geschaffene sozialistische Revolution vorwärtszutreiben" – praktische Bedeutung erlangen würde. Die erste Reaktion der Partei hatte jedenfalls darin bestanden, die drei Autoren des Li-Yi-Zhe Manifestes in Haft zu nehmen, wo sie sich immer noch befanden.[25]

Einige Monate nach dem Kongreß wurde Ding Ling ebenso plötzlich aus dem Gefängnis entlassen, wie man sie fünf Jahre zuvor festgenommen hatte. Sie wurde mit Chen Ming, immer noch als „Konterrevolutionärin", in die Provinz Shanxi nach Changzhi geschickt, um in dieser Stadt bei der Altenfürsorge zu helfen. Man hatte Ding Ling wieder erlaubt zu schreiben, und so rekonstruierte sie in Changzhi einige der Szenen aus dem Roman, dessen Skript vernichtet worden war, und gab ihnen den Titel *In den bitterkalten Tagen*. Die vorsichtige Freundlichkeit, die die Menschen ihr entgegenbrachten, tat ihr gut und bedeutete einen wundervollen Kontrast zur Atmosphäre in Lobei. Das soeben wiedergewonnene Wohlgefühl wurde allerdings erschüttert, als sich die Nachricht vom Tode des Premierministers Zhou Enlai im Januar 1976 verbreitete, denn Ding Ling war überzeugt, daß er zu denjenigen gehörte, die sie vor Jiang Qing geschützt hatten. Ohne ihn erschien ihr das eigene Überleben noch problematischer als in der Vergangenheit. Sie schrieb später, daß sie in ihrem Hause einen kleinen Gedenkaltar für Zhou errichtet und eine Kopie der Lobrede Deng Xiaopings auf den toten Premierminister an ihre Wand geklebt habe; so wartete sie, von Angst erfüllt.[26]

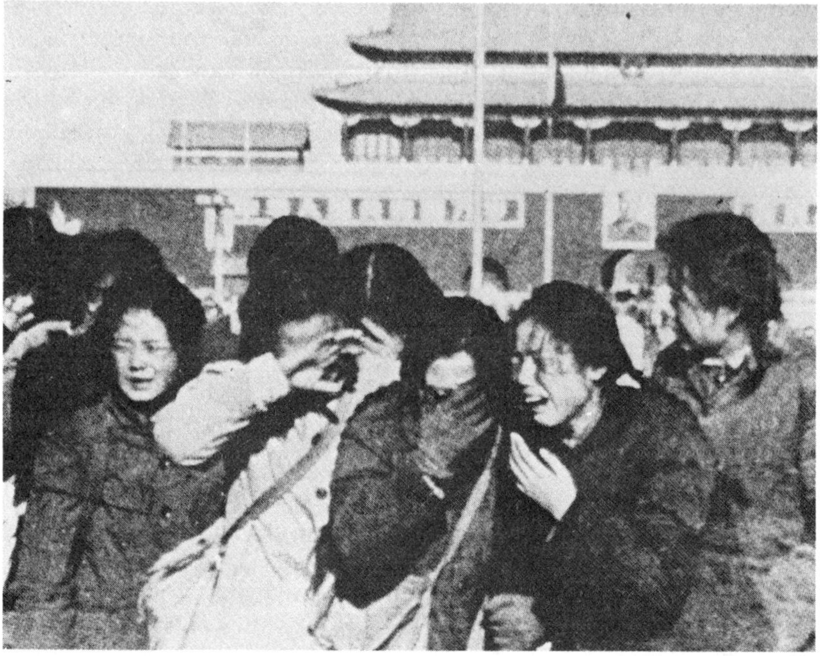

Weinende Studenten bei den Trauerfeiern für Premierminister Zhou Enlai vor dem Tor des Himmlischen Friedens am 5. April 1976.

Der ungeheure Ausbruch der Trauer über den Tod Zhou Enlais in ganz China war echt und in dieser Weise von der Regierung, die die Reaktion zu dämpfen versuchte, nicht erwartet worden. Im April, während der alljährlichen Pekinger Frühlingsriten für die Verstorbenen, versammelten sich Hunderttausende von Männern und Frauen vor dem Denkmal für die Helden der Revolution auf dem Großen Platz gegenüber dem Tor des Himmlischen Friedens, um dort zum Gedenken an Zhou Gedichte und Blumengirlanden anzubringen. Aus der Trauer entwickelten sich Ausschreitungen, und die Demonstration schlug fast in einen Aufstand um, wie es so häufig in den zwanziger und dreißiger Jahren geschehen war. Polizei und Militär wurden aufgeboten. Die Behörden verhafteten viele Teilnehmer. Es kam zu Schlägereien und Brandstiftungen, Menschen erlitten ernsthafte Verletzungen. Deng Xiaoping wurde für die Vorfälle verantwortlich gemacht und aller seiner Posten enthoben.[27]

Dieses quälerische Hin und Her der chinesischen Innenpolitik nahm nun den Charakter des Alltäglichen an, und da es an die Verfallserscheinungen früherer Dynastien erinnerte, war es nur angebracht, daß man während der letzten Lebensjahre Mao Zedongs die einstige kaiserliche Symbolik übernahm (zumindest insoweit, daß man Parallelen zu dem rücksichtslosen

Gründerkaiser des dritten vorchristlichen Jahrhunderts zog). In diesen Rahmen paßte auch, daß in den wenigen Wochen zwischen dem Tode von Maos bedeutendstem General Zhu De und Maos eigenem Tod eines der heftigsten Erdbeben in der Geschichte Chinas das Gebiet um die nördliche Stadt Tangshan in Schutt und Asche legte, wobei eine dreiviertel Million Menschen ihr Leben lassen mußte; es war wie eine erhabene Wiederkehr jener Vorzeichen, die zu Zeiten großer politischer Veränderungen China in der Vergangenheit erschüttert hatten. In Maos letztem Willen und Testament, oder zumindest in der Version, die das Zentralkomitee der Kommunistischen Partei als solches gleich nach Maos Tod veröffentlichte, wurden unter anderem der seit langem verstorbene Qu Qiubai und der zurückgezogen lebende Deng Xiaoping für ihre Uneinigkeit bewirkende Haltung und ihre Versuche, die chinesische Kommunistische Partei zugrundezurichten, heftig kritisiert. Doch innerhalb weniger Wochen wurden die mutmaßlichen Verfasser des „Testamentes", die „Viererbande", durch eine Gegenaktion aus ihren Ämtern vertrieben. Sorgfältig entfernte man sie aus den Photographien, die anläßlich der Trauerfeierlichkeiten zu Maos Tod aufgenommen worden waren, und versagte ihnen so mit modernsten technischen Mitteln, dem Mann Ehre erwiesen zu haben, den sie angeblich so verehrten.[28]

Allmählich wurden die meistgeschmähten Personen der jüngsten Vergangenheit, ob lebend oder tot, auch wieder aus der Vergessenheit in das Licht der Öffentlichkeit gerückt. Lebten sie noch, so wurden sie wieder in Amt und Würden eingesetzt; waren sie bereits gestorben, so wurden ihnen zumindest Erinnerungen und Ehrungen zuteil. Die Partei lastete nun alle Mißerfolge des chinesischen Staates der Viererbande an, und ein rehabilitierter Deng Xiaoping beschwor die Chinesen, den Weg der „Vier Modernisierungen" einzuschlagen – die Modernisierung der Industrie, der Wissenschaft und Technik, der Landwirtschaft sowie des Militärs –, der, so hoffte man, China doch noch in ein modernes Zeitalter führen werde. Im August 1977 wurde auf einem Kongreß der Kommunistischen Partei offiziell das Ende der Kulturrevolution und der Beginn einer neuen Periode der „Großen Einheit" erklärt.

Der Name bereits erweckte Erinnerungen an Kang Youweis jugendliche Träume, aber auch die Inhalte, die man dieser Periode zuordnete, folgten Kang Youweis grundlegendem Konzept einer Selbststärkung mit Hilfe westlicher Technologie: Ein Zehnjahresplan stetigen nationalen Wachstums wurde entworfen, während dessen Laufzeit einhundertzwanzig größere Projekte vollendet werden sollten; dazu gehörten zehn Eisen- und Stahlwerke, neun Werke zur Aufbereitung nichteisenhaltiger Metalle, acht Kohlebergwerke, zehn Erdöl- und Erdgasfelder, sechs Eisenbahnhauptstrecken, fünf Häfen und dreißig Elektrizitätswerke. In den ersten acht Jahren des Planes sollten die landwirtschaftlichen Erzeugnisse jährlich um vier bis fünf Prozent und die industriellen Produkte jährlich um mehr als zehn Prozent zunehmen. Gegen Ende des Entwicklungszyklus sollte China über vierzehn getrennte, jeweils eigenständige Industriezentren verfügen.[29] In drei aufeinanderfolgenden Artikeln einer neuen Verfassung (die der Fünfte Nationale Volkskongreß im März 1978 verkündete) wurde die Rolle der Wissenschaftler hervorgehoben: Im Artikel 12 hieß es, der Staat wolle „große Anstrengungen unternehmen, um die Wissenschaft zu entwickeln, die wissenschaftliche Forschung auszuweiten sowie technische Neuerungen und die technische Revolution voranzutreiben". Im Artikel 13 war von der Anhebung des „kulturellen und wissenschaftlichen Niveaus der gesamten Nation" die Rede. Schließlich verkündete Artikel 14, daß das Prinzip des „Laßt hundert Blumen blühen und hundert Gedankenschulen miteinander wettstreiten" der Staatspolitik zugrunde liegen solle, wenngleich alle „kulturellen Unternehmungen" im Zusammenhang mit diesem „Blühen und Wettstreiten" dem Ziel des Sozialismus dienen müßten.[30]

In einer Rede, die Deng Xiaoping am 18. März 1978 vor den Teilnehmern einer nationalen Wissenschaftskonferenz hielt, versuchte er mit allen Kräften, diese Experten zu überzeugen, daß man sie keinesfalls auf Grund der früheren Unterscheidung zwischen „Kopf und Hand" (die Mao selbst so häufig angewandt hatte) diskriminieren werde:

„Es besteht ein Unterschied zwischen Kopfarbeitern, die in einer sozialistischen Gesellschaft vom Proletariat selbst ausgebildet worden sind, und den Intellektuellen in den Ausbeutergesellschaften in Vergangenheit und Gegenwart. ... Ganz allgemein gehört die überwältigende Mehrheit der Kopf-Arbeiter dem Proletariat an. Der Unterschied zu den Hand-Arbeitern besteht lediglich in der unterschiedlichen Rolle, die sie in der Arbeitsteilung der Gesellschaft spielen. Diejenigen, die arbeiten – sei es nun mit der Hand oder mit dem Kopf –, sind alle ohne Ausnahme arbeitende Menschen einer sozialistischen Gesellschaft. Mit der Entwicklung der modernen Wissenschaft und Technologie und der Annäherung an die Vier Modernisierungen wird ein großer Teil der schweren Handarbeit allmählich von Maschinen ersetzt werden. Die Hand-Arbeit wird stetig abnehmen, denn die Zahl der Arbeiter, die sich direkt mit der Produktion und der Kopf-Arbeit befassen, wird stetig zunehmen. Außerdem wird die wissenschaftliche Forschung immer weiter ausgedehnt und daher eine immer größere Anzahl von Wissenschaftlern und Technikern benötigen. Die ‚Viererbande' verzerrte die Arbeitsteilung zwischen Kopf- und Hand-Arbeit in unserer heutigen sozialistischen Gesellschaft und nannte sie ‚Klassenantagonismus'. Es war ihr Ziel, die Intellektuellen anzugreifen und zu verfolgen, die Allianz der Arbeiter, Bauern und Intellektuellen zu untergraben, die gesellschaftlichen Produktivkräfte zu zerstören und unsere sozialistische Revolution und den sozialistischen Aufbau zu sabotieren."[31]

Diese Worte Deng Xiaopings und das in der Präambel der neuen Verfassung gegebene Versprechen, daß die Partei versuchen wolle, „eine Politik des Zentralismus und der Demokratie, der Disziplin und der Freiheit, der einheitlichen Zielvorstellungen und der persönlichen geistigen Ungebundenheit sowie Beweglichkeit" zu verwirklichen, führte auf intellektuellem Gebiet zu unmittelbaren Reaktionen. Die folgende Periode, in der eine Vielzahl neuer Essays und Gedichte veröffentlicht und neue Studiengesellschaften und Zeitschriften gegründet wurden, ähnelte jedoch nicht so sehr der „Hundert-Blumen"-Bewegung einundzwanzig Jahre zuvor als vielmehr der 4.-Mai-Bewegung von 1919 oder der Atmosphäre am Ende der Qing-Dynastie unter den Studenten in Shanghai und Japan.[32] Diejenigen jedoch, die für umfassendere Menschenrechte kämpften, befanden sich nach wie vor in einer schwierigen Lage. Zwar waren die Zustände nicht mehr so schlecht, wie es die Li-Yi-Zhe-Gruppe 1974 behauptet hatte (die drei Studenten wurden übrigens 1978 entlassen), aber es war immer noch nicht möglich, größere Mengen Papier zu kaufen, genügend Tinte zu bekommen, einen Raum als Redaktionsbüro zu finden oder sich von seinem regulären Arbeitsplatz beurlauben zu lassen, um als Herausgeber tätig sein zu können. Ziemlich wehmütig appellierten die jungen Autoren an Deng Xiaoping, sich an seine Jugendzeit zu erinnern, als er „Doktor der Vervielfältigung" genannt wurde – eine Anspielung auf Dengs Studentenzeit in Frankreich in den zwanziger Jahren, als er die im Matrizendruck vervielfältigte kommunistische Wochenzeitschrift *Rotes Licht* herausgab.[33]

Die Versammlungen, die Ende November 1978 in der Nähe der Verbotenen Stadt an der als Xidan-Mauer der Demokratie bekanntgewordenen Stelle stattfanden, führten zu außergewöhnlich erregten und offenen Diskussionen. Am 15. Dezember klebte ein ehemaliger Aktivist der Roten Garden namens Wei Jingshen – nun ein neunundzwanzigjähriger Elektriker, der im Zoo von Peking beschäftigt war – eine ausführliche Erklärung mit dem Titel „Die fünfte Modernisierung" an die Mauer. Er fügte seinen Namen und seine Adresse hinzu und lud interessierte Personen ein, ihn in seiner Wohnung zu besuchen. Weis Aktion konzentrierte und inspirierte die Ansichten eines weiten Spektrums von Dissidenten, das sich zumeist aus etwa dreißigjährigen jungen Männern und Frauen, derselben Rote-Garden-Generation zusammensetzte, deren Leben und Ausbildung brutal unterbrochen worden war.[34]

Wei erklärte, daß die „Fünfte Modernisierung", die Demokratisierung, von wesentlicher Bedeutung sei, damit die vier von Deng Xiaoping vorgeschlagenen Modernisierungen überhaupt sinnvoll sein könnten. Andere junge Aktivisten kritisierten an Dengs Erklärungen, daß man die Beurteilung von Mao Zedong späteren Generationen überlassen solle. Hieße das, so fragten sie rhetorisch, daß junge Chinesen sich darauf beschränken sollten, die Politik von Herrschern des achtzehnten Jahrhunderts, wie beispielsweise Kangxi oder Qianlong, zu diskutieren?[35]

In diesen Debatten und in Zeitschriften wurde es üblich, Mao Zedong zu kritisieren. So sagte ein „ehemaliger Intellektueller", der nun als Arbeiter beschäftigt war, über Mao: „Er zog sich in sich selbst zurück, und seine Verwurzelung in der Schicht der Kleinproduzenten, die vielen alten Bücher um ihn herum und die einschmeichelnden Stimmen in seinem Ohr machten es ihm unmöglich, die schnelle Entwicklung der Wissenschaften im Ausland wahrzunehmen und die dringenden Mahnungen des Volkes zu hören." Als Ergebnis sei eine ganze Generation von Jugendlichen „zum Narren gehalten und betrogen" worden.[36] Andere junge Autoren bedienten sich der Sprache und der Metaphern Lu Xuns. Obwohl die „Viererbande" Lu Xun zur Kultfigur erhoben hatte und er in den frühen siebziger Jahren der einzige chinesische Schriftsteller war, dessen Bücher man außer Maos Schriften kaufen

Wei Jingsheng als Soldat der Volksbefreiungsarmee im Jahre 1973.

konnte, wurde er unter der Führung Deng Xiaopings als vorausschauender Kritiker der zukünftigen Machenschaften der „Viererbande" dargestellt.[37] Die Jugendlichen von 1979, die überschwengliches Lob und übertriebene Interpretationen verabscheuten, griffen auf Lus medizinische Metaphern zurück und behaupteten, daß die „Arznei des Technologie-Imports" für China nicht ausreichend sei, da das „Grundübel" der Nation ideologisch bedingt sei. Allein durch eine „Wandlung des Bewußtseins des gesamten Überbaus unseres Landes" (so wie es Kang Youwei und Liang Qichao in den neunziger Jahren des neunzehnten Jahrhunderts versucht hatten, fügte ein Autor hinzu) könne China eine Lähmung vermeiden und verhindern, erneut zum „kranken Mann des Ostens" zu werden.[38]

Auch die eher von Mitgefühl geprägten Schriften Lu Xuns waren keineswegs in Vergessenheit geraten. Die Sprache seines Klageliedes für die im März 1926 niedergeschossenen Studenten erscheint zwischen den Zeilen einer im April 1979 verfaßten Gedenkschrift für einen jungen Studenten namens Yu Luoke. Ihn hatte die Regierung 1970 erschießen lassen, weil er behauptet hatte, China werde durch die allgegenwärtige „Theorie des Klassenursprungs" korrumpiert, aufgrund derer die jüngere Generation von der parteilichen Einschätzung der Sünden ihrer Eltern abhängig gemacht werde: „Am 5. März 1970 durchbohrte eine Kugel, die für einen Feind bestimmt sein sollte, den Körper eines siebenundzwanzigjährigen Kämpfers, der die Wahrheit schätzte und tapfer und unnachgiebig war. Sein Körper, ein gebrechlicher Körper, fiel zu Boden, aber als Suchender und als Verteidiger der Wahrheit richtete sich sein Bild in der Erinnerung der Menschen majestätisch auf."[39] Und in den 1979 gesprochenen Worten eines anderen protestierenden Studenten klingt der Ausspruch des jungen Studenten Lu Xun wider, als er sich Lichtbilder einer Hinrichtung ansehen mußte: „Wenn wir abgestumpft zusehen, wie andere verfolgt werden, dann sind wir nicht qualifiziert, ein zivilisiertes Volk zu sein."[40]

Nicht nur in Chinas jüngster Vergangenheit suchte man nach Bildern und Anregungen. Wie die jungen Nationalisten der späten Qing-Zeit, so entdeckten die Autoren nun Voltaire und Rousseau wieder und stellten sie als mächtige Seher dar, die für die Menschenrechte und das Prinzip der Gleichheit eingetreten waren und die sich gegen Religion, wirtschaftliche Unterdrückung und geistige Knechtschaft gewandt hatten. In einem Artikel vom 29. Januar 1979 benutzte der Autor das in China früher übliche Fußbinden als Bild, um auszudrücken, daß China ebenso wie das Frankreich des achtzehnten Jahrhunderts eine Phase der Aufklärung durchlaufen müsse:

„In dem gegenwärtigen Stadium der menschlichen Entwicklung auf unserem winzigen Planeten haben viele Länder zu unterschiedlichen Zeiten das moderne und elektronische Zeitalter erreicht, während unser Land immer noch in dem seit Tausenden von Jahren bestehenden Gefängnis des Feudalismus ächzt. Immer noch werden die Menschen von feudalen Gedanken an der Nase herumgeführt, von feudalen Fesseln gebunden und einer feudalen, autokratischen Verfolgung unterworfen. Die Republik, die ein altes Regime stürzte, ist innerhalb ihrer dreißigjährigen Entwicklung durch feudale Autokratie und Bildungshaß wie durch ein Paar zu eng gebundener Schuhe ernsthaft behindert worden. Die Menschen fühlen sich, als lebten sie noch zu Zeiten des Gelben Kaisers im Zeitalter des Feudalismus. Sie leiden furchtbar unter den kleinen engen Schuhen und wissen, daß den Schuhmachern ihre Schmerzen unbekannt sind. Der Fortschritt der Republik hat sich verlangsamt, bis er schließlich zum Stillstand kam. Wenn China die Vier Modernisierungen erreichen möchte, muß es sich zuallererst von dem Schuh der feudalen Autokratie befreien. Wenn Demokratie und Menschenrechte errungen sind, werden die Menschen ihre eigenen Herren sein. Nach der

Aneignung von Wissen wird dann der zweite Schuh des Bildungshasses entfernt werden. Das ist die Voraussetzung und die Garantie für die Durchführung der Vier Modernisierungen. Ohne diese Maßnahmen bedeuten die Vier Modernisierungen nur leeres Gerede."[41]

Wei Jingsheng beschrieb am 11. März 1979 in seiner Untergrundzeitschrift *Untersuchungen,* die er gemeinsam mit einem Freund, einem Physiker namens Yang Guang, herausgab und an der „Mauer der Demokratie" verkaufte, das Leben der Häftlinge von Qincheng, dem Pekinger Gefängnis mit den strengsten Sicherheitsvorkehrungen (Ding Ling war sehr wahrscheinlich dort inhaftiert). Wei, der sich auf Augenzeugenberichte stützte (einer seiner Informanten könnte der Vater seiner Freundin gewesen sein, der fast zehn Jahre in Qincheng zugebracht hatte), beschrieb die Isolation, das schlechte Essen, die winzigen Zellen und den Mangel an Bewegung in Chinas „Bastille des zwanzigsten Jahrhunderts" und ebenso die ständigen körperlichen Mißhandlungen, die man den Gefangenen zufügte. Auch die Selbstmordversuche und die Anwendung der Folter erwähnte er. „Die Ironie besteht nun darin," so fügte er in der Mitte seines düsteren Berichts über die Opfer hinzu, „daß diese ungewöhnlich begabten Individuen der Kommunistischen Partei beitraten, um die Freiheit und das Wohlergehen Chinas und der Menschheit zu erkämpfen, und daß sie darum ihre besten Lebensjahre opferten, um die politische Vorherrschaft der Partei zu erringen und zu bewahren." Gegen Ende seines Essays berichtete Wei über einige Verfahrensweisen der Partei, die es ehemaligen Gefangenen erleichtern sollten, allmählich wieder ein normales Leben innerhalb der Gesellschaft zu führen (das könnte auch Ding Lings längeren Aufenthalt in Shanxi erklären). Er fügte einige Gedanken über das politische Leben im allgemeinen an:

„1975 empfahl Deng Xiaoping, die politischen Häftlinge des Qincheng-Gefängnisses zu entlassen. Während dieser Bewegung der ‚Umkehr von Urteilssprüchen' erhielten viele alte Parteimitglieder die Freiheit zurück. Für sie war das ein völlig unerwarteter Glückszufall.

Aber ein plötzliches, überwältigendes Gefühl der Freude kann manchmal gefährlich sein. Um ‚Sicherheit und Gesundheit zu gewährleisten', machte sich das Zentralkomitee eine Politik des Exilierens zu eigen. 1975 mußten alle, die Qincheng verließen, zunächst einige Zeit im Krankenhaus verbringen, um den Schock der Rückkehr in die Welt besser verkraften zu können. Nach 1977 hielt man das Krankenhaus nicht mehr für notwendig. Stattdessen schickte man die ehemaligen Häftlinge in entfernte, abgelegene Dörfer, deren friedvolle Umgebung den heftigen Schock der Befreiung ebenso lindern konnte. ...

Vor der Entlassung mußten sie mehrere grundlose Beschuldigungen über sich ergehen lassen. Man gab noch einmal einen Überblick über den jeweiligen Fall, um darzulegen, daß die zehn- oder fünfzehnjährige Inhaftierung auch gerechtfertigt war. ...

Wir müssen das Qincheng-Gefängnis für ewig loswerden. Wir müssen die politische Verfolgung und Inhaftierung für ewig loswerden. Es geht hier nicht um die paar unglücklichen Opfer, sondern um grundlegende politische und persönliche Rechte des gesamten Volkes. Wir könnten die hohen Funktionäre, die nun aus Qincheng entlassen worden sind, fragen: Habt ihr dadurch, daß ihr das Recht anderer auf freie politische Meinungsäußerung unterdrücktet, euer eigenes Recht gesichert? Konntet ihr, als ihr andere unter politischem Vorwand verfolgtet, voraussehen, daß ihr ebenso verfolgt werden könntet?“[42]

Wei Jingsheng wurde selbst am 29. Mai 1979 verhaftet und der verschiedensten Verbrechen beschuldigt; darunter befand sich auch die Anklage, er habe ausländischen Journalisten Militärgeheimnisse über Chinas Invasion in Vietnam mitgeteilt, was als Hochverrat mit der Todesstrafe geahndet werden konnte. Im Oktober wurde ihm vor dem Mittleren Volksgericht in Peking der Prozeß gemacht. Der Staatsanwalt behauptete, daß Wei ein „mit Vietnam verbündeter Hund“ und ein „Abschaum der Nation“ sei. Durch seine Bemühungen, die „Fünfte Modernisierung“ durchzusetzen, habe er „sein Bestes getan, die Ideologie des Marxismus-Leninismus und der Mao Zedong-Gedanken als ein Rezept zu schmähen, das sich kaum von dem, was ein Scharlatan verhökere“, unterscheide. Er habe das politische System Chinas auch „eine als Sozialismus verkleidete feudale Monarchie“ genannt. Der Staatsanwalt schloß mit folgenden Worten:

„Unsere Verfassung gewährt ausdrücklich weitreichende demokratische Rechte. Unsere Demokratie sollte jedoch eine durch das Gesetz geschützte Demokratie sein. Absolute Freiheit bedeutet nicht, das zu tun, was man möchte. ... Die Redefreiheit des individuellen Bürgers muß sich von den vier grundlegenden Prinzipien leiten lassen, nämlich des Beharrens auf dem sozialistischen Weg, der Diktatur des Proletariats, der Führung der Partei und der Idologie des Marxismus-Leninismus und der Mao Zedong-Gedanken. Der Bürger besitzt lediglich die Freiheit, diese Prinzipien zu unterstützen, nicht aber die Freiheit, sie zu bekämpfen. ...

Der Angeklagte Wei Jingsheng versteckte sein kriminelles Ziel, die Diktatur des Proletariats zu stürzen und das sozialistische System zu verändern, hinter dem Vorwand der Sorge um die Demokratie. Wenn wir dieser individuellen Freiheit einer Minderheit freien Lauf lassen, wird die Freiheit der großen Mehrheit verlorengehen. Das Volk wird in Elend versinken und die Nation dem Untergang geweiht sein.“[43]

Wei verzichtete auf sein Recht, einen Anwalt zu nehmen, und verteidigte sich selbst, wobei er sich auf den Artikel 45 der Verfassung von 1978 stützte, der chinesischen Bürgern Redefreiheit, Versammlungsfreiheit, das Recht zu freier Veröffentlichung, das Recht, Vereine zu gründen und die Freiheit, Plakate mit großen Schriftzeichen zu schreiben, zusicherte. Er verneinte, jemals Zugang zu irgendwelchen militärischen Geheimnissen bezüglich der Vietnam-Invasion gehabt zu haben, und erklärte, er habe mit seiner Idee der „Fünften Modernisierung“ keineswegs konterrevolutionäre Ziele verfolgt, sondern lediglich darlegen wollen, daß man die anderen vier Modernisierungen ohne Demokratie niemals erreichen könne. Seine Zeitschrift *Untersuchungen* verfolge das alleinige Ziel, ,,China zu erforschen und es reich und mächtig zu machen. Wir glauben, daß dieses Ziel nur durch freie, unbehinderte und sachliche Untersuchungen erreicht werden kann." Gegen die Beschuldigungen, er verunglimpfe Mao Zedongs Denken, wandte er gelassen ein, daß sich – wie alle anderen Dinge – auch der Marxismus verändere. Ebenso wie den Leninismus gebe es den Kautskyismus, neben Stalinismus den Trotzkismus und neben dem Mao Zedong-Denken den Eurokommunismus. In der Sowjetunion und in Vietnam und auch im China der ,,Viererbande" sei eine Regierung, die angeblich der Diktatur des Proletariats unterstehe, auf die Stufe des ,,Faschismus" herabgesunken, in dem eine Regierungsminderheit ,,eine Diktatur über die breite Masse des arbeitenden Volkes ausübe". In diesem globalen Rahmen ,,ähnelt das Schicksal des Marxismus dem vieler Gedankenrichtungen in der Geschichte. Seine revolutionäre Essenz wurde nach der zweiten, dritten Generation entkräftet. Einige Ideale der marxistischen Lehre wurden von Herrschern als Vorwand benutzt, das Volk zu versklaven. Ist solch ein Rezept besser als die von Scharlatanen verhökerte Medizin?"[44]

Wei schloß mit einer Verteidigung seines Grundrechts der Redefreiheit:

,,In der Anklageschrift heißt es, daß ich ,das Banner der sogenannten Redefreiheit, der Demokratie und der Menschenrechte schwenke, um für den Umsturz der Diktatur des Proletariats zu agitieren'. Ich muß darauf hinweisen, daß Redefreiheit nicht einfach eine wilde Behauptung ist, sondern daß sie in der Verfassung schwarz auf weiß zugesichert ist. Es ist ein Recht, daß jeder Bürger genießen sollte. Der Ton, mit dem der Staatsanwalt von diesem Recht spricht, zeigt nicht nur, daß sein Denken voreingenommen ist, sondern auch, daß er seine Verantwortung vergessen hat, die demokratischen Rechte der Bürger zu schützen. ...

Der Staatsanwalt klagt mich des Versuches an, das sozialistische System zu stürzen. ... Im Laufe meiner Herausgebertätigkeit hatte unsere Schrift *Untersuchungen* niemals etwas mit verschwörerischen oder gewalttätigen Organisationen zu tun. *Untersuchungen* ist eine öffentlich verkaufte Zeitschrift, die theoretische Forschungen beinhaltet. Niemals hat sie sich den Sturz der Regierung zum Ziel gesetzt. ...

Vielleicht stimmen die Staatsanwälte meinen Theorien nicht zu. Wir haben darüber bereits verschiedentlich gesprochen. Ich möchte nur noch einen Punkt hinzufügen. Die Verfassung billigt dem Volk das Recht zu, die Führer zu kritisieren, weil letztere Menschen sind und keine Götter. Allein durch Kritik und Überwachung durch das Volk können sie ihre Irrtümer vermindern. ...

Kritik hört sich nicht unbedingt nett und ansprechend an und ist auch nicht immer völlig berechtigt. Der Anspruch, Kritik müsse vollkommen gerechtfertigt sein, und die Verordnung von Strafen, wenn sie das nicht ist, sind praktisch ein Verbot von Kritik und Reformen und kommen der Erhebung von Führern zu Göttern gleich. Müssen wir tatsächlich wieder den alten Weg des modernen Aberglaubens der Viererbande beschreiten?"[45]

Wei wurde zu fünfzehn Jahren Gefängnis verurteilt, und seine Bitte um Nachsicht wurde am 6. November 1979 vom Obersten Gericht zurückgewiesen. Die Herausgeber einer anderen Pekinger Untergrundzeitschrift mit dem Titel *5.-April-Forum* (nach dem Tag im Jahre 1976 benannt, an dem sich die Massen in Peking versammelt hatten, um Zhou Enlai zu huldigen) erlangten eine Abschrift der Zeugenaussage Weis und druckten davon an die sechshundert Kopien, die sie an der Mauer der Demokratie verkauften. Ihre Aktion rechtfertigten sie mit den Worten, die Verantwortlichen der Partei hätten den Prozeß gegen Wei Jingsheng noch heimlicher durchgeführt als die Qing-Beamten im Jahre 1903 das Verfahren gegen Zou Rong und die anderen Angeklagten im *Subao*-Fall. Der Herausgeber und die Verkäufer des *5.-April-Forum* wurden umgehend verhaftet. Am 8. Dezember hob die Regierung das Recht auf, an der Mauer der Demokratie in der Xidan-Straße Plakate auszuhängen, und lediglich ein kleiner Fleck im drei Meilen entfernten Yuetan-Park stand denjenigen noch zur Verfügung, die den Inhalt ihrer Schriften zur Prüfung vorgelegt und ihren Namen und ihre Adresse bei den Behörden angegeben hatten. Als am 17. Januar 1980 bekannt wurde, daß Deng Xiaopings Sohn China verlassen wolle, um in den Vereinigten Staaten an der Universität von Rochester höhere Physik zu studieren, verkündete Deng Xiaoping selbst, daß bei nächster Gelegenheit die Wandplakatklausel aus der Verfassung gestrichen werden solle. Das Vorrecht sei von „Ultraindividualisten mißbraucht" worden.[46]

Festnahme und Prozeß von Wei Jingsheng fielen mit der Entlassung und Rehabilitation von Ding Ling zusammen. Etwa zu der Zeit, als die Verfassung von 1978 verkündet wurde, befreite man Ding Ling, die immer noch in Shanxi arbeitete, von dem Stigma einer „Rechtsabweichlerin". Im Februar 1979 berief man sie zurück nach Peking und erklärte im Juli desselben Jahres alle 1957 und 1958 gegen sie erhobenen Beschuldigungen für nichtig. Obgleich sie krank gewesen war, willigte sie ein, vor den Schriftstellern und Künstlern, die Ende Oktober 1979 zu einem nationalen Kongreß zusammengekommen waren, eine Ansprache zu halten. Sie beschuldige niemanden im einzelnen für das, was geschehen sei, sagte Ding Ling, denn es gebe keinen alleinigen Bösewicht, sondern eher ein Phänomen, das die Gesellschaft insgesamt umfasse. Diese Ansicht trat in ihrer Erklärung kraftvoll zutage:

„Zweiundfünfzig Jahre sind vergangen, seit ich im Jahre 1927 begann, Erzählungen zu schreiben, obgleich ich nach 1958 eine Pause von zwanzig Jahren einlegen mußte. In den dreißiger Jahren verbot die Guomindang meine Bücher, nach 1958 verboten wir selbst meine Bücher. ...

Die meisten Leute, die während der Großen Kulturrevolution niedergeschlagen wurden, waren, wie jedermann weiß, gute Menschen; und diejenigen, die von der Viererbande zu Boden geschlagen wurden, waren ebenfalls zumeist gute Menschen; nun hat das gesamte Volk sie mit einer besonderen Aura umgeben. Aber was geschieht mit denen, die 1957 kritisiert wurden? Sie wurden einer Säuberung unterworfen und wie Mist behandelt. Aber haben sie es tatsächlich alle verdient, wie Mist behandelt zu werden? Ich habe mich wiederholt gefragt, ob ich über diese Dinge, die mich zutiefst bedrücken, offen sprechen sollte. Ich bin nun über siebzig, habe eine Zeitlang in einem Gefängnis der Guomindang und während der Großen Kulturrevolution Jahre in einem Gefängnis der Viererbande verbracht. Sollte ich nun nicht den Rat meiner gutherzigen Freunde befolgen, die mich beschwören, dieses Thema nicht mit Fragen zu berühren und nicht darüber zu sprechen, sondern mich lediglich, so gut wie möglich, durchzuschlagen? Aber bin ich jemand, dem solche Dinge gleichgültig sind? Bin ich gefühllos? Nein, niemals kann ich so sein, denn ich weiß, daß diejenigen Menschen, die sich nicht mit den Kleinigkeiten des wirklichen Lebens abgeben wollen, in Wirklichkeit die eigensüchtigsten sind."[47]

Ding Ling schien mit denjenigen einer Meinung zu sein, die behaupteten, innerhalb der chinesischen Gesellschaft gebe es immer noch „feudale" Elemente. Da sie aber darauf hinwies, daß man seit ihrem fünfzehnten Lebensjahr den Feudalismus für alles Übel in China verantwortlich mache, konnte man sich vorstellen, daß sie diese Behauptung nicht allzu ernst nahm. Statt dessen, so sagte sie, sollten die Chinesen den Fehler innerhalb des Systems begründet sehen, das Menschen an die Macht kommen ließ, denen es darum ging, Sonderinteressen zu schützen und zu fördern. Sie betonte erneut ihr Vertrauen in die chinesische Jugend und äußerte echte Trauer darüber, daß ihre Bücher zwei Jahrzehnte lang unterdrückt worden waren: es gebe nun eine ganze Generation von Chinesen um die dreißig, die niemals ihre Arbeiten gelesen hätten.[48]

Ding Lings indirekte Kritik an Chinas kulturellen und politischen Führern wurde in der offiziellen kommunistischen Zeitung *Rote Fahne* abgedruckt. Allein das stellte sicher, daß ihre Bemerkungen in ganz China gelesen und diskutiert wurden. In ihrer Ansprache, die politisch gesehen mutig war (und darüber hinaus sorgfältig auf die Beweisführung des bevorstehenden Prozesses gegen die Viererbande ausgerichtet war), erwähnte sie jedoch mit keinem Wort ihr Leben als Frau, ein Thema, dem sie sich zuletzt vor siebenunddreißig Jahren in ihren Bemerkungen während des Internationalen Frauentages 1942 gewidmet hatte. Der Mißerfolg, den ihr dieses Thema bescherte, war kaum überraschend in einem China, in dem viele Frauen die Ansicht hegten, die Partei setze sich nicht für ihre Belange ein, und in dem viele Frauen sich durch überkommene berufliche und familiäre Verhaltensmuster eingeschränkt und der Gnade ihrer männlichen Gegenüber in Industrie, Militär und Politik ausgeliefert fühlten.[49] Aber Ding Lings Schweigen zu diesem Thema hatte auch einen bitteren Aspekt; denn zur gleichen Zeit, als sie vor den versammelten Würdenträgern sprach, wurde eine äußerst fragwürdige, ja sogar brutale Untersuchung der Aktivitäten von Fu Yuehua durchgeführt, einer jungen Frau, die derselben zerrütteten Generation wie Wei Jingsheng angehörte.

Fu Yuehua hatte verhältnismäßig jung geheiratet und scheint bis 1971, als sie auf Grund der staatlichen Planungen von ihrem Ehemann getrennt wurde, ein recht glückliches Leben geführt zu haben: Ihr Mann wurde zur Arbeit in die Provinz Hebei verpflichtet, sie selbst einer Baufirma im Pekinger Xuanwu-Distrikt zugeteilt. Im folgenden Jahr sah sich Fu Yuehua sexuellen Annäherungsversuchen seitens des Leiters ihrer Arbeitseinheit ausge-

Ding Ling im April 1984 in Peking.

setzt. Als sie auf seine Werbungen nicht einging, drohte er, sie als konterrevolutionär anzuklagen, und vergewaltigte sie anschließend, wie Fu selbst in ihrer schriftlichen Zeugenaussage bestätigte. Nachdem sie ihre Arbeitsstelle verlassen hatte, war es ihr unmöglich, eine neue zu bekommen, denn sie erhielt kein Empfehlungsschreiben. Zeitweilig litt sie unter Nervenzusammenbrüchen und war großen finanziellen Nöten ausgesetzt. Sie verklagte ihren Einheitschef wegen Vergewaltigung, doch das Gericht wies die Klage ab. Sie arbeitete zusammen mit den Bauern in der Umgebung von Peking und protestierte gegen deren niedrigen Lebensstandard. Als Deng Xiaoping im Januar 1979 nach Washington, D. C., reiste, um auf amerikanische Hilfe zur Durchführung der Vier Modernisierungen zu dringen, führte Fu Yuehua eine Demonstration der Bauern durch die Straßen von Peking. Zehn Tage später wurde sie festgenommen und nach zahlreichen Untersuchungen und Verhandlungen wegen Verleumdung ihres ehemaligen Vorgesetzten und Störung der öffentlichen Ordnung zu einem Jahr Gefängnis verurteilt. Während des Prozesses bezeichnete der Richter sie als „moralisch degeneriert". Mit denselben Worten hatten die Bauern über das vergewaltigte Mädchen gesprochen, das Ding Ling vor siebenunddreißig Jahren in ihrer Erzählung „Als ich im Dorf Xia lebte" beschrieben hatte.[50]

Die einzigen Menschen, die sich um Fu Yuehuas Fall kümmerten, waren neben den Familienangehörigen die Herausgeber der noch bestehenden inoffiziellen Zeitschriften. Viele dieser Schriftsteller wurden nun jedoch wegen ihrer Verbindung zu Wei Jingsheng und seinen Freunden verurteilt. Die Parteizeitung *Volkstageblatt* veröffentlichte im Oktober 1979 einen ersten Kommentar der Herausgeber: „Wir warnen alle Konterrevolutionäre. Eure Banner mögen noch so modisch und eure Wege mögen noch so verschlagen sein, ihr werdet dem Netz der Volksjustiz schließlich doch nicht entgehen."[51]

Wird nun dieses Netz tatsächlich von der Volksjustiz gebildet? Ist nicht das Leben selbst das Netz für diese jungen Leute, die in einer Welt ständig sich ändernder Parteierklärungen um ihr Überleben kämpfen müssen, in einer Welt, in der der zum dritten Male Karriere machende Deng Xiaoping Maos Frau und deren engsten Beratern öffentlich den Prozeß machen ließ, während ältere Intellektuelle innerhalb der Partei (unter ihnen Ding Ling) einander überboten, überschwengliche Artikel zu verfassen, die Qu Qiubai zu posthumen Ehren verhelfen sollten? Wie sollte man nach jahrelangem Studium des ausländischen Imperialismus und der Nachteile der feudalen Vergangenheit auf die Handelsvereinbarungen mit Japan und mit den Vereinigten Staaten reagieren, und wie sollte man die Delegationen von hervorragenden chinesischen Akademikern beurteilen, die sich trafen, um Kang Youweis frühe Schriften, den Charakter des Kaisers Guangxu und die Lehren aus den Reformen von 1898, den fast hundert Jahre früher erfolgten chinesischen Modernisierungsversuchen, zu überdenken?[52] Welches Schicksal droht der Liebe, wenn die Partei, die sich einem unaufhaltsamen Bevölkerungswachstum gegenübersah, das sich der Milliardengrenze näherte, in der gesamten Nation die Ein-Kind-Familie anstrebt und so unvermeidlich in die Intimsphäre eindringt, insbesondere da die Parteiverordnungen von wirtschaftlichen und erzieherischen Sanktionen unterstützt werden?[53] Können sich Kunst und Dichtung der Parteikontrolle entziehen, und wenn ja, wie und wohin? Zurück zu den aufgegebenen Domänen des Westens, dem Kubismus, Symbolismus, der Romantik, wo sich eine neue Generation von Xu Zhimos zu Hause fühlen könnte? Hat Chinas lange Revolution tatsächlich Ordnung in ihr Leben gebracht, oder müssen sie die schwer faßbare revolutionäre Botschaft neu definieren und versuchen, sie für sich persönlich und für ihr Land zu verwirklichen, eine Botschaft, die fast ein Jahrhundert lang versprochen worden war und der man doch nur selten greifbar nahe kam.

Ding Ling lebt jedenfalls nun in Freiheit, und so auch der Schriftsteller Wang Meng, der die Partei während der „Hundert-Blumen"-Bewegung kritisiert hatte und zwanzig Jahre seines Lebens in Xinjiang verbringen mußte. Auch Shen Congwen hatte überlebt; er erhielt ein Ausreisevisum, um seine Schwägerin besuchen zu können, die an der Yale-Universität chinesische Kalligraphie lehrte. Lao Shes *Teehaus* konnte wieder erscheinen und wurde von der Öffentlichkeit und der Kritik mit großem Beifall bedacht. War dies ein Ausgleich dafür, daß Fu Yuehua und Wei Jingsheng ein Leben hinter Gittern antreten mußten? Ein chinesischer Dichter schrieb unter dem Namen „Bei Dao" für die Untergrundzeitschrift *Heute* ein Gedicht, in dem er versuchte, einer Antwort auf diese Fragen nahe zu kommen.[54] Er nannte sein Gedicht „Anmerkungen aus der Stadt der Sonne":

Leben
Noch geht die Sonne auf.

Liebe
Stille. Wildgänse fliegen über
jungfräuliches Brachland.
Alte Bäume stürzen nieder mit heftigem Krachen.
Scharfer, salziger Regen tränkt die Luft.

Freiheit
Schweben.
Fetzen zerrissenen Papiers.

Kind
Ein Ballon hebt auf seine Wiege
und fliegt hoch, hoch hinaus ins Blaue.

Mädchen
Ein schimmernder Regenbogen
sammelt die bunten Federn der Vögel.

Jugend
Rote Wellen
durchtränken einsame Ruder.

Kunst
Millionen strahlender Sonnen
spiegeln sich in den Scherben eines Spiegels.

Das Volk
Der Mond wurde zerrissen in zahlreiche gleißende Kornähren,
zu übersäen den ehrlichen Himmel und die ehrliche Erde.

Arbeit
Hände. Umfassen den Erdball.

Schicksal
Kinder stoßen zufällig an Geländer.
Geländer stoßen zufällig in die Nacht.

Glaube
Eine Herde von Schafen ergießt sich über die Grenzen ihrer Weide,
der Schäfer spielt immer noch dieselbe alte Weise.

Frieden
Im Schaufenster eines Lebensmittelgeschäftes
dreht sich eine schweigsame Schokoladenkanone.

Das Vaterland
Eingraviert in einen Bronzeschild,
der gegen eine Trennwand in einem Museum gelehnt war.

Leben
Ein Netz.

Zeittafel

1894–95 Japanisch-chinesischer Krieg.
1895 Friedensvertrag von Shimonoseki.
1897 Besetzung von Jiaozhou durch deutsche Truppen; Verpachtung des Gebiets für 99 Jahre an Deutschland.
1898 „Hundert-Tage-Reform" des Kaisers Guangxu auf Betreiben von Kang Youwei. – Putsch der Kaiserinwitwe gegen die Reformer, Kang Youwei flieht nach Japan.
1899 Kang Youwei gründet die „Gesellschaft zum Schutz des Kaisers".
1900 Boxeraufstand; Einmarsch internationaler Truppen in Peking.
1901 Internationales Boxerprotokoll. – Reformprogramm der Kaiserwitwe Cixi.
1902 Kang Youwei beendet das „Buch der Großen Gemeinschaft".
1905 Abschaffung des konfuzianischen Prüfungssystems. – Japan siegt im Krieg gegen Rußland. – Sun Yatsen gründet die „Revolutionäre Allianz"
1908 Tod der Kaiserinwitwe Cixi und des Kaisers Guangxu; Puyi wird neuer Kaiser.
1906–11 Anti-monarchistische Aufstände in verschiedenen Regionen Chinas.
1911 Gründung der Republik China mit Sun Yatsen als provisorischem Präsidenten.
1912 Abdankung des Kaisers; General Yuan Shikai wird Präsident der Republik. – Bildung der Guomindang (Nationale Volkspartei).
1913 Erste nationale Wahlen, Sieg der Guomindang. – Putsch Yuan Shikais gegen die Guomindang.
1915 Japan zwingt zur Annahme von „21 Forderungen" nach wirtschaftlichen Sonderrechten.
1916 Tod von Präsident Yuan Shikai.
1916–27 Zeit der Militärherrscher: Regionale Zersplitterung und Kämpfe.
1917 Versuch einer Restauration des Kaisers scheitert. – Eintritt Chinas in den Ersten Weltkrieg auf seiten der Alliierten.
1918–19 Lu Xun verfaßt die Erzählungen „Tagebuch eines Verrückten" und „Medizin".
1919 Die Versailler Konferenz spricht Jiaozhou Japan zu. – Protestaktionen und Demonstrationen gegen den Versailler Vertrag und die Politik der Militärherrscher („Bewegung des Vierten Mai").
1921 Gründung der Kommunistischen Partei Chinas. – Lu Xun schreibt „Die wahre Geschichte von Ah Q".
1923–27 Zusammenarbeit von Guomindang (Sun Yatsen) und Kommunistischer Partei (Chen Duxiu); sowjetische Unterstützung der Guomindang.
1924 Besuch von Rabindranath Tagore in China.
1925 Tod Sun Yatsens (12. März).
1926–28 Nordfeldzug des Guomindang-Generals Chiang Kaishek gegen die Militärherrscher.
1927 Die Guomindang beendet die Zusammenarbeit mit den Kommunisten: Verbot kommunistischer Gruppen, Säuberungswelle. – Bildung einer Guomindang-Regierung in Nanking mit Chiang Kaishek als Präsidenten. – Tod Kang Youweis (31. März).

1927–34 Bildung von „Sowjets“ auf dem Land unter kommunistischer Herrschaft.
1928 Ding Ling veröffentlicht das „Tagebuch des Fräulein Sophie“.
1931 Japan besetzt die Mandschurei.
1932 Die Mandschurei wird als „Manchukuo“ ein Satellitenstaat Japans mit Puyi als Herrscher.
1933 Ding Ling wird von der Guomindang in Haft genommen.
1934–35 „Langer Marsch“: Flucht der Kommunisten vor den Truppen der Nankinger Regierung.
1935 Aufbau eines neuen kommunistischen Machtzentrums in Yanan unter Führung Mao Zedongs. – Vormarsch japanischer Truppen auf Nord-China.
1936 Tod Lu Xuns (19. Oktober). – Ding Ling flieht nach Yanan.
1937 Einheitsfront von Kommunisten und Guomindang gegen Japan.
1937–45 Chinesisch-japanischer Krieg.
1942 Ding Ling veröffentlicht „Gedanken über den 8. März“. – Ausrichtungskampagne unter den Kommunisten in Yanan; Ding Ling wird kritisiert.
1945 Kapitulation Japans im Zweiten Weltkrieg, Rückzug der Japaner aus China.
1945–46 Vermittlungsverhandlungen zwischen Kommunisten und Guomindang scheitern.
1945–49 Bürgerkrieg zwischen Kommunisten und Guomindang-Anhängern.
1949 Rückzug der Guomindang-Truppen unter Chiang Kaishek nach Taiwan; Gründung der Volksrepublik China (1. Oktober).
1950 Abschluß eines Beistandspaktes zwischen der VR China und der Sowjetunion. – Einsatz chinesischer Freiwilliger im Korea-Krieg.
1950–56 Bodenreform in der VR China.
1951 Besetzung Tibets.
1954 Neue Verfassung: Parteivorsitzender Mao Zedong wird Staatspräsident.
1956–57 „Hundert-Blumen-Bewegung“: Aufruf Maos zu konstruktiver Kritik.
1957 „Anti-Rechts-Bewegung“: Kampagne gegen intellektuelle „Abweichler“. – Ding Ling wird aus der Partei ausgeschlossen und zur Arbeit auf dem Land verurteilt.
1958 „Großer Sprung nach vorne“: Versuch, die Industrialisierung Chinas zu beschleunigen. – Gründung von Volkskommunen.
1959 Liu Shaoqi wird Staatspräsident. – Aufstand in Tibet, Flucht des Dalai Lama.
1960 Bruch mit Moskau, Abzug aller sowjetischen Berater.
1965–66 Mao Zedong ruft zur „Großen Proletarischen Kulturrevolution“ auf.
1966–70 Bildung von „Roten Garden“, bewaffnete Kämpfe zwischen einzelnen Fraktionen.
1966 Tod Lao Shes nach Repressalien durch „Rote Garden“.
1970 Ding Ling wird inhaftiert.
1971 Aufnahme der VR China in die Vereinten Nationen.
1972 Besuch von US-Präsident Nixon in der VR China.
1975 Ding Ling wird aus der Haft entlassen.
1976 Tod von Ministerpräsident Zhou Enlai (1. August); Ausschreitungen bei der Trauerfeier. – Tod Mao Zedongs (9. September). – Entmachtung der „Viererbande“ um Maos Witwe Jiang Qing.
1977 Die Kulturrevolution wird offiziell für beendet erklärt.
1978–79 „Mauer der Demokratie“ in Peking.
1979 Rehabilitierung Ding Lings. – Abschaffung der „Mauer der Demokratie“ (Dezember) und Verurteilung des Wortführers der Demokratie-Bewegung Wei Jingsheng zu langer Haftstrafe.

Anmerkungen

Wird eine Quelle „nach“ einer zitierten Übersetzung angeführt, bedeutet dies, daß ich von dieser Übersetzung zwar weitgehenden Gebrauch gemacht, nach Einsicht in den chinesischen Originaltext jedoch auch erhebliche Änderungen vorgenommen habe. Wo solche Änderungen sich lediglich auf Kleinigkeiten, wie auf einen Artikel, die Zeitform oder auf den Wechsel von der Wade-Giles zu der Pinyin-Umschrift beziehen, habe ich der Quellenangabe die Bemerkung „mit kleinen Änderungen“ angefügt.

J. S.

1. Die Geister wachrufen

1. Kang Youwei, *Nianpu*, S. 129; Lo Jung-pang (Hg.), *K'ang Yu-wei, a Biography and a Symposium* (im folgenden zitiert als Lo, *Symposium*), S. 63.
2. Die Beispiele sind der *Peking Gazette*, 1895, S. 8, 55, 71, 72, sowie den *Guangxu Shilu* („Wahre Aufzeichnungen“) aus dem einundzwanzigsten Jahr der Regierungsperiode Guangxu entnommen. Ein lebensnahes und amüsantes Bild des Chaos dieser letzten Prüfungen stammt aus der Feder von Chen Duxiu, dem späteren Generalsekretär der Kommunistischen Partei Chinas; siehe Kagan, „The Chinese Trotskyist Movement and Ch'en Tu-hsiu“, Anhang, S. 193–196.
3. Kang Youwei, *Memorial*, S. 146.
4. Hsiao Kung-chuan, *A Modern China and a New World*, S. 9, Anmerkung 36; Lo, *Symposium*, S. 28f.
5. Kang Youwei, *Nianpu*, S. 109; Lo, *Symposium*, S. 26f.
6. Lo, *Symposium*, S. 31.
7. Ebd. S. 34.
8. Ebd., S. 35.
9. Ebd., S. 36f.
10. Ebd., S. 54–56.
11. Vergleiche die Aussagen Kangs über Cao Tai (Ts'ao T'ai) in Lo, *Symposium*, S. 57, 62, sowie über Chen Qianqiu (Ch'en Ch'ien-ch'iu) ebd., S. 63.
12. Kang, *Nianpu*, S. 117f., nach Lo, *Symposium*, S. 40–42. In Lo, *Symposium*, S. 75f., heißt es, Kang habe diese Ausführungen auf 1895 datiert.
13. Eine sehr brauchbare Zusammenfassung der vielen Studien, die dieser Periode der „Selbststärkung“ in der Geschichte Chinas gewidmet worden sind, findet sich in Fairbank (Hg.), *The Cambridge History of China*, Bd. 10. In ihrem Aufsatz „The Image of the Empress Dowager Tz'u-Hsi“ hat Sue Fawn Chung die Reformversuche dieser eindrucksvollen Dame in einem etwas günstigeren Licht dargestellt.
14. *Wuxu bianfa* II, S. 154f.; Liang Qichao, *Nianpu*, S. 23; Kang, *Nianpu*, S. 130; und Lo, *Symposium*, S. 63–66.
15. Kang, *Memorial*, S. 135–137.
16. Ebd., S. 138f. zu einigen technischen Aspekten dieser Erörterung Kangs siehe Kennedy, „Mausers and the Opium Trade“, besonders S. 120f. über die Herstellung von Schnellfeuergewehren.
17. Kang, *Memorial*, S. 140–143.
18. Ebd., S. 143.

19. Ebd., S. 143–145.
20. Ebd., S. 145.
21. Ebd., S. 150. Eine Erörterung der von Kang Youwei und anderen Reformwilligen der späten Qing-Zeit propagierten „Allgemeingültigkeit" des Konfuzianismus (sowie entsprechender westlicher Ansprüche) findet sich in Wong Young-tsu, „The Ideal of Universality in Late Ch'ing Reformism", S. 150–154.
Zu Leibniz und den konfuzianischen Missionsbestrebungen vgl. Lach, *The Preface to Leibniz' Novissima Sinica,* S. 69, sowie Reichwein, *China and Europe,* S. 80f. Auch Zhang Zhidong (Chang Chih-tung) hatte 1886 gefordert, konfuzianische Akademien in Übersee zu gründen. Vgl. dazu Godley, „*The Late Ch'ing Courtship of the Chinese in Southeast Asia*", S. 366.
22. Dieser Abschnitt im Leben Kangs ist dargestellt in Lo, *Symposium,* S. 68–74.
23. Chus Eingabe und die Erwiderung des Kaisers finden sich in *Guangxu Shilu,* 369/22b und 371/6b–7, sowie in der *Peking Gazette* vom 11. August 1895, S. 109. Kangs Einstellung zu Chu ist in Lo, *Symposium,* S. 73 wiedergegeben. Beispiele für die Beziehungen zwischen den Qing und den Übersee-Chinesen gibt Godley in „Overseas Chinese Entrepreneurs as Reformers: The Case of Chang Pi-shih", S. 49–53, sowie in „The Late Ch'ing Courtship", besonders S. 363. Aus Ch'eng I-fan's Studie über Wang Xianqian ist ersichtlich, daß die Einbeziehung überseeischer Kaufleute selbst mit konservativen Vorstellungen von „Kollektivität" vereinbar war. Vgl. Ch'engs „*Kung* as an Ethos in Late Nineteenth Century China", S. 178.
24. Schiffrin, *Sun Yatsen and the Origins of the Chinese Revolution,* Kap. 2. Zu den Regelmäßigkeiten, die in der Auswanderung aus den Heimatbezirken Kangs und Suns in der Provinz Guangdong sichtbar werden, siehe Mei, „Socioeconomic Origins of Emigration", besonders S. 475.
25. Schiffrin, *Sun Yat-sen,* Kap. 3.
26. Schiffrin, *Sun Yat-sen,* Kap. 4; und Armentrout-Ma, „Chinese Politics in the Western Hemisphere, 1893–1911", S. 126–140. Zur gefälschten Geburtsurkunde Suns siehe Worden, „K'ang Yu-wei, Sun Yat-sen, et al. and the Bureau of Immigration", S. 6f. Eine hervorragende Einführung in die Rekrutierungsgewohnheiten und Rituale dieser Geheimgesellschaften gibt Davis, *Primitive Revolutionaries of China,* Kap. 5 und 7. Eine Analyse der allgemeinen Rolle der Geheimgesellschaften während der Revolution findet sich in Lust, „Secret Societies, Popular Movements and the 1911 Revolution", S. 177–184.
27. Lo, *Symposium,* S. 63–75.
28. Ebd., S. 76–83.
29. Ebd., S. 83f. Der Mandschure war Ronglu, Hauptsekretär und Präsident des Kriegsministeriums.
30. Ebd., S. 74.
31. Brief an die Tochter in Kang Youwei, *Wanmu,* S. 776. Vgl. auch Lo, *Symposium,* S. 79, und Kang, *Nianpu,* S. 144. Mit dem „ersten Minister" von 1897 ist Weng Tonghe gemeint.
32. Lo, *Symposium,* S. 95; Kang, *Nianpu,* S. 145.
33. Lo, *Symposium,* S. 98.
34. Kang, *Wanmu,* S. 776.
35. Siehe vor allem Kangs biographisches Gedicht in Kang, *Shiji* V, S. 99–101, und Lo, *Symposium,* S. 148, Anmerkung 22.
36. Lo, *Symposium,* S. 101, 103; vgl. auch die Familienbriefe in Kang, *Wanmu,* S. 773–775, 777.
37. Lo, *Symposium,* S. 104, 115.

38. Kang, *Nianpu,* S. 156; Lo, *Symposium,* S. 117; es gibt auch Hinweise auf große Plakatanschläge während der Regierungszeit Kangxis und der Taiping-Rebellion. Ein erster Versuch, die Beweggründe des Kaisers auszuloten, wurde von Wong Young-tsu unternommen in: „The Significance of the Kuang Hsü Emperor to the Reform Movement of 1898".
39. Zu Tan Sitongs Laufbahn und Schriften vgl. Kwong, „Reflections on an Aspect of Modern China in Transition: T'an Ssu-t'ung (1865–1898) as a Reformer", und Shek, „Some Western Influences on T'an Ssu-t'ung's Thought". Eine engl. Übersetzung von Ausführungen Tans vor den Studienvereinigungen findet sich in Robel, „T'an Ssu-t'ung on Hsüeh Hui or ‚Study Associations'", S. 172–176. Nützliche Bemerkungen zu den *Renxue (Jen-hsueh)* gibt auch Wakeman Jr., in: *History and Will,* S. 128f. In seinem Aufsatz „On the Hundred Days Reform" hat Huang Chang-chien, S. 308, auch auf einige Anti-Mandschu-Aspekte in Tans *Renxue* hingewiesen. Der junge Vorsitzende der Reformgesellschaft in Guangdong war Lin Xu. Quellenhinweise auf Lin und auf die übrigen, die zu Sekretären erwählt wurden, finden sich in Hsiao, *Modern China,* S. 270, Anmerkung 23.
40. Kwong, „Reflections", S. 189; in Lo, *Symposium,* S. 121 finden sich Kangs Bemerkungen über die entschlossenen Gesichter der Gruppe.
41. Kang, *Nianpu,* S. 159; Lo, *Symposium,* S. 122f.
42. Eine engl. Übersetzung des dramatischen Berichts dieser Ereignisse, den Kang verfaßte, findet sich in Lo, *Symposium,* S. 126–142. *Wuxu bianfa* IV, S. 349 enthält Tans letzte Gedichte und Analysen. In „Hundred Days Reform", S. 308f., erörtert Huang Chang-chien Hinweise, daß Kang und Liang tatsächlich einen Gegenputsch planten. Im ersten Akt seines Stückes *Teehaus* bietet Lao She eine brillante Rekonstruktion der seinerzeitigen Stimmung in Peking. Vgl. Hsu Kaiyu und Ting Wang (Hg.), *Literature of the People's Republic of China,* S. 749–761.
43. Lo, *Symposium,* S. 135.
44. Kang, *Shiji,* IV, S. 7. Das Gedicht zeugt von hoher Gelehrsamkeit und kann kaum wörtlich übersetzt werden. Die Übertragung folgt der englischen Übersetzung von Wilhelm aus „The Poems from the Hall of Obscured Brightness", in Lo, *Symposium,* S. 326, 337.
45. Kang, *Nianpu,* S. 167, nach Lo, *Symposium,* S. 138.
46. Lo, *Symposium,* S. 226; Li Yunguang, *Kang Youwei jiashu kaoshi,* S. 2.
47. Lo, *Symposium,* S. 178, 253–255.
48. Ebd., S. 255f. Zu Kangs gescheitertem Versuch, in die Vereinigten Staaten einzureisen, siehe Worden, „Bureau of Immigration", S. 3.
49. Armentrout-Ma, „Chinese Politics", S. 98, 142–148; Lo, *Symposium,* S. 256.
50. Kang, *Shiji,* IV, S. 54, nach Wilhelm, „Poems", S. 330.

2. Visionen und Gewalt

1. Schiffrin, *Sun Yat-sen and the origins of the Chinese Revolution,* S. 218f.; Lo, *Symposium,* S. 182–186; Liang Qichao, *Nianpu,* S. 103.
2. Zu Tang siehe Lewis, *Prologue to the Chinese Revolution,* S. 100–104; Hsiao Kung-chuan, *A Modern China and a New World,* S. 236 Anmerkung 152; Lo, *Symposium,* S. 184–186, 263 Anmerkung 19, sowie Boorman und Howard (Hg.), *Biographical Dictionary of Republican China* (im folgenden zitiert als *BDRC)* I, S. 93a, II, S. 347f. Tangs Gefangennahme mag durch ortsansässige konservative Gelehrte beschleunigt worden sein, die sowohl Kangs Politik als auch seinen

bilderstürmischen Ansichten über konfuzianische Gelehrsamkeit zutiefst mißtrauten und öffentlich seine Unmoral verurteilten. Vgl. Lewis, *Prologue to the Chinese Revolution,* und *BDRC* IV., S. 36b, wo Yeh Te-hui als ein Beispiel genannt wird. Zu Yeh (Ye Dehui) siehe auch McDonald Jr., *The Urban Origins of Rural Revolution,* S. 63–67.

3. Schiffrin, *Sun Yat-sen,* Kap. 5; Bernal, *Chinese Socialism to 1907,* S. 56f. Eine Untersuchung der Vorstellungen Suns über eine Verbindung von dirigistischem Staatssozialismus mit privatem Kapital sowie seine nationalistischen Tendenzen im Zusammenhang mit der „verzögerten Industrialisierung" findet sich in Gregor und Maria Hsia Chang, „*Nazionalfascismo* and the Revolutionary Nationalism of Sun Yat-sen", S. 22–28.
4. Schiffrin, *Sun Yat-sen,* Kap. 8, gibt einen detaillierten Bericht von den Aufständen in Huizhou (Waichow). Die hier zitierten Losungen sind Schiffrin, S. 242 und 244, entnommen. Siehe auch Rhoads, *China's Republican Revolution: The Case of Kwangtung, 1895–1913,* S. 43–46.
5. Kang Youwei, *Shiji* V, S. 38.
6. Zitat in Armentrout-Ma, „Chinese Politics in the Western Hemisphere, 1893–1911", S. 159.
7. Ebd., S. 180, Anmerkung 72, und S. 205f.
8. Yen Ching Hwang, *The Overseas Chinese and the 1911 Revolution, with Special Reference to Singapore and Malaya,* S. 56, 80, Anmerkung 132; Schiffrin, *Sun Yat-sen,* S. 219, 223 (Khoo Seokwan erscheint hier in der Umschrift „Ch'iu Shuyuan"); Lo, *Symposium,* S. 186–189. Für weitere Beispiele siehe Godley, „Overseas Chinese Entrepreneurs as Reformers" und „The Late Ch'ing Courtship of the Chinese in Southeast Asia".
9. Yen, *Overseas Chinese,* S. 39f.; Lo, *Symposium,* S. 264f. Anmerkung 22.
10. Ein faszinierender Bericht über diese Aktivitäten findet sich bei Yen, *Overseas Chinese,* S. 41–51. Zu Suns talentiertem Anhänger You Lie (Yu Lieh) vgl. auch Schiffrin, *Sun Yat-sen,* S. 303f.
11. Zu den „Gongyang" und „Liyun" Überlieferungen vgl. Kung-chuan (Übersetzung von F. W. Mote), *A History of Chinese Political Thought,* S. 124–142; Bauer, *China und die Hoffnung auf Glück,* S. 129, 352f; und Lo, *Symposium,* S. 190–192. Kangs Auslassungen über die Notwendigkeit eines schrittweisen Wandels finden sich in seinen *Wanmu,* S. 187–189.
12. Hsiao, *Modern China,* S. 497–513.
13. Bernal, *Chinese Socialism,* S. 22–28, Zitat S. 25.
14. Vgl. Kang, *Shiji* V, S. 84f.
15. Kang Youwei, *Datongshu,* S. 2, nach Thompson (Hg. und Übers.), *Ta T'ung Shu: The One World Philosophy of K'ang Yu-wei,* S. 63.
16. Kang, *Datongshu,* S. 3.
17. Ebd., S. 4f., nach Thompson, *One World,* S. 65f.
18. Thompson, *One World,* S. 73–75.
19. Ebd., S. 79–127.
20. Kang, *Datongshu,* S. 355f., nach Thompson, *One World,* S. 213. Thompson vermutet, in Anmerkung 10 zu S. 229, die Redewendung „Blut und Eisen" sei eine bewußte Anspielung auf die Politik Bismarcks.
21. Kang, *Datongshu,* S. 180, nach Thompson, *One World,* S. 143.
22. Thompson, *One World,* S. 140–148.
23. Vgl. Hsiao, *Modern China,* S. 402; und Thompson, *One World,* S. 234f.
24. Huang Zunxian, *Renjinglu shicao jianzhu,* IV, S. 132, nach Woon und Lo, „Poets and Poetry of China's Last Empire", S. 353. Eine Biographie Huangs findet sich

in Hummel (Hg.), *Eminent Chinese of the Ch'ing Period* (im folgenden zitiert als *ECCP*), S. 350f.; zu Huangs Nationalismus siehe auch Godley, ,,Late Ch'ing Courtship", S. 368.

25. Kang, *Datongshu*, S. 390, nach der Übersetzung von Thompson, *One World*, S. 234.
26. Thompson, *One World*, S. 236–260; es bestehen hier erstaunliche Parallelen zu den Aufgaben, die die Meister in Hermann Hesses *Glasperlenspiel* erhalten.
27. Thompson, *One World*, S. 169–186 (allgemeine Ausführungen) und S. 187–209 (spezielle Einrichtungen).
28. Lo, *Symposium*, S. 50.
29. Zu seinen Kindern und Nebenfrauen siehe Li Yunguang, *Kang Youwei jiashu kaoshi*, S. 2, Anmerkung 4; und Lo, *Symposium*, S. 42f., 53.
30. Kang, *Shiji* VI, S. 38; Hsiao, *Modern China*, S. 9–11.
31. Kang, *Datongshu*, S. 193, nach Thompson, *One World*, S. 149f.
32. Thompson, *One World*, S. 151, 167, 191, 194, 248–252.
33. Ebd., S. 26.
34. Zu Kangs Reisen in jener Zeit siehe Lo, *Symposium*, S. 193–199. Eine Ablichtung seines zweiseitigen Visums für die Vereinigten Staaten findet sich in Li Yunguang, *Kang Youwei jiashu*, S. 216.
35. Zitiert aus Suns Brief an einen Studenten aus dem Jahre 1903, hier wiedergegeben (mit geringfügigen Änderungen) nach Bernal, *Chinese Socialism*, S. 58; und Schiffrin, *Sun Yatsen*, S. 137.
36. Chang Hao, *Liang Ch'i-ch'ao and Intellectual Transition in China, 1890–1907*, S. 163, 165, 192; eine sehr schöne Beschreibung des Aufkommens sozialdarwinistischer Gedanken findet sich in Schwartz, *In Search of Wealth and Power*.
37. Chang Hao, *Liang*, S. 193, 221f.
38. Ebd., S. 239f.
39. Ebd., S. 242f.
40. Zitiert in Price, *Russia and the Roots of the Chinese Revolution, 1896–1911*, S. 130; siehe ebd. S. 131 sowie S. 251, Anmerkung 39.
41. Ebd., S. 130.
42. Ebd., S. 122f. zu einer Deutung des Werkes von Kemuyama Sentarō.
43. Armentrout-Ma, ,,Chinese Politics", S. 215–220; Lo, *Symposium*, S. 136, 184, 260, Anmerkung 11; Rhoads, *China's Republican Revolution*, S. 47f.
44. Price, *Russia and the Roots*, S. 106f.; Lo, *Symposium*, S. 259, Anmerkung 10; Yen, *Overseas Chinese*, S. 55f.
45. Zitiert in Price, *Russia and the Roots*, S. 125. Zu Han siehe Lo, *Symposium*, S. 53, 184, 191.
46. Broido, *Apostles into Terrorists*, S. 75–81, 183–205. Ein Beispiel einer populären Biographie Sofias aus dem Jahre 1907 geben Li Yu-ning und Chang Yü-fa (Hg.), *Jindai Zhongguo nüchuan yundong shiliao*, S. 346–350. Eine Beschreibung Sofias und anderer Heldinnen findet sich in Witke, ,,Transformation of Attitudes toward Women During the May Fourth Era of Modern China" (im folgenden zitiert als ,,Transformation of Attitudes"), S. 53f.
47. Vgl. hierzu Armentrout-Ma, ,,Chinese Politics", S. 143; der Mordanschlag Liang Tiejuns auf die Kaiserinwitwe ist erwähnt in Lo, *Symposium*, S. 204; den Mordanschlag auf den Gouverneur von Guangxi, Wang Zhijun, unternahm Wan Fuhua. Vgl. Rankin, *Early Chinese Revolutionaries*, S. 102.
48. Price, *Russia and the Roots*, S. 149f.; Rankin, *Early Chinese Revolutionaries*, S. 106–108. Der Ausbilder der Mörder in Japan war Yang Dusheng.
49. Rankin, *Early Chinese Revolutionaries*, S. 69–81, Zitat. S. 80; *ECCP*, S. 769; eine

gute Beschreibung der frühen Reformen im Erziehungswesen findet sich in Rhoads, *Chinese Republican Revolution,* S. 50–56.

50. Zou Rongs Biographie findet sich in Lust (Hg.), *Tsou Jung, The Revolutionary Army,* S. 18–21; und *ECCP,* S. 769.
51. Zou Rong, *Gemingjun,* S. 1f., nach Lust (Hg.), *Tsou Jung,* S. 58. Eine Einschätzung der Ziele Zous versucht Gasster, *Chinese Intellectuals and the Revolution of 1911,* S. 37–42.
52. Lust (Hg.), *Tsou Jung,* S. 78–80; Zitat aus Zou Rong, *Gemingjun,* S. 20. Eine Analyse der Ziele Zou Rongs in Zusammenhang mit den chinesischen „Rassen"-Vorstellungen zu Beginn des 20. Jahrhunderts gibt Fogel, „Race and Class in Chinese historiography", S. 362–365.
53. Lust (Hg.), *Tsou Jung,* S. 106.
54. Ebd., S. 123f.
55. Ebd., S. 126.
56. *ECCP,* S. 769; Lust, „The Su-pao Case"; Wang, „The Su-pao Case".
57. Yen, *Overseas Chinese,* S. 59–63; Armentrout-Ma, „Chinese Politics", S. 280.
58. *Qiu Jin ji,* S. 4f.; vgl. auch Li Yu-ning und Chang Yü-fa (Hg.), *Jindai Zhongguo nüchuan,* S. 423. Beispiele für eine ähnliche Argumentationsweise und für Liang Qichaos Einfluß auf das feministische Schrifttum finden sich in Beahan, „Feminism and Nationalism in the Chinese Women's Press, 1902–1911", S. 390f.
59. Eine gute Zusammenfassung dieser Entwicklung gibt Beahan, „The Women's Movement and Nationalism in Late Ch'ing China"; Rhoads, *China's Republican Revolution,* S. 55f., 64f.; Cohen und Schrecker (Hg.), *Reform in Nineteenth-Century China,* S. 245–251.
60. *Qiu Jin ji,* S. 72, 92, 97, 106; Rankin, „The Emergence of Women at the End of the Ch'ing", S. 52f. Einen Überblick über die Autorinnen Chinas bietet Gálik, „On the Literature Written by Chinese Women Prior to 1917", sowie Ropp, „The Seeds of Change". Eine Erörterung dieser Aspekte findet sich auch in Witke, „Transformation of Attitudes", S. 55–62.
61. *Qiu Jin ji,* S. 36.
62. Ebenda, S. 106; Gálik, „Literature Written by Chinese Women", S. 93.
63. *Qiu Jin ji,* S. 36.
64. *ECCP,* S. 169f.; Rankin, „The Emergence of Women," S. 47–50, und *Early Chinese Revolutionaries,* S. 40–42. In einem bewegenden Bericht hat Qiu Jins Tochter ihre freudlose Jugend beschrieben, nachdem ihre Mutter sie im Stich gelassen hatte und sie der Obhut einer Reihe von Freunden, Kindermädchen und Großeltern überantwortet wurde. Vgl. Qiu Canzhi, *Qiu Jin geming zhuan,* S. 30f., 156–161.
65. *Qiu Jin ji,* S. 85.
66. Ebd., S. 73. Zu den Studenten in Japan siehe Huang, „Liang Ch'i-ch'ao", S. 76–79.
67. Zu ihrem Lobgedicht auf Wu Yue siehe *Qiu Jin ji,* S. 78f. Zur Zeitschrift der Zhejiang-Studenten in Japan und der positiven Beurteilung von Sofia Perowskaja und den Mordanschlägen siehe Price, *Russia and the Roots,* S. 210; vgl. auch Scalapino, „Prelude to Marxismus", S. 196, 200.
68. Rankin, *Early Chinese Revolutionaries,* S. 41, 254, Anmerkungen 99 und 100; Qui Canzhi, *Qiu Jin geming zhuan,* S. 34.
69. *Qiu Jin ji,* S. 76.
70. Ebd., S. 33; es handelt sich dabei um den ersten von neun erhaltenen Briefen an ihren Bruder Qiu Yuzhang.
71. Rankin, *Early Chinese Revolutionaries,* S. 104, weist besonders auf das Werk von

Cai Yuanpei und Chen Chimei hin; vgl. auch Rankin, „The Revolutionary Movement in Japan: A Study in the Tenacity of Tradition", S. 331–334. Eine Analyse der theoretischen Grundlagen des Boykotts gibt Iriye, „Public Opinion and Foreign Policy", siehe vor allem S. 224.

72. Qiu Jin ji, S. 185f.; Qiu Canzhi, *Qiu Jin geming zhuan*, S. 9.
73. Siehe das Verzeichnis der Arbeiten in *Qiu Jin ji*, S. 163–175, Kommentare dazu ebd., S. 186. Eine Zusammenfassung ihrer Jahre in Shanghai gibt Rankin, „The Emergence of Women", S. 53–57.
74. *Qiu Jin ji*, S. 83. Sowohl Beahan, „Feminism and Nationalism", S. 400–402, als auch Witke, „Transformation of Attitudes", S. 60f., erörtern die Dichotomie zwischen politischem Aktivismus und Feminismus. Eine Deutung von Qiu Jins Romanentwurf über fünf rebellische Freundinnen findet sich in Rankin, „The Emergence of Women", S. 57f.
75. Ein faszinierender Bericht über einen weiteren Förderer, den Anarchisten und Magnaten Zhang Renjie, findet sich in Rankin, *Early Chinese Revolutionaries*, S. 104.
76. Diese Reformen sind umfassend beschrieben bei Rhoads, *China's Republican Revolution*, Kap. 4, und bei Wright, *China in Revolution*, Kap. 3, 4 und 8. Wrights Einführung und auch Wakeman Jr., *The Fall of Imperial China*, S. 230–239, befassen sich mit den erwachenden gesellschaftlichen Kräften. Eine Analyse des Qing-Staates und der Neuen Armeen geben Mackinnon, „The Peiyang Army, Yüan Shih-k'ai, and the Origins of Modern Chinese Warlordism", S. 406–409, und O'Brien, „Military Academies in China, 1885–1915".
77. Rankin, *Early Chinese Revolutionaries*, S. 164–166.
78. Ebd., S. 169–173, 177, 285, Anmerkung 11.
79. *Qiu Jin ji*, S. 21–25.
80. Ebd., S. 186.
81. Ebd., S. 64.
82. Rankin, *Early Chinese Revolutionaries*, S. 174f.
83. Ebd., S. 183f.
84. Ebd., S. 180–184.
85. *Qiu Jin ji*, S. 91.

3. Wanderungen

1. Lu Xun, *Selected Works* (im folgenden zitiert als *SW*) I, S. 410f. Eine grundlegende Biographie Lu Xuns unter diesem Namen verfaßte Zhou Shuren (Chou Shujen), alle seine Schriften findet sich in *BDRC* I, S. 416–424.
2. Zu Lu Xuns Auslassungen über Xu Xilin siehe *SW* I, S. 414; zu seinen Auslassungen über Qiu Jin siehe Lyell, *Lu Hsün's Vision of Reality*, S. 83f., 183.
3. *Lu Xun Quanji* II, S. 405, nach Lyell, *Vision*, S. 47f., und Lee, „Genesis of a Writer," S. 170, 426, Anmerkung 45. Eine Erörterung der Studie Yan Fus über Huxley findet sich in Schwartz, *In Search of Wealth and Power*, S. 98–112.
4. Siehe C.T. Hsia, „Yen Fu and Liang Ch'i-ch'ao as Advocates of New Fiction", S. 244, Anmerkung 26, und S. 245, Anmerkung 28. Vgl. auch Lee, *The Romantic Generation of Chinese Writers*, S. 51–56. Einzelheiten zu Lus frühem Erziehungs- und Leseprogramm finden sich in Zhou Zuoren, *Guatou ji*, S. 212–224.
5. Hsia, „Yen Fu and Liang Ch'i-ch'ao", S. 256.
6. Alle diese Einzelheiten finden sich in Lyell, *Vision*, S. 12–20, 45f.
7. Hsia, „Yen Fu and Liang Ch'i-ch'ao", S. 222f.

8. Lyell, *Vision*, S. 65–68. Lu Xuns Aufsatz über Sparta findet sich in seinen *Quanji* VII, S. 374–384. Eine detaillierte Beschreibung der intellektuellen Entwicklung Liangs in Japan gibt Philip Huang in „Liang Ch'i-ch'ao" S. 81–95.
9. Lu Xun beschreibt eine solche Rede von Wu Zhihui in *SW* IV, S. 274.
10. Nach Lu Xun, *SW* I, S. 402.
11. Zu Chiang siehe *BDRC* I, S. 319; zu Zhang siehe Lewis, *Prologue to the Chinese Revolution;* zu Huang siehe Lu Xun, *SW,* IV, S. 276.
12. Huang Hsin-chyu (Übers.), *Poems of Lu Hsun,* S. 1, 61, auch nach Lyell, *Vision,* S. 56, und Lee, „Genesis", S. 173; der Hinweis auf Lara findet sich in Lyell, *Vision,* S. 56, Anmerkung 11. Lu Xun erwähnte die „Unbequemlichkeit" des Zopfes in *SW* IV, S. 276.
13. Nach Lu Xun, *SW* I, S. 2, und Lin Yü-sheng, *The Crisis of Chinese Consciousness,* S. 106.
14. Lin, *Crisis,* S. 109, Anmerkung 11.
15. Lyell, *Vision,* S. 20.
16. Lin, *Crisis,* S. 108. Die Verwendung der Metapher „Krankheit" bei Zhu Xi über Liang Qichao bis zu Mao Zedong untersucht Wakeman Jr., *History and Will,* S. 35–37.
17. Eine Zusammenfassung seiner Studien gibt Lyell, *Vision,* S. 72.
18. Lu Xun, *SW,* I, S. 407f.
19. Ebd., I, S. 3.
20. Lyell, *Vision,* S. 32f.; 9, Anmerkung 2; 105.
21. Eber, „Images of Oppressed Peoples and Modern Chinese Literature", S. 129, und Eber, *Voices from Afar,* S. 24–33.
22. Lyell, *Vision,* S. 80, 86, 91; Eber, „Images", S. 130; Hanan, „The Technique of Lu Hsün's fiction", S. 57f.
23. Zu seiner allgemeinen Einschätzung Zhangs siehe Lu Xun, *SW* IV, S. 267f.; Eine Erörterung der Ansichten Lus zu Zhangs Stil gibt Fogel, „Race and Class in Chinese Historiography", S. 347. Eine sorgfältige Analyse der Gedanken Zhangs findet sich in Gasster, *Chinese Intellectuals and the Revolution of 1911,* Kap. 6.
24. Zitiert in Eber, „Images", S. 130.
25. Mehrere Wissenschaftler haben sich mit der „Mara"-Dichtung befaßt, darunter Fokkema, „Lu Xun", S. 90; Lee, „Genesis", S. 181; Mills, „Lu Xun", S. 192, und Lyell, *Vision,* S. 91f.
26. *Lu Xun Quanji* I, S. 41, nach Mills, „Lu Xun", S. 194, und Lee, „Genesis", S. 181.
27. Zitiert in Mills, „Lu Xun", S. 192.
28. Vgl. die ausgezeichnete Darstellung ebd., S. 192–194; die Zitate finden sich alle auf den Seiten 192 und 193. Auf S. 194 weist Mills auf die Einflüsse Tolstois bei Lu hin. Siehe auch Lyell, *Vision,* S. 92f.
29. Lyell, *Vision,* S. 95f., Lin, *Crisis,* S. 114, Anmerkung 21; Zhou Zuoren, *Guatou ji,* S. 233–236: In Tokio wurden 21 Exemplare von Band 1 und 20 Exemplare von Band 2 verkauft; gedruckt worden waren 1000 bzw. 500 Exemplare. Zu Lu Xuns Absicht, das Mädchen aus George Watts' „Hope" als Titelbild für die Zeitschrift *Neues Leben* herzunehmen, siehe Shozo, „The Origins of Lu Xun's Literature and Philosophy", S. 10–12.
30. Chang Hao, *Liang Ch'i-ch'ao and Intellectual Transition in China, 1890–1907,* S. 222–24; zu Liang und Bellamy siehe Hsia, „Yen Fu and Liang Ch'i-ch'ao", S. 252–254 und 252, Anmerkung 44. Zu Liang und Datong siehe Kang Youwei, *Shiji* I, S. 3.
31. Eine Erörterung der Gesellschaft, der Zhengwenshe, findet sich in Lo, *Sympo-*

sium, besonders auf S. 273, Anmerkung 42; einen Hinweis auf die Verbindung zu kaufmännischen Kreisen bietet Iriye, „Public Opinion and Foreign Policy", S. 226f. Zu den anderen Gruppen und zu der Namensgebung der Gesellschaften siehe Armentrout-Ma, „Chinese Politics in the Western Hemisphere, 1893–1911", S. 269f., 303.

32. Armentrout-Ma, „Chinese Politics", S. 300f.
33. Lo, *Symposium,* S. 199, 271, Anmerkungen 33 und 34; zu Los Angeles siehe Armentrout-Ma, „Chinese Politics", S. 285f., zu Kangs Schwierigkeiten mit Homer Lea siehe ebd., S. 293–297. Ein Ausschnitt aus einem der Lieder Kangs findet sich bei Hsiao Kung-chuan, *A Modern China and a New World,* S. 242f. Siehe auch den Zyklus patriotischer Gedichte in Kang, *Shiji* I, S. 6–15.
34. Lo, *Symposium,* S. 207, 273, Anmerkung 39.
35. Iriye, „Public Opinion", S. 227, 235; Lo, *Symposium,* S. 270, Anmerkung 32; Armentrout-Ma, „Chinese Politics", S. 299.
36. Lo, *Symposium,* S. 213, zeigt die politischen Forderungen auf; Young, „The Reformer as a Conspirator", S. 243, weist auf den starken Einfluß hin, den die Qing-Anweisung, die „Gesellschaft für Politische Information" aufzulösen, auf Liang ausübte.
37. Lo, *Symposium,* S. 200.
38. Ebd., S. 272, Anmerkung 37.
39. Zu Einzelheiten seiner finanziellen Situation siehe ebd., S. 202–208, 215.
40. Zu seinen Reisen siehe ebd., an mehreren Stellen. Bezüglich seiner Nebenfrau He Zhanli siehe ebd., S. 210, 214; Hsiao, *Modern China,* S. 10, und Li Yunguang, *Kang Youwei jiashu kaoshi,* S. 2.
41. Zu Paris und dem Ballonflug siehe Kang, *Shiji* VII, S. 71–74; zu den Niederlanden und zu Konstantinopel vgl.: Lo, *Symposium,* S. 197, 212.
42. Kangs ausführliches Gedicht über die Klagemauer findet sich in Kang, *Shiji,* XI, S. 49–56. Eine Übersetzung einiger Ausschnitte geben Woon und Lo, „Poets and Poetry of China's Last Empire", S. 357f. Die vier Verse, die hier übersetzt werden, entstammen Kang, *Shiji* XI, S. 50: Zeilen 1 und 2, S. 51: Zeilen 2 und 3, S. 55: Zeilen 4 und 5, S. 56: Zeilen 4 bis 6.
43. Esherick, *Reform and Revolution in China,* S. 58–65; *BDRC* III, S. 211 (unter „T'an Chen"); Lewis, *Prologue to the Chinese Revolution,* S. 185–190.
44. Liew, *Struggle for Democracy,* S. 61–65, enthält Einzelheiten über den Plan und über die Finanzierung. Der Versuch wurde von Song Jiaoren (Sung Chiao-jen) unternommen.
45. Rhoads, *China's Republican Revolution,* S. 110–121, und *BDRC* II, S. 194 (unter „Huang Hsing").
46. Rhoads, *China's Republican Revolution,* S. 186–189, und *BDRC* II, S. 194.
47. Rhoads, *China's Republican Revolution,* S. 114, 196.
48. Zur Ausdehnung siehe Armentrout-Ma, „Chinese Politics", S. 344–347; bezüglich des Übersetzers siehe S. 359.
49. Ebd., S. 372–375.
50. Rhoads, *China's Republican Revolution,* S. 197–203; Beweise für die Unterstützung durch die Triaden und andere Geheimgesellschaften in der Region Huizhou (Waichou) bietet Hsieh, „Triads, Salt Smugglers, and Local Uprisings", S. 148, 164.
51. Die beste Zusammenfassung der revolutionären Elemente findet sich in Wrights Einführung zu *China in Revolution.* Die Zentralisierungs- sowie die Eisenbahnpolitik sind mehrfach analysiert worden – eine gute Erläuterung der jeweiligen Interessen gibt Feuerwerker, *China's Early Industrialization,* S. 66–70, 80–82;

siehe auch Wakeman Jr., *The Fall of Imperial China,* S. 237–239, 247f. Eine gute Übersicht über die verschiedenen gesellschaftlichen und wirtschaftlichen Spannungen, von denen das Reformzentrum in Changsha zur späten Qing-Zeit geprägt war, findet sich bei Rosenbaum, „Gentry Power and the Changsha Rice Riot of 1910"; zu Ye Dehuis Rolle siehe ebd., S. 697, 707.

52. Eine anschauliche Darstellung der Aufstände in der Drei-Stadt und der gesellschaftspolitischen Hintergründe gibt Esherick, *Reform and Revolution,* Kap. 6; eine chronologische Darstellung der Aufstände findet sich bei Dutt, „The First Week of Revolution: The Wuchang Uprising".
53. Bezüglich der Provinz Guangxi siehe *BDRC* II, S. 447 (unter „Lu Jung-t'ing"), und Diana Lary, *Region and Nation,* S. 27–29; bezüglich der Provinz Yunnan sieht *BDRC* III, S. 286 (unter „Ts'ai O").
54. Bezüglich Hunan siehe *BDRC* III, S. 221 (unter „T'an Yen-k'ai"); McDonald Jr., *The Urban Origins of Rural Revolution,* S. 22–24. Zu Hubei siehe *BDRC* II, S. 346 (unter „Li Yuan-hung"); Dutt, „The Wuchang Uprising", S. 404–413. Zu Shanghai und Zhejiang siehe Rankin, *Early Chinese Revolutionaries* S. 198, 210, 217. Ch'i Hsi-sheng, *Warlord Politics in China, 1916–1928,* 1. Kap., weist auf den tiefgreifenden Charakter dieser örtlichen Zersplitterung hin.
55. Zu Chiang Kaishek siehe Loh, *The Early Chiang Kai-shek,* S. 20–26. Rankin, *Early Chinese Revolutionaries,* S. 211 und 297, Anmerkung 39, und Loh, ebd., S. 27 erörtern Chiangs Bereitschaft, Chen Chimei durch die Ermordung eines wichtigen Führers der Restaurations-Gesellschaft zu helfen. Zu Maos Aufenthalt in Changsha siehe Schram, *Mao Tse-tung,* S. 32–34.
56. Eine gute Zusammenfassung gibt Young, „Yuan Shih-kai's Rise to the Presidency". Siehe auch Mackinnon, „The Peiyang Army", S. 419 zur hohen Anzahl an Deserteuren und dem Mangel an politischem Bewußtsein unter den Soldaten.
57. Kang, *Shiji* XII, S. 19, 32.
58. Zitiert in Liang Qichao, *Nianpu,* S. 342.
59. Hsiao, *Modern China,* S. 246, und Liang, *Nianpu,* S. 342.
60. Lo, *Symposium,* S. 218.
61. Liang, *Nianpu,* S. 339.
62. Lo, *Symposium,* S. 219, und Hsiao, *Modern China,* S. 247.
63. Zu dem Coup in Nordchina und dem Besuch in der Mandschurei siehe Young, „Reformer as Conspirator", S. 249–259; zu den Plänen im Süden ebd., S. 259–265; vgl. auch Liang, *Nianpu,* S. 344f.
64. Zu Kangs Vorschlägen siehe Hsiao, *Modern China,* S. 247f. In Liang, *Nianpu,* S. 384, datiert Liangs Schüler Ding Wenjiang das Zerwürfnis auf April oder Mai 1912.
65. Liang, *Nianpu,* S. 406, Brief vom 8. Oktober 1912.
66. Rankin, *Early Chinese Revolutionaries,* S. 214–219.
67. Lu Xun, *SW* I, S. 416 (mit kleinen Änderungen). Eine Erörterung der Struktur der Shaoxing-Gesellschaft und ihrer Einschätzung durch Lu Xun gibt Cole, „The Shaoxing Connection".
68. Übersetzt in Lyell, *Vision,* S. 322. Die Geschichte, die später von Lus Bruder noch einen Titel erhielt, wurde auch von Jaroslav Prusek analysiert, der sie eine „reine" und „klinische" Fallstudie nannte; siehe Pruseks „Lu Hsün's ‚Huai-chiu'", S. 170.
69. Lyell, *Vision,* S. 325.
70. Ebd., S. 321.
71. Ebd., S. 327 (mit kleinen Änderungen).

4. Der ferne Horizont

1. Shen Congwen, *Congwen Zichuan*, S. 28; Kinkley, „Shen Ts'ung-wen's Vision of Republican China", S. 402, Anmerkung 10, nennt die Gründe, warum Shens Geburtsdatum auf 1902 angesetzt wird.
2. Shen, *Zichuan*, S. 26f.
3. Ebd., S. 28f., nach Nieh Hua-ling, *Shen Ts'ung-wen*, S. 21f.
4. Nach der engl. Übersetzung in Nieh, *Shen*, S. 22 (mit kleinen Änderungen); Shen, *Zichuan*, S. 29f.
5. Shen, *Zichuan*, Kap. 3; ausführliche Ausschnitte finden sich in Kinkley, „Shen", und Nieh, *Shen*.
6. Zu den verwandtschaftlichen Beziehungen siehe Kinkley, „Shen", S. 422, Anmerkung 22; zu Xiung siehe *BDRC* II, S. 108, und Lo, *Symposium*, S. 142, 204.
7. Kinkley, „Shen", S. 109, 111.
8. Shen, *Zichuan*, S. 6f.
9. Ebd., S. 31–33. Eine gute Dokumentation der wachsenden Kontrolle der Elite auf örtlicher Ebene findet sich bei Kuhn, „Local Self-government under the Republic"; bezüglich des dominierenden Einflusses der Gentry auf den Ablauf der Revolution siehe Ichiko Chūzōs überzeugende Ausführungen in „The Role of the Gentry".
10. Lu Xun, *SW*, I, S. 418.
11. Das Argument, Yuan selbst habe diese Meutereien angezettelt, wird überzeugend zurückgewiesen durch Young, „Yuan Shih-k'ai's Rise to the Presidency", S. 436–441.
12. K. S. Liew, *Struggle for Democracy*, S. 182–190; *BDRC* III, S. 194f. Zu Kang und der Bezeichnung „Guomindang" siehe Lo, *Symposium*, S. 222.
13. Liang Qichao, *Nianpu*, S. 418, Brief an die Tochter vom 18. März 1913.
14. Ebd., S. 418, erste Parenthese im Brief vom 18. März 1913 an die Tochter. Zu den Problemen der Wahl siehe auch Alitto, *The Last Confucian*, S. 47f.
15. *BDRC* II, S. 108f., IV, S. 87 (unter „Hsiung Hsi-ling" und „Yuan Shih-k'ai").
16. *BDRC* II, S. 350 (unter „Liang Ch'i-ch'ao").
17. Eine sorgfältige Analyse der zentralistischen Ziele Yuans und der damit verbundenen Kosten findet sich bei Ernest Young, *The Presidency of Yuan Shih-k'ai*, an mehreren Stellen, vgl. besonders aber S. 150–155. Zu den Kosten, die die Reformen mit sich brachten, und dem Widerstand gegen die Reformen siehe auch Schoppa, „Local Self-Government in Zhejiang 1909–1927", S. 508–509; Esherick, *Reform and Revolution*, S. 117–123; McDonald Jr., *The Urban Origins of Rural Revolution*, S. 23–25.
18. Zu den einundzwanzig Forderungen siehe Young, *The Presidency of Yuan Shih-k'ai*, S. 186–189.
19. Lo, *Symposium*, S. 222–226.
20. Ebd., S. 226f.
21. Ebd., S. 229; *BDRC* II, S. 448 und 456 (unter „Lo Jung-t'ing" und „Lung Chi-kuang"). Vgl. *BDRC* III, S. 289, zu Cai E (Ts'ai O).
22. Kang Youwei, *Wanmu caotang yigao waibian*, S. 612.
23. Lin, *In Quest, Poems of Chou En-lai*, chinesischer Text auf S. 42, nach der Übersetzung ins Englische durch Lin, S. 7.
24. Kang Youwei, *Shiji*, XIV, S. 2.
25. Lo, *Symposium*, S. 233; das Gedicht, das nach dem traditionellen Kalender auf den dreizehnten Tag des fünften Monats datiert ist, findet sich in Kang, *Shiji* XIV,

S. 3. Zu den militärischen Aspekten von Zhangs Staatsstreich siehe Ch'i Hsi-sheng, *Warlord Politics in China, 1916–1928,* S. 17f., 136–138.

26. Hsiao Kung-chuan, *A Modern China and a New World,* S. 255; Lo, *Symposium,* S. 234.
27. Kang, *Shiji* XIV, S. 4f.
28. Lo, *Symposium,* S. 235, und Kang, *Shiji* XIV, S. 6. Zur eigentlichen Entscheidung, den Fehlschlag der Restauration dazu zu nutzen, das Parlament neu zu strukturieren, und zu faszinierenden Einzelheiten der folgenden Wahlen siehe Nathan, *Peking Politics 1918–1923,* S. 91–103.
29. Eine umfassende Typologie der Militärherrscher erstellt Ch'i Hsi-sheng in *Warlord Politics;* zum Hintergrund der ,,Guangxi-Clique" siehe Lary, *Region and Nation;* zu den Militärherrschern in Sichuan siehe Kapp, *Szechwan and the Chinese Republic;* zum bemerkenswerten Hintergrund Feng Yuxiangs vgl. Sheridan, *Chinese Warlord;* ein anschauliches Portrait der Bandenführer-Militärs von der Art des Weißen Wolf gibt Friedman, *Backward Toward Revolution.* Ein guter Überblick über die verschiedenen Quellen findet sich in Lary, ,,Warlord Studies".
30. Shen Congwen, *Zichuan,* Kap. 9, 10, 16. Einzelheiten aus diesen Kapiteln und aus der Dichtung Shens sind in dem sehr schönen dritten Kapitel von Kinkleys ,,Shen" zusammengetragen. Die Kapitel 4 und 5 in Ch'i Hsi-shengs *Warlord Politics,* in denen die Rekrutierungs- und Ausbildungsmethoden beschrieben werden, bestätigen die Genauigkeit der Aufzeichnungen Shens.
31. Shen, *Zichuan,* S. 131f., nach der Übersetzung ins Englische durch McDonald in Birch (Hg.), *Anthology of Chinese Literature* II, S. 284f.
32. Kangs Einschätzung findet sich in Lo, *Symposium,* S. 226; einen allgemeinen Überblick über Gewaltaktionen im 19. Jahrhundert bietet Yang, ,,Some Preliminary Statistical Patterns of Mass Actions in Nineteenth-Century China".
33. Alitto, *Last Confucian,* S. 63–65.
34. Bezüglich Lu Xuns Ansicht über Liang in seiner Geschichte ,,Weißes Licht" siehe Alitto, *Last Confucian,* S. 69. Zur Syphilismetapher in Lus Schriften siehe Lin Yü-sheng, *The Crisis of Chinese Consciousness,* S. 116f., auf S. 116, Anmerkung 27. erörtert Lin die Möglichkeit, daß Zhou Zuoren an der Niederschrift dieses Aufsatzes beteiligt war.
35. *Lu Xun Quanji* I, S. 274. Lin, *Crisis,* S. 118, identifiziert den Fragesteller ,,Jin" in dieser Anekdote als Qian Xuantong; zu Qian siehe *BDRC* I, S. 368 (unter ,,Ch'ien Hsuan-t'ung").
36. *Lu Xun Quanji* I, S. 272, nach Lu Xun, *SW* I, S. 4.
37. Lu Xun, *SW* I, S. 6.
38. Lin, *Crisis,* S. 70f., 75. Zu dieser Periode der ,,Kultursuche" – im Gegensatz zu den späteren Phasen marxistisch beeinflußter Theorie und politischer Aktionen der *Neuen Jugend* – siehe Sullivan und Solomon, ,,The Formation of Chinese Communist Ideology in the May Fourth Era"; die Tabellen befinden sich auf S. 128f.
39. Zitiert in Lin, *Crisis,* S. 76. Eine engl. Übersetzung der Schriften Chens über Jugend und Patriotismus findet sich bei Fountain (Hg.), *Ch'en Tu-hsiu,* Dok. 2–4.
40. Wie zitiert in Lin, *Crisis,* S. 59, mit kleinen Änderungen. Zur Stärke des Provinzialismus und zur Schwäche des ,,Nationalismus" während dieser Periode siehe Schoppas Analyse von Zhejiang in ,,Province and Nation", S. 665f.
41. Link, ,,Traditional-style Popular Urban Fiction in the Teens and Twenties", S. 330–334, 339; Link hat darüber hinaus eine fesselnde Geschichte aus dieser Periode übersetzt – eine Geschichte von Liebe und Rache, begründet in der

leidenschaftlichen Beziehung zwischen einer Chinesin und einem jungen Engländer. Vgl. Zhou Shoujuan, „We Shall Meet Again".

42. Lu Xun, *SW* I, S. 6; eine Erörterung findet sich in Lin, *Crisis*, S. 118.
43. Lu Xun, *SW* I, S. 400f. Die Bedeutung von Erinnerung und Realität in derartigen Passagen erörtert Lyell, *Lu Hsün's Vision of Reality*, an mehreren Stellen, besonders in Kapitel 10.
44. Lu Xun, *SW* I, S. 1.
45. Zu Lus Werk siehe vor allem Lyell, *Vision;* Lin, *Crisis;* die Aufsätze in Hsia Tsian, *The Gate of Darkness*, und C.T. Hsia, *A History of Modern Chinese Fiction 1917–1957*, S. 28–54.
46. *Lu Xun Quanji* I, S. 307–310, nach Kennedys Übersetzung ins Englische in Isaacs (Hg.), *Straw Sandals*, S. 21–24, Lu Xun, *SW* I, S. 29–39, und Hsia, *History of Modern Chinese Fiction*, S. 35. Weitere Analysen der Struktur der Geschichte bieten Dolezelová-Velingerová, „Lu Xun's ‚Medicine'", Lyell, *Vision*, S. 252, 276–280, und Hanan, „The Technique of Lu Hsün's Fiction"; letzterer erörtert auf S. 62–66 den Einfluß Andrejews auf Lu Xun. Qiu Jin war in ihrer Kindheit wie der Märtyrer der Revolution in Lu Xuns Geschichte mit dem Namen „Yu" gerufen worden; siehe Qiu Canzhi, *Qiu Jin geming zhuan*, S. 3.
47. Zu diesen Wurzeln des chinesischen Sozialismus siehe Bernal, *Chinese Socialism to 1907*, und Price, *Russia and the Roots of the Chinese Revolution;* zu den Arbeitern in Frankreich siehe Chesneaux, *The Chinese Labor Movement, 1919–1927* (übersetzt von Wright), S. 138–140; McDonald, *Urban Origins*, S. 120; Garrett, *Social Reformers in Urban China*, S. 154–156.
48. Diese Kredite von 1918 werden allgemein als „Nishihara-Kredite" bezeichnet.
49. Liang Qichao, *Nianpu*, S. 554f.
50. Ebd., S. 556.
51. Ebd., S. 556, die Postkarte an die Tochter trägt das Datum vom 7. März 1919.
52. Ebd., S. 557, 560. Eine Erörterung der Ursachen für Liangs Erfolglosigkeit zu jener Zeit findet sich bei Levenson, *Liang Ch'i-ch'ao and the Mind of Modern China*, S. 184–190, 196–201.
53. Das Gedicht stammt von Guo Moruo, *The Goddesses*, S. 32f. Schwartz warnt davor, die 4.-Mai-Bewegung höher zu bewerten „als einen etwas über die anderen herausragenden Bergrücken in einer gebirgigen Landschaft" (siehe Schwartz [Hg.], *Reflections on the May Fourth Movement: A Symposium*, S. 4); meiner Ansicht nach war das Ausmaß des damaligen emotionalen Wandels so tiefgreifend, daß eine wirklich neue Phase in der Geschichte Chinas eingeleitet wurde. Vgl. auch Furth in Schwartz, *Reflections*, S. 59.

5. Das Land des Hungers

1. Chow, *The May Fourth Movement*, S. 106–109.
2. *BDRC* III, S. 299–302, und Chow, *May Fourth*, S. 102, Anmerkung v; Einzelheiten zu Caos Verbindungen und finanziellen Transaktionen mit Japan gibt Chi, „Bureaucratic Capitalists in Operation", S. 678–681, 685f.
3. Chow, *May Fourth*, S. 132. Ein aufschlußreiches Licht auf die Krawalle in Tokio wirft die Karriere von Peng Pai. Siehe dazu Pang Yong-pil, „Peng Pai: From Landlord to Revolutionary", S. 309–311.
4. Chow, *May Fourth*, S. 126–127.
5. Ebd., S. 128, Anmerkung m, und S. 141–143; Chesneaux, *The Chinese Labor Movement 1919–1927*, S. 152.

6. Vgl. die Zusammenfassung seiner Kanzlerschaft in Chow, *May Fourth,* S. 47–51, und seine Rücktrittserklärung ebd., S. 135, Anmerkung q; ein umfassender Überblick über seine damalige Laufbahn findet sich bei Duiker, *Ts'ai Yüan-p'ei,* S. 53–73.
7. Chow, *May Fourth,* S. 143f.
8. Zu Xu Shichang siehe *BDRC* II, S. 136–140 (unter „Hsu Shih-ch'ang").
9. Zitiert in Chow, *May Fourth,* S. 173, Anmerkung b.
10. Ebd., S. 150f. und S. 150, Anmerkung e.
11. Chesneaux, *Chinese Labor Movement,* S. 152f.; Chow, *May Fourth,* S. 129f., 141, 157. Eine ausgezeichnete Analyse der Auswirkungen auf Shanghai gibt Chen, *The May Fourth Movement in Shanghai,* Kap. 5.
12. Chow, *May Fourth,* S. 129f., 151.
13. Ebd., S. 165f.
14. Eine Liste von Zeitschriften findet sich ebd., S. 178f.
15. Nach der engl. Übersetzung ebd., S. 174f. (mit kleinen Änderungen).
16. Eine gute Zusammenfassung solcher Initiativen findet sich bei Beahan, „The Women's Movement and Nationalism in Late Ch'ing China", Kap. 6: „Women in Groups". Zu den weiblichen Armee-Einheiten und zu den kämpferischen Auftritten von Fräulein Tang Qunying im Parlament von Nanking siehe Chen Dongyuan, *Zhongguo funü shenghuo shi,* S. 355–360, und Witke, „Transformation of Attitudes", S. 62–64, 68–71. Vgl. auch Croll, *Feminism and Socialism in China,* S. 70–72, und Chow, *May Fourth,* S. 258, Anmerkung c.
17. Beahan, „Women's Movement", S. 350, 357f., und *BDRC* II, S. 232.
18. Statistiken zur Anzahl der Studenten finden sich in Chen Dongyuan, *Zhongguo funü,* S. 349, 389–392. Der Wandel in der Einstellung auf örtlicher Ebene ist deutlich aufgezeigt in Ding Ling, *Muqin,* S. 140f., 144, 155. Eine umfassende Liste neuer Frauenorganisationen findet sich in Siu, *Fifty Years of Struggle,* S. 71–79.
19. Chen Dongyuan, *Zhongguo funü,* S. 365–372; zu Lu Xun, Hu Shi und anderen, die zur Lektüre Ibsens aufriefen, siehe Eide, „Ibsen's Nora and Chinese Interpretations of Female Emancipation"; Chang Jun-mei, *Ting Ling,* S. 18f.; und Witke, „Transformation of Attitudes", S. 164–166. Leith, „Chinese Women in the Early Communist Movement", stellt die Schwiergkeit dar, die natürliche Abneigung der Frauen gegenüber Aktivismus und Protest zu überwinden.
20. „Ding Ling" ist das Pseudonym, dessen Jiang Bingzhi sich während ihres gesamten Erwachsenenlebens bediente. Ihr Geburtsdatum ist umstritten. Ich selbst habe mich für das Jahr 1905 entschieden, da Ding Ling in „Jiang yidian xinli hua" selbst sagt, 1919 sei sie 15 *sui* alt gewesen, und da sie in „Xiang Jingyu tongzhi" auf S. 184 erwähnt, 1911 sei sie 7 *sui* alt gewesen. Eine eingehende Erörterung ihrer Jugend findet sich in Gary Bjorge, „Ting Ling's Early Years", S. 9–22. Bjorge nimmt als Geburtsjahr 1906 an. Zong Chen und Shang Xia nennen in „Ding Ling zaoqi de shenghuo he chuangzuo" als Geburtsdatum den 12. Oktober 1904.
21. *Ding Ling pingzhuan,* S. 223; Ding Ling, *Muqin,* S. 226, 235–239.
22. Ding Ling, *Muqin,* S. 211; Chang, *Ting Ling,* S. 3; zum Reichtum des Elternhauses siehe *Ding Ling pingzhuan,* S. 223; Bjorge, „Ting Ling's Early Years", S. 11–14.
23. Charlton M. Lewis, *Prologue to the Chinese Revolution,* S. 47–59; Witke, „Transformation of Attitudes", S. 284, 297.
24. Zu Ding Lings Aussagen über die Entstehung ihres biographischen und autobiographischen Romans *Muqin* („Mutter") siehe *Ding Ling pingzhuan,* S. 127–130.

25. Ding Ling, *Muqin,* S. 159.
26. Ebd., S. 187.
27. Ebd., S. 189, 191.
28. Ding Ling beschreibt diese Gruppe von sieben Frauen in „Xiang Jingyu tongzhi liugei wo de yingxiang", S. 184, Spalte 2. Ein Bericht über eine ähnliche Gruppe findet sich in *Muqin,* S. 198–203.
29. Ding Ling, *Muqin,* S. 194.
30. Ebd., S. 80f., findet sich eine anschauliche Beschreibung dieser unterschiedlichen Stellung von Mann und Frau.
31. Eine ausführliche Beschreibung dieser Szene findet sich ebd., S. 137–147.
32. Ebd., S. 160f.
33. Chang, *Ting Ling,* S. 2–4; Ding Ling, „Xiang Jingyu tongzhi", S. 185, Spalte 1.
34. Ding Ling, „Xiang Jingyu tongzhi", S. 185. Eine etwas andere Aufzählung der Schulen findet sich in Bjorge, „Ting Ling's Early Years", S. 16–19.
35. Zu Xiang Jingyu siehe *BDRC* II, S. 86f. (unter „Hsiang Ching-yu"), und *BDRC* III, S. 283–286 (unter „Ts'ai Ho-shen"); zu dem Werk-Studien-Programm siehe McDonald Jr., *The Urban Origins of Rural Revolution,* S. 94f.; zu den Schulen siehe Witke, „Transformation of Attitudes", S. 247f., 284, 296–300; zu Xiangs Reisen und Reden siehe Ding Ling, „Xiang Jingyu tongzhi", S. 185. Zu den dramatischen Ausmaßen pro-hunanesischer Gefühle, wie sie Mao und viele andere junge Radikale 1920 verspürten, siehe McDonald Jr., „Mao Tse-tung and the Hunan Self-Government Movement, 1920", S. 756–758. Eine engl. Übersetzung der sehr frühen Schriften Mao Zedongs (aus dem Jahre 1917, als er die Abendschule in Changsha besuchte) findet sich in Day, *Mao Zedong 1917–1927, Documents,* Dokumente M 3 und M 4, S. 39–41. (Für ein entsprechendes Beispiel von Pro-Zhejiang-Gefühlen siehe Schoppa, „Province and Nation", S. 665.)
36. Eine Reihe solcher Diskussionen über Ehe und Liebe ist anschaulich wiedergegeben in Witke, „Transformation of Attitudes", S. 159–161, 177–181; zu Ding Lings geschiedener Ehe und zu ihren politischen Aktivitäten siehe Chang, *Ting Ling,* S. 3–7, und Bjorge, „Ting Ling's Early Years", S. 20. Zu Yang Kaihui als Mitglied dieser Gruppe siehe *Mao Zhuxi yijia liu lieshi,* S. 9. Einer der ersten Briefe Xiang Jingyus aus Frankreich findet sich in *Jinian Xiang Jingyu tongzhi yingyong jiuyi wushizhounian,* S. 43f.; s. a. Leith, „Chinese Women", S. 50f.
37. Ein bemerkenswertes Beispiel solcher „mathematischen" Beweisführung findet sich in Chow, *May Fourth,* S. 185, Anmerkung f, und S. 257f.
38. Lu Xun, *SW* II, S. 14.
39. Ebd., II,S. 17 und 20.
40. Ebd., II, S. 24. Witke, „Transformation of Attitudes", erörtert Lu Xuns Einstellung zur Keuschheit (S. 117–119), nennt die japanische Quelle für seine Ansichten (S. 111–113) und weist auf ähnliche Schriften seiner beiden Brüder hin (S. 112, 158).
41. Zu Yang Changji siehe *BDRC* IV, S. 2; Witke, „Transformation of Attitudes", S. 90–92, 294f.; Wakeman Jr., *History and Will,* S. 157–163.
42. Schram, *The Political Thought of Mao Tse-tung,* S. 155, 158, 160. Schram hat dieses Werk eingehend untersucht; siehe sein Werk *Mao Ze-dong: „Une Étude de l'éducation physique".*
43. Schram, *Political Thought,* S. 234–237. Eine detaillierte Erörterung dieses Falles findet sich in Witke, „Mao Tse-tung, Women and Suicide in the May Fourth Era", S. 137–144.
44. Eine anschauliche Beschreibung des Hintergrundes gibt Hsia Tsi-an, *The Gate of Darkness,* S. 9–11.

45. Li Yu-ning und Michael Gasster, „Ch'ü Ch'iu-pai's Journey to Russia 1920–1922", S. 540.
46. Diese Erinnerungen aus seiner „Beichte" von 1935 sind übersetzt bei Dun J. Li, *The Road to Communism,* S. 161.
47. Hsia, *Gate of Darkness,* S. 15.
48. Meisner, *Li Ta-chao and the Origins of Chinese Marxism,* S. 72f.; Hsia, *Gate of Darkness,* S. 11, 15.
49. Meisner, *Li Ta-chao,* S. 65, 68.
50. Hsia, *Gate of Darkness,* S. 15.
51. Li, *Road to Communism,* S. 160.
52. Engl. Übersetzung in Hsia, *Gate of Darkness,* S. 16 (mit kleinen Änderungen); Qu, *Wenji* I, S. 23.
53. Hsia, *Gate of Darkness,* S. 16f.; Garrett, *Social Reformers in Urban China,* Kap. 5, „The Y.M.C.A. and Community Action".
54. Zu Russell siehe Qu Qiubai, *Wenji* I, S. 26; Chow, *May Fourth,* S. 233–238; weitere Einzelheiten zum Einfluß Russels auf die Themen, mit denen sich Qu beschäftigte, finden sich bei Gálik, „Studies in Modern Chinese Intellectual History: II, Young Ch'ü Ch'iu-pai", S. 103–109.
55. Zu den Russel-Gesellschaften siehe Chow, *May Fourth,* S. 192; zur Chinareise ebd. S. 233–238. Zu Dora Blacks Beitrag vgl. Witke, „Transformation of Attitudes", S. 168–175.
56. Schram, *Political Thought,* S. 296–299.
57. Hsia, *Gate of Darkness,* S. 20f.
58. Qu, *Wenji* I, S. 30f.; Hsia, *Gate of Darkness,* S. 22.
59. Li und Gasster, „Ch'ü's Journey", S. 543f.; Gálik, „Young Ch'ü", S. 86f.; Hsia, *Gate of Darkness,* S. 18–20.
60. Mit kleinen Änderungen zitiert nach der engl. Übersetzung in Gálik, „Young Ch'ü", S. 109f.; Qu, *Wenji* I, S. 6f. Zu buddhistischen Elementen in Qus Gedanken siehe Gálik, „Young Ch'ü", vor allem S. 95.
61. Qu, *Wenji* I, S. 3–5; Li und Gasster, „Ch'ü's Journey", S. 544f.
62. Qu, *Wenji* I, S. 84, nach Hsia, *Gate of Darkness,* S. 32. Zur Sibirienreise siehe Hsia, *Gate of Darkness,* S. 28–31, sowie Li und Gasster, „Ch'ü's Journey", S. 549.
63. Zu den Schattenseiten des Aufenthalts siehe Hsia, *Gate of Darkness,* S. 32; zum Hungertod Qu, *Wenji,* I, S. 132; zu Kronstadt Qu, *Wenji,* I, S. 107–108; zu Schwarzbrot Hsia, *Gate of Darkness,* S. 31; zu hungernden Funktionären Qu, *Wenji,* I, S. 109; zu Krankheit Qu, *Wenji* I, S. 130. Zu möglichen anderen Übersetzungen des Titels *Geschichte meiner Gedanken in der Roten Hauptstadt* siehe Gálik, „Young Ch'ü", S. 85f.
64. Qu, *Wenji* I, S. 162–164.
65. Gálik, „Young Ch'ü", S. 102f.; Qu, *Wenji* I, S. 91.
66. Zu diesen Episoden siehe, der Reihe nach, Qu, *Wenji* I, S. 120 (Park), 103 (Kinder), 142–148 (Tolstois Haus), 128 (Lenin), 127 (Scheljapin), 100f. (Kropotkin).
67. Ebd. I, S. 103f.
68. Hsia, *Gate of Darkness,* S. 38.
69. Stuart Schram, *Mao Tse-tung,* S. 64–67.
70. Chesneaux, *Chinese Labor Movement,* S. 179f.; zu weiteren Einzelheiten des Streiks der Frauen in Shanghai siehe Witke, „Transformation of Attitudes", S. 265–267; eine Analyse der Berufsgruppen, die an diesen Streiks teilgenommen haben gibt Shaffer, „Mao Ze-dong and the October 1922 Changsha Construction Workers' Strike"; eine Beschreibung des Streiks der Bergarbeiter von Anyuan

und des Streiks der Eisenbahner findet sich bei McDonald, *Urban Origins,* S. 166–179, und bei Shaffer, ,,Anyuan". Nützliche Daten über weibliche Streikteilnehmer gibt Siu, *Fifty Years of Struggle,* S. 80–99.

71. Chesneaux, *Chinese Labor Movement,* S. 181–185.
72. Ebd., S. 189; siehe auch McDonald, *Urban Origins,* S. 166, Anmerkung 34, und S. 170f.
73. Chesneaux, *Chinese Labor Movement,* S. 190–193.
74. Ebd., S. 180, 184, 193.
75. McDonald, *Urban Origins,* S. 195–197; Chesneaux, *Chinese Labor Movement,* S. 192, 208f.
76. Beispiele finden sich in Chesneaux, *Chinese Labor Movement,* S. 212f.
77. Qu, *Wenji* I, S. 178; Hsia, *Gate of Darkness,* S. 41.
78. Zur Shanghai-Universität siehe *BDRC* IV, S. 76 (unter ,,Yü Yu-jen"), und III, S. 249 (unter ,,Teng Chung-hsia"); Chang, *Ting Ling,* S. 8f.; Mao Dun, ,,Huiyi Qu Qiubai", S. 35.
79. Qu, *Wenji* I, S. 216–221.
80. Paul G. Pickowicz, ,,Qu Qiubai's Critique of the May Fourth Generation", S. 356–358; zu Kang und Liang siehe Qu, *Wenji* I, S. 239f.; zu Qus Ansichten über Bucharin und den historischen Materialismus siehe Dirlik, *Revolution and History,* S. 23, 31.
81. Zu dieser schwierigen theoretischen Frage vgl. die Erörterung in Pickowicz, ,,Qu's Critique", S. 357–361, und ,,Ch'ü Ch'iu-pai and the Chinese Marxist Conception of Revolutionary Popular Literature and Art".
82. Qu, *Wenji* I, S. 231; Pickowicz, ,,Qu's Critique", S. 362–364.
83. Qu, *Wenji* I, S. 222f.
84. Diese Phase ihres Lebens sowie ihre Beziehungen zu Wang Jianhong und den Brüdern Qu hat Ding Ling ausführlich beschrieben in ihrem langen Aufsatz ,,Wo suo renshide Qu Qiubai tongzhi", S. 157f., verfaßt im Frühjahr 1980. Siehe auch ihre kürzere Darstellung ,,Wo dui ,Duoyu de hua' de lijie", und *BDRC* I, S. 479 und III, S. 272f.; Chang, *Ting Ling,* S. 8f.; Bjorge, ,,Ting Ling's Early Years", S. 22–30.

6. Lob des Nirwana

1. Zu Xus familiärem Hintergrund siehe Leo Ou-fan Lee, *The Romantic Generation of Chinese Writers,* S. 124–127, und Leung, ,,Hsü Chih-mo: A Literary Biography", S. 54f., Anmerkungen 1 und 10. Zu Xu und Liang siehe Xu Zhimo, *Quanji* I, S. 562f. Zur Familie Zhang siehe *BDRC* I, S. 26 und 31 (unter ,,Chang Chi-ao" und ,,Chang Chia-sen" [Carsun Chang]).
2. Der Text findet sich bei Liang Shiqiu, *Tan Xu Zhimo,* S. 20, und bei Xu Zhimo, *Quanji* VI, S. 100. Eine engl. Übersetzung eines anderen Ausschnitts aus diesem Brief findet sich bei Lee, *Romantic Generation,* S. 127.
3. Eine Klärung der bisher widersprüchlichen Angaben zu Xus Ausbildung findet sich bei Leung ,,Hsü Chih-mo", S. 14, 45 und 56, Anmerkung 21. Leung hat die Unterlagen an den Colleges von Clark und Columbia überprüft. Siehe auch Lee, *Romantic Generation,* S. 127.
4. Zitiert (mit kleinen Änderungen) nach Lee, *Romantic Generation;* Qu, *Quanji* III, S. 239.
5. Die Zitate stammen aus Xus Aufsatz über Russell; Xu, *Quanji* VI, S. 161f.
6. Xu, *Quanji,* III, S. 243.

7. Leung, „Hsü Chih-mo", S. 17f.; zu dreien seiner Einsendungen an Liangs Zeitschrift *Gaizao* siehe Xu, *Quanji* I, S. 636.
8. Die Zitate finden sich bei Xu, *Quanji* III, S. 244 und I, S. 569.
9. Xus Brief an seine Eltern, Xu, *Quanji* I, S. 569. Zu Zhangs Ausbildung siehe ebd. I, S. 566. Zur Familie Lin siehe Lee, *Romantic Generation,* S. 133; Leung, „Hsü Chih-mo", S. 19–23; *BDRC* II, S. 368–372 (unter „Lin Ch'ang-min").
10. Xus Erinnerungen an Wells finden sich in Xu, *Quanji* VI, S. 152–154, nach einer Mitschrift während eines späteren Vortrags an der Nankai-Universität.
11. Xus Brief nach Hause vom 26. November 1920 in *Quanji* I, S. 570; zu Sawston siehe ebd. III, S. 244; Lee, *Romantic Generation,* S. 131; zu Lin in Edinburgh siehe Leung, „Hsü Chih-mo", S. 20 und 60, Anmerkung 45.
12. Xu, *Quanji* III, S. 245. Lee, *Romantic Generation,* S. 133, nennt dies eine „idyllische Atmosphäre" – Xu scheint allerdings eher der Auffassung gewesen zu sein, daß dies eine Zeit äußerster Frustration war.
13. *BDRC* I, S. 31; Xu, *Quanji* I, S. 572; Leung, „Hsü Chih-mo", S. 23.
14. Xu, *Quanji* III, S. 245 und 250.
15. Zum Kontext dieses Schriftstücks siehe Spence, „The Explorer Who Never Left Home – Arthur Waley", S. 33.
16. Ebd.
17. Xu, *Quanji* III, S. 315; Lee, *Romantic Generation,* S. 164f.
18. Xu, *Quanji* I, S.137 und I, S. 143f.
19. Die Übersetzung von Lucy Gray und das Datum finden sich in Xu, *Quanji* I, S. 157–162. Zur gesamten Zeit in Berlin siehe ebd. I, S. 573f.
20. Nach der Übersetzung in Lee, *Romantic Generation,* S. 134.
21. Nach der Übersetzung ins Englische in Cyril Birch (Hg.), *Anthology of Chinese Literature* II, S. 343; Xu, *Quanji* III, S. 256.
22. Xu, *Quanji* I, S. 163–168, letzte Strophe S. 168. Das Manuskript war auf den 30. April 1922 datiert; die Veröffentlichung in *Shishi xinbao* erfolgte im März 1923.
23. Zum Zusammentreffen mit den Mansfields siehe Xu, *Quanji* V, S. 177–203, und Lee, *Romantic Generation,* S. 166f. Zu weiteren Bekanntschaften siehe Lee, *Romantic Generation,* S. 132 und Xu, *Quanji* IV, S. 386. Zum Leben in Cambridge siehe Xu, *Quanji* III, S. 243–261; Ausschnitte sind ins Englische übersetzt in Birch, *Anthology* II, S. 341–347. Xus eigenen Angaben in seinem Aufsatz über seinen Sohn, „Wode Bide", *Quanji* III, S. 461, zufolge, sah er Peter zum letzten Mal kurz bevor das Kind vier Monate alt wurde. Xu mag daher Anfang Juni für einen kurzen Besuch nach Berlin gereist sein.
24. Xu, *Quanji* I, S. 578.
25. Leung, „Hsü Chih-mo", S. 35, 65, Anmerkung 106, und S. 81–83.
26. Ein Faksimile und seine Abschrift des langen Briefs von Liang ist enthalten in Xu, *Quanji* I, S. 125–136 (die hier zitierte Passage findet sich S. 133f.); Lee, *Romantic Generation,* S. 136, hat ebenfalls einen Ausschnitt ins Englische übersetzt. Den Rat Liang Qichaos an seinen Sohn, Fräulein Lin baldigst zu heiraten, erwähnt Liang, *Nianpu,* S. 632.
27. Mit kleinen Änderungen nach der engl. Übersetzung in Lee, *Romantic Generation,* und neugeordnet in Übereinstimmung mit dem Original in Xu, *Quanji* I, S. 361f., wie es von Hu Shi zitiert wurde.
28. Xu Zhimo, *Quanji* II, S. 105–107, nach der engl. Übersetzung in Birch, *Anthology,* II, S. 348f., mit Ausnahme der dritten Zeile der letzten Strophe, die ich hier neu übersetzt habe, wobei ich ausgegangen bin von Jiang Fucongs Erörterung der Rolle, die „Jian der Zecher", also Jian Jichang, in Liangs Leben und auf „Num-

mer 7" gespielt hat. Vgl. die Erörterung in Xu, *Quanji* I, S. 582f. und 591. Die metrischen Strukturen der Gedichte Xus aus den zwanziger Jahren wurden untersucht von Birch, „English and Chinese Metres in Hsü Chih-mo", und von C. Lin, *Modern Chinese Poetry,* S. 103–108.

29. Zu Xu und Kang siehe Liang Qichao, *Nianpu,* S. 644.
30. Kang Youwei, *Shiji* XV, S. 73. f.
31. Liang, *Nianpu,* S. 641–644; die Briefe an die Tochter sind vom 8. und 11. Mai und die an den Sohn von Mitte Mai datiert.
32. Der gesamte Anhang ist aufgeführt in Li Yunguang, *Kang Youwei jiashu kaoshi,* Einleitung, S. 16, und Briefe, S. 2. Zu seinem Aufenthalt in der amerikanischen Gesandtschaft siehe Lo, *Symposium,* S. 235–237.
33. Zu Einkommen und Grundbesitz siehe Li Yunguang, *Kang Youwei jiashu kaoshi,* Einleitung, S. 10f. und S. 16; Briefe S. 18 und 48.
34. Nach Schätzungen Li Yunguangs; siehe ebd., Einleitung, S. 16.
35. Eine detaillierte Analyse dieser Vorgänge gibt Wilbur, *Sun Yat-sen: Frustrated Patriot,* Kap. 6.
36. *BDRC* III, S. 444–450; Wilbur, *Sun Yat-sen,* S. 129; zu Wu Peifus nationalem Zentralismus und zu antijapanischen Aspekten seiner Haltung siehe Wou, „The Military and Nationalism", S. 118–120.
37. Lo, *Symposium,* S. 242–245. Als Beispiel für ein schmeichelndes Gedicht siehe Kang, *Shiji* XV, S. 66; für Belege der Ansicht Wus, der Konfuzianismus stelle eine nationale integrierende Kraft dar, siehe Wou, „The Military and Nationalism", S. 123f.
38. Wie übersetzt in Chow Tse-tsung, *The May Fourth Movement,* S. 328.
39. Ebd. S. 218f., 328f.; eine detaillierte Erörterung der Haltung Hus zu dieser Frage findet sich bei Jerome Grieder, *Hu Shih and the Chinese Renaissance,* S. 178–184.
40. Zitiert in Lin Yü-sheng, *The Crisis of Chinese Consciousness,* S. 77. Eine engl. Übersetzung einiger weiterer Texte zur chinesischen Schrift findet sich bei Day, *Mao Zedong 1917–1927, Documents,* Dokument SL, S. 61–69.
41. Dieser Student war Gu Jiegang (Ku Chieh-kang); er wurde einer der führenden Historiker Chinas. Der Abschnitt ist übersetzt nach Hummel (Hg.), *The Autobiography of a Chinese Historian,* S. 60.
42. Guo Moruo, *The Goddesses,* S. 56; Roy, *Kuo Mo-jo: The Early Years,* S. 65, schildert Guos erste Lektüre des Gedichts „An der Küste" im Jahre 1915 während seines Aufenthaltes in Japan.
43. Siehe sein Gedicht „Drei Pantheisten" in *The Goddesses,* S. 23, sowie die Analyse von Lee, *Romantic Generation,* S. 181–186; Roy, *Kuo Mo-jo,* S. 69f., 85–89; und McDougall, *The Introduction of Western Literary Theories into Modern China, 1919–1925,* S. 125–136.
44. Alitto, *The Last Confucian,* S. 83.
45. Ebd. S. 87f.; Chow, *May Fourth,* S. 329–332.
46. Nach der Zusammenfassung in Chow, *May Fourth,* S. 333–335. Eine sorgfältige Analyse des geistigen Hintergrundes jener Frage nach einer „nationalen Essenz" bieten Schneider, Bernal und Furth in Furth (Hg.), *The Limits of Change,* Kap. 3, 4 und 5.
47. Ding Wenjiang (Ting Wen-chiang), zitiert in Chow, *May Fourth,* S. 334.
48. Xu Zhimo, „Xihu ji", in Xu, *Quanji* IV, S. 485–515, das die Zeitspanne vom 7. September bis zum 28. Oktober 1923 behandelt. Das Tagebuch zeigt, daß zu jener Zeit Sophia Chen, Wang Jingwei, Hu Shi, Zhang Junmai, Ren Hongjun, Tian Han, Guo Moruo, Zhang Dongsun, Tao Xingzhi (er hieß damals noch Tao Zhixing) und Zhu Jingnong zu Xus Freunden zählten.

49. Xu Zhimo, *Quanji* IV, S. 498f., Eintrag vom 11. Oktober 1923; Qu Qiubai, *Wenji* I, S. 223f., 231.
50. Xu Zhimo, *Quanji* IV, S. 495, Eintrag vom 4. Oktober 1923.
51. Nach der Übersetzung in Birch, *Anthology* II, S. 353–355; Leung, „Hsü Chih-mo," S. 136 und 179, Anmerkung 290, deutet dieses Gedicht vor dem Hintergrund der Beziehung Xus zu seiner neuen Geliebten Lu Xiaoman.
52. Xu Zhimo, *Quanji* IV, S. 510, Eintrag vom 21. Oktober 1923, in dem Xu sich darüber beklagt, daß er einen nächtlichen Ausflug zur Mondbetrachtung absagen muß, da er so sehr mit dem baldigen Besuch Tagores beschäftigt sei.
53. Zu Tagores Besuch siehe Hay, *Asian Ideas of East and West*, S. 142–170; Wieger, „Visite de Sir R. Tagore", in *Chine Moderne* V, S. 66–83. Zu Xus allgemeiner Bewunderung für Tagore vgl. Leung, „Hsü Chih-mo", S. 116 sowie die Anmerkungen auf S. 163f.
54. Diese Ausschnitte sind zitiert nach Hay, *Asian Ideas*, S. 150, 154, 157, 169.
55. Der Text ist entnommen aus Wieger, *Chine Moderne* V, S. 66; siehe auch Hay, *Asian Ideas*, S. 200f. Eine gute Beschreibung des geistigen Umfelds, in dem sich Mao Duns intellektuelle Reifung in den frühen zwanziger Jahren vollzog, gibt Gálik, *Mao Tun and Modern Literary Criticism*, Kap. 5.
56. Hay, *Asian Ideas*, S. 227.
57. Ebd. S. 231.
58. Ebd. S. 203; Wieger, *Chine Moderne* V, S. 78f. Die im Jahre 1923 zunehmenden Streitigkeiten zwischen Xu und Guo sind beschrieben in Gálik, *Mao Tun*, S. 100f.
59. Hay, *Asian Ideas*, S. 228.
60. Ebd. S. 170.
61. Ebd. S. 195. Zu dem Treffen zwischen Xu, Tagore und dem Militärherrscher von Shanxi, Yan Xishan, und zu den Hoffnungen auf dessen Unterstützung siehe Leung, „Hsü Chih-mo", S. 123. Zu Xus ersten Zusammenkünften mit Lu Xiaoman siehe Lee, *Romantic Generation*, S. 139f.; eine Übersicht über alle Quellen, die Angaben über diese Beziehung enthalten, gibt Liu Xinhuang, *Xu Zhimo yu Lu Xiaoman*, Kap. 8.
62. Hay, *Asian Ideas*, S. 195f.

7. Wessen Kinder sind dies?

1. Zitiert in Lin Yü-sheng, *The Crisis of Chinese Consciousness*, S. 124.
2. Lu Xun, *SW* II, S. 139f.; Lin, *Crisis*, S. 123.
3. Mit kleinen Änderungen nach der engl. Übersetzung in Lin, *Crisis*, S. 128f.
4. Lu Xun, *SW* II, S. 140 und II, S. 311 (mit kleinen Änderungen).
5. Lu Xun, *SW* II, S. 309.
6. Eine tabellarische Übersicht über die geographische Ausweitung und über die zunehmenden Opfer der Auseinandersetzungen zwischen den Militärherrschern bietet Ch'i Hsi-sheng, *Warlord Politics in China, 1916–1928*, S. 137f.; zu Feng und Duan siehe Sheridan, *Chinese Warlord*, S. 133–148; eine ausführliche Darlegung des Konzepts der chinesischen „Makroregionen" findet sich in Skinners Aufsätzen in *The City in Late Imperial China* (eine einführende Übersicht findet sich ebd., S. 211–222). Eine kurze Biographie des Lo Wengan (Lo Wen-kan) erscheint in *BDRC* II, S. 438–441; sein Fall ist untersucht worden von Nathan, *Peking Politics 1918–1923*, S. 195–200; zu Lo und Cai Yuanpei siehe auch Duiker, *Ts'ai Yüan-p'ei*, S. 75f. Zu der unwiderruflichen Erniedrigung der Republik vgl. Nathan, *Peking Politics*, Kap. 7.

7. Lu Xun, *Quanji* I, S. 151, nach Lu Xun, *Silent China*, S. 153f.
8. Die überzeugendsten Einzelheiten zu den Arbeitsbedingungen in China im Jahre 1925 bieten die *Papers Respecting Labour Conditions in China* der britischen Konsularbeamten in China; eine tabellarische Übersicht über ausländische Besitzanteile und Produktionsvolumen findet sich bei Feuerwerker, *Economic Trends in the Republic of China, 1912–1949*, S. 30–37; schreckliche, aber offensichtlich zutreffende Statistiken für die sozialen Bedingungen der Arbeiter in Shanghai in den Jahren 1930–31 haben die Sozialwissenschaftler Yang und Tao zusammengetragen in *A Study of the Standard of Living of Working Families in Shanghai*, vgl. vor allem S. 38–40, 57f., 68. Eine Analyse von Li Dazhaos These der „Proletarisierung" gibt Meisner, *Li Ta-chao and the Origins of Chinese Marxism*, Kap. 6.
9. Chesneaux, *The Chinese Labor Movement, 1919–1927*, S. 262f.; Clifford, *Shanghai, 1925*, S. 14–34.
10. Chesneaux, *Chinese Labor Movement*, S. 262–265, und Sima Lu, *Qu Qiubai zhuan*, S. 43–45.
11. Chesneaux, *Chinese Labor Movement*, S. 276. Zu dem ungeheuerlichen Militärherrscher von Shandong, Zhang Zongchang (Chang Tsung-ch'ang) siehe *BDRC* I, S. 122–127; vgl. Lin Yutangs brillante und zugleich gifterfüllte Darstellung „Der Hundefleisch-General", die in Edgar Snows *Living China*, S. 222–225, Aufnahme fand; und McCormack, *Chang Tso-lin in Northeast China, 1911–1928*, S. 105f. und 153f.
12. Lu Xun, *Quanji* VII, S. 103, Brief vom 5. Juni 1925.
13. Lu Xun, *SW* II, S. 146, 156, 160, 161.
14. Lu Xun, *Quanji* VII, S. 107, Brief an Xu vom 13. Juni 1925. Der Erziehungsminister war Zhang Shichao.
15. Lu Xun, *SW* II, S. 163–167, Zitat S. 166.
16. Mit kleinen Änderungen nach der Übersetzung in Lu Xun, *Silent China*, S. 126.
17. Chesneaux, *Chinese Labor Movement*, S. 291.
18. Ebd., S. 290–295.
19. Meisner, *Li Ta-chao*, S. 80–89; die Beschreibung findet sich in *The North China Famine of 1920–21;* Terrill, *Mao, A Biography*, S. 31f., 73f.
20. Die Anekdote und ihre Übersetzung ins Englische finden sich in Dun J. Li, *The Road to Communism*, S. 72f. Einen allgemeinen geschichtlichen Überblick über diesen frühen ländlichen Sowjet in China geben Eto Shinkichi, „Hai-lu-feng – the First Chinese Soviet Government", und Hofheinz, *The Broken Wave*, Teil 3. Zu Pengs frühem Radikalismus siehe Pang Yong-pil, „Peng Pai", S. 317f.; zu dem Bauernbildungsinstitut siehe Berkley, „The Canton Peasant Movement Training Institute", S. 163, 166, mit einer Darlegung der Fächer, die Mao dort lehrte. Zu Pengs außergewöhnlichen charismatischen Fähigkeiten unter den Bauern siehe Marks, „The World Can Change!", S. 94–96.
21. Wen Yiduo, *Quanji*, „Nianpu", S. 48, Brief vom 13. Januar 1926 an Liang Shiqiu; Hsu Kai-yu, „Wen I-to", S. 82; *BDRC* III, S. 409. Als grundlegende Quelle für das Leben Wen Yiduos habe ich Hsu Kai-yus Dissertation „The Intellectual Biography of a Modern Chinese Poet: Wen I-to (1899–1946)" verwendet, die ich hier und auf den folgenden Seiten als „Wen I-to" zitieren werde. Eine überarbeitete Fassung dieser Studie erschien 1980 unter dem Titel *Wen I-to.* (Alle Seitenverweise zu „Wen I-to" beziehen sich im folgenden auf die Dissertation, nicht auf die erst kürzlich veröffentlichte Ausgabe, doch der interessierte Leser wird diese Verweise auch leicht in letzterer auffinden können.) Eine engl. Übersetzung einer wertvollen Auswahl von Wen Yiduos Gedichten aus *Rote Kerze* (1923) und *Totes*

Wasser (1928) hat Tao Tao Sanders angefertigt; sie ist in der Bibliographie unter Wen Yiduo aufgeführt. Zur Columbia-Universität als einem Sammelpunkt nationalistischer Studenten aus China siehe Keenan, *The Dewey Experiment in China*, S. 18–21.

22. Undatierter Brief in Wen Yiduo, *Quanji*, Abschnitt „geng", S. 40, geschrieben zwischen dem 23. Januar und dem 18. März 1926.
23. Zu seinen Erfahrungen in der Sowjetunion siehe Xu Zhimo, *Quanji* III, S. 536–539, und zu Lenin ebd., III, S. 127–140; Zitat auf S. 135. Eine Analyse der antisowjetischen Haltung Xus findet sich bei Leung, „Hsü Chih-mo", S. 195–198.
24. Mit kleinen Änderungen nach der Übersetzung in Birch (Hg.), *Anthology of Chinese Literature* II, S. 344f., sowie einem dort ausgelassenen Satz entsprechend der Version in Xu Zhimo, *Quanji* III, S. 257f., wieder eingefügt.
25. Wen Yiduo, *Quanji*, „Nianpu", S. 50; Hsu, „Wen I-to", S. 85; *BDRC* III, S. 409. Zu Wens Ansichten über Tagore und zu Erwähnungen Paters siehe Wen Yiduo, *Quanji*, Abschnitt „ding", S. 275–279.
26. Wen Yiduo, *Quanji*, Abschnitt „geng", S. 39, Brief vom 23. Januar 1926. Zu Wens anfänglichem Zögern, Xu einzuladen, siehe Leung, „Hsü Chih-mo", S. 210; Hsu, „Wen I-to", S. 84f., dagegen weist auf Wens Wunsch hin, mit weiteren Literaten zusammenzutreffen.
27. Das Gedicht aus Wens Sammlung *Totes Wasser* findet sich in Wen Yiduo, *Quanji*, Abschnitt „ding", S. 27f. Eine Übersetzung ins Englische ist enthalten in Wen Yiduo, *Red Candle*, S. 48f. Zum Erscheinungsdatum des Gedichts vgl. Wen Yiduo, *Quanji*, „Nianpu", S. 49. Xu Zhimos Rikscha-Gedicht „Shei zhidao?" findet sich in Xu Zhimo, *Quanji* II, S. 114–120; eine kurze Erörterung dieses Gedichts gibt Leung, „Hsü Chih-mo", S. 132. Eine engl. Übersetzung des Rikscha-Gedichts von Zhou Enlai findet sich in Lin, *In Quest, Poems of Chou Enlai*, S. 19, unter dem Titel „The Indolence of Life-in-Death". Diese drei Gedichte von Wen, Xu und Zhou könnte man der Liste von „Rikscha-Werken" hinzufügen, die Yi-tsi Feuerwerker in „The Changing Relationship Between Literature and Life", S. 302, zusammengestellt hat. Wen Yiduos enger Freund Liang Shiqiu machte sich später über die „Rikschakuli-Schule" lustig; vgl. Gálik, „Studies in Modern Chinese Literary Criticism: VII, Liang Shih-ch'iu and New Humanism", S. 43. Eine realistische Darstellung des wirklichen Lebens der Rikschakulis geben Strand und Weiner, „Social Movements and Political Discourse in 1920's Peking", S. 139, 156–160.
28. Wen Yiduo, *Quanji*, Abschnitt „ding", S. 239f.
29. Lu Xun, *Quanji* VII, S. 31, Brief Lus an Xu vom 11. März 1925.
30. Ebd., VII, S. 42, Brief Lus an Xu vom 23. März 1925.
31. Ebd., VII, S. 53, Brief Xus an Lu vom 6. April 1925, und VII, S. 56, Brief Lus an Xu vom 8. April.
32. Die drei Zitate sind entnommen, in dieser Reihenfolge, Lu Xun, *SW* II, S. 161f., II, S. 176, II, S. 212.
33. Ebd., II, S. 248–253.
34. Mit kleinen Änderungen nach der Übersetzung ebd., II, S. 258–262.
35. Ebd., II, S. 267. Zu den Streitigkeiten der Militärherrscher in Peking siehe *BDRC* (unter „Feng Yü-hsiang", „Tuan Ch'i-jui", „Wu P'ei-fu" und „Chang Tso-lin").
36. Zum Nordfeldzug siehe Jordan, *The Northern Expedition*, vor allem Kapitel 19, und *BDRC* (unter „Chang Fa-k'uei", „Chiang Kai-shek" und „T'ang Sheng-chih"). Die Rolle der Massenorganisationen in Hunan wurde untersucht von McDonald Jr., *The Urban Origins of Rural Revolution*, S. 264–270.

37. Chesneaux, *Chinese Labor Movement,* S. 349–351, 355; Isaacs, *The Tragedy of the Chinese Revolution,* Kap. 8; Jordan, *Northern Expedition,* Kap. 12.
38. Schram, *The Political Thought of Mao Tse-tung;* eine Erörterung findet sich in McDonald, *Urban Origins,* S. 259–264.
39. Schram, *Political Thought,* S. 250, 252, 256f.; Hofheinz, *The Broken Wave,* S. 31–35, äußert die provozierende, allerdings unwahrscheinliche Vermutung, der gesamte Bericht sei ,,reine Phantasie". Eine detaillierte Besprechung dieses Berichts gibt Huang, ,,Mao Tse-tung and the Middle Peasants, 1925–1928", S. 281–285. Eine äußerst scharfsinnige Analyse findet sich auch bei McDonald, *Urban Origins,* S. 264–279, 281–283.
40. Zu seinem Werben um Lu siehe vor allem Leo Ou-fan Lee, *The Romantic Generation of Chinese Writers,* S. 139–144; Xu-Elmhirst, Briefe, S. 7f., Brief von Hu Shi an Elmhirst vom 26. Dezember 1926; die Tagebücher des Paares in Xu Zhimo, *Quanji,* IV; und Liu Xinhuang, *Xu Zhimo yu Lu Xiaoman,* S. 125–128. Zu seiner Aufnahme siehe Xu Zhimo, *Quanji* I, S. 621.
41. Liang Qichao, *Nianpu,* S. 710, Brief vom 4. Oktober 1926 an seine Tochter.
42. Xu-Elmhirst, Briefe, S. 10 (Brief vom 5. Januar 1927).
43. Xu-Elmhirst, Briefe, S. 7, Brief von Hu Shi an Elmhirst vom 26. Dezember 1926; Brief von Xu and Zhang Youyi vom 14. Dezember 1926 in Xu, *Quanji* I, S. 68f. und I, S. 624f.; Leung, ,,Hsü Chih-mo", S. 279. Zu Peters Tod siehe Xus Brief an Lu Xiaoman vom 26. März 1925 in Xu, *Quanji* IV, S. 380, und sein rührendes Prosa-Klagelied ,,Bide" in *Quanji* III, S. 457–466.
44. Zu der Zeitschrift und den finanziellen Problemen siehe Leung, ,,Hsü Chih-mo", S. 226, 279, 341, Anmerkung 31; in einem Brief von Xu an Elmhirst vom 1. April 1927, Xu-Elmhirst, Briefe, S. 14, heißt es: ,,Ich bin bereits seit einem halben Jahr stumm".
45. Xu Zhimo, *Quanji* I, S. 626f.; Xu-Elmhirst, Briefe, S. 10 (5. Januar 1927) zu West-See; S. 13f. (1. April 1927) bezüglich Hu Shi als Pangloss. Zu der Übersetzung von *Candide* siehe Xu, *Quanji* V, S. 211–417.
46. Liang Qichao, *Nianpu,* S. 729; Li Yunguang, *Kang Youwei jiashu kaoshi,* S. 77, Anmerkung 3; Kang Youwei, *Shiji* XV, S. 97–101. In seinen Tagebuchaufzeichnungen während dieses Monats erwähnt Xu Zhimo keine Einladung.
47. Lo, *Symposium,* S. 248.
48. *Kang Nanhai zhutian jiang* VIII, S. 1b–2, nach Hsiao Kung-chuan, ,,K'ang Yuwei's Excursion into Science", S. 383. Zu dem Gedicht über den Flug siehe Kang, *Shiji* XV, S. 75.
49. Lo, *Symposium,* S. 249–252. Ein Faksimile der vollständigen Denkschrift findet sich in *Qingji mingren shouzha,* S. 1095–1136. Einzelheiten über den Hauskauf in Qingdao schildert Li Yunguang, *Kang Youwei jiashu,* S. 44–46.

8. Den Frühling wecken

1. Liang Qichao, *Nianpu,* S. 727, Brief vom 30. März 1927.
2. Wu Tien-wei, ,,Chiang Kai-shek's April 12th Coup of 1927"; Isaacs, *The Tragedy of the Chinese Revolution,* Kap. 11. Einzelheiten zu den fortdauernden Gewaltakten Chiang Kaisheks gegen die begüterte Bourgeoisie Shanghais finden sich bei Coble Jr., ,,The Kuomintang Regime and the Shanghai Capitalists, 1927–1929", vor allem S. 8–11; zu den langfristigen Auswirkungen dieser Gewalttätigkeiten auf ein chinesisches Handelshaus siehe auch Cochran, *Big Business in China,* S. 188–195.

3. Meisner, *Li Ta-chao and the Origins of Chinese Marxism*, S. 257–259 (der chinesische Offizier, der Li gefangennahm, wurde 1951 von der kommunistischen Regierung in China identifiziert und hingerichtet). Zur Analyse der erbeuteten Dokumente siehe Wilbur und Lien-ying How, *Documents on Communism, Nationalism, and Soviet Advisers in China, 1918–1927*.
4. *BDRC* III, S. 73–75 (unter ,,P'eng Shu-chih"); Kagan, ,,The Chinese Trotskyist Movement and Ch'en Tu-hsiu", S. 87f.; Dirlik, *Revolution and History*, S. 69, Anmerkung 28, zeigt, daß die Streitigkeiten zwischen Trotzky, Bucharin und Stalin in Wuhan bekannt waren.
5. McDonald Jr., *The Urban Origins of Rural Revolution*, S. 312–316; Isaacs, *Tragedy of the Chinese Revolution*, Kap. 14.
6. Hofheinz, *The Broken Wave*, S. 53–63, führt eine Unzahl von Gründen für das Scheitern der Herbstaufstände an; Schram, *Mao Tse-tung*, S. 118–125; van Slyke, *Enemies and Friends*, S. 22–37. Eine Beschreibung der militärischen Aspekte der Nanchang-Aufstände bietet Guillermaz, ,,The Nanchang Uprising"; eine verblüffende Fortsetzung dieses Aufsatzes ist Wilburs Darstellung der Analyse dieser Aufstände durch die Kommunisten in ,,The Ashes of Defeat".
7. Wen Yiduo, *Quanji*, ,,Nianpu", S. 50–52; Hsu Kai-yu, ,,Wen I-to", S. 99f.
8. Wen Yiduo, *Quanji*, Abschnitt ,,ding", S. 24.
9. Mit kleinen Änderungen nach der Übersetzung ins Englische in Hsu Kai-yu, *Twentieth Century Chinese Poetry*, S. 60f.; Wen Yiduo, *Quanji*, Abschnitt ,,ding", S. 24–26. Eine weitere gute engl. Übersetzung, angefertigt von Tao Tao Sanders, findet sich bei Wen Yiduo, *Red Candle*, S. 44–46.
10. Nach der engl. Übersetzung in Cyril Birch (Hg.), *Anthology of Chinese Literature* II, S. 356. Zu Wens Leben in dieser Periode siehe Wen Yiduo, *Quanji*, ,,Nianpu", S. 51f. und Hsu, ,,Wen I-to", S. 99–102; auf S. 102–107 untersucht Hsu den allgemeinen Charakter der Sammlung *Totes Wasser*. Eine Analyse der Struktur des Gedichts gibt Julia C. Lin in *Modern Chinese Poetry*, S. 85–87.
11. Zitiert in Lee, *The Romantic Generation of Chinese Writers*, S. 148.
12. Mit kleinen Änderungen nach Hsu, ,,Wen I-to", S. 107.
13. Lu Xun, *SW* II, S. 334–336, III, S. 41–43.
14. Die Entwicklung ihrer Beziehung läßt sich anhand ihrer Briefe aus dem Spätjahr 1926 und von 1927 verfolgen; siehe Lu Xun, *Quanji*, Band VII.
15. Lu Xun, *SW* II, S. 338.
16. Ebenda, III, S. 47f., 76. Zu Lu Xuns anhaltender Distanz zur Partei während dieser Zeit siehe Mills, ,,Lu Hsün and the Communist Party", S. 18–20.
17. Lu Xun, *SW* III, S. 24.
18. Ebd., III, S. 45.
19. Zitate (der Reihenfolge nach) ebd., III, S. 79, III, S. 54 und II, S. 337.
20. Lu Xun, *Silent China*, S. 148–154. Den Kontext zu dieser und zu anderen Nora-Parallelen gibt Eide, ,,Ibsen's Nora and Chinese Interpretations of Female Emancipation", S. 140–144, 150f.
21. Chang Jun-mei, *Ting Ling*, S. 15f.; Bjorge, ,,Ting Ling's Early Years", S. 31f.
22. Siehe ,,Buxuan qingshu", in *Ding Ling pingzhuan*, S. 237.
23. Chang, *Ting Ling*, S. 11; Hsia Tsi-an, *The Gate of Darkness*, S. 184; ,,Meizi" in *Ding Ling pingzhuan*, S. 185; *Ding Ling ziliao ji*, S. 4f. Bjorge, ,,Ting Lings Early Years", S. 32–47, bietet wertvolle Einzelheiten zu dieser Periode in Peking.
24. Zitiert in Chang, *Ting Ling*, S. 13f.
25. Nach der Übersetzung ebd. S. 14f.
26. Kinkley, ,,Shen Ts'ung-wen's Vision of Republican China", S. 145–150, und 170; Leung, ,,Hsü Chih-mo", S. 306.

27. „Meng Ke" erscheint als erste Erzählung in *Ding Ling xuanji;* eine Deutung dieses Werks findet sich bei Chang, *Ting Ling,* S. 23–27, und Feuerwerker, „The Changing Relationship Between Literature and Life", S. 289.
28. *Ding Ling xuanji,* S. 23–25.
29. Ebd. S. 46f.
30. Ebd., S. 56.
31. „Shafei nushi", in *Ding Ling xuanji,* S. 61.; engl. Übersetzung in Isaacs (Hg.), *Straw Sandals,* S. 129–169 (dt.: *Das Tagebuch der Sophia,* Frankfurt 1980). Eine sehr abschätzige Bewertung der schriftstellerischen Fähigkeiten Ding Lings gibt Hsia, *A History of Modern Chinese Fiction,* S. 268f. In der Einleitung, S.xi, zu seinen *Twentieth Century Chinese Stories,* merkt Hsia an, daß er sich entschieden habe, „Das Tagebuch des Fräulein Sophie" nicht aufzunehmen, da es „zu sehr zeitbezogen und daher unbrauchbar" sei. Yi-tsi Feuerwerker dagegen findet in „Women as Writers in the 1920s and 1930s", S. 159–163, zustimmende Worte für den Stil des Eingeständnisses und seinen „Emotionalismus". Eine Abkehr von der früheren negativen Bewertung der Geschichte durch die Kommunisten ist auch erkennbar in Zong Chen und Shang Xia, „Ding Ling zaoqi di shenghuo he chuangzuo", S. 43f.
32. *Ding Ling xuanji,* S. 58.
33. Isaacs (Hg.), *Straw Sandals,* S. 140, 142.
34. Ebd., S. 162 (mit kleinen Änderungen).
35. Ebd., S. 169 (mit kleinen Änderungen).
36. Zu einer anderen Interpretation der Beziehung Ding Lings zu Hu Yepin und zu weiteren wertvollen Einzelheiten siehe Bjorge, „Ting Ling's Early Years", S. 47, Anmerkung 46. Eine Zusammenfassung und Erörterung des Handlungsablaufs gibt Chang, *Ting Ling,* S. 32–37.
37. Übersetzt in Chang, *Ting Ling,* S. 38. Der Abschnitt findet sich auch in Feuerwerker, „Changing Relationship", S. 302.
38. Hu Yepin, *Yepin shixuan,* S. 1–6, Einleitung von Ding Ling.
39. Erörterung in Chang, *Ting Ling,* S. 46, und Hsia, *Gate of Darkness,* S. 183.
40. Chang, *Ting Ling,* S. 24f.
41. Ebd., S. 47. Eine Erörterung der Rolle, die Lu Xun bei der Veröffentlichung von Büchern aus der Feder von Plechanow und Lunatscharskij spielte, findet sich in Leo Ou-fan Lee, „Literature on the Eve of Revolution", S. 300f. Zu Shen Congwens Einschätzung der politischen Naivität Dings und Hus siehe Hsia, *History of Modern Chinese Fiction,* S. 267.
42. *BDRC* II, S. 87f. (unter „Hsiang Chung-fa"); Harrison, „The Li Li-san Line and the CCP in 1930"; Kagan, „The Chinese Trotskyist Movement and Ch'en Tu-hsiu", S. 96–98; Huang, „Mao Tse-tung and the Middle Peasants, 1925–1928", S. 285–292, zeigt an Einzelheiten aus der Jingganshan-Periode die Bildung des Konzepts von der „Zwischenklasse" bei Mao auf. Die Techniken zur Mobilisierung der Massen im Jiangxi-Sowjet beschreibt Kim, *The Politics of Chinese Communism,* Kap. 5; zu Maos Agrarpolitik siehe Rue, *Mao Tse-tung in Opposition, 1927–1935,* Kap. 9.
43. Siehe die Biographien in *BDRC;* zu Yang Kaihui vgl. *Mao Zhuxi yijia liu lieshi,* S. 31–33.
44. Einzelheiten zur Abschlußphase des Nordfeldzugs berichtet Jordan, *The Northern Expedition,* Kap. 16 und 17. Siehe auch *BDRC* I, S. 63 und I, S. 327 (unter „Chang Hsueh-liang" und „Chiang Kai-shek"), und III, S. 137 (unter der Familie „Soong"); zum Parteiapparat und zur Geheimorganisation der „Blauhemden" siehe Eastman, *The Abortive Revolution,* Kap. 2; eine Liste der Pseudonyme,

Decknamen und andauernd wechselnden Zeitschriftentitel, derer sich verschiedene Linke bedienten, um der Zensur der Guomindang zu entgehen, gibt Ting, *Government Control of the Press in Modern China, 1900–1949,* S. 80–83. Die Guomindang-Ideologie jener Periode und ihre Verknüpfung mit Sun Yatsens Vorstellungen vom Staat als „Vormund" finden sich erläutert bei Bedeski, „The Tutelary State and National Revolution in Kuomintang Ideology", vor allem S. 324. Dirlik, „The Ideological Foundations of the New Life Movement", S. 954, zitiert Chiangs Bemerkungen zum Schmutz und zu der Faulheit der Chinesen – ein merkwürdiger Nachhall des jungen Lu Xun; siehe ebd. auch S. 949 bezüglich des Aspekts der „Massenteilnahme" bei der Guomindang.

45. Einige frühe Beispiele für Angriffe der Guomindang auf Kommunisten, selbst in den internationalen Konzessionen, finden Erwähnung bei Coble, „Kuomintang-Regime and Shanghai-Capitalists", S. 11; siehe auch Wang, „Tu Yueh-sheng (1885–1951)", für Beispiele von Gewalttätigkeit im Untergrund. Zu Hu Yepin und Lu Xun in jener Zeit siehe Hsia, *Gate of Darkness,* S. 110–117, 176f.
46. Mit kleinen Änderungen nach der Übersetzung in Isaacs (Hg.), *Straw Sandals,* S. 207f. Eine Zusammenfassung und Analyse der Ehegesetzgebung des Jiangxi-Sowjet gibt Frenier, „Women and the Chinese Communist Party, 1921 to 1952", S. 41–51. Hu Chi-hsi, „The Sexual Revolution in the Kiangsi Soviet", S. 479, erörtert die besonderen Auswirkungen des Erlasses vom August 1930; Einzelheiten über negative Reaktionen auf das Ehegesetz von 1931 im Jiangxi-Sowjet finden sich ebd., S. 484–489. Siehe auch Davin, „Women in the Liberated Areas", S. 74.
47. Nach der Übersetzung in Hsia, *Gate of Darkness,* S. 178.
48. Chang, *Ting Ling,* S. 9f.; Zusammenfassung des Handlungsablaufs ebd., S. 52-55; Hsia, *Gate of Darkness,* S. 175f.
49. Mit kleinen Änderungen nach der Übersetzung in Feuerwerker, „Changing Relationship Between Literature and Life", S. 301f. Andere Fassungen finden sich in Hsia, *Gate of Darkness,* S. 188; Lee, *Romantic Generation,* S. 271f., und Bjorge, „Ting Ling's Early Years", S. 206f.
50. Chang, *Ting Ling,* S. 49; Hsia, *History of Modern Chinese Fiction,* S. 264f.; Mao Dun, „Huiyi Qu Qiubai", S. 36.
51. Eine Darstellung der Zusammenkunft und der Gerüchte gibt Hsia, *Gate of Darkness,* S. 164, 218f., 230–233; Xu Zhimo, *Quanji* IV, S. 539, und Chang, *Ting Ling,* S. 52.
52. Lu Xun, *SW* III, S. 209; Pickowicz, „Lu Xun through the Eyes of Qu Qiubai", S. 333f.
53. Shen Congwen, *Ji Ding Ling xuji,* S. 47, 53, 58; Hsia, *Gate of Darkness,* S. 231, Anmerkung 155.
54. Shen Congwen, *Ji Ding Ling xuji,* S. 78.
55. Lu Xun, *SW* III, S. 202; Hsia, *Gate of Darkness,* S. 164f.
56. Zitiert in Hsia, *Gate of Darkness,* S. 183 und 186f.
57. Xu-Elmhirst, Briefe, S. 28f., Brief vom 23. Oktober 1928. Eine große Anzahl wichtiger Dokumente zur Beziehung zwischen Elmhirst und Whitney befindet sich in der Dorothy-Whitney-Straight-Elmhirst-Collection der Cornell-Universität. Ein nicht allzu schmeichelhaftes Beispiel für Xu findet sich, unter dem Aktenzeichen 3725, in einem Brief von Gretchen Green an Dorothy Straight vom Sommer 1924, in dem erstere Mrs. Straight warnend vor Augen führt, welche Folgen eine Ablehnung des Elmhirstschen Heiratsantrags nach sich zöge: „Sagst Du ‚nein', so bedeutet das Shansi, es bedeutet, mit dem Dichter umherzuziehen; es bedeutet das Fehlen jeglicher Zielkontinuität; es bedeutet ein armseliges Leben." (Für diesen Hinweis bin ich Ingeborg Wald zu Dank verpflichtet.)

58. Xu-Elmhirst Briefe, S. 32, Brief vom 7. Januar 1929.
59. Ebd., S. 36, Brief vom 5. März 1929.
60. Lee, *Romantic Generation,* S. 144, und Liu Xinhuang, *Xu Zhimo yu Lu Xiaoman,* Kap. 11.
61. „Wunder", übersetzt in Hsu Kai-yu, *Twentieth Century Chinese Poetry,* S. 67. Zur Ansicht, dies sei das letzte Gedicht Wens, siehe Hsu, „Wen I-to", S. 114–118.
62. Lee, *Romantic Generation,* S. 148.
63. Xu-Elmhirst, Briefe, S. 34, Brief vom 5. März 1929 (der Ausdruck „of assuage" im Original wurde hier zu „to assuage" berichtigt).
64. Zitiert in Lee, *Romantic Generation,* S. 165 und 172.
65. Nach der Übersetzung in Birch (Hg.), „English and Chinese Metres in Hsü Chih-mo", S. 285; ebenfalls zitiert in Lee, *Romantic Generation,* S. 162. Zur Datierung des Gedichts siehe Xu Zhimo, *Quanji* II, S. 573.
66. Xu Zhimo, *Quanji* I, S. 663–664; Lee, *Romantic Generation,* S. 155, 172–174.

9. Lebt wohl, ihr schönen Dinge

1. Der Student war Tang Eryou; sein Brief ist abgedruckt in Xu Zhimo, *Quanji* I, S. 435–455.
2. Zitiert in Leung, „Hsü Chih-mo", S. 220.
3. Hsia Tsi-an, *The Gate of Darkness,* S. 179; Sun, „Lu Hsun and the Chinese Woodcut Movement", S. 126–135, bietet Einzelheiten zum Interesse Lus an Käthe Kollwitz.
4. Lu Xun, *SW* III, S. 212f.
5. Ebd., III, S. 93f. (mit kleinen Änderungen).
6. Ebd., Zitate aus (in dieser Reihenfolge) III, S. 17, III, S. 112, III, S. 124.
7. Gálik, *Mao Tun and Modern Literary Criticism,* S. 119–121. Eine Beschreibung der Freundschaft zwischen Qu und Lu Xun findet sich in Pickowicz, „Lu Xun through the eyes of Qu Qiu-bai".
8. Pickowicz, „Qu Qiubai's Critique of the May Fourth Generation", S. 366–372, Zitat S. 372.
9. Ebd., S. 374, 376, 381.
10. Erörtert in Gálik, *Mao Tun,* S. 101–104.
11. Sun, „Chinese Woodcut Movement", S. 69–76. Eine illustrierte Ausgabe der Holzschnitte, die Lu Xun zwischen 1931 und 1936 gesammelt hat, wurde gedruckt: *Lu Xun shoucang zhongguo xiandai muke xuanji.*
12. Shen Congwen, *Ji Ding Ling xuji,* S. 121f. Chang, *Ting Ling,* S. 52; *Ding Ling pingzhuan,* S. 128f., „Guanyu *Muqin*"; Bjorge, „Ting Ling's Early Years", S. 63–67.
13. Nach der Übersetzung in Harold Isaacs (Hg.), *Straw Sandals,* S. 260.
14. Chang, *Ting Ling,* S. 56f.
15. „Wode zibai" in *Ding Ling pingzhuan,* S. 215–233, Zitat S. 222f.
16. Ebd., S. 130, 223 und 128f. (Brief an ihren Herausgeber vom 11. Juni 1932, in „Guanyu *Muqin*").
17. Siehe die Biographien in BDRC (unter „Chang Tso-lin", „P'u-yi" und „Ts'ai T'ing-k'ai" [dem kommandierenden General der Neunzehnten Marsch-Armee, der die Verteidigung Shanghais im Jahre 1932 leitete]). Die japanischen Beweggründe, Zhang Zuolin zu töten, untersucht McCormack, *Chang Tso-lin in Northeast China, 1911–1928,* S. 246–248, und Yoshihashi, *Conspiracy at Mukden,* S. 41–50. Die seinerzeitigen Auswirkungen der japanischen Wirtschaftspolitik in

der Mandschurei (besonders die Auswirkungen der sehr einseitigen Konzentration auf Sojabohnenanbau, die Pachtstrukturen und das Banditenwesen) analysiert Bix, „Japanese Imperialism and the Manchurian Economy, 1900–31“, S. 430, 433–436. Ein ausgezeichnetes Beispiel für die japanischen Geschäftsmethoden in China, in diesem Fall in Shandong, für die Jahre 1921 bis 1937 bietet Wright, „Sino-Japanese Business in China“; Tabelle I, ebd., S. 723, zeigt, daß die „Luda-Gesellschaft“ über mehrere Jahre hinweg tatsächlich in China Geld *verlor*. Eine ausführliche Untersuchung des „Mukden-Vorfalls“ von 1931 findet sich in Yoshihashi, *Conspiracy at Mukden*, Kapitel 6.

18. Die beste englischsprachige Erläuterung der politischen Schachzüge Chiangs gibt Tien Hung-mao, *Government and Politics in Kuomintang China*. Siehe auch Ch'ien Tuan-sheng, *The Government and Politics of China, 1912–1949*, vor allem die Kapitel 23 und 24 über „Politische Parteien“ und „Parteipolitik“. Eine gute Zusammenfassung der Richtungskämpfe innerhalb der Führung der Shanghaier Kommunisten bietet Schwartz, *Chinese Communism and the Rise of Mao*, vor allem Kapitel 10, „Changsha and the Li Li-san Line“; eine detaillierte Untersuchung gibt Thornton, *The Comintern and the Chinese Communists, 1928–1931*. Kim, *The Politics of Chinese Communism*, und Rue, *Mao Tse-tung in Opposition, 1927–1935* analysieren den Jiangxi-Sowjet. Wertvolle Angaben zum Guangxi-Sowjet (und zu Deng Xiaopings frühen Aktivitäten dort im Jahre 1929) finden sich bei Lary, *Region and Nation*, S. 104–107; zu He Long (Ho Lung), dem späteren Führer des Hunan-Sowjet, vgl. Kinkley, „Shen Ts'ung-wen's Vision of Republican China“, Kapitel 4, vor allem S. 103f., 120, 140. Eine Analyse des gescheiterten Hebei-Sowjet findet sich bei Grove, „Creating a Northern Soviet“.
19. Den geistigen Hintergrund Lao Shes (dieses Pseudonyms bediente sich Shu Qingchun während seines gesamten Schriftstellerlebens) beleuchten Prudence Sui-ning Chou in Kapitel 1 ihres Aufsatzes „Lao She: An Intellectual's Role and Dilemma in Modern China“, und Ranbir Vohra, *Lao She and the Chinese Revolution*, Kap. 1 und 2. Lao She selbst hat seine mandschurische Jugend romanhaft dargestellt in *Zhenghongqi xia* (posthum veröffentlicht im Jahre 1979). Siehe auch Hu, „Lao She in England“, und die Einleitungen von Lyell Jr. und Bady zu ihren Übersetzungen von *Maocheng ji* und *Lao niu po che*.
20. Zu seinen frühesten Romanen siehe Chou, „Lao She“, Kapitel 2 und 3; ebenfalls die Übersetzung von Paul Bady, Lao She, *Lao niu po che*, S. 37–42, und Vohra, *Lao She*, S. 60, zu dem verlorengegangenen Roman.
21. Nach der engl. Übersetzung von William A. Lyell Jr., *Cat Country*, Einleitung S. XL. Der Aufsatz „Wie ich dazu kam, *Katzenland* zu schreiben“, ist von Paul Bady ins Französische übersetzt worden, abgedruckt in Lao She, *Lao niu po che*, S. 43–49.
22. Lao She, *Maocheng ji*, S. 2, nach der Übersetzung von Lyell, *Cat Country*, S. 3.
23. Lao She, *Maocheng ji*, S. 37f.; *Cat Country*, S. 41–43, ins Englische übersetzt von W. A. Lyell Jr.
24. *Cat Country*, Kapitel 21, übersetzt von W. A. Lyell Jr.
25. Ebd., S. 294 (mit kleinen Änderungen).
26. Bady, „Death and the Novel – On Lao She's ‚Suicide‘“, S. 11, Anmerkung 27, weist auf einige dieser ersten Kritiken hin. In *Lao niu po che*, S. 45, zitiert der Übersetzer Bady Lao Shes eigene abschätzige Bemerkungen. In „Lao She“, S. 63–70, untersucht und verteidigt Chou den Roman, eine – nach seiner Ansicht – „erfolgreiche Satire“.
27. Zur „Liga zum Schutz der Menschenrechte“ siehe Duiker, *Ts'ai Yüan-p'ei*, S. 94f. Lu Xun beschreibt das Essen in *SW* III, S. 218–220.

28. Vorwort zu Qus Anthologie, *SW* III, S. 222–224; „Wer ist das Paradoxon?" *SW* III, S. 214–216 (Zitat mit kleinen Änderungen).
29. Zusammenfassende Darstellungen der Geschichten finden sich in Bjorge, „Ting Ling's Early Years", S. 213–244. (die Übersetzung von Peter Pan auf den S. 242–244), und in Chang Jun-mei, *Ting Ling,* S. 65–67. Ding Ling, *Muqin,* Anmerkung S. 239f.
30. Chang, *Ting Ling,* S. 60f.
31. *BDRC* IV, S. 6 (siehe „Yang Ch'uan"). Eine Darlegung des Hintergrundes und der Ermordung Yangs gibt Chen Shaoxiao, *Heigang lu,* S. 71–75. (Für diesen Hinweis bin ich Michael Lestz zu Dank verpflichtet.)
32. Pickowicz, „Introduction to Qu Qiubai's ‚Who's „We"?' and ‚The Question of Popular Literature and Art'", S. 50; Li, *The Road to Communism,* S. 173.
33. Pickowicz, „Introduction to ‚Who's „We"?'", S. 50.
34. Die detaillierteste Darstellung des Vernichtungsfeldzugs und der Rolle, die deutsche Offiziere dabei spielten, gibt Liu, *A Military History of Modern China, 1924–1949,* Kapitel 7 bis 10. Die Geheimhaltung war so strikt, daß selbst höhere kommunistische Funktionäre in Jiangxi nichts von den Rückzugsplänen der Partei wußten; siehe Ch'en, „Resolutions of the Tsunyi Conference", S. 29f. Zu den erfolglosen Reaktionen der Kommunistischen Partei Chinas auf die Strategie des Fünften Umzingelungsfeldzugs Chiangs und zur Rolle des Komintern-Agenten Otto Braun siehe Hu Chi-hsi, „Hua Fu, the Fifth Encirclement Campaign and the Tsunyi Conference" (vor allem S. 40); zu Lin Biaos herausragenden Leistungen siehe Hu Chi-hsi, „Mao, Lin Biao and the Fifth Encirclement Campaign", S. 268f.
35. Li, *Road to Communism,* S. 163. Eine sorgfältige Erörterung der Echtheit des Testaments findet sich bei Hsia, *Gate of Darkness,* S. 44–52; Hsia kommt zu dem Schluß, das Testament sei echt – zu derselben Ansicht gelangt später auch Ding Ling.
36. Li, *Road to Communism,* S. 163, 169f.
37. Ebd., S. 165–167, Zitat S. 165 (mit kleinen Änderungen). Es scheint sich hier um eine Erwiderung auf Qus Aufsatz in der *Neuen Jugend* vom 26. März 1926 über Sozialismus und gesellschaftliche Klassen zu handeln; siehe Dirlik, *Revolution and History,* S. 60.
38. Li, *Road to Communism,* S. 174.
39. Ebd. S. 175f. (mit kleinen Änderungen); Sima Lu, *Qu Qiubai zhuan,* S. 160f. Auf die hier deutlich sichtbare intellektuelle Schwächung wies weniger als einen Monat später auch Tao Xisheng hin; siehe die Erörterung in Dirlik, *Revolution and History,* S. 221.
40. Zu Qus Analyse und Bearbeitung des Werkes Lu Xuns siehe Pickowicz, „Lu Xun through the Eyes of Qu Qiubai", S. 342–355. Zu Lus Veröffentlichung der Schriften Qus im Jahre 1936 vgl. Hsia, *Gate of Darkness,* S. 128, Anmerkung 72.
41. Wörtliche Rede zitiert nach Hsia, *Gate of Darkness,* S. 113f.; zum Briefwechsel zwischen Lu und Hu siehe Yang I-fan, *The Case of Hu Feng,* S. 28f.
42. Detaillierte Beschreibungen des Langen Marsches geben Garavente, „The Long March", und Wilson, *The Long March, 1935,* Teil 2. Zum Einzug in Baoan und Umgebung und zu den dortigen Allianzen siehe Schram, *Mao Tse-tung,* S. 192–199. Selden, *The Yenan Way in Revolutionary China,* Kapitel 1 und 2, umreißt ein anschauliches Bild der sozialen Bedingungen in Shaanxi und auch der Unterschiede zwischen den kommunistischen Gruppen, die sich dort in den dreißiger Jahren aufhielten.
43. Van Slyke, *Enemies and Friends,* Kapitel 4; zu den Demonstrationen vom 9. De-

zember siehe Israel und Klein, *Rebels and Bureaucrats, China's December 9ers,* an mehreren Stellen; vgl. vor allem S. 57–59 zu Lu Cui (Lu Ts'ui), der neuen „Johanna von Orleans" der Studenten.

44. Nach Hsia, *Gate of Darkness,* S. 121 (mit kleinen Änderungen) und 131; siehe auch Yang I-fan, *Case of Hu Feng,* S. 30–32.
45. Hsia, *Gate of Darkness,* S. 125–136.
46. Ebda., S. 138–141.
47. Siehe Lu Xun, *Quanji* II, S. 485–505; „Li Shui," November 1935; S. 506–532; „Cai Wei", Dezember 1935; S. 561–575, „Chu Guan", Dezember 1935; S. 593–608, „Qi Si", Dezember 1935. *BDRC* II, S. 246, erörtert die Verhöhnung Gu Jiegangs durch Lu Xun in „Li Shui".
48. Lu Xun, *Silent China,* S. 81f.
49. Ebd., S. 84–86.
50. Lu Xun, *SW* IV, S. 295.
51. Ebd., IV, S. 295f.
52. *Lu Xun shuxin ji,* S. 769, Brief an Xiao Hong. Einzelheiten der Festnahme Ding Lings schildert Bjorge, „Ting Ling's Early Years", S. 89–97.
53. Chang, *Ting Ling,* S. 62 (mit kleinen Änderungen).
54. Ebd., S. 69 (mit kleinen Änderungen).
55. Ebd., S. 71.
56. *Ding Ling pingzhuan,* S. 227.
57. Ebd., S. 230.
58. Einzelheiten ihres Fluges schildert Chang, *Ting Ling,* S. 64 und 72.

10. Flüchtlinge

1. Lao She, *Maocheng ji,* Vorwort, S. 2.
2. Eine Zusammenfassung des Handlungsablaufs und eine Analyse von *Scheidung* und *Niu Tianzi zhuan (Niu T'ien-tzu chuan)* geben Vohra, *Lao She and the Chinese Revolution,* S. 70–97 (Zitat auf S. 86), und Hsia, *A History of Modern Chinese Fiction, 1917–1957,* S. 176–181.
3. Eine ausgezeichnete neue Übersetzung des Romans ins Englische liegt von Jean James *(Rickshaw)* vor. Lao Shes eigene Darstellung der Niederschrift von *Rikscha* – „Wo ziyang xie ‚Loto xiangzi'" – findet sich auf S. 65–71 des von seiner Witwe Hu Xiehqing edierten Bandes *Lao She shenghuo yu chuangzuo zishu;* sie ist auch übersetzt unter dem Titel „How I came to Write the Novel ‚Camel Hsiang-tzu'". Lao She schreibt dort, die Idee zu dem Roman sei ihm aufgrund zweier zufälliger Begebenheiten gekommen, die ihm ein Freund mitgeteilt habe: in dem einen Fall verlor ein Pekinger Rikschakuli sein Gefährt, nachdem er eine lange Zeit dafür gespart hatte, in dem anderen Fall stahl ein Rikschakuli, dem man sein Gefährt abgenommen hatte, die Kamele einiger Soldaten. (Dies erklärt den Titel des Romans und vielleicht auch den mangelnden Zusammenhang zwischen der Kamel-Episode und der übrigen Handlung.) Lao She weist auch darauf hin, daß der Abdruck des Romans in Fortsetzungen bereits begann, noch ehe er ihn zu Ende geschrieben hatte. Zur Erörterung von Struktur und Rezeptionsgeschichte des Romans vgl. Chou, „Lao She", S. 80–93.
4. Zur bezahlten schriftstellerischen Tätigkeit siehe Lao She (übersetzt von Paul Bady), *Lao niu po che,* S. 65, und Vohra, *Lao She,* S. 98; der Abschnitt über den alten Mann und seine Frau findet sich in Lao She (übersetzt von Jean James), *Rickshaw,* S. 93 und 164. Hsia zollt in seiner *History of Modern Chinese Fiction,*

S. 181–188, sowohl der Erzähltechnik als auch der Einheit der Handlung wie ihrer Entwicklung höchstes Lob. Siehe auch Vohra, *Lao She,* Kap. 5, und Birch, „Lao She", S. 50–54.

5. Lao She (übersetzt von Jean James), *Rickshaw,* S. 60; eine Wiedergabe und eine Erörterung dieses Abschnitts finden sich auch in Vohra, *Lao She,* S. 113, und Chou, „Lao She", S. 91f.
6. Lao She (übersetzt von Jean James), *Rickshaw,* S. 249.
7. Zur „bewußt" eingenommenen, gebeugten Körperhaltung und zur Hinnahme der Krankheit siehe ebd., S. 211.
8. Die sorgfältigste Untersuchung der Entführung gibt Tien-weis *The Sian Incident.* Eine detaillierte Darstellung der Organisationen zur Errettung der Nation und der Festnahme in Xian findet sich auch bei van Slyke, *Enemies and Friends,* S. 68–91. Zu Einzelheiten der Studentenbewegung vgl. Israel, *Student Nationalism in China,* vor allem S. 129–138. Zur wichtigen Rolle, die die kommunistischen Jugendlichen in den Bewegungen zur „Errettung der Nation" von 1936 und 1937 spielten, siehe Pringsheim, „The Functions of the Chinese Communist Youth Leagues (1920–1949)", S. 82–84. Zu Yanan und Madrid siehe Dorris, „Peasant Mobilization in North China and the Origins of Yenan Communism", S. 702.
9. Chang Jun-mei, *Ting Ling,* S. 73.
10. *Ding Ling zai xibei,* S. 74, und Vorwort von Shi Tianxing, ebd., S. i.
11. Van Slyke, *Enemies and Friends,* S. 90–93. Zu Maos Appellen an die Gelao hui und andere mögliche Verbündete in der Region siehe Schram, „Mao Tse-tung and Secret Societies".
12. Eine sehr eingehende Analyse der Konsequenzen des Vorfalls an der Marco-Polo-Brücke gibt Crowley, *Japan's Quest for Autonomy,* S. 324–342. Zu den verschiedenen Zielen der Besatzungsarmeen siehe auch Li, *The Japanese Army in North China 1937–1941,* Kapitel 2 und 6.
13. *Ding Ling zai xibei,* S. 44f. Bjorge, „Ting Ling's Early Years", S. 19, weist darauf hin, daß sie im Jahre 1919 in Hunan zwei Gedichte veröffentlichte.
14. Shen Congwen, *Ji Ding Ling xuji,* S. 185.
15. Chang, *Ting Ling,* S. 75f. Das erste Stück, „Chong feng", wurde in *Ding Ling zai Shaanxi* veröffentlicht; das zweite, „Henei yilang", erschien als gesonderte Publikation im Jahre 1938. Siehe auch Bjorge, „Ting Ling's Early Years", S. 98–105.
16. Erkenntnisse aus dem Tribunal für japanische Kriegsverbrechen, wie zitiert in Li, *The Road to Communism,* S. 207–215; zu der Anzahl der Opfer siehe Liu, *A Military History of Modern China, 1924–1949,* S. 145 und 198; *BDRC* I, S. 247; siehe auch Gunn, *Unwelcome Muse,* S. 110–115 zum Kriegsschauplatz Shanghai sowie Kapitel 4 zu Zhou Zuoren (Chou Tso-jen) und dem literarischen Leben in Peking während der Besatzung.
17. Zu den wichtigsten Personen siehe die entsprechenden Biographien in *BDRC.* Eine gute Beschreibung des geistigen Lebens in Peking und Shanghai während des Krieges bietet Gunn, *Umwelcome Muse.* Siehe auch die bemerkenswerte Studie Theodore D. Huters über Qian Zhongshu: „Traditional Innovation", S. 150–152 sowie Kapitel 4 und 5. Eine Erörterung der Entscheidung Chen Duxius findet sich bei Kagan, „The Chinese Trotskyist Movement and Ch'en Tu-hsiu", S. 97, 155–161.
18. Hsu Kai-yu, „Wen I-to", S. 111–125.
19. Wen Yiduo, *Quanji,* Abschnitt „geng", S. 59, Brief vom 16. Juli 1937.
20. Einzelheiten zum Aufenthalt in Wuhan, zur Reise in den Südwesten und zum Treffen mit Shen schildert Wen Yiduo, *Quanji,* „Nianpu", S. 60–63. Zum Inter-

esse Shens an der Kultur der Miao vgl. Kinkley, „Shen Ts'ung-wen's Vision of Republican China", vor allem Kapitel 8.

21. Hsu, „Wen I-to", S. 126f.
22. Ebd. S. 130f., 150. Wen Yiduo, *Quanji:* Briefe in dem Abschnitt „geng", S. 60–65.
23. Wen Yiduo, *Quanji,* Abschnitt „geng", S. 59, Brief vom 16. Juli 1937.
24. Ebd., S. 62f. Briefe vom 22. und 27. Juni 1938. – Biographische Daten der übrigen Personen finden sich in *BDRC;* Lyell, *Lu Hsün's Vision of Reality;* Terrill, *Mao: A Biography;* Leung, „Hsü Chih-mo".
25. Hsu, „Wen I-to", S. 130. Wen Yiduo, *Quanji,* „Nianpu", S. 65 und ebd., Abschnitt „geng", S. 79, Brief vom 13. Juni 1938.
26. Zur Beschreibung eines solchen japanischen Luftangriffs auf Kunming im September 1938 siehe Wen Yiduo, *Quanji,* „Nianpu", S. 65.
27. Ebd., Abschnitt „ding", S. 229; teilweise übersetzt in Hsu, „Wen I-to", S. 128.
28. Eine detaillierte Darstellung des Lebens Lao Shes gibt Chou, „Lao She", Kapitel 5. Eine knappe Darstellung und Analyse von *Verbrennung* findet sich in Birch, „Lao She", S. 55, und *BDRC* III, S. 134. Zu den Stücken, die Lao She während des Krieges verfaßte, vgl. Vohra, *Lao She,* S. 131–138.
29. Zitiert in Hsia, *Modern Chinese Fiction,* S. 367 (mit kleinen Änderungen).
30. Zur Ausweitung des kommunistischen Einflußbereichs und der gegenseitigen Infiltration siehe van Slyke, *Enemies and Friends,* S. 135–142, 162–164; zur „Neuen Vierten Armee" und zu den Angriffen der Moslems vgl. Liu, *Military History,* S. 206; *BDRC* IV, S. 38 (unter „Yeh T'ing"). Eine Analyse der Demokratischen und der übrigen Parteien gibt van Slyke, *Enemies and Friends,* S. 170–177.
31. Ins Englische übersetzt in Hsu Kai-yu, *Twentieth Century Chinese Poetry,* S. 288. Zum Briefwechsel zwischen Wen und dem Dichter Zang Kejia (Tsang K'o-chia) siehe Wen, *Quanji,* Abschnitt „geng", S. 53–57.
32. Hsu, *Twentieth Century Chinese Poetry,* S. 402f.
33. Chang, *Ting Ling,* S. 74. Zu Auswirkungen auf westliche Beobachter siehe Shewmaker, *Americans and Chinese Communists 1927–1945;* zu der Periode 1939 bis 1944 vgl. vor allem Kapitel 8.
34. Siehe Schram, *The Political Thought of Mao Tse-tung,* S. 190–201 zu Maos Aussagen über die Widersprüche, S. 228 über die Guomindang, und S. 172f. über Ah Q und die Sinisierung des Marxismus.
35. Chang, *Ting Ling,* S. 78 (mit kleinen Änderungen).
36. Selden, *The Yenan Way in Revolutionary China,* Kapitel 5; zur Kampagne der „Drei Alles" (sankō-seisaku) siehe Johnson, *Peasant Nationalism and Communist Power,* S. 55f.
37. Siehe den bemerkenswerten Abschnitt S. 162, Spalte 1, in Ding Lings Aufsatz „Wo suo renshide Qu Qiubai tongzhi" aus dem Jahre 1980.
38. Die drei Geschichten tragen, in dieser Reihenfolge, die Titel: „Eingezogen", „Als ich im Dorf Xia war", und „Nacht". Knappe Inhaltsangaben bietet Chang, *Ting Ling,* S. 79–81. „Als ich im Dorf Xia war" wurde von Kung Pu-sheng unter dem Titel „When I was in Sha Chuan" ins Englische übersetzt und von Feuerwerker kommentiert. Siehe Feuerwerker, „Discussion" in *Signs.* Zu Ding Lings Prosawerk aus jener Zeit in Yanan siehe Bjorge, „Ting Ling's Early Years", S. 253–256.
39. Ding Ling, „Im Hospital", S. 126; „Zai yiyuan zhong", „S. 13, Spalte 1.
40. Ding Ling, „Im Hospital", S. 137; „Zai yiyuan zhong", S. 16, Spalte 1. Eine Analyse der Geschichte findet sich bei Bjorge, „Ting Ling's Early Years", S. 126–134.

11. Korrekturen

1. Zitiert in Hsia Tsi-an, *The Gate of Darkness,* S. 251. Der Beginn ihrer Redakteurstätigkeit ist beschrieben in Chang Jun-mei, *Ting Ling,* S. 87.
2. Merle Goldman, *Literary Dissent in Communist China,* S. 24–26; Wang Hsueh-wen, *Chinese Communist Education,* S. 195.
3. Goldman, *Literary Dissent,* S. 43.
4. Lee, *The Romantic Generation of Chinese Writers,* S. 238f.
5. Zum Internationalen Frauentag und zu den Anweisungen von seiten der Partei siehe Frenier, „Women and the Chinese Communist Party 1921 to 1952", S. 62, Anmerkung, und Hsia, *Gate of Darkness,* S. 251, Anmerkung 45.
6. Ding Ling, „Sanbajie yougan", S. 8. Eine Kommentierung und teilweise Übersetzung ihres Aufsatzes ins Englische findet sich in Feuerwerker, „The Changing Relationship Between Literature and Life", S. 299; Frenier, „Women and the Chinese Communist Party", S. 105, und Wang Hsueh-wen, *Chinese Communist Education,* S. 199. Eine vollständige engl. Übersetzung gibt Benton, „The Yenan ‚Literary Opposition'", S. 102–105. Die feministische Position Ding Lings untersucht Bjorge, „Ting Ling's Early Years", S. 136f. und Kapitel 9.
7. Hsia, *Gate of Darkness,* S. 255.
8. Zu den Programmen von 1929 und 1939 siehe Selden, *The Yenan Way in Revolutionary China,* S. 190–193. Zu 1942 siehe Selden, *Yenan Way,* S. 193–200; Hsia, *Gate of Darkness,* S. 238–241; Goldman, *Literary Dissent,* Kapitel 2, und Boyd Compton (Hg. und Übers.), *Mao's China.* Zu unterschiedlichem Vorgehen im Vergleich zum „Kangda"-Modell des internationalistischen Flügels und zur Bedeutung der Korrekturen in der Armee zu derselben Zeit siehe Liden, „Party Factionalism and Revolutionary Vision", Kapitel 7.
9. Compton, *Mao's China,* S. 15, 21, 31.
10. Benton, „Yenan ‚Literary Opposition'", enthält eine vollständige engl. Übersetzung des Aufsatzes „Wilde Lilie"; die Zitate sind entnommen ebd., S. 96 und 100 (mit kleinen Änderungen). Siehe auch Chang, *Ting Ling,* S. 91f.; Goldman, *Literary Dissent,* S. 25–27; Fokkema, *Literary Doctrine in China and Soviet Influence,* S. 11–19, und Bjorge, „Ting Ling's Early Years", S. 138f.
11. Zu Ding Lings Entlassung im April und zu Ai Siqi, ihrem Nachfolger, siehe Hsia, *Gate of Darkness,* S. 247.
12. Eine sorgfältige Einführung zu diesen wichtigen Ansprachen Maos und eine engl. Übersetzung ihrer ursprünglichen Fassungen gibt McDougall, *Mao Zedong's „Talks at the Yan'an Conference on Literature and Art".* Zu Lu Xuns Sohn siehe ebd., S. 70; zu den Elementen, die zerstört werden sollten, siehe ebd., S. 83.
13. Ebd., S. 80f.
14. Chang, *Ting Ling,* S. 95f.; Goldman, *Literary Dissent,* S. 37–42; Bjorge, „Ting Ling's Early Years", S. 139–159.
15. Goldman, *Literary Dissent,* S. 38–43; Chang, *Ting Ling,* S. 97f. Zu den Aufsätzen über Nora aus dem Jahre 1942 (einer davon aus der Feder Guo Moruos) siehe Witke, „Transformation of Attitudes", S. 166f. Eine Interpretation der Erzählung „Die Achtzehn" gibt Bjorge, „Ting Ling's Early Years", S. 160–163.
16. Eine Zusammenfassung dieser Episode amerikanisch-chinesischer Beziehungen gibt Spence, *To Change China,* Kapitel 9. Die wichtigsten neuen Materialien hierzu bietet Thorne, *Allies of a Kind.* Siehe auch Liu, *A Military History of Modern China, 1924–1949,* S. 145 und 220–222, vor allem zu den Verlusten und zu den Feldzügen im Südwesten.

17. Siehe besonders Selden, *Yenan Way,* Kapitel 6, und vgl. die von dessen Ansichten abweichenden Gedanken in Dorris, „Peasant Mobilization in North China and the Origins of Yenan Communism", besonders S. 699f. Siehe auch van Slyke, *Enemies and Friends,* S. 144–153. Zur Kampagne auf dem Gebiet des Erziehungswesens (und zu dem erfolglosen Versuch, eine romanisierte Umschrift einzuführen) siehe Seybolt, „The Yenan Revolution in Mass Education", S. 653–655.
18. Chang, *Ting Ling,* S. 98–100. Die Schriften vom Sommer 1944 finden sich in Ding Ling, *Yanan ji,* S. 1–18, 168–230. Ding Lings eigene Bewertung dieser Schriften findet sich ebd., S. 231–235.
19. Van Slyke, *Enemies and Friends,* S. 177–184; Shaheen, „The China Democratic League and Chinese Politics, 1939–1947", Kapitel 6; zu dem Zweig in Kunming siehe vor allem S. 216.
20. Nach Hsu Kai-yu, „Wen I-to", S. 134, mit einer kleinen Ergänzung nach dem Original; Wen Yiduo, *Quanji,* Abschnitt „jia", S. 328. Zu der Gruppe in Kunming siehe Hsu, „Wen I-to", S. 140, 160, 202, 229. Zu Wen und seiner Frau siehe Wen Yiduo, *Quanji,* „Nianpu", S. 68 (Eintrag vom Oktober 1941).
21. Dieser bemerkenswerte Brief, „bei Lampenlicht" an den Dichter Zang Kejia geschrieben, wird ausführlich zitiert in Wen Yiduo, *Quanji,* „Nianpu", S. 70f. Siehe auch die Darlegung in Hsu Kai-yu, „The Life and Poetry of Wen I-to", S. 171.
22. Hsu, „Wen I-to", S. 150. Einzelheiten zu den schrecklichen Rekrutierungspraktiken finden sich bei Liu, *Military History,* vor allem S. 137–139; siehe auch Pepper, *Civil War in China,* S. 163–167.
23. Wen Yiduo, *Quanji,* „Nianpu", S. 72; teilweise übersetzt in Hsu, „Wen I-to", S. 152.
24. Eine Zusammenfassung des Inhalts findet sich bei Hsu, „Wen I-to", S. 165–169; die Datumsangaben vom April beziehen sich auf Artikel, die ebd., Anmerkungen 40, 51, 52, 54, zitiert sind.
25. Wen Yiduo, *Quanji,* „Nianpu", S. 74–77, zu den verschiedenen Zusammenkünften; Hsu, „Wen I-to", S. 153f., zu den politischen Aktivitäten, und S. 156f. zu seinem Lektüreprogramm. Hsu, „Life and Poetry", S. 177 weist auf Wens Wandlung in seinem Urteil über die kritischen Schriften Lu Xuns hin.
26. Die Zitate entstammen, in dieser Reihenfolge, Hsu, „Life and Poetry", S. 173 und 170, und Hsu, „Wen I-to", S. 175.
27. Zu Qu Yuan siehe Hsu, „Wen I-to", S. 135. Guo Moruos Stück *Qu Yuan (Ch'ü Yuan)* wurde 1942 fertiggestellt und 1953 ins Englische übersetzt. Zur Einbeziehung Qu Yuans in die Tradition des chinesischen Nationalismus durch Wen Yiduo siehe Schneider, *A Madman of Ch'u,* S. 120–124.
28. Zu den Aktivitäten der Studenten in Kunming siehe Pepper, *Civil War,* S. 47–52.
29. Zitiert in Hsu, „Life and Poetry", S. 142.
30. Hsu, „Wen I-to", S. 177f. Die Witwe Wens diktierte später einen bewegenden Bericht über die letzten Tage, die sie miteinander verbrachten und über seine Entschlossenheit, bis zum Ende weiterzukämpfen. Dieser Bericht wurde von ihrer Tochter mitgeschrieben, die ihn 1972 unter ihrem Mädchennamen Gao (Xiao) Zhen unter dem Titel „Yiduo xisheng qian hou jishi" veröffentlichte.
31. Der Bericht der Liga erschien im Spätjahr 1946 unter dem Titel *Li-Wen an diaocha baogao shu.*
32. Zu der Vergewaltigung und zu den Protesten siehe Pepper, *Civil War,* S. 52–57.
33. Chang, *Ting Ling,* S. 103f.; F. F. Liu, *Military History,* S. 240–245; *BDRC* II, S. 376.

34. Eine Zusammenfassung dieser Direktive zum 4. Mai findet sich in Pepper, *Civil War*, S. 246–248.
35. Ebd., S. 292; zu der wachsenden Radikalität im Jahre 1947 und zu der allgemeinen Übereinstimmung zwischen Liu Shaoqi und Mao Zedong siehe Tanaka Kyoko, „Mao and Liu in the 1947 Land Reform“, vor allem S. 569 und 583, sowie Frederick C. Teiwes, „The Origins of Rectification“, S. 33–46.
36. Zitiert in Chang, *Ting Ling*, S. 104 (mit kleinen Änderungen).
37. Ding Ling, *The Sun Shines over the Sanggan-River*, Vorwort des Autors; siehe zu diesem Roman und zum Kontext der späten vierziger Jahre, in dem er entstand, Birch, „Fiction of the Yenan Period“, S. 9–11. Birch kennzeichnet solche Arbeiten als „auffallend mittelmäßig“.
38. Ding Ling, *Sanggan-River*, S. 232–235.
39. Ebd., S. 55.
40. Ebd., S. 66.
41. Ebd., S. 275.
42. Ebd., S. 292f. (mit kleinen Änderungen); vgl. dazu die ähnliche Szene in William Hinton, *Fanshen*, S. 136f. Eine Erörterung der Vorgänge um Qian und der Unterschiede in der Behandlung der Landreformthematik seitens Ding Ling und der Romanschriftstellerin Eileen Chang gibt Hsia, *A History of Modern Chinese Fiction*, S. 486f. und S. 427–429. Diese Szene der Erniedrigung Qians beleuchtet die Schwierigkeiten, ein Urteil darüber zu bilden, in welchem Ausmaß die Grundbesitzer in den dreißiger und vierziger Jahren ihre Pächter ausgebeutet hatten. Zu Beispielen von Skrupellosigkeit und Ausschreitungen auf seiten der Grundbesitzer siehe Thaxton, „On Peasant Revolution and National Resistance“, S. 28, 41f., 52; eine dazu entgegengesetzte Ansicht vertritt Myers in „North China Villages During the Republican Period, Socioeconomic Relationships“.
43. Siehe Ding Ling, *Sanggan-River*, S. 284 zu den gebundenen Füßen, S. 299 und 302 zu Gu und dem Horizont, und S. 252 zum Neumond.
44. Siehe ebd., S. 104 und 111 zu den Gewalttätigkeiten und der Heuschrecke, sowie S. 73 und 332 zu der Frau des Schäfers und der Verteidigungstruppe. Eine eingehende Analyse weiterer Bezüge bietet Hsia, *Modern Chinese Fiction*, S. 488–491.
45. Pepper, *Civil War*, S. 300–305.
46. Chang, *Ting Ling*, S. 104f. Zu Changs Analyse des Romans siehe ebd., S. 105–117.

12. Die neue Ordnung

1. Zur Truppenverteilung in dieser Region siehe Pepper, *Civil War in China*, S. 202f.
2. Goldman, *Literary Dissent in Communist China*, S. 76, und Lee, *The Romantic Generation of Chinese Writers*, S. 241.
3. Goldman, *Literary Dissent*, S. 74–78; Lee, *Romantic Generation*, S. 241.
4. Lee, *Romantic Generation*, S. 241f., versucht den Charakter Xiaos zu analysieren; Einzelheiten zu den Kampagnen bietet Goldman, *Literary Dissent*, S. 79–85.
5. Pepper, *Civil War*, S. 126–129; Wen Yiduo, *Quanji*, „Nianpu“, S. 70.
6. Zitiert in Nieh Hua-ling, *Shen Ts'ung-wen*, S. 111.
7. Zu den Schriften Shens, die sich kritisch mit der „Neues Leben“-Bewegung der Guomindang befassen, siehe Kinkley, „Shen Ts'ung-wen's Vision of Republican China“, S. 372–379 und 389, sowie Hsia, *A History of Modern Chinese Fiction 1917–1957*, S. 361–365; zu Ding Ling vgl. Chang Jun-mei, *Ting Ling*, S. 121.

(Shen und Ding könnten sich im Jahre 1936 kurz begegnet sein, als Ding Ling sich in Peking für ihre Flucht nach Yanan vorbereitete.)

8. Ma Fenghua, „Huainian Shen Congwen jiaoshou", S. 13f.; Nieh, *Shen Ts'ung-wen*, S. 111f.
9. Chang, *Ting Ling*, S. 121–123; F. F. Liu, *A Military History of Modern China, 1924–1949*, S. 266–270; Pepper, *Civil War*, S. 385–390.
10. Hsu Kai-yu, *Twentieth Century Chinese Poetry*, S. 380f.
11. Kao, „Lao She in America", S. 69f.; zu diesem „Ende" siehe King (Übers.), *Rickshaw Boy*, S. 384. Weitere der hier zitierten Episoden finden sich bei King, ebd., S. 359, 375, 378.
12. Kao, „Lao She in America", S. 71f.; sowie Vohra, *Lao She and the Chinese Revolution*, S. 140–142. Mit den Hintergründen und Ergebnissen der Mission Wedemeyers befaßt sich Spence, *To Change China*, S. 265–280.
13. Kao, „Lao She in America", S. 75.
14. Birch, „Lao She", S. 55f.; Kao, „Lao She in America", S. 74.
15. Die eingehendste Analyse der ersten Phase der Landreform und des Konzeptes der Schlüsseldörfer bietet, an Hand einer Fallstudie der Provinz Hunan, Shue in *Peasant China in Transition*, Kapitel 1 und 2. Eine sorgfältige Studie der Situation der Provinz Jiangsu gibt Ash, „Economic Aspects of Land Reform in Kiangsu, 1949–52"; eine Einschätzung des gesamten verfügbaren Landes findet sich ebd., Teil 2, S. 521. Die wichtigsten Dokumente zur Landreform sind abgedruckt in Selden, *The People's Republic of China*, Teil 1, Abschnitte A und B.
16. Mit der Rolle der Frau in der Landreform befaßt sich Frenier in „Women and the Chinese Communist Party, 1921 to 1952", Kapitel 6; siehe vor allem S. 202, 217, 229. Mit früheren Stadien der Entwicklung der Ehegesetzgebung in Yanan sowie während des Bürgerkrieges, und mit dem Problem der in der Landwirtschaft beschäftigten Frauen befaßt sich Ho, „The Status and the Role of Women in the Chinese Communist Movement, 1946–1949", S. 110 und 181–183. Davin, „Women in the Liberated Areas", S. 86, weist daraufhin, daß es sich bei 40% der im Jahre 1948 insgesamt verzeichneten 464 Todesfälle von Frauen um Selbstmorde oder Morde auf Grund von Scheidungskonflikten handelte. Der Text des Ehegesetzes von 1950 findet sich bei Selden, *People's Republic*, S. 193–200. Beispiele aus Prosaschriften der frühen fünfziger Jahre, in denen die Auswirkungen des Landbesitzes auf die Frauen sowie die Feindseligkeiten, die diese Situation bei den Männern hervorrief, aufgezeigt werden, finden sich bei Weber, „Images of Women in Recent Chinese Fiction", S. 28f., 31–33.
17. Zur allgemeinen Situation in den Städten siehe Meisner, *Mao's China*, S. 84–99. In seinem Aufsatz „The Suppression of Secret Societies in Post-Liberation Tientsin" beschreibt Lieberthal diesen Vorgang anschaulich für die Jahre 1949 bis 1951 in Tianjin. Übergangsschwierigkeiten in Shanghai analysiert White, „Workers' Politics in Shanghai", S. 101–106; ähnliche Probleme in der Region von Guangdong untersucht Vogel in *Canton under Communism*, Kapitel 2.
18. Nach der engl. Übersetzung von Berninghausen in Hsu Kai-yu (Hg.), *Literature of the People's Republic*, S. 40f.
19. Eine Zusammenfassung der Programme gibt Schram, *Mao Tse-tung*, S. 268–273. Eine scharfsinnige Bewertung der verschiedenen Stufen der Repression findet sich bei Meisner, *Mao's China*, S. 76–82.
20. Einer Anmerkung zur Inhaltsangabe des Films, die von der Stiftung für Chinesische Kultur in San Francisco erstellt wurde, ist zu entnehmen, daß die Partei den Regisseur Shi Hui unter Druck zu bewegen suchte, dem Film ein glücklicheres Ende zu geben, in dem der alte Vater kurz vor seinem Tode mit seinem Sohn

wieder vereint werde. Shi Hui widersetzte sich jedoch diesen Versuchen. Zu *Drachenbartgraben* siehe Vohra, *Lao She*, S. 154f.; Birch, ,,Lao She", S. 58.
21. Ins Englische übersetzt in Birch, ,,Lao She", S. 56.
22. Ebd., S. 57.
23. Ma Senghua, ,,Huainian Shen Congwen jiaoshou", S. 15.
24. Ebd., S. 14, nach Nieh, *Shen Ts'ung-wen*, S. 112f.
25. Hsia Tsi-an, *The Gate of Darkness*, S. 165.
26. Nieh, *Shen Ts'ung-wen*, S. 59, und Hsia, *Gate of Darkness*, S. 184 (mit kleinen Änderungen).
27. Zitiert nach Nieh, *Shen Ts'ung-wen*, S. 115f. (mit kleinen Änderungen).
28. Shue, *Peasant China in Transition*, vor allem Kapitel 5 und 6.
29. Ding Ling, *Sanggan River*, S. 305.
30. In Shue, *Peasant China in Transition*, Kapitel 7, S. 287, sind Statistiken wiedergegeben, die aufzeigen, mit welcher Geschwindigkeit sich der Übergang vollzog; siehe auch Walker, ,,Collectivisation in Retrospekt", S. 30f. zur Entscheidung, die Veränderung noch zu beschleunigen, und S. 39f. zum Einkommenszuwachs der Funktionäre. Bernstein, ,,Leadership and Mass Mobilization in the Soviet and Chinese Collectivisation Campaigns of 1929–30 and 1955–56", weist sehr aufschlußreich auf die Unterschiede der chinesischen Maßnahmen zu den Kollektivierungsversuchen in der Sowjetunion 1929 und 1930 hin; siehe vor allem S. 11 zur Ausdehnung der Kommunistischen Partei Chinas und S. 28 zu den ,,Drei Konstanten", mit denen die Bauernschaft beruhigt werden sollte.
31. Siehe deren Biographien in *BDRC* II, S. 216 und II, S. 235, sowie in Klein und Clark, *Biographical Dictionary*, S. 408–411 und S. 431–436. Vgl. auch Israel und Klein, *Rebels and Bureaucrats*, S. 59, 264–282.
32. Goldman, *Literary Dissent*, S. 93–100; Chang, *Ting Ling*, S. 128–131; Feuerwerker, ,,The Changing Relationship Between Literature and Life", S. 306.
33. Siehe Goldman, *Literary Dissent*, S. 55–58 zu Feng, Hu und der Zeitschrift *Hoffnung*.
34. Chang, *Ting Ling*, S. 130–134; Goldman, *Literary Dissent*, S. 150, 208–210.
35. Vgl. die Zusammenfassung in Feuerwerker, ,,Changing Relationship", S. 290.
36. Die detaillierteste Darstellung dieser Periode gibt MacFarquhar, *The Origins of the Cultural Revolution*. Siehe auch Goldman, *Literary Dissent*, S. 160–165; Fokkema, *Literary Doctrine in China and Soviet Influence*, Kapitel 2 und 3, und Starr, *Continuing the Revolution*, S. 195–197.
37. Zitiert aus Goldman, *Literary Dissent*, S. 167f. (mit kleinen Änderungen). Eine vollständige engl. Übersetzung von Huangs Aufsatz ,,Do Not Close Your Eyes to the Suffering of the People" findet sich in Nieh Hua-ling, *Literature of the Hundred Flowers* I, S. 72–74.
38. Das Stück trägt den Titel ,,Sieh gen Westen nach Ch'ang-an". Eine Deutung findet sich bei Vohra, *Lao She*, S. 155f., und Shih, ,,Lao She a Conformist?" S. 314f.
39. Vohra, *Lao She*, S. 153 (mit kleinen Änderungen). Ein Aufsatz über ,,Freiheit und der Schriftsteller" von Lao She, datiert auf den 1. Januar 1957, ist ins Englische übersetzt in Nieh, *Literature of the Hundred Flowers* I, S. 44–51.
40. Zu Bühnenanweisungen und den auftretenden Personen siehe Lao She, *Chaguan*. Eine Analyse des Stückes gibt Vohra, *Lao She*, S. 157–163; Ying Ruocheng hat das gesamte Stück 1979 für *Chinese Literature* ins Englische übersetzt (dt. Reinbek 1980 u. Frankfurt 1980). (Der 1. Akt findet sich auch in Hsu Kai-yu und Ting Wang [Hg.], *Literature of the People's Republic*, S. 749–761.) Zum Hintergrund des Stückes siehe Ying Ruocheng, ,,Lao She and His ,Teahouse'".

41. Eine engl. Übersetzung der Novelle, der Selbstkritik Wang Mengs vom 8. Mai 1957 und einer umfassenden Auswahl öffentlicher Kritiken an Wang findet sich in Nieh, *Literature of the Hundred Flowers* II, S. 473–511. Eine teilweise Übersetzung der Novelle von Gary Bjorge findet sich auch in Hsu, *Literature of the People's Republic,* S. 229–241; siehe auch Goldman, *Literary Dissent,* S. 179f. und Fokkema, *Literary Doctrine,* S. 99–103.
42. Zu Maos Entscheidung, seine eigenen Gedichte zu veröffentlichen, siehe MacFarquhar, *Origins of the Cultural Revolution,* S. 179f.
43. Vgl. vor allem René Goldman, ,,The Rectification Campaign at Peking University", S. 144; MacFarquhar, *The Hundred Flowers,* S. 119; Doolin, *Communist China: The Politics of Student Opposition,* S. 55. Eine Analyse des Wandels von Lehrkörper und Studentenschaft an der Universität von Peking gibt Greenblatt, ,,Organizational Elites and Social Change at Peking University", S. 467–470; die Bemühungen der Partei, diese Studenten zu beeinflussen lassen sich anhand der Untersuchung von Townsend, ,,Revolutionizing Chinese Youth", vor allem S. 453–458, verfolgen.
44. Doolin, *Student Opposition,* S. 14, 24–28, 37–41.
45. Zur Situation der Arbeiter und Bauern siehe MacFarquhar, *Hundred Flowers,* Kapitel 13; zu den übrigen Konfliktpunkten vgl. Doolin, *Student Opposition,* S. 60–64.
46. Zu dem Dilemma, in dem sich Mao befand, siehe MacFarquhar, *Origins of the Cultural Revolution,* S. 278–281. Das Zitat ebd. (mit kleinen Änderungen).
47. Xinhua Nachrichtenagentur, Mitteilung der Serie 2725 vom 8. August 1957, Nr. 080712; ebenfalls zitiert in MacFarquhar, *Hundred Flowers,* S. 188; siehe auch *Ding Ling ziliao ji,* S. 9–15, und Fokkema, *Literary Doctrine,* S. 154–162, zu weiteren Einzelheiten der Kampagne gegen Ding und Chen.
48. Chang, *Ting Ling,* S. 142; Goldman, *Literary Dissent,* S. 216; *Ding Ling ziliao ji,* S. 18–20. Verschiedene Kritiken an Ding finden sich übersetzt in Nieh, *Literature of the Hundred Flowers* II, S. 266–272.
49. Chang, *Ting Ling,* S. 143f.; siehe auch die Analyse von Feuerwerker in ,,Discussion", S. 270–279. Die Karikatur ist abgedruckt in *Ding Ling ziliao, ji,* S. 1.
50. Zhang Guangnian, ,,Shafei nushi zai Yana", S. 11; siehe auch *Wenyi bao,* Nr. 2 (1958), S. 2, Vorwort des Herausgebers, und ebd., Nr. 3 (1958), S. 22–24, zu Angriffen auf ihre Erzählung ,,Als ich im Dorf Xia war".
51. Eine ausgezeichnete Zusammenfassung gibt Meisner, *Mao's China,* S. 230–241; siehe auch Byung-joon Ahn, ,,The Political Economy of the People's Commune in China", S. 632–637.
52. Bai Jieming, ,,Ding Ling," S. 90f.
53. Ebd., S. 91; siehe auch Liu Wenyong, ,,Fang Ding Ling", S. 76.

13. Der Lärm der Renegaten

1. Baum, *Prelude to Revolution,* bietet eine sehr gute Zusammenfassung der chinesischen Politik in den frühen sechziger Jahren. Zur Problematik von kollektivem Willen und Voluntarismus siehe die Analyse von Wakeman Jr. über die Anleihen Maos bei Friedrich Paulsen in *History and Will,* S. 202–205. Zu dem andauernden Klassenkampf siehe ebd., S. 320–326, und Starr, *Continuing the Revolution,* S. 300–308.
2. Siehe Baum, *Prelude to Revolution,* S. 56f., und auch Kapitel 4 über die ,,T'aoyüan Erfahrungen".

3. Ebd., S. 117–121. Zur Vorgeschichte von Dazhai und der Rolle ihres Leiters Chen Yonggui siehe Mitch Meisner, „Dazhai: The Mass Line in Practice", S. 20–45, und Byung-joon Ahn, „The Political Economy of the People's Commune in China", S. 647.
4. Eine Analyse des Kultes um Lei Feng findet sich bei Sheridan, „The Emulation of Heroes", S. 48–51, und bei Chomczyńska, „Chinese Youth Personality Models in the Sixties", S. 103–107. Ein ausgezeichnetes Beispiel für Maos erinnerungsträchtiges und dennoch revolutionäres Vorgehen im Jahre 1964 findet sich in Mao Zedong, *Chairman Mao Talks to the People*, S. 197–211.
5. Zitiert in Hsu Kai-yu, *Literature of the People's Republic of China*, S. 645. Zu Shao siehe auch Fokkema, „Chinese Criticism of Humanism", S. 77f., und die zwei Aufsätze von Goldman: „The Unique ‚Blooming and Contending' of 1961–62", S. 69f., und „The Chinese Communist Party's ‚Cultural Revolution' of 1962–1964", S. 246–251.
6. Mit Shaos früheren Angriffen auf Ding Ling befaßt sich Goldman, *Literary Dissent in Communist China*, S. 226, 239; siehe auch Hsu, *Literature of the People's Republic*, S. 651.
7. Zitiert in Hsu, *Literature of the People's Republic*, S. 759.
8. Lao She, *Fuxing ji*, S. 32, nach der engl. Übersetzung in Shih, „Lao-she a Conformist?", S. 318. Ebd., S. 312f. finden sich Beispiele für Lao Shes Angriffe auf seine Kollegen, in denen äußerster Sarkasmus zum Ausdruck kommt. Dieser gesamte Bereich ist nur sehr schwer zu durchschauen, und die meisten Sprecher in der Volksrepublik behaupten natürlich, Lao She habe stets loyal auf seiten Maos gestanden. Lao Shes Frau hat darauf hingewiesen, daß sie beide tatsächlich von seiten des Staates gut behandelt worden seien; siehe Hu Xieqing, *Lao She shenghuo yu chuangzuo zishu*, S. 557.
9. Eine sehr detaillierte Analyse des ersten Jahres der Kulturrevolution bietet Lee Hong Yung, *The Politics of the Chinese Cultural Revolution.* Eine Sammlung nützlicher Beiträge findet sich in Robinson (Hg.), *The Cultural Revolution in China;* siehe vor allem Robinsons eigenen Aufsatz zu der Rolle Zhou Enlais. Zu den Beziehungen zwischen dem Kampf der Rotgardisten und den Familien der beteiligten Jugendlichen vgl. Raddock, „Between Generations", S. 523f.; zu den zahlreichen neuen Mitgliedern der Partei vgl. White, „Worker's Politics in Shanghai", S. 114. Zur neuen „Post-Lei-Feng-Generation" von Helden der Kulturrevolution, ihrem Klassenhintergrund, ihrem Militärdienst und ihrem dramatischen Tod siehe Chomczyńska, „Chinese Youth Personality Models", S. 112f. Sheridan, „Young Women Leaders in China", S. 76–83, zeigt auf, daß die weiblichen Vorbilder nicht in die dramatischeren Vorgänge einbezogen wurden.
10. Zum Lu-Xun-Zirkel vgl. Lee Hong Yung, *Politics of the Chinese Cultural Revolution*, S. 173, Anmerkung 127; zu Qu Qiubais Grab siehe Ding Ling, „Wo suo renshide Qu Qiubai tongzhi", S. 162, und auch die ausgezeichnete Darstellung in Li Yu-ning, „The Vicissitudes of Chinese Communist Historiography", S. 253–256.
11. Israel, „The Red Guards in Historical Perspective", S. 10, und *China News Analysis* Nr. 636 (11. November 1966), S. 3f. Zur allgemeinen Bedeutung von Personalakten siehe Lee Hong Yung, *Politics of the Chinese Cultural Revolution*, S. 50f. Walder bietet eine sorgfältige Darstellung der Shanghaier Widersprüchlichkeiten in *Chang Ch'un-ch'iao and Shanghai's January Revolution.*
12. Das Interview mit Roma und Stuart Gelder ist zitiert in Vohra, *Lao She and the Chinese Revolution*, S. 164, und Bady, „Death and the Novel", S. 13.
13. Siehe die letzten Zeilen von Lao Shes *Zhenghongqi xia*, abgedruckt in Hu Xie-

Lao She shenghuo, S. 350; die unvollständige erste Fassung erschien im Frühjahr 1979 in *Renmin Wenxue.* In „Death and the Novel", S. 9 weist Bady daraufhin, daß Lao She den abgesetzten Bürgermeister von Peking, Peng Zhen, und den in Ungnade gefallenen Stabschef der Armee, Lo Ruiqing, gekannt und auch Wu Han verteidigt hatte.

14. Eine sorgfältige Durchsicht aller Beweismaterialien zu seinem Tode hat Bady in „Death and the Novel", S. 8, S. 17–20, vorgenommen; er weist darauf hin, daß in den verschiedenen Versionen zahlreiche Ungereimtheiten verbleiben. Auf S. 19 übersetzt Bady auch einen Ausschnitt aus der wichtigen Denkschrift Zang Kejias, „Lao She yongzai", die eine detaillierte Schilderung der Freundschaft zwischen den beiden Männern enthält; auf S. 90 gibt Zang Kejia sein letztes Telephongespräch mit Lao She wieder. Ein bewegender Bericht von Lao Shes Frau, Hu Xieqing, über ihre letzten Tage mit Lao She und über ihre Entdeckung der Leiche nach einem anonymen Anruf findet sich in *Lao She shenghuo,* S. 558–561.
15. Bai Jieming, „Ding Ling," S. 91. Mit den heftigen Erschütterungen, die die Kulturrevolution in Heilongjiang auslöste, befaßt sich Sargent, „The Cultural Revolution in Heilungkiang", vor allem S. 27f., 45f.
16. Siehe ihr Interview mit Liu Wenyong, „Fang Ding Ling", S. 78 (Liu zitiert verschiedene Notizen Chens, die in *Shiyue* Nr. 3 [1979] veröffentlicht wurden) und ihre eigenen Erinnerungen „Guanyu Du Wanxiang", in denen sich bewegende Passagen über eine Heldin der Arbeit in der Region von Lobei und über die ungerechte Behandlung, die Du zuteil wurde, finden.
17. Nach der engl. Übersetzung von Hsu Kai-Yu (aus *Thousands of Songs Dedicated to the Party,* S. 32f.) in *The Chinese Literary Scene,* S. 259f.; zitiert hier mit kleinen Änderungen. Eine neutrale Bewertung der bildenden Kunst während der Kulturrevolution bietet Croizier, „Chinese Art in the Chiang Ch'ing Era"; Jiang Qings eigene Ansichten kommen ausführlich in Witkes *Comrade Chiang Ch'ing* zum Ausdruck.
18. Liu Wenyong, „Fang Ding Ling", S. 77, und Bai Jieming, „Ding Ling", S. 91.
19. Liu Wenyong, „Fang Ding Ling", S. 77f.
20. Ebd., S. 78. Ich ziehe diese Version dem kürzeren und fröhlicheren Bericht auf S. 91 von Bai Jiemings „Ding Ling" vor.
21. Interview vom 11. Mai 1963 in Hsu, *Chinese Literary Scene,* S. 132–139. Sein Gedicht von 1962 wird zitiert in Nieh Hua-ling, *Shen Ts'ung-wen.*
22. Goldman, „China's Anti-Confucian Campaign, 1973–74"; mit den historiographischen Aspekten des Qin Shi Hoangdi Modells befaßt sich Li Yu-ning in *The First Emperor of China;* siehe vor allem S. 180–190: „Why did Lin Piao Revile Ch'in Shih-huang?" Zu der Verschickung von Jugendlichen aufs Land siehe White, „The Politics of *Hsia-hsiang* Youth"; vergleiche zu angeblichen Ungerechtigkeiten im Auswahlvorgang auch *Bernstein, Up to the Mountains and Down to the Villages,* S. 96–112.
23. Li-Yi-Zhe, „Concerning Socialist Democracy and Legal System", S. 114–120. Angaben zur Biographie der Verfasser ebd., S. 110f., und Wang Hsueh-wen, „Revolutionary Youth and the Li I-che Poster", S. 80. Zu ihrer Biographie im Kontext der Situation in Kanton siehe Rosen, „The Radical Students in Kwangtung During the Cultural Revolution", vor allem S. 393–395. Zunächst hatte ich angenommen, das wichtige Problem des „besonderen Zugangs" bilde eine Parallele zu dem Klassenphänomen in Wakeman Jr., „The Use and Abuse of Ideology in the Study of Contemporary China", S. 145, Anmerkung 2; eine detailliertere Erörterung dieser chinesischen „Verbürgerlichung" gibt Starr, *Continuing the Revolution,* S. 116–128.

24. Li-Yi-Zhe, „Concerning Socialist Democracy", S. 134, 140, 148. Die offizielle Zurückweisung ihres Standpunkts durch die Partei ist von „Xuan Jiwen" („Gesammelte Propagandaschriften") unter dem Titel „Criticizing ‚Concerning Socialist Democracy and Legal System'" ins Englische übersetzt worden.
25. Zusammenfassung in Meisner, *Mao's China,* S. 374–379; der Text der Verfassung von 1974 findet sich bei Selden, *The People's Republic of China,* S. 571–575; das Zitat ist auf S. 575.
26. Bai Jieming, „Ding Ling", S. 91f., und Liu Wenyong, „Fang Ding Ling", S. 75.
27. Diese Vorgänge sind vielfach dokumentiert worden. In *Bingchen Qingming shichao* wurden nahezu vierhundert der Lobreden und Gedichte auf Zhou – sowie auch Photos von den Feierlichkeiten selbst – abgedruckt. Eine Analyse der Reaktionen der Studenten in Peking gibt Zweig, „The Peita Debate on Education and the Fall of Teng Hsiao-p'ing", S. 146, 155–158.
28. Die Bewertung des Testaments Maos durch das Zentralkomitee ist abgedruckt in *China Quarterly* 68 (Dezember 1976), S. 875–878. Als die Photos der Begräbnisfeierlichkeiten später im Oktober veröffentlicht wurden, waren die Mitglieder der „Viererbande" auf ihnen nicht mehr sichtbar, obwohl erste Pressephotos zeigten, daß alle anwesend waren. Witke, *Comrade Chiang Ch'ing,* bietet eine gute Auswahl von Anti-Jiang-Qing-Plakaten. Zum Erdbeben von Tangshan und zu Schätzungen hinsichtlich der Schäden und der Opfer siehe den Bericht von Walter Sullivan in *The New York Times,* 11. Juni 1979, S. 2.
29. Selden, *People's Republic,* S. 688, 699. Beiträge, die das Ausmaß der vorgeschlagenen Änderungen untersuchen, finden sich in Baum (Hg.), *China's Four Modernizations;* siehe vor allem den Beitrag von Thomas Fingar, S. 61–101.
30. Ebd., S. 694.
31. *Peking Review,* Nr. 12 (24. März 1978), S. 11f. (zitiert mit kleinen Änderungen); ebenfalls zitiert in Selden, *People's Republic,* S. 703.
32. James D. Seymour (Hg.), *The Fifth Modernization,* S. 291, führt dreißig solcher neuer Organisationen und Zeitschriften auf. Eine umfassende Auswahl an Übersetzungen gibt Goodman (Hg. und Übers.), *Beijing Street Voices;* Faksimilereproduktionen der Untergrund-Zeitschriften von Ende 1978 und Anfang 1979, sowie Inhaltsverzeichnisse und Auszüge, erschienen in einer Sonderausgabe von *China Monthly* (*Zhongguo ren,* Band 1, Nr. 5); eine Einführung in das Spektrum der Materialien bietet auch Goldblatt, „Underground Literature in Contemporary China". Vielfalt und Spektrum weiterer Verfasser theoretischer Aufsätze (neben Wei Jingshen) werden anhand der Übersetzungen in *Translations from Beijing Unofficial Journals* ersichtlich – siehe beispielsweise die Aufsätze in *Meeresgischt (Hailanghua),* S. 67–73, 74–85 und 86–105. Das Vorwort zum Verfasser ist Selden, *People's Republic,* S. 691, entnommen.
33. Seymour, *Fifth Modernization,* S. 251, nach der Zeitschrift *Pekinger Frühling* vom 27. Januar 1979.
34. Einen anschaulichen Augenzeugenbericht von den Foren vom November 1978 und der Wirkungen des Plakates von Wei gibt Lu Lin, „The Story of *Exploration* Magazine". Detaillierte biographische Daten zu Wei finden sich in Lu Lin, „The Masses and the Criminal Law", *Translations from Beijing Unofficial Journals,* S. 30–34. Lee Ta-ling und Miriam London haben eine Version von Weis eigenem Bericht über seine turbulenten Jahre als Rotgardist in „A Dissenter's Odyssey Through Mao's China" veröffentlicht.
35. Lu Lin, „Masses and Criminal Law", S. 38. Eine vollständige Übersetzung von Wei Jingshens „Die Fünfte Modernisierung" ist in Seymour, *Fifth Modernization,* S. 47–69, abgedruckt. Mit dem Aspekt der Generationen in dieser jüngsten

Periode chinesischer Geschichte befassen sich Yahuda, „Political Generations in China", vor allem S. 802f. und Raddock, „Between Generations".

36. Zitiert in *SPEAHRhead*, 6/7, S. 36f.
37. Beobachtungen des Verfassers in Buchläden in Peking und Shanghai im Jahre 1974 während der „Pi Lin pi Kong"-Kampagne; zur Einbeziehung Lu Xuns als vorzeitigem Kritiker der „Viererbande" siehe Frederic Wakemans Abhandlung über Lu, Zhang Chunqiao und Yao Wenyuans Vater in „Historiography in China after smashing the ‚Gang of Four' ", S. 899f.
38. Zitiert in *SPEAHRhead*, 6/7, S. 44–45, aus: *Demokratie und Modernität* vom März 1979.
39. Zitiert in *SPEAHRhead*, 6/7, S. 37; aus: *Forum des 5. April* vom 1. April 1979.
40. Zitiert in *Translations from Beijing Unofficial Journals* (aus: *Erkundungen* vom 9. September 1979), S. 23.
41. Zitiert in *SPEAHRhead* 6/7, S. 33, aus: *Erleuchtung* vom 29. Januar 1979.
42. Englische Übersetzung in Seymour, *Fifth Modernization*, S. 219–221. Der chinesische Text findet sich in Wei Jingsheng u. a., *Kending ziyou, kending minzhu*, S. 35–40. Mit Weis Freundin Pingui und ihrem inhaftierten Vater (einem Tibeter) befaßt sich Zhuang Mei in „Wei Jingsheng de nüyou".
43. Mitschrift des Prozesses in *Translations from Beijing Unofficial Journals*, S. 45f. Die vollständige chinesische Mitschrift findet sich in Wei Jingsheng u. a., *Beijing zhi chun shiwen xuan*, S. 188–253.
44. *Translations from Beijing Unoffical Journals*, S. 50f.
45. Ebd., S. 51–53.
46. Berichte in *The New York Times*, 12. und 13. November sowie 9. Dezember 1979 und 18. Januar 1980. Das *Subao*-Beispiel findet sich in *Translations from Beijing Unofficial Journals*, S. 55.
47. Ding Ling, „Jiang yidian xinli hua", S. 51f. Zum vierten Schriftstellerkongreß siehe *China Quarterly* 81 (März 1980), S. 166f. Einen Großteil der Rede Dings hat Nieh Hua-ling ins Englische übersetzt und in ihrer Einleitung zu *Literature of the Hundred Flowers* I, S. xliv–xlv, veröffentlicht.
48. Ding Ling, „Jiang yidian xinli hua", S. 52.
49. Mit dem nur zögernden Wandel in der Stellung der Frau befaßt sich Johnson, „Women in China"; siehe vor allem S. 297 zur Situation von 1957 bis 1958, und S. 308 zur Situation in den frühen siebziger Jahren. Sheridan, „Young Women Leaders in China", hat sich mit bestimmten heroischen Attributen befaßt, mit denen der Status der Frauen in den sechziger Jahren versehen wurde. Eine Zunahme bestimmter Ungleichheiten zeigt Andors in „Politics of Chinese Development", S. 105–110, auf. In *Feminism and Socialism in China*, Kapitel 10, erörtert Croll die Probleme der Frauen während der Kulturrevolution; in ihrem Aufsatz aus dem Jahre 1977, „A Recent Movement to Redefine the Role and Status of Women", weist sie auf die fortdauernde Beschäftigung mit diesen Problemen Mitte der siebziger Jahre hin. Zum nur zögernden Wandel in den Familien auf dem Lande siehe Parish, „Socialism and the Chinese Peasant Family", S. 620.
50. Zu einem im Vergleich zu anderen Quellen die sexuelle Seite des Falles nur geringfügig betonenden Hintergrundbericht über Fu Yuehua siehe Laduguie, „The Human Rights Movement", S. 19f. Berichte über den Prozeß finden sich auch in der *New York Times* vom 8. November 1979 und vom 8. Januar 1980. Eine gute Analyse des Falls gibt Gong Zhiyan in „Fu Yuehua anjian"; Seymour, *Fifth Modernization*, S. 102–104, 256–259, zitiert Proteste zugunsten Fu Yuehuas aus nicht-offiziellen Zeitschriften. Siehe auch Wei Jingsheng u. a., *Kending ziyou*, S. 125–139.

51. Zitiert in Laduguie, „Human Rights Movement", S. 26.
52. Die Sitzungsberichte einer Anzahl von Konferenzen, die sich mit dem Chinesisch-Japanischen Krieg von 1894–95, mit Problemen der Modernisierung und mit der Reformbewegung von 1898 befaßten, erschienen in verschiedenen Ausgaben des *Foreign Broadcast Information Service (FBIS)* aus dem Jahre 1980; siehe zum Chinesisch-Japanischen Krieg *FBIS* (PRC-80), Nr. 148 (30. Juli 1980) (L 11–L 17); zu 1898 Nr. 132 (8. Juli 1980) (L 4–L 8) und Nr. 141 (21. Juli 1980) (L 7–L 9), und zu Verwestlichung, Grenzverteidigung und Vergleichen mit den Meiji-Reformen Nr. 157 (L 13) und Nr. 162 (L 13).
53. Eine gute Zusammenfassung der jüngsten Maßnahmen zur Geburtenkontrolle bietet der Aufsatz „Planned Fertility and Fertility Socialization in Kwangtung Province" von Pedro Pak-tao Ng, in dem der Verfasser die Durchführung der „spät, selten und wenig"-Programme beschreibt. Jüngsten Berichten aus China sind negative und positive Anreize für späte Heirat, wirksame (d. h. überwachte) Geburtenkontrolle und Ein-Kind-Familien zu entnehmen. Eine wichtige Hintergrundstudie zu diesem Programm gibt Salaff, „Institutionalized Motivation for Fertility Limitation".
54. Nach der Übersetzung in Goodman, „Poems of the Democracy Movement", S. 29. Weitere Gedichte aus derselben Zeitschrift, *Jintian (Heute),* finden sich in Wei Jingsheng u. a., *Beijing zhi chun,* S. 346–356.

Bibliographie

Ahn, Byung-joon, „The Political Economy of the People's Commune in China: Changes and Continuities", *Journal of Asian Studies* 34 (Mai 1975), 631–658.

Alitto, Guy S., *The Last Confucian: Liang Shu-ming and the Chinese Dilemma of Modernity.* Berkeley 1979.

Andors, Phyllis, „Politics of Chinese Development: The Case of Women, 1960–1966". *Signs: Journal of Women in Culture and Society* 2:1 (1976), 84–119.

Armentrout-Ma, Eve M. B., „Chinese Politics in the Western Hemisphere, 1893–1911: Rivalry Between Reformers and Revolutionaries in the Americas". Ph.D. Dissertation, University of California at Davis, 1977.

Ash, Robert, „Economic Aspects of Land Reform in Kiangsu, 1949–52". Teil 1, *China Quarterly* 66 (Juni 1976), 261–292; Teil 2, *China Quarterly* 67 (September 1976), 519–545.

Bady, Paul, „Death and the Novel – On Lao She's ‚Suicide'" und „Rehabilitation: A Chronological Postscript". Beides in *Renditions* 10 (Herbst 1978), 5–20.

Bai Jieming (Geremie Barmé), „Ding Ling: Manhua ershinian zaoji" [Ding Ling: Gespräch über zwanzig schwierige Jahre]. *Qishi niandai* 8 (1979), 90–92.

Bauer, Wolfgang, *China und die Hoffnung auf Glück. Paradiese, Utopien, Idealvorstellungen in der Geistesgeschichte Chinas.* München 1971.

Baum, Richard, *Prelude to Revolution: Mao, the Party, and the Peasant Question, 1962–66.* New York 1975.

Ders. (Hg.), *China's Four Modernizations: The New Technological Revolution.* Boulder, Colo., 1980.

BDRC: Biographical Dictionary of Republican China. Hrsg. v. Howard Boorman und Richard Howard. 4 Bde, New York 1967. Bd. 5, *A Personal Name Index,* hrsg. v. Janet Krompart. New York 1979.

Beahan, Charlotte L., „Feminism and Nationalism in the Chinese Women's Press, 1902–1911". *Modern China* 1 (1975), 379–416.

Dies., „The Women's Movement and Nationalism in Late Ch'ing China". Ph. D. Dissertation, Columbia University, 1976.

Bedeski, Robert E., „The Tutelary State and National Revolution in Kuomintang Ideology, 1928–31". *China Quarterly* 46 (April-Juni 1971), 308–330.

Benton, Gregor, „The Yenan ‚Literary Opposition'". *New Left Review* 92 (Juli-August 1975), 93–106.

Berkley, Gerald W. „The Canton Peasant Movement Training Institute". *Modern China* 1 (1975), 161–179.

Bernal, Martin, *Chinese Socialism to 1907.* Ithaca, N.Y., 1976.

Bernstein, Thomas P. „Leadership and Mass Mobilization in the Soviet and Chinese Collectivisation Campaigns of 1929–30 and 1955–56: A Comparison". *China Quarterly* 31 (Juli–September 1967), 1–47.

Ders., *Up to the Mountains and Down to the Villages. The Transfer of Youth from Urban to Rural China.* New Haven 1977.

Bingchen Qingming shichao [Gedichte vom Qingming-Fest des Jahres 1976]. Hongkong 1978.

Birch, Cyril, ,,English and Chinese Metres in Hsü Chih-mo", *Asia Major*, N.S. 8:2 (1961), 258–293.

Ders., ,,Fiction of the Yenan Period". *China Quarterly* 4 (Oktober–Dezember 1960), 1–11.

Ders., ,,Lao She: The Humourist in His Humour". *China Quarterly* 8 (Oktober–Dezember 1961), 45–62.

Ders. (Hg.), *Anthology of Chinese Literature*. Bd. 2, *From the Fourteenth Century to the Present Day*. New York 1972.

Bix, Herbert P., ,,Japanese Imperialism and the Manchurian Economy, 1900–31". *China Quarterly* 51 (Juli–September 1972): 425–443.

Bjorge, Gary John, ,,Ting Ling's Early Years: Her Life and Literature Through 1942". Ph.D. Dissertation, University of Wisconsin, 1977.

Broido, Vera, *Apostles into Terrorists: Women and the Revolutionary Movement in the Russia of Alexander II*. New York 1977.

Buxbaum, David C., und Frederick Mote (Hgg.), *Transition and Permanence: Chinese History and Culture. A Festschrift in Honor of Dr. Hsiao Kung-ch'üan*. Hongkong 1972.

Chan, F. Gilbert, und Thomas H. Etzold (Hgg.), *China in the 1920s: Nationalism and Revolution*. New York 1976.

Chang Hao, *Liang Ch'i-ch'ao and Intellectual Transition in China, 1890–1907*. Cambridge, Mass., 1971.

Chang Jun-mei, *Ting Ling: Her Life and Work*. Taipei 1978.

Chen Dongyuan, *Zhongguo funü shenghuo shi* [Geschichte der Frauen in China]. Shanghai 1937.

Ch'en, Jerome, ,,Resolutions of the Tsunyi Conference". *China Quarterly* 40 (Oktober–Dezember 1969), 1–38.

Chen, Joseph T., *The May Fourth Movement in Shanghai: The Making of a Social Movement in Modern China*. Leiden 1971.

Chen Shaoxiao, *Heigang lu* [Geschichte der Geheimoperationen der Guomindang]. Hongkong 1966.

Ch'eng I-fan, ,,Kung as an Ethos in Late Nineteenth-Century China: The Case of Wang Hsien-ch'ien (1842–1918)". In: Cohen und Schrecker (Hgg.), *Reform in Nineteenth-Century China*, 170–180.

Chesneaux, Jean, *The Chinese Labor Movement, 1919–1927*. Übersetzt von H. M. Wright. Stanford 1968.

Ders. (Hg.), *Popular Movements and Secret Societies in China, 1840–1950*. Stanford 1972.

Ch'i Hsi-sheng, *Warlord Politics in China, 1916–1928*, Stanford 1976.

Chi, Madeleine, ,,Bureaucratic Capitalists in Operation: Ts'ao Ju-lin and His New Communications Clique, 1916–1919". *Journal of Asian Studies* 34 (Mai 1975), 675–688.

Ch'ien Tuan-sheng, *The Government and Politics of China, 1912–1949*. Stanford 1970.

Chomczyńska, Ewa, ,,Chinese Youth Personality Models in the Sixties". *Asian and African Studies* (Bratislava) 15 (1979), 101–116.

Chou, Prudence Sui-ning, ,,Lao She: An Intellectual's Role and Dilemma in Modern China". Ph.D. Dissertation, University of California at Berkeley, 1976.

Chow Tse-tsung, *The May Fourth Movement: Intellectual Revolution in Modern China.* Cambridge, Mass., 1960.

Chung, Sue Fawn, „The Image of the Empress Dowager Tz'u-Hsi". In: Cohen und Schrecker (Hgg.), *Reform in Nineteenth-Century China,* 101–110.

Clifford, Nicholas R., *Shanghai, 1925: Urban Nationalism and the Defense of Foreign Privilege.* Michigan Papers in Chinese Studies 37. Ann Arbor 1979.

Coble, Parks M., Jr., „The Kuomintang Regime and the Shanghai Capitalists, 1927–1929". *China Quarterly* 77 (März 1979), 1–24.

Cochran, Sherman, *Big Business in China: Sino-Foreign Rivalry in the Cigarette Industry, 1890–1930.* Cambridge, Mass., 1980.

Cohen, Paul A., und John E. Schrecker (Hgg.), *Reform in Nineteenth-Century China.* Cambridge, Mass., 1976.

Cole, James H., „The Shaoxing Connection: A Vertical Administrative Clique in Late Qing China". *Modern China* 6 Juli 1980), 317–326.

Compton, Boyd (Hg.), *Mao's China: Party Reform Documents, 1942–44.* Seattle 1966.

Croizier, Ralph, „Chinese Art in the Chiang Ch'ing Era". *Journal of Asian Studies* 38 (Februar 1979), 303–311.

Croll, Elisabeth, *Feminism and Socialism in China.* London 1978.

Dies., „A Recent Movement to Redefine the Role and Status of Women". *China Quarterly* 71 (September 1977), 591–597.

Crowley, James B., *Japan's Quest for Autonomy: National Security and Foreign Policy, 1930–1938.* Princeton 1966.

Davin, Delia, „Women in the Liberated Areas". In: Marilyn Young (Hg.), *Women in China,* 73–91.

Davis, Fei-ling, *Primitive Revolutionaries of China: A Study of Secret Societies in the Late Nineteenth Century.* Honolulu 1977.

Day, M. Henri. *Mao Zedong 1917–1927, Documents.* Orientaliska Studier 14. Stockholm 1975.

Ding Ling, „Guanyu Du Wanxiang" [Über Du Wanxiang]. *Beifang Wenxue* 3 (1980), 49–52.

Dies., „In the Hospital". *Renditions* 8 (1977), 123–135.

Dies., „Jiang yidian xinli hua" [Aus dem Herz gesprochen]. *Hongqi* 12 (1979), 51–52.

Dies., *Muqin* [Mutter]. Shanghai 1933.

Dies., „Sanbajie yougan" [Gedanken zum 8. März]. *Wenyi bao* 2 (1958), 8–10.

Dies., *Sonne über dem Sangganfluß.* Berlin (DDR) 1954.

Dies., *Das Tagebuch der Sophia.* Frankfurt 1980 (Bibliothek Suhrkamp 670).

Dies., „When I was in Sha Chuan (Cloud Village)". *Signs: Journal of Women in Culture and Society* 2:1 (1976), 270–279.

Dies., „Wo dui ‚Duoyu de hua' de lijie" [Meine Interpretation von „Überflüssige Worte"]. *Guangming Ribao,* 21. März 1980.

Dies., „Wo suo renshide Qu Qiubai tongzhi" [Meine Erinnerungen an Qu Qiubai]. *Xinhua yuebao* [Literaturbeilage] 5 (1980), 155–163.

Dies., „Xiang Jingyu tongzhi liugei wo de yingxiang" [Xiang Jingyus Einfluß auf mich]. *Shouhu* 1 (1980), 184–186, 232.

Dies., *Yanan ji* [Aufzeichnung aus Yanan]. Peking 1954.

Dies., *Yige xiaohongjun de gushi* [Die Geschichte eines Kleinen Roten Soldaten]. Shanghai 1956.

Dies., *Zai yanhan de rizi li* [In den bitterkalten Tagen]. Teil 1 *Qingming* 1:1 (1979), 4–92.

Dies., „Zai yiyuan zhong" [Im Krankenhaus]. *Wenyi bao* 2 (1958), 11–16.
Ding Ling pingzhuan [Essays von und über Ding Ling]. Zhang Baiyun (Hg.), Shanghai 1934.
Ding Ling shiliao [Materialien zu Ding Ling]. Honkong 1976.
Ding Ling xuanji [Ausgewählte Geschichten von Ding Ling]. Peking 1951.
Ding Ling zai xibei [Ding Ling in Nordwest-China]. Shi Tianxing (Hg.), Hankou 1938.
Ding Ling ziliao ji [Gesammelte Materialien zu Ding Ling]. Sammlung 1, Hongkong 1971.
Dirlik, Arif, „The Ideological Foundations of the New Life Movement: A Study in Counterrevolution". *Journal of Asian Studies* 34 (August 1975), 945–980.
Ders., *Revolution and History: The Origins of Marxist Historiography in China, 1919–1937*. Berkeley 1978.
Doleželová-Velingerová, Milena, „Lu Xun's ‚Medicine'". In: Merle Goldman (Hg.), *Modern Chinese Literature,* 221–231.
Doolin, Dennis J., *Communist China: The Politics of Student Opposition.* Hoover Institution, Stanford University, 1964.
Dorris, Carl E., „Peasant Mobilization in North China and the Origins of Yenan Communism". *China Quarterly* 68 (Dezember 1976), 697–719.
Duiker, William J., *Ts'ai Yüan-p'ei: Educator of Modern China,* University Park, Pa., 1977.
Dutt, Vidya Prakash, „The First Week of Revolution: The Wuchang Uprising". In: Mary C. Wright (Hg.), *China in Revolution,* 383–416.

Eastman, Lloyd E., *The Abortive Revolution: China Under Nationalist Rule, 1927–1937*. Cambridge, Mass., 1974.
Eber, Irene, „Images of Oppressed Peoples and Modern Chinese Literature". In: Merle Goldman (Hg.), *Modern Chinese Literature,* 127–141.
Dies., „Images of Women in Recent Chinese Fiction: Do Women Hold Up Half the Sky"? *Signs: Journal of Women in Culture and Society* 2:1 (1976), 24–34.
Dies., *Voices from Afar: Modern Chinese Writers on Oppressed People and Their Literature.* Michigan Papers in Chinese Studies 38. Ann Arbor 1980.
ECCP: Eminent Chinese of the Ch'ing Period [1644–1912]. Hg. v. Arthur W. Hummel. 2 Bde. Washington, D.C., 1943.
Eide, Elisabeth, „Ibsen's Nora and Chinese Interpretations of Female Emancipation". In: *Modern Chinese Literature and Its Social Context,* hg. v. Göran Malmqvist, 140–151. Nobel Symposium 32. Stockholm 1977.
Esherick, Joseph, *Reform and Revolution in China: The 1911 Revolution in Hunan and Hubei,* Berkeley 1976.
Eto Shinkichi. „Hai-lu-feng – the First Chinese Soviet Government". Teil 1, *China Quarterly* 8 (Oktober–Dezember 1961), 161–183; Teil 2, *China Quarterly* 9 (Januar–März 1962), 149–181.

Fairbank, John K. (Hg.), *The Cambridge History of China.* Bd. 10, *Late Ch'ing, 1800–1911,* Teil 1. New York 1978.
Feng Zikai, *Zikai manhua quanji* [Gesammelte Zeichnungen] 6 Bde. Bd. 2 *Ertong xiang,* Bd. 4 *Minjian xiang,* Bd. 5 *Dushi xiang.* Shanghai 1948.
Feuerwerker, Albert, *China's Early Industrialization: Sheng Hsuan-huai (1844–1916) and Mandarin Enterprise.* Cambridge, Mass., 1958.
Ders., *Economic Trends in the Republic of China, 1912–1949.* Michigan Papers in Chinese Studies 31. Ann Arbor 1977.

Feuerwerker, Albert, Rhoads Murphey und Mary C. Wright (Hgg.), *Approaches to Modern Chinese History.* Berkeley 1967.

Feuerwerker, Yi-tsi M., „The Changing Relationship Between Literature and Life: Aspects of the Writer's Role in Ding Ling". In: Merle Goldman (Hg.), *Modern Chinese Literature,* 281–307.

Dies., „Discussion" (zur Übersetzung von Ding Lings „When I Was in Xia Village"). *Signs: Journal of Women in Culture and Society* 2:1 (1976), 270–279.

Dies., „Women as Writers in the 1920's and 1930's". In: Wolf und Witke (Hgg.), *Women in Chinese Society,* 143–168.

Fogel, Joshua A., „Race and Class in Chinese Historiography: Divergent Interpretations of Zhang Binglin and Anti-Manchuism in the 1911 Revolution". *Modern China* 3 (1977), 346–375.

Fogel, Joshua A., und William T. Rowe (Hgg.), *Perspectives on a Changing China: Essays in Honor of Professor C. Martin Wilbur on the Occasion of His Retirement.* Boulder, Colo., 1979.

Fokkema, D. W., „Chinese Criticism of Humanism: Campaigns Against the Intellectuals, 1964–1965". *China Quarterly* 26 (April–Juni 1966), 68–81.

Ders., *Literary Doctrine in China and Soviet Influence* [1956–60]. The Hague 1965.

Ders., „Lu Xun: The Impact of Russian Literature". In: Merle Goldman (Hg.), *Modern Chinese Literature,* 89–101.

Fountain, Kevin (Hg.), „Ch'en Tu-hsiu: Lifetime Oppositionist". *Chinese Law and Government* 12:3 (Herbst 1979).

Frenier, Mariam Darce, „Women and the Chinese Communist Party, 1921 to 1952: Changes in Party Policy and Mobilization Techniques". Ph. D. Dissertation, University of Iowa 1978.

Friedman, Edward, *Backward Toward Revolution: The Chinese Revolutionary Party.* Berkeley 1974.

Fujii Shozo, „The Origins of Lu Xun's Literature and Philosophy: Watts' and Petofi's ‚Hope'". *Modern Chinese Literature Newsletter* 5:1–2 (Frühjahr–Herbst 1979), 8–16.

Furth, Charlotte (Hg.), *The Limits of Change: Essays on Conservative Alternatives in Republican China.* Cambridge, Mass., 1976.

Gálik, Marián, *Mao Tun and Modern Literary Criticism.* Wiesbaden 1969.

Ders., „On the Literature Written by Chinese Women Prior to 1917". *Asian and African Studies* (Bratislava) 15 (1979), 65–97.

Ders., „Studies in Modern Chinese Intellectual History: II, Young Ch'ü Ch'iu-pai (1915–1922)". *Asian and African Studies* (Bratislava) 12 (1976), 85–121.

Ders., „Studies in Modern Chinese Literary Criticism: VII, Liang Shih-ch'iu and New Humanism". *Asian and African Studies* (Bratislava) 9 (1973), 29–51.

Gao Zhen, „Yiduo xisheng qianhou jishi" [Als Wen Yiduo starb]. *Xinwenxue shiliao* 2 (1972), 55–69.

Garavente, Anthony, „The Long March". *China Quarterly* 22 (April–Juni 1965) 89–124.

Garrett, Shirley, *Social Reformers in Urban China: The Chinese Y.M.C.A., 1895–1926.* Cambridge, Mass., 1970.

Gasster, Michael, *Chinese Intellectuals and the Revolution of 1911.* Seattle 1969.

Godley, Michael R., „The Late Ch'ing Courtship of the Chinese in Southeast Asia". *Journal of Asian Studies* 34 (Februar 1975): 361–385.

Ders., „Overseas Chinese Entrepreneurs as Reformers: The Case of Chang Pi-shih". In: Cohen und Schrecker (Hgg.), *Reform in Nineteenth-Century China,* 49–59.

Goldblatt, Howard, ,,Underground Literature in Contemporary China". *Modern Chinese Literature Newsletter* 5:1-2 (Frühjahr–Herbst 1979), 1–7.
Goldman, Merle, ,,China's Anti-Confucian Campaign, 1973–74". *China Quarterly* 63 (September 1975), 435–462.
Ders., ,,The Chinese Communist Party's ,Cultural Revolution' of 1962–1964". In: Chalmers Johnson (Hg.), *Ideology and Politics in Contemporary China*, 219–54.
Ders., *Literary Dissent in Communist China*. Cambridge, Mass., 1967.
Ders., ,,The Unique ,Blooming and Contending' of 1961–62". *China Quarterly* 37 (Januar–März 1969), 54–83.
Ders. (Hg.), *Modern Chinese Literature in the May Fourth Era*. Cambridge, Mass., 1977.
Goldman, René, ,,The Rectification Campaign at Peking University: May–June 1957". *China Quarterly* 12 (Oktober–Dezember 1962), 138–153.
Gong Zhiyan, ,,Fu Yuehua anjian" [Der Fall Fu Yuehua]. *Qishi niandai* 122 (März 1980), 64–66.
Goodman, David S. G. (Hg. u. Übers.), *Beijing Street Voices*. London 1981.
Ders. (Hg. u. Übers.), ,,Poems of the Democracy Movement". *Index on Censorship* 9 (Februar 1980), 27–31.
Greenblatt, Sidney Leonard, ,,Organizational Elites and Social Change at Peking University". In: *Elites in the People's Republic of China*, hg. v. Robert A. Scalapino, 451–497. Seattle 1972.
Gregor, A. James, und Maria Hsia Chang, ,,*Nazionalfascismo* and the Revolutionary Nationalism of Sun Yat-sen". *Journal of Asian Studies* 39 (November 1979), 21–37.
Grieder, Jerome, *Hu Shih and the Chinese Renaissance: Liberalism in the Chinese Revolution, 1917–1937*. Cambridge, Mass., 1970.
Grove, Linda, ,,Creating a Northern Soviet". *Modern China* 1 (Juli 1975), 243–270.
Guangxu Shilu [Die Wahren Aufzeichnungen aus der Regierungszeit des Guangxu-Kaisers]. Tokio 1937.
Guillermaz, J., ,,The Nanchang Uprising". *China Quarterly* 11 (Juli–September 1962), 161–168.
Gunn, Edward M., *Unwelcome Muse: Chinese Literature in Shanghai and Peking, 1937–1945*. New York 1980.
Guo Moruo, *The Goddesses*. Übersetzt v. John Lester und A. C. Barnes. Peking 1978.

Hanan, Patrick, ,,The Technique of Lu Hsün's Fiction", *Harvard Journal of Asiatic Studies* 34 (1974), 53–96.
Harrison, James P., ,,The Li Li-san Line and the CCP in 1930". Teil 1, *China Quarterly* 14 (April–Juni 1963), 178–94; Teil 2, *China Quarterly* 15 (Juli–September 1963), 140–159.
Hay, Stephen, *Asian Ideas of East and West: Tagore and His Critics in Japan, China and India*. Cambridge, Mass., 1970.
Hinton, William, *Fanshen. Dokumentation über die Revolution in einem chinesischen Dorf*. Frankfurt 1972.
Ho, Kuo Cheng, ,,The Status and the Role of Women in the Chinese Communist Movement, 1946–1949". Ph. D. Dissertation, Indiana University, 1973.
Hofheinz, Roy, *The Broken Wave: The Chinese Communist Peasant Movement, 1922–1928*. Cambridge, Mass., 1977.
Hsia, C. T., *A History of Modern Chinese Fiction, 1917–1957*. New Haven 1961.
Ders., ,,Yen Fu and Liang Ch'i-ch'ao as Advocates of New Fiction". In: *Chinese*

Approaches to Literature from Confucius to Liang Ch'i-ch'ao, hg. v. Adele Rickett, 221–257. Princeton 1978.
Hsia, C. T., und Joseph S. Lau (Hgg.), *Twentieth Century Chinese Stories.* New York 1972.
Hsia Tsi-an, *The Gate of Darkness, Studies on the Leftist Literary Movement in China.* Seattle 1968.
Hsiao Kung-chuan, *A History of Chinese Political Thought.* Bd. 1, *From the Beginnings to the Sixth Century* A. D. Übers. v. F. W. Mote. Princeton 1979.
Ders., ,,K'ang Yu-wei's Excursion into Science: *Lectures on the Heavens*". In: Lo Jung-pang (Hg.), *Symposium,* 375–407.
Ders., *A Modern China and a New World: K'ang Yu-wei, Reformer and Utopian, 1858–1927.* Seattle 1975.
Hsieh, Winston, ,,Triads, Salt Smugglers, and Local Uprisings: Observations on the Social and Economic Background of the Waichow Revolution of 1911". In: Jean Chesneaux (Hg.), *Popular Movements,* 145–164.
Hsu Kai-yu, *The Chinese Literary Scene: A Writer's Visit to the People's Republic.* New York 1975.
Ders., ,,The Intellectual Biography of a Modern Chinese Poet: Wen I-to (1899–1946)". Ph. D. Dissertation, Stanford University, 1959.
Ders., ,,The Life and Poetry of Wen I-to". *Harvard Journal of Asiatic Studies* 21 (1958), 134–179.
Ders., *Wen I-to.* Boston 1980.
Ders. (Hg. u. Übers.), *Twentieth Century Chinese Poetry: An Anthology.* Ithaca, N. Y., 1970.
Hsu Kai-yu und Ting Wang (Hgg.), *Literature of the People's Republic of China.* Bloomington, Ind., 1980.
Hu Chi-hsi, ,,Hua Fu, the Fifth Encirclement Campaign and the Tsunyi Conference". *China Quarterly* 43 (Juli–September 1970), 31–46.
Ders., ,,Mao, Lin Biao and the Fifth Encirclement Campaign". *China Quarterly* 82 (Juni 1980), 250–280.
Ders., ,,The Sexual Revolution in the Kiangsi Soviet". *China Quarterly* 59 (Juli–September 1974), 477–490.
Hu, King, ,,Lao She in England". Übersetzt von Cecilia Tsim. *Renditions* 10 (Herbst 1978), 46–51.
Hu Xieqing (Hg.), *Lao She shenghuo yu chuangzuo zishu* [Lao She über sein Leben und Werk]. Hongkong 1980.
Hu Yepin, *Yepin shixuan* [Ausgewählte Gedichte]. Einführung von Ding Ling. Shanghai 1929.
Huang Chang-chien, ,,On the Hundred Days Reform". In: Cohen und Schrecker (Hgg.), *Reform in Nineteenth-Century China,* 306–309.
Huang Hsin-chyu (Hg. u. Übers.), *Poems of Lu Hsun.* Honkong 1979.
Huang, Philip, ,,Liang Ch'i-ch'ao: The Idea of the New Citizen and the Influence of Meiji Japan". In: Buxbaum und Mote (Hgg.), *Transition and Permanence,* 71–102.
Ders., ,,Mao Tse-tung and the Middle Peasants, 1925–1928". *Modern China* 1 (1975), 271–296.
Huang Zunxian, *Renjinglu shicao jianzhu* [Kommentierte Ausgabe von Huangs gesammelten Gedichten]. Shanghai 1957.
Hummel, Arthur (Hg. u. Übers.), *The Autobiography of a Chinese Historian, Being the Preface to a Symposium on Ancient Chinese History.* Taipei 1972.
Huters, Theodore David, ,,Traditional Innovation: Qian Zhong-shu and Modern Chinese Letters". Ph. D. Dissertation, Stanford University, 1977.

Ichiko Chūzō, „The Role of the Gentry: An Hypothesis". In: Mary Wright (Hg.), *China in Revolution*, 297–317.

Iriye, Akira, „Public Opinion and Foreign Policy: The Case of Late Ch'ing China". In: Albert Feuerwerker et al. (Hgg.), *Approaches to Modern Chinese History*, 216–238.

Isaacs, Harold, *The Tragedy of the Chinese Revolution*. Stanford 1961.

Ders. (Hg.), 2. Aufl. *Straw Sandals: Chinese Short Stories 1918–1933*. Cambridge, Mass., 1974.

Israel, John, „The Red Guards in Historical Perspective: Continuity and Change in the Chinese Youth Movement". *China Quarterly* 30 (April–Juni 1967), 1–32.

Ders., *Student Nationalism in China* [1927–37]. Stanford 1966.

Israel, John, und Donald W. Klein, *Rebels and Bureaucrats, China's December 9ers*. Berkeley 1976.

Jinian Xiang Jingyu tongzhi yingyong jiuyi wushi zhounian [Zum fünfzigsten Gedenktag an die tapfere Genossin Xiang Jingyu]. Peking 1978.

Johnson, Chalmers A., *Peasant Nationalism and Communist Power: The Emergence of Revolutionary China*. Stanford 1962.

Ders. (Hg.), *Ideology and Politics in Contemporary China*. Seattle 1973.

Johnson, Kay Ann, „Women in China: Problems of Sex Inequality and Socioeconomic Change". In: *Beyond Intellectual Sexism*, hg. v. Joan I. Roberts, 286–319. New York 1976.

Jordan, Donald A., *The Northern Expedition: China's National Revolution of 1926–1928*. Honolulu 1976.

Kagan, Richard Clark, „The Chinese Trotskyist Movement and Ch'en Tu-hsiu: Culture, Revolution and Polity, with an Appended Translation of Ch'en Tu-hsiu's Autobiography". Ph. D. Dissertation, University of Pennsylvania, 1969.

Kang Youwei, *Das Buch von der Großen Gemeinschaft*. Düsseldorf 1974.

Ders., *Wanmu caotang yigao waibian* [Ergänzende Materialien zu Kang Youwei]. Jiang Guilin (Hg.), 2 Bde. Taipei 1978.

Kang, *Memorandum*, siehe: Kang Youwei, „Shang Qingdi dier shu" [Zweites Memorandum an den Guangxu-Kaiser]. In: *Wuxu bianfa*, Bd. 2, 131–136.

Kang, *Nianpu:* Kang Youwei, *Kang Nanhai zibian nianpu* [Kangs Autobiographie bis 1898]: *Wuxu bianfa* Bd. 4, 107–169.

Kang, *Shiji:* Kang Youwei, *Kang Nanhai xiansheng shiji* [Gesammelte Gedichte]. 1927, Nachdr. Taipei o. J.

Kang Nanhai xiansheng moji [Die Kalligraphie von Kang Youwei] *Qingji mingren shouzha*, 811–1150.

Kang Nanhai zhutian jiang [Kang Youweis Vorlesungen über die Himmel]. 15 zhuan, Shanghai 1930.

Kangzhan banian muke xuanji [Ausgewählte Holzschnitte aus dem achtjährigen Krieg gegen Japan]. Shanghai 1949.

Kao, George, „Lao She in America–Arrival and Departure". *Renditions* 10 (Herbst 1978), 68–75.

Kapp, Robert A., *Szechwan and the Chinese Republic: Provincial Militarism and Central Power, 1911–1938*. New Haven 1973.

Keenan, Barry, *The Dewey Experiment in China: Educational Reform and Political Power in the Early Republic*. Cambridge, Mass., 1977.

Kennedy, Thomas L., „Mausers and the Opium Trade: The Hupeh Arsenal,

1895–1911". In: Fogel und Rowe (Hgg.), *Perspectives on a Changing China*, 113–135.

Kim, Ilpyong J., *The Politics of Chinese Communism: Kiangsi under the Soviets*. Berkeley 1973.

King, Evan (pseudonym) (Übers.), *Rickshaw Boy* by Lau Shaw [*sic*]. New York 1945.

Kinkley, Jeffrey C., „Shen Ts'ung-wen's Vision of Republican China". Ph. D. Dissertation, Harvard University, 1977.

Klein, Donald, und Ann Clark (Hgg.), *Biographical Dictionary of Chinese Communism, 1921–1965*. Cambridge, Mass., 1971.

Kuhn, Philip A., „Local Self-government under the Republic: Problems of Control, Autonomy and Mobilization". In: Wakeman und Grant (Hgg.), *Conflict and Control*, 257–298.

Kwong, Luke S. K., „Reflections on an Aspect of Modern China in Transition: T'an Ssu-t'ung (1865–1898) as a Reformer". In: Cohen und Schrecker (Hgg.), *Reform in Nineteenth-Century China*, 184–193.

Lach, Donald, *The Preface to Leibniz Novissima Sinica*. Honolulu 1957.

Laduguie, Arlette, „The Human Rights Movement". *Index on Censorship* 9 (Februar 1980), 18–26.

Lao She, *Cat Country, A Satirical Novel of China in the 1930's*. Übers. v. William A. Lyell, Jr. Columbus, Ohio, 1970 (dt. *Stadt der Katzen*, Frankfurt 1985).

Ders., *Fuxing ji* [Gesammelte Essays]. Peking 1958.

Ders., *Lao niu po che*. Hg. u. übers. v. Paul Bady. „Essai autocritique sur le roman et l'humour". *Bulletin de la Maison Franco-Japonaise*, n. s. 9, 3–4, Paris 1974.

Ders., *Lao She juzuo xuan* [Ausgewählte Theaterstücke von Lao She]. Peking 1978.

Ders., *Maocheng ji* [Katzenland]. Shanghai 1933.

Ders., *Rikschakuli*. Berlin (DDR) 1982.

Ders., *Das Teehaus*. Hg. v. Volker Klöpsch, Reinbek 1980.

Ders., *Das Teehaus. Mit Aufführungsfotos und Materialien*. Hg. v. Uwe Kräuter u. Huo Yang. Frankfurt 1980 (edition suhrkamp 1054).

Ders., *Zheng hongqi xia* [Im ‚Einfach-Roten Banner']. In: Hu Xieqing (Hg.), *Lao She shenghuo*, 179–350.

Ders., *Zwischen Traum und Wirklichkeit. Ausgewählte Erzählungen*. Hg. u. übers. v. Volker Klöpsch, Berlin 1981.

Lao Sheh [*sic*], „How I Came to Write the Novel ‚Camel Hsiang-tzu'". Übersetzt in *Chinese Literature* 11 (1978), 59–64.

Lary, Diana, *Region and Nation: The Kwangsi Clique in Chinese Politics, 1925–1937*. New York 1974.

Dies., „Warlord Studies". *Modern China* 6 (Oktober 1980), 439–470.

Lee Hong Yung, *The Politics of the Chinese Cultural Revolution: A Case Study*. Berkeley 1978.

Lee, Leo Ou-fan, „Genesis of a Writer: Notes on Lu Xun's Educational Experience, 1881–1909". In: Merle Goldman (Hg.), *Modern Chinese Literature*, 161–188.

Ders., „Literature on the Eve of Revolution: Reflections on Lu Xun's Leftist Years, 1927–1936". *Modern China* 2 (1976), 277–326.

Ders., *The Romantic Generation of Chinese Writers*. Cambridge, Mass., 1973.

Lee Ta-ling und Miriam London, „A Dissenter's Odyssey Through Mao's China". *New York Times Magazine*, Nov. 16, 1980, 134–143.

Leith, Suzanne, „Chinese Women in the Early Communist Movement". In: Marilyn Young (Hg.), *Women in China*, 47–71.

Leung Gaylord Kai-loh, ,,Hsü Chih-mo: A Literary Biography". Ph.D. Dissertation, London University, 1972.
Levenson, Joseph R., *Liang Ch'i-ch'ao and the Mind of Modern China*. Cambridge, Mass., 1959.
Lewis, Charlton M., *Prologue to the Chinese Revolution: The Transformation of Ideas and Institutions in Hunan Province, 1891–1907*. Cambridge, Mass., 1976.
Li, Dun J., *The Road to Communism: China since 1912*. New York 1969.
Li, Lincoln, *The Japanese Army in North China, 1937–1941: Problems of Political and Economic Control*. New York 1975.
Li-Wen an diaocha baogao shu [Bericht über die Nachforschungen in den Fällen Li Gongpu und Wen Yiduo]. Liang Shuming u.a. (Hg.), o.O. 1946.
Li-Yi-Zhe, ,,Concerning Socialist Democracy and Legal System". Übers. in: *Issues and Studies* 12 (Januar 1976), 110–148.
Li Yongguang, *Kang Youwei jiashu kaoshi* [Untersuchung von Kang Youweis Briefwechsel mit seiner Familie]. Hongkong 1979.
Li Yu-ning, ,,The Vicissitudes of Chinese Communist Historiography: Ch'ü Ch'iu-pai from Martyr to Traitor". In: Fogel and Rowe (Hgg.), *Perspectives on a Changing China*, 237–258.
Ders. (Hg.), *The First Emperor of China: The Politics of Historiography*. White Plains. N.Y., 1975.
Li Yuning und Chang Yufa (Hgg.), *Jindai zhonguo nuchuan yundong shiliao* [Materialien zur Frauenbewegung im modernen China 1842–1911]. 2 Bde., Taipei 1975.
Li Yu-ning und Michael Gasster, ,,Ch'ü Ch'iu-pai's Journey to Russia, 1920–1922". *Monumenta Serica* 29 (1970–71), 537–556.
Liang Qichao, *Nianpu: Liang Rengong xiansheng nianpu changbian chugao* [Entwurf einer chronologischen Biographie von Liang Qichao]. Ding Wenjiang (Hg.), Taipei 1959.
Liang Shiqiu, *Tan Xu Zhimo* [Über Xu Zhimo]. Taipei 1958.
Liden, David Leroy, ,,Party Factionalism and Revolutionary Vision: Cadre Training and Mao Tse-tung's Effort to Consolidate His Control of the Chinese Communist Party, 1936–1944". Ph.D. Dissertation, University of Michigan 1978.
Lieberthal, Kenneth, ,,The Suppression of Secret Societies in Post-Liberation Tientsin". *China Quarterly* 54 (April–Juni 1973), 242–266.
Liew, K. S., *Struggle for Democracy: Sung Chiao-jen and the 1911 Chinese Revolution*. Berkeley 1971.
Lin, Julia C., *Modern Chinese Poetry: An Introduction*. Seattle 1972.
Lin, Nancy T. (Übers.), *In Quest, Poems of Chou En-lai*. Hongkong und Cambridge, Mass., 1979.
Lin Yü-sheng, *The Crisis of Chinese Consciousness: Radical Antitraditionalism in the May Fourth Era*. Madison, Wis., 1979.
Link, Perry, ,,Traditional-style Popular Urban Fiction in the Teens and Twenties". In: Merle Goldman (Hg.), *Modern Chinese Literature*, 327–349.
Liu, F. F., *A Military History of Modern China, 1924–1949*. Princeton 1956.
Liu Wenyong, ,,Chuanqi de wenxue nu qiangren: fang Ding Ling, tan pihai" [Das Drama einer starken Schriftstellerin: Gespräch mit Ding Ling über die schweren Zeiten]. *Chong Pao* 3 (März 1980), 73–79.
Liu Xinhuang. *Xu Zhimo yu Lu Xiaoman* [Xu Zhimo und Lu Xiaoman]. Taipei 1965.
Lo, *Symposium:* Lo Jung-pang (Hg.), *K'ang Yu-wei, a Biography and a Symposium*. Tucson 1967.
Loh, Pichon P. Y., *The Early Chiang Kai-shek: A Study of His Personality and Politics, 1887–1924*. New York 1971.

Lu Lin, „The Story of *Exploration* Magazine". Übers. v. Joint Publications Research Service, report no. 4764. Nachdruck in *SPEAHR-head* 6/7 (1980), 38–40.
Lu Xun (Lu Hsün), *Der Einsturz der Lei Feng Pagode. Essays über Literatur und Revolution in China.* H. C. Buch et. al. (Hg.), Hamburg 1973.
Ders., *Die große Mauer: 21 politische und literarische Essays aus dem China der 20er und 30er Jahre.* Übers. v. Florian Mausbach, Worms 1980.
Ders., *Einige Erzählungen.* Peking 1974.
Ders., *In tiefer Nacht geschrieben.* Übers. v. Yang Enlin u. Konrad Herrmann, Frankfurt 1981.
Ders., *Die wahre Gechichte des Ah Q.* Frankfurt 1982 (Bibliothek Suhrkamp 777).
Ders., *Die Methode wilde Tiere abzurichten.* Übers. v. W. Kubin, Berlin 1979.
Ders., *Kein Ort zum Schreiben. Gesammelte Gedichte.* Reinbek 1983.
Ders., *Morgenblüten abends gepflückt.* Peking 1978.
Ders., *Selected Works.* Übers. v. Yang Hsien-yi und Gladys Yang, 4 Bde., Peking 1957.
Ders., *Silent China. Selected writings.* Gladys Yang (Hg.), New York 1973.
Lu Xun, 1881–1936 [Photographische Studien von Lu Xun]. Peking 1976.
Lu Xun Quanji [Gesammelte Werke von Lu Xun]. 20 Bde. Shanghai 1973.
Lu Xun shoucang zhongguo xiandai muke xuanji [Auswahl aus Lu Xuns Sammlung moderner chinesischer Holzschnitte]. Peking 1963.
Lu Xun shuxin ji [Die gesammelten Briefe von Lu Xun]. 2 Bde., Peking 1976.
Lust, John „Secret Societies, Popular Movements, and the 1911 Revolution". In: Chesneaux (Hg.), *Popular Movements,* 165–200.
Ders., „The Su-pao Case: An Episode in the Early Chinese Nationalist Movement". *Bulletin of the School of Oriental and African Studies* 27:2 (1964), 408–429.
Ders. (Hg.), *Tsou Jung, The Revolutionary Army: A Chinese Nationalist Tract of 1903.* The Hague 1968.
Lyell, William A., *Lu Hsün's Vision of Reality.* Berkeley 1976.

Ma Fenghua, „Huainian Shen Congwen jiaoshou" [Im Gedenken an Professor Shen Congwen]. *Zhuanji wenxue,* 2:1 (1957), 6, 13–16.
McCormack, Gavan, *Chang Tso-lin in Northeast China, 1911–1928: China, Japan, and the Manchurian Idea.* Stanford 1977.
McDonald, Angus W., Jr., „Mao Tse-tung and the Hunan Self-Government Movement, 1920: An Introduction and Five Translations". *China Quarterly* 68 (Dezember 1976), 751–777.
Ders., *The Urban Origins of Rural Revolution: Elites and the Masses in Hunan Province, China, 1911–1927.* Berkeley 1978.
McDougall, Bonnie S., *The Introduction of Western Literary Theories into Modern China, 1919–1925.* Tokio 1971.
Ders., *Mao Zedong's „Talks at the Yan'an Conference on Literature and Art": A Translation of the 1943 Text with Commentary.* Michigan Papers in Chinese Studies 39. Ann Arbor 1980.
MacFarquhar, Roderick, *The Hundred Flowers.* London 1960.
Ders., *The Origins of the Cultural Revolution, I: Contradictions among the People, 1956–1957.* New York 1974.
Mackinnon, Stephen R., „The Peiyang Army, Yüan Shih-k'ai, and the Origins of Modern Chinese Warlordism". *Journal of Asian Studies* 32 (Mai 1973), 405–423.
Mao Dun, „Huiyi Qu Qiubai". Transcribed from *Hongqi* 6 (1980). *Dongxi fang (East and West)* 17 (10. Mai 1980), 35–37.

Mao Zedong, Texte: Schriften, Dokumente, Reden und Gespräche, hg. v. Helmut Martin, 6 Bde., München 1979–82.

Ders., *Chairman Mao Talks to the People: Talks and Letters, 1956–1971;* hg. v. Stuart Schram. New York 1974.

Ders., Ausgewählte Werke. 5 Bde. Peking 1968–69.

Mao Zhuxi yijia liu lieshi [Sechs heldenhafte Märtyrer in der Familie des Vorsitzenden Mao]. Hunan 1978.

Marks, Robert B., „The World Can Change! Guangdong Peasants in Revolution". *Modern China* 3 (Januar 1977), 65–100.

Mei, June, „Socioeconomic Origins of Emigration: Guangdong to California, 1850–1882". *Modern China* 5 (1979), 463–501.

Meisner, Maurice, *Li Ta-chao and the Origins of Chinese Marxism.* Cambridge, Mass., 1967.

Ders., *Mao's China: A History of the People's Republic.* New York 1977.

Meisner, Mitch, „Dazhai: The Mass Line in Practice". *Modern China* 4 (1978), 27–62.

Mills, Harriet, „Lu Hsün and the Communist Party". *China Quarterly* 4 (Oktober–Dezember 1960), 17–27.

Dies., „Lu Xun: Literature and Revolution – From Mara to Marx". In: Merle Goldman (Hg.), *Modern Chinese Literature,* 189–220.

Myers, Ramon H., „North China Villages During the Republican Period. Socioeconomic Relationships". *Modern China* (Juli 1980), 243–266.

Nathan, Andrew J., *Peking Politics 1918–1923: Factionalism and the Failure of Constitutionalism.* New York 1976.

Ng, Pedro Pak-tao, „Planned Fertility and Fertility Socialization in Kwangtung Province". *China Quarterly* 78 (Juni 1979), 351–359.

Nieh Hua-ling, *Shen Ts'ung-wen.* New York 1972.

Ders. (Hg.), *Literature of the Hundred Flowers,* 2 Bde, New York 1981.

The North China Famine of 1920–1921. Report by the Peking United International Famine Relief Committee. Peking 1922.

O'Brien, Anita M., „Military Academies in China, 1885–1915". In: Fogel und Rowe (Hgg.), *Perspectives on a Changing China,* 157–181.

Pang Yong-pil, „Peng Pai: From Landlord to Revolutionary". *Modern China* 1 (1975), 297–322.

Papers Respecting Labour Conditions in China. China 1., H. M. Stationery Office, London 1925.

Parish, William L., „Socialism and the Chinese Peasant Family". *Journal of Asian Studies* 34 (Mai 1975), 613–630.

Peking Gazette [Übersetzungen aus *Jingbao,* veröffentlicht vom *North China Herald*]. Shanghai 1872–1911.

Pepper, Suzanne, *Civil War in China: The Political Struggle, 1945–1949.* Berkeley 1978.

Pickowicz, Paul G., „Ch'ü Ch'iu-pai and the Chinese Marxist Conception of Revolutionary Popular Literature and Art". *China Quarterly* 70 (Juni 1977), 296–314.

Ders., „Introduction to Qu Qiu-bai's ‚Who's *We*? and The Question of Popular Literature and Art'" [mit Übersetzung dieser beiden Essays ins Englische]. *Bulletin of Concerned Asian Scholars,* Januar–März 1976, 45–52.

Ders., „Lu Xun through the Eyes of Qu Qiu-bai: New Perspectives on Chinese Marxist Literary Polemics of the 1930s". *Modern China* 2 (1976), 327–368.
Ders., „Qu Qiubai's Critique of the May Fourth Generation: Early Chinese Marxist Literary Criticism". In: Merle Goldman (Hg.), *Modern Chinese Literature*, 351–384.
Price, Don C., *Russia and the Roots of the Chinese Revolution, 1896–1911*. Cambridge, Mass., 1974.
Pringsheim, Klaus H., „The Functions of the Chinese Communist Youth Leagues (1920–1949)". *China Quarterly* 12 (Oktober–Dezember 1962), 75–91.
Prusek, Jaroslav, „Lu Hsün's ‚Huai-chiu': A Precursor of Modern Chinese Literature". *Harvard Journal of Asiatic Studies* 29 (1969), 169–176.

Qingji mingren shouzha [Kalligraphien berühmter Persönlichkeiten aus der Qing-Zeit]. 2 Bde., Nachdr. Taipei 1966.
Qiu Canzhi, *Qiu Jin geming zhuan* [Die revolutionäre Biographie von Qiu Jin]. Nachdr. Taipei 1955.
Qiu Jin ji [Gesammelte Werke von Qiu Jin]. Peking 1960.
Qiu Jin shiji [Historische Materialien zu Qiu Jin]. Shanghai 1958.
Qu Qiubai. *Wenji* [Gesammelte literarische Werke]. 4 Bde., Peking 1954.

Raddock, David M., „Between Generations: Activist Chinese Youths in Pursuit of a Political Role in the *San-fan* and in the Cultural Revolution". *China Quarterly* 79 (September 1979), 511–528.
Rankin, Mary Backus, *Early Chinese Revolutionaries: Radical Intellectuals in Shanghai and Chekiang, 1902–1911*. Cambridge, Mass. 1971.
Dies., „The Emergence of Women at the End of the Ch'ing: The Case of Ch'iu Chin". In: Wolf und Witke (Hgg.), *Women in Chinese Society*, 39–66.
Dies., „The Revolutionary Movement in Japan: A Study in the Tenacity of Tradition". In: Mary Wright (Hg.), *China in Revolution*, 319–361.
Reichwein, Adolf, *China and Europe: Intellectual and Artistic Contacts in the Eighteenth Century*. London 1925.
Rhoads, Edward, *China's Republican Revolution: The Case of Kwangtung, 1895–1913*. Cambridge, Mass., 1975.
Robel, Ronald R., „T'an Ssu-t'ung on *Hsüeh Hui* or ‚Study Associations'". In: *Nothing Concealed, Essays in Honor of Liu Yü-yün*, hg. v. Frederic Wakeman Jr., 161–176. Taipei 1970.
Robinson, Thomas W. (Hg.), *The Cultural Revolution in China*. Berkeley 1971.
Ropp, Paul S., „The Seeds of Change: Reflections on the Condition of Women in the Early and Mid Ch'ing". *Signs: Journal of Women in Culture and Society* 2:1 (1976), 5–23.
Rosen, Stanley, „The Radical Students in Kwangtung During the Cultural Revolution". *China Quarterly* 70 (Juni 1977), 390–399.
Rosenbaum, Arthur L., „Gentry Power and the Changsha Rice Riot of 1910". *Journal of Asian Studies* 34 (Mai 1975), 689–715.
Roy, David, *Kuo Mo-jo: The Early Years*. Cambridge, Mass., 1971.
Rue, John E., *Mao Tse-tung in Opposition, 1927–1935*. Stanford 1966.

Salaff, Janet, „Institutionalized Motivation for Fertility Limitation". In: Marilyn Young (Hg.), *Women in China*, 93–144.
Sargent, Margie, „The Cultural Revolution in Heilungkiang". In: *The Cultural Revolution in the Provinces*, hg. v. M. Sargent et al., 16–65. Cambridge, Mass., 1971.

Scalapino, Robert A., „Prelude to Marxism: The Chinese Student Movement in Japan, 1900–1910“. In: Albert Feuerwerker et al. (Hgg.), *Approaches to Modern Chinese History*, 190–215.

Schiffrin, Harold, *Sun Yat-sen and the Origins of the Chinese Revolution*. Berkeley 1968.

Schneider, Laurence A., *A Madman of Ch'u: The Chinese Myth of Loyalty and Dissent*. Berkeley 1980.

Schoppa, R. Keith, „Local Self-Government in Zhejiang, 1909–1927“. *Modern China* 2 (1976), 503–530.

Ders., „Province and Nation: The Chekiang Provincial Autonomy Movement, 1917–1927“. *Journal of Asian Studies* 36 (August 1977): 661–674.

Schram, Stuart, *Mao Tse-tung*. London 1966.

Ders., *Das Mao-System*. München 1972.

Ders., „Mao Tse-tung and Secret Societies“. *China Quarterly* 27 (Juli–September 1966), 1–13.

Ders., *Mao Ze-dong: „Une Etude de l'education physique“*. Paris 1957.

Schwartz, Benjamin *Chinese Communism and the Rise of Mao*. Cambridge, Mass., 1958.

Ders., *In Search of Wealth and Power: Yen Fu and the West*. Cambridge, Mass., 1964.

Ders. (Hg.), *Reflections on the May Fourth Movement: A Symposium*. Cambridge, Mass., 1972.

Selden, Mark, *The People's Republic of China: A Documentary History of Revolutionary Change*. New York 1979.

Ders., *The Yenan Way in Revolutionary China*. Cambridge, Mass., 1971.

Seybolt, Peter J., „The Yenan Revolution in Mass Education“. *China Quarterly* 48 (Oktober–Dezember 1971), 641–669.

Seymour, James D. (Hg.), *The Fifth Modernization: China's Human Rights Movement, 1978–1979*. Human Rights Publishing Group, Stanfordville, N.Y., 1980.

Shaffer (Womack), Lynda, „Anyuan: The Cradle of the Chinese Workers' Revolutionary Movement, 1921–1922“. In: *Columbia Essays in International Affairs*, hg. v. Andrew Cordier. Bd. 5, 166–201. New York 1970.

Dies., „Mao Ze-dong and the October 1922 Changsha Construction Workers' Strike: Marxism in Preindustrial China“. *Modern China* 4 (1978), 379–418.

Shaheen, Anthony Joseph, „The China Democratic League and Chinese Politics, 1939–1947“. Ph.D. Dissertation, University of Michigan, 1977.

Shek, Richard, „Some Western Influences on T'an Ssu-t'ung's Thought“. In: Cohen und Schrecker (Hgg.), *Reform in Nineteenth-Century China*, 194–203.

Shen Congwen, *Congwen zichuan* [Autobiographie]. o.O. 1943.

Ders., *Ji Ding Ling xuji* [Weitere Erinnerungen an Ding Ling]. Shanghai 1939.

Shen Tseng-wen [*sic*], *The Chinese Earth*. Übers. v. Ching Ti und Robert Payne. London 1947.

Sheridan, James E., *Chinese Warlord: The Career of Feng Yü-hsiang*. Stanford 1966.

Sheridan, Mary, „The Emulation of Heroes“. *China Quarterly* 33 (Januar–März 1968), 47–72.

Dies., „Young Women Leaders in China“. *Signs: Journal of Women in Culture and Society* 2:1 (1976), 59–88.

Shewmaker, Kenneth, *Americans and Chinese Communists, 1927–1945: A Persuading Encounter*. Ithaca, N.Y., 1971.

Shih, Vincent C.Y., „Enthusiast and Escapist: Writers of the Older Generation“. *China Quarterly* 13 (Januar–März 1963), 92–112.

Ders., „Lao-she a Conformist? An Anatomy of a Wit under Restraint". In: Buxbaum und Mote (Hgg.), *Transition and Permanence*, 307–319.

Shue, Vivienne, *Peasant China in Transition: The Dynamics of Development Toward Socialism, 1949–1956*. Berkeley 1980.

Sima Lu (Smarlo Ma), *Qu Qiubai zhuan* [Biographie v. Qu Qiubai]. Hongkong 1962.

Siu, Bobby, *Fifty Years of Struggle: The Development of the Women's Movements in China, 1900–1949*. Hongkong 1975.

Skinner, G. William (Hg.), *The City in Late Imperial China*. Stanford 1977.

Snow, Edgar (Hg.), *Living China: Modern Chinese Short Stories*. New York 1936.

Snow, Helen, *Women in Modern China*. The Hague 1967.

SPEAHRhead (Bulletin of the Society for the Protection of East Asians' Human Rights) 6 und 7 (1980).

Spence, Jonathan, „The Explorer Who Never Left Home – Arthur Waley". *Renditions* 5 (Herbst 1975), 32–37.

Ders., *To Change China: Western Advisers in China, 1620–1960*. New York 1980.

Starr, John Bryan, *Continuing the Revolution: The Political Thought of Mao*. Princeton 1979.

Strand, David, und Richard R. Weiner, „Social Movements and Political Discourse in 1920's Peking: An Analysis of the Tramway Riot of October 22, 1929". In: *Select Papers from the Center for Far Eastern Studies* 3, hg. v. Susan Mann Jones. Chicago 1978–79.

Sullivan, Lawrence, und Richard H. Salomon, „The Formation of Chinese Communist Ideology in the May Fourth Era: A Content Analysis of *Hsin ch'ing nien*". In: Chalmers Johnson (Hg.), *Ideology and Politics in Contemporary China*, 117–160.

Sun, Shirley Hsiao-ling, „Lu Hsun and the Chinese Woodcut Movement: 1929–1936". Ph. D. Dissertation, Stanford University, 1974.

Tagore, Rabindranath, und L. K. Elmhirst, *Rabindranath Tagore, Pioneer in Education, Essays and Exchanges between Rabindranath Tagore and L. K. Elmhirst*. London 1961.

Tanaka Kyoko, „Mao and Liu in the 1947 Land Reform: Allies or Disputants"? *China Quarterly* 75 (September 1978), 566–593.

Teiwes, Frederick C., „The Origins of Rectification: Inner-Party Purges and Education before Liberation". *China Quarterly* 65 (März 1976), 15–53.

Terrill, Ross, *Mao. Eine Biographie*. Hamburg 1981.

Thaxton, Ralph, „On Peasant Revolution and National Resistance: Toward a Theory of Peasant Mobilization and Revolutionary War with Special Reference to Modern China". *World Politics* 30 (Oktober 1977), 24–57.

Thompson, Laurence G. (Hg. u. Übers.), *Ta T'ung Shu: The One World Philosophy of K'ang Yu-wei*. London 1958.

Thorne, Christopher, *Allies of a Kind: The United States, Britain, and the War against Japan, 1941–1945*. New York 1978.

Thornton, Richard, *The Comintern and the Chinese Communists, 1928–1931*. Seattle 1969.

Tien Hung-mao, *Government and Politics in Kuomintang China: 1927–1937*. Stanford 1972.

Ting, Lee-hsia Hsu, *Government Control of the Press in Modern China, 1900–1949*. Cambridge, Mass., 1974.

Townsend, James R., „Revolutionizing Chinese Youth: A Study of *Chung-kuo Ch'ing-nien*". In *Chinese Communist Politics in Action*, hg. v. A. Doak Barnett, 447–476. Seattle 1969.

Translations from Beijing Unofficial Journals. China Report, Political, Sociological and Military Affairs 42. Joint Publications Research Service, report no. 74764. Arlington, Va., Dec. 13, 1979.

Van Boven, P. Henri, *Histoire de la littérature chinoise moderne.* Peiping [Peking] 1946.
Van Slyke, Lyman P., *Enemies and Friends: The United Front in Chinese Communist History.* Stanford 1967.
Vogel, Ezra F., *Canton under Communism: Programs and Politics in a Provincial Capital, 1949–1968.* Cambridge, Mass., 1969.
Vohra, Ranbir, *Lao She and the Chinese Revolution.* Cambridge, Mass., 1974.

Wakeman, Frederic Jr., *The Fall of Imperial China.* New York 1977.
Ders., „Historiography in China after ‚Smashing the Gang of Four'". *China Quarterly* 76 (Dezember 1978): 891–911.
Ders., *History and Will: Philosophical Perspectives of Mao Tse-tung's Thought.* Berkeley 1973.
Ders., „The Use and Abuse of Ideology in the Study of Contemporary China". *China Quarterly* 61 (März 1975), 127–152.
Wakeman, Frederic Jr., und Carolyn Grant (Hgg.), *Conflict and Control in Late Imperial China.* Berkeley 1975.
Walder, Andrew G., *Chang Ch'un-ch'iao and Shanghai's January Revolution.* Michigan Papers in Chinese Studies 32. Ann Arbor 1977.
Walker, Kenneth R., „Collectivisation in Retrospect: The ‚Socialist High Tide' of Autumn 1955-Spring 1956". *China Quarterly* 26 (April–Juni 1966), 1–43.
Wang Hsueh-wen, *Chinese Communist Education: The Yenan Period.* Taipei 1975.
Ders., „Revolutionary Youth and the Li I-che Poster". *Issues and Studies* (Februar 1976), 80–93.
Wang, Y. C., „The Su-pao Case: A Study of Foreign Pressure, Intellectual Fermentation, and Dynastic Decline". *Monumenta Serica* 24 (1965), 84–129.
Ders., „Tu Yueh-sheng (1885–1951): A Tentative Political Biography". *Journal of Asian Studies* 26 (Mai 1967), 433–455.
Wei Jingshen et al., *Beijing zhi chun shiwen xuan* [Auswahl von Gedichten und Aufsätzen aus dem Pekinger Frühling]. Hongkong 1980.
Wei Jingshen et. al., *Kending ziyou, kending minzhu* [Hoffnung auf Freiheit und Demokratie]. Taipei 1979.
Wen Yiduo. *Quanji* [Gesammelte Werke]. 4 Bde., Shanghai 1948.
Ders., *Red Candle.* Übers. v. Tao Sanders. London 1972.
Whitbeck, Judith, „Three Images of the Cultural Hero in the Thought of Kung Tzu-chen". In: Cohen und Schrecker (Hgg.), *Reform in Nineteenth-Century China,* 26–30.
White, D. Gordon, „The Politics of *Hsia-hsiang* Youth". *China Quarterly* 59 (Juli–September 1974), 491–517.
White, Lynn T., „Workers' Politics in Shanghai". *Journal of Asian Studies* (November 1976), 99–116.
Wieger, Léon, S. J. (Hg.), *Chine Moderne. 5, Nationalisme, Xénophobie, Antichristianisme.* Tianjin 1924.
Wilbur, C. Martin, „The Ashes of Defeat: Accounts of the Nanchang Revolt and Southern Expedition, August 1-October 1, 1927, by Chinese Communists Who Took Part". *China Quarterly* 18 (April–Juni 1964), 3–54.
Ders., *Sun Yat-sen: Frustrated Patriot.* New York 1976.

Wilbur, C. Martin, und Julie Lien-ying How (Hgg.), *Documents on Communism, Nationalism, and Soviet Advisers in China, 1918–1927: Papers Seized in the 1927 Peking Raid.* New York 1956.

Wilhelm, Hellmut, ,,The Poems from the Hall of Obscured Brightness". In: Lo Jung-pang (Hg.), *Symposium* 319–340.

Wilson, Dick, *The Long March 1935: The Epic of Chinese Communism's Survival.* New York 1973 (dt. *Mao Tse-tungs Langer Marsch 1935. Der Ursprung der Volksrepublik China.* Wiesbaden 1974).

Witke, Roxane, *Comrade Chiang Ch'ing.* Boston 1977 (dt. *Genossin Tschiang Tsching. Die Gefährtin Maos erzählt ihr Leben.* München 1977).

Dies., ,,Mao Tse-tung, Women and Suicide in the May-Fourth Era". *China Quarterly* 31 (1967), 128–147.

Dies., ,,Transformation of Attitudes toward Women During the May Fourth Era of Modern China". Ph. D. Dissertation, University of California at Berkeley, 1970.

Wolf, Margery, und Roxane Witke (Hgg.), *Women in Chinese Society.* Stanford 1975.

Wong Young-tsu, ,,The Ideal of Universality in Late Ch'ing Reformism". In: Cohen and Schrecker (Hgg.), *Reform in Nineteenth-Century China,* 150–159.

Ders., ,,The Significance of the Kuang Hsü Emperor to the Reform Movement of 1898". In: Buxbaum und Mote (Hgg.), *Transition and Permanence,* 169–186.

Woon, Ramon L. Y., und Irving Y. Lo, ,,Poets and Poetry of China's Last Empire". *Literature East and West* 9:4 (1965), 331–361.

Worden, Robert L., ,,K'ang Yu-wei, Sun Yat-sen, et. al. and the Bureau of Immigration". *Ch'ing-shih wen-t'i* 2:6 (June 1971), 1–10.

Wou, Odoric Y. K., ,,The Military and Nationalism: The Political Thinking of Wu P'ei-fu". In: Chan und Etzold (Hgg.), *China in the 1920s,* 108–126.

Wright, Mary Clabaugh (Hg.), *China in Revolution: The First Phase, 1900–1913.* New Haven 1968.

Wright, Tim, ,,Sino-Japanese Business in China: The Luda Company, 1921–1937". *Journal of Asian Studies* 39 (August 1980), 711–727.

Wu Tien-wei, ,,Chiang Kai-shek's April 12th Coup of 1927". In: Chan und Etzold (Hgg.), *China in the 1920s,* 147–159.

Ders., *The Sian Incident: A Pivotal Point in Modern Chinese History.* Michigan Papers in Chinese Studies 26. Ann Arbor 1976.

Wuxu bianfa [Die Reformbewegung von 1898]. Qian Bocan (Hg.), 4 Bde., Shanghai 1958.

Xu-Elmhirst Letters. Series of letters between Xu Zhimo and Leonhard Elmhirst, covering the years 1925–1928, given to Professor Leo Ou-fan Lee by Leonard Elmhirst.

Xu Zhimo, *Xu Zhimo Quanji* [Gesammelte Werke von Xu Zhimo]. Jiang Fucong et. al. (Hg.), 6 Bde., Taipei 1969.

,,Xuan Jiwen" [Gesammelte Propagandaschriften]. ,,Criticizing ,Concerning Socialist Democracy and Legal System'". Übersetzt in: *Issues and Studies* 12 (Februar 1976), 109–135.

Yahuda, Michael, ,,Political Generations in China". *China Quarterly* 80 (Dezember 1979), 793–805.

Yang, C. K., ,,Some Preliminary Statistical Patterns of Mass Actions in Nineteenth-Century China". In: Wakeman und Grant (Hgg.), *Conflict and Control,* 174–210.

Yang I-fan, *The Case of Hu Feng.* Hongkong 1956.

Yang Simon, und L. K. Tao, *A Study of the Standard of Living of Working Families in Shanghai.* Peiping [Peking] 1931.
Yen Ching Hwang, *The Overseas Chinese and the 1911 Revolution, with Special Reference to Singapore and Malaya.* Kuala Lumpur 1976.
Ying Ruocheng, ,,Lao She and His ,Teahouse'''. *Chinese Literature* 12 (1979), 3–11.
Yoshihashi, Takehiko, *Conspiracy at Mukden: The Rise of the Japanese Military.* New Haven 1963.
Young, Ernest P., *The Presidency of Yuan Shih-k'ai: Liberalism and Dictatorship in Early Republican China.* Ann Arbor 1977.
Ders., ,,The Reformer as a Conspirator: Liang Ch'i-ch'ao and the 1911 Revolution''. In: Albert Feuerwerker et al. (Hgg.), *Approaches to Modern Chinese History,* 239–267.
Ders., ,,Yuan Shih-k'ai's Rise to the Presidency''. In: Mary Wright (Hg.), *China in Revolution,* 419–442.
Young, Marilyn B. (Hg.), *Women in China: Studies in Social Change and Feminism.* Michigan Papers in Chinese Studies 15. Ann Arbor 1973.

Zang Kejia, ,,Lao She yongzai'' [Lao She ist immer mit uns]. *Renmin wenxue* 228 (1978), 82–90.
Zhang Guangnian, ,,Shafei nüshi zai Yanan'' [Fräulein Sophie in Yanan]. *Wenyi bao* 2 (1958), 9–11.
Zhou Shoujuan, ,,We Shall Meet Again''. Übers. v. Perry Link. *Bulletin of Concerned Asian Scholars,* Sonderheft (Januar–März 1976), 15–19.
Zhou Zuoren, *Guatou ji* [Gesammelte Essays]. Honkong 1969.
Zhuang Mei, ,,Wei Jingsheng de nüyou'' [Die Freundin von Wei Jingsheng]. *Dongxi fang* 17 (1980), 26–27.
Zong Chen und Shang Xia, ,,Ding Ling zaoqi de shenghuo he chuangzuo'' [Ding Lings Leben und Werk in ihren frühen Jahren]. *Dongbeishida xuebao* 3 (1980), 41–47, 130.
Zou Rong, *Gemingjun* [Die revolutionäre Armee], siehe Lust (Hg.), *Tsou Jung.*
Zweig David S., ,,The Peita Debate on Education and the Fall of Teng Hsiao-p'ing''. *China Quarterly* 73 (März 1978), 140–159.

Verzeichnis der Abbildungen

Personen- und Sachregister

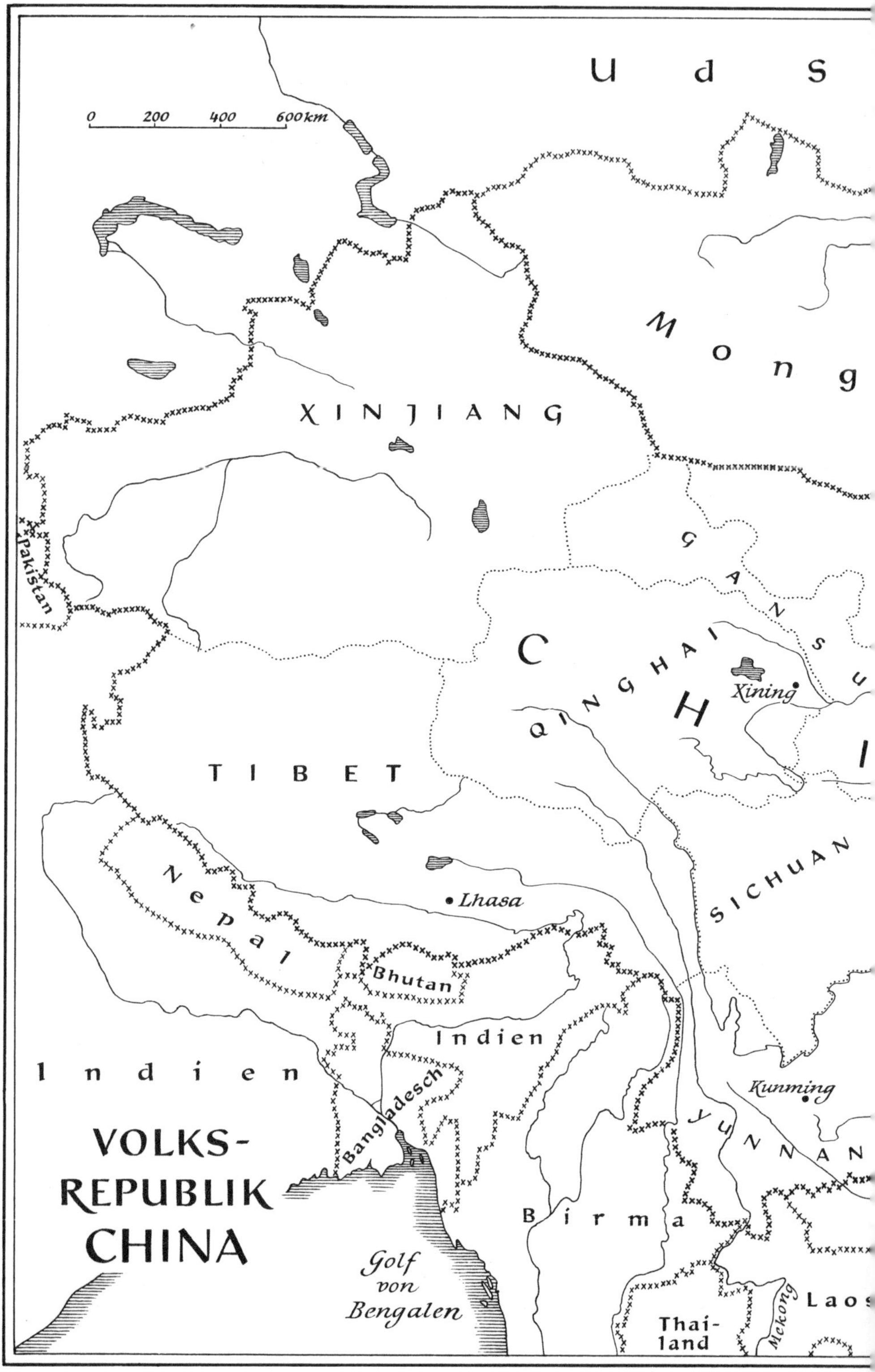

U d S
0 200 400 600 km
M o n g
XINJIANG
G A N S U
C H I
QINGHAI
Xining
Pakistan
TIBET
SICHUAN
Nepal
Lhasa
Bhutan
Indien
Indien
Bangladesch
Kunming
YUNNAN
VOLKS-
REPUBLIK
CHINA
Birma
Golf von Bengalen
Thai-land
Mekong
Laos